Retail Business

Hans-Christian Riekhof
Herausgeber

Retail Business

Perspektiven, Strategien, Erfolgsmuster

Mit Fallstudien und Praxisbeispielen von Aldi, Budnikowsky, Dell, Görtz, Hugo Boss, Keen On fashion, Kiehl's, Lush, Otto Group, Sport Scheck, Takko

3., überarbeitete und erweiterte Auflage

Springer Gabler

Herausgeber

Hans-Christian Riekhof
PFH Private Hochschule Göttingen
Göttingen, Deutschland

ISBN 978-3-8349-4554-9
ISBN 978-3-8349-4555-6 (eBook)
DOI 10.1007/978-3-8349-4555-6

Die Deutsche Nationalbibliothek verzeichnet diese Publikation in der Deutschen Nationalbibliografie; detaillierte bibliografische Daten sind im Internet über http://dnb.d-nb.de abrufbar.

Gabler Verlag

Lektorat: Ulrike Vetter, Sabine Bernatz

Gedruckt auf säurefreiem und chlorfrei gebleichtem Papier.

Springer Gabler ist eine Marke von Springer DE. Springer DE ist Teil der Fachverlagsgruppe Springer Science+Business Media
www.springer-gabler.de

Vorwort

Nachdem auch die zweite Auflage dieses Bandes vergriffen ist, wurde eine Neuauflage erforderlich. Sie bietet die Gelegenheit, Beiträge zu überarbeiten und neue Themen aufzunehmen. Ein Abgleich der Beiträge der zweiten und der dritten Auflage zeigt dem eingeweihten Leser, dass sich manche Unternehmen in einer Situation befinden, die eine Überarbeitung der Beiträge derzeit nicht erlaubt, weil gerade strategische Weichenstellungen vorgenommen werden, über die noch nicht berichtet werden kann.

Die Rede vom Wandel im Handel ist wahrlich nicht neu. Selten aber war sie so aktuell wie heute. Die Betriebsformendynamik scheint sich eher zu beschleunige als zu verlangsamen, und sie zieht tiefgreifendere Veränderungen nach sich als in den vergangenen Jahren:

- Die Warenhauskonzerne haben immer noch keinen Weg aus der Jahrzehnte andauernden Krise gefunden – obwohl die City als Einkaufsstätte ihre Attraktivität keinesfalls eingebüßt hat.
- Universalversender haben, mit Ausnahme der Otto Group, den Anschluss an die Online Welt nicht geschafft und mussten aufgeben, obwohl sie sich eigentlich in einer Pole Position befanden – man denke hier an Quelle und Neckermann.
- Andererseits gelingt es neuen Online Anbietern wie etwa Zalando, in beeindruckender Geschwindigkeit eine Marke zu schaffen, Marktanteile aufzubauen und auch die erforderlichen logistischen Prozesse in den Griff zu bekommen. Dass damit eine Investition in den Markt verbunden ist, die sich nicht sofort in schwarzen Zahlen nieder schlägt, liegt auf der Hand. Andererseits scheint in der Finanzierung neuer Geschäftsmodelle nicht der Engpass zu liegen.
- Auch vielen im Stationärbereich erfolgreichen Fachmarktkonzepten gelingt es nicht oder nur verspätet, in der Online Welt eine angemessene Position aufzubauen. Der Media Markt ist hierfür nur ein (prominentes) Beispiel.
- Markenartikelhersteller nutzen ihre historische Chance in den seltensten Fällen sehr konsequent, den direkten (online) Weg zum Endverbraucher zu finden. Die strategischen Optionen gehen weit darüber hinaus, als nur in prominenten Lagen eine Handvoll Flagship Stores zu eröffnen.
- Anbieter wie Amazon werden zur globalen Retail-Plattform, indem sie ihr Geschäftsmodell mit hoher Geschwindigkeit und Konsequenz weiter entwickeln.

In die dritte Auflage wurden verschiedene Themen neu aufgenommen. So berichtet Michael Freytag über „Die intelligente Absicherung der Zahlungsbereitschaft der Kunden im Einzelhandel", ein Thema, das durch die explodierenden Online und Mobile Umsätze eine besondere Relevanz hat, wenn Kreditwürdigkeitsprüfungen von Neukunden innerhalb extrem kurzer Zeit getroffen werden müssen.

Tobias Gruber und Matthias Stüben zeigen in ihrem Beitrag, wie bei Otto das Pricing Research organisiert ist und wie mit Preis-Absatz-Funktionen und Preiselastizitäten operative Preisentscheidungen besser fundieren werden können. Nur wenige Handelsunternehmen sind in vergleichbarer Weise in der Lage, Pricing-Wissen in einer derart systematischen Form zu dokumentieren und zu nutzen.

Ebenfalls über Otto berichten Johannes Merck und Christiane Fleischer. In ihrem Beitrag geht es um die strategische Positionierung der Otto Group durch Nachhaltigkeit, eine Positionierung, die gerade der Unternehmer Michael Otto auch als Person überaus glaubwürdig zum Ausdruck bringt.

In einem gemeinsam von Tobias Schäfers und dem Herausgeber verfassten Beitrag geht es um das Long Tail Phänomen im Retail Business, also der Bedienung auch der kleinsten Nische durch ein extrem tiefes Sortiment. Dem Beitrag liegt eine empirische Studie zugrunde, die unter anderem die mangelnde Ausschöpfung von Preispotentialen im Long Tail aufzeigt.

Oliver Hermes beschreibt in seinem neuen Beitrag das Thema Social Media aus markenstrategischer Sicht. Sein Credo lautet: „Netzwerke und Herrsche." Damit eröffnet er ein in die dritte Auflage neu aufgenommenes Kapitel, das die Überschrift trägt: Social Media, Cross Channel Management und Multi Device Management im Retail Business.

In diesem Kapitel beschreibt Thomas Schnieders, seit Jahren maßgeblich für das E-Business bei Otto verantwortlich, die Entwicklungen bei Otto von den ersten multimedialen Anfängen bis hin zur ausdifferenzierten Multi Device Strategie. Den konzeptionellen Hintergrund und viele Praxisbeispiele liefert Gerrit Heinemann in seinem Beitrag über das Cross Channel Management, und er zeigt die Treiber und Erfolgsfaktoren dieser Entwicklung auf.

Dell gehört zweifelsfrei zu den weltweiten E-Commerce Pionieren. Insofern liefert Michael Buck in seinem Beitrag sehr spannende Einblicke in die Social Media Aktivitäten von Dell. Er zeigt vor allem auch, wie die gesamte Belegschaft in derartige Initiativen einbezogen werden kann.

Zwei praktische Beispiele beschließen dieses neu aufgenommene Kapitel: Stefan Herzog und Berit Düvell beschreiben die Sport Scheck Cross Channel Strategie, und Lutz Spannuth erläutert die Multi Channel Strategie bei Görtz. Beide Beiträge machen deutlich, wo die praktischen Herausforderungen einer engen Verzahnung der unterschiedlichen Kanäle (stationär, online, mobile) liegen.

Auch im Kapitel über innovative Geschäftsmodelle im Handel gibt es wichtige neue Beiträge. Es mag zunächst überraschen, dass ein Unternehmen wie Hugo Boss überhaupt in einem Band über das Retail Business auftaucht. Bernd Hake und Kathrin Hüsgen beschreiben in ihrem Beitrag, wie sich Hugo Boss vom wholesale-getriebenen Unternehmen zu einem Retail-Unternehmen wandelt. Man darf davon ausgehen, dass die Hugo Boss Strategie in den kommenden Jahren noch einige Nachahmer finden wird. Für den klassischen Einzelhandel entsteht hier also eine völlig neue Kategorie sehr ernst zu nehmender Wettbewerber, die auch über die Flagship Stores hinaus die Wertschöpfungsstufen in Richtung Endkunden ausbauen.

Die klassische Handelfunktion des Brückenschlags zwischen Anbietern und Nachfragern überträgt die Handelsplattform Keen On fashion – eine Tochtergesellschaft der Otto Group – auf den Mode- und Lifestyle-Großhandel. Henning Husmann, Claudia Hagedorn und Thomas Beierlein skizzieren das gerade im Aufbau befindliche Geschäftsmodell.

Der Beitrag von Christoph Wöhlke über Budnikowsky – einem im Norden Deutschlands beheimateten Retailer – beschließt die Reihe der Neuaufnahmen der dritten Auflage. Angesichts der intensiven Diskussion um Multi Channel, Cross Channel und Multi Device Management erscheint es als ein bemerkenswerter Kontrast, dass es auch traditionsreichen, familiengeführten Unternehmen gelingt, mit einer regionalen Expansion, einer intelligenten Sortiments- und Preisstrategie und einer auf Nachhaltigkeit gerichteten Positionierung erfolgreich zu wachsen.

Ein herzlicher Dank richtet sich an die Autoren der neu verfassten Beiträge wie auch an die Autoren, die ihre Beiträge aus der zweiten Auflage – teilweise sehr grundlegend – überarbeitet und aktualisiert haben. Für die Koordination dieser dritten Auflage zeichnet Berit Düvell (B. Sc.) verantwortlich. Für ihre sehr sorgfältige und umsichtige Arbeit sei ihr an dieser Stelle herzlich gedankt.

Hamburg/Göttingen, im November 2012 Hans-Christian Riekhof

Inhaltsverzeichnis

Teil I

Strategische Herausforderungen und Perspektiven für das Retail Business

Wettbewerbsökonomische Grundlagen des Betriebsformenwettbewerbs im Lebensmitteleinzelhandel 1

Rainer P. Lademann

Inhaltsverzeichnis

1.1 Einführung

Wettbewerb im stationären Handel spiegelt sich in weiten Teilen in der Dynamik der Betriebsformen wieder. Das Bild vom Handel im permanenten Wandel bringt die Veränderungsdynamik treffend zum Ausdruck. Will man diese Entwicklungen verstehen, ist es erforderlich, die Kräfte genauer zu betrachten, die die Veränderungen im Handel bewirken. Bereits in den 1950er Jahren entwickelte Nieschlag die Theorie von der Dynamik der Betriebsformen, die den ihren steten Wandel auf ein ganz bestimmtes Strategiemuster aus einer Abfolge von Preis- und Nichtpreiswettbewerb zurückführte. Die Analyse dieses Erklärungsansatzes zeigte in einem Beitrag des Verfassers zuletzt zur 2. Auflage dieses Werkes

Prof. Dr. Rainer P. Lademann ✉
Lademann & Associates GmbH, Friedrich-Ebert-Damm 311, 22159 Hamburg, Deutschland

H.-C. Riekhof (Hrsg.), *Retail Business*, DOI 10.1007/978-3-8349-4555-6_1,

indes, dass das Strategiemuster nicht universell gültig ist, aber vor allem dann bestätigt werden kann, wenn im Handel starke Wachstumsimpulse wirksam sind. Mit der Liberalisierung und Entgrenzung der Märkte dagegen, die nicht nur zur Internationalisierung und Globalisierung der Beschaffungsmärkte geführt, sondern die Käufermarktsymptome verstärkt hat, versagt das Erklärungsmuster der Betriebsformendynamik immer häufiger; in Zeiten, die durch eine hohe Intensität des Wettbewerbs geprägt sind, wird die Betriebsformenentwicklung wird vor allem durch das Streben nach dauerhaften Wettbewerbsvorteilen vorangetrieben (Lademann 2004, S. 73 ff., 2008, S. 71 ff.). Die Wettbewerbsparameter werden danach gewählt, wie sie die Betriebsform vom Wettbewerbsumfeld abheben können.

Unbeantwortet war seinerzeit geblieben, welche Wettbewerbsparameter daran (hauptsächlich) beteiligt sind und wie sie auf die Verbraucherseite wirken. Der folgende Beitrag greift daher zentrale Eckpunkte der Überlegungen aus der letzten Auflage auf und beleuchtet Nieschlags Theorie der Betriebsformendynamik am Beispiel des Lebensmitteleinzelhandels (LEH) anhand einer Reihe von Untersuchungen, die der Verfasser an der Universität Göttingen im Schwerpunkt zwischen 2006 und 2011 durchgeführt hat. Nach einer kurzen Darstellung der Nieschlagschen Betriebsformentheorie und einer Gegenüberstellung mit jüngeren Entwicklungen wird zunächst die Entwicklung der Ladennetzstruktur nach Betriebsformen nachgezeichnet und Unterschiede der Kosten- und Leistungsfaktoren untersucht. Anschließend wird anhand ausgewählter Studien gezeigt, wie die Betriebsformenentwicklung aus dem Blickwinkel des Kundennutzens einzuschätzen ist und welche Schlussfolgerungen für die Dynamik der Betriebsformen gezogen werden können.

1.2 Grundlinien der Betriebsformentheorie Nieschlags

Betriebsformen spiegeln unternehmerische Konzepte wider, die durch jeweils spezifische Kombinationen der Produktionsfaktoren Ware, Raum und Personal die Warendistribution „... in einer jeweils neuen und originellen Weise (ermöglichen [der Verfasser]), wodurch diese Gebilde in eindeutiger Weise gekennzeichnet werden" (Nieschlag und Kuhn 1980, S. 83) können. Da es methodisch und im Hinblick auf eine komparative Analyse müßig wäre, letztlich einzelne Unternehmenskonzepte für sich zu analysieren, fassen Betriebsformen Handelsbetriebe zu Gruppen zusammen, die bzgl. typologischer Muster nach konstitutiven Merkmalen vergleichbar sind (vgl. zum typologischem Ansatz Knoblich 1969).

Die Dynamik der Betriebsformen kann als ein Schlüsselkonzept der modernen Handelsforschung bezeichnet werden. Es eröffnete die Einsicht, dass der branchentypische Wandel im Handel offenbar gewissen Gesetzmäßigkeiten gehorcht. Als Robert Nieschlag 1954 das Konzept der Dynamik der Betriebsformen entwickelte, stand der Einzelhandel gerade an der Schwelle zur modernen Warendistribution (vgl. Nieschlag 1954). Diese kann dadurch gekennzeichnet werden, dass die zunehmenden distributiven Aufgaben im Zuge einer aufkommenden Massenproduktion auch einer Neuausrichtung der unternehmerischen Konzeptionen im stationären Einzelhandel bedurften: „Diese Betriebe sollen den Fortschritt bringen; die Effizienz soll gesteigert werden. Man bemüht sich, die Handelsleistung besser und billiger zu erfüllen, als es bisher geschieht." (Nieschlag und Kuhn 1980, S. 85).

Als Kernelemente dieser rationelleren Form der Warendistribution beobachtete Nieschlag, dass die Rationalisierung vor allem durch neue Verkaufskonzepte in den Läden (Selbstbedienung) und andere Organisationsprinzipien der rückwärtigen Dienste (Aufkommen kooperativer, vertikal zunehmend integrierter Gruppen oder Filialsysteme) erreicht wurde. Nieschlag stellte fest, dass sich neue unternehmerische Konzeptionen im Markt mittels bestimmter Prinzipien durchzusetzen begannen und diese Unternehmenskonzepte im Zuge der Marktdurchdringung einen Wandlungsprozess durchmachten, bis sich irgendwann ihre Ausbreitungsgeschwindigkeit abschwächt. Diesen Prozess bezeichnete er als die Dynamik der Betriebsformen (Nieschlag und Kuhn 1980, S. 85 ff.):

- Der Prozess beginnt mit der Entstehung und dem Aufstieg, der laut Nieschlag in der weit überwiegenden Anzahl der Fälle durch die Dominanz des Preiswettbewerbs gekennzeichnet ist.
- Zur Steigerung einer zunehmenden Marktdurchdringung neuer Betriebsformen kommt es dann zu einem Übergang vom Preis- zum Nichtpreiswettbewerb, der vor allem durch Maßnahmen des trading up gekennzeichnet ist. Die anfänglich schnelle Marktdurchdringung einer Betriebsform verlangsamt sich und kommt allmählich zum Stillstand.
- Dadurch gehen die ehemals neuen Betriebsformen zunehmend in das Stadium der Reife und der Assimilation über. Während die Reife auf den Verlust des Neuigkeitsgrades hinweist, kennzeichnet der Assimilationsprozess den wachsenden Wettbewerb mit Nachahmern bzw. Anpassungsmaßnahmen der etablierten Betriebe. Durch die Angleichung zwischen Newcomern und etablierten Betrieben nimmt die Austauschbarkeit zwischen Mitbewerbern immer mehr zu. M. a. W.: Der ursprüngliche Wettbewerbsvorteil, der auf einer rationelleren Durchführung der Handelsfunktion beruhte, erodiert im Wettbewerbsprozess zunehmend (Nieschlag und Kuhn 1980, S. 96 f.).
- Dabei hält Nieschlag die Politik des trading up für praktisch unumkehrbar, weil „auf diese Weise ... auch der allgemeinen Erhöhung des Konsumstandards Rechnung getragen" (Nieschlag und Kuhn 1980, S. 100) wird. Da trading up vor allem Umsatzerhöhungen auslösen soll, indem sowohl die mittels Preispolitik gewonnenen Kunden gebunden als auch neue, weniger preissensible Kunden zusätzlich angesprochen werden, kommt es zu grundsätzlichen Änderungen im Investitions- und Ertragsgefüge: Indizien des trading up sind ein Anstieg der Vorrats- und Anlageinvestitionen, ein Rückgang des Kapital- und Lagerumschlages und – aufgrund einer Ausweitung der Sortimente auch auf „Langsamdreher" – ein Anstieg der Spannen (Nieschlag und Kuhn 1980, S. 100).

Das Konzept von der Dynamik der Betriebsformen bezieht sich nicht nur auf die Outlet-Ebene (Ladeneinzelhandel), sondern auch auf die von den Handelsunternehmen verfolgte Gesamtstrategie (Nieschlag und Kuhn 1980, S. 90 ff.). Neben der Outletebene sind die unterschiedlichen Konzepte der vorgelagerten Stufen ebenfalls differenzierungsrelevant (Filialsysteme, kooperative Gruppen [freiwillige Ketten, Einkaufsgenossenschaften]). Dies trägt der Tatsache Rechnung, dass ein Großteil der Rationalisierungserfolge vergangener Pioniertaten nicht der Outlet-Ebene allein, sondern der Multiplikation des Ladenkonzepts bzw. der systematischen Zusammenarbeit in Kooperationen entsprang.

1.3 Finale Wettbewerbsmuster nach der Betriebsformentheorie?

Nieschlag selbst wies darauf hin, dass es auch Ausnahmen von den dynamischen Prinzipien des Betriebsformenwandels gibt und führte als Beispiel die Boutiquen an. Gleichwohl ging er bei der Dynamik der Betriebsformen von naturgesetzähnlichen Regelzusammenhängen aus. Denn von diesen Einzelfällen gingen kaum größere Wirkungen auf Hersteller und Verbraucher aus (Nieschlag und Kuhn 1980, S. 101). Die „Dynamik der Betriebsformen" entwickelte sich damit zu einem Erklärungskonzept für die großen Entwicklungslinien im Einzelhandel. Als typisches Strategiemuster geht es von einem preispolitisch bestimmten Markteintritt von Innovatoren aus und sagt einen durch Wettbewerb ausgelösten Angleichungsprozess zwischen allen Anbietern vorher. Denkt man diesen Grundprozess zu Ende, dann müsste sich langfristig ein strategisches Patt im Einzelhandel einstellen, dass durch folgende Abläufe geprägt wäre:

- Trading up bewirkt eine Angleichung der Innovatoren an das etablierte Preisniveau „von unten"; Nachahmung und Anpassungsmaßnahmen der Etablierten führen zur Angleichung an die Kosten- und Leistungsstrukturen der Innovatoren „von oben".
- Jede i. S. v. Nieschlag signifikante Betriebsformeninnovation führt also zu einem Rationalisierungsschub, bei dem die Innovatoren ihre Vorsprungsgewinne jedoch wieder verlieren. M. a. W.: Die gesamtwirtschaftliche Handelsleistung wird theoriegemäß insgesamt effizienter erbracht, wobei aber die Innovatoren das Effizienzniveau im Wettbewerbsprozess nicht aufrechterhalten können.
- Sobald die Rationalisierungsspielräume einer neuen Betriebsform ausgeschöpft wurden, nimmt der Anreiz zu Prozessinnovationen ab, die Angleichung zwischen Newcomern und Etablierten beschleunigt sich. Diese Phase wird daher durch fehlende Markteintritte neuer Betriebsformen und einen abnehmenden Differenzierungsgrad der am Markt vorhandenen Betriebsformenkonzepte gekennzeichnet sein.
- Insofern legt Nieschlags Theorie eine endliche oder zumindest eine sich abschwächende Betriebsformendynamik nahe. Denn das Erklärungskonzept basiert auf der Nutzung von Rationalisierungsvorteilen im Vergleich zu etablierten Angebotsformen. Rein formal endet die Dynamik der Betriebsformen in einer gesamtwirtschaftlichen Assimilation der Angebotsformen, sobald die Rationalisierungsspielräume in der Distribution ausgeschöpft worden sind. Damit ist nach Nieschlags Theorie langfristig ein wachsender Nichtpreiswettbewerb mit zunehmend austauschbaren Anbietern zu erwarten.
- Eine solche Erstarrung der Betriebsformendynamik bei abgeschwächtem Preiswettbewerb entspräche dem Wettbewerbsmuster eines engen Oligopols mit weitgehend verteilten und stagnierenden Märkten, auf denen durch Rationalisierung der Warendis-

tribution und im Warenein- und -verkauf keine Wettbewerbsvorteile mehr errungen werden können. In der Endphase dieses Wettbewerbs würden auch weitere Fusionen keine Wettbewerbsvorteile mehr ermöglichen, abgesehen davon, dass sie dann im Allgemeinen kartellrechtlich auch nicht mehr genehmigt würden.

Im Folgenden werden die Entwicklungen der vergangenen Jahre danach beleuchtet, ob diese Muster im Marktverhalten des LEH tatsächlich zu beobachten gewesen sind.

1.4 Ladennetzentwicklung im LEH

Noch 1991 umfasste das Einzelhandelsnetz gut 85.000 Geschäfte. Bis 2010 hatte sich ihre Anzahl auf knapp 40.000 mehr als halbiert. Gleichwohl hat Deutschland nach Österreich immer noch das dichteste LEH-Netz in der EU (Abb. 1.1). Es basiert wie in Österreich und Italien auf einem überproportionalen Anteil von Läden unter 1000 m^2 Verkaufsfläche (über 75 %). In Deutschland ist allerdings auch der Anteil mittelgroßer und großer Läden überdurchschnittlich. Bemerkenswert ist, dass andere Flächenländer mit ebenfalls hoher Bevölkerungsdichte (insbesondere Frankreich, Großbritannien und Italien) ein deutlich weitmaschigeres LEH-Netz aufweisen.

Während die Verkaufsfläche im deutschen LEH seit der Wiedervereinigung um 60 % (2,4 % p. a.) gestiegen ist, ging ihre Produktivität (Umsatz/m^2) im gleichen Zeitraum jedoch um fast 13 % (0,7 % p. a.) zurück (Abb. 1.2). Die Verkaufsflächenentwicklung hat

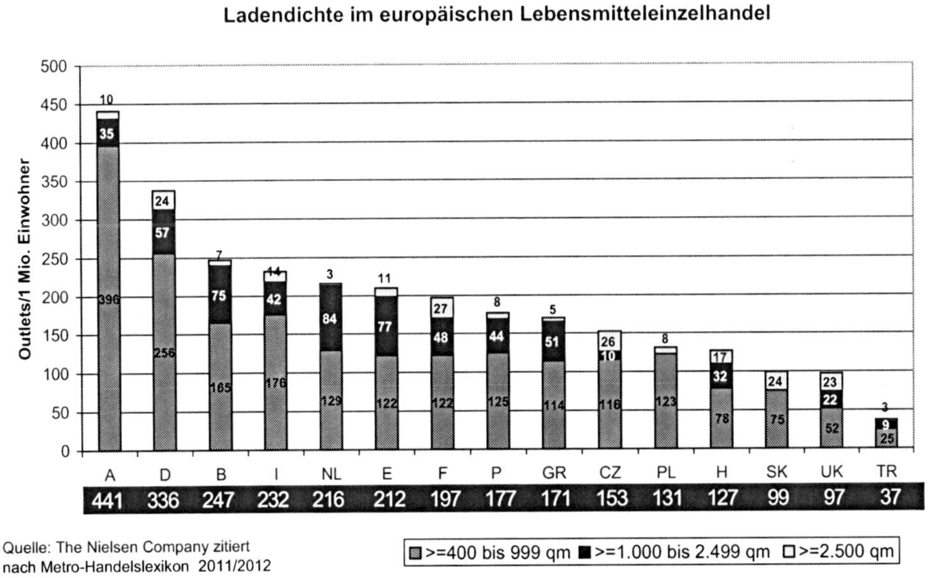

Abb. 1.1 Ladennetzdichten im LEH in ausgewählten Ländern der EU

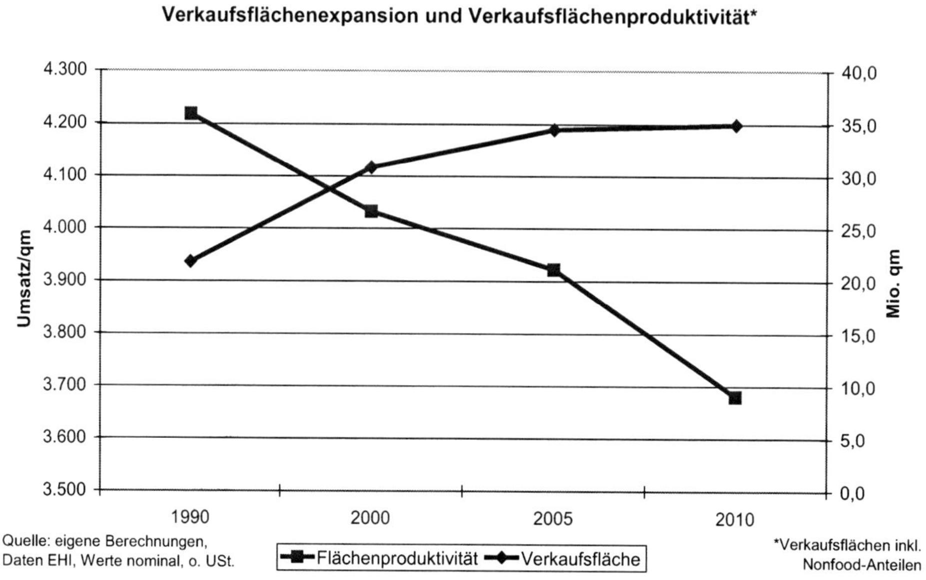

Abb. 1.2 Verkaufsflächenwachstum und Flächenproduktivität seit 1990

sich damit trotz des Wiedervereinigungsbooms von der Nachfrageentwicklung auch in den alten Bundesländern bis heute abgekoppelt. Die Flächenzuwächse haben in den letzten Jahren zwar deutlich abgenommen und scheinen inklusive aller Nonfood-II-Flächen bei etwa 35 Mio. m^2 eine (vorläufige) Grenze erreicht zu haben.[1] Die Nominalentwicklung wird zusätzlich durch eine sinkende Mengennachfrage verschärft, die jüngst auf 0,4 % p. a. taxiert wurde (Cama 2012, S. 56 f.). Der LEH steht damit vor einem immer noch zunehmenden Rationalisierungsdruck, da er seine Vertriebskosten auf eine rückläufige Menge verteilen muss.

Bereinigt man die Gesamtverkaufsflächen um Nonfood-Flächen bei SB-Warenhäusern und Verbrauchermärkten, lassen sich mit zusätzlichen Quellen des EHI weiterführende Analysen zur Verkaufsflächen- und Betriebsformenentwicklung durchführen, die für einen längeren Zeitraum einen Eindruck vom Wandel im Handel vermitteln. Einen Eindruck von der Verdrängungswirkung der Flächenexpansion vermittelt die folgende Abb. 1.3. Die in den letzten 10 Jahren neu entstandenen Betriebe mit etwa 8,3 Mio. m^2 (32 % des Anfangsbestands in 2000) haben nach Einschätzungen des Verfassers rd. 5,1 Mio. m^2 Bestandsfläche freigesetzt (gut 19 % des Anfangsbestands in 2000 in Form von Betriebsschließungen oder -umnutzungen). Festzuhalten bleibt, dass ein geringfügi-

[1] Diese Entkopplung von Flächenausstattung und Handelsvolumen ist bereits in den 1990er Jahren für die Gesamtflächenentwicklung beobachtet worden, die bis Anfang der 1990er Jahre weitgehend durch die Nachfrageausweitung getragen wurde (vgl. Lademann 1999, S. 530 ff.).

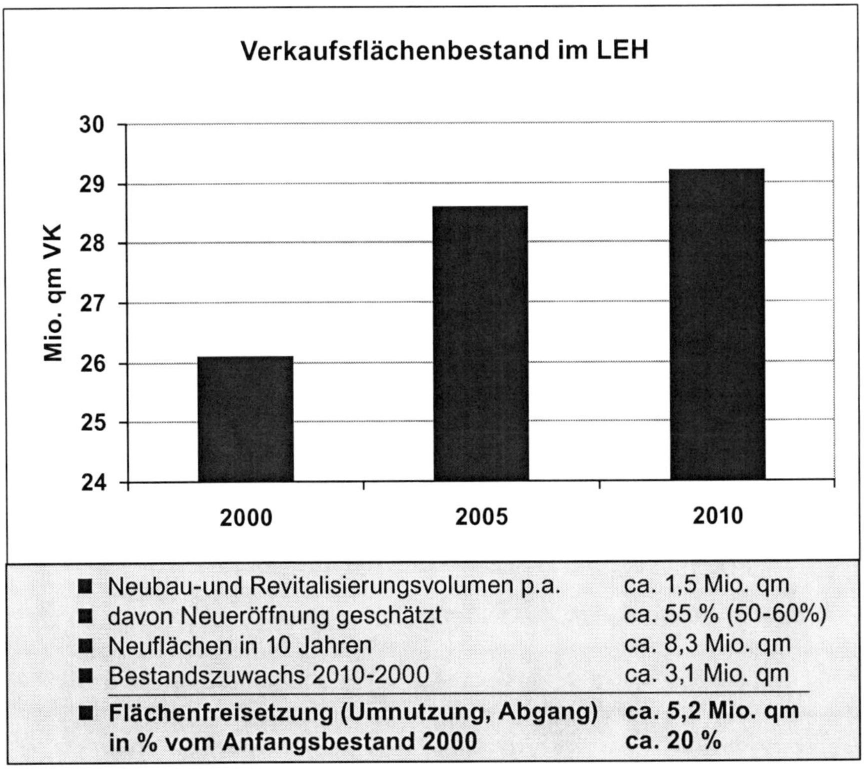

Quelle: eigene Schätzungen, Daten Inframation, EHI, Hinweis: SB-Warenhäuser und Verbrauchermärkte wurden nur mit ihrer Food-Verkaufsfläche berücksichtigt.

Abb. 1.3 Entwicklung der Verkaufsflächen im LEH

ger, aber abnehmender Zuwachs im Bestand (0,4 % p. a.) zu verzeichnen ist und damit die Gesamtfläche im LEH immer noch langsam wächst.

Verkaufsflächenexpansion und Neueröffnung revitalisierter Läden erreichen jährlich etwa 1,5 Mio. m^2. Sie werden durch Großflächen einerseits und Mittel- bzw. Kleinflächen andererseits geprägt. Der Anteil an Großflächen ab 3000 m^2 Verkaufsfläche an der jährlichen Gesamtexpansion beträgt jedoch nur rd. ein Viertel. Der größte Teil der Standortexpansion wird demnach von klein- und mittelflächigen Betriebsformen getragen (Abb. 1.4).

1.5 Betriebsformen des LEH – Grundbegriffe und Entwicklungslinien

Die nachfolgende wettbewerbsökonomische Analyse erfordert, den Untersuchungsgegenstand definitorisch zu strukturieren und die Entwicklungslinien im LEH herauszuarbeiten. Der LEH handelt Waren des täglichen, oder periodischen Bedarfs. Zu diesen Fast-Moving-Consumer-Goods (FMCG) zählen Nahrungs- und Genussmittel, Tabakwaren,

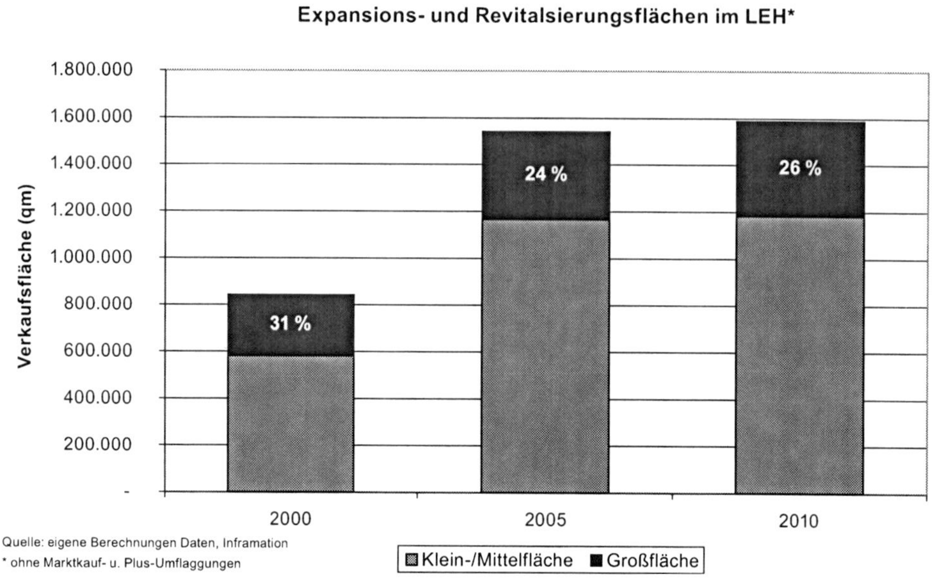

Abb. 1.4 Verkaufsflächenexpansion im LEH in Deutschland insgesamt

Zeitungen, Zeitschriften, Blumen und Tierfutter. Die Betriebsformenentwicklung wird durch die Ausbreitung der Discounter, eine allmähliche Zunahme der Mittel- und Großflächen sowie durch Betriebsaufgaben im kleinflächigen Einzelhandel beschrieben. Die LEH-Betriebsformen lassen sich wie folgt charakterisieren (Definitionen entsprechen weitestgehend der Begriffsabgrenzung des EHI):

- Supermärkte sind Einzelhandelsgeschäfte mit einer Verkaufsfläche zwischen 400 und 2500 m^2 mit umfassendem (Breite) und punktuell sehr tiefem Lebensmittelsortiment inkl. Nonfood-I sowie geringem Verkaufsflächenanteil bei Nonfood-II. Diese Definition schließt die frühere Unterscheidung in Supermärkte (400 bis 800 m^2) und kleinere Verbrauchermärkte ein.
- Große Supermärkte sind Einzelhandelsgeschäfte mit einer Verkaufsfläche zwischen 2500 und 5000 m^2 mit breitem und teils sehr tiefem Lebensmittelsortiment inkl. Nonfood-I sowie Nonfood-II. Diese Definition ist nahezu deckungsgleich mit den früheren großen Verbrauchermärkten.
- SB-Warenhäuser sind Einzelhandelsgeschäfte mit einer Verkaufsfläche von mindestens 5000 m^2 und einem breitem und überwiegend sehr tiefem Lebensmittel-, Nonfood-I sowie Nonfood-II-Sortiment.
- Discounter sind Einzelhandelsgeschäfte mit einer Verkaufsfläche von meist unter 1000 m^2, die ein flaches Lebensmittelvoll- sowie Nonfood-I-Sortiment mit hoher Umschlagsgeschwindigkeit sowie ein regelmäßig wechselndes, aktionsgeprägtes Nonfood-II-Sortiment führen.

- Kleinflächen sind in diesem Betrag alle Einzelhandelsbetriebe mit Lebensmittel- und Nonfood-I-Vollsortiment auf Verkaufsflächen unter 400 m^2. Sehr geringe Nonfood-II-Anteile werden arrondierend angeboten.

Supermärkte, große Supermärkte und SB-Warenhäuser werden aufgrund ihrer umfangreichen und meist tief gegliederten und serviceorientierteren Sortimente im Folgenden auch als „Vollsortimenter" bezeichnet. Sie bilden einen Gegensatz zu Discountern, die mit ihren nahezu ebenso breiten, aber weitaus flacheren Sortimenten eine Preisorientierung aufweisen und als Vollversorger bezeichnet werden. Große Supermärkte und SB-Warenhäuser werden im Weiteren auch als Großflächen bezeichnet. Die o. a. Betriebsformen gehen auf fünf wesentliche Entwicklungslinien zurück:

- Vollsortimenter beruhen auf der Idee, den Verbrauchern angesichts des nach dem zweiten Weltkrieg stark gewachsenen Warenangebots weiterhin den Einkauf unter einem Dach zu bieten. Die Größenunterschiede zwischen Supermärkten, großen Supermärkten (Verbrauchermärkte) und SB-Warenhäusern repräsentieren damit historisch betrachtet unterschiedliche Entwicklungsstadien ein und derselben Grundidee.
- Die o. a. Betriebsformen sind ferner auch ein Reflex auf die Siedlungs- und Mobilitätsentwicklung in Deutschland. Die LEH- und Siedlungsstrukturen sind zwei Seiten ein und derselben Medaille, die durch die Verkehrsentwicklung verbunden sind. Die Suburbanisierung und Motorisierung hat neben der Betriebsgrößenkomponente der LEH-Betriebsformen (Verkaufsfläche) auch die Standortentwicklung maßgeblich beeinflusst. Das LEH-Netz hat sich abgesehen von den historisch in die Wohnbebauung integrierten Kleinflächen auf Standorte mit einer leistungsfähigen individualverkehrlichen Erschließung bzgl. des fließenden und ruhenden Verkehrs ausgerichtet.
- Die dritte tragende Säule ist der Nonfood-Anteil, genauer: der Nonfood-II-Anteil, der mit zunehmender Verkaufsfläche zunimmt. Er hat gerade bei den SB-Warenhäusern keine nur akzessorische Funktion, die den Lebensmitteleinkauf ergänzen soll. Es soll als strategisches Angebot einen eigenständigen Besuchsanlass auslösen und aufgrund der geringeren Bedarfsperiodizität ein größeres Einzugsgebiet erreichen, aus dem heraus wiederum Verbundeffekte mit dem Food- und Nearfood-Sortiment ausgelöst werden – und umgekehrt.
- Die Discountidee geht zum einen auf die gleichen Wettbewerbskräfte zurück, die zur Entwicklung der Vollsortimenter geführt haben. Viele Kleinflächen oder kleinere Supermärkte konnten das wachsende Warenangebot nicht mehr präsentieren, so dass diese Betriebsformen sich auf Waren mit hoher Umschlagsgeschwindigkeit („Schnelldreher") ausrichteten.
- Schließlich wurde die Discountidee vor allem durch das Aufkommen von Handelsmarken forciert, die wiederum auf die bis 1973 noch zulässige „Preisbindung der zweiten Hand" beschleunigt wurde. Unternehmen des LEH, die gegen die Preisbindung der Hersteller verstießen und nicht mehr beliefert wurden, begannen eigene Sortimente zu entwickeln, um die Nichtbelieferung mit Markenartikeln zu kompensieren.

1.6 Betriebsformenentwicklung im LEH

Die Anzahl der Läden der o. a. Betriebsformen hat sich binnen 5 Jahren durch das Vordringen von Discountern und Vollsortimentern von rd. 44.000 auf noch gut 39.000 verringert (Abb. 1.5). Die Discounterstandorte legten um 1,8 % p. a. zu, die der Supermärkte (vormals wurde diese Betriebsform als Super- und kleine Verbrauchermärkte ausgewiesen) um 1 % p. a., die großen Supermärkte (auch große Verbrauchermärkte genannt) um 2,7 % p. a. und die SB-Warenhäuser um 0,5 % p. a. Dabei konnten Discounter um 2,1 Mio. m^2 zulegen, die Supermärkte (lt. EHI) noch um 1,5 Mio. m^2, während die größeren Betriebsformen nur geringfügige Flächenzuwächse aufweisen (Abb. 1.6).

Der Umsatz der Kleinflächen ist seit 2006 um gut 25 % gesunken. Das stärkste Umsatzwachstum verzeichneten im gleichen Zeitraum die großen Supermärkte (+11,2 %) noch vor den Discountern (+7,7 %). Supermärkte und SB-Warenhäuser legten noch um 2,3 % bzw. 2,2 % zu. Bedenkt man, dass es sich um nominale Werte handelt, haben diese Betriebsformen trotz Netzausweitung real Umsatz verloren (Abb. 1.7).

Es zeigt sich, dass die räumliche Gesamtinterdependenz der LEH-Betriebe durch das Abschmelzen der Kleinbetriebe zwar leicht abgenommen, tatsächlich aber unter den Mittel- und Großbetrieben deutlich zugenommen hat, denn deren Einzugsbereiche überlappen sich stärker denn je (sinkende Versorgungsradien).

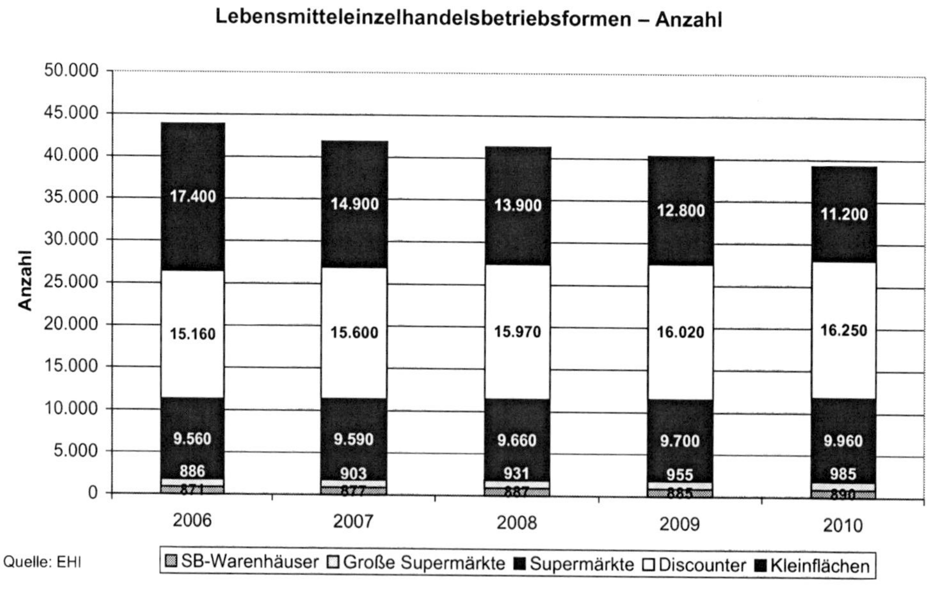

Abb. 1.5 Die jüngere Netzentwicklung nach Betriebsformen

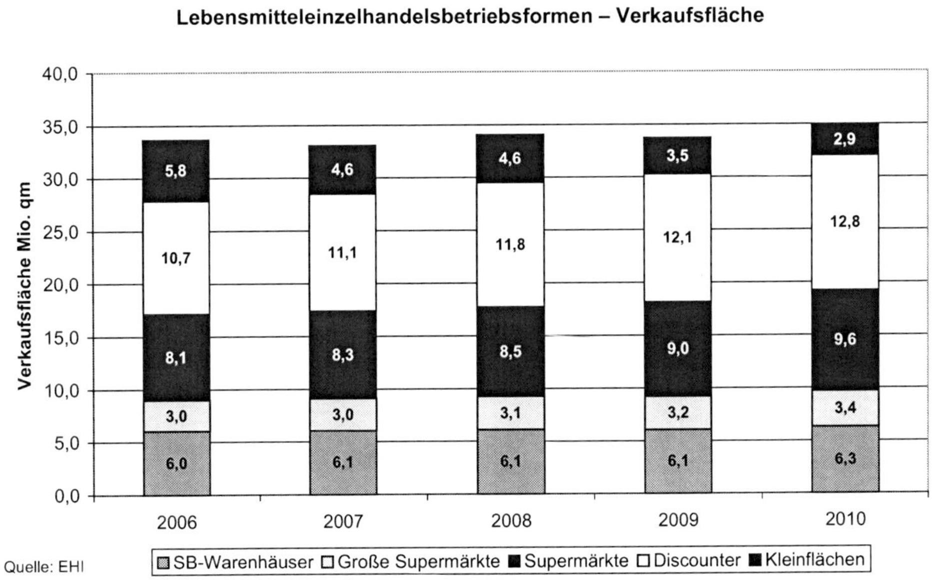

Abb. 1.6 Die jüngere Verkaufsflächenentwicklung nach Betriebsformen

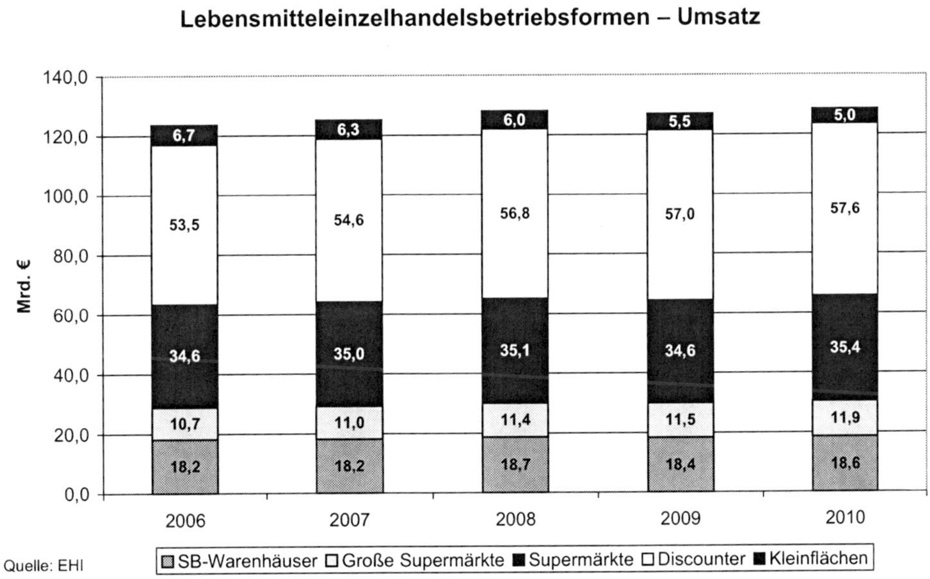

Abb. 1.7 Die jüngere Umsatzentwicklung nach Betriebsformen

1.7 Kennzahlenanalyse nach Betriebsformen

Die LEH-Betriebsformen entwickeln sich folglich mit unterschiedlicher Geschwindigkeit. Unter den Kleinflächen befinden sich angesichts der Abschmelzungsrate offenkundig zahlreiche Grenzbetriebe. Die SB-Warenhäuser haben den Zenit ihrer Entwicklung offenbar erreicht und stagnieren dagegen. Dies zeigt ein Blick auf die unterschiedlichen Wachstumsraten der Betriebsformen (Abb. 1.8).

Anhand der obigen durchschnittlichen Veränderungsraten wird deutlich, dass die Verkaufsflächen vor allem durch anhaltendes Vordringen der Discounter und Supermärkte sowie auf einem etwas geringeren Niveau auch durch die großen Supermärkte (= große Verbrauchermärkte) wuchsen. Dabei wird die durchschnittliche Wachstumsrate der Discounter noch vom Wachstum der großen Supermärkte (= große Verbrauchermärkte) übertroffen. Diese Entwicklung bedeutet einen Widerspruch zur Betriebsformentheorie, wonach die preisaggressiven, effizienteren Formate schneller als die etablierten Betriebsformen wachsen sollten.

Abbildung 1.9 unterstreicht, wie sehr sich die heterogenen Entwicklungsgeschwindigkeiten auf die Flächenleistung (Umsatz/m^2 Verkaufsfläche) ausgewirkt haben. Die großen Supermärkte konnten ihr Flächenwachstum noch am besten in Umsatzwachstum umsetzen: Die Betriebsform konnte ihren Umsatz um 2,1 % p. a. erhöhen, so dass der Rückgang der Flächenproduktivität mit −0,7 % p. a. gerade im Vergleich zu den Supermärkten ver-

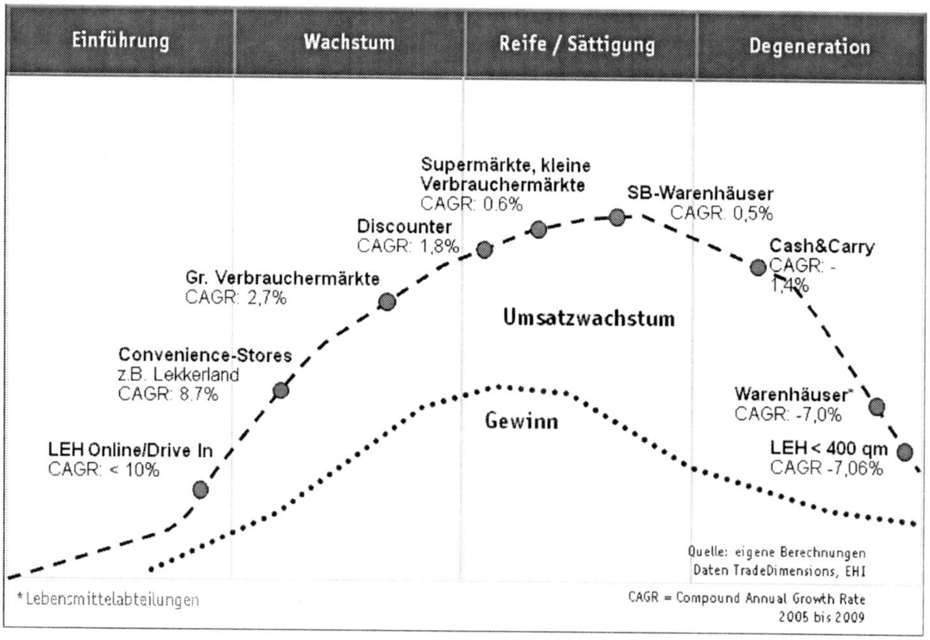

Abb. 1.8 Umsatzwachstum und Lebenszyklus von Betriebsformen

Jährliche geometrische Veränderungsraten 2006–2010

Merkmale	SB-Warenhäuser	Große Supermärkte	Supermärkte	Discounter	Kleinflächen	Gesamt
Anzahl	0,5%	2,7%	1,0%	1,8%	-10,4%	-2,7%
Verkaufsfläche	1,1%	3,4%	4,1%	4,5%	-16,0%	0,9%
qm/Betrieb	0,5%	0,7%	3,0%	2,7%	-6,2%	3,7%
Umsatz	0,4%	2,1%	0,5%	1,5%	-5,7%	1,0%
Umsatz/qm	-0,5%	-0,7%	-3,4%	-2,5%	10,6%	0,0%

Quelle: eigene Berechnungen, Daten EHI, Werte nominal; SB-Warenhäuser und große Supermärkte inkl. Nonfood.

Abb. 1.9 Kennzahlen zur Betriebsformenentwicklung

gleichsweise gering ausfiel. Der kräftige Produktivitätszuwachs bei den Kleinflächen kann außer auf Messungenauigkeiten auch auf neue Formen der Nahversorgung (Convenience-Stores) zurückzuführen sein, die in der Gruppe der Kleinbetriebe nicht gesondert ausgewiesen werden. Bei den Kleinbetrieben ist allerdings weniger das durchschnittliche Wachstum von Bedeutung als vielmehr das insgesamt sehr niedrige Niveau, was diese Gruppe des Ladennetzes in der Gesamtbetrachtung als Grenzbetriebe charakterisiert.

Die Strukturverschiebungen im LEH zeigen, dass der Vormarsch von Discountern und der großen Supermärkte nicht abgeschlossen ist (Abb. 1.5, 1.6 und 1.7). Offenbar ist es (noch) nicht zu einer Assimilation der Wettbewerbsparameter zwischen (ehemaligen) Innovatoren und den Vollsortimentern einerseits und den Kleinflächen andererseits gekommen. Berücksichtigt man auch das unterschiedliche Alter der LEH-Betriebsformen, so ist außerdem eine uneinheitliche Entwicklung der vollsortimentierten Betriebsformen angesichts des anhaltenden Wachstums der Discounter zu beobachten: Während große Verbrauchermärkte (= große Supermärkte) neben kleinen Convenience Stores das stärkste Wachstum aufweisen, entwickelten sich Supermärkte deutlich langsamer. Außerdem verschlechterte sich die Marktposition der LEH-Formate unter 400 m^2 Verkaufsfläche (SB- und Nachbarschaftsläden) stark. Diese Entwicklungen stehen offenkundig im Widerspruch zur Betriebsformentheorie; denn die Assimilationsmöglichkeiten unterscheiden sich offensichtlich nach Betriebsformen.

Es stellt sich daher die Frage, warum die vorhergesagte Assimilation ausbleibt bzw. betriebsformenspezifisch stark differiert. Wie Abb. 1.10 zeigt, treten deutliche absolute Größen- und Leistungsunterschiede bei der Personalproduktivität auf (Umsatz/Beschäftigten). Ferner sind große Unterschiede bei der Anzahl der auf der Verkaufsfläche präsentierten Artikel zu beobachten. Vollsortimenter sind mit sieben bis 10 Artikel je m^2 Verkaufsfläche sortimentiert, Discounter mit weniger als drei. Die Beschränkung der Sortimentsbreite und -tiefe der Discounter auf „Schnelldreher" führt nicht nur zu einer wesentlich höheren Lagerumschlagsgeschwindigkeit, sondern auch zu einer maßgeblich höheren Nachfrage je Artikel auf dem Beschaffungsmarkt. Damit können Discounter Degressionseffekt bei den Herstellkosten besser nutzen als Vollsortimenter. Der höhere Anteil an Handelsmarken, die qualitativ oft auf dem Niveau von Herstellermarken lie-

Produktivitätskennziffern nach Betriebsformen

Leistungskennzahlen*	Supermärkte	Große Supermärkte	SB-Warenhäuser	Discounter**	Kleinflächen
Verkaufsfläche qm (∅)	1.020	3.400	7.400	730	ca. 370
Nettoumsatz (t€) p. a.	6.250	14.480	32.930	2.850	1.360
Rohertrag (% vom Umsatz)	27,00	25,00	22,00	17,00	33,00
Artikelanzahl (∅ gesamt)	10.100	25.000	53.000	2.000	o.A.
Artikelanzahl (∅ o. Nonf. II)	8.900	18.500	23.700	1.700	(ca.4.000)
Umsatz/Artikel (gerundet)	620	580	620	1.430	340
Artikel/qm Verkaufsfläche	9,9	7,4	7,2	2,7	ca. 10,8
Anteil Food + Nonfood I**	0,93	0,91	0,80	0,93	0,96
Flächenproduktivität***	4.670	4.470	4.390	4.861	3.680
Zahl der Beschäftigten****	27,50	59,00	115,50	6,90	7,60
Umsatz/Beschäftigten (ger.)	227.300	245.400	285.100	413.000	179.000
Einkaufsbetrag in € *****	14,75	19,02	31,10	8,60	8,60
Kundenzahl/Tag	1.531	2.773	3.991	880	577
Lagerumschlag**	12,5	18,3	12,7	23,4	9,6

* 2009, Artikelanzahl 2008, gerundet, ** Umsatzanteil Datenbasis 2007, *** in € p. a./qm, **** Vollzeitäquivalent
***** je Kunde und Einkauf

Quelle: eigene Berechnungen, Daten EHI

Abb. 1.10 Leistungs- und Produktivitätskennzahlen nach Betriebsformen

gen und einen Umsatzanteil zwischen 60 (LIDL) und 95 % (ALDI) erreichen, erhöht den durchschnittlichen Preisabstand zu den Vollsortimentern um ein weiteres (Lademann 2012).

Die Leistungsstrukturunterschiede, insbesondere beim Sortimentsumfang und der Ladengröße, bewirken gravierende Kostenunterschiede, die ein divergentes Preissetzungsverhalten nach sich ziehen:

- Vollsortimenter benötigen mit 28 bis 37 % im Durchschnitt erheblich höhere Aufschläge auf die Warenkosten als Discounter (20 %), wobei diese mit zunehmender Größe abnehmen (economies of scale, vgl. vorherige Tabelle). Durchschnittlich liegen die über alle Artikel gemittelten Preisabstände zum Discount bei ca. +20 % (Lademann 2012).[2]
- Discounter können ihr Sortiment einfacher als Vollsortimenter zu Dauerniedrigpreisen („ELO"-pricing [every day low prices]) anbieten, während Vollsortimenter vorrangig auf die HILO-Strategie („High-Low-pricing" oder Loss-Leader-Politik) auf der Basis von Herstellermarken zurückgreifen, um punktuell eine günstige Preisoptik zu erzeugen.
- Inzwischen hat sich diese Politik allerdings deutlich verschoben, weil Vollsortimenter den Anteil an Handelsmarken aufgrund der Expansion der Discounter weiterhin aus-

[2] Die Aufschläge auf die Warenkosten bei Discountern sind insgesamt noch niedriger als hier ausgewiesen, da ALDI nicht enthalten ist.

bauen (Bachl 2010, S. 39) und mit den im Preiseinstiegsbereich angesiedelten Eigenmarken einen Großteil des Sortiments auf Discountniveau anbieten (Lademann 2012).

- Dies hatte zwei Konsequenzen: zum einen hat im Preiseinstiegsbereich tatsächlich eine Assimilation der Vollsortimenter an die Discounter stattgefunden. Die direkte Austauschbarkeit beider Anbietertypen hat hier deutlich zugenommen. Da dadurch der Preisabstand zu den Discountern abgenommen hat, begannen letztere, ihre Preispolitik partiell ebenfalls auf eine HILO-Strategie umzustellen und durch eine wöchentlich wechselnde Nonfood-Aktionspolitik zu ergänzen (Lademann 2012).

Diese Annäherung darf allerdings nicht darüber hinwegtäuschen, dass Vollsortimenter und Discounter ansonsten versuchen, sich auf anderen Gebieten umso stärker zu differenzieren. Discounter versuchen z. B., sich mittels Online-Shopping im Nonfood-Bereich und Online-Services, wie etwa Foto- und Blumenservice oder als Reisebüroportal (ALDI, LIDL) zu profilieren, während Vollsortimenter stärkere Akzente bei der Individualisierung der regionalen Sortimente sowie bei der Bedienung und Beratung setzen. Außerdem zeigt ein Blick auf die Entwicklung der Artikeldichte in den letzten 20 Jahren, dass die Discounter ihrer Sortimentspolitik vom Grundsatz her treu geblieben sind, während die Vollsortimenter praktisch unisono versucht haben, bis etwa 2005 durch Ausweitung der Sortimente und damit durch Differenzierung und Profilierung des Angebots in Breite und Tiefe (Vielfalt, Auswahl) dem Preisdruck der Discounter zu entgehen. Dabei ließen sowohl große Verbrauchermärkte als auch SB-Warenhäuser Anfang der 1990er Jahre den Auswahl- und Kostenabstand zu den Discountern nicht zu groß werden. Durch die anschließende Annäherung an die Artikeldichte der Supermärkte gaben die Großflächen jedoch einen Teil der Preis- und Kostenvorteile gegenüber den Supermärkten auf und erhöhten damit den Preisabstand zu Discountern. Das dürfte zugleich ein Grund für den sich nach 2005 andeutenden Strategiewechsel sein (Abb. 1.11).

Der Vormarsch der Discounter ist zwar nicht nur, aber auch auf die mit der wachsenden Sortimentsvielfalt größer werdenden Kostennachteile der Vollsortimenter zurückzuführen.[3] Entscheidend ist folglich, ob und inwieweit Zahlungsbereitschaft für eine größere Angebotsvielfalt und ggf. damit verbundene bzw. zusätzlich gewährte Services bestand; dies wird unten näher zu untersucht. Der in 2009 sichtbar werdende Bruch mit der vorherigen expansiven Sortimentsentwicklung zeigt indes bereits an dieser Stelle, dass bei den Vollsortimentern ein Umdenken eingesetzt haben muss:

- Bei sämtlichen Vollsortimentern ist zuletzt ein Rückgang der Artikeldichte zu beobachten, der auch als Versuch gewertet werden kann, den Preisabstand gegenüber den Discountern zu reduzieren.
- Seit Anfang der 2000er Jahre hatte sich der Umsatzanteil der Discounter am LEH erheblich vergrößert (vgl. Abschn. 1.6). Wenngleich er heute bei ca. 45 % des LEH-Umsatzes

[3] Die hohe Expansionsgeschwindigkeit der Discounter ist nicht zuletzt auch eine Folge von genehmigungsrechtlichen Verzerrungseffekten, insbesondere durch die Baunutzungsverordnung; dazu zuletzt Monopolkommission (2012).

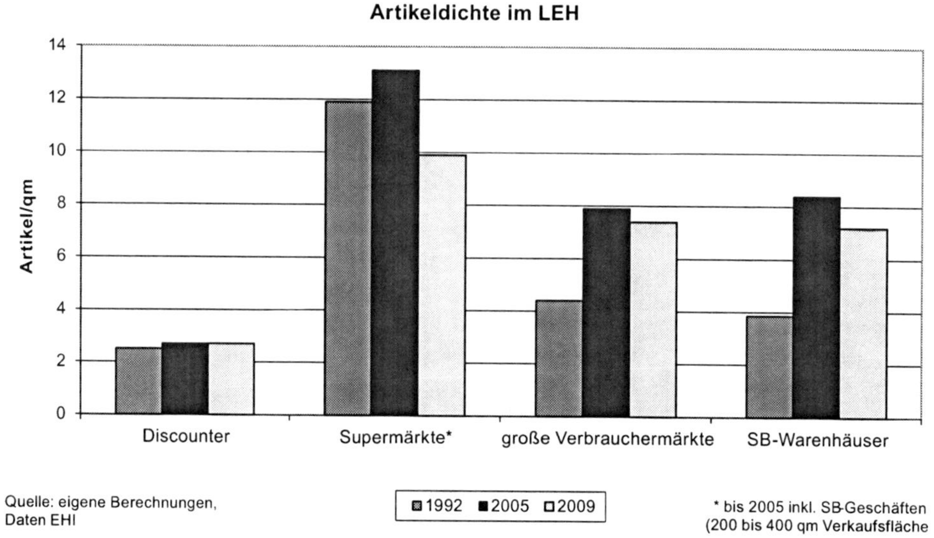

Abb. 1.11 Sortimentstiefe als Wettbewerbsparameter

stagniert (s. o., Bachl 2010, S. 39), dürfte er Auslöser eines starken Expansionsprozesses der Handelsmarken bei den Vollsortimentern sein (GfK), der es diesen Betriebsformen ermöglicht hat, durch Verzicht auf schwächere Herstellermarken die Sortimentstiefe zu reduzieren.

Es lässt sich festhalten, dass die beobachtbaren konzeptionellen Unterschiede eine Assimilation der Wettbewerbsparameter im Preiseinstiegsbereich zwar partiell zulassen, aber ansonsten nicht nur ausschließen, sondern eine unterschiedliche Akzentuierung der Wettbewerbsinstrumente, insbesondere bei der Preispolitik, geradezu bedingen. Der Wettbewerb der LEH-Betriebsformen konvergiert folglich nicht zu immer ähnlicheren, austauschbaren Erscheinungsformen, sondern fördert alternative Konzepte, mit denen sich die Unternehmen versuchen, ihre Betriebstypen möglichst stark voneinander abzuheben. Der zwischen den Betriebsformen divergente Einsatz von Wettbewerbsparametern führt folglich zu heterogenen Handelsleistungen, die um die Zahlungsbereitschaft der Verbraucher konkurrieren. Dies unterstreichen auch die unterschiedlichen Wachstumsgeschwindigkeiten der Betriebsformen. Sie zeigen, dass Betriebsformen mit ihren konstitutiven Unterschieden nur begrenzte Spielräume haben, ihre Ausrichtung an die vorstoßenden, expansiven Betriebsformen anzupassen oder sich durch weitere Profilierung ihrer Strategie von Ihnen abzuheben. Vor diesem Hintergrund ist die Frage von Interesse, warum sich die Assimilation der Sortiments- und Preispolitik nur auf den Preiseinstiegsbereich erstreckt. Deshalb werden nun die Wirkungsprinzipien der unterschiedlichen Marktstrategien und Wettbewerbsparameter näher betrachtet.

1.8 Zur Wirkungsrichtung und -stärke von Wettbewerbsparametern

Um diese Wirkungen zu ermitteln, wird der Einsatz von Wettbewerbsparametern der LEH-Betriebsformen hinsichtlich des Einflusses auf die Auswahlwahrscheinlichkeit der Verbraucher in einer bestimmten Einkaufsalternative einzukaufen, geschätzt. Um die Schätzung der Parameterwirkung auf eine diskrete Entscheidung der Verbraucher zu messen, wird auf zwei 2006 an der Universität Göttingen durchgeführte Untersuchungen auf der Basis von Logit-Modellen (MNL-Modelle) zurückgegriffen (dokumentiert bei Lademann 2007). Den Untersuchungen liegen Verbraucherbefragungen zugrunde, die – obwohl eingeschränkt repräsentativ – gleichwohl die Grundzusammenhänge verdeutlichen. Die Verbraucher wurden zu ihrem Einkaufsverhalten bei Lebensmitteln befragt (Stichprobe n = 400) sowie einem Befragungsexperiment ausgesetzt. Dabei kamen sowohl ein Stated-Choice-Design als auch ein Revealed-Choice-Ansatz zum Einsatz:

- Die *Revealed-Choice-Befragung* nutzte die Angaben der Verbraucher zum letzten Wochen- oder Monatseinkauf (Nennung des Marktes sowie des Ausgabebetrags) sowie zu ihrem Wohnort, um auf der Basis dieser Angaben die Wirkung der Distanz zwischen Wohn- und Einkaufsort sowie der Verkaufsflächengröße zu schätzen.
- Das *Stated-Choice-Experiment* diente dazu, die Wirkungsrichtung und -stärke der Wettbewerbsparameter *Preis* eines Warenkorbs, *Sortimentstiefe* im Foodbereich, *Sortimentsumfang des Nonfood-Sortiments*, *Qualität des Frischwarenangebots*, *Einkaufszeit* für einen Warenkorb und *Anfahrtszeit* je Einkauf anhand von vier im Untersuchungsraum vorhandenen Lebensmittelanbietern abzuschätzen (ALDI, KAUFLAND, LIDL, REAL, der fünfte Anbieter, HERKULES, wurde während der Untersuchung geschlossen und daher nicht weiter berücksichtigt). Dazu wurden die beim letzten Wochen- oder Monatseinkauf genannten Ausgaben als Referenzwerte herangezogen.

Das beobachtbare Marktverhalten der Konsumenten spricht für überwiegend stabile Einkaufsorientierungen, bei dem ein überwiegender Anteil des FMCG-Budgets in einer Haupteinkaufsquelle ausgegeben wird. Wie noch zu zeigen sein wird, bedeutet eine in großen Teilen verteilte Nachfrage keinen wettbewerbslosen Zustand; das Gegenteil kann zutreffen, z. B. wenn der Anteil der volatilen Nachfrage den Ausschlag für die Profitabilität der Unternehmensstrategie gibt oder aber die Bindung (Verhinderung des Wechsels zu Wettbewerbern) der vorhandenen Kunden hohe Marketingkosten verursacht. Die wichtigsten Befunde:

- Praktisch sämtliche Konsumenten (99,8 %) nutzen ein Geschäft als Haupteinkaufsquelle. Im Durchschnitt werden dort 63,8 % der monatlichen Lebensmittelausgaben getätigt, wobei dieser Anteil zwischen rd. 60 und gut 72 % schwankt.
- 79,0 % der Befragten haben ihren Großeinkauf direkt von zu Hause begonnen und bildeten damit die Basis der weiteren Analyse zum Einfluss von Distanz und Verkaufsfläche; 21,0 % koppelten den Großeinkauf mit anderen Wegen, z. B. mit dem Rückweg von der

Arbeit oder mit einer Freizeitaktivität. Lebensmitteleinkäufe sind wegen der meist hohen Temperaturempfindlichkeit für Kopplungsaktivitäten ungeeignet.
- Die Frage nach der zweitbesten Alternative ergab, dass diese nur in 16 % der Fälle der gleichen Betriebsform wie die Haupteinkaufsquelle entsprach. Der Befund bedeutet eine geringe Formattreue der Verbraucher, die allerdings weniger durch die klassischen Marketinginstrumente als vielmehr durch relative Distanzvorteile entstanden. Die Standortpolitik erwies sich dabei als ein sehr wirksamer Wettbewerbsparameter.

Für die im Rahmen des Discrete-Choice-Befragungsexperiments getesteten Parameter wurde anschließend eine Marktsimulation durchgeführt. Dabei wurde über die ermittelten Nutzenfunktionen geschätzt, wie sich die Marktanteile unter den betrachteten Wettbewerbern verändern, wenn ein Anbieter einen der untersuchten Parameter um 10 % variiert. Diese Marktanteilsveränderungen lassen sich auch als Elastizitäten der jeweiligen Wettbewerbsparameter auffassen (Bogenelastizität, Train 2003, S. 61 ff.). Das Ergebnis dieser Simulation zeigt Abb. 1.12:

- Danach hatten die untersuchten Wettbewerbsparameter einen signifikanten Einfluss auf die Auswahlwahrscheinlichkeit der Verbraucher für eine der Einkaufsalternativen.
- Für die Nonfood-II-Sortimente konnte dagegen – egal in welcher Breite und Tiefe – kein signifikanter Einfluss auf die Auswahlwahrscheinlichkeit für einen der Märkte gefunden werden. Es deutet darauf hin, dass sich die permanenten Aktionen im LEH mittels Nonfood-II-Sortimenten „abnutzen".
- Vor allem bei SB-Warenhäusern scheint die Sortimentsstrategie mit einem starken Akzent auf Nonfood-II nicht mehr aufzugehen, wenngleich die Wirkungsrichtung ein positives Vorzeichen aufwies. Insofern verwundert es nicht, wenn expansive Großflächenanbieter im LEH, wie Kaufland, ihren Nonfood-II-Anteil reduziert haben, während direkte Wettbewerber, wie real,- oder Marktkauf unter Restrukturierungsdruck geraten sind.

Im Foodbereich wiesen die gefundenen Regressoren die erwartete Wirkungsrichtung auf, was für die Validität der Befunde spricht:

- Der Preis, die Anfahrtszeit (als Indikator für Distanz) und die Einkaufszeit (Auswahlprozess und Kaufabwicklung im Laden) gehen, wie erwartet, negativ in die Nutzenfunktion ein, während die Sortimentstiefe und das Qualitätsniveau im Foodbereich positiv, also verstärkend wirken.
- Die Anfahrts- und Einkaufszeit sowie der Preis wirken signifikant negativ, eine Verlängerung der beiden Zeitkomponenten oder die Erhöhung des Preises für einen Einkaufskorb verringern folglich die Auswahlwahrscheinlichkeit.

Bemerkenswert ist, wie stark sich die Wirkungen zwischen den Wettbewerbsparametern unterscheiden. Zwei Parameter wirken elastisch (also überproportional, wie der Warenkorbpreis und die Einkaufszeit), während die Anfahrtszeit, die Sortimentstiefe und die

Elastizität ausgewählter Wettbewerbsparameter im LEH

Kriterien	Gesamt
Anfahrtszeit	−0,5
Einkaufszeit	−1,8
Sortimentstiefe	+0,4
Qualität	+0,6
Preis	−3,7

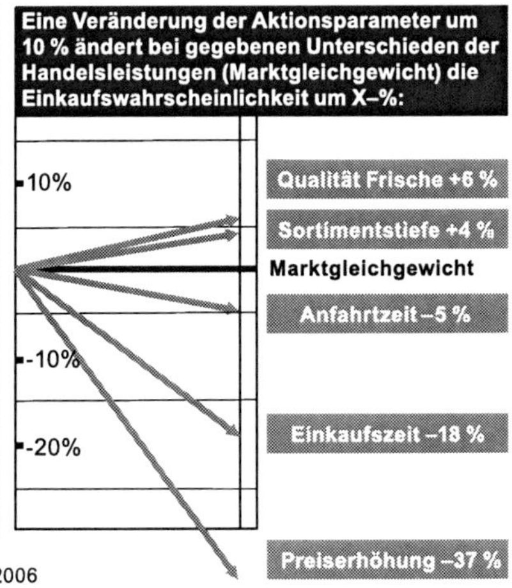

Quelle: Uni Göttingen/Lademann 2006

Abb. 1.12 Wirkungsstärke von Wettbewerbsinstrumenten im Lebensmittelhandel

Qualität der Frischwaren deutlich unelastisch (also unterproportional) auf die Einkaufswahrscheinlichkeit wirken. Die Wirkungsstärke kann zugleich an der Elastizität abgelesen werden. Abweichungen von akzeptierten Preisunterschieden (Preisgleichgewicht), welche keine Wechselbereitschaft auslösen, wirken deutlich stärker als Veränderungen bei der Warenqualität oder Sortimentstiefe. Gleiches gilt für die Einkaufszeit, die im Verhältnis zur Anfahrtszeit eine deutlich stärkere Wirkung hat. Beides erklärt einen Teil der Marktanteilsgewinne der Discounter. Allerdings ist zu erwarten, dass Qualitätsveränderungen wesentlich schwieriger kopierbar sind und insoweit langfristiger bzw. nachhaltiger wirken.[4]

Für das Verständnis des Wettbewerbs unter den Betriebsformen ist auch bedeutsam, dass die Geschäftswahlentscheidung der Verbraucher vergleichsweise stark (hier am zweitstärksten) durch Einkaufszeitunterschiede (also den Einkaufsablauf im Laden) beeinflusst wird. Die Marktanteilsgewinne der Discounter beruhen daher nicht nur auf den wahrgenommenen Preisvorteilen, sondern auch auf den relativen Zeitvorteilen beim Einkauf selbst. Dass die Discounter trotz der zwischenzeitlichen Vergrößerung der Verkaufsflächen und der Sortimentserweiterungen weiterhin neben dem Preis bis heute auf die Einkaufszeitvorteile setzen, zeigen die o. a. Kennzahlen sowie die Grafik zur Artikeldichte (Artikel/m^2 Verkaufsfläche, vgl. Abb. 1.10 und 1.11).

[4] Die hier ermittelte Eigenpreiselastizität von |3,7| wird durch das auf Harddiscounter und SB-Warenhäuser beschränkte Experiment verursacht und ist deshalb elastischer als die an anderer Stelle geschätzte Eigenpreiselastizität von |3,1| (Lademann 2012). Letztere ist aufgrund der breiteren und repräsentativen Datenbasis als zuverlässiger einzuschätzen.

Vor diesem Hintergrund bestätigte sich das bereits anhand der Kennzahlen zuvor gezeigte Nebeneinander unterschiedlicher Formate. Es ergab sich kein Hinweis auf Assimilationseffekte, wenn unterschiedliche Betriebsformen agglomerierte Standorte hatten. Verbraucher akzeptieren folglich Unterschiede in den Handelsleistungen, auch wenn sie räumlich direkt nebeneinander angeboten werden. Dass die Verbraucher keine besonders ausgeprägte Bindung an eine Betriebsform, sondern eher an Standorte haben, spricht weniger für eine heterogene Bedürfnisstruktur, sondern für die Marktgleichwertigkeit unterschiedlicher Betriebsformen, bei denen unterschiedliche Leistungsbündel über praktisch korrespondierende Preisunterschiede ausgeglichen werden:

- Betriebsformen mit begrenztem Sortimentsumfang kompensieren ihren eingeschränkten Angebotsumfang z. B. mit niedrigen Preisen (Discounter) oder Zeitvorteilen bei der Durchführung des Einkaufs sowie durch Standorte in der Nähe von Siedlungsschwerpunkten (Kleinflächen oder Supermärkte).
- Umgekehrt gleichen Betriebsformen mit Preis-Kostennachteilen diese durch eine größere Auswahl, mehr Services oder höhere Warenqualität aus.

Die Ausgangslage innerhalb einer gegebenen regionalen Angebotsstruktur lässt folglich als auch als ein (latentes) Gleichgewicht charakterisieren, das auf Unterschieden bei Handelsleistungen und Preisniveaus beruht, die nicht assimilieren. Die eingesetzten Wettbewerbsparameter sind dabei interdependent verknüpft und wirken im Verbund. So bestimmen Entscheidungen über die Sortimentsdimensionen Breite und Tiefe die Größe der Verkaufsfläche, aber auch eine Reihe von Eckpunkten der Preispolitik, teils die Bedienungsform sowie eine Reihe von Serviceleistungen mit. Vollsortimentsstrategien können insoweit nur begrenzt als Niedrigpreiskonzept umgesetzt werden, wie umgekehrt Discounter zum Ausgleich einer eingeschränkten Auswahl oder eines reduzierten Services den Preis zur Kompensation dieser qualitative Begrenzung des Marketing-Mix quasi zwingend benötigen.

An dieser Stelle ist auf die Elastizitätsunterschiede zwischen den Wettbewerbsparametern zurückzukommen. Der Preis hat abgesehen von der Bedeutung von Standortvorteilen eine sechs- bis achtmal stärkere Wirkung auf die Einkaufsstättenwahl der Verbraucher als die (hier getesteten übrigen) Instrumente des Nichtpreiswettbewerbs. Daraus folgt zweierlei:

- Um Preisnachteile auszugleichen, ist offenbar ein überproportionaler Einsatz von Nichtpreisinstrumenten einzusetzen.
- Da kompensatorische Maßnahmen umso höhere Kosten verursachen, je größer der Preisabstand ist, werden Handelsunternehmen eher dazu tendieren, den Preisabstand zu begrenzen. Dies erklärt u. a. den Ausbau der Handelsmarken bei den Vollsortimentern. Der Preis übernimmt insoweit nach dem Prinzip korrespondierender Röhren eine Ausgleichsfunktion, unterschiedliche Handelsleistungen marktgleichwertig zu machen.

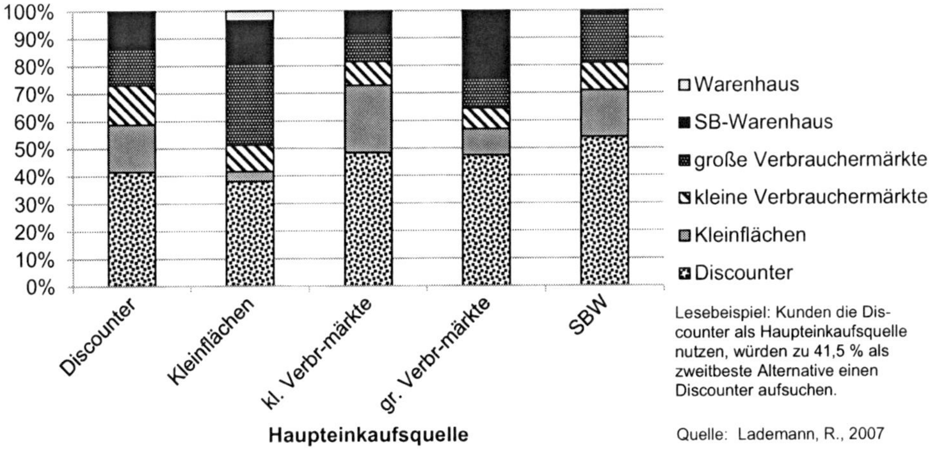

Abb. 1.13 Zweitbeste Einkaufsalternative der Haupteinkaufsquelle (Quelle: Lademann 2007)

- Wegen der starken Wirkung von Preisunterschieden assimilieren sich die konkurrierenden Formate stärker über den Preis als über andere Instrumente. M. a. W.: bzgl. anderer Wettbewerbsparameter sind die Unterschiede nur größer. Sie werden daher vor allem von Vollsortimentern zur Differenzierung untereinander, aber auch von den Discountern eingesetzt.

Eine Assimilation der Wettbewerbsparameter ist im Übrigen gar nicht möglich, solange die Ladengrößen signifikant divergieren; das Sortiment und die Preisstellung eines Discounters lassen sich nicht auf Verbrauchermarkt- oder SB-Warenhausflächen erreichen und umgekehrt. Eine Angleichung des Wettbewerbsverhaltens ist daher nur zu einem gewissen Grad möglich.

Das Marktgleichgewicht im LEH ist folglich durch einen Formatwettbewerb charakterisiert, der bei gegebenen Konzeptunterschieden bei rd. zwei Drittel der Kunden auf stabilen Einkaufsorientierungen beruht. Der Rückschluss auf geringe Wechselwahrscheinlichkeiten bzw. nicht intensiven Wettbewerb ist jedoch nicht statthaft. Der LEH befindet sich nämlich nur in einem latenten Marktgleichgewicht. Die hier beschriebenen stabilen Einkaufsorientierungen auf die Haupteinkaufsquelle sind daran gebunden, dass die Preisabstände und Leistungsunterschiede nur in geringen Bandbreiten abweichen dürfen, weil ansonsten die Wechselwahrscheinlichkeit der Verbraucher aufgrund der hohen Eigenpreiselastizität erheblich ansteigt. Die latente Volatilität der Kunden wird durch die niedrigere Wechselquote zugunsten der gleichen Betriebsform wie die Haupteinkaufsquelle unterstrichen, die für die zweitbeste Alternative nur 19 % beträgt (vgl. Abb. 1.13, s. o.). Die Kunden sind folglich wenig konzepttreu, was trotz der Differenzierungsversuche auf eine hohe Austauschbarkeit der LEH-Betriebsformen hindeutet.[5]

[5] Das Streben nach Differenzierungsvorteilen ist eben nicht mit seinem Erfolg gleichzusetzen.

1.9 Wettbewerbsökonomische Implikationen für den Formatwettbewerb

Die Befunde unterstreichen, dass vom Preiswettbewerb im Vergleich zu anderen Parametern die stärkste Wirkung ausgeht, während Zeit- und Qualitätsvorteile voraussichtlich am schwierigsten zu kopieren sind und daher langfristiger wirken. Die vergleichsweise starke Wirkung des Preiswettbewerbs unterstreicht aber auch, das Unternehmen den Wettbewerbsparameter Preis sensibel handhaben werden. Dies ist in drei Richtungen zu erwarten:

- Stärkere oder über einen längeren Zeitraum herrschende Preisabweichungen von einem Wettbewerbspreisniveau (hierzu nachfolgend) sollten nicht zu erwarten sein. Denn andernfalls würde es zu spürbaren Kundenverlusten kommen.
- Außerdem ist zu erwarten, dass Preisaktionen (vorstoßender Wettbewerb) vor allem von weniger ertragsstarken Wettbewerbern nur mit begrenzter Aggressivität durchgeführt werden, um Preiskriege zu verhindern.
- Schließlich spricht die hohe Eigenpreiselastizität dafür, dass Instrumente des Nichtpreiswettbewerbs präferiert werden, um die Preissensibilität der Verbraucher zu verringern.

So verwundert es nicht, wenn sich Werbeaktionen auf verbreitete und bekannte Eckartikel beschränken und der damit erzielte Umsatzanteil insgesamt 15 bis 20 % nicht überschreitet (o. V. 2011).[6] Im Mittelpunkt dieser Aktionen stehen die sogenannten Schnelldreher, die aufgrund ihrer Bedeutung im Konsum (Verkehrsgeltung) auch den Wettbewerb um Kunden zwischen Discountern und Vollsortimentern bestimmen. Deshalb erstaunt es nicht, wenn gerade die Harddiscounter den Ruf haben, des Öfteren Preisschlachten zu beginnen oder zu disziplinieren (o. V. 2010); sie erzielen zum einen die höchsten Renditen und können daher Preisschlachten länger als ihre Wettbewerber durchstehen (Lademann 2012). Allerdings können sie zum anderen der Abwanderung ihrer Kunden aufgrund ihres Verzichts auf Service und Einkaufserlebnis ansonsten kaum mit anderen Instrumenten entgegentreten.

Wettbewerber, die verstärkt auf Instrumente des Nichtpreiswettbewerbs setzen, reichern ihre rein warenbezogene Distributionsleistung mit unterschiedlichen Serviceleistungen an, die zum Gegenstand des Austauschprozesses mit den Kunden wird (aber auch mit den Lieferanten, Lademann 2012). Kunden kaufen also nicht ein Produkt oder ein

[6] GfK berichtet von einem z. Z. knapp 19 % betragenden Aktionsanteil im Food- und Nonfood-II-Sortiment (o. V. 2011). Dieser Anteil hat sich innerhalb der letzten Jahre kontinuierlich erhöht. Die Auswertung zeigt ferner, dass Discounter mit rd. 13 % Aktionsumsatzanteil deutlich unter, SB-Warenhäuser mit 26 % deutlich über dem Durchschnitt liegen. Angesichts der oben aufgezeigten Umsatzstagnation sowie der oft bestehenden größenbedingten Lagenachteile (dazu nächster Abschnitt) ist diese Aktionsintensität der Großbetriebsform verständlich. Diese Beobachtung unterstreicht aber auch, wie sehr sich die Wettbewerbsbedingungen der einzelnen Betriebsformen unterscheiden und damit ein einheitlicher Einsatz von Wettbewerbsparametern im Lebensmittelhandel nicht zu erwarten ist.

Güterbündel allein, sondern als integralen Bestandteil der gesamten Händler-Kunden-Beziehung ein Produkte-Service-Bündel, für das insgesamt ein Preis entrichtet wird. Differenzierungsrelevanz besitzen (neben anderen, hier nicht betrachteten Instrumenten) wie gezeigt Auswahl, Preise und Zeitvorteile, wofür die Verbraucher Zahlungsbereitschaft besitzen.

Der Versuch, die vom LEH erbrachte Distributionsleistung durch Betriebsformeninnovationen allein rationalisierungsgetrieben verstehen zu wollen, muss daher scheitern. Die Dynamik der Betriebsformen entwickelt sich nicht nur als permanenter Rationalisierungsprozess (Nieschlag und Kuhn 1980). Erst ein Ansatz, der den Warenaustausch und Preisbildung sowie Zahlungsbereitschaften als Teil umfassenderer Produkt-Servicekombinationen analysiert, kann der Betriebsformenentwicklung gerecht werden und den Format- bzw. Betriebsformenwettbewerb angemessen verstehen.[7] Zwei Aspekte sollen daher im Folgenden näher analysiert werden: die Entstehung von Preisdifferenzen im Markt und Aspekte der Raumökonomie im Lebensmittelhandel.

1.10 Wechselbarrieren als Bremser von Assimilationsprozessen

Außer den o. a. Wirkungsunterschieden im Marketing-Mix, die eine Assimilierung verhindern oder verzögern, liegen weitere Gründe in objektiven und subjektiven Wechselbarrieren, die auf Präferenzen (Bequemlichkeit), Transaktionskostenersparnissen (Zeit, Wege- und Suchkosten) und Marktintransparenz beruhen:

- Der Verbraucher hat Präferenzen für ein bestimmtes Produkt-Servicebündel – sprich: für einen Einkauf in einem bestimmten Betriebstyp oder einem ganz bestimmten Laden. Durch die fehlende Wechselbereitschaft in ein anderes Ladenformat verzichtet er darauf, auf preisgünstiger angebotene gleiche Markenprodukte (Intrabrandwettbewerb) oder preisgünstigere Substitute (Interbrandwettbewerb) auszuweichen.
  Vielen Verbrauchern ist es im Durchschnitt offenbar einen Preisaufschlag von durchschnittlich 20 % auf den individuellen Warenkorb wert, ihre Einkäufe bei einem Vollsortimenter anstatt beim Discounter zu tätigen.[8] Auch zwischen den Vollsortimentern herrscht keine Gleichpreisigkeit, weil diese ihre Wettbewerbsparameter ebenfalls differenzieren. So setzen sie unterschiedliche Akzente beim Personaleinsatz sowie beim Umfang an Bedienungsbereichen, betreiben ihre Frischesortimente unterschiedlich, führen in divergentem Umfang Großgebinde, die vor allem große Haushalte bzw. Familien ansprechen, oder verwenden Nonfood-Produkte im Aktionsgeschäft in unterschiedlicher

[7] Dieser Ansatz, der die produktzentrierte Analyselogik durch eine serviceorientierte Betrachtung ersetzt, wird in der Distributions- und Handelsforschung unter „*service dominant logic*" (anstelle einer *product dominant logic*) untersucht (Lusch et al. 2007; Vargo und Lusch 2007).

[8] Analysen von L&A aus dem österreichischen, Schweizer und deutschen LEH ergeben über alle Sortimente und alle Artikel (Industrie- und Handelsmarken) einen im Durchschnitt 20 prozentigen Mehrpreis der Vollsortimenter gegenüber Discountern.

Art und Weise. So ließ sich mittels einer 2011 durchgeführten Marktsimulation von L&A auf der Grundlage eines Logit-Modells für einen führenden Betreiber von Supermärkten und großen Supermärkten bei identischen Marken eine statistisch signifikant höhere Zahlungsbereitschaft gegenüber einem SB-Warenhausbetreiber von 4 bis 7 % nachweisen (Lademann 2012).

- Der Verbraucher ist bereit, für Zeitersparnisse zu zahlen bzw. höhere Produktpreise in Kauf zu nehmen, so dass er unterhalb dieser Schwelle keinen Ladenwechsel vornimmt. Zeitersparnisse können dabei auf drei Ebenen relevant sein:
  - zum einen durch Zeiten für Raumüberwindung (Wegezeit) und erneute Produktsuche und Kaufabwicklung (Einkaufszeit),
  - zum anderen durch Informationssuche, mit der sich der Verbraucher die Voraussetzungen für eine Ausweichreaktion aufgrund zu hoher Preise verschaffen müsste.
  - Schließlich ist dem Verbraucher auch die Auswahl, die Sortimentstiefe, wie oben gezeigt, etwas wert. Sie ermöglicht erst den Einkauf unter einem Dach, der für einige Verbraucher eine hohe Bedeutung hat. Auch er reduziert Suchkosten.
- Die Verbraucher sind nicht bereit, die zahlungswirksamen Transaktionskosten eines Einkaufs zu erhöhen, die durch Wegekosten (Fahrtkosten) oder in Einzelfällen durch Informationsbeschaffung (z. B. durch Erwerb von Medien, Telefonanrufe) anfallen können.
- Es herrscht Preisintransparenz, die sich unabhängig von Betriebsformen- oder Zeitpräferenzen nicht überwinden lässt, so dass der Verbraucher keine Möglichkeit hat, Preisüberhöhungen zu erkennen und deshalb nicht auf Alternativen ausweicht.

Abbildung 1.14 zeigt überdies, dass die Lage ein und derselben Betriebsform für die Zahlungsbereitschaft ebenfalls überaus relevant ist. Sie entscheidet den Wegeaufwand der Konsumenten. In die gleiche Richtung deuten die im nächsten Abschnitt vorzustellenden raumökonomischen Zusammenhänge. Diese Befunde bestätigen, dass die betriebsformenspezifische Zahlungsbereitschaft im LEH stark vom Sortiment und vom Standort abhängen. Nach Abb. 1.14 erwarten die Verbraucher von peripheren Standortlagen einen deutlichen Preisnachlass, während für die Nähe, aber auch für umfangreichere Sortimentsumfänge eine höhere Zahlungsbereitschaft besteht. Die hier beschriebenen Wechselbarrieren schaffen Spielräume vor allem für vollsortimentierte Betriebsformen, ihre serviceorientierte Ausrichtung beizubehalten und nur partiell auf den Preisdruck des Discounters einzuschwenken.

1.11 Wettbewerb im Raum (Standort und Verkaufsfläche)

Die geringe Wechselbereitschaft zur gleichen Betriebsform (s. o.) legt nahe, dass die räumlichen Ausweichalternativen einen erheblichen Einfluss auf die Wahl der Einkaufsstätte haben. Dieser Frage galt die Revealed-Choice-Befragung des Einkaufsverhaltens. Die Antworten wurden vor dem Hintergrund des erhobenen Ladennetzes mit 65 Lebensmittel-

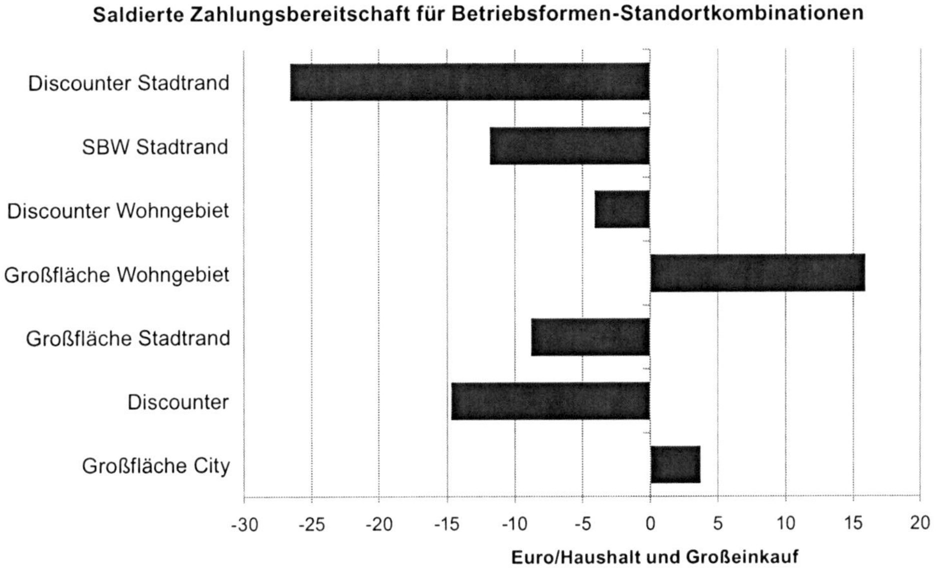

Abb. 1.14 Standortabhängige Zahlungsbereitschaft für Betriebsformen (Lademann 2012)

märkten (alle LEH-Formate, ohne Fach- und Spezialanbieter) sowie der durch die Wohnortangabe berechenbaren Anfahrtswege raumökonomisch ausgewertet. Im Vordergrund standen

- einerseits die Rolle der Lage der Betriebe, gemessen durch die Distanzüberwindungsbereitschaft der Verbraucher (Entfernungen, Zeitdistanzen) zwischen Wohn- und Kaufort,
- andererseits die Bedeutung der Betriebsgröße bei der Wahl der Einkaufsstätte.

Die mittels eines Logit-Modells bestimmten Distanz- und Verkaufsflächenelastizitäten führen wiederum die erwarteten Vorzeichen: Mit zunehmender Distanz sinkt die Auswahlwahrscheinlichkeit eines Wettbewerbers, mit zunehmender Verkaufsfläche der Alternative steigt sie. Dabei zeigt sich, dass die Verbraucher stärker/elastischer auf die Distanz als auf die Verkaufsflächengröße reagieren. So liegen die Elastizitäten für die Distanz im Göttinger LEH bei −1,28, während die Verkaufsflächenelastizität im Mittel 0,96 beträgt. Danach wirkt die Verkaufsfläche nahezu linear (die Einkaufswahrscheinlichkeit verdoppelt sich fast mit Verdoppelung der Verkaufsfläche), während der Standort (Entfernung zum Wohnsitz) die Auswahlentscheidung elastisch beeinflusst (bei doppelter Entfernung sinkt die Einkaufswahrscheinlichkeit um mehr als die Hälfte). Hinzu kommt eine deutlich geringere Varianz der Verkaufsflächenwirkung gegenüber Auswirkung der Distanz. M. a. W.: der Standort wirkt sich stärker auf die Einkaufsstättenwahl der Verbraucher aus als die Größe der Verkaufsfläche. Dies gilt ebenso auf Betriebsformenebene: Discounter- und Verbrauchermarktkunden reagieren kaum stärker auf die Größe der Betriebe als SB-

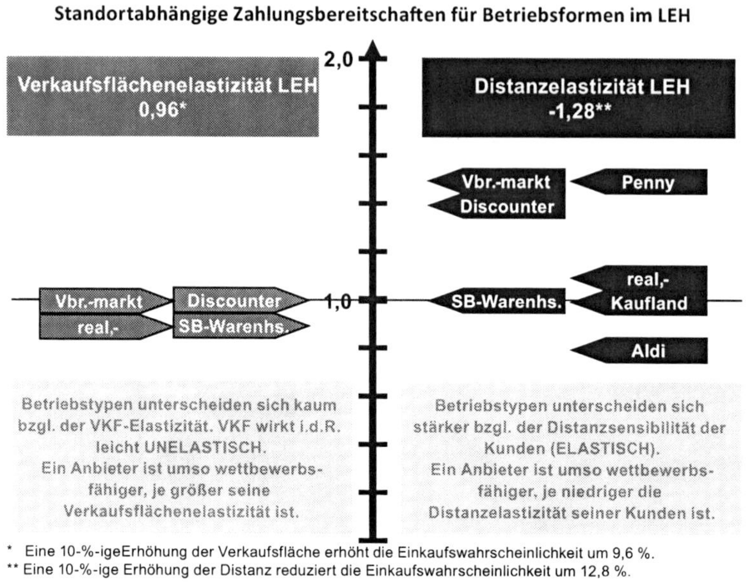

Abb. 1.15 Distanz- und Verkaufsflächenelastizitäten im Lebensmittelhandel

Warenhauskunden; die Auswahlwahrscheinlichkeit für eine Großfläche erhöht sich nahezu flächenproportional.

In der nach Betriebsformen und Betriebstypen (als betreiberspezifisches Betriebsformenkonzept) differenzierten Distanzelastizität kommt letztlich die Attraktivität des Betreiberkonzepts zum Ausdruck. Hier zeigen sich gravierende Unterschiede zwischen Betreibern mit sehr distanzsensiblen Kunden (EDEKA, LIDL, PENNY) und Wettbewerbern, deren Kunden eher andere Einkaufsalternativen auslassen, um ihre Haupteinkaufsquelle aufzusuchen (ALDI, KAUFLAND). Dem Standortwettbewerb kommt insoweit für die Wirkung der Wettbewerbsparameter im Raum große Bedeutung zu. Die Lage zu Bevölkerungsschwerpunkten bestimmt einerseits, ob und welche Anstrengungen ein Format unternehmen muss, um Lagenachteile zu kompensieren, andererseits im Falle von Standortvorteilen nicht unter Anpassungsdruck neuer Betriebsformen oder Mitbewerber im Raum gerät.

1.12 Fazit und Schlussbemerkungen

Die Betriebsformenentwicklung im LEH ist durch einen Verdrängungsprozess von Kleinflächen und Wachstum von Discountformaten sowie vollsortimentierten Betriebsformen gekennzeichnet. Insofern findet ein anhaltender Prozess der Umstrukturierung hin zu effizienteren Betriebsformenstrukturen in der Gesamtbetrachtung statt. Die Betriebsformenentwicklung unter den Vollsortimentern und Discountern ist dagegen mehr durch eine Politik der Differenzierung gekennzeichnet. Dies hat auch mit zzt. offenbar ausgereizten Spielräumen für Betriebsformeninnovativen zu tun. Wenn der LEH nur von etablierten Betriebsformen getragen wird, müssten nach der Betriebsformentheorie starke Assimilationstendenzen bei den Wettbewerbsparametern zu beobachten sein. Das ist aber praktisch nicht der Fall.

Wenngleich im LEH in allen Betriebsformen eine Ausweitung von Preiseinstiegssortimenten mittels Handelsmarken zu beobachten ist, überwiegt das Streben nach Differenzierung der Handelsleistung. Die Wettbewerbsparameter werden hierbei von jeder Betriebsform letztlich kompensatorisch eingesetzt, so dass etablierte Betriebsformen gegen vordringende Innovatoren ihre Profilierung mit Instrumenten ausbauen, die die Innovatoren vernachlässigen (müssen). Der Assimilierungsdruck wird außerdem durch eine Reihe von Wechselbarrieren abgeschwächt. Etablierte Betriebsformen können außer durch einen differenzierungsstarken Marketing-Mix aufgrund von Verbraucherpräferenzen für bestimmte Sortiments-Service-Kombinationen sowie teils durch Standortvorteile (insbesondere durch Nähe) den Anpassungsdruck abschwächen.

Die im LEH dominierenden Entwicklungen betreffen gleichzeitig eine weitere Ausdifferenzierung der Frischesortimente sowie von Instrumenten des Nichtpreiswettbewerbs sowie die Forcierung von Eigenmarken. Insofern gleichen die Vollsortimenter auf einem Teil der Verkaufsfläche ihre Preis- und Sortimentsstrukturen vor allem im Preiseinstiegssegment denen der Discounter an, treiben aber im gleichen Augenblick die Alleinstellungsmerkmale gegenüber Discountern voran. Die Discounter bieten zwar auch eine Reihe von Serviceleistungen und haben in den vergangenen Jahren auf größeren Verkaufsflächen ihre Sortimente ausgebaut, sind aber vom Discountprinzip (vgl. Schnelldreher, Artikeldichte) nicht abgewichen. Es kommt also relativ zu den Vollsortimentern betrachtet nicht zum Trading up. Die tatsächlichen Entwicklungen im LEH lassen sich eher durch eine konsequente Meidung des Strategiemusters des „Wheel of Retailing“ beschreiben.

Die Entwicklung im LEH lässt zudem den Schluss zu, dass die Reifephase eines Formats nicht durch den Eintritt neuer Betriebsformen eingeläutet wird, sondern die Ausschöpfung der räumlichen Expansionsspielräume die Marktanteilszuwächse begrenzt. Nieschlags Konzept beschreibt insofern ein mögliches, aber keineswegs generalisierbares Strategiemuster im Wettbewerb des LEH. An dieser Stelle ist ein Hinweis auf den historischen Hintergrund des Betriebsformenkonzepts hilfreich. In Wachstumsphasen (Verkäufermarkt) kann das von Nieschlag beschriebene Handlungsmuster die Entwicklung der Betriebsformen durchaus erfolgreich erklären. Unternehmen können die Erosion von Wettbewerbsvorsprüngen durch trading up hinnehmen, weil eine schlechtere Kostenposition durch anhaltendes Marktwachstum kompensiert wird und daher in Kauf genommen werden kann; Assimilation hat keine wesentlichen Folgen für den Fortbestand des Unternehmens. Dies ändert sich beim Wandel zum Käufermarkt bzw. bei Vergrößerung der Markträume (Globalisierung). Insofern kann nicht von der universellen Gültigkeit der Betriebsformentheorie ausgegangen werden. Das Erklärungsmuster Nieschlags hat insoweit nur raumzeitlich begrenzte Erklärungskraft (vgl. Lademann 2008).

Der Erfolg neuer Betriebsformen hängt offenbar nicht davon ab, ob am Anfang die Instrumente des Preiswettbewerbs dominieren, sondern davon, ob eine Betriebsform einen Differenzierungsvorteil im Wettbewerb erreicht und sichern bzw. ggf. sogar ausbauen kann. Gerade in der Pflege dieses Differenzierungsvorteils, in der Beschränkung auf die strategischen Wurzeln des Geschäftsmodells, liegt auch die Basis für den Aufstieg einer neuen Betriebsform, aber zugleich der Ansatz für die etablierten Anbieter, ihre alten Unternehmenskonzepte weiter zu entwickeln. Die Zukunft der Betriebsformen hängt daher vor allem davon ab, welche Kundenerwartungen wirtschaftlich tragfähige Ansätze zur Angebotsdifferenzierung erlauben.

Literatur

Bachl, T. 2010. Große Krise – kleine Wirkung? Deutschland in der Wirtschaftskrise – Reaktionen von Verbrauchern und Handel im Jahre 2009. In Verbraucher in Nöten. Erfolgreiche Markenführung in rezessiven Phasen, Hrsg. GfK Panel Services Deutschland und GfK Nürnberg e.K., 11–34. Nürnberg.

Cama, A. 2012. Ende eines Mythos. In *Wertschöpfung statt Mengenwachstum – Die neuen Bausteine des Konsums*, Hrsg. GfK SE, 55–79. Nürnberg.

EHI Europäisches Handelsinstitut. 2009/2010. *Handel aktuell*. Köln.

Lademann, R. 1999. Verkaufsflächenexpansion als Herausforderung der Stadtplanung. In *Distribution im Aufbruch, Bestandsaufnahme und Perspektiven*, Hrsg. O. Beisheim, 527–544. München.

Lademann, R. 2004. Betriebstypeninnovationen in stagnierenden Märkten unter Globalisierungsdruck. In *Retail Business in Deutschland*, Hrsg. H. C. Riekhof, 73–96. Wiesbaden.

Lademann, R. 2007. Zum Einfluss von Verkaufsfläche und Standort auf die Einkaufswahrscheinlichkeit. In *Theoretische Fundierung und praktische Relevanz der Handelsforschung*, Hrsg. M. Schuckel und W. Toporowski, 143–162. Wiesbaden.

Lademann, R. 2008. Betriebstypeninnovationen in stagnierenden Märkten unter Globalisierungsdruck, aktualisierter und erweiterter Beitrag der Veröffentlichung von 2004. In *Retail Business in Deutschland*, 2. erweiterte Auflage, Hrsg. H. C. Riekhof, 71–102. Wiesbaden.

Lademann, R. 2012. *Marktstrategien und Wettbewerb im Lebensmittelhandel, Wettbewerbsökonomische Analysen von Marktstrukturen, Marktverhalten und Marktergebnissen*. Göttingen.

Metro-Handelslexikon. 2011/2012. *Daten, Fakten und Adressen zum Handel in Deutschland, Europa und der Welt*, Hrsg. Metro AG. Düsseldorf.

Monopolkommission (Hrsg.). 2012. *Stärkung des Wettbewerbs bei Handel und Dienstleistungen, neunzehntes Hauptgutachten der Monopolkommission gemäß § 44 Abs. 1 Satz 1 GWB, 2010/2011*. (Gutachtenversion). Bonn.

Nieschlag, R. 1954. *Die Dynamik der Betriebsformen im Handel*. Essen.

Nieschlag, R., und G. Kuhn. 1980. *Binnenhandel und Binnenhandelspolitik*. Berlin.

o. V. 2010. Expansion fordert Tegut. *Lebensmittel Zeitung* vom 4.11.

o. V. 2011. Ein zweischneidiges Schwert. *Lebensmittel Zeitung* vom 4.11.

TradeDimensions, Top-Firmen. 2011. *Der Lebensmittelhandel in Deutschland*. Frankfurt.

Train, K. E. 2003. *Discrete Choice Methods with Simulation*. Cambridge.

Die intelligente Absicherung der Zahlungsbereitschaft der Kunden im Einzelhandel

2

Michael Freytag

Inhaltsverzeichnis

2.1 Einleitung

Informationsdienstleistungen sind integraler Bestandteil des modernen Wirtschaftslebens: Die präzisen Daten von Auskunfteien über die Bonität von Kunden sind gerade für Händler im Privatkundengeschäft Voraussetzung für ein immer größeres Angebot von Zahlungsmöglichkeiten und damit für erfolgreiche Geschäftsabschlüsse. Ob Rechnung oder Lastschriftverfahren, ob Konsumentenkredit oder ein Kauf auf Raten – sobald der Kauf nicht in bar und sofort erfolgt, kann nur eine Bonitätsprüfung des Kunden dem Händler die größtmögliche Sicherheit geben, dass er sein Geld auch erhält. Die Rolle von Auskunfteien ist dabei seit jeher eng mit dem Handel und seinen immer neuen Anforderungen verbunden. Die intelligente Absicherung der Zahlungsbereitschaft der Kunden wird nachfolgend auch am Beispiel von Lösungsmöglichkeiten der Schufa Holding AG als einer der marktführenden Auskunfteien in Deutschland dargelegt.

Ob der rasch wachsende Versandhandel in den „Wirtschaftswunderjahren“ nach dem zweiten Weltkrieg oder der rasante Aufschwung des E-Commerce in der vergangenen De-

Michael Freytag ✉
Schufa Holding AG, Kormoranweg 5, 65201 Wiesbaden, Deutschland

H.-C. Riekhof (Hrsg.), *Retail Business*, DOI 10.1007/978-3-8349-4555-6_2,

kade: Überall waren die Informationen von Auskunfteien eine der Voraussetzungen für den Ausbau des Geschäfts. Denn diese Informationen führen Kunden und Händler mit einem Höchstmaß an Sicherheit zusammen. Insbesondere im Distanzhandel – also dem klassischen Versand- und dem immer stärker zunehmenden Online-Handel – entstehen neue Herausforderungen, die zu einer immer größeren Bedeutung zuverlässiger Informationen führen und das Dienstleistungsspektrum von Auskunfteien über die Bonitätsprüfung hinaus erweitern. So müssen sich die Anbieter gerade bei Internetbestellungen sicher sein können, dass ein Kunde wirklich derjenige ist, der er zu sein vorgibt. Zudem muss auch das Alter des Bestellers zweifelsfrei feststehen, um die Wirksamkeit bzw. Vollstreckbarkeit von Verträgen zu gewährleisten oder auch Jugendschutzanforderungen zu genügen. Diesen speziellen Herausforderungen des Internets müssen sich die Anbieter stellen und mit Unterstützung von Dienstleistern ein entsprechendes, datengestütztes Risikomanagement aufbauen. In den kommenden Jahren steht der Handel weiterhin vor tiefgreifenden Veränderungen. So wird die schnelle Verbreitung von immer leistungsfähigeren Smart Phones – verbunden mit dem anhaltenden E-Commerce-Boom – den mobilen Zahlverfahren zum Durchbruch verhelfen und damit das Spektrum möglicher Zahlverfahren noch einmal erweitern. Hinzu kommt eine immer stärkere Internationalisierung des Handels mit Endverbrauchern, die auch bei der Bonitätsprüfung zu neuen Herausforderungen führt. Auf diese Veränderungen müssen sich nicht nur die Händler, sondern auch Auskunfteien einstellen.

2.2 Vertrauen schaffen: Warum moderne Volkswirtschaften Auskunfteien brauchen

2.2.1 Entstehungsgeschichte

Die jüngsten Finanz- und Wirtschaftskrisen haben das Bewusstsein für die wichtigste Grundlage unseres Wirtschaftslebens geschärft: Vertrauen. Wo es kein Vertrauen gibt, können plötzlich sogar große Banken in Schwierigkeiten geraten. Und wenn es an Kreditgebern fehlt, kommen auch Kreditnehmer nur noch schwer an Geld – schließlich läuft die gesamte Wirtschaft Gefahr, zu stagnieren oder einzubrechen. Ohne Vertrauen fehlt folglich die Basis dafür, den Wirtschaftskreislauf in Gang zu halten. Die Herkunft des Wortes Kredit bringt es auf den Punkt: Das lateinische „credere" bedeutet nichts anderes als „vertrauen" oder „glauben". Der Kredit ist somit ein Geschäft, das auf Vertrauen beruht. Bevor die Volkswirtschaften einen hohen Grad an Komplexität erreicht hatten, ließ sich dieses Vertrauen am besten aufbauen, indem Kreditgeber und Kreditnehmer sich persönlich kennenlernten. Wer hingegen aus der Ferne einen Kredit vergeben wollte, musste hohe Risiken eingehen – oder sich über Dritte ein Bild von den finanziellen Verhältnissen eines potenziellen Kreditnehmers machen. Solche Informationen waren in der Regel jedoch nur schwer und teuer zu beschaffen. Das lohnte sich nur dann, wenn die Kredithöhe einen größeren Umfang erreichte. Doch was passiert, wenn die Wirtschaft einer wachsenden

Mittelschicht hochwertige Produkte verkaufen möchte, die von der Mehrzahl der Kunden nur in Raten bezahlt werden kann? Das war in Deutschland erstmals zur Zeit der Weimarer Republik der Fall: Der technische Fortschritt und moderne Produktionsmethoden hatten die Massenfertigung von Gütern ermöglicht, die zuvor nur einer kleinen, wohlhabenden Oberschicht vorbehalten waren. Der Absatz dieser Produkte in großem Maßstab war jedoch nur möglich, wenn die Kunden sie in Raten bezahlen konnten. Damit waren die Händler darauf angewiesen, auf die Zahlungsfähigkeit ihrer Kunden vertrauen zu können – und somit neue Dienstleister notwendig, die schnell und unkompliziert Auskunft über die Bonität einer großen Zahl potenzieller Kreditnehmer erteilen konnten. Nur so konnten die Händler ihren Kunden Ratenzahlungsangebote machen, die für den Geschäftsabschluss notwendig waren.

Genau das war 1927 die Ausgangslage zur Gründung der SCHUFA als „Schutzgemeinschaft für allgemeine Kreditsicherung“. Keimzelle war damals die Berliner Städtische Elektrizitäts-Aktiengesellschaft BEWAG, die ihren Kunden nicht nur Strom, sondern auch technische Haushaltsgeräte anbot. Um den Verbrauchern diese Geräte auch auf Ratenzahlungsbasis anbieten zu können, musste die Kreditwürdigkeit der Kunden eingeschätzt werden. Die BEWAG erstellte dafür eine Positivliste der Kunden, die ihren Strom regelmäßig zahlten. Damit war die Idee einer Auskunftei über die Zahlungsfähigkeit von Verbrauchern entstanden. Denn dank ihrer Liste konnte die BEWAG darüber informieren, wer ein zuverlässiger Kunde und damit kreditwürdig war. Diese Idee bewährte sich rasch, weil sie allen Seiten gleichermaßen nutzte: Produzenten und Händler konnten ihre Produkte leichter und mit geringeren Risiken von Zahlungsausfällen verkaufen, Kunden konnten sich ihre Wünsche schneller erfüllen.

2.2.2 Zur heutigen Rolle von Auskunfteien

Seit Gründung der ersten Auskunfteien hat sich die Welt deutlich verändert: Die Verbraucher sind umgeben von attraktiven Produktangeboten und Dienstleistungen, können rund um die Uhr Waren bestellen und bequem per Rechnung bezahlen, spontan am Point of Sale einen Ratenkauf abschließen oder auch online einen Kredit aufnehmen. Viele solcher modernen Transaktionen sind Kreditgeschäfte, die den Kunden sehr schnell angeboten werden können. Denn alle Verträge, bei denen ein Unternehmen in Vorleistung tritt, beispielsweise Bestellungen auf Rechnung, sind Kreditgeschäfte. Zudem nutzen immer mehr Unternehmen die Möglichkeiten des Multichannel-Handels und damit auch des Distanzvertriebs. Die damit verbundene Vervielfältigung der Zahlungsmethoden bedarf aber mehr denn je einer stabilen Vertrauensbasis zwischen Geschäftspartnern zur Absicherung der Bonität. Auskunfteien fungieren an dieser Stelle als Informationsdienstleistungsunternehmen, indem sie die Geschäftsanbahnung zwischen Kreditnehmern und Kreditgebern objektiv und verlässlich ermöglichen.

Informationsdienstleister verhelfen zu einer schnellen und kostengünstigen Kreditaufnahme. Denn grundsätzlich sind von jedem erwachsenen Bürger, der in Deutschland am

Wirtschaftsleben teilnimmt, kreditrelevante Daten gespeichert. Hinzu kommen die Informationen über Unternehmen. So verfügt die SCHUFA über 655 Mio. Informationen zu 66 Mio. Verbrauchern und 4 Mio. Unternehmen. Wenn jemand eine Kreditkarte erwirbt, einen Handyvertrag abschließt oder im Versandhandel auf Rechnung kauft, dann werden Daten über den Vertrag an die Auskunftei geliefert – aber nicht etwa Inhalte des Vertrages, sondern nur die Information über den Vertragsabschluss selbst. Entgegen der weit verbreiteten Annahme werden beispielsweise Kontostände, Einkommen oder Geldanlagen nicht gespeichert. Zu mehr als 91 % der gespeicherten Personen bei der Schufa liegen ausschließlich Positivmerkmale vor: Sie zeigen auf, dass eine Person wirtschaftlich aktiv ist und dabei zuverlässig handelt. Negative Informationen wie offene Forderungen oder die Abgabe einer Eidesstattlichen Versicherung sind dagegen ein Hinweis auf nicht vertragsgerechtes Verhalten.

Bei Geschäften auf Kreditbasis bekommen die angeschlossenen Unternehmen – das Einverständnis des Verbrauchers vorausgesetzt – Auskunft zur bisherigen Kreditbiografie des Verbrauchers. Umgekehrt werden auch Auskünfte über Unternehmen an Verbraucher gegeben, zum Beispiel bei einer Hausfinanzierung über die am Bau beteiligten Firmen und Handwerksbetriebe. Bei der Schufa werden täglich werden mehr als 275.000 Anfragen bearbeitet. So wird zum Beispiel dem Händler, bei dem auf Rechnung bestellt wird oder der Bank, die einen Kredit vergeben möchte, direkt am Point of Sale ein wesentlicher Teil der für das Geschäft erforderlichen Informationen zur Verfügung gestellt. Diese Informationen müsste der Verbraucher sonst selbst aufwändig beschaffen und vorlegen. Im Gegenzug melden die Vertragspartner der Auskunfteien Informationen zum Kreditverhalten ihres Kunden ein (Abb. 2.1). So werden alle Daten laufend aktualisiert.

Diese Daten vereinfachen und beschleunigen somit wirtschaftliche Entscheidungsprozesse und führen die Partner mit einem Höchstmaß an Sicherheit zusammen. 97,5 % aller Verbraucherkredite in Deutschland werden reibungslos zurückgezahlt. Diese hohe Quote ist in den vergangenen zehn Jahren konstant geblieben, obwohl die Zahl der Kredite in diesem Zeitraum um 50 % gestiegen ist (vgl. SCHUFA 2012). Mit anderen Worten: Die Unternehmen haben ein gutes und sicheres Risikomanagement – mit der Unterstützung von Informationsdienstleistern.

Im Endeffekt nutzen Auskunfteien mit ihren Informationen über die Bonität von Privat- und Unternehmenskunden der gesamten Volkswirtschaft. Dies hat auch die Weltbank explizit hervorgehoben (vgl. World Bank 2012 und International Finance Corporation 2006). Demnach werden vor allem in ärmeren Ländern, in denen es keine Informationsdienstleister gibt, sehr viel weniger Kredite vergeben.

Hingegen bewertet die Weltbank diejenigen Volkswirtschaften hinsichtlich der Kreditvergabe besonders gut, in denen Auskunfteien sowohl positive als auch negative Kreditinformationen von Personen und Unternehmen sammeln. Das nützt nicht nur den Kreditgebern, sondern auch den Verbrauchern. Denn Banken, Schlüsselbranche einer florierenden Volkswirtschaft und Konsumlandschaft, wollen Kredite vergeben. Aus volkswirtschaftlicher Sicht ist es aber wichtig, dass Kredite zu den richtigen Preisen vergeben werden, also

Abb. 2.1 Datengrundlage: Einmeldende Branchen

zu Preisen, die auch das Risiko berücksichtigen. Und das funktioniert nur, wenn Informationen über den Kreditnehmer vorliegen.

Die Weltbank weist den Auskunfteien eine zentrale Rolle in der finanziellen Infrastruktur eines Landes zu, weil sie den Zugang zu formellen Wegen der Kreditvergabe ermöglichen (vgl. World Bank 2012). Indem sie Informationen teilen, tragen sie dazu bei, Informationsasymmetrien zu verringern, ermöglichen mehr Kleinunternehmen den Zugang zu Krediten zu niedrigeren Zinssätzen, disziplinieren die Kreditnehmer und unterstützen die Bankenaufsicht und die Kontrolle der Kreditrisiken.

Wegen ihrer Schlüsselrolle in der Kreditwirtschaft und aus ihrem Selbstverständnis heraus sind Auskunfteien gehalten, ihre Rolle zu reflektieren und gesellschaftliche Verantwortung zu übernehmen. So liefert die SCHUFA mit dem jährlich erscheinenden „Kredit-Kompass" aktuelle Fakten und Trends zur privaten Kreditaufnahme in Deutschland. Mit den veröffentlichten Studien wird ein fachlicher Beitrag zur Finanzkultur, Konsumverhalten sowie zur Überschuldungsforschung erbracht. Veranstaltungen oder Publikationen zu branchenaffinen Themen wie Verbraucher- und Datenschutz sind heute ebenso gelebte Praxis wie Engagement für schulische oder soziale Belange. Auch die aktive Unterstützung beim Aufbau von Auskunfteien in Entwicklungs- und Schwellenländern gehört zum gesellschaftlichen Aufgabenprofil moderner Informationsdienstleister.

2.3 Kunden gewinnen, Risiken verringern: Wie sich die Anforderungen des Handels erfüllen lassen

Auskunfteien sind für die Bedürfnisse des Handels von besonderer Bedeutung. Denn sowohl im stationären Handel oder im Distanzhandel erfüllt die Information über die Zahlungsfähigkeit der Kunden eine zentrale Funktion für das Zustandekommen von Geschäftsabschlüssen. Ganz entscheidend ist daher die Qualität dieser Information: Stimmt diese nicht oder ist ungenau, geht der Verkäufer entweder ein zu hohes Risiko ein oder ein mögliches Geschäft kommt nicht zustande.

Die Händler haben aber darüber hinaus noch eine Reihe weiterer Anforderungen. So beobachtet der stationäre Handel, dass die Barzahlung immer mehr an Bedeutung verliert: Die unbaren Zahlungen über kartengestützte Verfahren machen inzwischen laut Handelsverband Deutschland schon mehr als 40 % aller Zahlungen aus.

Wie können Händler vor diesem Hintergrund ihren Kunden die jeweils günstigste Bezahlart anbieten, ohne zu hohe Risiken einzugehen? Möglich ist beispielsweise die Zahlung über Debitkarten entweder mit Persönlicher Identifikationsnummer (PIN) oder mit dem unterschriftbasierten elektronischen Lastschriftverfahren (ELV). Während beim PIN-basierten electronic cash-Verfahren die Bank das Risiko trägt, enthalten aus Sicht des Händlers sowohl das ELV als auch die Rechnungszahlung Risiken des Zahlungsausfalls, die eine Bonitätsprüfung des Käufers sinnvoll machen. Diese Prüfung muss daher ein elementarer Baustein im Risikomanagement jedes Händlers bzw. seines Netzbetreibers sein. Das gilt umso mehr, weil Händler zunehmend auf die kreditfinanzierte Verkaufsförderung setzen. Diese ist nur mit einer Bonitätsprüfung sinnvoll. Für die unbaren Zahlungsverfahren sind verschiedene Sicherheitsmaßnahmen notwendig. Hierzu gehört nicht nur eine zuverlässige Bonitätsprüfung der Kunden, sondern auch eine Identitätsprüfung, also eine Überprüfung, ob derjenige, der bei dem ELV per Unterschrift bezahlt, überhaupt der Karteninhaber ist. Dank einer von den Händlern in Zusammenarbeit mit der Polizei entwickelten Sicherheitsstrategie unter der Bezeichnung „KUNO" konnten die Betrugsfälle mit gestohlenen Karten drastisch gesenkt werden (vgl. EHI Retail Institute 2012a). Entsprechend hoch ist die Akzeptanz des ELV beim Handel.

Höher noch als im stationären Handel ist das Risiko von Zahlungsausfällen im Distanzhandel. Sowohl der klassische Versandhandel als auch der Online-Handel sind daher daran interessiert, dieses Risiko zu verringern oder abzusichern. Andererseits wollen auch sie ihren Kunden die attraktiven und umsatzfördernden Zahlungsarten anbieten, selbst wenn diese bestimmte Risiken mit sich bringen: Das Zahlen auf Rechnung und das Lastschriftverfahren. So ist im Online-Handel der Kauf auf Rechnung mit 25,1 % Marktanteil das führende Zahlungsinstrument, auf dem zweiten Platz rangieren die für Händler vergleichsweise teuren Kreditkarten mit 16,9 %, dicht gefolgt vom Lastschriftverfahren mit 15,6 % (vgl. EHI Retail Institute 2012b). Es folgen PayPal mit 13,5 % und Vorauskasse mit 13,3 %. Die restlichen Marktanteile fallen auf Finanzierung, Nachnahme und Sofortüberweisung (Abb. 2.2).

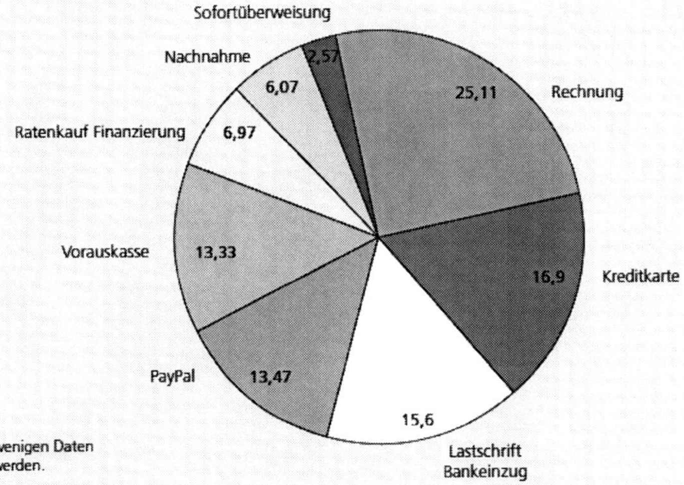

Sonstige: Konnten anhand der wenigen Daten nicht verlässlich hochgerechnet werden.

Quelle: Online-Payment-Studie 2012, EHI Retail Institute.

Abb. 2.2 Umsatzanteile Online-Payment 2012 (in %)

Vor diesem Hintergrund stellt der Online-Handel auch fest, dass sich die Abbruchquoten während des Kaufvorgangs drastisch verringern, wenn den Kunden statt der sichersten Bezahlart Vorauskasse der Kauf auf Rechnung oder per Lastschrift angeboten wird. Andererseits ist laut dem E-Payment-Barometer von ibi research bei den Käufen auf Rechnung im Online-Handel ein erheblicher Teil von Zahlungsstörungen betroffen: Danach beklagt fast jeder fünfte Online-Händler, dass zwischen 10 % und 25 % der Zahlungen auf Rechnung von solchen Störungen betroffen sind. Gerade kleinere Online-Shops können so schnell in ihrer Existenz gefährdet sein (vgl. ibi research 2011).

In diesem Dilemma zwischen möglichen Umsatzausfällen einerseits und möglichen Zahlungsausfällen andererseits bietet die von Partnerunternehmen der Auskunfteien angebotene Zahlungsgarantie einen Ausweg. Diese Unternehmen, die im Factoring bzw. Risiko- und Forderungsmanagement tätig sind, nutzen hierfür die Bonitätsprüfung der Auskunfteien. Wird mittels einer Bonitätsprüfung während des Kaufvorgangs festgestellt, dass der Käufer eine positive Bonitätseinschätzung aufweist, wird ihm auch der Kauf auf Rechnung angeboten. Sollte eine Zahlung trotzdem nicht erfolgen, wird die Forderung dem Händler über die Garantiezusage vollständig ersetzt. Fällt die Bonitätseinschätzung während des Kaufvorgangs hingegen negativ aus, werden dem potenziellen Käufer auch nur sichere Zahlungsverfahren wie die Vorauskasse angeboten.

Das Beispiel verdeutlicht, wie der Distanzhandel sich wirksam vor Zahlungsausfällen schützen kann, ohne mögliche Umsätze einzubüßen – und warum der Bonitätsprüfung hierbei eine Schlüsselrolle zukommt. Das ist für Händler auch deshalb so wichtig, weil das Angebot der beliebtesten Zahlungsverfahren nicht nur für den jeweiligen Kauf entschei-

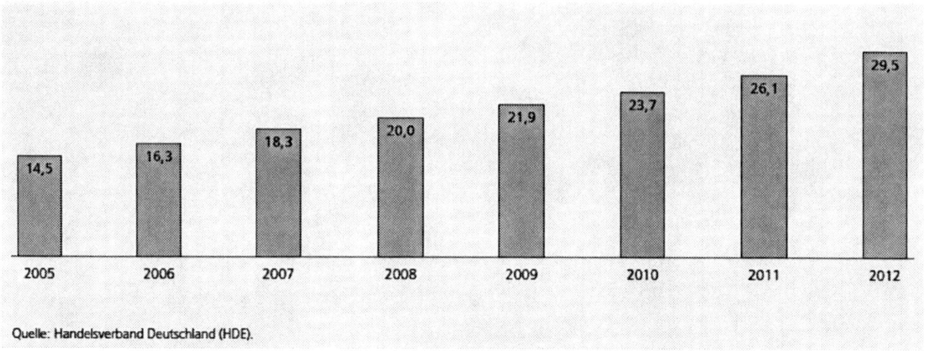

Abb. 2.3 Wachstumssektor E-Commerce (in Milliarden Euro)

dend ist. Vielmehr kann ein solches Angebot darüber hinaus ein wichtiges Instrument der Kundenbindung sein, da sich die Kundenzufriedenheit deutlich erhöht.

Das Angebot von Zahlungsgarantien über solche Verfahren wird weiter an Bedeutung zunehmen. Denn die wachsende Zahl der Internetnutzer lässt den Distanzhandel blühen: Der Anteil des Versandhandels am gesamten Einzelhandelsumsatz stieg 2012 auf einen Spitzenwert von 9,2 % (2011: 8,2 %). Der Treiber dahinter ist E-Commerce (siehe Abb. 2.3), der für 70 % des Umsatzes im deutschen Distanzhandel steht – Tendenz steigend (vgl. bhv 2013).

Neben der Zahlungsgarantie sind für die Fortschreibung dieser Erfolgsgeschichte im Online-Handel zuverlässige Identitätswerkzeuge eine wichtige Voraussetzung: Während im stationären Handel die Zahlung direkt erfolgt und in der Regel durch die persönliche Präsenz der Kunden beim Händler geprägt ist, gilt im Versandhandel und insbesondere im Internet das Prinzip Anonymität. Dies stellt für die sichere Identifizierung des Kunden eine besondere Herausforderung dar. Doch im Online-Handel müssen die Händler sicher sein, dass der Kunde seine wahre Identität angibt. Denn das anonyme Bestellen führt zu einer steigenden Zahl von Betrugsfällen mit Angabe falscher Namen und Adressen. Auch Scherzbestellungen nehmen zu: So zeigt eine Studie des ECC-Handel zu Internet-Zahlungssystemen, dass schon 70 % der Händler im E-Commerce Erfahrungen mit Scherzbestellungen gemacht haben (vgl. ECC-Handel 2005).

Diesen speziellen Herausforderungen des Internets müssen sich die Anbieter stellen und ein entsprechendes, datengestütztes Risikomanagement aufbauen. Hierfür sind die Unternehmen auf zuverlässige Partner mit Compliance-konformen Prozessen angewiesen. Denn wo einerseits professionelle Authentifizierungsmaßnahmen gefragt sind, gilt es andererseits auch, berechtigten Anliegen des Verbraucher- und Datenschutzes Rechnung zu tragen. Identitätsprodukte von Auskunfteien sind deshalb Voraussetzung für einen sicheren und erfolgreichen Distanzhandel: Mit einem Identitätscheck lassen sich die Namen und Adressen von Neukunden abgleichen oder Personendaten inklusive des Alters anforderungsgerecht bestätigen. Nicht zuletzt wegen der zunehmenden Verbreitung mobiler Endgeräte wie Smart Phones oder Tablet Computern ist damit zu rechnen, dass der Internethandel weiter stark wächst. Damit werden Produkte zur unkomplizierten und effizienten Identitäts- und Altersprüfung weiter an Bedeutung zunehmen.

Eine spezifische Herausforderung des Onlinehandels ist sein grenzüberschreitender Charakter. Der traditionelle deutsche Versandhandel ist in deutlich geringerem Ausmaß jenseits der Sprachgrenzen tätig als die Mehrzahl der Online-Händler. In der Studie „E-Commerce-Leitfaden" von ibi research gaben fast 80 % der befragten Internethändler an, dass sie ihre Waren und Dienstleistungen auch in das Ausland verkaufen (vgl. ibi research 2012a). Als eines der wesentlichen Hindernisse für einen noch aktiveren Verkauf jenseits der Landesgrenzen bewerten die Befragten die Unsicherheit bei der Zahlungsabwicklung.

Mit dem Cross Border Data Exchange (CBDE) von Informationsdienstleitern ist der Austausch von kreditrelevanten Daten über Deutschlands Grenzen hinweg online möglich. Ausländische Kreditanfragen können so mittels Web-Applikation schneller und effizienter bearbeitet werden. Deutsche Unternehmen können damit die Bonität privater ausländischer Kreditnehmer per Auslandsauskunft prüfen. Für Unternehmen bedeutet dies nicht nur die Erschließung neuer Marktpotenziale, sondern auch eine erhebliche Zeit- und Kostenersparnis. Doch nicht nur Unternehmen, sondern auch Verbraucher profitieren von diesem neuen Verfahren. Durch den grenzüberschreitenden Datenaustausch können oft bessere Kreditkonditionen ausländischer Kreditinstitute genutzt werden.

Auskunfteien bieten darüber hinaus ein breites Spektrum von Produkten für die Händler an. Hierzu zählen zum Beispiel Nachmeldungen, die Unternehmen über Änderungen an bereits bezogenen Auskunftsinhalten informieren, so dass sie auf eventuelle Bonitätsänderungen reagieren können. Ebenfalls wichtig im B2C-Geschäft sind Aktualisierungen von Kundenadressen und Score-Produkte, mit denen Unternehmen die Ausfallrisiken ihres Kreditnehmers mit hoher Treffsicherheit prognostizieren und je nach Branche unterschiedlich betrachten können.

2.4 Zukunft der Kreditsicherung in Deutschland: ein Ausblick

E-Payment, M-Payment, kontaktloses Bezahlen: Neue Entwicklungen erweitern die Bandbreite des Zahlungsverkehrs. Denn mit der inzwischen fast flächendeckenden Verbreitung des Internet haben sich auch die Zahlungsmöglichkeiten vervielfacht. Doch zu konstatieren ist auch, dass sich technische Innovationen im Zahlungsverkehr langsamer durchsetzen als etwa in der Kommunikationsindustrie. So ist Bargeld in den Geschäften am Point of Sale insbesondere bei kleineren Beträgen weiterhin das beliebteste Zahlungsmittel, auch wenn seine Bedeutung langsam abnimmt. Ursache für dieses vergleichsweise geringe Innovationstempo sind zum einen hohe Sicherheitsanforderungen, zum anderen aber auch die langsame Veränderung des Verbraucherverhaltens. Letztlich sind es im Handel die Verbraucher, die über die Akzeptanz von Zahlungsmitteln entscheiden. Und: der Zahlungsverkehr ist für den Handel kein Selbstzweck. Es geht darum, Kaufen für den Kunden so komfortabel wie möglich zu gestalten und insbesondere im Versandhandel und im

E-Commerce dafür zu sorgen, dass möglichst wenig Kunden den Kaufvorgang abbrechen. Außerdem ist der Margendruck in Deutschland im internationalen Vergleich sehr hoch, wodurch sich die deutlich artikulierten Präferenzen des Handels für günstige Zahlverfahren erklären. An diesen Anforderungen werden sich neue Zahlverfahren messen lassen müssen.

Kreditwirtschaft und Handel gehen neue Wege: So statten die Sparkassen in Deutschland bis 2015 ihre Kunden mit den neuen „girogo"-Karten aus: Sie ermöglichen über die NFC (Near Field Communication)-Technologie das kontaktlose Bezahlen an der Kasse. Dabei können Kunden einen Betrag von bis zu 20 € bezahlen, indem sie die Karte einfach nah am Lesegerät vorbeiführen; bei höheren Beträgen ist nach wie vor die Zahlung über das PIN-gestützte electronic cash oder das Lastschriftverfahren vorgesehen. Andere Kartenanbieter wie etwa Mastercard (PayPass) und Visa (Visa PayWave) entwickeln ähnliche Systeme an oder bieten sie bereits an. Diese Angebote sind Prepaid-Lösungen: Kunden laden ihre Karte mit einem bestimmten Geldbetrag auf, mehr kann nicht abgebucht werden. Daher sind solche Kartenfunktionen dem Bargeld vergleichbar. Es handelt sich also nicht um die in Abschn. 2.2 beschriebenen Kreditgeschäfte, weshalb eine zusätzliche Absicherung ist aus Sicht der Händler nicht notwendig ist.

Wie weit sich das kontaktlose Bezahlen durchsetzen wird, ist noch nicht absehbar – bereits die Geldkarte bot für Kleinbeträge das unkomplizierte Bezahlen über den Chip auf der Debitkarte, konnte sich aber nicht umfassend etablieren. Und die mehr als 650.000 kontaktbehafteten Kartenterminals in Deutschland müssen noch mit der Technologie für kontaktloses Bezahlen ausgestattet werden. Andererseits zeigen Beispiele aus Asien, dass sich innovative Bezahlverfahren durchsetzen können, wie von Zahlungsexperten der Zentralbanken der G20-Länder belegt: In Hongkong und Singapur haben die Betreiber des öffentlichen Nahverkehrs ihre dort sehr verbreiteten Dauerkarten zu allgemein akzeptierten Zahlungsmitteln weiterentwickelt. Dies kann eine einfache vorausbezahlte Karte, eine Karte mit Kontaktlosfunktion oder ein entsprechend ausgestatteter Chip im Mobiltelefon sein (vgl. Deutsche Bundesbank 2011). Ein ähnlicher Trend ist in Japan zu beobachten.

Auch für das Online-Shopping sind inzwischen eine Reihe spezieller elektronischer Zahlungsvarianten entwickelt worden. Zu den neuesten Bezahlverfahren zählt beispielsweise das von mehreren führenden Mobilfunkanbietern entwickelte „mpass". Hierbei zahlen Kunden nach Anmeldung Einkäufe im Internet mit einer mobilen Transaktionsnummer (m-TAN), die als SMS auf das Mobilephone geschickt wird. Der Betrag wird hinterher per Lastschrift vom Bankkonto abgebucht.

Auf Veränderungen müssen sich Händler und Verbraucher aber auch bei traditionellen Zahlungsmethoden einstellen. Insbesondere das elektronische Lastschriftverfahren (ELV) wird derzeit von der Diskussion um die Einführung der Single Euro Payment Area (SEPA) geprägt. Denn mit dem Start dieses europaweit einheitlichen Zahlungsverkehrsraumes in 2014 werden die in Deutschland gebräuchlichen Überweisungs- und Lastschriftverfahren nicht mehr genutzt werden können. Ab diesem Zeitpunkt sind entsprechende bargeldlose Zahlungen grundsätzlich nur noch im Wege der SEPA-Überweisung und -Lastschrift möglich. Eine Ausnahme bildet allerdings das ELV: Hier gilt die Sonderregelung, die den

Weiterbetrieb dieses Verfahrens bis 2016 regelt. Hierfür hatte sich die Bundesregierung eingesetzt, weil das ELV insbesondere in Deutschland sehr verbreitet ist. Laut EHI Retail Institute entfallen 12,6 % des gesamten Einzelhandelsumsatzes auf das ELV (vgl. EHI Retail Institute 2012c).

Dennoch wird es schließlich auch in Deutschland ein SEPA-konformes Lastschriftverfahren geben. Die Bedeutung des ELV für die Zukunft hängt von dem Wettbewerb mit anderen Zahlungssystemen ab, insbesondere auch davon, ob Nachbarstaaten die Vorteile eines SEPA-konformen ELV für sich entdecken. Immerhin schätzen die im Rahmen der von ibi research befragten Unternehmen, dass durch die Einführung von SEPA der Zahlungsverkehr in Europa insgesamt effizienter wird (vgl. ibi research 2012b).

Welche Zahlungsmethoden sich im Internet und im stationären Handel letztlich durchsetzen werden, lässt sich nicht präzise prognostizieren. Doch der langfristige Trend zur abnehmenden Bedeutung des Bargelds zeichnet sich klar ab. Damit wird die Rolle derjenigen wichtiger, die dabei helfen, Risiken im unbaren Zahlungsverkehr zu verringern. Die Auskunfteien sind gut gerüstet, um mit ihrem umfangreichen Datenpool und kundenorientierten Produktportfolio auch in Zukunft ein verlässlicher Partner der Händler und Verbraucher zu sein.

Literatur

bhv (Bundesverband des Deutschen Versandhandels). 2013. Interaktiver Handel in Deutschland 2012. http://www.bhv.info/presse/pressemitteilungen/details/datum/2013/februar/artikel/interaktiver-handel-2012-erneuter-umsatzrekord-e-commerce-anteil-ueberspringt-die-27-milliarden-eu/. Zugegriffen: 25.03.2013

Deutsche Bundesbank. 2011. „Wie zahlt der Kunde der Zukunft?". Keynote Speech von Carl-Ludwig Thiele auf der Payments Konferenz der Euro Finance Week in Frankfurt, 2011

ECC-Handel. 2005. Internet-Zahlungssysteme aus Sicht der Händler. http://www.ecc-handel.de/risiken_bei_der_zahlung_im_internet_aus.php. Zugegriffen: 08.09.2012.

EHI Retail Institute. 2012a. Kriminalitätsbekämpfung im unbaren Zahlungsverkehr unter Nutzung nichtpolizeilicher Organisationsstrukturen. https://www.kuno-sperrdienst.de/index.cfm?fuseaction=public.displayAboutKUNO. Zugegriffen: 11.09.2012.

EHI Retail Institute. 2012b. *Online-Payment-Studie 2012*. Köln.

EHI Retail Institute. 2012c. *Kartengestützte Zahlungssysteme im Einzelhandel 2012*. Köln.

HDE Handelsverband Deutschland. 2012. Status quo und Perspektiven des Bezahlens per Karte (Präsentation).

ibi research. 2011. E-Payment-Barometer, 2011. Fokusthema: Zahlungsstörungen und -ausfälle. http://www.ibi.de/files/E-Payment-Barometer_2-2011.pdf. Zugegriffen: 11.09.2012.

ibi research. 2012a. Geschäfte ohne Grenzen. E-Commerce International 2012. Aktuelle Ergebnisse aus dem Projekt E-Commerce-Leitfaden. http://www.ecommerce-leitfaden.de/geschaefte-ohne-grenzen-e-commerce-international-2012.html. Zugegriffen: 10.09.2012.

ibi research. 2012b. E-Commerce-Leitfaden 2012. http://www.ecommerce-leitfaden.de/. Zugegriffen: 11.09.2012.

International Finance Corporation. 2006. *Credit Bureau Knowledge Guide*. Washington.

SCHUFA. 2012. *Kredit-Kompass 2012*. Wiesbaden.

TNS Infratest. 2011. *Interaktiver Handel in Deutschland 2011*. Berlin.

World Bank (Hrsg.). 2012. *Doing Business in a More Transparent World*. Washington: The World Bank and the International Finance Corporation.

Vertikales Prozessmanagement im Retail-Loop – Schnellere, flexiblere und kostengünstigere Wertschöpfung über die gesamte Prozesskette am Beispiel des Fashionhandels

3

Michael Kunkel

Inhaltsverzeichnis

3.1 Einleitung und Zielsetzung

Der Fashionhandel in den frühen Jahren des neuen Millenniums ist mit einer Vielzahl einschneidender Veränderungen konfrontiert – dies sowohl im Hinblick auf die Infrastruktur des Marktes wie auch insbesondere auf das Konsumentenverhalten.

Trends wie die Verschiebung von Marktanteilen von den traditionellen Citystandorten zur grünen Wiese, der signifikante Rückgang des Einzelhandelsanteil am privaten Verbrauch oder die trotz Konsumflaute voranschreitende Verkaufsflächenexpansion bei zunehmendem Druck durch internationale „Cross-Border-Retailer" stellen das Handelsmanagement vor völlig neue Herausforderungen. Hinzu kommt die hinlänglich bekannte Polarisierung der Kundenpräferenzen – zum einen der Wunsch nach Convenience und Schnelligkeit des Kaufvorgangs, zum anderen die wachsende Bedeutung von Erlebnis- und Lifestylefaktoren, beide Tendenzen verbunden mit dem Wunsch nach dauerhaft niedrigen, „smarten" Preisen: 1/3 aller Konsumenten zählen sich nach eigener Einschätzung zu den preis-/leistungsorientierten Schnäppchenjägern.

Michael Kunkel ✉
CUBES Retail Consulting, Blumenstr. 15, 55758 Veitsrodt, Deutschland

H.-C. Riekhof (Hrsg.), *Retail Business*, DOI 10.1007/978-3-8349-4555-6_3,

Die Folge dieser Entwicklung: Im Wettbewerbsumfeld der erfolgreichen filialisierten Fashionhändler hat ein Paradigmenwechsel stattgefunden: traditionelle Erfolgsfaktoren haben an Bedeutung verloren, andere Faktoren deutlich an Bedeutung gewonnen. Dabei haben sich vier Faktoren als signifikant für den Unternehmenserfolg heraus kristallisiert:

- Erfolgsfaktor *Spezialisierung*, d. h. Fokussierung auf schmale Zielgruppen- und Produktfelder, dadurch deutlich klarere Positionierung durch Abgrenzung vom Wettbewerb und Steigerung der Marktkompetenz,
- Erfolgsfaktor *Markenprofilierung*, d. h. durch Ausbau des Hersteller- und Eigenmarkenportfolios mehr Emotionalisierung, Lifestyle-Orientierung und Added Value,
- Erfolgsfaktor *Preis*, d. h. durch die Steigerung der Prozesseffizienz sowie der Standardisierung von Sortimenten, Personaleinsatz, Kommunikation und Systemen die Kostenführerschaft etablieren und ein preisaggressives, renditeträchtige Systemgeschäft verwirklichen,
- Erfolgsfaktor *Vertikalisierung*, d. h. durch das proaktive Managen der Wertschöpfungskette schneller mit der richtigen Ware am richtigen Ort zu sein („Time-to-Market"), flexibler auf die Kundenwünsche eingehen zu können und über die gesamte Prozesskette inklusive die der Lieferanten signifikante Kostenvorteile realisieren zu können.

Die Zielsetzung des folgenden Beitrags soll es sein, den Erfolgsfaktor Vertikalisierung näher zu beleuchten, seine systemtheoretischen Grundlagen im Hinblick auf das vertikale Prozessmodell und seine flankierenden Organisationsformen und IT-Systeme zu umreißen und seine erfolgreiche Umsetzung am Beispiel eines Fashionfilialisten aufzuzeigen.

3.2 Grundlagen des vertikalen Prozessmanagements im Retail-Loop

3.2.1 Das vertikale Prozessmodell

Grundsätzlich unterscheiden Literatur und Praxis zwischen kooperativen und integrativen vertikalen Prozessmodellen (Porter 1999). Dabei ist unter kooperativer Vertikalisierung die freiwillige, in der Regel auf Dauer angelegte Zusammenarbeit zwischen zwei rechtlich und wirtschaftlich selbstständigen Unternehmen in Industrie und Handel zu verstehen (Laurent 1996). Beispiele hierfür sind Vertikalisierungsmodelle wie die von Hennes & Mauritz, CBR oder Gerry Weber, die in enger Kooperation mit ihren Partnerlieferanten arbeiten, selbst aber nur wenige eigene Produktionseinheiten besitzen. Im Gegensatz dazu versteht man unter integrativer Vertikalisierung, dass *eine* operative oder sogar rechtliche Einheit die gesamte Wertschöpfungskette von der Planung über Produktentwicklung, Fertigung, Qualitätssicherung, Logistik bis zum Managen der Bestände und Verkaufsflächen in ihrem Besitz hat (Behrenbeck et al. 2002). Als markantes Erfolgsbeispiel ist hier die Inditex-Tochter Zara zu nennen, die im Sinne einer klassischen Vorwärtsintegration aus dem ehemals reinen Produktionsunternehmen in La Coruna hervorgegangen ist. Beide

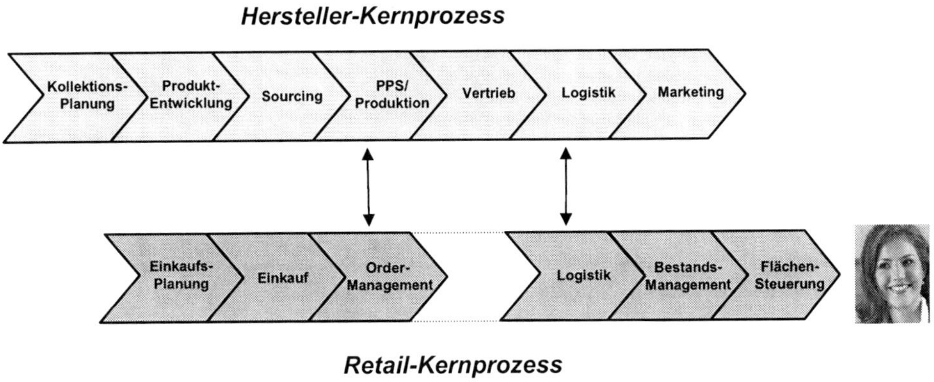

Abb. 3.1 Traditionelle Wertschöpfungskette

Modelle haben einen wesentlichen Erfolgsfaktor gemeinsam: Der Partner mit dem direkten Konsumentenzugang, i. d. R. der Retailpartner, hat die *pro-aktive* Kontrolle über die gesamte Lieferkette.

Ausgangspunkt der Betrachtung der unterschiedlichen Prozessmodelle ist die traditionelle Wertschöpfungskette, bei der beide Partner weitestgehend unabhängig voneinander agieren und nur wenige gemeinsame Schnittstellen haben (Abb. 3.1).

Die Nachteile dieses Modells liegen auf der Hand: Die wichtigste, allerdings fatale Auswirkung dieser beiden traditionellen, separat agierenden Prozessmodelle liegt in der exzessiv langen Leadtime zwischen der Einkaufsentscheidung des Handels und dem letztlichen Abverkauf auf der Fläche (IM+C 1998): Von der Ordervergabe bis zum Ende der (offiziellen) Schlussverkaufszeiträume vergehen in der Regel zwischen 40 und bis zu 60 Wochen! Die Folge ist ein system-immanenter Circulus Vitiosus: Die langen Leadtimes führen zu geringeren Trefferquoten und damit zu niedrigeren Abverkaufsquoten. Dem damit verbundenen Anbau von Altware muss mit einem höheren Abschreibungsbedarf begegnet werden. Die Lagerumschlaggeschwindigkeit sinkt – die Aktualität und modische Kompetenz gehen weiter zurück.

Hinzu kommt, dass die starke Bindung an traditionell strukturierte Lieferanten, die in der Regel nur träge auf Markt- und Trendänderungen eingehen können, ein gezieltes Bestsellermanagement verhindert – es kann nur reagiert statt pro-aktiv agiert werden!

Anders im Prozessmodell zweier kooperativ-vertikal agierender Unternehmen. Hier sind beide Prozesse, der des Lieferantens und der des Händlers, zeitlich und inhaltlich eng miteinander verzahnt (Abb. 3.2).

In diesem zwar komplexen, aber hocheffizienten Geflecht (Merkel 1995) sind es fünf Teilprozesse, in denen durch konsequentes kollaboratives Managen des Gesamtprozesses signifikante Potenziale realisiert werden können:

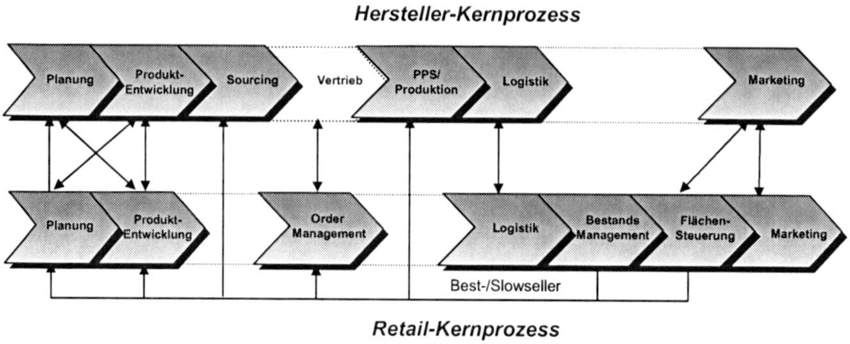

Abb. 3.2 Kooperativ-vertikale Wertschöpfungskette

- Der kollaborative *Austausch von Daten aus der Limitplanung* und den Informationen über die geplante Saisontaktung und die zu erwartenden Wareneingangskurven
- Die kollaborative *Produktentwicklung* mit dem Austausch von sortimentsspezifischen Konzeptansätzen wie Saisontaktung, UMO-Strukturen, Eigenmarkenanteilen, Themen bis hin zur gemeinsamen Entwicklung des Kollektionsrahmenplans und, darauf aufbauend, bis zum Design der gemeinsamen Eigenmarken und Key-Items
- Der kollaborative *Austausch von Orderdaten* und der Rückfluss von Auftragsbestätigungen über eine gemeinsame, web-basierte IT-Plattform
- Das kollaborative *Managen der Supply Chain* von den einzelnen Fertigungsstufen über die logistische Konsolidierung, ggf. der Verschiffung und der Verzollung bis hin zum direkten Wareneingang im Verteilzentrum des Händlers
- Das kollaborative *Managen von Bestsellers* und sich entwickelnder Trends durch permanenten Informationsfluss des Retailers an den Hersteller über Abverkaufsquoten, segmentiert nach Artikeln, Farben, Größen und Eckpreisen. Das Wissen um die Akzeptanz seiner Produkte am Markt sowie um die Entwicklung von Abverkaufstrends versetzt den Hersteller in die Lage, frühzeitig Kapazitäten für Nachorders einzuplanen bzw. die Erkenntnisse in die Kreativplanungen für die nächsten Kollektionen einfließen zu lassen. Stoffe und Zutaten können über Weiterleitung der Trendinformationen bei den Vorlieferanten geblockt werden und für den sich abzeichnenden Bedarf abgerufen werden.

Der Effekt eines wie oben beschriebenen vertikalen Schnittstellenmanagements ist signifikant: Kooperativ-vertikal operierende Partnersysteme sind deutlich treffsicherer als die in der traditionellen Wertschöpfungskette unilateral agierenden Händler, sind in ihrer Reaktionsfähigkeit auf Marktänderungen schneller und flexibler und schöpfen über die gesamte Prozesskette hinweg signifikante gemeinsame Rohertrags- und Kostenpotenziale aus (Thaler 1999).

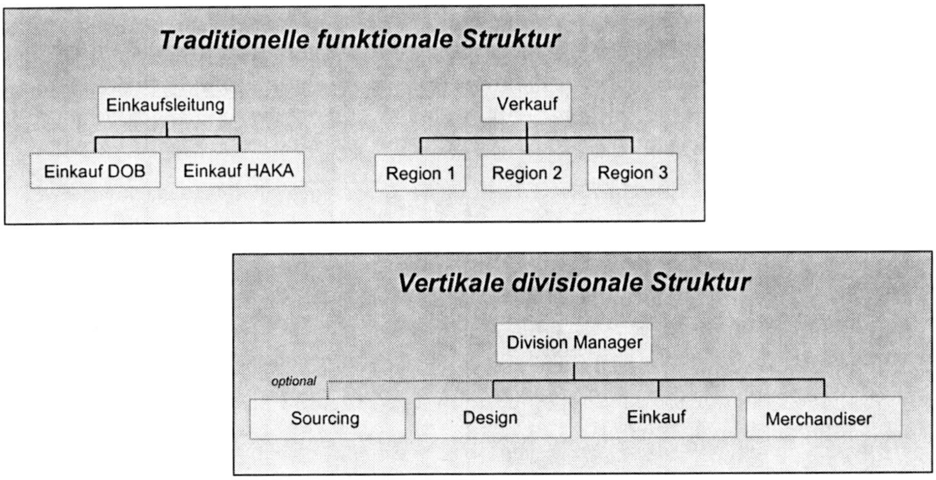

Abb. 3.3 Traditionelles versus vertikales Retail-Organisationsmodell

3.2.2 Das vertikale Organisationsmodell

Abbildung 3.3 verdeutlicht den Unterschied zwischen einer traditionellen, funktional ausgerichteten Organisation und einem vertikalen, divisional strukturierten Organisationsmodell.

Im traditionellen Ansatz sind, vereinfacht ausgedrückt, die Verantwortungsbereiche auf die einzelnen, funktionalen Elemente des Kernprozesses limitiert: Der Einkauf verantwortet die Ware von der Beschaffung bis zum Versand beim Hersteller, die Logistik „übernimmt" die Verantwortung danach bis zur Verteilung in die Filialen, und letztlich ist es der Verkauf, der die Steuerung der Flächen, des Personals und der Warenbestände übernimmt. In vertikalen Organisationsmodellen umfasst die Verantwortung die gesamte Prozesskette einer Division (z. B. DOB, Haka, Schuhe) von der Beschaffung bis zum letztendlichen Abverkauf – dies betrifft sowohl die Verantwortung für Durchlaufzeiten, Schnelligkeit, Flexibilität und Effizienz aller relevanten Teilprozesse wie auch für die Plan-Erreichung von Umsätzen, Roherträgen, Beständen und Lagerumschlagsgeschwindigkeiten.

Entlang der prozessorientierten, vertikalen Organisation arbeiten die einzelnen Teammitglieder in enger Kooperation mit den Partnern auf der Herstellerseite: Der Division Manager erarbeitet mit dem Produktmanager den Kollektionsrahmenplan im Hinblick auf Sortimentsbreite und -tiefe und entscheidet gemeinsam mit ihm über die saisonale Sortimentsarchitektur nach Preislagen, Farben und Größen. Im Designteam werden die gemeinsamen Produkte und Eigenmarken abgestimmt, Prototypen entwickelt und verabschiedet. Der Einkäufer kommuniziert die wesentlichen Limit- und Sortimentsplanungsdaten, verabschiedet gemeinsam mit dem Kollektionsteam des Herstellers die endgültigen Vororderartikel und koordiniert das Bestsellermanagement. Der Merchandiser letztlich ist die Schnittstelle zwischen der Filiale, dem Einkauf und dem Herstellerpartner. Er verantwortet die optimale Warenversorgung mit Hilfe eines integrierten Open-to-Buy- und Open-to-Ship-Instrumentariums, koordiniert das interne Best- und Slowsellermanagement und arbeitet intensiv an der Optimierung der Flächen- und Präsentationskonzepte.

3.2.3 Vertikale Planungs- und Steuerungsinstrumente

Das Stichwort für die Planung und Steuerung vertikaler Prozesse heißt *Kollaboration*, d. h. Zusammenarbeit zwischen Händler und Hersteller über die wesentlichen Teilprozesse der Wertschöpfungskette hinweg. In diesem Sinne müssen auch die Systeme ausgerichtet sein: Planungssysteme reichen im traditionellen Ansatz von der Limitplanung über eine modulare Sortimentsplanung bis zur Shoppingliste (und lösen damit den traditionellen, multilateralen Einkaufsprozess aus). In vertikalen Strukturen müssen sie zusätzlich in der Lage sein, die relevanten Daten zwischen beiden Partnern auszutauschen, um damit wesentliche Teilprozesse in den Vorstufen anzustoßen. Genauso in der saisonalen Steuerung: Informationen über Abverkaufserfolge (und -misserfolge) werden über Web-Schnittstellen vom Händler an den Hersteller übermittelt, um so ein effizientes und insbesondere schnelles Bestsellermanagement zu gewährleisten und gleichzeitig Erkenntnisse für die neue Kollektion zu gewinnen.

Von wachsender Bedeutung für kooperativ-vertikal agierende Partner ist Collaborative Planning, Forecasting and Replenishment, kurz *CPFR*. Wie der Name sagt, stehen in diesem Instrumentarium – gestützt auf ein artikelgenaues, geschlossenes Warenwirtschaftssystem- der Planungs-, Hochrechnungs- und Reassortierungsansatz im Mittelpunkt (Abb. 3.4).

Der State-of-the-Art der Retail-Planung im Sinne von CPFR umfasst im Wesentlichen drei Prozessschritte:

- Gemeinsames Commitment der Partner über die angestrebten saisonalen Ziele, den Kollektionsrahmen, die gemeinsamen Umsätze und der daraus resultierenden Kapazitäten,
- Austausch der Plandaten aus der Limit- und Sortimentsplanung des Retailers; insbesondere der zu erwartenden Bedarfszahlen pro Artikel und Monat und den Umsatzzahlen der gemeinsamen Eigenmarken,
- Austausch der Umsatz und Kapazitätsplanzahlen des Herstellers.

Eine vertiefte State-of-the-Art-Darstellung des hochintegrierten Planungsprozesses des Retailers würde an dieser Stelle zu weit führen. Es sei allerdings erwähnt, dass in der Praxis in vielen (durchaus erfolgreichen) Retailunternehmen nur spread-sheet-basierte Insellösungen existieren, die aber im Sinne des Plandatenaustauschs mit Herstellerpartnern ihren Zweck durchaus erfüllen können. Die Hochrechnung im CPFR-Kernprozess erfolgt auf Basis komplexer Algorithmen, auf die im Rahmen dieses limitierten Beitrags ebenfalls nicht näher eingegangen werden kann (Zur Vertiefung der theoretischen Grundlagen der Prognoserechnung vgl. Welge und Al-Laham 1999).

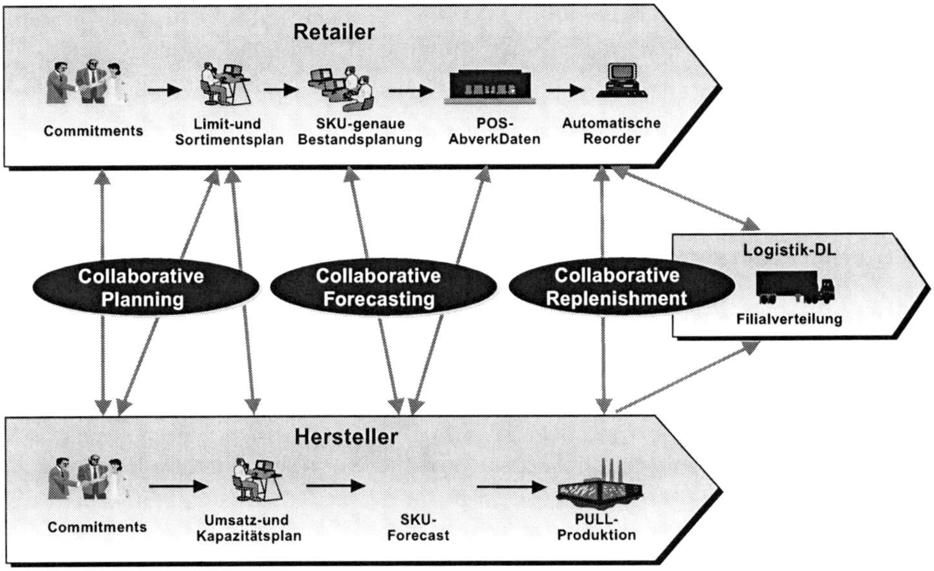

Abb. 3.4 Modell des Collaborative Planning, Forecasting and Replenishment (Quelle: i2)

Das Replenishment in CPFR hat das Ziel der optimalen Nachfragedeckung ohne gravierende Präsenzlücken – dies unter der Prämisse der budgetierten Zielerreichung von LUG und Kapitalbindung. Im Sinne eines klassischen Pull-Ansatzes „zieht" die abverkaufte bzw. nachgefragte Menge den Nachschub – ist also Ausgangs- und Orientierungspunkt aller Aktivitäten der vorgelagerten Wertschöpfungskette (Ahlert und Bochert 2000). Der traditionelle Ansatz besteht aus vier Teilprozessen:

- Erfassung der Abverkäufe (bzw. Retouren oder Umtausche) pro SKU und Filiale über integrierte POS-Lösungen und Datentransfer (online oder in Batchverarbeitung) an die zentralen Systeme. Dieser Schritt ist von hervorragender Bedeutung für die Qualität der Umsatz- und Bestandsdaten im Gesamtsystem.
- Automatische Berechnung des Reassortierungsbedarfs. In diesem Schritt liegt die eigentliche Kernkompetenz der CPFR-Systemkomponenten. Auf Basis von historischen Abverkaufsdaten oder (bei neuen Artikeln) auf Basis kurzfristiger Abverkäufe und Hochrechnungen auf den zukünftigen Verlauf werden SKU- und filialgenaue Bedarfe berechnet unter Einbeziehung und Berücksichtigung von:
  - Mindestbeständen/Displaybeständen/optimalen Beständen,
  - Mindestbestellwerten/Bestellkosten/Lagerkosten,
  - Zeitreihen und Kalendereffekten (Feiertage, Ferien),
  - Sonderfällen (z. B. einmaliger Absatz an Großabnehmer),
  - Aktionsauswirkungen und Preisänderungen.

- Auslösung der Nachschubanweisung an den Herstellerpartner. Dabei erfolgt die Anbindung der externen Schnittstellen überwiegend über EDI- oder Web-Tools.
- Warenausgang beim Hersteller und Wareneingang in den Filialen mit interner Schnittstelle zu den bestandsführenden Systemen.

3.3 Der vertikale Quantensprung – quantitative und qualitative Nutzenkomponenten der Vertikalisierung

Kooperativ-vertikale Partnerschaften zeichnen sich durch eine Vielzahl von Nutzeneffekten aus. Im Wesentlichen sind es drei Einflussfaktoren, die für den vertikalen Ergebnisschub auf beiden Partnerseiten ausschlaggebend sind (IM+C 2001):

- *Erhöhung des Servicegrades* im Sinne von Verfügbarkeit für den Kunden. Ein wesentlicher Schritt hierzu ist die konsequente Lieferanten- und Sortimentsstraffung, d. h., die verstärkte Konzentration auf wenige, kooperationsfähige Lieferanten und – als Folge daraus – auf weniger, aber erfolgsträchtigere Artikel. Diese Verringerung der Sortimentsbreite (= Anzahl Artikeloptionen) bei mehr Tiefe (= verfügbare Teile pro SKU) hat einen erheblichen Einfluss auf die Verfügbarkeit von Bestsellern: Der Kunde findet häufiger was er sucht – die Gefahr von Null-Verkäufen sinkt deutlich. Als Nebeneffekt für den Hersteller resultieren aus der Fokussierung auf weniger Artikel größere Stückzahlen pro SKU und damit signifikante Skalierungseffekte in Beschaffung und Produktion.
- *Erhöhung der Wareneingangskalkulation* durch Nutzung der Effizienzvorteile aus der Kooperation beider Partner: Der Hersteller ist in der Lage, auf Basis der erheblichen Kosteneinsparungen im Fertigungsbereich (siehe Skalierungseffekte!), in der Logistik (Fokussierung auf wenige oder nur eine Supply Chain) und insbesondere im Vertrieb (Wegfall von Showrooms, Reisende) einen signifikant niedrigeren Einstandspreis anzubieten. Bei Realisierung einer Wareneingangskalkulation von 180–260 % schafft der Retailer ein „Polster", um mit kontinuierlichen, trotzdem geringeren Abschriften den Warenbestand sauber zu halten und Lagerumschlagsgeschwindigkeit und Aktualität auf einem hohen Niveau zu halten – mit dem Resultat, dass der letztliche Rohertrag mit 48 % bis z. T. weit über 50 % um durchschnittlich 5 Prozentpunkte höher liegt als bei den traditionell agierenden Mitbewerbern.
- *Reduzierung der Stückkosten* über die gesamte Wertschöpfungskette, auch hier wieder durch Ausschöpfen der Economies of Scale. Auf Retailseite sind insbesondere drei Einsparungsbereiche zu nennen: Zum einen im Sourcing- und Produktentwicklungsbereich (weniger Entwicklungsaufwand und Prototyping, weniger Musterkosten, weniger Reiseaufwand), zum zweiten über die gesamte Inbound-Logistikkette vom Fertiglager des Herstellers über Forwarder, Carrier, Verzollung und Spediteur, zum dritten in einer effizienteren Lager- und Verteillogistik, die durch eine intelligente, filialgenau abgestimmte Vorkommissionierung des Herstellers ermöglicht wird.

	Traditionell		Vertikal		
	in Mio EUR	in %	in Mio EUR	in %	Index
Originärer Brutto-Umsatz	460	131,0	474	128,0	
Abschriften	60	15,0	44	12,0	
Erzielter Brutto-Umsatz	400	116,0	429	116,0	
Netto-Umsatz	**345**	**100,0**	**370**	**100,0**	**107,3**
Wareneinsatz	192	55,6	179	48,3	
Inventurdifferenz	3	1,0	4	1,0	
Rohertrag	**150**	**43,4**	**188**	**50,7**	**125,3**
Geschäftssystemkosten Total	143	41,5	145	39,2	
EBIT	**7**	**1,9**	**43**	**11,5**	**643,8**
	Ergebnissprung p. a.		36		
	Investitionen Total		40		
	ROI			**89,9**	

Abb. 3.5 Betriebswirtschaftlicher Quantensprung (real, inflationsbereinigt) durch Vertikalisierung (Quelle: IM+C)

Die Hebelwirkung der drei beschriebenen Ergebnisfaktoren Umsatz, Rohertrag und Kosten in einem vom Verfasser betreuten Vertikalisierungsprojekt bei einem westdeutschen Fashionfilialisten mit knapp 400 Outlets potenzierte sich zu einem drastischen Quantensprung im Betriebsergebnis: Gegenüber dem zurückliegenden, traditionellen Bewirtschaftungsansatz erzielte das Unternehmen nach einer durchgreifenden vertikalen Reorganisation einen totalen, realen Ergebniseffekt von fast 10 Prozentpunkten – mit anderen Worten ausgedrückt: *Die Neuausrichtung aller Prozesse und Systeme und die enge, partnerschaftliche Anbindung an wenige, effiziente Herstellerpartner brachte dem Unternehmen nach einer ca. dreijährigen Implementierungs- und einer zweijährigen Anlaufzeit einen um das Sechsfache gesteigerten EBIT!*

Die Gesamtinvestition in personelle Ressourcen sowie in Prozess- und IT-Reengineering betrug knapp 40 Mio. Euro, was bei einer durchschnittlichen Ergebnisverbesserung von 36 Mio. Euro in einem ROI von fast 100 % resultierte (Abb. 3.5)!

3.4 Die Umsetzung vertikaler Prozessmodelle am Beispiel eines Fashionfilialisten

3.4.1 Ausgangssituation

Das im Folgenden beschriebene Unternehmen wurde in den Jahren 2005 bis 2007 vom Autor intensiv beraten. Es ist ein international agierender Wholesaler und Fashionfilialist mit Standorten in knapp 20 Ländern. Einkauf, Logistik, EDV und Verwaltung werden zentral geführt. Das Sortiment basiert auf 3 Marken und liegt in sportiver, mittelmodischer Bekleidung für Damen zu „demokratischen", für den Massenmarkt erschwinglichen Preisen.

Der Partner auf Herstellerseite, mit dem in einem ersten Pilotprojekt der Bereich der jungen DOB angegangen werden sollte, war ein etabliertes deutsches Unternehmen mit überwiegenden Produktionskapazitäten in der Türkei und in Osteuropa.

3.4.2 Konzept und Umsetzung

Neuer vertikaler Kernprozess

Als wesentliche Aufgabe der ersten Projektmonate wurde das Redesign der warenwirtschaftlichen Prozesskette angegangen. Bestehende, schon teiloptimierte Prozessansätze wurden bewusst übernommen, um sowohl das bestehende Knowhow beider Unternehmen einfließen zu lassen wie auch die Akzeptanz des Projektes durch die beteiligten Mitarbeiter und damit seine erfolgreiche Implementierung sicher zu stellen.

Eine Schlüsselrolle im Zusammenspiel des neuen Retail-Loop spielte der Planungsprozess. Hier bestand eine in sich geschlossene, aber noch nicht in das Warenwirtschaftssystem integrierte Lösung, die in ihren wichtigsten Komponenten dem State-of-the-Art moderner Planungsansätze entsprach. Das Prozessteam ergänzte die bestehende Planung um zwei wesentliche vertikale Elemente: eine artikelgenaue Modulplanung und eine darauf aufbauende Kollektions- und Shoppinglisteliste. Mit der Anbindung an ein Open-to-Buy-Controlling wurde der Loop sowohl zu den Teilprozessen der kollaborativen Produktentwicklung wie auch zu den Steuerungsprozessen geschlossen.

Der entscheidende Schritt in ein vertikales Prozessmodell war die Vernetzung der strategischen Entscheidungsprozesse mit der Filial- und Flächenplanung und der engen Verzahnung der Sortimentsplanung mit den Prozessen der Produktentwicklung, des Designs und des Prototyping. Eine zweite, erfolgskritische Schnittstelle liegt im Bereich des Replenishment: Hier wird heute durch eine tägliche Datenkommunikation über Abverkäufe der NOS-Artikel und sich anbahnende Bestseller-/Slowsellertrends die kurzfristige Versorgung der Filialen mit kuranter Ware sicher gestellt.

Einen Überblick über den gesamten Regelkreis des neuen, *kooperativ-vertikalen Kernprozesses* zeigt Abb. 3.6.

Schnittstelle Supply Chain Management

Als besonders potenzialträchtig stellte sich nach Abschluss der ersten Pilotphase, die sich auf die Kernprozesse der Planung, der kollaborativen Produktentwicklung und der Warensteuerung konzentriert hatte, die gesamte, übergreifende Logistikkette dar. Ineffizienzen in der Abstimmung beider Partner über Produktions- und Lieferstati und – daraus resultierend – Lieferverzögerungen waren an der Tagesordnung. Hinzu kamen erhebliche Kostenpotenziale in den Bereichen des Stammdaten- und Auftragmanagements.

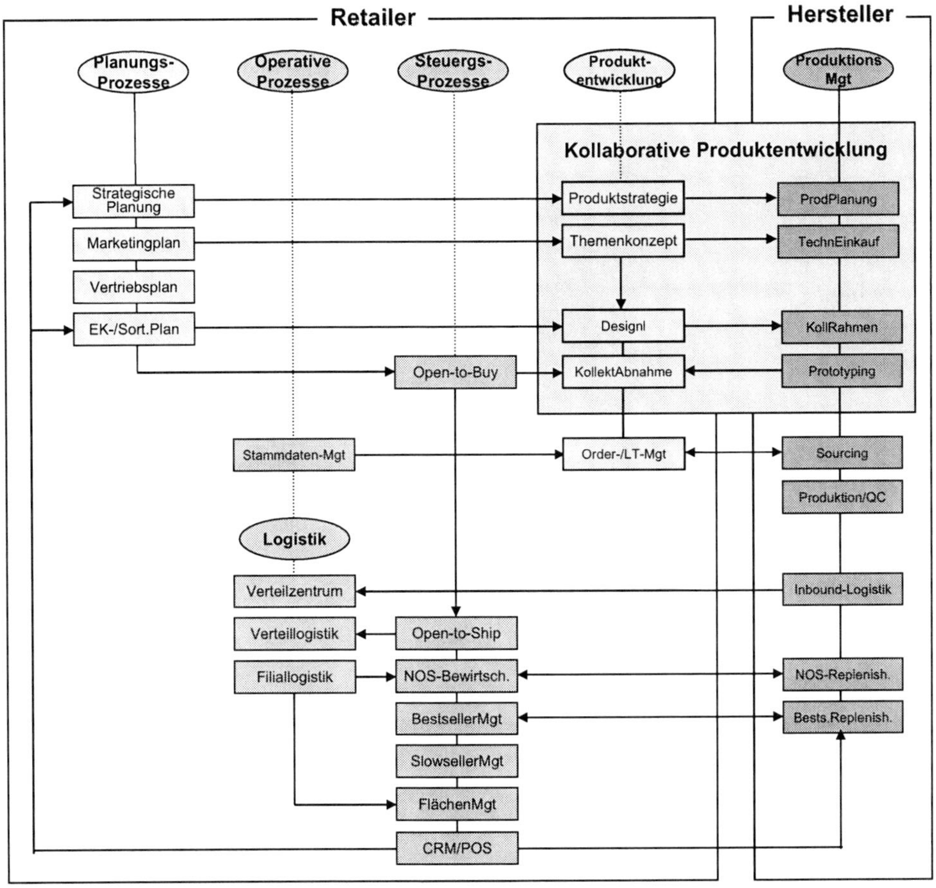

Abb. 3.6 Kooperativ-vertikaler Kernprozess

In der zweiten Projektstufe wurde daher ein gemeinsames Supply Chain Projekt initiiert mit der Zielsetzung, die beiden bisher weitestgehend unabhängig agierenden Logistikprozesse aufeinander abzustimmen, Redundanzen abzubauen und damit sowohl die Geschwindigkeit des Gesamtprozesses zu erhöhen wie auch beiderseits Kosten einzusparen. Die Leitlinie des SCM-Projektes hieß „Transparenz". Wie konnte z. B. sicher gestellt werden, dass insbesondere bei hochmodischer Ware und bei Werbeartikeln alle Informationen über den Fertigungs- und Transportstatus zeitgleich zu beiden Partnern fließen? Wie konnten beispielsweise Doppelerfassungen von Daten vermieden werden?

Die Lösung wurde in Zusammenarbeit mit dem gemeinsam ausgewählten Logistik-Provider gefunden. Alle logistisch relevanten Informationen laufen heute auf einer Web-Datenbank zusammen, auf die alle am Gesamtprozess Beteiligten einen vordefinierten, z. T. auch nur limitierten Zugriff haben (Abb. 3.7).

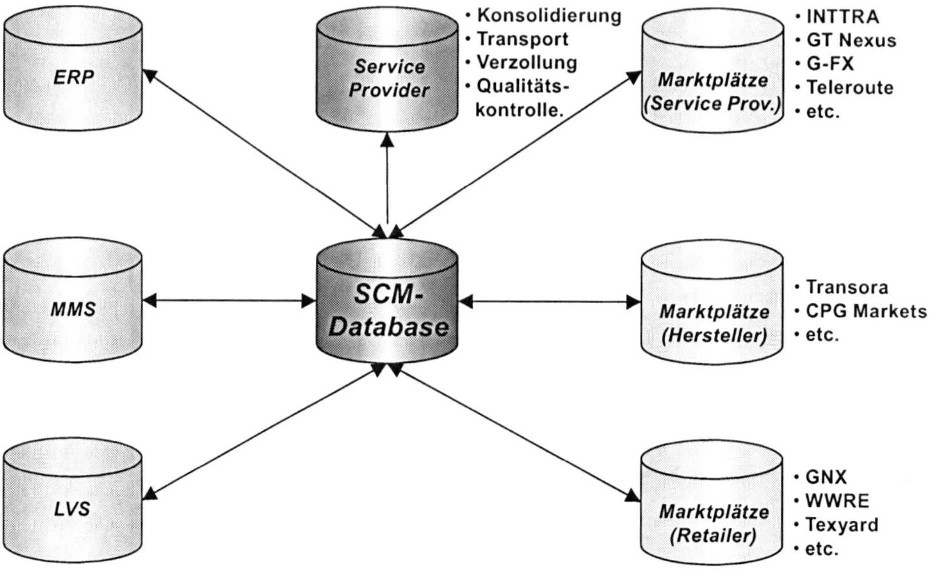

Abb. 3.7 Web-basierte Supply Chain Management Datenbank (Quelle: IM+C)

Erster Effekt: Retailer- wie Herstellerpartner können ein tages-, in Einzelfällen sogar stundengenaues Tracking und Tracing des Warenflusses durchführen. Das detaillierte Mapping von Gesamtorders oder auch Einzelartikeln über deren Fertigungs- oder Transportstatus versetzt sowohl des Produktionsmanagement auf Herstellerseite wie auch das Einkaufsmanagement auf Retailseite in die Lage, auf Abweichungen früh genug zu reagieren und ggf. gemeinsam gegen zu steuern. Zweiter Effekt: Die schon beim Retailer erfassten und gepflegten Stamm- und Orderdaten können vom Hersteller genutzt werden; eine Doppelerfassung wird vermieden. Ein dritter Effekt liegt in der Nutzung der Vorverteilschlüssel aus den Open-to-Ship-Systemen des Retailers beim Konsolidierungsprozess des Serviceproviders: Die Ware kann so im Retail-Verteilzentrum im Cross-Docking-Verfahren durchgeschleust werden – es werden signifikante Kosten- und Zeiteinsparungen realisiert.

Erfolgsfaktor Management of Organisational Change

Der Veränderungsprozess, den beide Partner in der Transformationsphase vom traditionellen zum vertikal agierenden Unternehmen durchlaufen mussten, war einschneidend – der Weg von der beschriebenen Ausgangssituation zum heutigen Status kam einem Paradigmawechsel gleich. Für fast alle Stelleninhaber in fast allen Unternehmensebenen war dieser Weg somit gepflastert mit Zweifeln, Ängsten und Widerständen gegen das Neue.

Es ist allerdings zu konstatieren, dass mentale Blockaden und Widerstände ein natürlicher Bestandteil eines jeden Veränderungsvorhabens sind (Connor 1993): Der Status quo ist bekannt, man hat sich an ihn gewöhnt, hat sich seine Status- und Machtsymbole er-

Abb. 3.8 Gegenstand des Management of Change (Quelle: Spalink)

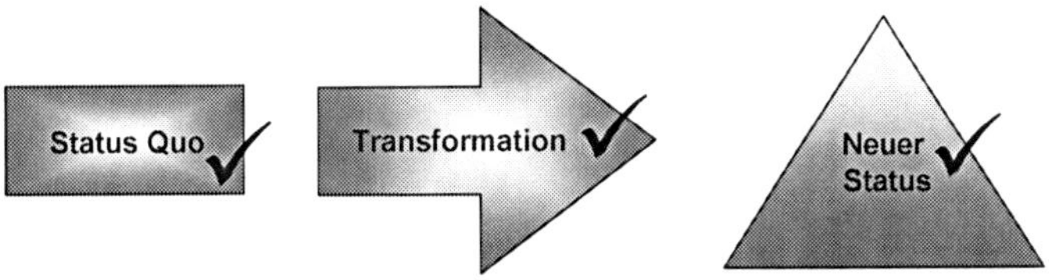

Abb. 3.9 Definition des Management of Organisational Change (Quelle: Spalink)

arbeitet – und nun soll man sich in einen neuen Status bewegen, den man nicht kennt, von dem man nicht weiß, welche persönlichen Verluste er mit sich bringen könnte – und von dem man auch nicht weiß, wie der Transformationsweg dorthin überhaupt aussehen könnte (Abb. 3.8)?

Eine Studie des Internationalen Instituts für lernende Organisation und Innovation von 1997, bei dem 111 deutschsprachige Unternehmen nach ihren Erfahrungen mit Umsetzungsprojekten befragt wurden, ergab, dass *von zehn Veränderungsvorhaben weniger als sechs ihr Ziel erreichen* (ILOI 1997). Die Scheiterungsgründe liegen dabei nicht so sehr in sachlich nachvollziehbaren Faktoren, sondern vielmehr in mental-kulturellen Barrieren. Als häufigste Gründe wurden von den Befragten genannt:

- Geringe Integration der Mitarbeiter in den Beginn des Veränderungsprozesses, insbesondere in die Erarbeitung der Veränderungskonzepte,
- Fehlende Vorbildfunktion der Vorgesetzten. Führungskräfte beharren selbst auf Altbewährtem, leben die Veränderung nicht selbst mit,
- Mentale bzw. system-immanente Blockaden wie Macht- und Prestigeverluste,
- Passive oder aktive Widerstände gegen die Veränderungsmaßnahmen, ausgelöst durch Ängste vor der Ungewissheit der neuen Situation.

Das Aufbrechen des Mechanismus „Ungewissheit = Ängste = Widerstand" geschieht mit der Technik des Management of Organisational Change, kurz MOC genannt (Abb. 3.9)

MOC dient zur Identifizierung, Aufhebung und/oder Reduzierung von Blockaden und Widerständen in Veränderungsprozessen. Mit MOC werden Veränderungsprozesse auf Unternehmens- und persönlicher Ebene proaktiv geplant, initiiert, realisiert und stabilisiert (Spalink 1998). Das Spektrum der Veränderungsinhalte reicht dabei von der strategischen Ausrichtung bis zur Durchführung von Maßnahmen auf Mitarbeiterebene.

Abb. 3.10 Prozess-Werkstatt

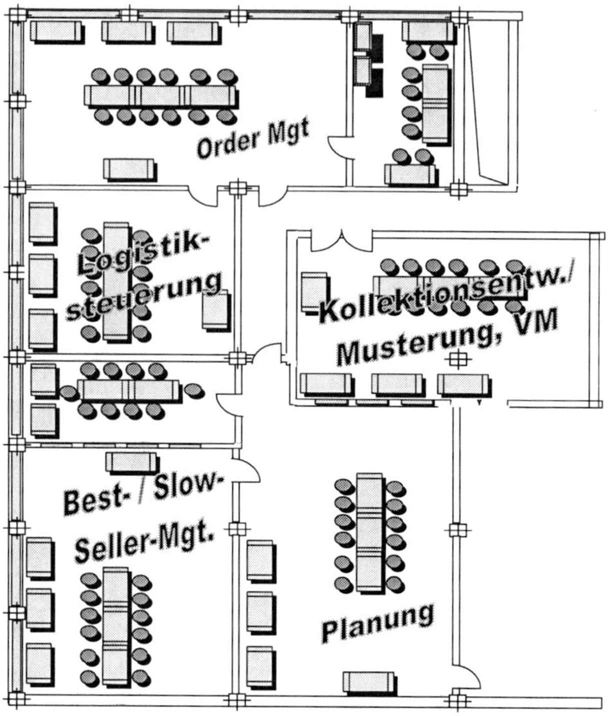

In Kenntnis der zu erwartenden Implementierungsproblematik wurde daher schon in der Konzeptarbeit des beschriebenen Vertikalisierungsprojektes ein MOC-Rollenverständnis entwickelt. Retail- und Herstellerpartner installierten je ein MOC-Team mit je fünf Mitarbeitern, sogenannte Change Agents, die in einer sehr frühen Projektphase den Kontakt zu den Projektteams aufbauten und erste Widerstandspotenziale identifizierten. In der Folge bauten diese Teams ihre MOC-Plattform weiter aus, informierten alle betroffenen Mitarbeiter und arbeiteten gemeinsam ein flächendeckendes MOC-Programm aus.

Ein wesentlicher Erfolgsfaktor für die weitestgehend reibungslose Einführung des neuen Prozessmodells war die Prozess-Werkstatt (Abb. 3.10). Hier konnten in realistischer, praxisnaher Umgebung alle relevanten Teilprozesse getestet, einfach modifiziert und in den neuen Gesamtprozess integriert werden.

3.5 Zusammenfassung und Ausblick

Vertikalisierung ist zweifellos ein signifikanter Erfolgsfaktor in einer Handelslandschaft, die durch permanente Forderungen nach Schnelligkeit, Flexibilität und Kostenführerschaft geprägt ist. Dabei ist für den Umsetzungserfolg eines Vertikalisierungsprojektes die kooperative Version dem integrierten Ansatz vorzuziehen – beide Partner „bleiben bei ihren

Leisten"; es sind keine riskanten Schritte in eine neue, erfahrungsarme Produktions- oder Vertriebslandschaft notwendig.

Die zu realisierenden Ergebnispotenziale in einem vertikalen Partnerschaftsmodell sind überzeugend: Drastische LUG-Verbesserungen und Rohertragssteigerungen von bis zu fünf Prozentpunkten und Kostensenkungen bis zu weiteren fünf Prozentpunkten führen zu einem Quantensprung im EBIT von bis zu zehn Prozentpunkten. Hinzu kommen eine Reihe qualitativer Effekte in flankierenden sortimentsrelevanten Komponenten wie z. B. eine durch den ausgeweiteten Eigenmarkenauftritt verstärkte Zielgruppenfokussierung, einen erhöhten Modegrad und mehr Aktualität und – last but not least – einen besseren Qualitätsstandard der Produkte.

Die erfolgreiche Umsetzung eines Vertikalisierungsprojektes hängt von einer Reihe von Erfolgsfaktoren ab. Als besonders wichtig für die angestrebte Ausschöpfung der Potenziale sind erfahrungsgemäß einzustufen:

- Ein integriertes Prozessmodell mit hocheffizienten Teilprozessen und Schnittstellen,
- Eine dem Prozessmodell stringent folgende, integrierte IT-Systemlandschaft mit hochentwickelten Planungs-, SCM- und Bestandsmanagement-Tools,
- Eine dem Prozessmodell stringent folgende, divisionale Organisationsstruktur,
- Einen auf MOC-Techniken basierenden Implementierungsansatz.

Die Erwartungen des Autors an die zukünftigen Entwicklungen im Bereich „Vertikalisierung" sind geprägt durch aktuelle Erfahrungen aus der deutschen Handelslandschaft. Der Weg zu vertikalen Strukturen ist immer weit, damit lang und teuer. In der heutigen, extrem schwierigen wirtschaftlichen Situation des deutschen Handels ist daher in den nächsten Jahren kaum mit durchgreifenden Vertikalisierungsprojekten zu rechnen. Es ist aber zu erwarten, dass nach der Phase der von Experten vorausgesagten Marktkonsolidierung erhebliche Anstrengungen seitens der führenden Konzerne und Fashionfilialisten erfolgen, um den bestehenden Vorsprung der vertikalen Anbieter aufzuholen – dies nach dem alten, aber immer noch gültigen Leitspruch: „Nicht die Großen fressen die Kleinen, sondern die Schnellen die Langsamen!"

Literatur

Ahlert, D. und Borchert, S. 2000. Prozessmanagement im vertikalen Marketing. In *ECR in Konsumgüternetzen*. Berlin.

Behrenbeck, K., P. Breuer, und T. Wider. 2002. Fashion Retailer erobern die Supply Chain. *Akzente* 23, Hamburg.

Connor, D. R. 1993. *Managing at the speed of change*. New York: Villard Books.

Laurent, M. 1996. Vertikale Kooperationen zwischen Industrie und Handel. In *Neue Typen und Strategien zur Effizienzsteigerung im Absatzkanal* Frankfurt am Main.

Merkel, H. 1996. Logistik Managementsysteme. In *Handbuch der Informatik*. München.

o. V. 2001. Erfolgsfaktoren im europäischen Fashionhandel. In *IM+C AG, Untersuchungs- und Präsentationsunterlagen*. Mannheim.

o. V. 2001. Trends und Wandel im weltweiten Retailing. In *IM+C AG, Untersuchungs- und Präsentationsunterlagen*. Mannheim.

o. V. 1997. *Internationales Institut für lernende Organisation und Innovation*. München.

Porter, M. E. 1999. *Wettbewerbsstrategie - Methoden zur Analyse von Branchen und Konkurrenten*. Frankfurt/New York: Campus Verlag.

Spalink, H. 1998. Das Management der Implementierung. In *Werkzeuge für das Change-Management - Prozesse erfolgreich optimieren und implementieren*. Frankfurt am Main: FAZ, Verlagsbereich Wirtschaftsbücher.

Thaler, K. 1999. *Supply Chain Management, Prozessoptimierung in der logistischen Kette*. Köln: Fortis Verlag FH.

Welge, M. K., und A. Al-Laham. 1999. *Strategisches Management; Grundlagen - Prozess - Implementierung*. Wiesbaden.

Teil II

Customer Insights für das Retail Business

Die Kaufreviere des Verbrauchers – Ableitungen für das Retail Business

1

Dirk Ziems und Uwe Krakau

Inhaltsverzeichnis

1.1 Einleitung

Noch nie sind Verbraucher mit so vielen Konsumangeboten konfrontiert worden wie heute. Ob Güter des täglichen Bedarfs oder anspruchsvoller Konsum – der Kunde kann zwischen Tausenden von Marken auswählen. Die Einkaufswelt ist zudem dadurch komplexer geworden, dass die Einkaufsorte für einzelne Warengruppen längst nicht mehr klar festgeschrieben sind. Einen Computer kann man z. B. im kleinen Fachgeschäft, im großen Mediamarkt oder bei Aldi kaufen. Küchenzubehör wird sowohl im Kaufhof in der Innenstadt, bei Ikea auf der grünen Wiese als auch bei Tchibo „um die Ecke" angeboten. Die weitere Durchsetzung von E-Commerce-Anbietern schafft zusätzliche Auswahl.

Angesichts der Vielfalt an Konsum- und Einkaufsmöglichkeiten ist eine genaue Kenntnis der psychologischen Beweggründe der Kunden für das Marketing von heute also so wichtig wie nie zuvor. Überraschenderweise hat sich die Handelsforschung bislang nicht befriedigend mit diesem Thema auseinandergesetzt. Bisherige Untersuchungen, die sich mit dem Einkaufsverhalten beschäftigt haben, fanden bestenfalls Kategorisierungsschub-

Dirk Ziems ✉
Concept M GmbH, Rosa Luxemburg Str. 16, 10178 Berlin, Deutschland
Uwe Krakau
Concept M GmbH, Rosa Luxemburg Str. 16, 10178 Berlin, Deutschland

H.-C. Riekhof (Hrsg.), *Retail Business*, DOI 10.1007/978-3-8349-4555-6_4,

laden. Schon ob diese jemals gepasst haben, ist fraglich. Sicher ist aber, dass die Kunden längst aus alten Typologien herausgewachsen sind.

In der Grundlagenuntersuchung „Abschied vom Smart Shopper – Kaufverhalten ist Revierverhalten" hat ifm Wirkungen + Strategien in Kooperation mit der Rempen & Partner Werbeagentur nun den Forschungsansatz der morphologischen Marktpsychologie für die Welt des Einzelhandels fruchtbar gemacht. Die morphologische Theorie deckt, ausgehend von Tiefeninterviews mit qualitativen Beschreibungen, die psychologischen Mechanismen und Strukturen auf, die alltägliche Abläufe bestimmen. Die Studie basiert auf 50 solcher morphologischen Tiefeninterviews, umfangreichem Desk Research und zahlreichen Studien der letzten Jahre. Die Grundlagenstudie aus dem Jahre 2003 ist inzwischen von concept m, dem Nachfolgeinstitut von ifm, weiter aktualisiert worden.

In der Studie wird detailliert psychologisch analysiert, welche Faktoren das Einkaufsverhalten bestimmen und in welche Zonen sich die Welt des Einkaufens aufgliedert. Zentrales Ergebnis dabei: Ein und derselbe Konsument verhält sich in unterschiedlichen Konsumkontexten ganz unterschiedlich. Mal will er eher routinierte Sicherheit, mal will er schwelgen und träumen. In beiden Fällen hat das Einkaufen für die Konsumenten einen Mehrwert über das Beschaffen von Produkten hinaus. Die „Besorgungen" werden eingebettet in ein Gesamterlebnis, dessen emotionaler Nutzen ein Eigenwert ist.

1.2 Psychologische Motivspannungen des Einkaufens

Einkaufsstätten und Einkaufsgelegenheiten gibt es im Alltag in unterschiedlichsten Formen und in fast unbegrenzter Zahl. Jeder Konsument hat subjektive Regeln dafür, welche Geschäfte, Supermärkte oder Kaufhäuser er bevorzugt. Doch selten ist dem Konsumenten dabei bewusst, was in ihm beim Einkaufen eigentlich genau vor sich geht. Der psychologische Hintergrund des Einkaufens ist nämlich nicht auf den ersten Blick verfügbar.

Es lässt sich aber feststellen, dass das Konsumerleben und Konsumverhalten immer von dem gleichen Gefüge von Motivspannungen bestimmt wird (s. Abb. 1.1).

Ein wichtiger Grundzug, der das Einkaufen motiviert, ist die Kauflust bis hin zur Kaufgier. Dieses archaische „Habenwollen" ist eine Grundbedingung des Seelischen. Die in unserer Konsum-Gesellschaft angebotene Warenflut belebt und fördert diese in jedem Menschen vorhandene Aneignungslust. Je mehr man sieht, desto mehr will man auch haben, desto mehr will man kaufen. Diese geballte Verfügbarkeit von Waren ist eine Wohltat und eine unbewusst beruhigende Absicherung. Sie signalisiert, dass keine Not zu fürchten und eine Versorgung jederzeit gewährleistet ist.

Am eindrucksvollsten ist die Kaufgier an kleinen Kindern zu beobachten. Kinder sind meist noch von hemmungslosen Aneignungswünschen beseelt. Erwachsene können sich gegenüber der eigenen Kaufgier besser abgrenzen und dabei Kontrolle und Abwehr einsetzen. Denn der Kauflust jederzeit nachzugeben ist nicht möglich. Die Kauflust, die bisweilen zur Gier werden kann, darf nicht ungebremst wirksam werden. Einkaufen ist sozusagen ein kunstvolles „Rauspicken" aus der Überfülle von Angeboten.

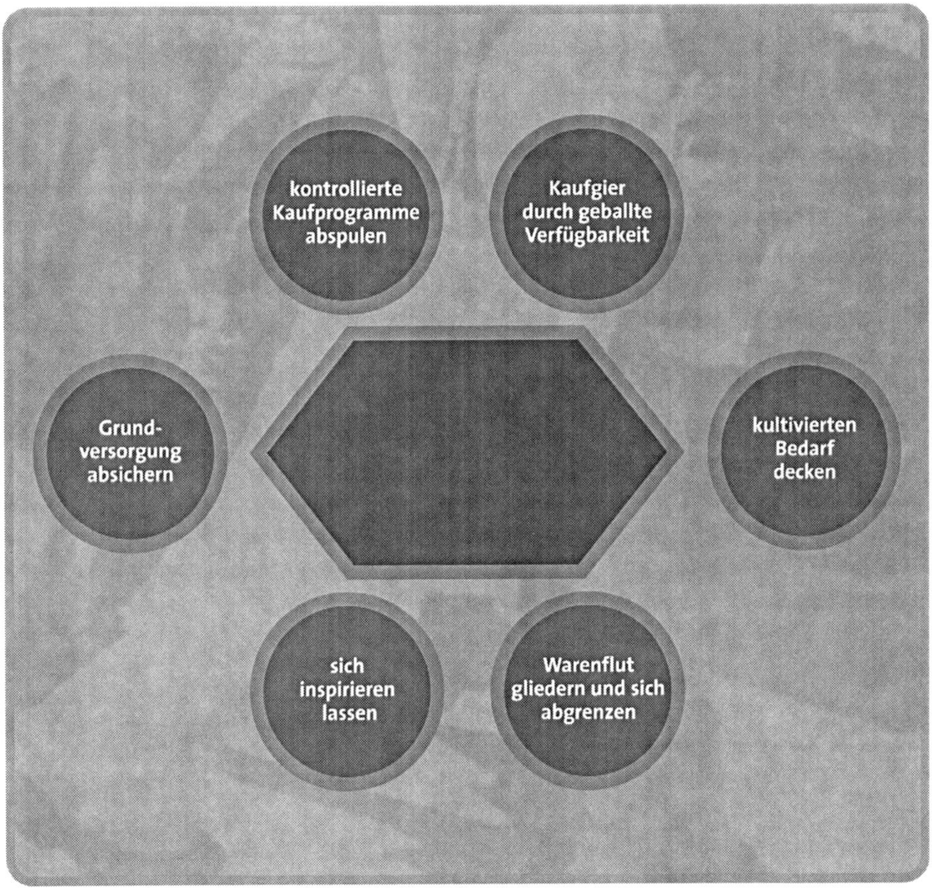

Abb. 1.1 Psychologische Motivspannungen des Einkaufens

Die Psychologie des Einkaufens wird von einer weiteren Motivspannung bestimmt: Der Einkauf in seiner Urform dient der Grundversorgung mit den für den Alltag und das Überleben notwendigen Dingen. Über diese Absicherung des notwendigen Grundbedarfs hinaus ist das Einkaufen aber auch mit dem Wunsch nach Besonderem verbunden. Man möchte sich jenseits der profanen Dinge des täglichen Bedarfs etwas gönnen und sich selbst belohnen. Grundbedarf und besonderer Bedarf sind aber bei den Einkaufsstätten immer häufiger im Übergang begriffen. Früher als Luxusgüter angesehene Produkte wie Champagner werden heute immer häufiger im Rahmen des Flairs eines Grundbedarf-Discounters feilgeboten. Durch das Umdefinieren der besonderen Güter zu Basisgütern wird der Zug des Besonderen kaschiert und die Hemmschwelle des Konsums gesenkt. Andererseits werden Basisartikel häufig durch eine besondere Store-Inszenierung aufgewertet und zu besonderen Produkten stilisiert, wie z. B. einfache Pullover bei Benetton. Bei der Deckung des Grundbedarfs steht meist im Vordergrund, sich nicht zu sehr in die Tätigkeit des Einkaufens verwickeln zu lassen. Routiniertes und schematisiertes Einkaufen ist also hier das Ziel. Auch die Einkaufsstättenwahl ist entsprechend den Routinen und den Gewohnheiten im Tagesablauf untergeordnet. Sie sollten so gelegen sein, dass man noch schnell auf dem Weg von der Arbeit nach Hause alles mitnehmen kann. Die lästige Einkaufsroutine soll meist schnell, zweckmäßig und effizient abgewickelt werden. Durch die Entwicklung eigener Routinen, wie z. B. die Erstellung eines Einkaufszettels oder das Aufsuchen des immer gleichen und vertrauten Supermarkts, gelingt es leichter, die Kauflust unter Kontrolle zu halten und sich von der Warenflut abzugrenzen.

Und doch ist neben den Routinen das Einkaufen immer auch mit besonderen sinnlichen Erlebnissen verbunden. Die Verlockungen durch die Waren sind sinnlicher Natur. Beim Einkaufen schwelgt man in Qualitäten, betrachtet, ertastet, riecht die Ware. Man entwickelt einen Vorgeschmack auf das, was man damit machen kann, nimmt den Besitz schon vorweg und malt sich aus, was für neue Möglichkeiten durch das Produkt eröffnet werden. Das Warenangebot weckt Wünsche und der Einkauf wird so zur Entdeckungstour. Das Einkaufen sticht als besonderes Event aus dem Alltag heraus.

Zusammenfassend lässt sich herausstellen, dass Einkaufsstimmungen immer durch das komplexe Gefüge der dargestellten Spannungsfelder von Kauflust, Gier und gleichzeitiger Abgrenzung, Durchgliederung und Abwehr, sinnlicher Inspiration und kontrollierter Routine, sowie alltagsnaher Pragmatik in der Absicherung der Grundversorgung und gleichzeitiger Deckung an kultiviertem Bedarf motiviert sind.

1.3 Die Psychologie der Kaufreviere

Trotz der angesprochenen vielfältigen individuellen Unterschiede des Einkaufsverhaltens zeichnen sich übergreifende Ordnungen ab. Die Landkarte des Konsums teilt sich dabei in Nah- und Fernbereiche: einerseits Kaufreviere, die in nächster Nähe zum Wohnort oder Arbeitsplatz liegen und die deshalb regelmäßig aufgesucht werden, andererseits Kaufreviere, die nicht im direkten Einzugsbereich liegen und die besondere Interessen ansprechen.

„Reviere" im Wortsinn sind Bezirke und begrenzte Gebiete, von Tieren als eigenes Territorium betrachtete Lebensräume. Hier sind sie jedoch nicht nur im räumlichen Zusammenhang gedacht, sondern auch psychologisch gesehen. Sie sind als die seelische Gliederung der Konsumlandschaft zu verstehen. Sie strukturieren den Konsumraum.

Diese Kaufreviere gehen für die Verbraucher mit unterschiedlichen Konsumstimmungen einher: Sie können Orte für routinemäßige Alltagseinkäufe sein, an denen der Einkaufszettel möglichst effizient abgearbeitet werden soll, oder Orte für Shopping-Erlebnisse, an denen man sich begeistern und inspirieren lassen kann.

Die Entwicklung der Konsumlandschaft und einzelner Kaufreviere lässt sich als kleine Evolutionsgeschichte verstehen (s. Abb. 1.2): Angefangen von den „Ursprungsmärkten" wie Wochenmärkte oder Flohmärkte vollzieht sich eine Entwicklung weiter über „lokale Versorgungsreviere" für den nahe liegenden Bedarf an Lebensmitteln und Konsumgütern bis hin zu den kulissenhaften „urbanen Bummelzonen" der Innenstädte und „erlebnisbetonten

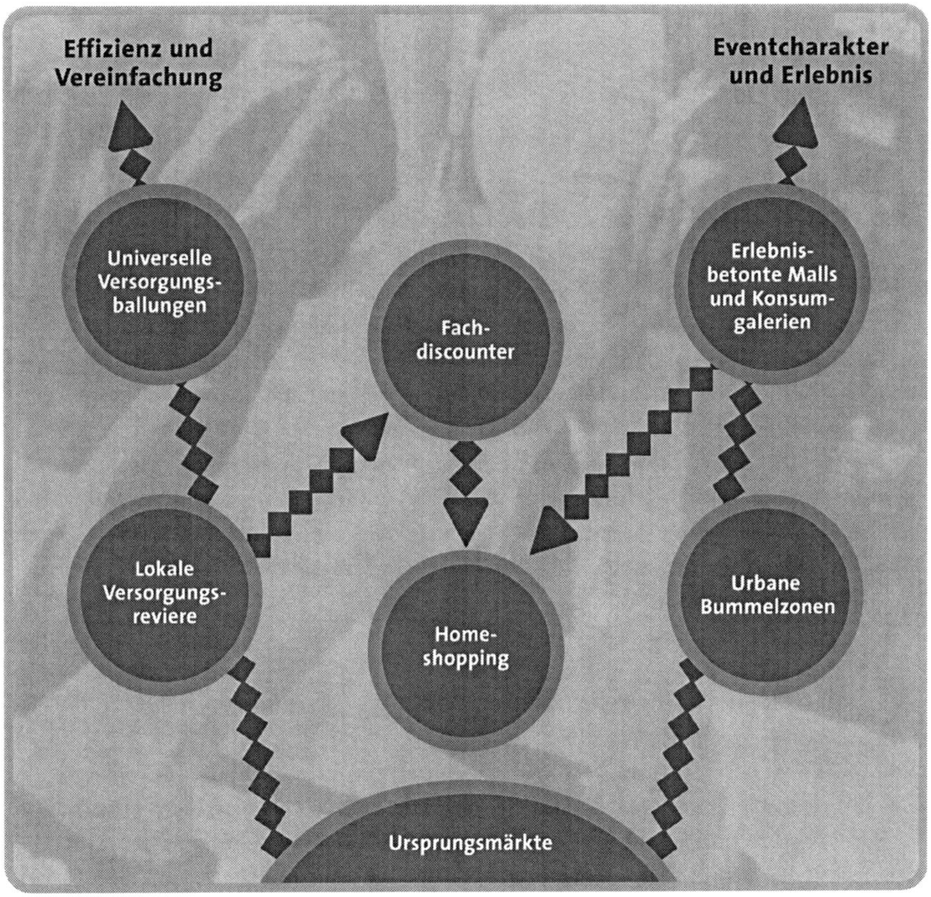

Abb. 1.2 Das System der Kaufreviere

Malls“ mit inspirierenden, aktuellen Lifestyle-Entwürfen. Den vorläufigen Schlusspunkt bildet der E-Commerce, die neue Form des „Homeshoppings“, der auf Formen des Versandkaufs und Teleshoppings aufbaut.

Die Evolution der einzelnen Kaufreviere ist nicht als eine unabhängige und scharf voneinander getrennte Aneinanderreihung zu verstehen. Vielmehr gehen die Kaufreviere auseinander hervor, wobei es auch zu Überschneidungen kommt. Diese Vielzahl von gewachsenen Einkaufskulturen muss parallel bestehen, da sie je nach Konsumbedürfnis und Einkaufsstimmung des Konsumenten entsprechende Bedürfnisse befriedigt.

Der Suche nach Vielfalt steht zugleich aber auch ein Wunsch nach Orientierung gegenüber. Die Gliederung der Konsumlandschaft in „Kaufreviere“ hilft dabei. Denn für jedes „Kaufrevier“ hat der Konsument ein bestimmtes Set von Konsumprogrammen gelernt, in denen bestimmte Konsumbereiche, Einkaufsverfassungen und Store-Formen zusammenfinden.

1.4 Kaufreviere bestimmen das Kaufverhalten

Die Studie hat insgesamt sieben typische Kaufreviere identifiziert, die die Konsumlandkarte des Verbrauchers ausfüllen:

1.4.1 Das erste Kaufrevier: Ursprungsmärkte

Zurück zu den Ursprüngen des Handels und zu natürlich authentischen Produkten. Es finden sich fahrende Händler, Wochenmärkte, Biomärkte, Flohmärkte. Urgründe des Konsums bestimmen hier das Kaufverhalten. Der Käufer nähert sich so ursprünglichen Produktionsprozessen und authentischen Angeboten. Das sinnliche Erleben der Waren spielt eine übergeordnete Rolle. Mit den Ursprungsmärkten kam der Handel ins Rollen und sie sind bis heute seine Grundform geblieben. Angebot und Nachfrage werden dabei an einem öffentlich vereinbarten, meist zentralen Ort der Zusammenkunft geregelt. Der Stil von authentischen Ursprungsmärkten wird von modernen Store-Konzepten oft bewusst kopiert. So inszeniert sich beispielsweise die Kette Marché im Stil eines Marktstandes mit frisch eingetroffenem Obst und Gemüse.

1.4.2 Das zweite Kaufrevier: Lokale Versorgungsreviere

Der Konsument will die Möglichkeit einer annähernd vollständigen Grundversorgung in seinem direkten Einzugsbereich gewährleistet wissen. „Weil es einfach und praktisch ist" reicht als Begründung für dieses Revierdenken nicht aus. Vielmehr identifiziert sich der Mensch mit seiner nächsten Umgebung. Er stellt Besitzansprüche an sein Viertel: mein Bäcker, mein Metzger, mein Kiosk, mein Supermarkt – mein Revier.

Lokale Versorgungsgebiete decken sowohl die alltägliche und vollständige Grundversorgung als auch den gehobenen Bedarf im direkten Einzugsbereich des eigenen Wohnumfelds. Im Vergleich zu den Ursprungsmärkten wird der Konsum hier gewissermaßen sesshaft.

Lokale Versorgungsreviere unterscheiden sich abhängig von Stadt, Land und sozialem Umfeld in Niveau und Differenziertheit. So gehören Feinkost- und Weinfachgeschäfte ins Bild der Nobelviertel, während in sozial schwachen Vierteln Billigsupermärkte und Spielotheken zu finden sind.

1.4.3 Das dritte Kaufrevier: Universelle Versorgungsballungen

Die nächste „Evolutionsstufe" der Kaufreviere sind die Großsupermärkte. Hier steht das Vorratsdenken des Verbrauchers im Vordergrund. Schon die Größe der Einkaufwagen lässt darauf schließen. Großmärkte dienen der effizienten und geballten Bevorratung, die aus einem riesigen, scheinbar universellen Warenangebot schöpft. Nach einem Großeinkauf, der meist am Wochenende mit dem Auto getätigt wird, herrscht eine Art befriedigte satte Ruhe vor Konsumwünschen: Nun ist für eine gewisse Zeit alles Mögliche eingebunkert.

Universelle Versorgungsballungen, wie sie Großsupermärkte wie Real oder Kaufland verkörpern, dienten ursprünglich hauptsächlich der Gewährleistung der Grundversorgung. Heutzutage gewinnen aber auch Konsumgüter des höheren Bedarfs zunehmend an Bedeutung.

1.4.4 Das vierte Kaufrevier: Urbane Bummelzonen

Urbane Bummelzonen bieten Raum für individualistisch orientierten Wunschkonsum. Sie stehen für kultivierten Bedarf und Austausch mit Weltläufigkeit. Ihr grundlegender Unterschied zu den beiden vorangegangenen Kaufrevieren: Shopping wird hier zum Freizeitevent. Freizeit und Vergnügen beinhalten gehobene Ansprüche und verlangen eine klare Abgrenzung vom profanen Alltag. Schaufenster und Dekorationen stimmen auf Traumwelten ein. Künstlich geschaffene Atmosphären vermitteln dem Verbraucher ein Bild von einer interessanten, abwechslungsreichen und inspirierenden Angebotswelt. Die offerierten Artikel sind Teil dieser Welt. Man kauft nicht nur das Produkt an sich, sondern auch ein Stück Lebensgefühl. Die Frequentierung der Bummelzonen ist abhängig von ihrer Attraktivität. Dabei besitzen sie über das lokale Einzugsgebiet hinaus auch regionale, teilweise sogar überregionale Bedeutung.

1.4.5 Das fünfte Kaufrevier: Fachdiscounter

Fachdiscounter stellen spezifische Abwandlungen der universellen Versorgungszentren dar. Die fachspezifischen Einkaufswelten bieten alles aus einer Hand in breiter Auswahl an. Das Versprechen der Fachdiscounter lautet, durch weniger exklusiven Charakter und eingeschränkte Beratung günstigere Preise zu garantieren. Ihr zentraler psychologischer Vorteil besteht darin, den verwickelten und oft quälenden Kaufentscheidungsprozess durch einfache Kriterien wie z. B. Preisvorteile oder vorgegebene Standards zu vereinfachen und abzukürzen.

Dem Vorbild des gut funktionierenden „Aldi-Flairs" folgend, adaptiert man die Discountphilosophie und erklärt auch gehobene Waren des besonderen Bedarfs zu Basisgütern, die man quasi im Vorbeigehen mitnimmt. Das hat für das Angebot von Fernsehern, Kameras oder Möbeln zur Folge, dass die früher bestehenden Kaufschwellen rapide gesenkt werden können.

Beispiele zeigen, dass Fachdiscounter entweder ganz dem Discountprinzip verpflichtet sein können, wie es beim Mediamarkt der Fall ist, oder das Discountprinzip ist wie bei Ikea um das Prinzip der kulissenhaften Inszenierung mit kultiviertem Bedarf ergänzt.

Fachdiscounter waren anfangs eher ausgelagerte Großkaufhäuser „auf der grünen Wiese“ oder in städtischen Außenbezirken. Seit ein paar Jahren halten sie jedoch Einzug in die urbanen Bummelzonen und verändern damit deren Einkaufsflair.

1.4.6 Das sechste Kaufrevier: Erlebnisbetonte Malls und Konsumgalerien

Malls etablieren sich eindeutig als Weiterentwicklung der Urbanen Bummelzonen. Hier steht die Inszenierung einer eigenen kleinen Welt an allererster Stelle. Ausgewählte Läden und Filialketten werden auf Tonalität und Ausrichtung des Komplexes abgestimmt und in das System eingefügt. War die Ansammlung der Verkaufsstätten in den Fußgängerzonen eher zufällig, so trifft man in den Malls auf eine geballte und gefilterte Auswahl. Es wird ein Großraum des Konsums erschaffen, der den Spitznamen „Tempel“ zu Recht verdient.

Dem Verbraucher wird tatsächlich fast eine Glaubensrichtung, zumindest aber eine Einstellung oder Grundhaltung bei Eintritt in die Galerie vermittelt. Durch die nochmalige Steigerung der Inszenierung und des Kulissenhaften wird das „erkaufte Gefühl“ beim Erwerb eines Artikels auch zu einem wesentlichen Beweggrund für das Konsumverhalten. Mit dem Artikel erwirbt man eine Art Andenken an die bewegende, stimmige Wunschinszenierung, der man innerhalb der Malls beigewohnt hat.

1.4.7 Das siebte Kaufrevier: Homeshopping

Mit den Distanzhandelsformen Versandhandel, Teleshopping und E-Commerce wird auch das eigene Wohnzimmer zur Konsumzone, zum Kaufrevier „Homeshopping“. Versandhandel gibt es schon seit hundert Jahren. Früher wurde per Katalog gekauft, um überhaupt Anschluss an Konsummöglichkeiten zu erhalten – die nächste größere Stadt war weit entfernt. Heute liegt die Attraktivität des „Homeshoppings“ häufig darin, sich gerade die anstrengende Auseinandersetzung mit der Fülle an Kaufhäusern, Discountern, Fachgeschäften und Boutiquen gewissermaßen „vom Hals“ zu schaffen.

Versandkunden, Teleshopper und E-Commerce-Kunden lieben die Bequemlichkeit, beim Einkaufen zu Hause zu bleiben. Der Distanzkauf ermöglicht es auch, in viel stärkerem Maße die Kontrolle über den Kaufprozess zu wahren, als das im Getümmel des städtischen Einkaufs möglich ist. So ist Modekauf im Versandhandel in viel mehr Einzelschritte gegliedert als der in Boutique oder Kaufhaus. Und jeder dieser Einzelschritte lässt viel mehr Kontrollmöglichkeiten zu. Außerdem ist das Konkurrenzangebot im E-Commerce nur ein paar Clicks weit entfernt.

E-Commerce ist als Einkaufsform inzwischen seit mindestens zehn Jahren fest etabliert. Immer weniger Konsumenten haben prinzipielle Vorbehalte oder Ängste gegenüber Online-Retail. Im Rahmen des Siegeszugs des E-Commerce ist zu verzeichnen, dass manche klassischen Geschäftsformate sehr stark unter Druck geraten sind. So beispielsweise

Reisebüros, die vom Aussterben bedroht sind, oder Buchläden, denen Amazon eine starke Konkurrenz macht.

Gleichzeitig ist zu verzeichnen, dass sich innerhalb des E-Commerce Differenzierungen ergeben haben, die das System der „realen" Kaufreviere spiegelbildlich in der Welt der „virtuellen" Commerce wiedererstehen lassen. Ein Marktplatz wie dawanda.de kopiert das Flair eines Designer-Flohmarkts, zalando tritt so auf wie eine schrille Boutique in der Fußgängerzone oder Mall und amazon.com ähnelt im Kern einem Discounter.

1.5 Kaufreviere als neues Fundament für das Handelsmarketing

Häufig werden Marketingentscheidungen auf der Grundlage von Käufertypologien gefällt. Auf Basis der hier vorliegenden Einkaufsforschung erweist es sich jedoch als problematisch, von personalisierten Beschreibungen aus Marketing zu betreiben. Sie zeichnen nämlich ein Bild des Konsumenten, das sich als zu eindimensional herausstellt. Marketingplanung kann aber nur so gut sein wie das dahinter stehende Modell. Die Kaufreviere zeigen, dass sich der Konsument kontextabhängig verhält. So führt eine differenzierte und auf Kaufverfassungen abgestimmte Betrachtungsweise zu sichereren Ergebnissen und Entscheidungen.

Die Kaufreviere mit ihren jeweiligen Kaufverfassungen, ihren Mechanismen und Tonalitys (s. Tab. 1.1) werden so zum Instrument einer genaueren strategischen Marketingplanung. Auf ihrer Grundlage lassen sich klare Ableitungen definieren, die zu einem erfolgreichen Marketing führen.

1.5.1 Kaufreviere als Planning-Tool für Retail Brands

Der Handel hat zunehmend Markenfunktionen übernommen. Die Halt gebende Funktion einer Marke, das Versprechen eines wiederholbar gleich zufrieden stellenden Einkaufserlebnisses, wird mehr und mehr von Handelsketten übernommen. Die Konsumenten beziehen sich immer mehr auf den Handel wie auf eine Sicherheit spendende Instanz. Zum Beispiel steht das Wissen, bei h&m gekauft zu haben, für die Sicherheit, auf jeden Fall besonders modisch zu sein. Einrichtung bei habitat erworben garantiert, besonders stilvoll zu sein. Für die Konsumzufriedenheit wird also zunehmend bedeutsam, wo man kauft, nicht, was man kauft.

Wer seine Handelskette zu einer erfolgreichen Marke machen will, muss daher ein schlüssiges Konzept dafür haben, für welche besondere Leistung und welches besondere Versprechen er stehen will. Eine klare Ausrichtung nach einer Markenpositionierung wird für Handelsketten zunehmend wichtiger.

Auf Basis des Konzepts der Kaufreviere und der Psychologie des Einkaufens lassen sich wesentliche Impulse für die Umsetzung der Markenidee einer Handelskette geben. Einzelne strategische Schritte bauen dabei aufeinander auf (s. Abb. 1.3).

Tab. 1.1 Kaufreviere als Planning-Tool

Kaufrevier	Konsum-Tonalities	Motiv-Mechanismen	Zentrales Versprechen
Ursprungsmärkte	Ursprünglich, unverfälscht, persönlich und aufregend	Auf nostalgisch inspirierende Weise Konsum kultivieren	Zurück zu Ursprüngen des Handels und natürlich authentischen Produkten
Lokale Versorgungsreviere	Versorgend, heimelig, persönlich	Routinierte Grundversorgung ohne Verwicklungen	Heimelig unkomplizierte Basisversorgung vor Ort
Universelle Versorgungsverballungen	Routiniert, kontrolliert, allumfassend versorgend, Kaufrausch-Potenzial	Allverfügbarkeit von Basisgütern in Kaufroutinen überführen	Effiziente Bevorratung aller Güter des täglichen Lebens. Satte Ruhe vor Konsumwünschen
Urbane Bummelzonen	Inspirierend, verlockend, verführerisch, sich verwandeln, beraten	Kultivierten Bedarf in inspirierende Bilder überführen	Entfaltung persönlicher Entwicklungswünsche in inspirierenden Stöberzonen
Fachdiscounter	Detailliert versorgend, Struktur gebend, zwischen nivelliert und individuell	Kaufschwellen senken durch Vereinfachung gegliederte (Spezial-) Versorgung	Vereinfachung von Entscheidungsprozessen bei komplexem, besonderem Bedarf
Malls und Konsumgalerien	Aufregend, neugierig machend, verführend, entspannend, inspirierend	Vorsortieren geballter Inspirationen im herausgehobenen Raum	Weltläufig-inspirierende Warenwelten in abgeschotteten Konsumtrauwelten
Homeshopping	Heimelig, persönlich, bequem, kontrolliert (Versand), spontan (E-Commerce)	Geballte, aber kontrollierbare Inspirationen bieten	Bequemes Einkaufen von zu Hause – mit Kontrolle des Kaufprozesses

Ein erster Schlüssel für den Erfolg einer Handelskette ist die möglichst konsequente Standortwahl der Filialen. Dabei könnte man sich nach einer Reihe von äußeren Kriterien richten wie z. B. Publikumsfrequenz, Dichte von Geschäften, Einkommenslevel der Standortumgebung. Solche äußeren Daten können zum Teil aber zu widersprüchlichen Befunden führen und geben keinen Aufschluss über die genaueren Erlebensqualitäten, die für das Publikum im Kontext eines möglichen Standortes relevant sind.

Grobe qualitative Kriterien wie „niedrige vs. gehobene Lagen“ oder „innerstädtisches vs. vorstädtisches Umfeld“ mögen schon besser für eine generelle Orientierung dienen. Aber auch solche Kriterien erscheinen eher vage und ungenau.

Eine sehr genaue Planungs- und Steuerungsgrundlage der Standortwahl ergibt sich dagegen aus dem Konzept der Kaufreviere. Danach lässt sich die Standortwahl ausgehend von den für Konsumenten wirklich relevanten Kriterien entscheiden. Das heißt, setzt man die

Abb. 1.3 Strategie-Prozess für Retail-Branding

Konsummotivation des eigenen Warenbereichs ins Verhältnis zu den Konsumstimmungen der einzelnen Kaufreviere, wird es möglich, sich sehr gezielt in Kontexte zu platzieren, in denen die Einkaufsverfassung der Konsumenten zu dem Warenbereich passend ist.

Die Psychologie des Warenbereichs ist nicht alleine dafür entscheidend, in welchen Kaufrevieren die Platzierung der Handelskette zu bevorzugen ist. Hinzu kommt auch die Ausrichtung der Handelskette: Will man die Waren im Sinne der Basisversorgung anbieten oder für den besonderen Bedarf stehen?

Das Wissen um die Psycho-Logik der Kaufreviere ermöglicht es auch, Handelsketten bewusst als Kontrast bzw. Ergänzung zum Hauptkontext eines Kaufreviers zu platzieren.

Fallbeispiel 1: Tchibo – Kaffeekauf und mehr

Der Kaffeeröster gilt zu Recht als ein gelungenes Marketingbeispiele für Business-Migration. Neben Kaffee steht in den Tchibo-Filialen der Verkauf von Haushaltswaren, Schmuck, Mode, Elektronikgeräte und sonstigen Ausrüstungen im Vordergrund. Diese Artikel werden – meist als begrenzte Gelegenheitsangebote – hübsch thematisch arrangiert in den Schaufenstern feilgeboten.

Für die Platzierung der Tchibo-Geschäfte erscheinen die lokalen Versorgungsreviere prädestiniert. Die vielfältigen Tchibo-Güter entsprechen zwar nicht dem alltäglichen Bedarf. Die Shopping-Ausblicke in den Tchibo-Schaufenstern können jedoch gerade in dem lokalen Versorgungskontext als eine Art Kompensation aufgefasst werden. Nach der Devise: Auch beim Routine-Einkauf ein bisschen Flair von City-Bummel erleben.

Ebenso kann es sinnvoll sein, Parallelplatzierungen von Shops zu betreiben. Das heißt, sich zwar in unterschiedlichen Kaufrevieren gleichzeitig zu platzieren, dort aber mit der einzelnen Store-Gestaltung auf die jeweiligen Konsumtonalitys speziell einzugehen. Gerade für Handelsketten mit weiter Verbreitung und einer hohen Shopdichte ist es sinnvoll, sich auf das jeweilige Kaufrevier, in dem sich der Shop befindet, einzugehen. Hier ist allerdings Vorsicht geboten. Denn die Rücksichtnahme auf die Konsumtonalitys des jeweiligen Kaufreviers durch die Store-Gestaltung darf nicht so weit gehen, dass sich der Dachmarkencharakter der Handelskette verliert. Hier ist also die Aufgabe, eine Balance zu finden zwischen Anpassung an das Kaufrevier und Aufrechterhaltung des Gesamtcharakters der Handelsmarke.

Nach der Frage der konsequenten Standortwahl stellt sich die Frage nach dem erfolgreichen Gestaltungskonzept für die Handelsfilialen: In den letzten Jahren ist in dem Bereich der Store-Gestaltungen eine fast schon stürmische Weiterentwicklung zu verzeichnen. Verschiedene, oft sehr gegensätzliche Gestaltungskonzepte stehen sich dabei gegenüber. Entsprechend der zunehmenden Polarisierung von „Aldisierung" und „Erlebnisshopping" werden moderne Stores mal extrem in Richtung Discount getrimmt, mal extrem in Richtung veredelte Kulisse.

Wie kann sich der Handelsfilialist nun zielgerecht zwischen den unterschiedlichen Gestaltungsmöglichkeiten entscheiden? Auch hier geben die Konzepte der Einkaufspsychologie und der Kaufreviere eine wertvolle Orientierung. Von diesen Konzepten ausgehend ergeben sich nämlich eine Reihe von Leitregeln für die Store-Gestaltung:

I. Konsumversprechen und -tonalitys der Kaufreviere konsequent aufgreifen

Die Kaufreviere prägen die Stimmungen und Stimmungserwartungen der Konsumenten. Bei der Store-Gestaltung ist es deshalb wichtig, auf die Erwartungen der Kunden einzugehen und die Konsumtonalitys sowie das Versprechen des Kaufreviers angemessen zu berücksichtigen. Das Versprechen, das durch das Kaufrevier gegeben wird, weckt Erwartungen auf Seiten der Konsumenten, die durch die Shop-Gestaltung eingelöst werden sollten. Das Tchibo-Beispiel zeigt, dass es dabei nicht notwendig um absolute Angleichung an das Umfeld geht – vielmehr kann auch eine Abhebung vom Umfeld sinnvoll sein.

Dennoch geben die Konsumreviere den Rahmen vor, auf den sich die Wirkung der Store-Gestaltung bezieht. Abweichungen von diesem Rahmen wollen strategisch bedacht sein.

II. Einkaufsdramatik erfolgreich modellieren

Die Konsumtonalitys und das Versprechen eines Kaufreviers geben den äußeren Rahmen dafür vor, welche Ausrichtung die Store-Gestaltung einer Handelskette nehmen sollte.

Die Einblicke aus der Einkaufspsychologie lassen jedoch noch weitergehende Schlussfolgerungen darüber zu, was den Konsumenten bewegt, wenn er sich in eine Einkaufsstätte begibt, und welchen Motiven er im „Wirkungsraum" der Einkaufsstätte ausgesetzt ist.

Wie bereits dargestellt, ist das Verhalten des Konsumenten beim Einkaufen von den grundlegenden Spannungsfeldern Gier und Abgrenzung, Routine und Inszenierung, Basisbedarf und kultivierter Bedarf bestimmt. In der einzelnen Einkaufsstätte gilt es, diese Spannungsfelder in erfolgreicher Weise so aufzugreifen, dass der Konsument wie von alleine in eine bestimmte Einkaufsdramatik verwickelt wird.

Dazu ist bei der Store-Gestaltung daraufhin zu wirken, dass Erlebens- und Verhaltensabläufe nahe gelegt werden, die einem kalkulierten Spannungsbogen folgen.

Fallbeispiel: Ikea – Wohnentwürfe beschreiten und sich mit Kleinteilen entschädigen

Der Aufbau der Ikea-Kaufhaus-Discounter legt eine fesselnde Einkaufsdramatik nahe. Der Ikea-Kunde wird zunächst auf einem festgelegten Rundgang – unabhängig von seinem eigentlichen Kaufinteresse – durch die diversen Möbelbereiche geführt, von Schlafzimmer und Küchen bis zu Kinderzimmer und Büroeinrichtung.

Das Durchlaufen-Müssen der verschiedenen Bereiche wird durchaus nicht nur positiv erlebt. Wenn man gezielt nur nach einem bestimmten Bereich Ausschau halten will, können die anderen Zonen ablenkend und störend wirken.

Die meisten Kunden wollen sich jedoch gar nicht beschränken, wenn sie das Erlebniskaufhaus Ikea aufsuchen. Denn für die Ikea-Welt nimmt man sich gerne viel Zeit, der Ikea-Einkauf ist ein Event für die ganze Familie. Hier gibt es diverse Wohnwelten zu entdecken, und man kann verschiedene Wohnentwürfe beschreiten. Die „Zwangsführung durch das Gesamtsortiment" wird gar nicht als Zwang erlebt, sondern vielmehr als Strukturierungshilfe bei der Erschließung der Gestaltungsmöglichkeiten des Wohnens (früherer Brand-Claim: „Entdecke die Möglichkeiten"). Durch die vorgegebene Reihenfolge wird dem Kunden die Qual der Wahl abgenommen, wo er anfangen, wo er aufhören will, sich umzutun. Und er wird veranlasst, länger im Möbelhaus zu verweilen.

III. Orientierung der Einkaufsdramatik an den Motiven des Warenbereichs

Jeder Warenbereich legt besondere Kaufmotive und Konsumstimmungen nahe. Beim alltäglichen Lebensmitteleinkauf prägen Routinen das Bild. Der Möbelkauf führt den Konsumenten dagegen in die Auseinandersetzung mit seinen Stilansprüchen und erwünschtem Wohn- und Lebensgefühl.

Die Gestaltung der Einkaufsdramatik einer Handelskette muss auf die Erlebniserwartungen und Involvementwünsche der Konsumenten Rücksicht nehmen. Ansonsten kann das Konzept einer Handelskette an den Anliegen der Konsumenten vorbeigehen und der Misserfolg ist vorprogrammiert.

Fallbeispiel: Rührung bei Vedes vs. Discount bei Toys'R'Us

Anfang der 90er Jahre ist der amerikanische Spielzeugriese Toys'R'Us mit großen Expansionsplänen auf dem deutschen Markt angetreten. Die Chancen dafür, den gesamten Markt aufzurollen, schienen viel versprechend. Mit der Logistik und den Umsatzgrößen des Fachdiscounters kann man schließlich gegenüber den traditionellen kleinen Fachgeschäften beachtliche Preisvorteile realisieren.

Doch entgegen den Erwartungen blieb der große Erfolg für Toys'R'Us aus. Zwar konnte die Kette auf dem deutschen Markt Fuß fassen, doch anders als z. B. Media Markt und Saturn im Consumer Electronics Bereich gewann Toys'R'Us nicht die Oberhand über kleinere Fachgeschäfte wie Vedes.

Der bescheidene Erfolg von Toys'R'Us ist nicht allein auf die abnehmende Konjunktur für traditionelles Kinderspielzeug zurückzuführen. Aus Sicht der Einkaufspsychologie ist vielmehr das Discount-Konzept von Toys'R'Us kritisch zu bewerten.

Denn Kinderspielzeug ist eine anrührende Warengruppe. Die Oma oder der Onkel, die dem süßen Vierjährigen zum Geburtstag das Piratenschiff von Playmobil schenken wollen, möchten nicht durch die anonymen Regalreihen des Discounters laufen und zwischen verschiedenen Kartonabbildungen auswählen müssen.

Sie wollen vielmehr im kleinen Spielzeugladen durch eine opulente Ausstellung von aufgebauten Spielzeugwelten zum Kauf verführt werden. Der Streifzug durch Klein-Lego-Stadt und Klein-Playmobil-Land gibt ihnen einen Vorgeschmack darauf, wie begeistert das Kind über das Geschenk sein wird. Nicht zuletzt können sie sich zurückversetzen, wie sie sich selbst als Kind im Spielzeugladen gefühlt haben – mit dem Unterschied: Jetzt können sie selber kaufen.

Man sieht: Von der Psycho-Logik des Warenbereichs Spielzeug aus betrachtet, ist es kein Wunder, dass die Vedes Fachgeschäfte, die auf engem Raum vollgestopft mit Spielzeug sind, stärker zum Kauf motivieren als die anonymen Toys'R'Us Stores, die den anrührenden Wert der Spielwaren entwerten. Die Psychologie des Spielzeugkaufs und die Erfolge von Vedes-Geschäften sind im Übrigen auch ein guter Beweis gegen die scheinbar allmächtige Bedeutung des Smart Shoppers. Wer smart shoppen will, ist bei Fachartikeln wie Spielzeug im Internet besser bedient.

1.6 Fazit

Der Wandel in der Einkaufskultur wurde zum Anlass genommen, die psychologischen Hintergründe des Einkaufens und der Wahl des Einkaufsortes zu durchleuchten. Dabei steht die Erkenntnis im Vordergrund, dass der Konsument stimmungs- und kontextabhängig einkauft. Einkaufsverfassungen, die an unterschiedlichen Einkaufsstätten stark differenzieren können, bestimmen die Kaufentscheidung wesentlich mit.

Die Studie stellt heraus, dass sich die Welt des Konsumenten in sieben verschiedene „Kaufreviere" gliedert, die mit spezifischen Motiven und Ansprüchen verknüpft sind. Diese Kaufreviere stehen in Verbindung zueinander und ergänzen sich für den Konsumenten zu einer Konsumlandschaft, in der er sich wie selbstverständlich bewegt. Die Studie stellt dabei für jedes der Kaufreviere heraus, in welcher Gestimmtheit sich der Konsument in dem jeweiligen Kosumkontext befindet und welche psychologischen Anforderungen die verschiedenen Kaufreviere zu erfüllen haben.

Als Grundlage dieser Beschreibung der Kaufreviere dient eine grundlegende Betrachtung der psychologischen Motive des Einkaufens allgemein. Diese wird anhand drei basierender Motivspannungen des Einkaufens erläutert. Diese Grundmotive des Einkaufens sind prinzipiell bei allen Formen des Konsumierens wirksam. Die einzelnen Kaufreviere weisen jedoch unterschiedliche Motivdominanzen und Vermittlungen zwischen den widerstrebenden Motiven auf. Sie sind als gelernte Muster dafür zu verstehen, wie der Konsument sich in Einkaufskontexten orientiert, welche Erwartungen und Anforderungen er hat und was für ihn ein allseits befriedigendes (die Motivspannungen auflösendes) Kauferlebnis ausmacht.

Die motivationalen Mechanismen der einzelnen Kaufreviere, ihre Tonalitys und das jeweilige Versprechen, dessen Einlösung der Konsument erwartet, geben eine sehr differenzierte Grundlage für Marketingentscheidungen in vielen Bereichen. Neben der beschriebenen Strategie zur Führung bzw. Etablierung von Retail Brands, das heißt wie man einer Handelskette sicher zu einer Positionierungsstrategie verhilft und wie man diese Positionierungsstrategie mittels geeigneter Filialplatzierung sowie Shop-Dramaturgie und Store-Gestaltung implementieren kann, zeigt die Studie auch Strategien für Markenartikel, E-Branding und E-Commerce sowie für die Betreiber von Malls oder Städteplaner.

Somit wird die Untersuchung durch ihre fundierte Analyse der psychologischen Motivation des Konsums und ihren praxisnahen Implikationen zu einer wertvollen Grundlage für Marketingstrategien.

Die neue Welt des Handels

2

Antonella Mei-Pochtler und Markus Hepp

Inhaltsverzeichnis

2.1 Die Handelsbranche im Umbruch

2.1.1 Das Internet revolutioniert den Handel

Der Einzelhandel in Deutschland befindet sich in einem beispiellosen Transformationsprozess. Seit Jahren stagnieren oder sinken die Umsätze, neue Handelsformate entstehen, und die rapide Verbreitung des mobilen Internets und sozialer Medien verändert die Erwartungen der Kunden. In vielen Sektoren erreicht der elektronische Handel eine kritische Größe, die für etablierte Händler gefährlich werden kann. In der neuen Welt des Handels verfügen Konsumenten über mehr Wissen und Macht als je zuvor: Sie können jederzeit und überall Produkte, Preise und Angebote vergleichen; sie können ihre Erfahrungen publik machen, mit anderen teilen und nicht zuletzt aktiv dazu beitragen, neue Produkte und Dienstleistungen zu gestalten.

Antonella Mei-Pochtler ✉
The Boston Consulting Group GmbH, Ludwigstraße 21, 80539 München, Deutschland
Markus Hepp
Concept M GmbH, Rosa Luxemburg Str. 16, 10178 Berlin, Deutschland

H.-C. Riekhof (Hrsg.), *Retail Business*, DOI 10.1007/978-3-8349-4555-6_5,

Doch auch die Einzelhändler gewinnen in der neuen, vernetzten Welt eine Fülle wirkungsvoller Instrumente, um Kunden anzusprechen, zu gewinnen und zu halten. Mit dem Zugang zu immer detaillierteren Informationen in Echtzeit können Handelsunternehmen ihre Strategie, ihre Produkte, ihr Marketing und ihre gesamte Wertschöpfungskette optimieren, von der Produktpräsentation bis zum Gesamteinkaufserlebnis. Gleichzeitig können sie eine ganze Reihe fortgeschrittener technischer Systeme im Handel nutzen, um Lieferketten und Logistik zu verbessern, Kosten zu minimieren und die Effizienz zu steigern.

2.1.2 Maximale Transparenz

Noch vor zwei Jahrzehnten sah die Einkaufswelt so aus: Wer eine neue Waschmaschine brauchte, fuhr zum nächst erreichbaren Haushaltsgerätehändler, wo er auf eine übersichtliche Auswahl traf. Der Händler beriet, und der Kunde traf seine Entscheidung im Laden. Heute gestaltet sich der Weg von der Kaufabsicht bis zum -abschluss grundlegend anders. In den USA beginnt, wie das Marktforschungsinstitut Forrester ermittelte, der Einkauf bereits für jeden dritten Käufer mit einer Online-Recherche. Das Internet revolutioniert das Einkaufen vor allem durch die maximale Transparenz, die es über das Warenangebot und die Preise schafft. In Deutschland liefern Internetseiten wie idealo.de oder guenstiger.de einen Überblick über Preise, Produktbewertungen, Kundenerfahrungen und Händler. Allein bei idealo sind zurzeit über 70 Mio. Angebote gelistet. Für die Kunden wird das Einkaufen einfacher und anstrengender zugleich: In der Informationsfülle zu verfügbaren Angeboten wächst die Unsicherheit, ob man tatsächlich das beste Angebot gefunden und ausgewählt hat oder möglicherweise ein besseres verpasst, nachdem die Kaufentscheidung wurde.

Nach Schätzungen des Handelsverbands HDE werden allein in Deutschland 2012 rund 29,5 Mrd. € im digitalen Handel umgesetzt – 1999 waren es erst 1,25 Mrd. € und die E-Commerce-Revolution ist noch lange nicht am Ende angelangt (Abb. 2.1).

Im Mittelpunkt bei Innovationen im Handel stand stets die Infrastruktur, die Möglichkeiten schafft, Waren, Kunden und Händler zusammenzubringen. In ihren Auswirkungen kann man die Internet-Revolution mit der Automobilisierung vergleichen, in deren Folge die großen Einkaufszentren auf der „grünen Wiese" entstanden. Für die stationären Einzelhändler bedeutet der Siegeszug des Internets ein komplettes Umdenken: Nur wer seine Kunden künftig über unterschiedliche – klassische wie neue – Kanäle anspricht, seine Formate und Angebote innovativ weiter entwickelt, wird dem Druck durch die digitalen Wettbewerber standhalten.

Im gleichen Maße, wie das Internet dank maximaler Transparenz informiertere, „mündigere" Kunden schafft, werden diese auch selbst transparent. Käufer im Netz sind durchschaubarer als je zuvor. Zu keiner Zeit konnten Händler mehr über ihre Kunden erfahren – und sie werden diese Informationen nutzen müssen, wenn sie im Wettbewerb der Zukunft bestehen wollen.

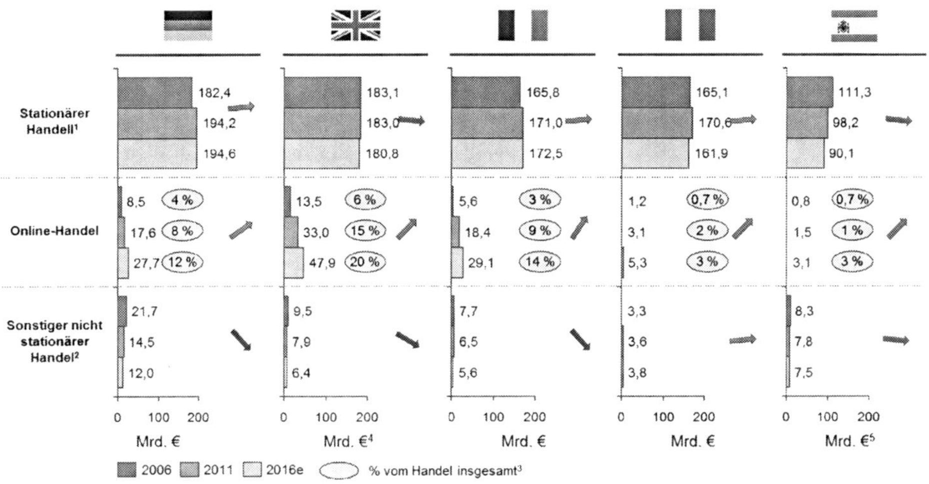

1. Stationärer Handel ohne Lebensmittel – Automaten, Direktverkauf und Homeshopping (TV/Katalog). Online-Handel ohne Lebensmittel und Getränke 2. Sonstiger nicht stationärer Handel beinhaltet Direktverkauf, Homeshopping (TV/Katalog) und Automaten 3. Gesamt-Einzelhandelsumsatz umfasst stationären Handel (ohne Lebensmittel), Online-Handel und sonstigen nicht stationären Handel 4. Wechselkurs zum 31. Dezember 2011 (für britische Pfund) 5. Verkaufspreise ohne Umsatzsteuer
Quelle: Euromonitor; BCG-Analyse

Abb. 2.1 Online-Anteil (Non-Food) weltweit

Einkaufen hat nicht nur mit Informationen und Nutzenabwägung zu tun, sondern ebenso mit Emotionen und sinnlichen Erfahrungen. Bei vielen Produkten wie etwa frischen Lebensmitteln und Kosmetik können diese Erfahrungen im Netz nur simuliert werden (Abb. 2.2). Hinzu kommt eine soziale Komponente, die reale Einkaufserlebnisse attraktiv macht – Kunden zieht es nicht nur im Netz dorthin, wo andere sind. Daher liegt die Erwartung nahe, dass es parallel zum E-Commerce auch eine Renaissance des stationären Handels geben wird. Als Indiz kann gelten, dass viele Händler zurück in die Städte ziehen und in neuen Einkaufszentren Einkaufserlebnisse schaffen.

2.1.3 Fünf Herausforderungen

Angesichts des Tempos der Veränderungen wird die Fähigkeit, sich an die neuen Verhältnisse anzupassen, für den Einzelhandel zur Überlebensfrage. Spätestens im Jahr 2015, wenn der mobile Internetzugang so selbstverständlich sein wird wie heute das Handy, werden Konsumenten rund um die Uhr zu (potenziellen) Kunden und sämtliche Kaufhandlungen werden einen Online-Anteil haben. Um ihre Strategie im Hinblick auf diese (nahe) Zukunft neu auszurichten, müssen Händler eine Reihe fundamentaler Fragen beantworten:

1. *Was wollen die Kunden von morgen?* Wie verändern Internet und Smartphone die Erwartungen, das Einkaufsverhalten und die Konsummuster über die gesamte Strecke, von der Inspiration bis zum Kaufabschluss? Welche neuen Zielgruppen entstehen entlang

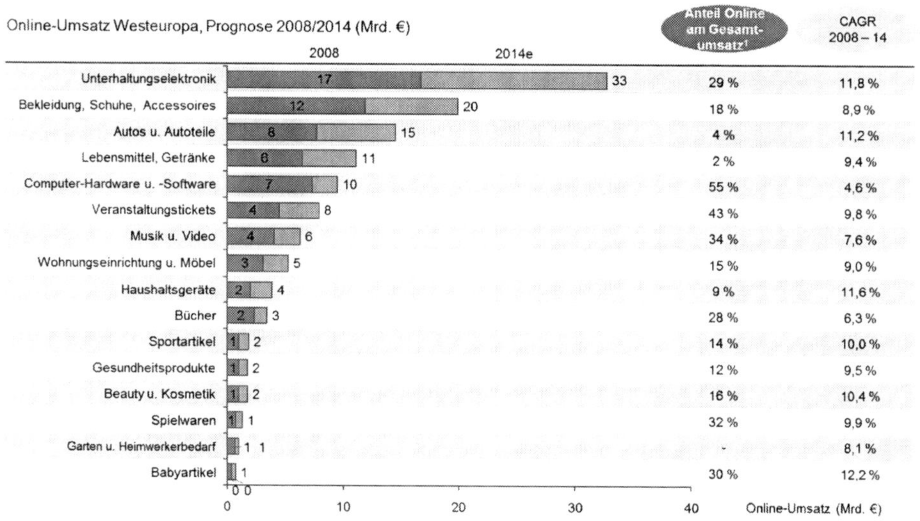

1 Schätzung für 2012
Quelle: BCG-Analyse, Forrester

Abb. 2.2 Online-Durchdringung und -Wachstum nach Kategorien

unterschiedlicher Präferenzen, wie kann man sie am besten erreichen, überzeugen und binden?

2. Erfolgsfaktor Multichannel-Strategie Mit der Vervielfachung von Handels- und Kommunikationskanälen sowie der Verfügbarkeit detaillierter Daten wächst die Komplexität rapide. Doch Kunden denken nicht in „Kanälen", sondern in Gelegenheiten und Vorteilen. Wie können Händler alte und neue Kanäle integrieren, um ein – aus Kundenperspektive – einheitliches, konsistentes und positives Kauferlebnis zu bieten?

3. Neue Konzepte für Ladenflächen Welche Rolle wird der stationäre Handel in Zukunft spielen? Wie werden Läden für Kunden attraktiv, was wird sie veranlassen, einen bestimmten Händler aufzusuchen und dort einzukaufen?

4. Optimierung der Prozesskette Welche Technologien und Systeme schaffen die nötige Flexibilität und steigern die Effizienz, um im Wettbewerb um Qualität, Service und Kosten mit den Online-Anbietern zu bestehen?

5. Von Markt- zu Konsumentenforschung Mit welchen Systemen und Methoden können Händler die veränderten Erwartungen, Wünsche, Bedürfnisse der Kunden in Erfahrung bringen, ihre wesentlichen Zielgruppen segmentieren und darauf ihre Strategien aufbauen? Was tun die Händler, um sich an die neuen Verhältnisse anzupassen und sich für die nächsten zehn Jahre zu rüsten?

Die heute sichtbaren Umwälzungen sind erst der Beginn. In der neuen Welt des Handels werden Agilität und die Fähigkeit, bestehende Formate zu erneuern, zu einem wesentlichen Wettbewerbsfaktor. Klassische Einzelhändler werden sich den fünf genannten Herausforderungen stellen müssen, um ihre Position zu halten oder auszubauen. Im Folgenden wollen wir diese Herausforderungen näher betrachten.

2.2 Was wollen die Kunden von morgen?

Die heutigen Konsumenten wissen sehr viel mehr und sind weit anspruchsvoller als die Kunden von gestern – vor allem aber sind sie im Internet unterwegs und untereinander bestens vernetzt. Sie haben jederzeit Zugang zu detaillierten Produktinformationen, zu Preis- und Qualitätsvergleichen, zu den Erfahrungen anderer Kunden und den Empfehlungen von Freunden aus ihren Social-Media-Netzwerken. Dadurch können (und werden) sie jede werbliche Aussage des Handels überprüfen und bestinformierte Kaufentscheidungen treffen. Für den Fall, dass sie mit einem Produkt oder einem Kauferlebnis im Laden unzufrieden sind, werden sie ihre Einschätzung schnell verbreiten und damit die eine oder andere PR-Krise auslösen, die Unternehmen Probleme bereiten. Aber ebenso gilt umgekehrt: Wenn Kunden begeistert sind, wenn sie bestimmte Produkte und Händler lieben und loben, werden diese Informationen ebenso schnell zirkulieren und erhebliche – positive – Wirkungen zeitigen.

Um unter den Bedingungen eines solchen maximal transparenten Wettbewerbs zu bestehen müssen Händler lernen, ihre klassischen – funktions- oder kategorienbezogenen – Ziele systematisch aus der Perspektive des Kunden zu betrachten. Nur so werden sie herausfinden, was ihre Kunden besonders schätzen und wofür sie bereit sind zu bezahlen.

Grundsätzlich sind es drei Faktoren, die Konsumenten zum Kauf bei einem Händler bewegen: das beste Preis-Leistungs-Verhältnis, der beste Service oder das beste Einkaufserlebnis. Die wenigsten Kunden erwarten, dass ein und derselbe Händler alle drei Ansprüche gleichzeitig erfüllt. Aber falls ein Händler nicht in mindestens einem der drei Kriterien zu den besten gehört – warum sollten sie dort einkaufen, wenn es so einfach geworden ist, im Spektrum der stationären und Online-Anbieter eine bessere Alternative zu finden?

2.2.1 Höchste Qualität zum niedrigsten Preis

Konsumenten, für die das beste Preis-Leistungs-Verhältnis ausschlaggebend ist, prägen in Deutschland vor allem im Lebensmitteleinzelhandel die Landschaft. Dies findet sowohl in der massiven Ausweitung des Eigenmarkenanteils bei den Vollsortimentern als auch im – wenn auch inzwischen abgeschwächten – Wachstum der Discounter seinen Ausdruck (Abb. 2.3, 2.4 und 2.5).

In den meisten Non-Food-Segmenten geraten die etablierten Handelsunternehmen verstärkt unter Druck von Seiten reiner Online-Händler und -Handelsplattformen wie

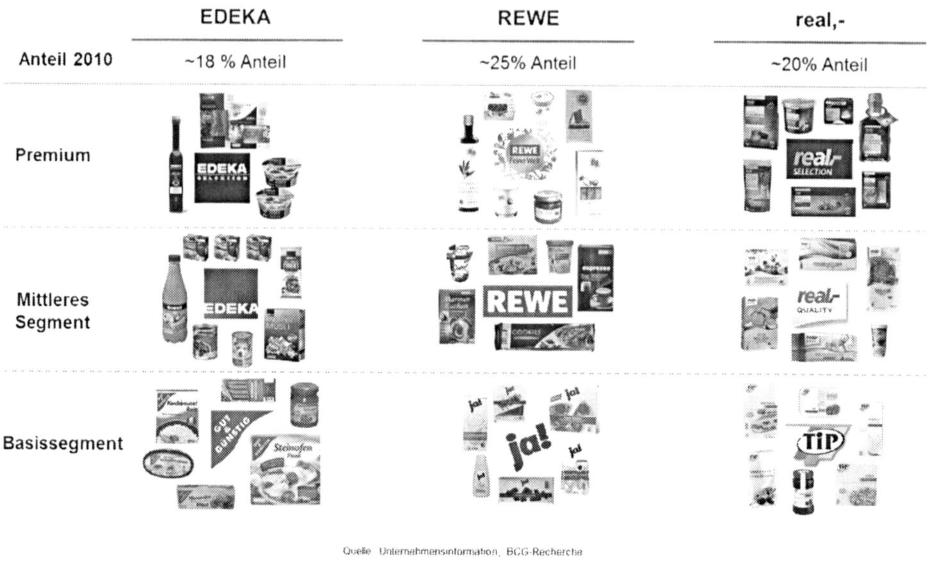

Abb. 2.3 Vollsortimenter bauen den Anteil der Eigenmarken weiter aus

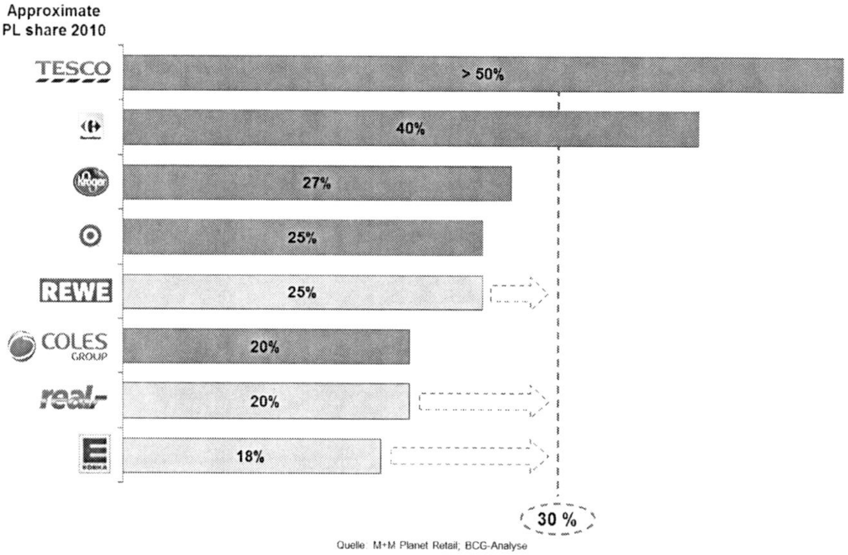

Abb. 2.4 Internationalen Vergleich der Ausweitungen des Eigenmarken-Anteils von Vollsortimentern

Amazon, die eine extrem große Auswahl mit vergleichsweise niedrigen Preisen verbinden und für jedes Produkt Kundenbewertungen zur Verfügung stellen. Im digitalen Zeitalter gilt die Preistransparenz gleichermaßen für Online- wie Offline-Einkäufe: Wer das gleiche

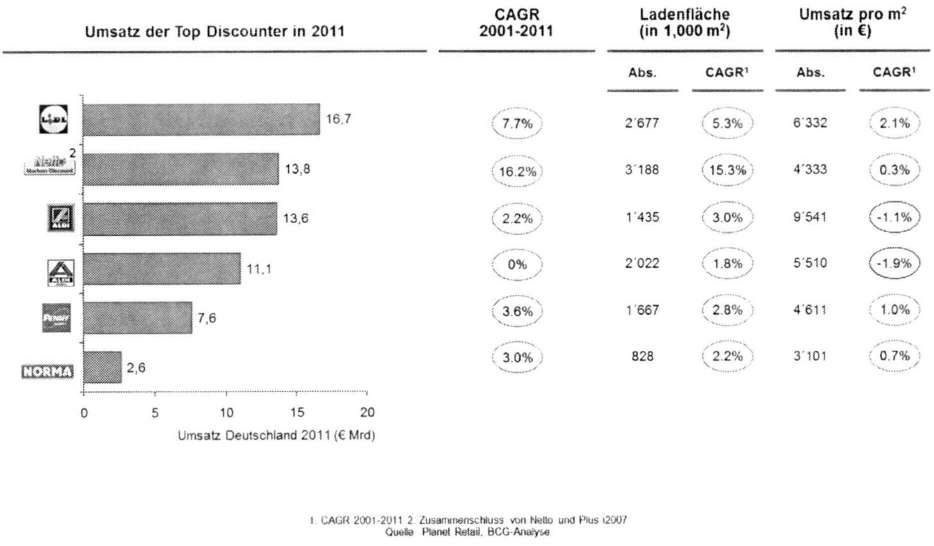

Abb. 2.5 Discounter prägen den Lebensmittelhandel in Deutschland

Produkt teurer anbietet als die Konkurrenz, ist schnell entlarvt. Und falls das Produkt den höheren Preis durch bessere Qualität oder andere Merkmale rechtfertigt, dann kommt es darauf an, dies dem Kunden deutlich zu vermitteln. Zu den Kriterien, die in den letzten Jahren für Kunden zunehmend an Bedeutung gewonnen haben, gehört unter anderem die steigende Wertschätzung von lokaler Herkunft, von „grünen" oder „fairen" Produkten.

Zahlreiche Händler experimentieren inzwischen mit einer Vielfalt von Rabattsystemen, Incentives, Einkaufsclubs, Apps und zusätzlichen Dienstleistungen. In jedem Fall werden stationäre Einzelhändler Wege finden müssen, um nicht allein über den Preis zu konkurrieren – in vielen Produktkategorien haben sie gegenüber dem reinen Online-Handel einen erheblichen Kostennachteil. Damit stellt sich für sie die Frage: Wie kann ein positives Preis-Leistungs-Verhältnis aus der Offline- in die Online-Welt transportiert werden, in der „Leistung" anders definiert wird und man auf andere Arten von Wettbewerbern trifft?

2.2.2 Innovative Service-Angebote

Händler, die neben dem besten Service auch exzellente Beratung, und eine schnelle und bequeme Kaufabwicklung bieten, können sich dadurch differenzieren und Kunden an sich binden. Sie bieten beispielsweise maßgeschneiderte Produkte an, ein besonders tiefes oder auf eine bestimmte Zielgruppe exakt zugeschnittenes Sortiment, rasche Abwicklung oder problemlosen Umtausch. Sie haben sich zum Ziel gesetzt, die spezifischen Wünsche und Bedürfnisse ihrer Kunden zu verstehen und sicherzustellen, dass diesen jede Transaktion als angenehmes Erlebnis in Erinnerung bleibt. Zusätzlich bieten sie auch Inspiration, wie es etwa Zalando vormacht, um sich von der stark transaktionsgetriebenen Plattform Amazon abzuheben.

Für diese Strategie gibt es international eine Reihe erfolgreicher Beispiele. Inzwischen sind viele innovative Service-Angebote auf dem Markt – entsprechend steigen auch die Erwartungen der Konsumenten. So bietet Lego seinen Kunden an, auf der Unternehmenswebseite eigene Modelle zu kreieren und sich die die individuell gestalteten Produkte zusenden zu lassen. In der Kosmetikabteilung des japanischen Kaufhauses Seibu können Kunden sich beispielsweise kostenlos schminken lassen oder einen „Click-and-Collect"-Service nutzen, das heißt ihre Bestellung online aufgeben und kostenfrei bei einem nahe gelegenen 7-Eleven-Supermarkt abholen.

Die neuen Technologien können eingesetzt werden, um den Service nicht nur online, sondern auch im Laden zu verbessern, Kunden detaillierte Produktinformationen zur Verfügung zu stellen, ihnen das Finden spezifischer Produkte zu erleichtern und den Kaufprozess schnell abzuwickeln. Je mehr niedrigwertige Aufgaben automatisiert werden, wie etwa mit der Einführung der elektronischen Warenauszeichnung und von Selbstscanner-Kassen, desto stärker können die Verkaufsmitarbeiter sich auf höherwertige Aufgaben konzentrieren, um das individuelle Kauferlebnis zu optimieren – ein entscheidender Differenzierungsfaktor, wenn der niedrigste Preis und das größte Sortiment mehr und mehr zum Charakteristikum der reinen Online-Händler werden.

2.2.3 Einkaufen als Erlebnis

Jenseits des Spektrums erweiterter Serviceangebote und optimierter Ladenformate, haben viele Händler erkannt, dass Einkaufen nicht nur Notwendigkeit und Pflicht, sondern auch eine Form der Freizeitgestaltung mit Unterhaltungswert sein kann. Sie setzen darauf, dass Kunden, anstatt möglichst schnell und reibungslos ein bestimmtes Produkt zu erstehen mit dem Einkauf mehr verbinden wollen: neue Erfahrungen machen, Spaß haben oder mit Gleichgesinnten zusammentreffen.

Inzwischen bieten fast alle Buchhäuser Lesungen, Cafés und Events an, Wochenmärkte erleben in den Großstädten eine Renaissance, und zumindest vor Weihnachten verwandeln sich die Spielzeugabteilungen großer Kaufhäuser in attraktive Themenwelten mit Aktionsangeboten, die nicht nur als Einkaufs-, sondern auch als Ausflugsziel genutzt werden. Zweifellos haben solche Erweiterungen in den Eventbereich ihren Preis, und Händler müssen sicherstellen, dass sie diese Kosten durch höhere Umsätze, Margen, Cross-Selling (oder alles zusammen) wieder einspielen. Händler, die ihre klassischen Ladenformate erhalten wollen, können Strategien entwickeln, um Einkaufen zu einem Gesamterlebnis zu gestalten, und sich so gegenüber dem Online-Handel behaupten.

Die erfolgreichsten Händler werden Wege finden, in allen drei Kategorien zu punkten, das heißt ein attraktives Preis-Leistungs-Verhältnis mit innovativen Serviceangeboten und angenehmen Einkaufserlebnissen zu verbinden. Gelingt ihnen das, können sie in der neuen Welt vernetzter Kunden einen sich selbst-verstärkenden Zirkel in Gang setzen. Diese Zirkeleffekte gab es auch zuvor, doch jetzt steigern sie sich – in beiden Richtungen – massiv mit der Kommunikationsmacht und Informiertheit der Kunden.

2.3 Erfolgsfaktor Multichannel-Strategie

Aufgrund der wachsenden Komplexität der Handelslandschaft und der gestiegenen Kundenerwartungen ist es für Einzelhändler zwingend, eine überzeugende und dynamische Multichannel-Strategie zu entwickeln. Die Vervielfachung der Handelskanäle schafft ein „Pluriversum" von Möglichkeiten, um Kunden zu erreichen und mit ihnen zu interagieren. Je breiter das Spektrum ist, desto mehr müssen Händler eine klare und detaillierte Vorstellung davon haben, wer ihre Zielgruppen sind, welche Angebote sie diesen machen können und was sie im Wettbewerb differenziert.

2.3.1 Integration aus der Perspektive des Kunden

Je mehr sich Konsumenten daran gewöhnen, die virtuellen und realen Handelskanäle zu nutzen, desto weniger sind sie an bestimmte Kanäle oder einzelne Händler gebunden. Sie legen sich nicht mehr auf ein bestimmtes Format fest, sondern neigen dazu, in der Bewegung durch den Kaufprozess auf allen Stufen eine Mischung aus Online-Formaten und stationären Handelsformaten zu nutzen – und reflektieren unter Umständen gar nicht bewusst darüber. So recherchieren sie beispielsweise im Netz alle Informationen zu einem Produkt, das sie dann im stationären Handel ausprobieren, vergleichen anschließend die Preise im Internet und kaufen schließlich beim Händler ihres Vertrauens. Oder sie suchen umgekehrt einen Laden auf, um unterschiedliche Produktvarianten auszuprobieren, informieren sich dann im Netz über Kundenerfahrungen und schließen ihren Kauf online zum niedrigsten Preis ab. Oder aber sie scannen den Barcode des Produkts im Laden direkt mit dem Smartphone ein, informieren sich über unterschiedliche Händler und kaufen dort, wo sie die besten Angebote finden (Abb. 2.6). Mit der weiteren Verbreitung von Smartphones wird sich die Multichannel-Entwicklung noch verstärken.

Fast die Hälfte aller Konsumenten in den entwickelten Märkten nutzt inzwischen das Handy für den Internetzugang. Auch in Deutschland hat der Anteil der Smartphones in den vergangenen zwei Jahren eine kritische Masse erreicht. Absehbar ist, dass sich die Smartphone-Durchdringung bis zum Jahr 2015 verdoppeln wird. Eine BCG-Untersuchung ergab, dass in Deutschland fast ein Drittel der Smartphone-Nutzer das Smartphone schon verwendet hat, um im Laden Preise zu vergleichen und Produktinformationen zu recherchieren. Die gute Nachricht ist: Die Smartphone-Nutzung erhöht die Umsätze quer über alle Handelskanäle. Immerhin 40 % derjenigen, die im Anschluss an eine Web-Recherche eine Kaufentscheidung trafen, schlossen anschließend im Laden den Kauf ab; nur die Hälfte nutzte das Smartphone auch unmittelbar für den Online-Kauf. Weltweit werden

Abb. 2.6 Smartphones beschleunigen die Multichannel-Entwicklung – Beispiel USA

zwar erst 2,2 % der E-Commerce-Umsätze über Smartphones generiert; der sogenannte M-Commerce ist jedoch der am schnellsten wachsende Einkaufskanal.

Der Schlüssel zu einer erfolgreichen Multichannel-Strategie liegt daher in der Schaffung eines – aus Kundenperspektive – konsistenten und nahtlosen Kauferlebnisses. Die Kunden von heute – und erst recht die von morgen – haben wenig Geduld und kaum mehr Verständnis für Schwächen in der Integration verschiedener Kanäle (wenn es beispielsweise nicht möglich ist, ein online gekauftes Produkt im Laden umzutauschen).

2.3.2 Zielgruppenspezifische Angebote

Je mehr Daten über Konsumenten verfügbar sind, über ihre Online-Aktivitäten, ihre Einkaufsgewohnheiten, -kriterien und -vorlieben, desto größer ist die Chance für die Einzelhändler, hochgradig individualisierte und zielgenaue Marketing-Aktivitäten zu entwickeln. Datenbasiertes Marketing ist nichts Neues – neu aber sind die Tiefe und Reichhaltigkeit der verfügbaren Informationen und die Automatisierung, mit der sie generiert und analysiert werden können. Am Point of Sale, in Social Media, auf Unternehmenswebsites und via URL-Tracking werden enorme Datenmasse generiert; doch erst wenige Händler sind heute schon in der Lage, diese gewaltigen Datenmengen optimal auszuwerten und für ihre Strategie zu nutzen. Noch wächst das Datenvolumen weitaus schneller als die Fähigkeit, die Datenfülle auch zu verarbeiten.

Heute ist es einfacher als je zuvor, Online-Nutzer mit unterschiedlichen Techniken zu „tracken", und auch die Analyse-Instrumente haben sich weiter verfeinert. Zu den demo-

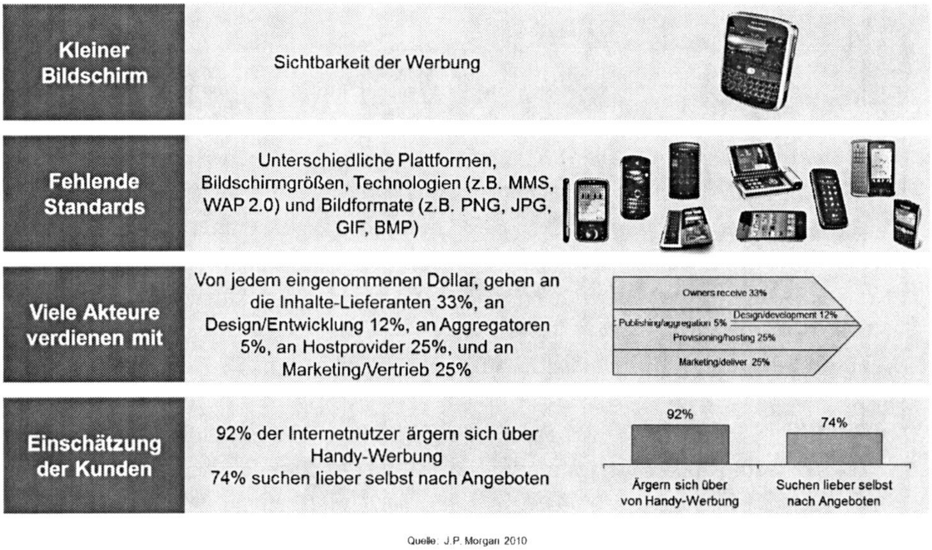

Abb. 2.7 Herausforderung mobiles Marketing

graphischen Daten, die der Kundensegmentierung zugrunde gelegt werden, kommen mittlerweile auch Verhaltens- oder Kontextdaten, die etwa die Interessen und Einstellungen der Kunden, deren Kontakte sowie ihre Kaufabsichten transparent machen. Mit mehr Kundendaten, Daten über Online-Aktivitäten und Kaufgewohnheiten, sind Händler (im Prinzip) in der Lage, zielgenaue Marketingkampagnen zu entwickeln. Doch noch immer erreichen die „smarten" Kunden von heute Massenmailings oder „persönliche" Angebote, die diesen Namen nicht verdienen und die Schwächen der CRM-Systeme offenlegen. Bis manche Händler diese Mängel korrigiert haben, laufen ihre Bemühungen, Kunden anzusprechen, ins Leere – und das Risiko steigt, dass sie im Wettbewerb mit kompetenteren Händlern an Boden verlieren.

Neben traditionellen Medien wie TV und Print stehen Unternehmen heute stationär gebundene, Online- und mobile Möglichkeiten zur Verfügung. Allein die mobile Werbung bietet inzwischen ein kaum überschaubares Spektrum: SMS-Nachrichten, Anzeigen im Web, ortsgebundene Anzeigen, Werbung in Online-Spielen oder sonstigen Web-Anwendungen. All diese Varianten bieten Gelegenheiten, Kunden anzusprechen. Die große Herausforderung liegt jedoch darin, herauszufinden, wie jeder dieser Kanäle am effektivsten genutzt werden kann, und wie welche Kunden auf den einzelnen Stufen ihres Kaufprozesses am besten zu erreichen sind. Derzeit ist das mobile Marketing erst im Entstehen begriffen; seinen Schwerpunkt bilden aktuell nachrichtenbasierte Anzeigen (Abb. 2.7).

2.3.3 Mut zu Experimenten

Den „Stein der Weisen" hat bisher noch kein Händler gefunden. Daher führt angesichts der Auswahl an Möglichkeiten auf absehbare Zeit kein Weg daran vorbei, mit verschiedenen Kanälen zu experimentieren. Einer BCG-Studie zufolge planen fast drei Viertel (71 %) der deutschen Einzelhändler, ihre Ausgaben für Social-Media-Aktivitäten zu erhöhen; rund 40 % wollen mobile Marketingkanäle nutzen; die Hälfte der deutschen Einzelhändler ist bei Facebook; mehr als 40 % nutzen Twitter; und eine große Mehrheit sieht die Bedeutung der sozialen Plattformen weiter wachsen – allerdings ist jeder Dritte unsicher, ob sich diese Möglichkeiten auch effektiv nutzen lassen.

Einige Händler experimentieren auf unterschiedliche Weise mit den neuen Medien und technischen Möglichkeiten. So hat Ikea eine App entwickelt, die es Kunden ermöglicht, die Möbel in ihren eigenen Räumen zu visualisieren. Die britische Einzelhandelskette Tesco nutzt das handyaffine Seoul als Testmarkt und hat dort U-Bahn-Stationen mit elektronischen Werbeflächen ausgestattet, die Supermarktregale präsentieren. Während die Fahrgäste auf den nächsten Zug warten, können sie den Code der Produkte, die sie erwerben wollen, mit dem Smartphone einscannen. Die Tesco-Tochter Homeplus liefert die Waren dann in kürzester Zeit an die Haustür. Binnen dreier Monate stiegen die Online-Umsätze in der Testregion um 30 . Im Februar 2012 erweiterte Tesco den Versuch; seither kann in Südkorea auch an Bushaltestellen eingekauft werden.

Es bleibt offen, wie viele der neuen Konzepte auf längere Sicht erfolgreich sein werden und wie viele wieder in der Versenkung verschwinden werden. Klar ist jedoch: Etablierte Einzelhändler müssen sich auf die neuen Kanäle und ihre Möglichkeiten einlassen, aus Fehlern lernen und ihre Kundenkommunikationsstrategien neu gestalten, um im Geschäft zu bleiben. Stillstand wird in der rapide veränderten Handelslandschaft die Wettbewerbsposition massiv aushöhlen.

2.4 Was tun mit den bisherigen Ladenflächen?

Je mehr Kunden online kaufen, desto häufiger werden klassische Einzelhändler die Erfahrung machen, dass weniger Kunden in die Läden kommen oder im Durchschnitt je Besuch weniger einkaufen. Anders als reine Online-Händler haben etablierte Händler in Deutschland beträchtliches Kapital in Immobilien gebunden. Gerade Händler mit einem weit gespannten Filialnetz sind im Hinblick auf die veränderte Dynamik besonders verwundbar. Früher bedeuteten größere Ladenflächen eindeutige Kostenvorteile. Heute verkehrt sich diese Gleichung ins Gegenteil. Viele Läden erwirtschaften derzeit nur geringfügig oberhalb der Rentabilität liegende Umsätze; selbst ein geringer Verlust an Kundenfrequenz kann an etlichen Standorten in die Unrentabilität führen (Abb. 2.8).

Die Veränderungen im Einkaufsverhalten werden das Risiko erhöhen, dass Supermärkte und Einkaufszentren ohne klare Differenzierung, weiter Kunden verlieren – wenn sie nicht neue Wege finden, um Kundenströme in ihre Geschäfte zu lenken. Für die Betreiber

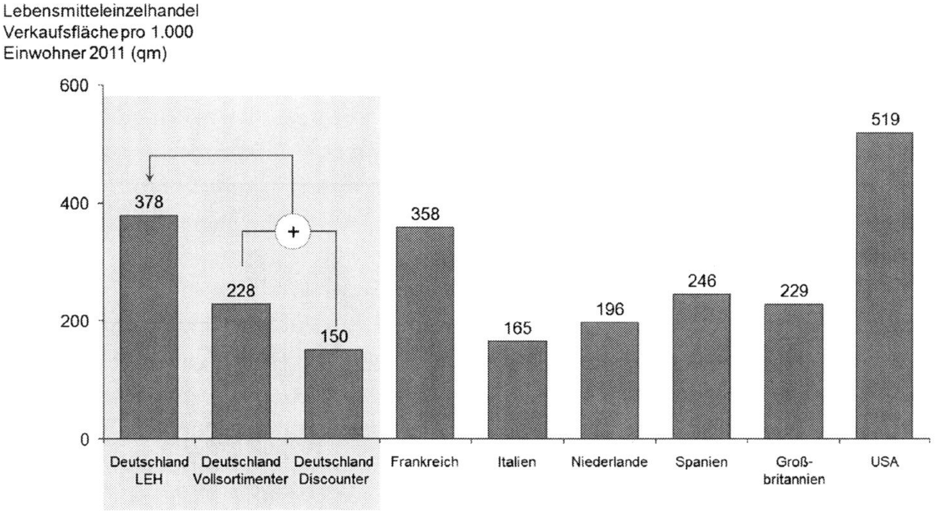

Abb. 2.8 Beispiel Lebensmittelhandel: In der Fläche ist kaum noch Raum für Wachstum

von Einkaufszentren wird es noch wichtiger, attraktive Händler als „Magneten" zu gewinnen, die ein hohes Kundenvolumen generieren. Dies wird zumindest zeitweise dazu führen, dass solchen Händlern attraktivere Konditionen geboten werden – zu Lasten weniger attraktiver Mieter.

Wenn diese Trends sich weiter verstärken, wird sich das erheblich auf den gewerblichen Immobilienmarkt auswirken. Weitsichtige Unternehmen bewerten daher ihre Flächenpolitik und Liegenschaften neu, identifizieren frühzeitig suboptimale Standorte, deren Mietverträge auslaufen, evaluieren neue Formate und erkunden kreative Lösungen für den Umgang mit Überkapazitäten. So senken beispielsweise manche Unternehmen die Kosten pro Quadratmeter, indem sie von Selbstbedienung zu Serviceschaltern wechseln; solche Geschäfte erfordern weniger Regalfläche und Raum, können dafür aber in Lagerräumen mehr Waren vorrätig halten. Im Wettbewerb um gute Lagen und die rechtzeitige Trennung von weniger profitablen Standorten, werden die „Early Movers" besonders profitieren.

Wenn Einzelhändler die Funktion ihrer Läden sowie die wirtschaftliche Logik ihrer Flächenpolitik neu bewerten, ist zu erwarten, dass es eine Fülle von Experimenten geben wird und Läden der nächsten Generation entstehen. Diese Läden werden spezialisierte Produkte anbieten, neue Auftragsbearbeitungsmöglichkeiten, neue Dienstleistungen und Erlebnisfaktoren.

Zu den Pionieren in diesem Sektor zählt die britische Lebensmittelkette Tesco, die seit langem mit unterschiedlichen Formaten und Standorten experimentiert, um ein breites Spektrum von Konsumentenbedürfnissen und Preisniveaus anzusprechen. So betreibt Tesco neben klassischen Supermärkten auch Convenience-Geschäfte, Vorstadt- und City-Supermärkte und managt ein Portfolio an Läden, um veränderte Konsummuster in neue

Formate zu übersetzen. Einige der bestehenden Flächen nutzt Tesco für die Abwicklung des erfolgreichen Online-Geschäfts; in London werden diese Läden „Dark Stores" genannt. Das Unternehmen hat ebenfalls angekündigt, einen eigenen Online-Marktplatz zu eröffnen, an dem sich andere Einzelhändler beteiligen können. Ein weiteres Beispiel für eine innovative und dynamische Formatstrategie liefert der Uhrenhersteller Swatch mit sogenannten Pop-up-Läden: Swatch baut bei Konzerten oder Veranstaltungen für einen Tag einen Laden auf oder mietet für bestimmte Zeiträume wie an Weihnachten besonders vorteilhafte Verkaufsstandorte.

Erst wenige Händler sind bereit, den Zweck ihrer Läden grundsätzlich zu überdenken und die Vorstellung zu hinterfragen, dass sie primär den traditionellen Verkaufstransaktionen dienen. Läden können beispielsweise als Erlebniswelten oder Showrooms genutzt werden, in denen Kunden ihre Produkte sehen und ausprobieren können. Wenn sich der Zweck von Läden ändert, werden Einzelhändler auch neue Instrumente entwickeln müssen, um deren Effektivität anhand bestimmter Kennzahlen zu messen, etwa die Kosten der Kundenakquise oder ihren Lebenszyklus-Wert, anstatt von Umsätzen oder Rentabilität pro Quadratmeter.

Im Grunde bedeuten die Veränderungen, dass Händler sich neu erfinden und ihre Ladenkonzepte anpassen müssen, wenn sie langfristiges Wachstum erzielen wollen. Entscheidend ist, dass sie den Reifezyklus unterschiedlicher Handelsformate durchdenken und entsprechende Strategien entwickeln, die von ihren gegenwärtigen Formaten und deren Reifegrad ausgehen. „Neuerfindung" bedeutet, dass erhebliche Veränderungen an den existierenden Formaten vorgenommen werden – nicht zu verwechseln mit einem „Facelift", beispielsweise im Sinne einer Sortimentsanpassung oder optischen Neugestaltung der Läden. Solche „Facelifts" generieren in der Regel bestenfalls geringfügige Umsatzsteigerungen und – wenn überhaupt – minimale Margen- und Ergebnisverbesserungen. Dagegen können innovative Ladenkonzepte, wie Erfahrungen aus der BCG-Fallarbeit zeigen, zu Umsatzsteigerungen von bis zu 20 oder sogar 40 % führen. Dies setzt allerdings klare strategische Ziele voraus: Geht es um höhere Kundenbons oder höhere Margen? Um den Versuch, neue Kunden zu gewinnen oder mehr an bestehende Kunden zu verkaufen – oder um beides?

Für die Neuerfindung von Ladenformaten lässt sich eine Reihe von Erfolgsfaktoren identifizieren. Der Schlüssel liegt vor allem in einem tiefer reichenden Verständnis der wichtigsten Kundensegmente und ihrer Wünsche und Bedürfnisse. Ein Beispiel illustriert den Unterschied: Die Kunden eines großen Supermarktes gaben in einer Befragung an, dass sie zu viel Zeit für den Einkauf aufbringen mussten: „Einkaufen hier ist eine Strafe, ich verschwende Zeit, mich durch tausend Produkte zurechtzufinden und stehe dann noch 20 min in der Schlange an der Kasse." Auf den ersten Blick lässt sich dies so deuten, dass kleinere Läden mit weniger Produkten zu angenehmeren Einkaufserfahrungen führen können. Aber eine genauere Analyse ergab, dass es nicht um die Zeit geht, die der Kunde de facto im Laden verbringt, sondern um die „Qualität" dieser Zeit aus Kundensicht. Derselbe Kunde, der sich über den hohen Zeitaufwand beklagte, war gern bereit, in Ruhe eine neu gestaltete Lebensmittelabteilung zu erkunden, in der unter anderem Rezepte angeboten wurden. Die Herausforderung für den Händler bestand also darin, die „Qualität" der im Laden verbrachten Zeit zu verbessern: weniger als unangenehm erfahrene (Warte-)Zeit an der Kasse und mehr als angenehm erlebte Zeit, in der Kunden neue Produkte entdecken konnten.

Erfolgreiche Formatinnovationen sind darauf angewiesen, aus der Perspektive der Kunden ein klares Bild ihrer Wünsche und Bedürfnisse zu gewinnen. Auf dieser Basis können Pilotprojekte initiiert und ausgewertet, oder in einzelnen Modulen in die Ladenformate integriert werden. Hinzu kommt, dass ein neues Grundkonzept an unterschiedliche Lagen, Ladengrößen und Kundenprofile angepasst werden muss. Ein und dasselbe Format wird – teilweise selbst innerhalb einer Stadt – auf ganz unterschiedliche Kundengruppen, Wettbewerber und Rahmenbedingungen treffen. Es liegt auf der Hand, dass nicht für jeden einzelnen Filialstandort ein eigenes, exakt auf die Situation zugeschnittenes Konzept entwickelt werden kann; dies würde zu einer ineffektiven Komplexität führen. Ebenso klar ist, dass ein „One-Size-Fits-All"-Ansatz zum Scheitern verurteilt sein dürfte. Die Lösung liegt aus unserer Sicht in einem Konzept, dass alle Elemente der Formatgestaltung – vom Sortiment über Serviceangebote und Preisstrategie bis hin zu Platzierung und Ladengestaltung – modular gestaltet, so dass diese den jeweiligen Gegebenheiten entsprechend variiert werden können.

Zeit wird bei der Neuerfindung von Formaten eine entscheidende Rolle spielen: Dies betrifft nicht nur die Geschwindigkeit der Anpassung, sondern auch den Zeitpunkt, an dem eine Bewertung der etablierten Formate im Hinblick auf ihre Erneuerung in die Wege geleitet wird – und dieser Zeitpunkt kann angesichts der beschriebenen Veränderungen gar nicht früh genug gewählt werden.

2.5 Optimierung der Prozesskette

2.5.1 Innovative Liefermodelle

Wenn sich Konsummuster und Kundenbedürfnisse verändern und das Spektrum der Ladenformate und Verkaufskanäle sich erweitert, werden Einzelhändler auch ihre traditionellen Lieferketten neu gestalten, um im Wettbewerb mit den beschleunigten Transaktionen und Kostenvorteilen des Online-Handels zu bestehen. Dies betrifft vor allem Entscheidungen über Sortimentsbreite, Lagerhaltung und Lieferzeiten.

Eine Antwort wird – zumindest teilweise – im Aufbau virtueller Lieferketten zu finden sein: Anstatt Waren en gros einzukaufen und zu lagern, können direkte Lieferketten zwischen dem Lager des Herstellers und dem Kunden Zeitvorteile und Beweglichkeit mit höherer Auswahl verknüpfen. Allerdings sind solche Modelle häufig mit höheren Kosten verbunden, die kaum im gleichen Umfang an die Kunden weitergeben werden können. Bis heute kämpfen viele etablierte Lebensmittelhändler, die Online-Bestellungen und Lieferung anbieten mit daraus resultierenden finanziellen Belastungen und experimentieren mit unterschiedlichen Konzepten – von der Direktlieferung über Einkauf mit Lieferservice bis zu Online-Bestellungen mit Abholung im Laden („Click and Collect"). Für große Volumen und schnelldrehende Lebensmittel in dicht besiedelten Standorten bietet es sich an, einen Teil der Ladenflächen in Lager umzuwandeln, um Online-Bestellungen abzuwickeln. An Standorten mit geringerer Nachfrage bleiben „Click-and-Collect"-Modelle, die Onlinebestellungen mit Selbstabholung im Laden verknüpfen, eine Option.

Die Umsetzung derartiger Modelle stellt den traditionellen Handel vor erhebliche operative Herausforderungen. So ist es – unter anderem – erforderlich, jederzeit einen detaillierten Überblick über die Produktverfügbarkeit im Laden online bereitzustellen. Lebensmittelhändler, die mit einer Erweiterung ihrer Service- und Bestelloptionen ein profitables Online-Geschäft etablieren wollen, werden daher ihre technischen Kompetenzen erheblich erweitern und mit verschiedenen Liefer- und Bezahlmodellen experimentieren müssen. Die relative Wettbewerbsstärke der Angebote wird je nach Produktkategorie variieren, das heißt, innerhalb des Gesamtsortiments müssen unterschiedliche Modelle entwickelt und angeboten werden, was die Komplexität weiter erhöht.

2.5.2 Integrierte Informationsströme

Modernste Informationssysteme, die in Echtzeit zuverlässige Daten bereitstellen, werden bei der Entwicklung innovativer Bestell- und Lieferangebote zum kritischen Erfolgsfaktor. Das Management der Lagerbestände, Nachfrageschwankungen und schnelle Reaktionszeiten erfordern den Einsatz ausgereifter Softwaresysteme für die Analyse von POS-Daten und Lagerhaltung.

Die Folgen der Veränderungen im Hinblick auf die Lieferkette werden auch am anderen Ende der Kette, bei den Produzenten, zu deutlichen Anpassungen führen. Um mit den Kostenvorteilen reiner Online-Händler konkurrieren zu können, werden die etablierten Einzelhändler auch von ihren Lieferanten eine Optimierung ihrer Wertschöpfungsketten und Logistikprozesse erwarten. Die nächste Generation kooperativer Planungs-, Prognose-, und Warenwirtschaftssystemen wird Händler und Hersteller in eine (noch) engere Kooperation treiben, um Lagerbestände wie Kosten zu optimieren.

Zu den Vorreitern in diesem Sektor gehört seit jeher der amerikanische Handelsgigant Wal-Mart, der schon frühzeitig eine enge elektronische Verbindung zu seinen Zulieferern aufgebaut hat, um Verkaufsdaten und Lagerbestände kontinuierlich abzugleichen. Inzwischen setzen die meisten großen Lebensmittelhändler weltweit ähnliche Systeme ein, um ihre Lieferanten mit Nachfragedaten zu versorgen, sodass diese ihre Lagerbestände und Produktionsprozesse effizienter gestalten können.

Auch Verteilzentren und Lager werden sich weiterentwickeln und an die Konfiguration neuer Lieferketten anpassen. Viele Einzelhändler sind dabei, gemeinsame Lager oder „Konsolidierungszentren" zu entwickeln, oft teilweise mitfinanziert von ihren Lieferanten. Indem sie lagerlose Prozesse oder einen fortlaufenden Warenstrom erlauben, verringern solche Konzepte zunehmend die Notwendigkeit, überhaupt eine Lagerhaltung zu betreiben.

2.6 Tiefe Kundenkenntnis – der Schlüssel zum Erfolg

2.6.1 Von der Innen- zur Außensicht

In der Vergangenheit pflegten klassische Einzelhändler sich nach Funktionen und Kategorien zu organisieren. Die einzelnen Abteilungen – wie Marketing, Kategorienmanagement, Handel, Online, Kundenkommunikation, Immobilien, Logistik und weitere – waren dabei für ihre Bereiche verantwortlich und trafen Entscheidungen innerhalb ihrer „Silos". Nur wenige Unternehmen dachten über die Kundenperspektive als integriertes Ganzes nach. Inzwischen erweitern weitsichtige Händler dieses Modell um eine Kundensegmentierung auf der Grundlage von Einkaufsgewohnheiten und Ausgabenniveaus, und sie stellen sicher, dass ihre Strategien und ihre Organisation darauf ausgerichtet sind, die Bedürfnisse ihrer Kunden zielgerichtet zu erfüllen. Diese kundenzentrierte Perspektive ist der Schlüssel zum Erfolg in einer Zeit, in der Kunden mehr Macht gewinnen und in einem hoch transparenten Angebotsspektrum differenzierte Entscheidungen treffen.

Was ändert sich durch diesen Perspektivenwechsel? Sehr viel. Die Unterschiede lassen sich entlang aller wesentlichen Dimensionen des Handels verdeutlichen.

Sortiment Anstatt Entscheidungen auf der Basis von „Lieferanten-Push", Platzangebot und Lagerfläche zu treffen, analysieren Händler detailliert, welche Produkte für welches Kundensegment attraktiv sind. Dieses Wissen schafft die Grundlage für Entscheidungen, wie Produkte nach Läden und Kanälen gegliedert werden, so dass die Sortimente optimiert und die Läden entsprechend gestaltet werden können.

Marketing und Kundenkommunikation Anstatt Entscheidungen an generalisierten Aussagen zu orientieren, die wiederum auf allgemeinen Daten zur Effektivität verschiedener Marketingkanäle basieren, kann die Wirkung von Kampagnen auf Schlüsselkundensegmente analysiert werden, um diese Segmente in „ihren" Kanälen mit maßgeschneiderten Kampagnen zu adressieren. Gleiches gilt für Promotionen, Loyalty-Programme und Kommunikation. Anstatt diese Programme auf das Ziel zu orientieren, eine maximale Kundendurchdringung und -akzeptanz zu erreichen, lassen sich die verfügbaren Kundendaten nutzen, um den wichtigsten Kundensegmenten zielgenaue Angebote zu machen und möglichst viele Kunden aus diesen Segmenten zu gewinnen.

Einkaufserlebnis Händler können Ladenformate und -gestaltung danach ausrichten, das Kauferlebnis für ihre Zielkunden zu optimieren. Mit der Entstehung neuer Liefermöglichkeiten überdenken sie zudem die Rolle ihrer Läden grundlegend. Vor allem wird es darauf ankommen, das Einkaufserlebnis über (mobile) Online- und Offline-Kanäle zu vernetzen und aus Kundensicht im Sinne einer einheitlichen Erfahrung zu integrieren.

Multiple Touchpoints Händler werden die organisatorischen, operativen und technischen Hürden abbauen, die – aus Kundensicht – ihre Serviceleistungen beeinträchtigen und ihre

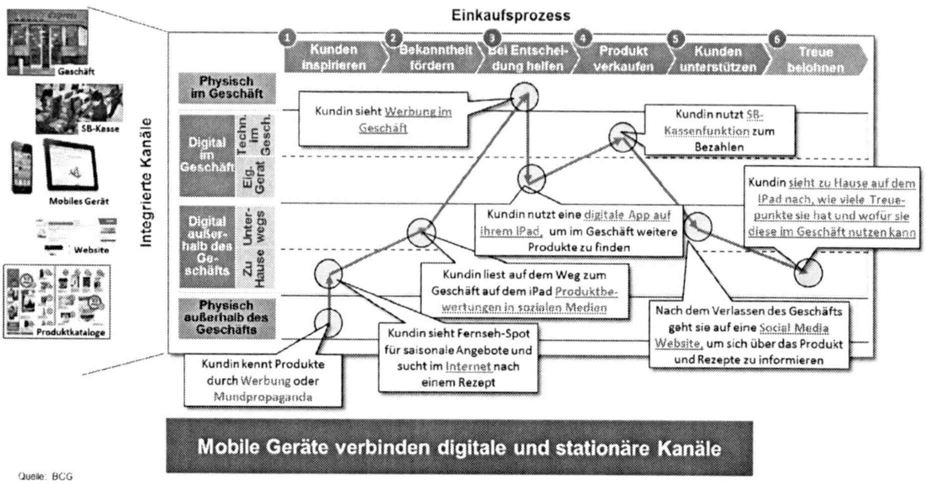

Quelle: BCG

Abb. 2.9 Erfolgreiche Händler vernetzen das Einkaufserlebnis über alle „Touchpoints"

Prozesse entlang der gesamten Einkaufsbewegung (von der Inspiration bis zum Abschluss) an den Entscheidungswegen der Kunden orientieren (Abb. 2.9). Kunden denken nicht in „Kanälen", sie sind opportunistisch im besten Sinne: Wenn sie irgendwo ein Kaufbedürfnis leicht und bequem erfüllt bekommen, werden sie entsprechend handeln.

2.6.2 Von Markt- zu Kundenforschung

Fast alle Unternehmen sprechen davon, dass ein tiefes Verständnis des Kunden und der Kundenbedürfnisse mehr als eine Notwendigkeit sei und entsprechende Investitionen in die Markt- und Kundenerforschung erforderlich seien, um die Leistungsfähigkeit und Wachstumsstärke des Unternehmens sicherzustellen. Eine Studie der BCG zu diesem Thema (*The Consumer's Voice – Can Your Company Hear It?*) ergab jedoch, dass zwischen Theorie und Praxis in den meisten Unternehmen eine tiefe Lücke klafft – und das Potenzial, das sich aus tiefer Kundenkenntnis ergibt, in der Praxis noch keineswegs optimal erschlossen wird. Die Ergebnisse der Studie gründen auf einer Untersuchung von insgesamt 40 Unternehmen weltweit sowie einer Umfrage unter mehr als 800 Führungskräften. Nur ein Drittel der Befragten bezeichnete dabei ihre Kompetenzen im Hinblick auf das Kundenverständnis als optimal. Erst wenige Unternehmen arbeiten daran, neue Instrumente einzusetzen und ihre Organisation so zu gestalten, dass das Potenzial der Kundenforschung tatsächlich für strategische Entscheidungen und entsprechende Wertschaffung genutzt wird.

Als weiteres Ergebnis geht aus der Studie hervor, dass sowohl im Management als auch in den internen Marktforschungsabteilungen viele Linienmanager von den Resultaten ihrer Marktforschungsprojekte enttäuscht sind und deren Qualität anders beurteilen als ihre Marktforschungsabteilungen selbst. Auf der anderen Seite zeigen sich viele Marktforschungsabteilungen enttäuscht über das fehlende Engagement ihres Managements. Weniger als die Hälfte traut ihrer Unternehmensleitung zu, dass sie überhaupt die wichtigsten Fakten über ihre Kunden kennt.

Die Einbindung der Marktforschungsabteilungen innerhalb der Organisationstruktur der Unternehmen spielt eine wichtige Rolle: Wo im Unternehmen werden Erkenntnisse über die Kunden gewonnen und wie werden sie verarbeitet? In den fortgeschrittenen Unternehmen ist Markt- und Kundenforschung in die Geschäftseinheiten integriert. Im Durchschnitt werden nur 20 bis 25 % der Marktforschungsbudgets auf strategische Studien verwendet – entsprechend gering ist die Nutzung der Erkenntnisse. Mehrheitlich geben die Studienteilnehmer an, dass die Marktforschung vor allem für Produktentwicklung und Marketing verwendet wird; in weniger als der Hälfte der Unternehmen fließen Ergebnisse der Marktforschung auch in Entscheidungen über Preisstrategien, Promotionen oder Vertriebskanäle ein.

Tiefe Kundenkenntnis zu gewinnen ist dabei keineswegs „nur" eine Frage höherer Investitionen. Aus den Ergebnissen der BCG-Studie geht hervor, dass es keine Korrelation zwischen den Ausgaben (gemessen in Prozent vom Umsatz) und der Qualität der Erkenntnisse gibt. Es geht also weniger darum, *mehr* Geld auszugeben, als darum, eine Balance zwischen taktischer und strategischer Forschungsarbeit zu finden und dabei den Wert der Investitionen zu maximieren. Einige Unternehmen haben bereits mit dieser Transformation begonnen, ihre Kundenforschung um neue Konzepte zu ergänzen, die es erlauben, Entscheidungen entlang einzelner Stationen des Kaufprozesses abzubilden, um Zielgruppen so besser segmentieren zu können. Dafür stehen eine Reihe klassischer – nach wie vor aktueller – sowie neu entwickelter Instrumente zur Verfügung.

2.6.3 Mit *ShopperDiscovery* mehr sehen

ShopperDiscovery, die Methode, die wir auf den folgenden Seiten beschreiben, ist für eine Kundensegmentierung entlang einzelner Stationen des Kaufprozesses bestens geeignet. *ShopperDiscovery* beruht auf einem Verständnis der Verhaltensweisen der Kunden im Markt und im Geschäft, die anderen Methoden klar überlegen ist. Das Programm umfasst fünf Module: (1) die Strukturierung des Kaufprozesses aus Kundensicht; (2) qualitative und quantitative *ShopperDiscovery*-Methoden für ein tief gehendes Verständnis der Kundensegmente und ihres Verhaltens; (3) den *ShopperDiscovery*-Prozess im engeren Sinn; (4) Strategien zur Ergebnissteigerung, die aus den Analyseergebnissen resultieren und (5) die Umsetzungs- und Erfolgskontrolle. Die bisher beobachteten Erfolge in einer Vielzahl von Unternehmen bestätigen die Wirksamkeit der im Folgenden dargestellten Methode.

Um die Motive und Verhaltensweisen der Besucher bzw. Käufer am POS genauer zu verstehen, lassen sich eine Reihe von qualitativen und quantitativen Analysemethoden einsetzen, wobei eine Kombination der einzelnen Methoden ein optimales Verständnis ermöglicht:

1. *MindDiscovery*®: Mit Hilfe tiefenpsychologischer Methoden werden die Beweggründe der Kunden und ihre Sicht des Händlers aufgedeckt.
2. *ShopAlongs*: Eine intensive Begleitung von Käufern, die es erlaubt, an jedem Schritt des Kaufprozesses das Verhalten und die Entscheidungen des Kunden zu beobachten und davon zu lernen.
3. *ClosetCheck* (z. B. bei Bekleidung): Eine systematische „Kleiderschrankanalyse", die eine Bestandsaufnahme macht und Verwendungsanlässe, Kaufort, Auswahlkriterien etc. untersucht. In anderen Produktkategorien wenden wir Methoden an, die in ähnlicher Weise Aufschluss über Produktverwendung und -beschaffung geben.
4. *Repräsentative Online-Befragung* (ergänzt um Telefonbefragung nicht online-affiner Zielgruppen) zur Überprüfung der in den Modulen 1 bis 3 generierten qualitative Analysen und Hypothesen.
5. *Intercepts* bzw. *Exit-Interviews am POS*: Die Überprüfung der Hypothesen anhand einer Befragung der Kunden unmittelbar nach dem Kauferlebnis beim Händler.
6. *Store Checks/Benchmarking*: Systematische Analyse von Best Practice innerhalb des eigenen Filialnetzes als auch bezüglich des nationalen und internationalen Wettbewerbs.
7. *Mitarbeiterworkshops*: Systematische Nutzung der internen Verkäufererfahrungen zur Spiegelung der internen Sicht mit der externen aus den Schritten 1 bis 6.

Diese Methoden werden entlang des vierstufigen „Käuferwasserfalls" angewandt, der sich von der Bestimmung der Zielsegmente über die Frage der Priorisierung und Positionierung bis zu den konkreten Maßnahmen, insbesondere zur Steigerung der Konversionsrate am POS erstreckt. Stufe 1 umfasst die Segmentierung der Käufer im Markt: Die qualitativen und quantitativen Analysen zur Ermittlung des Kundenverhaltens ermöglichen eine exakte Bestimmung der einzelnen Segmente, Segmentprofile und Segmentgrößen. Stufe 2 umfasst die Priorisierung der Käufersegmente: Das Ziel dieser Stufe besteht darin, die attraktivsten Zielsegmente für das Format zu bestimmen, um den POS zielgerichtet zu gestalten. Stufe 3 beinhaltet die Positionierung des Formats mit dem Ziel, das Format so auf die priorisierte Zielgruppe auszurichten, um deren Frequenz am POS zu erhöhen. Stufe 4 beinhaltet schließlich die Konvertierung der POS-Besucher: Ziel ist hier die Ableitung von konkreten POS-Maßnahmen, um Konvertierung und Durchschnittsbon zu erhöhen. Durch diese Maßnahmen werden Aufenthaltsdauer und konkrete Gründe für Nichtkauf adressiert.

Der *ShopperDiscovery*-Prozess erlaubt im Vergleich zu anderen Methoden ein sehr weit reichendes Kundenverständnis und ermöglicht die Entwicklung neuer, erfolgversprechender Handelskonzepte ebenso wie die Optimierung bestehender Konzepte. Die wichtigsten Hebel zur Ergebnissteigerung – Frequenz, Konversion, Durchschnittsbon und Aufenthaltsdauer – werden dabei systematisch aufeinander abgestimmt und optimiert. Im Ergebnis

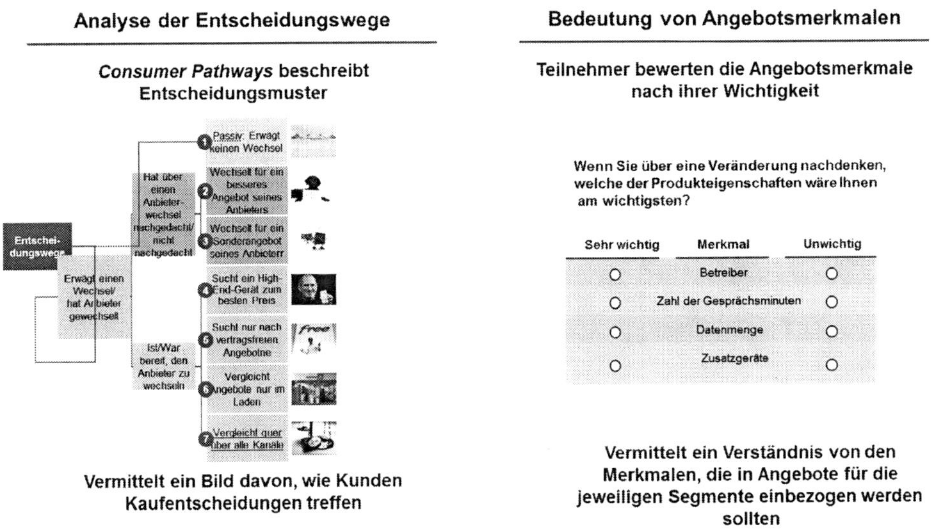

Abb. 2.10 Mit *Consumer Pathways* mehr verstehen

können sehr konkrete Maßnahmen ergriffen werden, die unmittelbare Umsatz- und Ergebnissteigerungen nach sich ziehen. Als integrierter Ansatz verhindert *ShopperDiscovery* isolierte Teiloptimierungen und spannt so einen Bogen zwischen Strategie und POS-Gestaltung.

Am Beispiel der von BCG neu entwickelten Methode *Consumer Pathways* lässt sich abschließend illustrieren, wie in neueren Konzepte die Kundenperspektive in den Mittelpunkt rückt.

2.6.4 Mit *Consumer Pathways* mehr verstehen

Mit einer weiteren, neu entwickelten Methode – *Consumer Pathways* – werden wesentliche Entscheidungswege und -kriterien von Kunden entlang des kompletten Kaufprozesses abgebildet. Dies beginnt mit der grundlegenden Frage, welche Kunden über den Kauf eines bestimmten Produkts nachdenken oder ihn in Erwägung ziehen. Aus der ersten Differenzierung ergeben sich immer weitere „Abzweigungen", die innerhalb eines repräsentativen Kundensamples quantifiziert werden können. Jedes der so gewonnenen Kundensegmente kann dann mit detaillierten soziodemographischen Daten ergänzt werden.

Die Analyse der Entscheidungsbäume zeichnet ein Bild davon, zu welchen Ergebnissen wie viele Kunden kommen und wie sie dorthin gelangen. Dies lässt sich kombinieren mit einer Erhebung von Daten zur Gewichtung der relevanten Angebotsfaktoren innerhalb einer Skala von „sehr wichtig" bis „unwichtig". Daraus ergibt sich ein Verständnis dafür, welche Kriterien für jedes der aus dem Entscheidungsbaum hervorgehenden Kundenseg-

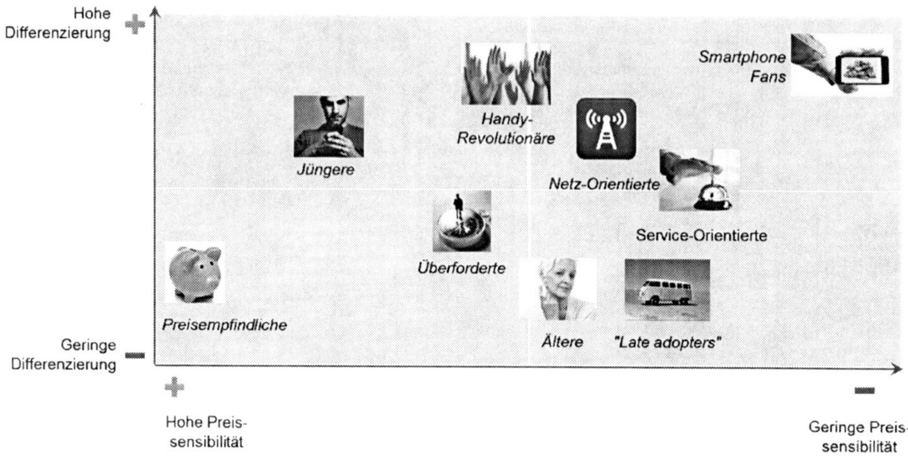

Abb. 2.11 *Consumer Pathways* erlaubt eine schnelle Segmentierung nach Kundenbedürfnissen

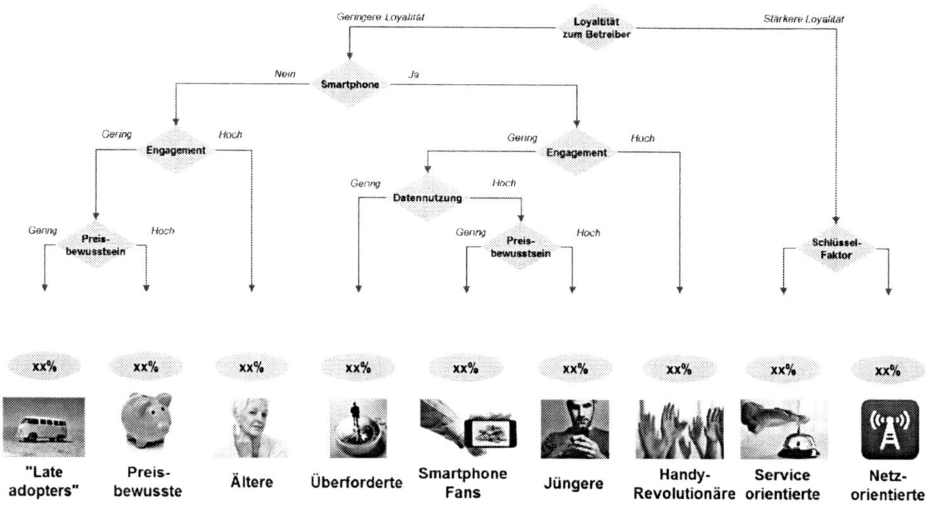

Abb. 2.12 *Consumer pathways* am Beispiel eines Handy-Anbieters

mente wesentlich sind und in die Gestaltung der unterschiedlichen Angebote einfließen können.

Mit Hilfe der Entscheidungsbäume lassen sich die verschiedenen Kundensegmente beispielsweise nach ihren Bedürfnissen und ihrer Preissensitivität anordnen. An der Quantifizierung der einzelnen Segmente lässt sich ablesen, welche Kundengruppen mit welchen Angeboten angesprochen werden können und welche Weiterentwicklungen erfolgversprechend sind. Die Abb. 2.10, 2.11 und 2.12 beschreiben die Methode und ihre Ergebnisse am Beispiel eines Lebensmittelhändlers und der Retailkunden eines Mobilfunkanbieters.

Pricing Research und Preis-Absatz-Funktionen bei Otto (GmbH & Co KG) 3

Tobias Gruber und Mathias Stüben

Inhaltsverzeichnis

3.1 Intelligente Preissteuerung bei OTTO

3.1.1 Stellenwert des Pricings im Multi Channel Retailing

Der Preis wird als monetäres Äquivalent (Entgelt) für die vom Handel angebotenen Waren und die damit verbundenen Leistungen verstanden (vgl. Hansen 1990, S. 311). Eine tiefergehende Definition, begriffliche Erläuterung sowie betriebswirtschaftliche Forschung finden sich vor allem in den Arbeiten und Veröffentlichungen von Diller, Fassnacht, Kenning, Monroe, Müller-Hagedorn, Simon, Schmalen, Steffenhagen und Zielke. Das Thema „Preis" bzw. das Instrument „Preispolitik" ist für einen Multichannel-Einzelhändler – wie OTTO – mit einem breiten Sortiment einer der zentralsten Ergebnistreiber. Innerhalb der letzten Jahre haben sich jedoch viele Inhalte und Anforderungen für den Handel verändert. Als Hauptveränderungen sind in diesem Zusammenhang abnehmende Markentreue, Sprunghaftigkeit sowie ein ausgeprägtes Preis-/Leistungsbewusstsein anzuführen. Verfügbarkeit und Preise zählen aus Sicht der Kunden mittlerweile zu den Basisanforderungen und der Markt ist nach wie vor von hohem Preisdruck geprägt (vgl. Corsten und Gabriel 2004, S. 278 f.).

Tobias Gruber ✉, Mathias Stüben
Otto (GmbH & Co KG), Wandsbeker Str. 3–7, 22172 Hamburg, Deutschland

H.-C. Riekhof (Hrsg.), *Retail Business*, DOI 10.1007/978-3-8349-4555-6_6,

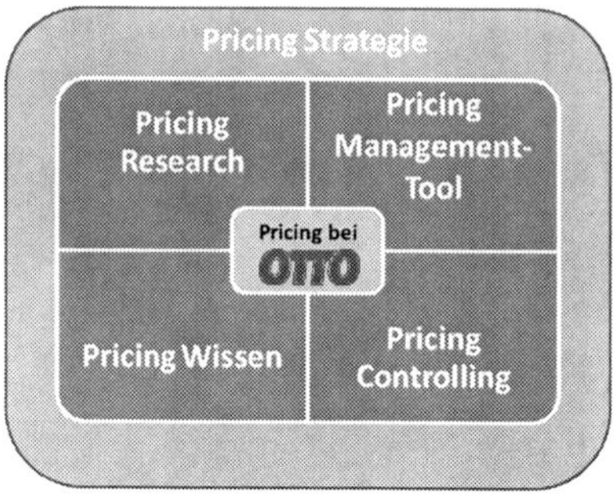

Abb. 3.1 Schlüsselelemente des Pricing-Prozesses einer intelligenten Preissteuerung

Der Prozess einer intelligenten Preissteuerung wurde bei OTTO daher vor mehreren Jahren initiiert, implementiert sowie kontinuierlich weiterentwickelt. Vor dem Hintergrund der weiter zunehmenden Komplexität und Dynamik durch das Wettbewerbsumfeld, den Kundenanforderungen und der immer größer werdenden Datenbasis müssen die Preisentscheider – und die Organisation insgesamt – in die Lage versetzt werden, systematisch und dynamisch die „richtigen" bzw. „optimalen" Preise festlegen zu können. In diesem Zusammenhang ist darauf hinzuweisen, dass die Definition von „richtig" bzw. „optimal" immer von den strategischen Zielen der Preispolitik abhängt und auch immer in einem Pricing-Prozess, der als ein System von Regeln und Verfahren zur Festlegung und Durchsetzung von Preisen zu verstehen ist (vgl. Simon 2004, S. 1078), eingebettet sein muss. Nur durch eine diesbezügliche Prozesssicht besteht die Möglichkeit, die beschriebene Komplexität u. a. durch pragmatische Tools beherrschen bzw. differenziert nutzen zu können.

3.1.2 Schlüsselelemente der intelligenten Preissteuerung

Bei OTTO werden nachfolgende Schlüsselelemente des Pricing-Prozesses einer intelligenten Preissteuerung definiert (Abb. 3.1).

Pricing bei OTTO bedeutet ein intensives Auseinandersetzen mit den Kundenanforderungen und ist das Ergebnis eines langjährigen auf die OTTO-Anforderungen abgestimmten Pricing-Prozesses.

Den Rahmen für die beschriebenen Schlüsselelemente bildet dabei die Pricing Strategie, die als konstitutive Grundsatzentscheidung über den Einsatz aller preispolitischer Parameter zu verstehen ist.

Ausgangspunkt bilden die Inhalte von Pricing Research als Inputgeber für die Pricing Strategie. Im Rahmen von Pricing Research werden darüber hinaus die definierten und geschätzten Preis-Mengen-Beziehungen beim Kunden validiert. Im sog. Pricing Management-Tool erfolgen diese Preis-Mengen-Schätzungen und die Ermittlung der optimalen Basispreise – als erster zum Kunden wirksamer Verkaufspreis für die Hauptvermarktungsphase – unter Berücksichtigung von Zielgrößen wie Deckungsbeitrag und

Frequenz. Durch den kontinuierlichen Aufbau von Pricing Wissen können die Auswirkungen der Preisanpassungen auf die Frequenz analysiert, abgeleitet und der gesamte Artikellebenszyklus von der Artikelentstehung bis zur Artikellöschung betrachtet werden.

Als ein zentrales Bindeglied fungiert dabei das Pricing Controlling, das die festgelegten Basispreise sowie das gesamte Preisniveau steuert, die Pricing-Prozesse überwacht, aktiv Handlungsempfehlungen ableitet und damit langfristig ein dynamisches Pricing (Begriffsklärung siehe Abschn. 3.2) und einen funktionierenden Pricing-Prozess ermöglicht. Nur durch die intelligente Verzahnung aller dieser Elemente kann die Basis für ein professionalisiertes und intelligentes Preismanagement geschaffen werden. In der nachfolgenden Betrachtung wird der Schwerpunkt auf die Inhalte des Schlüsselelementes Pricing Research sowie auf das dynamische Pricing als strategische Weiterentwicklung bei OTTO gelegt.

3.1.3 Pricing Research bei OTTO

Bei OTTO wird dem Pricing Research und dem Denken in Preis-Absatz-Funktionen ein hoher Stellenwert eingeräumt. Im Kern werden unter „Pricing Research" die Verfahren und Methoden subsummiert, die eine Ermittlung von Zahlungsbereitschaften der Kunden ermöglichen. Diese Zahlungsbereitschaften werden als relevante Inputs benötigt, um zunächst die „richtigen" bzw. „optimalen" Preise für den Basis- bzw. Ausgangspreis festlegen zu können. Preis-Absatz-Funktionen werden grundsätzlich als formale Modelle über den Zusammenhang zwischen der Höhe des Angebotspreises und der erwarteten Absatzmenge eines Artikels (vgl. Diller 2008, S. 74 ff.) verstanden.

Die Preisfestlegung ist ein komplizierter Vorgang, welcher immer unterschiedliche Zielsetzungen mit einbeziehen muss. Durch eine intelligente Preissteuerung muss im Grundsatz eine Win-Win-Situation hergestellt werden. Der Artikelpreis muss zum einen der Wertvorstellung des Kunden entsprechen. Zum anderen muss für das Gesamtunternehmen in Summe über alle Artikel ein Ergebnispotential realisiert werden. Einen ersten Ansatzpunkt bildet hierbei das Verhalten, die Bedürfnisstruktur der Kunden sowie Branchenspezifika (vgl. Hofbauer und Hellwig 2009, S. 218). Nachweislich ist die optimale Preisausgestaltung generell keine leichte Aufgabe für die Organisation, denn bei einem zu hohen Preis fehlen Frequenz und Umsatz, bei einem zu niedrigen Preis wird Ergebnispotential nicht ausgeschöpft. Vor diesem Hintergrund müssen die Preisentscheider Pricing-Kompetenz aufbauen. Dazu befähigt werden die Preisentscheider vor allem durch quantifiziertes Kundenverhalten (z. B. Preiselastizitäten, Preis-Absatz-Funktionen, Sog- und Robeffekte).

OTTO ist es als Handelsunternehmen mit einer sehr breiten und tiefen Sortimentierung nicht möglich, für jeden Einzelartikel Zahlungsbereitschaften zu erfassen, Testanlagen anzulegen oder Preiselastizitäten (im Vergleich zur gesamten Warengruppe oder Category) kontinuierlich zu analysieren. Auch aus Gründen der optimalen Ressourcennutzung wird ein Hauptaugenmerk auf beschaffungsrelevante, selbstbewirtschaftete und primär textile Sortimentsbereiche gelegt. Für einen ganzheitlichen Pricing-Prozess muss aber dennoch die gesamte Sortimentsbreite und -tiefe betrachtet bzw. Lösungsansätze für alle Warengruppen gefunden werden. Dieses stellt eine der zentralen Herausforderungen im Rahmen einer intelligenten Preissteuerung dar.

Die Preisfestlegung im Sinne eines stringenten Preislagenaufbaus aller Artikel einer Warengruppe sollte zudem optimal aufeinander abgestimmt sowie eng mit dem Sortimentsaufbau (z. B. über die Nutzung eines Multichannel-Kollektionsrahmenplans) verknüpft sein. Deshalb kann und soll der Einzelartikel nur der Ausgangspunkt sein.

Preise bilden – wie beschrieben – einen zentralen Ergebnishebel für alle Handelsunternehmen. Zudem sind Preise nicht rational, sondern haben stets auch eine tiefenpsychologische Ebene. Treiber der Preiswahrnehmung sind neben des Preises an sich auch andere Faktoren wie Werbung, Fotografie, werbliche Darstellung, Wirkung von Preisschwellen, Wirkung von Preisendungen (z. B. gerundete Preise), aber auch die Sortimentsstruktur und -optik in Summe. Außerdem gelingt eine Einschätzung des „richtigen" bzw. „optimalen" Preises nur, wenn der Kunde aus Sicht des Unternehmens tatsächlich verstanden und zuvor analysiert wird.

Oft werden die Preise hauptsächlich an den eigenen Kosten und einigen wenigen und unstrukturierten Wettbewerbsinformationen ausgerichtet. In der Praxis wird in diesem Zusammenhang von einem „Cost-Plus-Vorgehen" gesprochen. Eine systematische Verwendung von Kundeninformationen über Kundenutzen und Wirtschaftlichkeit ist eher die Ausnahme (vgl. Hofbauer und Hellwig 2009, S. 220).

Neben Test- und Befragungsinstrumenten sollten für eine erfolgreiche und intelligente Preissteuerung daher auch Erfahrungen aus der Vergangenheit, dem „Bauchgefühl" der Preisentscheider sowie strukturierten Wettbewerbsinformationen Berücksichtigung finden. Letztendlich ist hier eine zentrale Frage, wie dieses in der Praxis umgesetzt werden kann.

3.1.4 Preistests bei OTTO

Insbesondere der Baustein „Testanlagen" hat bei OTTO eine lange Historie, denn Print-Tests bilden seit vielen Jahren eine entscheidende Grundlage für die Beschaffung und Disposition. In den letzten Jahren haben Online-Tests an Bedeutung gewonnen und die Testlandschaft bei OTTO verändert.

Neben den Fragestellungen bzgl. der Warenverfügbarkeit werden Tests darüber hinaus zu den Themenbereichen Sortimentierung und Pricing durchgeführt (Abb. 3.2).

Aufgrund der geänderten Kundenanforderungen wird neben der Veränderung in der Aussteuerung der Maßnahmen auch bei den Tests eine intelligente Verzahnung aller Kanäle immer relevanter. Aus Gründen der Fokussierung auf das Thema „Pricing" innerhalb dieser Ausarbeitung erfolgt im Folgenden eine tiefergehende Beschreibung der Pricing-Testanlagen.

Bei der Umsetzung der Anforderungen für eine intelligente Preissteuerung konnte auf den umfangreichen Erfahrungen aus den Print-Tests zur Unterstützung bei der Waren-

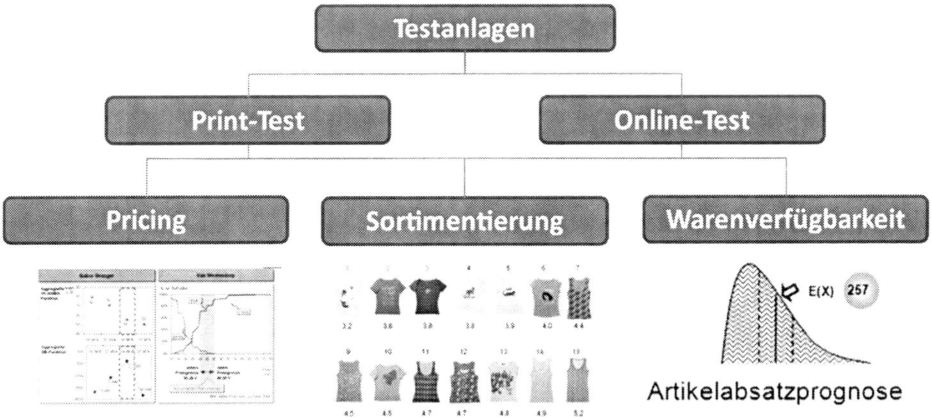

Abb. 3.2 Übersicht Testanlagen Categories bei OTTO

verfügbarkeit aufgesetzt werden. Print-Tests dienen bei OTTO seit jeher der Ermittlung der Renner-Nieten-Struktur sowie des Nachfrageniveaus eines Angebotsträgers bzw. Sortimentes, zur Ableitung der Nachfrage im Hauptversand, zur Artikelauswahl, zur Unterstützung der Dispositionsentscheidung sowie zur Bestückung der Anstoßkette.

Die Zielsetzungen der Tests im Printbereich wurden um die Anforderungen der Primärmessung der Preiselastizitäten sowie der Ermittlung der Zahlungsbereitschaften ausgewählter Styles erweitert. Dazu wurden die Print-Tests dahingehend ausgebaut, dass Parallelversände von 2 Testmodulen mit unterschiedlichen Verkaufspreisen von zuvor definierten Styles an strukturgleiche Kundengruppen durchgeführt werden. Mit dem Testergebnis erfolgt eine Validierung der Verkaufspreis-Nettoabsatz-Schätzung (sog. VK-NABS-Schätzung) mit dem Pricing Management-Tool durch die vorherige Bestimmung des jeweils ergebnis- bzw. frequenzoptimalen Verkaufspreises. Im Anschluss wird für die definierten Teststyles dann der Erstverkaufspreis (der sog. Basispreis) festgelegt.

Da die Aussagekraft der Print-Tests – bedingt durch den Channel-Shift in Richtung Online – sukzessive abnimmt, ist es erforderlich, neben diesen etablierten Testinstrumentarien im Printbereich neue Ansätze im Onlinebereich weiter zu forcieren (u. a. durch Testanlagen und Befragungen).

Im Rahmen der Online-Testanlagen sind erstens die kontinuierlich durchgeführten Paralleltests von Preisen für bestellfähige Einzelartikel (sog. multivariate Tests) und zweitens die Kontrastgruppen-Preistests in einem geschlossenen Testbereich beispielhaft anzuführen. Das erste Online-Instrument ist als ein kontinuierlicher Prozess zu verstehen, der automatisiert durchgeführt werden muss und nicht nur für die Bestimmung des Basis- bzw. Ausgangspreises herangezogen werden kann, sondern primär für ein dynamisches Pricing eine gute Grundlage bietet.

Das zweite Online-Instrument des geschlossenen Testbereiches ist eine Adaptierung bzw. Übertragung der bestehenden Print-Tests auf den Online-Kanal. Ein für ausgewählte

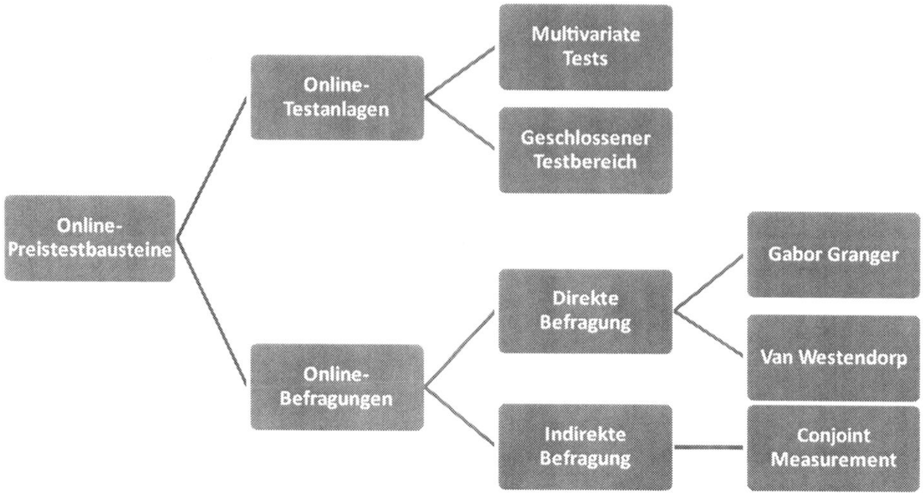

Abb. 3.3 Testinstrumentarien im Onlinebereich

Kunden vorbehaltener geschlossener Bereich auf der Homepage ermöglicht das Anknüpfen und die Verzahnung zu den Tests im Printbereich. Im Vergleich zu den Printtests werden hier keine Doppelseiten getestet, im Fokus steht hier vielmehr der Einzelartikel mit der definierten werblichen Darstellung auf der Online-Plattform (Abb. 3.3). Darüber hinaus muss jeder Händler, der mehrere Kanäle bedient und damit „multichannel" agiert, eine Antwort auf die Frage finden, wie der Preis über alle Kanäle „bespielt" werden soll. Bei der Erarbeitung dieses Strategieelementes muss auch die Funktion des jeweiligen Kanals (Print, Online, Mobile, Stationär) berücksichtigt werden.

Es ist sicherzustellen, dass insbesondere bei Preistests, aber auch bei den Pricing-Methoden in Summe gemäß der juristischen Vorgaben agiert wird (siehe Rechtsprechung zu § 16 Gesetz gegen den unlauteren Wettbewerb).

In Ergänzung zu den Testanlagen, die auf realen Käufen der Kunden basieren, können eine Vielzahl an Befragungsmethoden für die Preisbestimmung Anwendung finden. Diese können frühzeitig im Prozess eingesetzt werden (z. B. auf Basis von Groblayouts und Lieferantenbildern) und stellen besonders einfache, kostengünstige und praktikable Befragungsmethoden dar. Hier sind insbesondere die Gabor Granger- und die Van Westendorp-Methode von Relevanz.

Die Gabor Granger-Methode ist dabei eine seit langem bewährte Methode zur Ermittlung der optimalen Preisbandbreite (Abb. 3.4). Hierbei handelt es sich um ein relativ einfaches Verfahren, um eine Preis-Absatz-Kurve zu ermitteln. Aktuelle und potentielle Abnehmer werden dahingehend erhoben, welche Absatzmenge eines Artikels sie zu welchem Preis abzunehmen bereit sind (vgl. Pepels 2012, S. 649). Auf dieser Basis kann eine Nachfragekurve berechnet werden. Sie hilft, Preisschwellen zu identifizieren und ermöglicht die Berechnung eines optimalen Preispunktes.

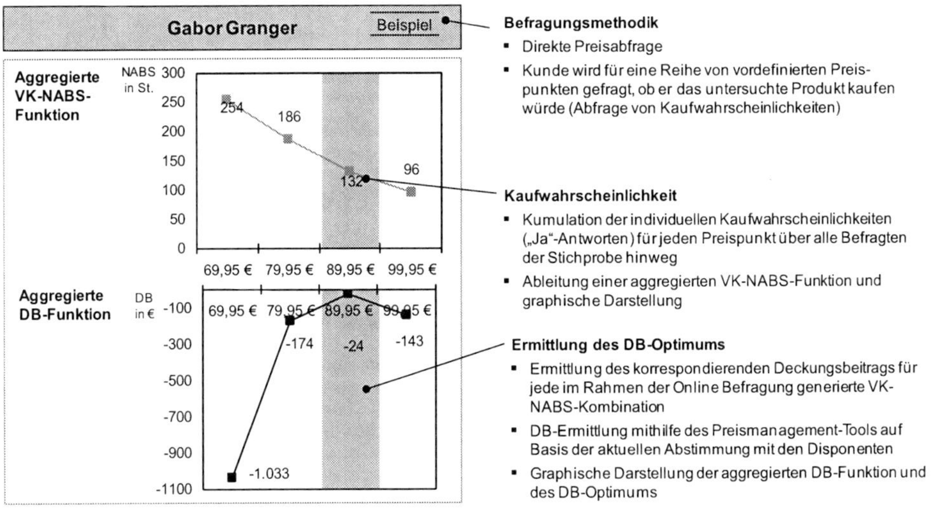

Abb. 3.4 Gabor Granger-Methode (Quelle: SIMON – KUCHER & PARTNERS)

Die Van Westendorp-Methode kann als Weiterentwicklung der Gabor Granger-Methode verstanden werden (Abb. 3.5). Dieses Verfahren ermöglicht, neben dem optimalen Preis und einer Preis-Absatz-Funktion, auch eine Berechnung der Preisober- und -untergrenze. In Bezug auf die Preiseinschätzung werden vier Dimensionen bei den Kunden evaluiert: Der Preis, der von ihnen für einen Artikel gerade noch als günstig wahrgenommen wird, der Preis, der von ihnen gerade noch als vertretbar hoch bewertet wird, der Preis, ab dem der Betrag von ihnen als unangemessen hoch angesehen wird sowie der Preis, ab dem der Betrag bei ihnen Zweifel an der Qualität des Artikels aufkommen lässt (vgl. Pepels 2012, S. 649).

In Abgrenzung zu diesen eher einfachen und sehr praxisorientierten Befragungsmethoden finden auch immer mehr Conjoint-Analysen Anwendung in den Handelsunternehmen. Darunter wird ein dekompositionelles Verfahren verstanden, um Präsenzfunktionen einer Stichprobe von Konsumenten zu erheben (vgl. Scholz 2009, S. 5). Die Umsetzung muss aber immer in Relation zum hohen Aufwand dieses Verfahrens bewertet werden. Das Conjoint Measurement für Pricing-Fragestellungen befindet sich bei OTTO derzeit nicht im Einsatz.

3.1.5 Das Pricing Management Tool bei OTTO

Neben dem zuvor ausführlicher beschriebenen Schlüsselelement Pricing Research bedarf es ebenfalls der Betrachtung der Elemente Pricing Management-Tool, Pricing Wissen und Pricing Controlling.

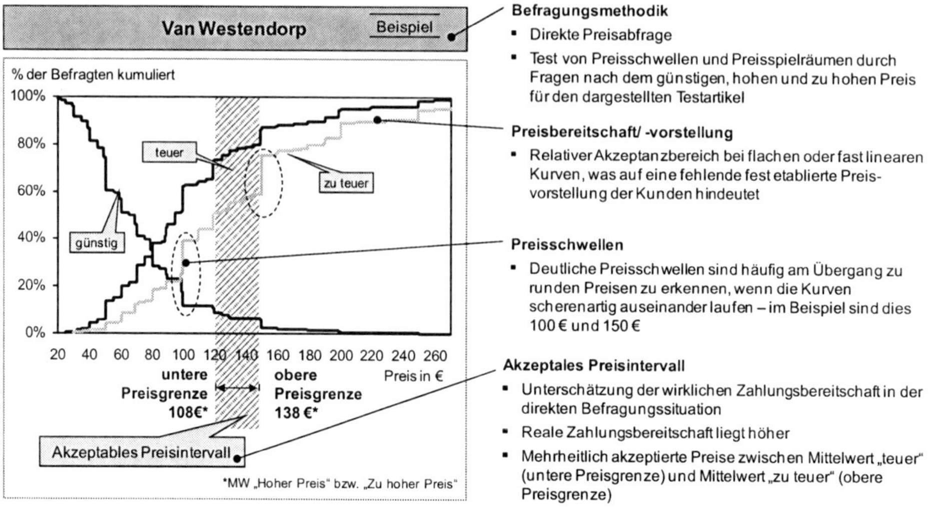

Abb. 3.5 Van Westendorp-Methode (Quelle: SIMON – KUCHER & PARTNERS)

Das Pricing Management-Tool bildet zusammen mit der Pricing Research-Systematik die beiden zentralen Werkzeuge für die Preisentscheider in der Organisation zur Ermittlung deckungsbeitragsoptimaler Preise unter Berücksichtigung der Frequenz. Durch eine netzwerkbasierte Toolversion, die automatische Im- und Exportfunktionen in das bestehende Warenwirtschaftssystem ermöglicht, wird eine kontinuierliche Unterstützung entlang des gesamten Preisfindungsprozesses sichergestellt und zusätzlichen manuellen Aufwänden entgegengewirkt. Die Preisentscheider geben realistische Schätzungen zu Absatzmenge und Retourenquote eines Artikels auf Basis der Erfahrungswerte und quantitativen vorgelagerten Analysen ab. Durch die Validierung der Schätzungen mittels der Pricing Research Instrumente, dem Aufbau einer Referenzartikeldatenbank sowie der permanenten Dokumentation des Pricing Wissens wird das Denken in Preis-Absatz-Funktionen bzw. VK-NABS-Beziehungen systematisiert.

Der Aufbau von Pricing Wissen stellt somit einen integralen Bestandteil und ein zentrales Schlüsselelement des Pricing-Prozesses einer intelligenten Preissteuerung dar. Pricing Wissen ist in diesem Zusammenhang der systematische Aufbau von Preistest- und Markterkenntnissen sowie die Integration von Pricing-Konzepten zur Optimierung der Preisgestaltung. Dieses erlaubt ein „zielgerichtetes" Testen sinnvoller Preispunkte. Allgemeine Handlungsempfehlungen hinsichtlich Preisschwellen und relativer NABS-Veränderungen können auf Basis dieser Vorgehensweise ebenfalls abgeleitet werden. Das Pricing Wissen kann Preistests zwar nicht ersetzen, liefert aber durch die bisherigen Testergebnisse und Learnings eine gute Basis für die Preisfestsetzung (z. B. durch die Ableitung von Preis-Absatzfunktionen je Marktkennzeichen).

Es werden sechs Informationsquellen für den Aufbau von Pricing Wissen unterschieden (Abb. 3.6).

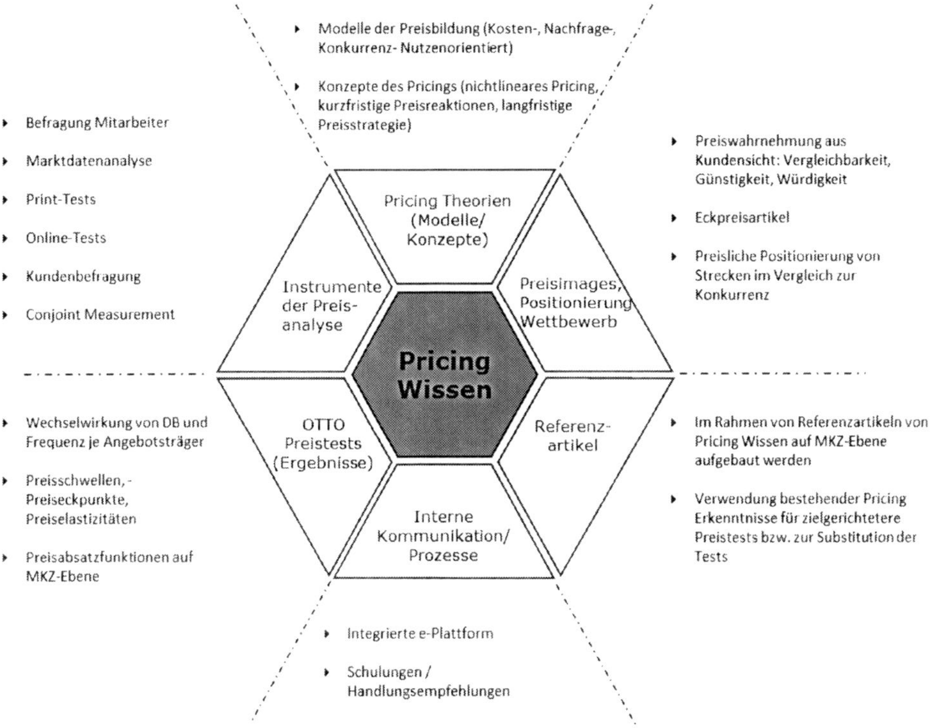

Abb. 3.6 Informationsquellen für den Aufbau von Pricing Wissen

Das Pricing Wissen über die Wechselwirkung von Preis und Menge über die dargestellten Informationsquellen muss konsequent in der Organisation aufgebaut und entsprechend kommuniziert werden.

3.1.6 Pricing Controlling bei OTTO

Ein weiterer wichtiger Aspekt einer intelligenten Preissteuerung ist das Pricing Controlling. Diese Funktion soll zu einem zielgerichteten Beherrschen und einer koordinierten Vorgehensweise über den gesamten Pricing-Prozess beitragen und umfasst alle relevanten Controllinginhalte von der Analyse über die Planung bis hin zur Durchsetzung und schließlich zur Kontrolle der Maßnahmen (vgl. Hofbauer und Bergmann 2008, S. 193 ff.). Auf OTTO übertragen bedeutet dieses, dass die festgelegten Basis-Preise sowie das gesamte Preisniveau gesteuert, die Pricing-Prozesse überwacht, aktiv Handlungsempfehlungen in enger Abstimmung mit den Preisentscheidern abgeleitet und damit langfristig ein dynamisches Pricing ermöglicht werden.

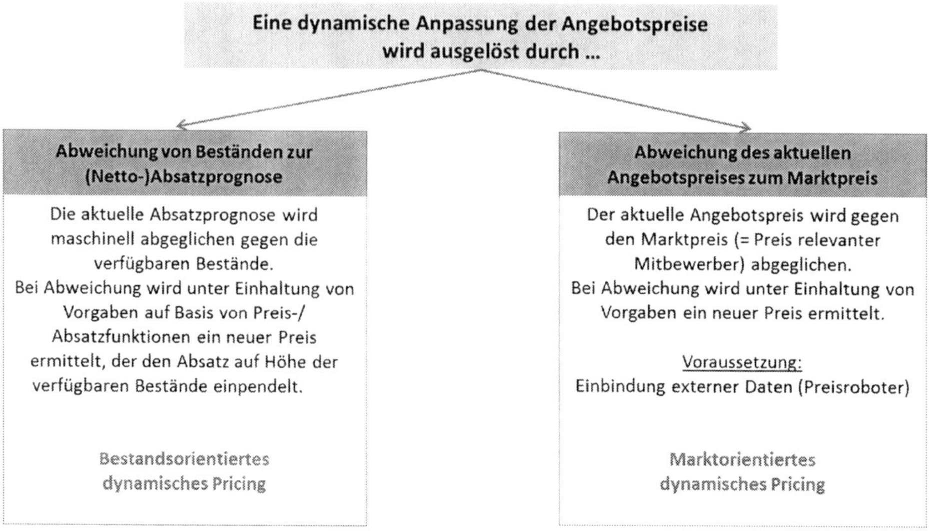

Abb. 3.7 Bestandsorientiertes und marktorientiertes dynamisches Pricing

3.2 Dynamisches Pricing als strategische Weiterentwicklung bei OTTO

3.2.1 Grundidee des dynamischen Pricing

Bei der Weiterentwicklung der Pricing-Instrumente für OTTO kommt dem dynamischen Pricing eine entscheidende Rolle zu (Abb. 3.7).

Darunter wird bei OTTO die dynamische Anpassung von Verkaufspreisen auf Basis aktueller Bestands-, Abverkaufs- und Wettbewerbsdaten verstanden. Dynamisches Pricing bezeichnet in diesem Kontext eine Preissetzungsstrategie, bei der sich die Preise zeitlich oder nach der aktuellen Angebots- bzw. Nachfragesituation anpassen (vgl. Auerbach und Kudra 2003, S. 28). Der Dimension Zeit kommt im Zusammenhang mit dem Artikellebenszyklus beim dynamischen Pricing eine besondere Bedeutung zu. Interperiodische Wirkungen und Zusammenhänge einzelner Einflussfaktoren auf die eigene Preispolitik können sichtbar gemacht werden (vgl. Herzog 2007, S. 12).

Ausgangspunkt für die Ermittlung eines dynamischen Preisvorschlags für einen Artikel-Angebotsträgereinsatz sind entweder Abweichungen zwischen den geplanten und aktuellen Absatz- und Bestandszahlen oder Änderungen von Marktpreisen relevanter Mitbewerber. Ein Artikel kann dabei entweder dem bestandsorientierten oder marktorientierten Pricing als auch beiden zugeordnet sein. Am Ende des Prozesses steht immer die Entscheidung über eine Preisänderung unter ergebnisoptimierten Gesichtspunkten.

Die Preisermittlung ist dabei von Stamm- und Bewegungsdatenobjekten sowie Informationen aus dem Business Warehouse abhängig. Dazu zählen insbesondere Arti-

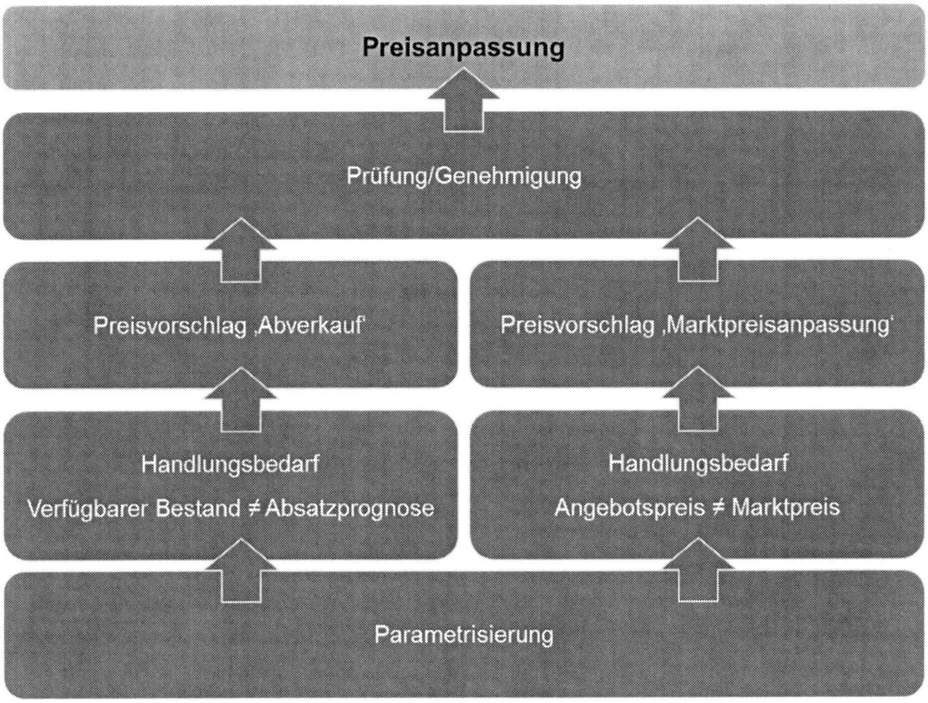

Abb. 3.8 Parametisierung als Fundament für die Preisanpassung

kelstammdaten (preisspezifische Parameter), Angebotsträger, Preiskonditionen (aktuelle Angebotspreise, Mitbewerberpreise), Kalkulationsbelege (Preisaktivierung/-speicherung), Kampagnen/Aktionen (Zuordnung dynamischer Preise auf Angebotsträger) und Business Intelligence (z. B. prognostizierte Abverkäufe/Retourenquoten, Abverkaufshistorie, tatsächliche Retourenquoten, historische Preise).

Diese Parameter (sog. Parametrisierung) bilden dabei das Fundament für den Preisanpassungsprozess (Abb. 3.8).

3.2.2 Bestandsorientiertes dynamisches Pricing

Ziel des bestandsorientierten dynamischen Pricings ist es, Abverkäufe bezüglich Menge und Warenrohertrag zu optimieren. Eine dynamische Anpassung der Verkaufspreise sieht abhängig von der aktuellen Abverkaufs- und Bestandssituation vor, entweder Preissenkungen durchzuführen, um Überhänge zu reduzieren oder aber Preiserhöhungen durchzuführen, um bei großer Nachfrage und limitiertem Nachschub einem zu schnellen Ausverkauf eines Artikels vorzubeugen.

Im Rahmen eines aktiven Bestandsmanagements wird die Bestandssituation einzelner Artikel analysiert und bewertet. Wird festgestellt, dass geplante und tatsächliche Abverkaufsmengen erheblich voneinander abweichen, steht als Maßnahme u. a. die Ermittlung eines dynamischen Preises zur Verfügung. Zentrales Regelwerk für die Ermittlung dynamischer Preise sind sog. Abschriftenprofile, die geplante Laufzeiten, Soll-Abverkaufsquoten und Ist-Abverkaufsquoten der Artikel möglichen Preisab- oder -zuschlägen gegenüberstellen.

Die Abschriftenprofile mit den zugehörigen Abverkaufsmustern basieren auf den historischen Werten der Vorperiode, zu denen Abverkaufshistorie, Preisänderungshistorie, Bestandsentwicklung, Abverkaufsplanung und Bestandsplanung gehören.

Über die Abverkaufsmuster werden geplante Sollverkaufsquoten möglichen Istverkaufsquoten gegenüberstellt. Auf Basis möglicher Soll-Ist-Abweichungen werden dann Preisänderungsvorschläge zugewiesen. Abschriftenprofile und zugehörige Abverkaufsmuster werden regelmäßig mit Informationen aus den Schlüsselelementen Pricing Research und Pricing Management-Tool sowie aktuellen Prognosen, tatsächlichen Abverkaufsquoten sowie durchgeführten Preisänderungen abgeglichen und angepasst.

Die ermittelten Preisvorschläge können von den Preisentscheidern verprobt und bestätigt werden, sofern mit der Preisänderung die erwarteten Änderungen in der Kundennachfrage erzielt werden. Andernfalls wird der vorgeschlagene Preis entweder manuell angepasst oder verworfen. Das Ergebnis des Preisabgleichs wird entsprechend zurückgemeldet. Hierbei ist es unerlässlich, dass neben den Auswirkungen auf Absatz und Bestand auch zusätzliche Informationen wie z. B. Warenrohertrag berücksichtigt und angezeigt werden.

Durch die zukünftige Einführung eines systemunterstützten, dynamischen Pricings ergibt sich eine Vielzahl an Vorteilen. Neben der Reduzierung von manuellem Aufwand für Bestands- und Abverkaufsanalysen können Ergebnisauswirkungen prognostiziert und berücksichtigt werden. Des Weiteren sind automatische Preisänderungen innerhalb definierter Ober-/Untergrenzen durchführbar.

3.2.3 Marktorientiertes dynamisches Pricing

Im Rahmen der dynamischen Preisgestaltung auf Basis ermittelter Marktpreise sollen vornehmlich für vergleichbare Eigen- und Fremdmarken aktuelle Preise im Online-Auftritt (z. B. otto.de) sowie für geplante, aber noch nicht freigegebene Katalogangebote mit den Angebotspreisen der wichtigsten Wettbewerber abgeglichen werden.

Die Ermittlung von Marktpreisen des Wettbewerbs soll dabei sowohl in regelmäßigen Abständen (z. B. täglich, wöchentlich) als auch ad-hoc möglich sein. Preise von Mitbewerbern werden entweder durch eigene Erhebungen oder durch den Ankauf von Preisinformationen bei Dienstleistern (z. B. Preisroboter) beschafft. Die ermittelten Marktpreise sind mit den aktuellen OTTO-Preisen automatisch abzugleichen. Ergebnis des Abgleichs ist ein Arbeitsvorrat mit den vorgeschlagenen Preisänderungen inkl. zusätzlicher Informationen wie z. B. die Auswirkung auf den Warenrohertrag. Derzeit werden über Marktbeobachtungen, die zum Teil durch Preisroboter unterstützt werden, manuelle Preisanpassungen durchgeführt. Ausgehend vom primären Ziel der Ergebnisoptimierung wird durch das marktorientierte dynamische Pricing als nachstehendes Sekundärziel die wettbewerbsfähige Positionierung verfolgt. Über marktnahe, dynamische Preise soll die preisliche Positionierung in immer transparenter werdenden Absatzmärkten über eine kontinuierliche Marktbeobachtung abgesichert werden. Die Nutzenpotentiale eines systemunterstützten und marktorientierten Pricings entsprechen denen des bestandsorientierten Pricings.

3.3 Fazit: Pricing als strategischer Erfolgstreiber

Die beschriebenen Inhalte unterstreichen die Tatsache, dass das Thema „Preis" bzw. das Instrument „Preispolitik" für einen Multichannel-Einzelhändler mit einem breiten Sortiment einer der zentralsten Ergebnistreiber ist und auch zukünftig bleiben wird. Seit vielen Jahren wird eine aktive und intelligente Preissteuerung bei OTTO forciert. In diesem Zusammenhang ist es wichtig, auch verschiedene Vorgehensweisen auszuprobieren und „trial and error" zu praktizieren, denn jedes Unternehmen hat unterschiedliche Anforderungen und Herausforderungen, die es zu identifizieren gilt. Darüber hinaus hat das Thema „Preis" auch immer eine strategische Komponente, die mit den Schlüsselelementen des Pricing-Prozesses eng verzahnt werden muss.

In der Vergangenheit haben viele Handelsunternehmen den Großteil der Zeit und Kraft für die Bestimmung des Basispreises investiert, dem „Bauchgefühl" einen hohen Stellenwert gegeben und – wenn überhaupt – nur punktuell die Kundenbedürfnisse erfragt. Inzwischen gilt es, während des gesamten Artikellebenszyklus die Preisstellung nicht aus den Augen zu verlieren, d. h. Preisänderungen zum richtigen Zeitpunkt und in der richtigen Höhe möglichst nach oben und unten im Prozess zu verankern. Neue und valide Testanlagen müssen Anwendung finden, die dem weiter steigenden Onlineanteil Rechnung tragen. Eine dynamische Anpassung von Verkaufspreisen auf Basis aktueller Bestands-, Abverkaufs- und Wettbewerbsdaten ist zukünftig unerlässlich und geht auch aufgrund der Relevanz mit der Überprüfung des Geschäftsmodells und der Beschaffungslogik einher.

Literatur

Auerbach, C., und A. Kudra. 03/2003. Dynamic Pricing. *Cybiz.*

Corsten, D., und C. Gabriel. 2004. *Supply Chain Management erfolgreich umsetzen*, 2. Aufl. Berlin.

Diller, H. 2008. *Preispolitik*, 4. Aufl. Stuttgart.

Hansen, U. 1990. *Beschaffungs- und Absatzmarketing des Einzelhandels*, 2. Aufl. Göttingen.

Herzog, J. 2007. *Dynamisches Pricing: Ertragswirkungen einer proaktiven Preispolitik.*

Hofbauer, G., und C. Hellwig. 2009. *Professionelles Vertriebsmanagement: Der prozessorientierte Ansatz aus Anbieter- und Beschaffersicht*, 2. Aufl. Erlangen.

Hofbauer, G., und S. Bergmann. 2008. *Optimales Rating für KMU: So überzeugen Sie ihre Bank*, 2. Aufl. Erlangen.

Meffert, H., C. Burmann, und M. Kirchgeorg. 2012. *Marketing: Grundlagen marktorientierter Unternehmensführung*, 11. Aufl. Wiesbaden.

Pepels, W. 2012. *Handbuch des Marketing*, 6. Aufl. München.

Scholz, M. 2009. *Die Conjoint-Analyse als Instrument zur Nutzenmessung in Produktempfehlungssystemen*, 1. Aufl. Berlin.

Simon, H. 2004. Ertragssteigerung durch effektive Pricing-Prozesse. *Zeitschrift für Betriebswirtschaft (ZfB)* (11).

Teil III

Marketingstrategische Perspektiven für das Retail Business

Strategische Positionierung durch Nachhaltigkeit am Beispiel der Otto Group 1

Johannes Merck und Christiane Fleischer

Inhaltsverzeichnis

1.1 Herausforderungen des Wirtschaftens im 21. Jahrhundert

1.1.1 Die Grenzen des Wachstums

Vor 40 Jahren veröffentlichte der Club of Rome sein viel beachtetes Werk „Die Grenzen des Wachstums". Der Bericht kam zu der zentralen Schlussfolgerung, dass, „wenn die gegenwärtige Zunahme der Weltbevölkerung, der Industrialisierung, der Umweltverschmutzung, der Nahrungsmittelproduktion und der Ausbeutung von natürlichen Rohstoffen unverändert anhält, die absoluten Wachstumsgrenzen auf der Erde im Laufe der nächsten hundert Jahre erreicht werden" (vgl. Meadows et al. 1972).

Johannes Merck ✉
Otto (GmbH & Co KG), Wandsbeker Str. 3–7, 22172 Hamburg, Deutschland
Christiane Fleischer
Michael Otto Stiftung, Wandsbeker Str. 3–7, 22172 Hamburg, Deutschland

H.-C. Riekhof (Hrsg.), *Retail Business*, DOI 10.1007/978-3-8349-4555-6_7,

Die Mahnung wurde zwar vielfach aufgegriffen und diskutiert. Dennoch hat seit 40 Jahren kein entscheidendes Umsteuern stattgefunden. Der Trend bewegt sich stattdessen ins Gegenteil. Die Nachfrage wächst schneller als je zuvor, noch nie war der Ressourcenverbrauch größer als heute. Die Konsequenzen sind schwerwiegend: fruchtbare Ackerböden verwüsten oder werden durch Siedlungs- und Infrastrukturbau versiegelt; Nahrungsmittel und Energiepflanzen treten in immer stärkere Konkurrenz um abnehmende Flächen; Wasser wird in vielen Teilen der Erde knapper; die natürlichen Vorräte an fossilen Rohstoffen und Metallen nähern sich dem Ende. Der globale Raubbau hat eine stark abnehmende Biodiversität zur Folge. Artenreicher Regenwald muss Soja- und Palmölplantagen weichen. Weite Teile unserer Meere sind leer gefischt. Die weltweiten CO_2-Emissionen steigen trotz gegenteiliger internationaler Verpflichtungen. Weil sich unsere Ökosysteme nicht so schnell anpassen können, bleibt der Klimawandel eine der größten Bedrohungen (vgl. u. a. Randers 2012; WWF 2006, 2010).

1.1.2 Die zunehmend kritische Gesellschaft

Im Rahmen der Globalisierung wachsen die Ökonomien, wächst die Welt zusammen. Eine isolierte Betrachtung nur der eigenen, unmittelbaren Geschäftstätigkeit ist für Unternehmen nicht mehr möglich; man kann nicht mehr nur vor der eigenen Tür kehren. Vielmehr wandert die Verantwortung durch die Wertschöpfungskette.

Nicht nur die Unternehmen, sondern auch die Unternehmenskritik hat sich globalisiert und professionalisiert. Seit den 1980er Jahren bringen kritische NGOs, aber auch Konsumentengruppen und Gewerkschaften verstärkt Themen wie Kinderarbeit, Sweatshops (d. h. Fabriken, in denen Menschen zu Niedriglöhnen unter schlechten Arbeitsbedingungen arbeiten), den Missbrauch der Rechte indigener Völker, den verantwortungslosen Umgang mit toxischen Chemikalien, Ölkatastrophen, die Abholzung von Regenwäldern und andere Formen von Umweltzerstörung an die Öffentlichkeit. Die Kritiker sind hervorragend vernetzt und tauschen weltweit Informationen aus. Das Internet erhöht die Transparenz und die wachsende Anzahl an kritischen NGOs kann so Missstände in wenigen Klicks zum Kunden transportieren (vgl. Utting 2005).

Und dieser Kunde wird immer kritischer. Immer mehr Menschen wird klar, dass nachhaltiges Wirtschaften eine Voraussetzung für die Sicherung des eigenen Wohlergehens ist. Eine kürzlich durchgeführte deutsche Studie[1] ergab, dass die Forderungen nach Unternehmensverantwortung von Jahr zu Jahr deutlich steigen. Die Menschen betrachten die Rolle von Unternehmen im Umgang mit globalen Herausforderungen kritischer. Themen wie Gerechtigkeit und soziale Fairness bilden den roten Faden des Diskurses; das Interesse für Umweltschutz und die Förderung erneuerbarer Energien nimmt – auch im Zuge der

[1] Icon Added Value, Nürnberg, hat die Bedeutung von CSR-Themen in unserer Gesellschaft und für die Markenführung empirisch untersucht. Dafür wurden 1000 Menschen zu 30 CSR-Themen, 18 Branchen, 37 Marken und einigen Initiative befragt.

Energiewende – zu. Die Betrachtung erfolgt dabei durchaus im globalen Rahmen. Der Anfang der Wertschöpfungskette rückt immer stärker in den Fokus (vgl. Icon Value Added 2012).

Kundenbindung und die Wertschätzung von Marken wird in den letzten Jahren zunehmend von den hohen Anforderungen an das ethische und ökologische Verhalten der Unternehmen beeinflusst – tatkräftig unterstützt durch die Medien. Verantwortungsbewusste Lebensstile verlangen nach nachhaltigen Marken. Bei sich angleichenden Preisen und Produkten wird die soziale Kompetenz von Unternehmen zum Kaufargument. Der Trend nimmt zu, unterstützt von der Entwicklung neuer Mittelschichten in den Schwellenländern (vgl. Rauch 2012).

1.1.3 Nicht-Beachtung ist keine Option mehr

Ein Wegducken ist im beschriebenen Szenario keine akzeptable Option mehr, wenngleich die zugrundeliegende Motivation differieren kann. Der ehrbare Kaufmann fühlte sich schon immer für seine Mitarbeiter, Geschäftspartner und Kunden verantwortlich und engagierte sich altruistisch in seiner Gemeinde. Multinationale Konzerne treibt die Angst vor der Abstrafung durch den verärgerten Kunden bei gesellschaftlich unangemessenem Verhalten. Ein negatives Image wird durch die Medien verstärkt und wirkt lange nach. Die Erinnerungen an Shells Brent Spar-Skandal, das Gasleck von Union Carbide in Bhopal, die Ölkatastrophen der Exxon-Valdez oder jüngst von BP im Golf von Mexiko oder Nike's Sweatshops sind auch Jahre danach noch präsent. Unternehmen, die ihrer Verantwortung nicht gerecht werden, werden langfristig vom Markt gedrängt. Gutes Nachhaltigkeits-Management ist somit nicht länger Goodwill, sondern Risikovermeidung.

Als global operierender Konsumgüterhändler ist die Otto Group von den Herausforderungen der natürlichen Ressourcengrenzen, des sog. „Peak Everything", stark betroffen. Verantwortliches Handeln hat deshalb auch einen Selbstzweck und liegt im ureigensten Geschäftsinteresse. Es geht dabei um die Sicherung von nachhaltig produzierten und qualitativ hochwertigen Rohstoffen für die von uns vertriebenen Produkte – wie eingangs skizziert unter der Prämisse des steigenden Nutzungsdrucks auf das immer knapper werdende Land. Es geht um ökologische und soziale Bedingungen im Verlauf der Wertschöpfungskette, denn verantwortliches Geschäftsgebaren beeinflusst Lieferantenbeziehungen positiv. Es geht um Fragen wie: Welche Rohstoffe werden in den von uns vertriebenen Produkten verarbeitet? Wie wurden sie gewonnen? Wie ist der Energieverbrauch? Wie sind die Arbeitsbedingungen? Und zuletzt birgt die konsequente Integration von Nachhaltigkeitsaspekten in das Geschäftsmodell auch Wettbewerbschancen (vgl. Abschn. 1.3).

1.2 Corporate Responsibility, Corporate Social Responsibility und Nachhaltigkeit – Definitionen und Abgrenzung

1.2.1 Die Evolution von Corporate Social Responsibility

Corporate Social Responsibility (CSR) ist das bewusste Streben, soziale und ökologische Ziele mit wirtschaftlichem Handeln in Einklang zu bringen. Gleichwohl wird CSR – auch aufgrund seiner langen Historie und häufigen Weiterentwicklungen – noch immer nicht einheitlich interpretiert. Votaw bemerkte dazu:

> The term [social responsibility] is a brilliant one; it means something, but not always the same thing, to everybody. To some it conveys the idea of legal responsibility or liability; to others, it means socially responsible behavior in an ethical sense; to still others, the meaning transmitted is that of "responsible for," in a causal mode; many simply equate it with a charitable contribution; some take it to mean socially conscious; many of those who embrace it most fervently see it as a mere synonym for "legitimacy," in the context of "belonging" or being proper or valid; a few see it as a sort of fiduciary duty imposing higher standards of behavior on businessmen than on citizens at large. (Votaw 1973, S. 11)

Blickt man tief in die Geschichte zurück, findet man Nachweise für ein soziales Engagement der Wirtschaft, die Jahrhunderte zurückgehen. So prägt das Leitbild des Ehrbaren Kaufmanns, verbunden mit dem Entstehen der Deutschen Hanse, die deutsche Wirtschaftskultur seit dem 12. Jahrhundert. Ein Ehrbarer Kaufmann stützt sein Verhalten auf Tugenden, die den langfristigen wirtschaftlichen Erfolg zum Ziel haben, ohne den Interessen der Gesellschaft entgegenzustehen. Er wirtschaftet nachhaltig.

Das CSR-Konzept ist indessen ein Produkt des 20. Jahrhunderts. Der Begriff wurde erstmals in den 1950er Jahren definiert (vgl. Carroll 1999; Meehan et al. 2006; Lee 2008). Charakteristisch war der Fokus auf die sozialen Verantwortlichkeiten, die über die ökonomischen und legalen Verpflichtungen hinausgehen (vgl. Davis 1973; Carroll 1979; Waddock 2004; Matten und Crane 2005). So deutete Bowen die sozialen Verantwortlichkeiten der Unternehmer als „Verpflichtungen, diejenigen Grundsätze zu verfolgen, die Entscheidungen zu treffen oder den Betätigungsfeldern zu folgen, die erstrebenswert im Sinne der Ziele und Werte unserer Gesellschaft sind" (Bowen 1953, S. 6). Diese wurden hauptsächlich in Form von freiwilligen und philanthropischen Leistungen an die Gemeinde oder ausgewählte, gesellschaftlich benachteiligte Gruppen bedient. CSR stand dabei in der Wahrnehmung entweder der Gewinnmaximierung entgegen oder wurde nur als Beigabe betrachtet, nicht aber als Strategie, um Gewinne zu erzielen (vgl. Friedman 1977, „The business of business is business"). Nichtsdestotrotz hat schon eine Umfrage des FORTUNE-Magazins aus dem Jahr 1946 ergeben, dass 93,5 % der befragten Unternehmer der Aussage zustimmen, dass sie für die Konsequenzen ihres Handelns in einem Rahmen verantwortlich sind, der über eine reine Gewinn- und Verlustrechnung hinausgeht (zitiert in Bowen 1953, S. 44).

1.2.2 Weiterentwicklung und Vertiefung

Der Begriff wurde dann vielfach weiterentwickelt. So bezog Johnson (1971) explizit die Mitarbeiter, Zulieferer, Händler, lokalen Gemeinden, aber auch den Staat in den Referenzrahmen eines Unternehmens mit ein. Das Management müsse eine Vielzahl unterschiedlicher Interessen ins Gleichgewicht bringen.

Wood (1991a, b) hat mit dem Modell Corporate Social Performance (CSP) eine Synthese geschaffen, die verantwortungsvolles Unternehmertum noch breiter, d. h. als integralen Bestandteil des Geschäftsmodells, definiert. Das Modell baut auf den ersten integrierten Ansatz von Wartick und Cochran (1985) auf (vgl. auch Carroll 1979) und besteht aus drei interagierenden Elementen: den CSR-Prinzipien, dem Prozess der Corporate Social Responsiveness und den Wirkungen des Unternehmenshandelns. Corporate Responsibility (CR) wird dabei als Wettbewerbsfaktor betrachtet und in die normalen Strategieentwicklungsprozesse integriert. CR wird so als Beitrag zum Unternehmenserfolg gewertet und nicht mehr als Belastung. Messbar gemacht wird CR durch die Triple Bottom Line und Social Auditing.

Diese Definition von CR fußt auf mehreren Komponenten (vgl. Meehan et al. 2006). Erstens beinhaltet sie ethisches und soziales Engagement, also die Werte und Standards, denen sich das Unternehmen verpflichtet und die sich in Mission, strategischen Zielen, Programmen und Unternehmenskultur widerspiegeln. Die Glaubwürdigkeit der Maßnahmen erhöht sich, wenn sie sich an externen Bezugssystemen wie dem UN Global Compact, der Global Reporting Initiative (GRI), dem Sozialstandard SA8000 oder den OECD Prinzipien für Multinationale Unternehmen ausrichten.

Daneben ist, zweitens, ein Beziehungsmanagement zu den Partnern des Wertenetzwerks notwendig. Nach Normann und Ramirez (1993, S. 69) „entstehen Werte nicht in sequentiellen Ketten, sondern in komplexen Konstellationen". Werte werden also in einem System verschiedener wirtschaftlicher Akteure – Zulieferer, Geschäftspartner, Kunden – gemeinsam koproduziert. Dafür müssen Rollen und Beziehungen im Rahmen eines Stakeholder-Ansatzes – zu vor- und nachgelagerten Partnern – neu konfiguriert werden. Anstatt eines engen operativen Schwerpunkts auf kurzfristige Gewinnmaximierung müssen die Gemeinsamkeit der Interessen und das konstante Engagement aller Beteiligten sichergestellt werden.

Und drittens funktioniert CR nur mit einem „langen Atem". Nur durch ein langfristig konsistentes Auftreten wird Glaubwürdigkeit und damit Vertrauen aufgebaut. Wer Worten keine Taten folgen lässt, liefert sich dem Verdacht des Greenwashings aus (vgl. Abschn. 1.5).

Das Bundesministerium für wirtschaftliche Zusammenarbeit und Entwicklung hat das heutige Verständnis von CR in seinem Aktionsprogramm 2015 prägnant zusammengefasst: „Corporate Social Responsibility ist das Bekenntnis der Privatwirtschaft zu sozial und ökologisch verantwortungsvoller Unternehmensführung. Die Unternehmen verpflichten sich zur Beachtung sozialer, menschenrechts- und umweltrelevanter Grundsätze bei der Geschäftstätigkeit und ihren Beziehungen zu Arbeitnehmenden, Anteilseignern und Konsumenten, Investoren und Organisationen der Zivilgesellschaft. Die Selbstverpflichtung zu

Grundsätzen umfasst die gesamte Wertschöpfungskette" (zitiert in Sywottek 2004, S. 64.) Soziale Verantwortung von Unternehmen besteht nicht in einzelnen guten Taten. Es ist eine Haltung, die das ganze Unternehmen prägt und sein gesamtes Handeln durchzieht. CR umfasst somit Rechenschaftspflicht, Verantwortung, Transparenz und Nachhaltigkeit.

1.3 Strategische Positionierung durch Nachhaltigkeit

1.3.1 Good ethics is good business

Wir haben anhand des Drucks auf die natürlichen Ressourcen dargelegt, warum ein nachhaltiges Wirtschaften die Grundlage jeder Geschäftstätigkeit sein sollte. Da das moderne Wirtschaftsleben jedoch auf Kurzfristigkeit ausgelegt ist und die Bedrohung oft als in zu ferner Zukunft liegend als irrelevant abgetan wird, lässt sich auch unmittelbarer für eine verantwortungsvolle Geschäftstätigkeit argumentieren: ein ernsthaftes CR-Engagement ist wertschöpfend für die externe Kommunikation und zahlt somit direkt auf die Kundengewinnung und -bindung ein.

Zahlreiche Studien haben dafür in den letzten Jahren Beweise geliefert. Creyer und Ross haben bereits 1997 ermittelt, dass das ethische Verhalten eines Unternehmens ein wichtiger Einflussfaktor der Kaufentscheidung ist – insbesondere bei der Preisgestaltung. So zeigen sich Kunden bereit, ethisches Verhalten mit höheren Preisen zu belohnen. Die Studie zeigt zwar auch, dass Produkte unethischer Firmen nach wie vor gekauft wurden; Konsumenten erwarten aber niedrigere Preise dafür (vgl. auch Boulstridge 2000).

Auch Lafferty et al. (2002) unterstreichen, dass ein positives Unternehmensimage positiv mit Kaufabsichten korreliert. Schwartz und Carroll (2003) bekräftigen: „good ethics is good business" (vgl. auch Holliday et al. 2002; Porter and van der Linde 1995). Und OTTO ermittelte in seiner alle zwei Jahre durchgeführten „Trendstudie für einen nachhaltigen Konsum", dass die Bereitschaft für nachhaltigen Konsum in der deutschen Bevölkerung kontinuierlich steigt. Im letzten Berichtszeitraum zwischen 2009 und 2011 ist der Entschluss gerade auch junger Menschen, beim Einkauf auf Umwelt- und Sozialaspekte zu achten, signifikant, nämlich um über 10 %, gestiegen (vgl. Otto Trendstudie 2011).

1.3.2 Die ökonomische Inwertsetzung von Reputation

Stewart Lewis hat zum Thema Reputation und Corporate Responsibility in Großbritannien ausführliche Erhebungen durchgeführt (2003). Marken basieren demnach zu einem Großteil auf dem Vertrauen der Konsumenten. Dieses Vertrauen wird auf komplexe und sich ständig wandelnde Art und Weise erschaffen – und auch zerstört. CR bildet den Kern dieses Wandlungsprozesses. Und dies wiederum hat wichtige Implikationen für die Kommunikationsstrategie und das Markenmanagement. Die Studien von Lewis belegen das steigende Interesse der Verbraucher. So hat sich die Zahl der Konsumenten, die sagen, dass die soziale Verantwortung der Unternehmen sehr wichtig für ihre Kaufentscheidungen ist, in den Jahren 1998–2002 verdoppelt. Die global angelegte Studie „Corporate Social Responsibility Monitor 2001"[2] konnte belegen, dass 49 % des Unternehmensimages von CR-Faktoren abhängt, während Marken und Finanzmanagement nur 35 respektive 10 % ausmachen.

Wenngleich die Auswirkungen auf die Verkaufszahlen nicht eindeutig belegt sind, so ist doch die Veränderung in der geistigen Haltung tiefgreifend. Noch ist eine Lücke zwischen Einstellung und Kaufverhalten messbar (vgl. Simon 1995; Roberts 1996; Boulstridge 2000). Es ist jedoch davon auszugehen, dass ein Thema, das so stark an Bedeutung für den Kunden gewinnt, sich zunehmend auch in Handeln umsetzen wird.

Hier bietet sich den Unternehmen also ein „Window of Opportunity". Sie können auf ganz neue Weise mit ihren Kunden in den Diskurs treten und gemeinsam ökologische und soziale Belange angehen und dadurch einen Wettbewerbsvorteil generieren. So sind die Kosten von CR- und Nachhaltigkeitsprogrammen nicht als finanzieller Aufwand, sondern viel mehr als Investition in einen strategischen Aktivposten zu sehen, denn es gibt signifikante Überschneidungen zwischen Stakeholder- und Umweltmanagement und modernen, ressourcenbasierten Unternehmensstrategien (Pearce 2003)[3].

Der so generierte Vorteil lässt sich messen. Die Firma Serviceplan hat gemeinsam mit der WirtschaftsWoche kürzlich ermittelt, dass rund 15 % des Images eines Unternehmens/einer Marke von Themen wie Umweltschutz, fairem Umgang mit Mitarbeitern und Ressourcenschonung beeinflusst wird (vgl. Menn 2012). Damit ist Nachhaltigkeit den Faktoren Qualität, Attraktivität des Produktes und wirtschaftlicher Erfolg der Marke ebenbürtig. Eine andere Berechnung der Managementberatung Biesalski und Company hat ergeben, dass eine verantwortungsvolle Unternehmensausrichtung in allen untersuchten Branchen im Durchschnitt mit gut fünf Prozent zum Umsatz beiträgt (vgl. Menn 2012).

Manager wissen dies immer mehr zu schätzen. So gaben bei einer TNS-Emnid-Studie vom August 2005 im Auftrag der Bertelsmann Stiftung[4] 96 % der Befragten an, sie fühlten sich ihren Mitarbeitern gegenüber „besonders verantwortlich". Und sogar 93 % meinen laut Umfrage, dass soziale und ökologische Belange für den Erfolg eines Unternehmens eine wichtige Rolle spielen. Besondere Verantwortung gegenüber den Eigentümern oder Aktionären verspüren dagegen nur 88 %.

Doch nicht nur für den externen Erfolg einer Unternehmung wird CSR immer wichtiger. Erfahrungsberichte zeigen, dass sich die Integration eines Wertekonzepts in die Unternehmenskultur auch positiv auf die Steigerung der intrinsischen Mitarbeitermotivation auswirkt. Ein Faktor, der beim „War for Talents", also beim Kampf um Talente oder soge-

[2] Durchgeführt von Environics International: 26,000 Menschen aus 20 Ländern wurden befragt.

[3] Dies war auch da zentrale Ergebnis eines Workshops, der im Mai 2003 im Auftrag des British Department of Trade and Industry und organisiert vom Forum for the Future stattfand. Teilgenommen haben 70 renommierte Wirtschaftsforscher sowie Praktiker wie der Chefvolkswirt von Shell und BA bis zum Senior Corporate Responsibility Adviser von Vodafone.

[4] „Die gesellschaftliche Verantwortung von Unternehmen": Befragt wurden 500 Top-Entscheider der deutschen Wirtschaft.

nannte High Potentials, die die wichtigste und gleichzeitig knappste Ressource des Unternehmenserfolges darstellen, zunehmend an Bedeutung gewinnt.

Zusammenfassend lässt sich festhalten, dass viele Manager mittlerweile zustimmen, dass ein wirksames CR-Management einen Wettbewerbsvorteil generieren kann. Einige Aspekte wie Ökoeffizienz oder Recycling tragen dabei sogar zu direkten Kosteneinsparungen bei. Ein nachweisbares Engagement fördert die Mitarbeitermotivation und zieht qualifizierte Fachkräfte an. Und schlussendlich steht CR in der öffentlichen Wahrnehmung stellvertretend für ein kompetentes Management, das Innovationen befördert, Risiken vorhersieht und effektiv lernt und sich weiterentwickelt (vgl. Utting 2005).

1.3.3 Die Implementierung von Corporate Responsibility am Beispiel der Otto Group

Wir haben gezeigt, dass Unternehmen sich mit Nachhaltigkeit im Markt positionieren können. Immer mehr große wie kleine Unternehmen entwickeln deshalb freiwillig Maßnahmen, die die sozialen und ökologischen Bedingungen verbessern sollen. Dazu gehören Codes of Conduct, Umweltmanagementsysteme, Arbeitsschutzmaßnahmen, Nachhaltigkeitsberichterstattung (sog. Triple-Bottom-Line-Reporting zu ökonomischen, sozialen und ökologischen Indikatoren), Zertifizierungs- und Labelling-Initiativen, Stakeholder-Dialoge und die Unterstützung von Gemeindeentwicklung (vgl. Utting 2005).

Die Otto Group ist bereits seit den 1980er Jahren im Umwelt- und seit den 1990er Jahren auch im Bereich Sozialmanagement aktiv. Um auf die Herausforderungen der globalisierten Welt an der Grenze des Wachstums zu reagieren, ist es maßgeblich, sich als Unternehmen klare Ziele zu stecken. Solche Ziele lauten bei der Otto Group z. B.:

- 50 % CO_2-Einsparungen bis 2020 auf der Basis von 2007,
- bis 2020 alle Baumwolltextilien aus eigenen Importen aus nachhaltigen Rohstoffen herstellen,
- alle Holzprodukte wie Möbel und Papier aus Rohstoffen aus nachhaltiger Forstwirtschaft.

Wichtig ist es, dass die Ziele auf die Kernprozesse des Unternehmens fokussieren – ganz im Sinne des breiteren CR-Ansatzes von Wood (1991). Und in Zeiten globalisierter Handelsbeziehungen sind diese nicht mehr nur unmittelbar, sondern ein verantwortungsvolles Handeln muss mittelbar entlang der gesamten Wertschöpfungskette erfolgen. Eine strategische Positionierung durch Nachhaltigkeit ist also nur möglich, wenn in der gesamten Kette Umwelt- und Sozialgesichtspunkte angemessen berücksichtigt werden.

Im Fall der Otto Group, eines global agierenden Handelshauses, wurden in einer sorgfältigen Analyse die wirksamsten Hebel für eine nachhaltige Unternehmensführung ermittelt. Folgende Themen stehen im Mittelpunkt des Optimierungsprozesses:

1. Klimaschutz, also die Reduktion von Treibhausgasen an den Standorten, in der Logistik und im Bereich der Mobilität der Mitarbeiter,
2. Sozialverantwortung, also das Auskommen und die Behandlung der Menschen, die für die Otto Group tätig sind, und
3. nachhaltiges Ressourcenmanagement, also die Frage nach Qualität und Herkunft der in den Produkten verarbeiteten Rohstoffe.

1.4 Die Macht der Allianzen

1.4.1 Globale Komplexität verlangt konzertierte Aktionen

CR-Aktivitäten sind also gut für das Image von Unternehmen nach außen wie nach innen, tragen jedoch auch insgesamt zu einer nachhaltigeren Gesellschaft bei. Viele Unternehmen haben dies erkannt und haben durchgreifende CR-Konzepte entwickelt. Sie reagieren dabei schon lange nicht mehr nur defensiv auf Druck von außen. Vielmehr versuchen sie, proaktiv Chancen des Themas zu heben (vgl. Utting 2005). Da gerade multinationale Unternehmen häufig in komplexen Wertschöpfungsketten agieren, kann eine übergeordnete Wirksamkeit kaum allein durch ein Unternehmen erzielt werden. Auch ein Akteur wie die Otto Group, der zweifellos eine gewisse Bedeutung im Markt hat, ist im globalen Marktgeschehen eine zu vernachlässigende Größe.

Um wirkliche Innovationen in den globalen Wertschöpfungsketten zu initiieren und dadurch einen nennenswerten Beitrag zu einer nachhaltigeren Welt zu leisten, müssen Partner gefunden werden, die bestimmte Interessen teilen. Es müssen Kooperationsformen entwickelt werden, wie gemeinsam Ziele erreicht werden können, die als Einzelner unerreichbar bleiben würden. Allianzen schaffen neue Kontexte, neue Werte und bringen neue Ideen für Unternehmen (vgl. Austrom und Lad 1989; Waddock 2004). In diesem Zusammenspiel gilt es, neben wirtschaftlichen Akteuren auch staatliche und zivilgesellschaftliche Kräfte einzubinden, z. B. im Rahmen von Public-Private-Partnership-Projekten oder Multistakeholder-Foren (vgl. Waddell und Brown 1997; Zadek 2001; Payne und Calton 2001; Calton und Payne 2003). Dort wird in einer Gruppe verschiedenster Akteure (multinationale Unternehmen, Industrieverbände, NGOs, Gewerkschaften, Wissenschaft, staatliche und supranationale Akteure wie die UN, die Weltbank o. ä.) über relevante Themen diskutiert sowie durch Best-Practice-Austausch voneinander gelernt. Bemerkenswert ist die Abkehr zahlreicher NGOs von einer radikalen Kritik- und Konfrontations- hin zu einer konstruktiven Kooperationshaltung. Sie nehmen heute regulatorische Funktionen ein, indem sie Codes of Conduct oder Standards mitgestalten, Zertifizierungssysteme entwickeln und den Unternehmen anbieten und Monitoring und Reporting-Aktivitäten unterstützen (vgl. Utting 2005; Waddock 2008). Führende Unternehmen können so über sog. Peer Pressure Impulse setzen und andere Firmen motivieren, sich anzuschließen. Die Mitgliedschaft in Verbänden kann den Weg zu progressiven Praktiken weisen, weil diese Verbände auf ihre Mitglieder Druck aufbauen und deren CR-Aktivitäten beleuchten können (Waddock 2008).

Für ein Handelsunternehmen wie die Otto Group bietet es sich an, die Nachfrage nach nachhaltigen Produkten und Prozessen zu bündeln und so Marktkräfte für die Durchsetzung von Nachhaltigkeitsprinzipien auch außerhalb des unmittelbaren Wirkungskreises zu aktivieren. Die Otto Group hat den Anspruch, als Pionier, aber auch als Antreiber zu agieren, um mit maßgeblichen Innovationen im Umwelt- und Sozialbereich als Systemlieferant für den Handelssektor in der deutschen Wirtschaft eine konstruktive Rolle zu spielen. Im Folgenden sind einige Beispiele skizziert.

1.4.2 Business Social Compliance Initiative (BSCI)

Ein Pionierprojekt, das bereits eine hohe Marktbedeutung erlangt hat, ist in der Business Social Compliance Initiative[5] (BSCI), gebündelt. Ende der 1990er Jahre wurde der Handel mit Forderungen aus der Zivilgesellschaft konfrontiert, auch dort für Fairness und Gerechtigkeit zu sorgen, wo er eigentlich keine unmittelbare Einflussmöglichkeit hat, nämlich bei seinen Lieferanten.

Nachdem die Otto Group erste Erfahrungen in der Anwendung eines Code of Conduct gemacht und sich einen Überblick verschafft hatte, was es praktisch bedeutet, tausende von Lieferanten auf die Einhaltung eines solchen Codex hin zu überprüfen, wurde deutlich, dass kein Akteur – und sei er noch so groß – die Aufgabe, in der eigenen Wertschöpfungskette angemessene Arbeits- und Sozialstandards durchzusetzen, alleine lösen kann. Auf Initiative der Otto Group fanden sich im Herbst 2000 zahlreiche Top-Manager des deutschen Textileinzelhandels in Hamburg zusammen um zu erörtern, wie und in welcher Form man zukünftig in diesem nicht kompetitiven Umfeld zusammenwirken könnte. Aufgrund der zahlreichen Überschneidungen bei den Lieferanten in den Einkaufsmärkten in China, Bangladesch, Indien oder Vietnam konnte man sich schnell auf einige wesentliche Prinzipien eines gemeinsamen Vorgehens verständigen.

Kernelement der sich aus dieser Initiative heraus entwickelnden BSCI war ein gemeinsamer Code of Conduct, um alle Lieferanten der Mitgliedsfirmen auf bestimme Arbeits- und Sozialstandards zu verpflichten. Daneben wurde eine gemeinsame Verfahrensweise entwickelt, wie diese Lieferanten auf die Einhaltung des Code of Conduct zu überprüfen seien und die Erkenntnisse der jeweiligen Prüfungen in einer gemeinsamen Datenbank allen Mitgliedern der Allianz verfügbar gemacht werden konnten. Außerdem wurde ein gemeinsamer Mechanismus der Sanktionierung von Verstößen beschlossen. Unterlegt wurde dies mit einem Entwicklungs- und Qualifizierungsprogramm, so dass der Lieferant mit den Anforderungen nicht allein gelassen, sondern zu einer angemessenen Performance hin entwickelt werden konnte.

[5] Vgl. http://www.bsci-intl.org.

Staatliche Instanzen wie das deutsche Ministerium für wirtschaftliche Zusammenarbeit und Entwicklung (BMZ) haben finanzielle und logistische Unterstützung geleistet. Das notwendige Know-how kam von Social Accountability International[6], einer US-amerikanischen NGO, die den internationalen Standard SA8000 entwickelt hat, der Arbeitsbedingungen von Arbeitnehmern (Angestellte, Arbeiter, aber auch Leiharbeiter) verbessern möchte. Er basiert auf Konventionen der Internationalen Arbeitsorganisation (ILO) und der Vereinten Nationen (UN). Der Erfolg gibt dem Konzept recht: mehr als 900 Firmen der internationalen Textilindustrie sind in der BSCI heute organisiert, viele tausende Produktionsstätten wurden seit Gründung auditiert und qualifiziert. So leistet die BSCI einen Beitrag dafür, dass der Wettbewerb um das beste Produkt mit der besten Qualität heute zwar weiter hart und kompetent ausgetragen werden kann, aber nicht auf Kosten der Menschen im Produktionsprozess.

1.4.3 Cotton made in Africa (CmiA)

Baumwolle ist der wichtigste Rohstoff der Textilindustrie. Sie wird weltweit auf unterschiedliche Weise angebaut. Ca. 10 % der Welternte stammt aus kleinbäuerlicher Produktion in West- und Südostafrika. Sie dient dort als sogenannte Cash Crop, ein Produkt, mit dem der Bauer die Möglichkeit hat, neben der Produktion von Gemüse oder Mais, das er selbst verzehren oder auf dem Markt gegen andere Produkte tauschen kann, ein geringes Einkommen zu erzielen. Sein Verdienst hängt von der Ernte ab und von den jeweiligen Rohstoffpreisen. Er übersteigt selten die Marke von 2 Dollar pro Tag. Diese Kleinbauern gehören heute zu den ärmsten Menschen weltweit.

Die Initiative „Cotton made in Africa“ wurde im Jahr 2005 von Dr. Michael Otto gegründet, um diesen Kleinbauern eine bessere Perspektive zu verschaffen. Im Rahmen einer Public Private Partnership wurden erhebliche private und öffentliche Mittel akquiriert, um in mittlerweile sechs afrikanischen Staaten und für 400.000 Kleinbauern ein Programm zur Verbesserung ihrer Produktivität und somit ihrer Lebensbedingungen zu implementieren.

Die Kleinbauern werden durch Schulungen in guten Agrarpraktiken darin unterstützt, ihre Produktivität deutlich zu verbessern und bei optimiertem Einsatz von Agrarchemikalien mehr Baumwolle guter und sehr guter Qualität zu produzieren. Diese Produktion verläuft entlang eines Standards, der spezielle Umwelt- und Sozialgesichtspunkte berücksichtigt, also z. B. den Pestizideinsatz regelt, künstliche Bewässerung ausschließt und Gesundheitsschutz vorsieht. Die so produzierte Rohbaumwolle wird verifiziert und als Qualitätsprodukt „Cotton made in Africa“ zu Weltmarktpreisen verkauft.

Eine Allianz aus großen Handelshäusern fragt diese Baumwolle gezielt nach und bezahlt für deren Verarbeitung in ihren Kollektionen eine Lizenzgebühr an die Aid by Trade Foundation, die die Initiative trägt. Die Aid by Trade Foundation nutzt diese Einnahmen, um in die Bildungsinfrastruktur der ländlichen Baumwollgebiete zu investieren und wird ab

[6] Vgl. http://www.sa-intl.org.

2015 auch die sehr umfangreichen Schulungsmaßnahmen für die „Cotton made in Africa"-Kleinbauern finanzieren. So wird das Vorhaben in sich selbsttragend und damit auch in der ökonomischen Dimension nachhaltig.

Die afrikanischen Kleinbauern profitieren durch „Cotton made in Africa" also in mehrfacher Hinsicht: Sie können höhere Einkommen erzielen, indem sich ihre Produktivität und damit die Ernteerträge ihrer Cash Crop Baumwolle durch die Trainingsmaßnahmen von „Cotton made in Africa" verbessern. Die Bauern erlernen Anbautechniken, mit denen sie ihre Umwelt und das Klima schützen und die Fruchtbarkeit ihrer Böden für nachfolgende Generationen erhalten können. Sie profitieren außerdem von den Investitionen in Sozialprojekte in ihren Gemeinden, wie beispielsweise die schrittweise Verbesserung der Primärschulbildung oder dem Aufbau einer Infrastruktur zur Erwachsenenalphabetisierung.

Auch hier geht es also um die Aktivierung von Marktkräften und die Nutzung der gesamten Stakeholdergemeinde für die Durchsetzung einer nachhaltigen Wirtschaftsweise. In der Textilbranche sind Unternehmen wie C&A, s.Oliver, PUMA und Tchibo starke Partner. Unter den Know-How Trägern sind die Deutsche Gesellschaft für internationale Zusammenarbeit (GiZ), aber auch NGOs wie der WWF oder der NABU. Zu den Finanziers gehört u. a. die Bill & Melinda Gates Foundation, die einen bedeutenden Millionenbetrag in das Vorhaben investiert.

1.4.4 Carbon Performance Improvement Initiative (CPI^2)

Um die Reduktion von CO_2 in der gesamten Wertschöpfungskette – nicht nur in der Transportkette und an den eigenen Standorten – zu unterstützen, wurde Anfang 2012 gemeinsam mit anderen Akteuren die „Carbon Performance Improvement Initiative", kurz CPI^2, gegründet. Ziel ist es, anhand der Messung eines „Carbon-Footprint" zu analysieren, wo und wie am effektivsten in der Wertschöpfungskette entsprechende Maßnahmen zur CO_2-Reduktion greifen können. Die Beratungsgesellschaft Systain Consulting (ein Unternehmen der Otto Group) hat einen solchen Fußabdruck für verschiedene Textilien berechnet. Die Analyse ergab eindeutig, dass die wesentlichen CO_2-Emissionen in der Kette nicht durch Transport und Distribution, sondern in der Faserherstellung, der Textilproduktion und in der Nutzung (Waschen, Bügeln, Trocknen) entstehen.

Die Erfahrungen in der BSCI-Initiative, dass man als Händler besonders gut auf die Lieferanten einwirken kann, um nachhaltige Verbesserungen zu erzielen, sollten auch hier nutzbar gemacht werden. Ein zentrales Anliegen ist es, über das reine Messen von CO_2-Emissionen hinauszugehen und operative Hilfestellung zur Effizienzsteigerung zu geben.

Die Initiative hat dafür ein Managementinstrument für Produzenten vor allem in den Schwellen- und Entwicklungsländern entwickelt. Es fasst die Performance des Produzenten ins Auge: Was leistet der Lieferant, um die Emissionen seiner Produktionsstätte so wirkungsvoll und effektiv wie möglich zu reduzieren? Mit einem einfach zu handhabenden Online-Tool können die Lieferanten selbständig ihren Energieverbrauch evaluieren, also wenig energieeffiziente Prozesse, Anlagen oder Verhaltensweisen in ihren Betrieben sichtbar machen. Auf der Basis dieser Bestandsaufnahme wird mit Hilfe von E-Learning, Fallstudien, Best-Practices und weiteren Tools passgenaue Beratung angeboten, was zu tun ist, um effizienter zu arbeiten und Energie und infolgedessen CO_2 einzusparen: von einfachen, schnell und preiswert umsetzbaren Maßnahmen bis hin zu komplexeren, mittel- und langfristigen Prozessen. Einfache Maßnahmen können die Lieferanten direkt selbst umsetzen. Bei längerfristigen Maßnahmen bietet die Initiative fachliche Begleitung an. Es wird also nicht nur konkret CO_2 eingespart, sondern auch Energiespar-Know-how transferiert.

Auch hier setzt die Otto Group auf eine Allianz: neben der Otto Group gehören u. a. Tchibo, S.Oliver, Tom Tailor und die H+R-Gruppe dazu. Wenngleich der Kreis noch überschaubar ist, ist das Ziel, hunderte von Handelshäusern mit ihren Zehntausenden von Produktionsstätten zusammenzuführen. Denn bei einer geschätzten Einsparung von 100 Tonnen CO_2 pro Jahr und pro Fabrik wäre das realisierbare Einsparungspotential gewaltig. Die ersten Pilotanwendungen in China, Bangladesch, der Türkei und in Litauen haben gezeigt, dass dies keine Utopie ist.

BSCI und CPI[2] stehen für zwei Initiativen des Handels, um über seinen unmittelbaren Wirkungskreis hinaus in die Wertschöpfungsketten hinein zu wirken und Marktkräfte für die Durchsetzung von Umwelt- und Sozialstandards zu aktivieren. Das Prinzip von Kooperation und Partnerschaft funktioniert hier nicht nur horizontal sondern auch vertikal.

1.4.5 Initiative 2° – Deutsche Unternehmer für Klimaschutz

Diese praktische, an den Wertschöpfungsketten orientierte Arbeit kann jedoch nicht isoliert betrachtet werden. Vielmehr muss es auch um die Rahmenbedingungen gehen. Die Politik ist in der Pflicht und muss den Prozess steuern. Es geht dabei um eine nachvollziehbare Regulierung für die Wirtschaft, d. h. um die Setzung von sinnvollen Leitplanken für zukunftsfähiges Handeln.

Gemeinsam mit den CEOs 12 anderer großer Unternehmen hat Dr. Michael Otto deshalb im Jahr 2007 eine Initiative gegründet, die eine hörbare Stimme derjenigen Kräfte in der deutschen Wirtschaft erheben möchte, die in den Herausforderungen des Klimaschutzes mehr Chancen als Risiken für die deutsche Wirtschaft sehen. Zu der Initiative „2° – Deutsche Unternehmer für Klimaschutz“ zählen Mitglieder wie Rüdiger Grube von der Deutsche Bahn AG, René Obermann von der Deutschen Telekom, Werner Brinker von der EWE oder Jochen Zeitz, vormals PUMA, heute PPR-Group.

Die einflussreichen Unternehmer möchten sich mit dieser Initiative von den Positionen der etablierten Interessensvertreter der Wirtschaft abheben, die konsensual auch noch den Langsamsten unter ihren Mitgliedern mitnehmen und sich deshalb in der Vergangenheit gegenüber einer anspruchsvollen Klimaschutzpolitik eher zurückhaltend geäußert haben. Dieses Bremsen geschieht nicht nur zum Schaden des Klimas, sondern auch zum Schaden der deutschen Wirtschaft. Mit Innovationen in diesem Zukunftsthema können sich deutsche Unternehmen im weltweiten Wettbewerb um die besten Konzepte für den Klimaschutz sehr gut behaupten.

1.5 Kommunikation des Nachhaltigkeits-Engagements

1.5.1 Tue Gutes und rede darüber

Wir haben dargelegt, wie wichtig es für Unternehmen ist, das Kundenvertrauen zu gewinnen und welch wichtige Rolle in diesem Prozess das Marketing und die Kommunikation spielen. Die Bemühungen um die soziale Verantwortung von Unternehmen und die damit verbundenen Maßnahmen müssen transparent gemacht werden.

In den letzten Jahren gab es im Bereich der Nachhaltigkeitskommunikation enorme Fortschritte. Das Nachhaltigkeitsberichtswesen hat bei nahezu allen großen Unternehmen Einzug gehalten. Um Inkonsistenz zu vermeiden, hat die Global Reporting Initiative[7] (GRI) ein standardisiertes Benchmark-Bezugssystem für die Nachhaltigkeitsberichterstattung entwickelt, das Vergleiche zwischen Unternehmen wie auch Industrien ermöglicht (vgl. Waddock 2008).

1.5.2 Greenwashing

Dennoch verläuft die Kommunikation mit den Meinungsführern und Stakeholdern noch nicht überall zufriedenstellend, so dass Unternehmen ihre potentiellen Reputationsgewinne noch nicht vollständig kapitalisieren können. Die Zurückhaltung vieler Unternehmen basiert auf der skeptischen Grundeinstellung der Öffentlichkeit, die die Glaubwürdigkeit in Bezug auf ökologische und soziale Maßnahmen zunächst oft per se in Frage stellen. Die Verbraucher möchten immer genauer wissen, ob Unternehmen die Umwelt stärker belasten als notwendig, wie sie ihre Mitarbeiter behandeln und wie sie mit den endlichen Ressourcen umgehen. Der Verdacht des Greenwashing, also einer Nutzung von PR-Methoden, die darauf zielen, einem Unternehmen in der Öffentlichkeit durch eine überhöhte Darstellung des eigenen Engagements ein umweltfreundliches und verantwortungsbewusstes Image zu verleihen, um einen Marketingvorteil zu generieren, jedoch ohne viel Substanz dahinter, steht schnell im Raum (vgl. Greer und Bruno 1997; Utting 2005). Es gilt deshalb unbedingt zu vermeiden, Aufmerksamkeit für Aktivitäten zu generieren, die nicht nachhaltig umgesetzt werden, da der damit verbundene Imageverlust umso schwerer wiegt.

[7] Vgl. https://www.globalreporting.org.

1.5.3 Nutzung verschiedener Kommunikationskanäle

Es bedarf infolgedessen einer sorgfältigen und differenzierten Ansprache der verschiedenen Stakeholder (vgl. Dawkins 2004). So resümiert Dawkins zahlreiche Forschungsarbeiten, die belegen, dass Meinungsführer wie Politiker, Wirtschaftsjournalisten, Investoren, NGOs und Think Tanks vor allem an den Wirkungen des CR-Engagements von Unternehmen interessiert sind. Sie verlangen Indikatoren, Benchmarks, Ziele und Trends, wie sie in Nachhaltigkeitsberichten dargestellt sind. Eine Einbindung von Kommentaren externer Experten trägt positiv zur Vertrauensbildung bei. Bei der Aufstellung des Nachhaltigkeitsberichtes sollten sich Unternehmen nicht nur an standardisierte Formate (z. B. GRI) halten, sondern die Zielgruppen definieren und Informationsbedarfe ableiten.

Die allgemeine Öffentlichkeit wird sich nicht mit Nachhaltigkeitsberichten auseinandersetzen. Das öffentliche Interesse an verantwortungsvoller Unternehmensführung nimmt zwar zu, aber die Konsumenten sind in der Regel – die wachsende Gruppe der LOHAS[8] bildet die Ausnahme – nicht bereit, sich eigenständig vertiefende Informationen zu beschaffen. Diese Zielgruppe muss also mit klassischem Cause-related Marketing oder Aktionen am Point of Sale angesprochen werden.

Ein vielfach unterschätzter Kommunikationskanal sind die Mitarbeiter, die oft in direktem Kontakt zu den Kunden oder wichtigen Stakeholdergruppen stehen. Sie werden von Dritten als besonders glaubwürdig wahrgenommen. Eine Studie (vgl. Lewis 2003) hat ergeben, dass sie besonders dann positiv über ihr Unternehmen sprechen, wenn es aktives CR-Engagement zeigt. So sprachen lediglich 50 % derjenigen Mitarbeiter positiv über ihr Unternehmen, die nichts von den CR-Aktivitäten wussten; 23 % äußerten sich Dritten gegenüber negativ. Informierte Mitarbeiter dagegen lobten ihr Unternehmen zu 65 % (mit nur noch 19 % kritischen Stimmen). Waren die Mitarbeiter sogar in die CR-Maßnahmen involviert, maximiert sich die positive Mundpropaganda auf 82 % bei 13 % negativer Bewertung. Verantwortungsvolle Unternehmen profitierten also von der positiven Propaganda ihrer Mitarbeiter und diese können auch zur Akquirierung neuer Mitarbeiter genutzt werden – ein nicht zu verachtender Hebel im „war for talents".

1.6 Ausblick: Vom Wissen zum Handeln

In unserem Beitrag haben wir dargelegt, dass ein verantwortungsvolles unternehmerisches Handeln im Interesse aller ist. Es trägt dazu bei, die natürlichen Ressourcen zu schonen und den Klimawandel zu bekämpfen. Eine faire Behandlung der am Produktionsprozess beteiligten Menschen entlang der gesamten Wertschöpfungskette motiviert die Belegschaft und ist die einträglichste Werbung des Unternehmens im Kampf um die besten Talente.

[8] LOHAS ist ein Akronym für „Lifestyles of Health and Sustainability". Es steht für Lebensstile oder Konsumententypen, die durch ihr Konsumverhalten und gezielte Produktauswahl Gesundheit und Nachhaltigkeit fördern wollen.

Engagiert sich ein Unternehmen glaubhaft und authentisch für seine Umwelt, korreliert dies positiv mit seinem Image und birgt einen Wettbewerbsvorteil in einer globalisierten Welt, bei der sich Produkte und Preise zunehmend angleichen.

All dies ist bekannt, und dennoch bleibt das CR-Engagement in vielen Fällen noch immer weit hinter dem Möglichen zurück. Deshalb ist es unerlässlich, das Thema Nachhaltigkeit in die Steuerungssystematik der Unternehmen zu implantieren. Bis dato sind fast alle Anreizsysteme in der Wirtschaft auf monetäre Ziele ausgerichtet oder auf solche, die unmittelbar kommerzielle Chancen eröffnen. Hier bedarf es eines Paradigmenwechsels. Manager brauchen auch eine klare Vorgabe, welche ökologischen und sozialen Ziele sie erreichen müssen. Bei der Otto Group wurde hierzu der Vorstand auf klare Ziele festgelegt. Und dieser wiederum gibt entsprechende Ziele an das Top-Management weiter. So kann der Impuls sukzessive in die Unternehmensstruktur einsickern und das ganze Unternehmen mit der avisierten Zielbildung durchdringen.

Die Studie „Incentivizing CSR & Sustainability" der Strategie- und Organisationsberatung pro.mara consulting (Mai 2012) hat gezeigt, dass immer mehr deutsche Unternehmen diesen Weg gehen. Bei einer Befragung der größten deutschen Unternehmen, darunter 12 DAX-Konzerne, aber auch die Otto Group, wurde ermittelt, wie viele Unternehmen CR und Nachhaltigkeit in ihre Anreiz- und Zielvereinbarungssysteme übernommen haben. Dies ist bei 44 % der befragten Unternehmen der Fall. Bei den teilnehmenden DAX-Unternehmen liegt der Anteil sogar bei 75 %. 28 % der Unternehmen planen eine Integration von Nachhaltigkeitskriterien in die Zielsysteme. Selbst das Top-Management, also Vorstände und Geschäftsführung bekommen ökologische und soziale Ziele gesteckt: 28 % der Befragten bestätigten eine Integration auf Vorstandsebene, bei den DAX-30 sind es 58 %. Dabei werden vor allem gut messbare Nachhaltigkeitsthemen im Umwelt- und Personalbereich wie CO_2-Reduktion und Diversity Management incentiviert. Bei weniger leicht messbaren Zielen herrscht noch Zurückhaltung. Auch die noch unzureichende Wahrnehmung des wirtschaftlichen Nutzens und eine oft noch nicht ausreichende Unterstützung der obersten Führungsebenen bleiben eine Herausforderung.

Wenngleich also noch ein gutes Stück des Weges vor uns liegt, so ist doch mittlerweile deutlich geworden, dass ein nachhaltiges, verantwortungsvolles Wirtschaften eine Chance und keine Restriktion für eine erfolgreiche Geschäftstätigkeit ist.

Literatur

Austrom, D. R., und L. J. Lad. 1989. Issues management alliances: new responses, new values, and new logics. In *Research in Corporate Social Performance and Policy*, Bd. 11, Hrsg. J. E. Post. Greenwich, CT.

Boulstridge, E., und M. Carrigan. 2000. Do consumers really care about corporate responsibility? Highlighting the attitude-behaviour gap. *Journal of Communication Management* 4(4): 355–368.

Bowen, H. R. 1953. *Social Responsibilities of the Businessman*. New York.

Calton, J. M., und S. L. Payne. 2003. Coping with paradox: multistakeholder learning dialogue as a pluralist sensemaking process for addressing messy problems. *Business & Society* 42(1): 7–42.

Carroll, A. B. 1999. Corporate social responsibility: evolution of a definitional construct. *Business & Society* 38(3): 268–295.

Carroll, A. B. 1979. A three-dimensional conceptual model of corporate social performance. *Academy of Management Review* 4: 497–505.

Creyer, E. H., und W. T. Ross. 1997. The influence of firm behaviour on purchase intention: do consumers really care about business ethics? *Journal of Consumer Marketing* 14(6): 421–433.

Davis, K. 1973. The case for and against business assumption of social responsibilities. *Academy of Management Journal* 16: 312–322.

Dawkins, Je. 2004. Corporate responsibility: The communication challenge. *Journal of Communication Management* 9(2): 108–119.

Friedman, Milton. 1977. The social responsibility of business is to increase its profits. *The New York Times Magazine*, 13. September 1970.

Greer, J., und B. Kenny. 1997. *Greenwash: The Reality behind Corporate Environmentalism*. Publishers.

Holliday, C., S. Schmidheiny, und P. Watts. 2002. *Walking the Talk: The Business Case for Sustainable Development*. Sheffield.

Icon Value Addes. 2012. *CSR auf dem Prüfstand 2012*. Nürnberg.

Jansen, S. A. 2010. Management der Moralisierung. *Brandeins* 2010(2): 132–133.

Johnson, H. L. 1971. *Business in Contemporary Society: Framework and Issues*. Belmont, CA.

Lafferty, B. A., R. E. Goldsmith, und S. J. Newell. 2002. The dual credibility model: the influence of corporate and endorser credibility on attitudes and purchase intentions. *Journal of Marketing Theory & Practice* 10(1): 1–12.

Lee, M. P. 2008. A review of the theories of corporate social responsibility: Its evolutionary path and the road ahead. *International Journal of Management Reviews* 10(1): 53–73.

Lewis, S. 2003. Reputation and corporate responsibility. *Journal of Communication Management* 7(4): 356–366.

Magenheim, Thomas. 2012. Grüner Anschein. *Frankfurter Rundschau*, 18.06.2012, S. 13.

Matten, D., und A. Crane. 2005. Corporate citizenship: toward an extended theoretical conceptualization. *Academy of Management Review* 30(1): 166–179.

Meadows, D. H., H. Donella, D. L. Meadows, J. Randers, und W. W. Behrens III. 1972. *Limits to Growth*. New York.

Meehan, J., K. Meehan, und A. Richards. 2006. Corporate social responsibility: the 3 C-SR model. *International Journal of Social Economic* 33(5/6): 386–398.

Menn, Andreas und Sebastian Matthes. 2012. Die Gut-Geschäftler. *Wirtschaftswoche*, 04.06.2012, S. 111–113.

Normann, R., und R. Ramirez. 1993. From value chain to value constellation: designing interactive strategy. *Harvard Business Review* 71(4): 65–77.

Otto (GmbH & Co KG). 2011. *Trendstudie 2011 – 3. Studie zum ethischen Konsum: Verbraucher-Vertrauen – Auf dem Weg zu einer neuen Wertekultur*. Hamburg.

Payne, S. L., und J. M. Calton. 2002. Towards a managerial practice of stakeholder engagement: developing multi-stakeholder learning dialogues. In *Unfolding Stakeholder Thinking*, Hrsg. J. Andriof, S. Waddock, B. Husted, S. Rahman, 121–136. Sheffield, UK.

Pearce, B. 2003. *Sustainability and Business Competitiveness: Measuring the Benefit for Business Competitive Advantage from Social Responsibility and Sustainability.* Forum for the Future.

Porter, Michael E. und Claas van der Linde. 1995. Green and competitive: ending the stalemate. *Harvard Business Review* (September–October), 120–134.

pro.mara consulting. 2012. *Incentivizing CSR & Sustainability – Results of a survey among the largest German companies.* Mai 2012; Hamburg.

Ramge, T. 2005. Gutes Gewissen – Gutes Geschäft. *Brandeins* 2005(8): 34–39.

Ramge, T. 2010. Die Wohlfühl-Utopie. *Brandeins* 2010(5): 80–84.

Randers, J. 2012. *2052: A Global Forecast for the Next Forty Years.* Vermont.

Rauch, Alexander. 2012. Im grünen Bereich? *Frankfurter Allgemeine Zeitung*, 20.06.2012, S. 34.

Roberts, J. A. 1996. Will the socially responsible consumer please step forward? *Business Horizons* 39(1): 79–84.

Schwartz, M. S., und A. B. Carroll. 2003. Corporate social responsibility: a three-domain approach. *Business Ethics Quarterly* 13(4): 503–530.

Simon, F. L. 1995. Global corporate philanthropy: a strategic framework. *International Marketing Review* 12(4): 20–37.

Sywottek, C. 2004. Macht's gut. *Brandeins* 2004(10): 64–70.

Umweltdialog. 2012. Die Deutschen werden immer kritischer, veröffentlicht am 20.06.2012.

Utting, P. 2005. Corporate responsibility and the movement of business. *Development in Practice* 15(3 & 4): 375–388.

Votaw, D. 1973. Genius becomes rare. In *The corporate dilemma*, Hrsg. D. Votaw und S. P. Sethi. Englewood Cliffs, NJ.

Waddell, S., und L. D. Brown. 1997. Fostering intersectoral partnering: a guide to promoting cooperation among government, business, and civil society actors. *IDR Reports* 13(3): 1–26.

Waddock, S. 2004. Parallel universes: companies, academics, and the progress of corporate citizenship. *Business and Society Review* 109(1): 5–42.

Waddock, S. 2008. Building a new institutional infrastructure for corporate responsibility. *Academy of Management Perspectives* 22(3): 87–108.

Wartick, S. L., und P. L. Cochran. 1985. The evolution of the corporate social performance model. *Academy of Management Review* 10: 758–769.

Wood, D. J. 1991. Social issues in management: theory and research in corporate social performance. *Journal of Management* 17(2): 383–406.

Wood, D. J. 1991. Corporate social performance revisited. *Academy of Management Journal* 16: 691–718.

WWF. 2010. *Living Planet Report 2010 – Biodiversität, Biokapazität und Entwicklung.*

WWF. 2006. *Living Planet Report 2006 – Der Zustand unseres Planeten.*

Zadek, S. 2001. *The Civil Corporation: The New Economy of Corporate Citizenship.* London.

Erfolg in der Nische: Das Long-Tail-Phänomen im Retail Business 2

Tobias Schäfers und Hans-Christian Riekhof

Inhaltsverzeichnis

2.1 Einleitung

Die Idee der Differenzierung vom Wettbewerb ist im Marketing, besonders im Retail Business, nicht neu (vgl. Porter 1980; Trout und Rivkin 2008). Dennoch hat die Suche nach Marktpositionen, die sich signifikant von Konkurrenten unterscheiden, in den vergangenen Jahren an Bedeutung gewonnen. Angesichts eines harten Wettbewerbs, insbesondere aber aufgrund der erweiterten technischen Möglichkeiten sowie des sich verändernden Verhaltens der Nachfrager finden Marktnischen – d. h. Angebote abseits des Massenmarkts – eine wachsende Beachtung (vgl. Schäfers 2011). So lassen sich Erfolge wie die des Energy-Drinks *Schwarze Dose 28* oder des Kosmetik-Anbieters *Kiehl's Since 1851* letztlich auf die differenzierte Positionierung, die sich klar von auf den Massenmarkt abzielenden Konkurrenten unterscheidet, zurückführen.

Tobias Schäfers ✉
Bismarckring 6, 65185 Wiesbaden, Deutschland
Hans-Christian Riekhof
PFH Private Hochschule Göttingen, Weender Landstr. 3–5, 37073 Göttingen, Deutschland

H.-C. Riekhof (Hrsg.), *Retail Business*, DOI 10.1007/978-3-8349-4555-6_8,

Ein Ergebnis der verstärkten Fokussierung auf Marktnischen sind heterogene, zunehmend stärker segmentierte Märkte mit einer wachsenden Produktvielfalt. Da Nischenartikel im Vergleich zu den Angeboten des Massenmarkts einen enger abgegrenzten Nachfragerkreis ansprechen, werden dementsprechend für einzelne Artikel geringere Absatzzahlen erreicht (vgl. Parrish et al. 2006), zugleich ermöglichen Nischenartikel jedoch die wichtige Differenzierung vom Wettbewerb (vgl. Sujan und Bettman 1989). Hier zeigt sich bereits das mit einer Nischenstrategie einher gehende Risiko, da nicht jede Marktnische auch überlebensfähig ist. Bei der Entscheidung für oder gegen eine verstärkte Ausrichtung auf Nischenartikel treffen Händler auf eine Reihe von Herausforderungen, die es zu berücksichtigen gilt.

Speziell aus Sicht des Handels sind erhebliche Unterschiede im Umgang mit der zunehmenden Produktvielfalt erkennbar. So ist der stationäre Handel einer räumlichen Begrenzung des Sortiments ausgesetzt. Die Aufnahme zusätzlicher, auf spitze Segmente abzielende Produkte muss daher den Ansprüchen der Flächenproduktivität standhalten und ist letztlich nur begrenzt möglich. Zudem finden, nach einer langen Zeit der Steigerung der Sortimentsvielfalt, verstärkt die Grenzen und Risiken komplexer Sortimente Beachtung (vgl. Broniarczyk und Hoyer 2006; Kotouc 2006; Riemenschneider 2006). Im stationären Handel stellt sich folglich zunehmend die Frage nach den Erfolgsaussichten bestimmter Nischenartikel, die bei der Entscheidung über die Aufnahme ins Sortiment abzuwägen sind. Demgegenüber bestehen im Online-Handel nahezu keine Grenzen hinsichtlich des Umfangs des virtuellen Sortiments. Neue Artikel können beliebig aufgenommen werden, und mit weiterentwickelten Suchmechanismen und Produktempfehlungen kann der Informationsüberlastung der Nachfrager vorgebeugt werden. Angesichts einer wachsenden Komplexität des Sortiments-Managements stellt sich allerdings auch die Frage nach den Wertbeiträgen. Hier bietet das Phänomen des Long Tail wichtige Einblicke in die Sortimentsauswertung.

Der vorliegende Beitrag verfolgt drei Ziele: Zum einen sollen das Phänomen des Long Tail und das Konzept der Marktnische erklärt werden; zum zweiten sollen die konsumentenseitigen Motive für den Kauf von Nischenartikeln dargestellt werden; drittens sollen schließlich für die Anbieterseite die Potenziale von Nischenartikeln verdeutlicht und wesentliche Erfolgsfaktoren der Berücksichtigung von Nischenartikeln im Sortiment aufgezeigt werden.

2.2 Marktnischen und das Konzept des Long Tail

2.2.1 Nischen als Positionierung abseits des Massenmarkts

Der Begriff der Marktnische findet sowohl im Rahmen praxisorientierter Betrachtungen als auch in marketingwissenschaftlichen Auseinandersetzungen eine breite Anwendung. Allerdings herrscht vielfach eine „Begriffsverwirrung“ (Cavalloni 1991, S. 9). So führt Rosenbaum (1999, S. 11) aus: „Der Begriff ‚Nische‘ wird in der wird in der Literatur zwar

Tab. 2.1 Vor- und Nachteile von Marktnischen gegenüber dem Massenmarkt

Vorteile	Nachteile
Klare Differenzierung vom Wettbewerb	Eingeschränkte Zielgruppe
Geringere Wettbewerbsintensität	Geringeres Absatzpotenzial
Höheres Preispotenzial	Anfälligkeit für Nachfrageschwankungen
Höhere Werbeeffizienz	
Ggf. größeres Wachstumspotenzial	

oft verwandt, doch nur selten verstehen die Autoren hierunter dasselbe". Allerdings existieren verschiedene Eigenschaften, die immer wieder zur Beschreibung von Marktnischen herangezogen werden. Letztlich lassen sich all diese Charakteristika auf zwei konstituierende Kriterien zurückführen (vgl. Schäfers 2011): Eine im Vergleich zum Massenmarkt *höhere Spezifität* der Nischenangebote sowie eine *geringere Angebotsvielfalt*. Im Vergleich zu dem durch *Red Bull* und eine Vielzahl ähnlicher Nachahmerprodukte dominierten Massenmarkt für Energy-Drinks verfolgt *Schwarze Dose 28* eine maximale Differenzierung auf Basis der natürlichen Inhaltsstoffe, der in schwarz gehaltenen Verpackungsgestaltung sowie letztlich auch der ungewöhnlichen Farbe des Getränks. Ähnlich spezifische Energy-Drinks existieren kaum, sodass die Marke eine klare Nischenposition erreichen konnte. Noch einen Schritt weiter bei der Differenzierung geht *blk. water*. Allein durch die schwarze Farbe erreicht das Getränk – laut Herstellerangaben mit pflanzlicher Fulvosäure versetztes natürliches Quellwasser – einen maximalen Kontrast zu normalem Trinkwasser. Durch zusätzliche Elektrolyte erhält das Produkt neben dem klaren Coolness-Faktor einen weiteren, differenzierenden Zusatznutzen.

Ausgehend von den Kriterien der höheren Spezifität und der geringeren Angebotsvielfalt kann eine Marktnische als ein klar abgegrenzter, homogener Teil des Gesamtmarkts angesehen werden, der sich wahrnehmbar vom Massenmarkt unterscheidet (vgl. Dalgic und Leeuw 1994; Tisdell und Seidl 2004; Toften und Hammervoll 2009). Im Vergleich zu Angeboten des Massenmarkts führt diese starke Differenzierung zu einer enger eingegrenzten Zielgruppe (vgl. Kara und Kaynak 1997), einer eher selektiven Distribution (Frazier und Lassar 1996) und einem daraus resultierenden geringeren Gesamtabsatzpotenzial (vgl. Cavalloni 1991; Parrish et al. 2006; Varadarajan und Jayachandran 1999). Aufgrund der fehlenden Massen-Kompatibilität und dem niedrigen Absatzpotenzial ist das Interesse anderer Anbieter an der Nische in der Regel weniger stark ausgeprägt, was zu einer geringeren Wettbewerbsintensität (vgl. Dalgic und Leeuw 1994; Porter 1980) führt. Trotz des im Vergleich zum Massenmarkt geringeren Absatzpotenzials ist es jedoch möglich, dass ein eine Nische dominierender Anbieter einen höheren Absatz erreicht als im hart umkämpften Massenmarkt. Werden zudem noch die in der Regel höhere Zahlungsbereitschaft der Nischennachfrager (vgl. Harrigan 1985) sowie die effizientere, auf den individuellen Dialog ausgerichtete Marketing-Kommunikation (vgl. Schäfers et al. 2011) berücksichtigt, ist die Attraktivität von Marktnischen deutlich erkennbar.

Es existieren vielfältige Beispiele für Nischenprodukte in verschiedensten Branchen; im Bereich Unterhaltungselektronik sind dies etwa die Produkte von *Bang & Olufsen*. Diese unterscheiden sich insbesondere hinsichtlich des Designs klar von den entsprechenden Massenmarktprodukten auf dem Gesamtmarkt für Unterhaltungselektronik (vgl. Walker 2011) und erzielen dadurch ein deutliches Preispremium. Des Weiteren wird bei den Kosmetikanbietern *The Body Shop* und *Kiehl's Since 1851* immer wieder auf die erfolgreiche Positionierung abseits des hart umkämpften Massenmarkts hingewiesen (vgl. Dibb und Simkin 1991; Kotler und Keller 2006, S. 550). Die Fokussierung auf eine selektive, markenexklusive Distribution, klare Store-Konzepte und ein auf Differenzierung abzielendes Produktdesign ermöglichen den Erfolg beider Marken in der Nische.

Zu berücksichtigen ist, dass Marktnischen keine statischen Gebilde sind, sondern einer hohen Dynamik unterworfen sind (vgl. Dalgic und Leeuw 1994; Schäfers 2011, S. 74 ff.). So können Marktnischen durch Angebote geschaffen werden und sich im Zeitverlauf zu eigenen Massenmärkten entwickeln. Ein häufig angeführtes Beispiel hierfür ist *Bionade* (vgl. Weiguny 2009): Ausgehend von einem neuen Herstellungsverfahren für alkoholfreie Getränke, der zuvor unüblichen Verwendung von Longneck-Flaschen sowie der zu Beginn stark eingeschränkten Verfügbarkeit gelang es der Marke, eine Nische für natürlich gebraute alkoholfreie Erfrischungsgetränke zu schaffen. Mit steigender Nachfrage entwickelte sich diese Marktnische jedoch selbst zu einem Massenmarkt, in den letztlich auch etablierte Marktteilnehmer wie *Coca Cola* eingestiegen sind.

2.2.2 Der Long Tail und die Rolle von Nischenartikeln im Handel

Für den Handel gehen Nischenartikel aufgrund ihrer geringeren Absatzhäufigkeit mit einer Reihe von Herausforderungen einher. So ist bei der Sortimentsgestaltung zu entscheiden, in welchem Umfang Nischenartikel in das Sortiment aufgenommen werden sollen. Der Entscheidungsspielraum liegt dabei zwischen der reinen Fokussierung auf Massenmarktprodukte und einem ausschließlich auf Nischenartikel ausgerichteten Sortiment. In den meisten Fällen werden sich Händler jedoch für eine Option zwischen diesen beiden Extrempunkten entscheiden. Hier stellt sich die Frage, welche Rolle Nischenartikel allgemein im Sortiment spielen können.

Einen klaren Hinweis auf die Bedeutung von Nischenartikeln für die Sortimentspolitik liefert das Phänomen des Long Tail (Anderson 2006). Dieses ist erkennbar beim Vergleich der Sortimentsumsätze von stationären und Online-Händlern. Zwar weist der Online-Handel aufgrund der eingangs aufgezeigten größeren Flexibilität vielfach eine außerordentliche Sortimentsvielfalt auf, allerdings verfügen viele der angebotenen Artikel auch über eine geringe Absatzhäufigkeit. Wird neben der Absatzhäufigkeit zudem der Verkaufsrang berücksichtigt, zeigt sich, dass wenige Artikel – eben jene der ersten Verkaufsränge – häufig, eine große Anzahl jedoch deutlich seltener nachgefragt werden. Dieser „hintere" Teil der Absatzverteilung, der in erster Linie aus Nischenartikeln besteht, wird als Long Tail bezeichnet (siehe Abb. 2.1).

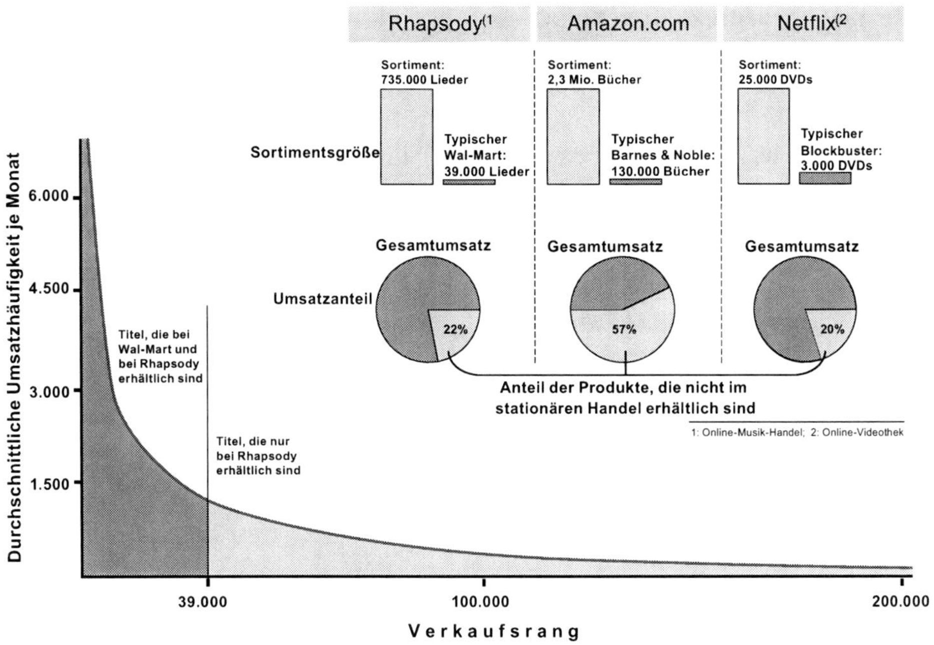

Abb. 2.1 Long Tail (Quelle: Anderson 2004, S. 172)

Die herausgehobene Bedeutung der Nischenartikel im Sortiment wird deutlich, wenn neben der Absatzmenge auch der Umsatzanteil in Betracht gezogen wird. Dann wird ersichtlich, dass mit den Artikeln des Long Tail in Summe ein erheblicher Teil des Umsatzes generiert wird. Dieses ergibt sich insbesondere dadurch, dass sich durch die Aufnahme eines weiteren Artikels in ein Online-Sortiment kaum Kostensteigerungen ergeben.

Das Phänomen des Long Tail verbindet Anderson (2004) mit zwei Annahmen: Zum einen wird für die Handelsseite ein Anstieg in der Anzahl an Nischenartikeln prognostiziert. Aufgrund der geringen Kosten würden mehr Anbieter zusätzliche Artikel in ihre Sortimente aufnehmen und so den Kunden eine Vielzahl auf individuellere Bedürfnisse zugeschnittene Produkte anbieten. Zum zweiten wird Nischenartikeln eine weiterhin steigende Bedeutung auch aus Verbrauchersicht vorausgesagt; die zusätzlichen Artikel würden verstärkt nachgefragt, während die Bestseller oder Massenmarktangebote der vorderen Verkaufsränge an Bedeutung verlieren. Dieses würde zu einer Verlagerung der Nachfrage von Massenartikeln hin zu Nischenartikeln führen.

Durch die Beschreibung des Long Tail wurden eine Reihe von zum Teil kritischen Diskussionen ausgelöst (siehe etwa Brynjolfsson et al. 2006; Elberse 2008; Goldstein und Goldstein 2006). Dabei wird nicht etwa die Existenz des Long Tail angezweifelt, sondern vielmehr der vorhergesagte Bedeutungsverlust der Massenartikel. So gehen einige Autoren davon aus, dass auch zukünftig Bestseller den größten Erlösposten für Unternehmen darstellen werden (Elberse und Oberholzer-Gee 2007).

2.3 Die Kundenperspektive: Gründe für den Kauf von Nischenartikeln

Ein wesentlicher Aspekt bei der Entscheidung über die Berücksichtigung von Nischenartikeln im Sortiment ist die Berücksichtigung der Kundenperspektive. Faktoren, die eine Nachfrage nach Nischenartikeln positiv beeinflussen, gilt es in Betracht zu ziehen. Dazu zählen sowohl allgemeine Trends als auch individuelle Motive der Konsumenten.

2.3.1 Allgemeine Konsumtrends

Die allgemein wachsende Nachfrage nach Nischenartikeln wird durch zwei Trends im Konsumentenverhalten wesentlich beeinflusst. Dabei handelt es sich zu einen um ein wachsendes Bedürfnis nach Individualisierung sowie zum anderen um die rapide wachsende Digitalisierung der Nachfrage, die sich insbesondere in stetig steigenden E-Commerce-Umsätzen niederschlägt.

Individualisierungsstreben

Gesamtgesellschaftlich kann im Zuge des Wertewandels hin zu verstärkt postmaterialistischen Sichtweisen ein allgemeiner Prozess der Individualisierung festgestellt werden (vgl. Hildebrand 1997, S. 13; Wiswede 1998, S. 232). Diese verstärkte Orientierung an individuellen Bedürfnissen schlägt sich letztlich auch im Kaufverhalten nieder, da Konsumenten versuchen, die eigene Individualität durch die Nachfrage entsprechender Angebote zum Ausdruck zu bringen (vgl. Blickhäuser und Gries 1989). Im Zuge des wachsenden Individualisierungsstrebens steigt somit die Bedeutung von Angeboten, die stärker auf die individuellen Bedürfnisse einzelner Konsumenten bzw. spezieller Konsumentengruppen zugeschnitten sind.

Ein Resultat dieser Individualisierung der Nachfrage ist eine steigende Bedürfnisheterogenität, da die Unterschiede zwischen den Konsumenten zunehmen (vgl. Gierl 1989). Allerdings sind Konsumenten aufgrund finanzieller und zeitlicher Restriktionen nur selten in der Lage, ihr Individualisierungsstreben in allen Konsumbereichen zu realisieren, sondern müssen sich auf einzelne Produktkategorien beschränken (vgl. Düll 2009, S. 24). Zudem spielen stets auch sozialpsychologische Motive (siehe Abschn. 2.3) eine Rolle, etwa die Vermeidung einer zu starken Betonung der eigenen Individualität aufgrund sozialer Normen. Insgesamt ist jedoch aufgrund der Individualisierung der Nachfrage eine zunehmende Fragmentierung der Märkte zu beobachten. Für Anbieter erschwert diese Entwicklung die Identifizierung homogener, ausreichend großer Marktsegmente; die noch verbleibenden Massenmärkte sind damit stärker umkämpft (vgl. Hildebrand 1997, S. 13). Während Massenmärkte folglich nicht gänzlich verschwinden werden, steigt aufgrund des Individualisierungsstrebens der Konsumenten doch insgesamt die Bedeutung von Marktnischen.

Digitalisierung der Nachfrage

Die Individualisierung der Nachfrage wird zusätzlich gefördert durch die Durchdringung alltäglicher Kaufentscheidungen durch das Internet. Nicht nur die stetig steigenden Nutzerzahlen, sondern insbesondere die wachsende wirtschaftliche Bedeutung der über das Internet stattfindenden Transaktionen zeugt von dieser Verschiebung. So steigt der Anteil des interaktiven Handels am Einzelhandelsumsatz seit Jahren stetig und belief sich im Jahr 2011 auf insgesamt 34 Mrd. €, wovon rund 22 Mrd. € auf den E-Commerce entfielen (vgl. BVH – Bundesverband des Deutschen Versandhandels 2011). Am stärksten wachsen dabei derzeit die Händler, die E-Commerce als Ergänzung zum stationären Handel betreiben. Während der größte Umsatzanteil noch durch die Produktkategorie Bekleidung/Textilien/Schuhe erzeugt wird, weisen andere Kategorien wie etwa Unterhaltungselektronik, DIY oder Schmuck deutliche Wachstumsraten auf; insgesamt hat E-Commerce mittlerweile somit eine Vielzahl an Produktbereichen durchdrungen.

Ein Großteil der Nachfrage findet mittlerweile folglich digital statt, für Konsumenten hat sich das Internet als Absatzkanal etabliert. Durch stetig weiterentwickelte Technologien wird dieser Trend weiter befördert: Mobile Endgeräte wie Smartphones mit stetigem Internetzugang ermöglichen das Einkaufen überall und jederzeit; Tablet-Computer haben Katalogen neue Bedeutung gegeben und ermöglichen bequemes Online-Shopping vom Sofa aus; verbesserte Suchmechanismen erleichtern die Orientierung in der gesteigerten Angebotsvielfalt und das Auffinden der stärker individualisierten Nischenangebote; und durch die Verbindung mit Social Media wird E-Commerce zum Social Commerce. Aufgrund der einfachen Einbindung von Nischenartikeln in Online-Sortimente nimmt im Zuge dieser Entwicklungen auch die Bedeutung von Nischenartikeln zu.

2.3.2 Höhere Bedürfnisbefriedigung

Neben den allgemeinen Konsumtrends sind individuelle Motive erkennbar, die der Nachfrage nach Nischenprodukten zu Grunde liegen. Ganz unmittelbar werden Nischenprodukte von Konsumenten bevorzugt, wenn sie eine höhere Bedürfnisbefriedigung als alternative Angebote erreichen. Unter Rückgriff auf das Konzept der Positionierung (Ries und Trout 2001) können Nachfrager hinsichtlich ihrer individuellen Ausprägung für verschiedene Nachfragedimensionen eingeordnet werden. In einer vereinfachten zweidimensionalen Darstellung zeigt Abb. 2.2 ein solches Beispiel. Bei den Nachfragedimensionen kann es sich um ganz konkrete Produkteigenschaften wie etwa die Packungsgröße handeln, ebenso aber auch um eher latente Eigenschaften wie die wahrgenommene Sportlichkeit oder Progressivität eines Angebots/einer Marke. Neben den Nachfragern können auch die auf einem Markt vorhandenen Angebote hinsichtlich derselben Eigenschaften eingeordnet werden. Ausgehend von den Positionen der Nachfrager und der Angebote ergibt sich, welche Konsumenten welche Angebote nachfragen. Während Massenmarktangebote größere Marktbereiche abdecken, sind Nischenangebote in Bereichen geringerer Nachfragedichte vorzufinden.

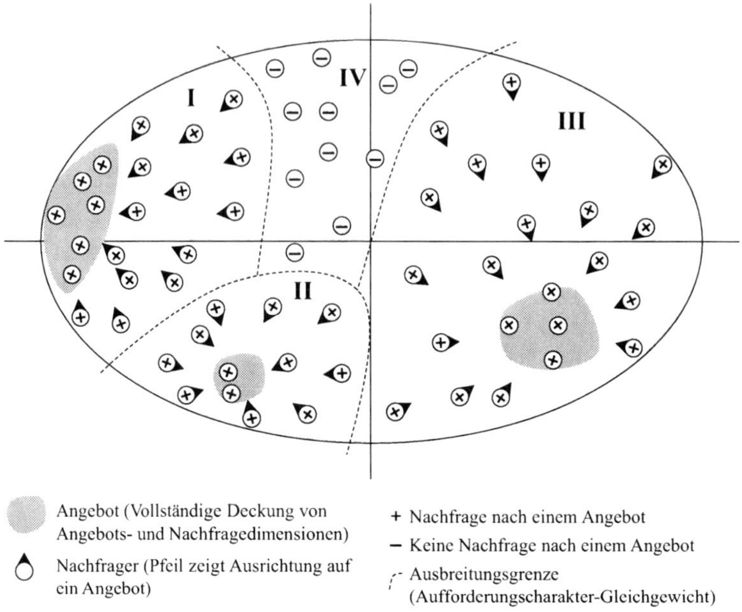

Abb. 2.2 Positionierung von Nachfragern und Angeboten und potenzielle Marktnischen (Quellen: Schäfers 2011, S. 33; Spiegel 1990, S. 7)

Aufgrund der höheren Spezifität der Nischenprodukte können Nischennachfrager mit diesen Produkten eine höhere Bedürfnisbefriedigung erreichen (vgl. Schäfers 2011, S. 32 ff.). Im Vergleich zu den Angeboten des Massenmarkts sind die Nischenangebote spezieller und decken damit besser die Bedürfnisse der entsprechenden Zielgruppe ab. Massenmarktprodukte zielen hingegen auf größere Marktbereiche mit größerer Nachfragedichte ab, müssen damit allgemeiner gehalten sein.

Allerdings wird es für Nischenangebote mit steigender Spezifität auch schwieriger, Nachfrager zu finden (vgl. Schäfers 2011, S. 50 ff.). Ein Angebot mit einer größeren Spezifität ist stärker festgelegt auf eine besondere Nachfrage und damit in der Regel auf einen begrenzten Ausschnitt des Gesamtmarkts. Daher fällt auch das „Überleben" am Markt schwerer, da eine entsprechend spezifische Nachfrage existieren muss. Demgegenüber kann ein Angebot mit geringerer Spezifität eine größere Anzahl verschiedener Nachfrager befriedigen, sofern jeweils kein besser zu den individuellen Bedürfnissen passendes Angebot existiert.

2.3.3 Sozialpsychologische Motive

Über den allgemeinen Aspekt der verbesserten Bedürfnisbefriedigung durch Nischenprodukte hinaus existieren weitere individuelle Motive für die Nischennachfrage. Insbesondere sozialpsychologische Motive spielen in diesem Kontext eine entscheidende Rolle (vgl. Schäfers 2011). Sozialpsychologische Motive sind solche, die sich auf die Interaktion zwischen Individuen beziehen (vgl. Herkner 1991).

Bedürfnis nach Einzigartigkeit

Ausgehend vom Individualisierungsstreben als globalem Trend können Konsumenten hinsichtlich ihres Bedürfnisses nach Einzigartigkeit unterschieden werden. Grundlage dieses Bedürfnisses das Empfinden einer zu starken Ähnlichkeit zu anderen Menschen als unangenehm, was zu einem Streben nach positiver Differenzierung von anderen und einer Betonung der eigenen Einzigartigkeit führt (vgl. Snyder und Fromkin 1980). Letzteres können Konsumenten durch den Kauf spezieller Produkte erreichen (Lynn und Harris 1997).

Konsumenten, die statt eines Massenmarktangebots ein Nischenprodukt kaufen, können davon ausgehen, dass nur wenige Andere dieses Produkt ebenfalls besitzen. So haben wissenschaftliche Studien gezeigt, dass mit einem steigenden Bedürfnis nach Einzigartigkeit auch die Nischenorientierung der Konsumenten steigt (vgl. Schäfers 2011).

Aus Anbietersicht deutet dieses auf die Tauglichkeit des Bedürfnisses nach Einzigartigkeit zur Identifikation potenzieller Nischennachfrager hin. Zudem sollten Anbieter von Nischenprodukten die Einzigartigkeit dieser Produkte hervorheben, um diese in der Wahrnehmung der Nachfrager als Instrumente zur Erreichung der persönlichen Einzigartigkeit zu verankern.

Streben nach Gruppenzugehörigkeit

Während das Streben nach Gruppenzugehörigkeit angesichts der wachsenden Individualisierung des Konsums ein wichtiges Motiv für die Nischennachfrage darstellt, ist zugleich auch das scheinbar gegenteilige Streben nach Gruppenzugehörigkeit zu berücksichtigen. Entsprechend der Optimal Distinctiveness Theory (vgl. Brewer 1991) versuchen Individuen stets, eine für sie optimale Balance zwischen Differenzierung und Assimilierung zu erreichen. Während eine zu starke Übereinstimmung mit Anderen als negativ wahrgenommen wird, gilt dies auch für eine zu starke Differenzierung. Dabei ist besonders zu unterscheiden zwischen Eigen- und Fremdgruppen. Gegenüber Mitgliedern der Eigengruppe (Peers) werden eher Assimilierungstendenzen aktiviert, gegenüber Mitglieder von fremdgruppen wird hingegen versucht, eine stärkere Abgrenzung zu erzielen (vgl. Schäfers 2011, S. 89 ff.). Diese Tendenzen spiegeln sich letztlich auch in Konsumentscheidungen wider, da der Konsum von Produkten eine Form der sozialen Interaktion darstellt. Durch die Eigengruppe kann ein sozialer Konformitätsdruck aufgebaut werden, der die Entscheidung für oder gegen bestimmte Angebote beeinflusst; der Besitz bestimmter Produkte erfüllt dabei wiederum den Zweck, die Zugehörigkeit zu einer sozialen Gruppen zu verdeutlichen (vgl. Escalas und Bettman 2005).

Dem Streben nach Zugehörigkeit zur Eigengruppe kommt im Zusammenhang mit Nischenprodukten eine besondere Bedeutung zu. Das Streben nach Gruppenzugehörigkeit und das im vorherigen Abschnitt beschriebene Individualisierungsstreben schließen sich dabei nicht aus. Nischenangebote sind geeignet, gegenüber Mitgliedern von Fremdgruppen die eigene Individualität hervorzuheben als vergleichbare Massenmarktangebote und können zugleich ein Ausdruck der Konformität gegenüber den Mitgliedern der Eigengruppe sein. Denn die sich aus der hohen Spezifität ergebende klare Positionierung eines Nischenprodukts abseits des Massenmarkts führt dazu, dass Nischennachfrager eine kleinere und homogenere Gruppe darstellen. Im Gegensatz zu Massenmarktkonsumenten weisen Nischennachfrager damit eine größere gemeinsame Identität auf (vgl. Cialdini und Goldstein 2004). Für Konsumenten mit einem stark ausgeprägten Bedürfnis nach Gruppenzugehörigkeit kann diese somit eher in Gruppen von Nischennachfragern erreicht werden. Zwar bieten Angebote des Massenmarkts die Möglichkeit, einer größeren Gruppe anzugehören, allerdings handelt es sich dabei um eine sehr heterogene Gruppe mit einer geringeren gemeinsamen Identität.

Aktuelle Studienergebnisse bestätigen die Bedeutung des individuellen Strebens nach Gruppenzugehörigkeit für die Nischennachfrage (vgl. Schäfers 2011). Das Ausmaß des Assimilierungsstrebens eines Konsumenten beeinflusst demnach die Suche nach Nischenprodukten. Dieser Zusammenhang verdeutlicht die Wichtigkeit einer gemeinsamen Identität für Nischennachfrager. Anbieter von Nischenprodukten sollten folglich die Verbundenheit der Kunden untereinander und damit die gemeinsame Identität fördern, etwa durch das Schaffen von Interaktionsmöglichkeiten.

Meinungsführerschaft

Als drittes wesentliches sozialpsychologisches Motiv ist die Meinungsführerschaft von Konsumenten zu berücksichtigen. Meinungsführer sind Konsumenten, die die Kaufentscheidungen anderer in einem außergewöhnlich hohen Maß beeinflussen (vgl. Flynn et al. 1996). Diese Personen agieren als Multiplikatoren von Botschaften, indem sie diese aufnehmen, bewerten, in die Sprache der Zielgruppe übersetzen und weitertragen. Derartiges Verhalten kann mehr oder weniger stark ausgeprägt sein und ist zudem produktbereichsspezifisch. Konsumenten, die in einer Produktkategorie als Meinungsführer agieren, nehmen diese Rolle also nicht zwangsläufig auch in anderen Produktkategorien ein.

Um die eigene Rolle als Meinungsführer beizubehalten, müssen Meinungsführer anderen Konsumenten stets einen Schritt voraus sein. Daher sind sie verstärkt auf der Suche nach Produkten, welche die eigene Meinungsführerschaft unterstreichen. Dabei können Nischenprodukte eine wichtige Rolle spielen. Nicht zuletzt angesichts der möglichen Entwicklung einer Marktnische zum Massenmarkt bieten Nischenprodukte Meinungsführern die Möglichkeit, frühzeitige Trends zu erkennen und diese zur Aufrechterhaltung der eigenen Position zu nutzen. Die Ergebnisse empirischer Untersuchungen bestätigen diesen Zusammenhang (vgl. Schäfers 2011); Meinungsführer weisen in der Tat eine höhere Nischenorientierung auf. Aus Anbietersicht bedeutet diese Erkenntnis, dass Meinungsführer für den Erfolg eines Nischenprodukts eine besondere Rolle spielen können. Diese Konsumenten gilt es folglich zu identifizieren und gezielt anzusprechen.

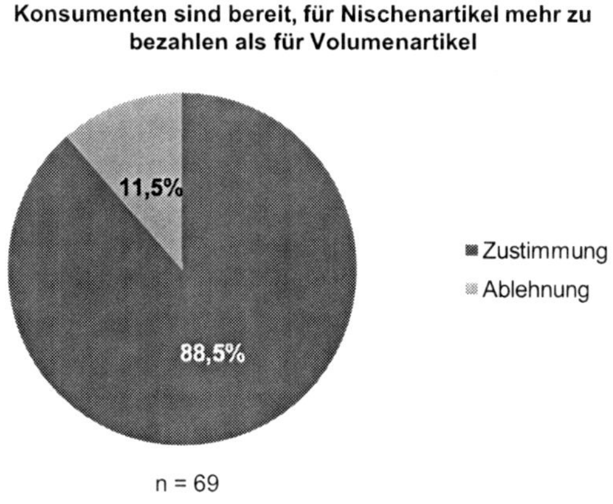

Abb. 2.3 Höhere Zahlungsbereitschaft für Nischenartikel (Quelle: Riekhof et al. 2010, S. 58)

2.4 Die Anbieterperspektive: Potenziale von Nischenartikeln und Herausforderungen

In den vorangegangenen Ausführungen wurde deutlich, dass der Nachfrage nach Nischenartikel auf Kundenseite verschiedene Trends und Motive zugrunde liegen. Mit dem Anbieten von Nischenartikeln können Händler diesen Bedürfnissen der Kunden begegnen. Darüber hinaus bietet die Berücksichtigung von Nischenartikeln in der Sortimentsgestaltung weitere Potenziale; zugleich sind jedoch auch die sich ergebenden Herausforderungen zu beachten.

2.4.1 Nischenpotenziale

Rentabilitätssteigerung

Die höhere Zahlungsbereitschaft von Konsumenten für Nischenartikel wurde bereits von verschiedenen Autoren angeführt (vgl. Harrigan 1985; Porter 1980; Rosenbaum 1999). Aufgrund der höheren Bedürfnisbefriedigung bietet ein Nischenartikel im Vergleich zu Produkten des Massenmarkts einen höheren Wert, wofür die Kunden entsprechen mehr zu zahlen bereit sind. Angesichts der gerade im E-Commerce vereinfachten und kostengünstigeren Prozesse können Nischenartikel somit höhere Deckungsbeiträge aufweisen.

Diese Sichtweise wird von der Unternehmenspraxis bestätigt: Mit nahezu 90 % gibt eine überwältigende Mehrheit der von uns befragten Unternehmen an, dass mit Nischenartikeln höhere Preise realisiert werden können (Riekhof et al. 2010, siehe Abb. 2.3). Zudem ist die höhere Profitabilität für mehr als jedes vierte Unternehmen der wichtigste Grund zur Aufnahme von Nischenartikeln ins Sortiment.

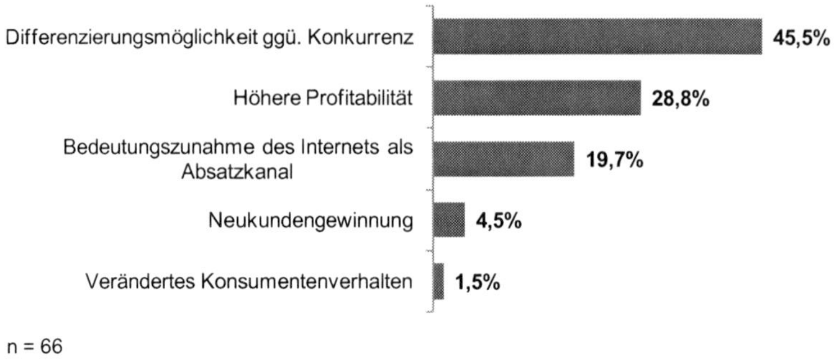

Abb. 2.4 Wichtigster Grund für die Aufnahme von Nischenartikeln ins Sortiment (Quelle: Riekhof et al. 2010, S. 55)

Profilbildung

Gerade in gesättigten, wettbewerbsintensiven Märkten ist es essentiell, sich als Anbieter in der Wahrnehmung der Konsumenten von Konkurrenten abzuheben. Zusätzlich in das Sortiment aufgenommene Nischenartikel bieten hier eine Möglichkeit zur Differenzierung. Denn während Massenmarktartikel von der Mehrzahl der Wettbewerber im Sortiment geführt werden, trifft dies auf Nischenartikel deutlich seltener zu.

Die Ergebnisse einer von uns durchgeführten Studie bestätigen diese wichtige Funktion von Nischenartikeln (vgl. Riekhof et al. 2010): Nahezu die Hälfte der befragten Unternehmen geben an, dass die Differenzierungsmöglichkeit gegenüber der Konkurrenz der wichtigste Grund zur Aufnahme von Nischenartikeln in das Sortiment sei (siehe Abb. 2.4).

Neukundengewinnung

Werden im Rahmen der Sortimentssteuerung Nischenprodukte neue aufgenommen, kann dies die Marktabdeckung vergrößern und somit die Gewinnung neuer Kunden ermöglichen. Denn in Verbindung mit der beschriebenen Profilbildung kann durch Nischenartikel das akquisitorische Potenzial eines Händlers gesteigert werden. Mittels Nischenartikeln heben sich Anbieter vom Wettbewerb ab, wodurch Konsumenten auf diese Anbieter aufmerksam werden. Ist diese Aufmerksamkeit für die Leistung des Anbieters erst einmal hergestellt, steigt die Wahrscheinlichkeit, dass die neu gewonnenen Kunden auch weitere Produkte kaufen.

Auch der Aspekt der Neukundengewinnung wurde in unserer Studie zur Rolle von Nischenartikeln im Versandhandel bestätigt (vgl. Riekhof et al. 2010). Zwar stellt dies für die befragten Unternehmen nicht den wichtigsten Grund für Nischenartikel dar; rund drei Viertel der befragten Unternehmen bestätigen indes die Aussage, dass Nischenartikel zur Neukundengewinnung geeignet seien (siehe Abb. 2.5).

Abb. 2.5 Neukundengewinnung durch Nischenartikel (Quelle: Riekhof et al. 2010, S. 58)

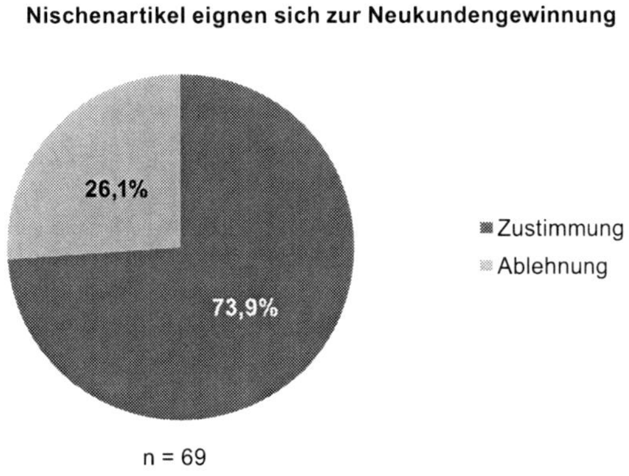

Frühzeitiges Erkennen von Wachstumsmärkten

Besonders zu berücksichtigen ist aus Anbieterperspektive weiterhin, dass Marktnischen im Zeitverlauf erheblich wachsen können. Anbieter, die erfolgreich in der Nische sind, können sich daher einen erheblichen Vorsprung sichern, wenn sich die Nische zum Massenmarkt entwickelt. So ist es *Apple* mit dem *iPad* nicht nur gelungen, die Marktführerschaft in der Nische für Tablets zu übernehmen, sondern auch, diese Nische in einen vom *iPad* dominierten Massenmarkt zu vergrößern (vgl. MacMillan 2012). Derartiges Wachstumspotenzial gilt es individuell zu beurteilen und bei der Entscheidung über die Aufnahme einzelner Nischenartikel in das Sortiment zu berücksichtigen.

2.4.2 Herausforderungen in der Marktnische

Den Vorteilen und Potenzialen von Nischenartikeln stehen verschiedene Herausforderungen gegenüber. Denn gerade aufgrund der hohen Spezifität eines Nischenartikels ist der Erfolg nicht immer garantiert.

Komplexitätssteigerung

Wenngleich das Wachstum des E-Commerce zu vereinfachten Prozessen führt und die nahezu kostenneutrale Integration von Nischenartikeln in das Sortiment ermöglicht, führen derart erweiterte Sortimente dennoch unweigerlich zu einer gesteigerten Komplexität. Mit dieser Komplexitätssteigerung werden nicht nur Kostensteigerungen in Verbindung gebracht, sondern auch eine zu große Streuung der Kräfte, was wiederum Effektivitäts- und Effizienzverluste zur Folge haben kann. Dieses Szenario wird auch als Komplexitätsfalle bezeichnet (vgl. Schuh und Schwenk 2001). Zu beachten ist zudem die Gefahr einer Aufweichung des eigenen Sortimentsprofils durch Nischenartikel. So sollten auch die neu aufgenommenen Produkte zum Gesamtsortiment und zur eigenen Positionierung passen.

In der Wahrnehmung der Unternehmenspraxis ist diese Herausforderung durch die Aufnahme von Nischenartikeln in das Sortiment klar erkennbar (siehe Abb. 2.6). Nahezu

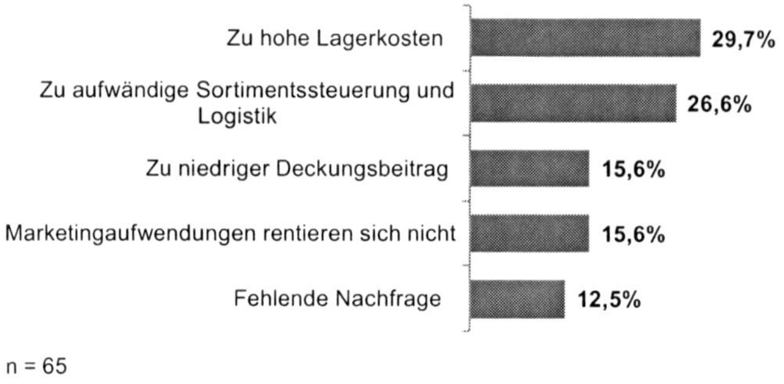

Abb. 2.6 Wichtigster Grund gegen die Aufnahme von Nischenartikeln ins Sortiment (Quelle: Riekhof et al. 2010, S. 56)

zwei Drittel der von uns befragten Unternehmen gaben an, dass zu hohe Lagerkosten bzw. eine zu aufwändige Sortimentssteuerung und Logistik gegen Nischenartikel sprächen (vgl. Riekhof et al. 2010).

Trendwechsel und Nachfrageschwankungen

Das bereits beschriebene Potenzial von Marktnischen, sich zu Massenmärkten zu entwickeln, muss zwangsläufig auch in die gegenteilige Richtung berücksichtigt werden. Denn ebenso wie Nischen im Zeitverlauf ein deutliches Wachstum aufweisen können, kann es zu einem erheblichen Rückgang bis hin zum Verschwinden der Nischennachfrage kommen. Dieses gilt insbesondere in Marktischen, die aufgrund von kurzfristigen Trends entstanden sind. So, wie die Individualisierung der Nachfrage ein Entstehen von Marktnischen begünstigt, kann es geschehen, dass Nischenprodukte, die sich nicht mehr zur Verdeutlichung der eigenen Individualität eignen, nicht mehr nachgefragt werden. Anbieter, die Nischenartikel in ihr Sortiment aufnehmen, müssen diese Option berücksichtigen.

2.5 Zusammenfassung und Ausblick

Nischenprodukte können angesichts aktueller Entwicklungen für das Retail Business ein erhebliches Potenzial darstellen. Nicht zuletzt das Phänomen des Long Tail verdeutlicht, welche positiven Auswirkungen die Berücksichtigung von Marktnischen bei der Sortimentssteuerung haben kann. Allgemein wird daher auf Unternehmensseite auch von einer steigenden Umsatzrelevanz von Nischenartikeln ausgegangen (vgl. Riekhof et al. 2010).

Im vorliegenden Beitrag wurden das Konzept der Marktnische sowie das Phänomen des Long Tail vorgestellt. Desweiteren wurden aus der Perspektive der Nachfrager die Wahrnehmung und die Motive zum Kauf von Nischenartikeln vorgestellt. Diese Wirkungsweisen gilt es, individuell zu berücksichtigen. Gerade die verschiedenen sozialpsychologischen Motive können die Grundlage einer motivbasierten Kundensegmentierung und damit der

Identifizierung von Nischennachfragern bilden. Des Weiteren wurden aus der Perspektive der Nachfrager Potenziale und Herausforderungen der Berücksichtigung von Nischenartikeln im Sortiment aufgezeigt. Auch diese sollten Anbieter systematisch erfassen und bewerten, um über den Weg in die Nische zu entscheiden. Für Händler gilt es, die Potenziale zu bewerten und sich den Herausforderungen zu stellen, damit Nischenartikel letztlich zu einem Wachstums- und Ergebnistreiber für das retail Business werden können.

Literatur

Anderson, C. 2004. The Long Tail. *Wired* 12(10): 170–177.

Anderson, C. 2006. *The Long Tail: Why the Future of Business is Selling Less of More.* New York, NY.

Blickhäuser, J., und T. Gries. 1989. Individualisierung des Konsums und Polarisierung von Märkten als Herausforderung für das Konsumgüter-Marketing. *Marketing ZFP* 37(1): 5–10.

Brewer, M. B. 1991. The social self: on being the same and different at the same time. *Personality and Social Psychology Bulletin* 17(5): 475–482.

Broniarczyk, S. M., und W. D. Hoyer. 2006. Retail assortment: more =/better. In *Retailing in the 21st Century: Current and Future Trends*, Hrsg. M. Krafft, M. K. Mantrala, 225–238. Berlin et al.

Brynjolfsson, E., Y. J. Hu, und M. D. Smith. 2006. From Niches to Riches: Anatomy of the Long Tail. *MIT Sloan Management Review* 47(4): 67–71.

Bvh – Bundesverband Des Deutschen Versandhandels. 2011. *Interaktiver Handel in Deutschland.* Berlin.

Cavalloni, C. 1991. *Mehr Mut zur Marktnische – Leitfaden zur Entwicklung einer gewinnträchtigen Nischenstrategie.* Zürich.

Cialdini, R. B., und N. J. Goldstein. 2004. Social influence: compliance and conformity. *Annual Review of Psychology* 55(1): 591–621.

Dalgic, T., und M. Leeuw. 1994. Niche marketing revisited: concept, applications and some european cases. *European Journal of Marketing* 28(4): 39–55.

Dibb, S., und L. Simkin. 1991. Targeting, segments, and positioning. *International Journal of Retail & Distribution Management* 19(3): 5–10.

Düll, A. 2009. *Aktive Produktindividualisierung – Ansatzpunkte zur nutzerorientierten Konzeption von Mass-Customization Angeboten im Konsumgütermarkt.* Wiesbaden.

Elberse, A. 2008. Should you invest in the long tail? *Harvard Business Review* 86(7/8): 88–96.

Elberse, A., und F. Oberholzer-Gee. 2007. Superstars and underdogs: an examination of the long-tail phenomenon in video sales. *MSI Reports* 45(4): 49–72.

Escalas, J. E., und J. R. Bettman. 2005. Self-construal, reference groups, and brand meaning. *Journal of Consumer Research* 32(3): 378–389.

Flynn, L., R. E. Goldsmith, und J. K. Eastman. 1996. Opinion leaders and opinion seekers: two new measurement scales. *Journal of the Academy of Marketing Science* 24(2): 137–147.

Frazier, G. L., und W. M. Lassar. 1996. Determinants of distribution intensity. *Journal of Marketing* 60(4): 39–51.

Gierl, H. 1989. Individualisierung und Konsum. *Markenartikel* 51(8): 422–428.

Goldstein, D. G., und D. C. Goldstein. 2006. Profiting from the long tail. *Harvard Business Review* 84(6): 24–28.

Harrigan, K. R. 1985. An application of clustering for strategic group analysis. *Strategic Management Journal* 6(1): 55–73.

Herkner, W. 1991. *Lehrbuch Sozialpsychologie*, 5. korr. und stark erw. Aufl. Bern et al..

Hildebrand, V. G. 1997. *Individualisierung als strategische Option der Marktbearbeitung – Determinanten und Erfolgswirkungen kundenindividueller Marketingkonzepte*. Wiesbaden.

Kara, A., und E. Kaynak. 1997. Markets of a single customer: Exploiting conceptual developments in market segmentation. *European Journal of Marketing* 31(11/12): 837–895.

Kotler, P., und K. L. Keller. 2006. *Marketing Management*, 12. Aufl. Upper Saddle River, NJ.

Kotouc, A. J. 2006. *Konsumentenreaktionen auf eine Sortimentsreduktion: Auswirkungen auf Wahrnehmung, Einstellung und Kaufverhalten*. St. Gallen.

Lynn, M., und J. Harris. 1997. The desire for unique consumer products: a new individual differences scale. *Psychology & Marketing* 14(6): 601–616.

Macmillan, D. 2012. *Lenovo CEO Says Tablets Make Up Niche Market Dominated by Apple*.

Parrish, E. D., N. L. Cassill, und W. Oxenham. 2006. Niche market strategy for a mature marketplace. *Marketing Intelligence & Planning* 24(7): 694–707.

Porter, M. E. 1980. *Competitive Strategy: Techniques for Analyzing Industries and Competitors*. New York, NY et al..

Riekhof, H.-C., T. Schäfers, und S. Teuber. 2010. Das Konzept des Long Tail und die Rolle von Nischenartikeln: Ertragspotenziale für den deutschen Versandhandel? In *Jahrbuch Marketing 2010/2011*, Hrsg. M. Bernecker, 47–61. Köln.

Riemenschneider, M. 2006. *Der Wert von Produktvielfalt: Wirkung großer Sortimente auf das Verhalten von Konsumenten*. Wiesbaden.

Ries, A., und J. Trout. 2001. *Positioning: The Battle for Your Mind*. New York, NY.

Rosenbaum, M. C. 1999. *Chancen und Risiken von Nischenstrategien: Ein evolutionstheoretisches Konzept*. Wiesbaden.

Schäfers, T. 2011. *Konsumentenverhalten in Marktnischen: Theoretische Diskussion und empirische Befunde zu den Determinanten der Nischenorientierung von Konsumenten*. Frankfurt am Main.

Schäfers, T., M. Grässler, und R. Gresel. 2011. Dialogmarketing in Marktnischen aus Konsumentenperspektive. In *Dialogmarketing Perspektiven 2010/2011*, Hrsg. Ddv Deutscher Dialogmarketing Verband Wiesbaden.

Schuh, G., und U. Schwenk. 2001. *Produktkomplexität managen. Strategien – Methoden – Tools*. München et al..

Snyder, C. R., und H. L. Fromkin. 1980. *Uniqueness: The Human Pursuit of Difference*. New York, NY.

Sujan, M., und J. R. Bettman. 1989. The Effects of Brand Positioning Strategies on Consumers' Brand and Category Perceptions: Some Insights From Schema Research. *Journal of Marketing Research* 26(4): 454–467.

Tisdell, C., und I. Seidl. 2004. Niches and economic competition. Implications for economic efficiency, growth and diversity. *Structural change and economic dynamics* 15(2): 119–135.

Toften, K., und T. Hammervoll. 2009. Niche firms and marketing strategy: An exploratory study of internationally oriented niche firms. *European Journal of Marketing* 43(11/12): 1378–1391.

Trout, J., und S. Rivkin. 2008. *Differentiate or Die: Survival in Our Era of Killer Competition*. Hoboken, NJ.

Varadarajan, P. R., und S. Jayachandran. 1999. Marketing strategy: an assessment of the state of the field and outlook. *Journal of the Academy of Marketing Science* 27(2): 120–143.

Walker, R. 2011. Can the cult of bang & olufsen last? *Wired* 19(10).

Weiguny, B. 2009. *Bionade - Eine Limonade verändert die Welt*. Frankfurt am Main.

Wiswede, G. 1998. *Soziologie - Grundlagen und Perspektiven für den wirtschafts- und sozialwissenschaftlichen Bereich*, 3. neubearb. Aufl. Landsberg am Lech.

Die Takko-Positionierung als Value Fashion Retailer

3

Stephan Swinka und Katharina Ediger

Inhaltsverzeichnis

3.1 Der Textildiscounter Takko

3.1.1 Historie

Hinter der Entwicklung vom kleinen Modehändler zum international erfolgreichen Unternehmen verbirgt sich eine langjährige Erfolgsgeschichte. 1982 wurde Takko Fashion unter dem Namen Modea mit Sitz in Telgte durch die Hettlage Gruppe gegründet. Es folgte ein rascher Aufbau des Ingrid S.-Filialnetzes und der Multi Modemärkte. 1990 stieg der Tengelmann-Konzern als Mehrheitsgesellschafter ein, der 1999 durch ein Management-Buy-Out unter Mehrheitsbeteiligung der Permira-Fonds und DB Investor abgelöst wurde. Mit dem Eigentümerwechsel ging auch die Umbenennung des Filialisten in Takko ModeMarkt GmbH & Co. KG einher. Als Takko im Jahr 2000 in den österreichischen Markt eintrat, war das Unternehmen bereits mit 600 Filialen in Deutschland vertreten. Schnell etablierte sich Takko im ausländischen Wettbewerb und eroberte in den nächsten sieben Jahren die Niederlande, Tschechien, Slowenien, Ungarn und die Slowakei. Unter der Führung des neuen Hauptgesellschafters Advent International wurde die Expansionsstrategie

Stephan Swinka ✉, Katharina Ediger
Takko Fashion GmbH, Alfred-Krupp-Str. 21, 48291 Telgte, Deutschland

H.-C. Riekhof (Hrsg.), *Retail Business*, DOI 10.1007/978-3-8349-4555-6_9,

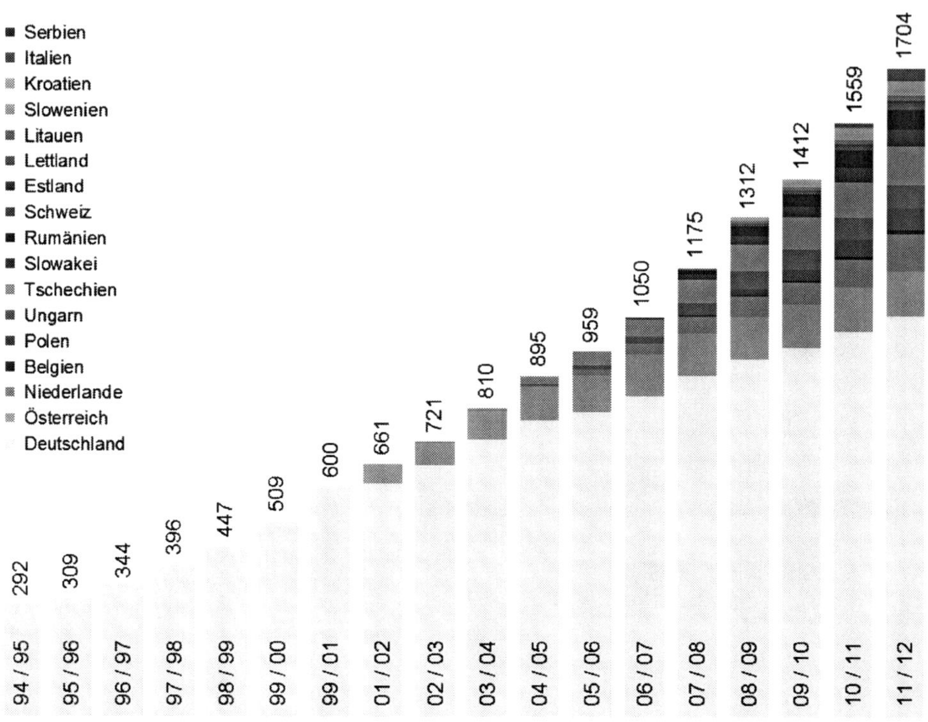

Abb. 3.1 Filialanzahlentwicklung

noch beschleunigt. Zwischen 2007 und 2011 gelang der Markteintritt in Rumänien, Polen, der Schweiz, Belgien, Kroatien, Estland, Litauen, Lettland, Kroatien, Italien und Serbien. Ende 2010 wechselte das Unternehmen erneut den Hauptgesellschafter und befindet sich bis heute mehrheitlich im Besitz von Fonds unter dem Management von Apax Partners. Heute firmiert das Unternehmen mit nationalen und internationalen Tochtergesellschaften unter dem Namen Takko Fashion GmbH und ist mit rund 1700 Filialen und 17.600 Mitarbeitern in 16 Ländern vertreten (Abb. 3.1).

3.1.2 Unternehmensausrichtung und Wettbewerbsumfeld

Bis ca. 2008 verfolgte Takko eine klare Discounter-Strategie. Als vertikal organisierter Textildiscounter mit Mode für die ganze Familie erwirtschaftete Takko 2008 einen Netto-Umsatz von rund 600 Mio. € und konnte einen wertmäßigen Marktanteil i. H. v. 1,6 % (GfK-Daten, Deutschland 2008) in Deutschland für sich beanspruchen.

Die Unternehmensausrichtung wurde historisch vor allem durch eine hohe Kostenorientierung dominiert. Dieser Kostenfokus erstreckte sich über die gesamte Wertschöpfungskette – von der Herstellung der Ware bis zum Verkauf in der Filiale. Alle Prozesse waren stark auf die Kundengewinnung über den Preis ausgerichtet. Dabei spielten Qualität und Mode keine überragende, sondern vielmehr eine zweitrangige Rolle. Die Discounter-Strategie spiegelte sich nicht nur in der Ware wider, sondern auch in der gesamten Unternehmenskommunikation und -kultur. Sowohl die Filialen als auch der Internetauftritt hatten ein auch aus damaliger Sicht nicht mehr zeitgemäßes Design und strahlten wenig Fashion-Kompetenz aus. Zudem wurde der Preis als tragende Marketingbotschaft über weitere Medien wie Prospekte oder Schaufenster stark kommuniziert. Die Werbebotschaften waren weitestgehend austauschbar, was eine geringe Werbeerinnerung beim Kunden nach sich zog. Insgesamt war der Schwerpunkt der Unternehmensausrichtung nicht durch einen hohen Kunden- und Markenfokus gekennzeichnet, sondern lag eher im Kostenmanagement und einer starken Expansion im Selbstverständnis eines effizienten Textildiscounters.

Somit wurde der Textildiscounter Takko mit einem günstigen Preis, aber mit einer geringen Kompetenz für Fashion und Trends assoziiert. Zu den direkten Wettbewerbern zählten die Discounter KIK, NKD, Bonprix sowie Non-Specialists wie die Lebensmittelhändler ALDI und Lidl. In diesem Wettbewerbssegment erfolgt der Wettbewerb überwiegend über eine aggressive Preisstrategie mit hohem Distributionsdruck.

3.1.3 Chancen und Risiken

Die bisherige Unternehmensentwicklung hatte zu einem erheblichen Unternehmenswert geführt und war entsprechend erfolgreich. Durch die rasante Expansionsstrategie konnten viele neue Märkte erschlossen sowie die Distribution in etablierten Märkten verdichtet werden. Mit der stetig wachsenden Absatzmenge und dem sehr professionellen Einkaufsmanagement konnten die Beschaffungskosten niedrig gehalten und an den Endverbraucher in Form günstiger Preise weitergegeben werden. In Zeiten einer Schnäppchenjäger-Gesellschaft scheint die Discounterstrategie auf den ersten Blick eine vielversprechende Unternehmensausrichtung zu sein (vgl. Michael 2008, S. 154 ff.). Bei genauer Betrachtung wird aber deutlich, dass eine Discounterstrategie erhebliche Risiken zur Folge haben kann. Aggressive Preiskriege zwischen den Wettbewerbern können die Margen der Unternehmen schwächen, die Kundenbindung erschweren und stattdessen weiter die Preissensibilität der Kunden erhöhen. Letztlich besteht das massive Risiko eines ruinösen Verdrängungswettbewerbes durch einen Preiskampf, der den gesamten Marktwert vermindert und allenfalls bei einer klaren Kostenführerschaft erfolgreich geführt werden könnte. Ein möglicher Ausweg aus der Preisspirale ist die Erschaffung eines Mehrwerts für den Kunden. Auch Takko hat rechtzeitig erkannt, dass die Wertsteigerungshebel des Textildiscounter-Geschäftsmodells ausgereizt waren. Vielmehr sollten die gesammelten Erfahrungen und aufgebauten Kompetenzen im Discountgeschäft die Basis für eine systematische, kontinuierliche und nachhaltige Wertsteigerung durch eine Neupositionierung bilden.

3.2 Vom Discounter zum Value Fashion Retailer

3.2.1 Definition von operativen Zielen

Welche operativen Ziele sollen durch eine strategische Neuausrichtung erreicht werden? Auch das Management von Takko hat sich Ende 2008 diese Frage gestellt. Es war sich einig darüber, dass die Erhöhung des Like-for-Like (LfL)-Wachstums, d. h. des Wachstums vergleichbarer Filialen, sowie die konsequente Fortsetzung der Internationalisierung und Expansion des Unternehmens die entscheidenden kurz- und mittelfristigen Wachstumshebel sind. Darüber hinaus sollten innovative Ansätze in den Absatzstrukturen im Geschäftsmodell entwickelt werden, um die mittel- und langfristige Ausrichtung des Unternehmens zu gestalten.

3.2.2 Strategische Ausrichtung

Vor dem Hintergrund der Marktstrukturen und zur Erreichung der operativen Ziele war die Transformation des Unternehmens vom Discounter zum Value Fashion Retailer ein sinnvoller und notwendiger Schritt und ausschlaggebend für alle weiteren Planungen und Projekte. Darüber hinaus hat sich Takko das Ziel gesetzt, nicht nur zu einem Wettbewerber im Value-Segment zu werden, sondern seine Kompetenzen langfristig auf das Niveau der best-practice Retailer in diesem Segment auszubauen.

Eine erfolgreiche Neupositionierung sollte zudem einen positiven Effekt auf die Expansion von Takko ausüben. Denn je erfolgreicher das Konzept, desto höher ist die Akzeptant in neuen Märkten und die Flächenproduktivität und somit letztlich die Wettbewerbsfähigkeit. Dementsprechend standen die Kundenorientierung und die konsequente Ausrichtung aller Maßnahmen auf die Produktivität der Filialen verstärkt im Fokus der Neuausrichtung. Dadurch sollte sich die Markenstärke von Takko steigern, die Identifikation mit der Marke verbessern und das Kundenvertrauen sowie die -verbundenheit erhöhen. Darüber hinaus wollte Takko den Kundennutzen optimieren. Im Vergleich zur bisherigen Discounterstrategie verfolgte Takko als Value Fashion Retailer das Ziel, den Kunden ein besseres Preis-Leistungs-Verhältnis, eine höhere Modekompetenz, eine erlebnisorientierte Filialgestaltung, einen optimalen Service und ein besseres Einkaufserlebnis zu bieten. Zusätzlich sah Takko die Chance, die Markenreichweite zu erhöhen und neue Kunden für sich zu gewinnen. Letztlich war das Ziel, die Ertragskraft am Point-of-Sale (POS) zu steigern.

3.2.3 Strategieentwicklung

Das Erreichen der definierten Ziele erforderte ein ausgearbeitetes, strategisches Fundament und ein Umdenken in der gesamten Unternehmensphilosophie. Während in der Vergangenheit der Fokus auf kostenorientierte Beschaffung gelegt wurde, sollte in Zukunft der

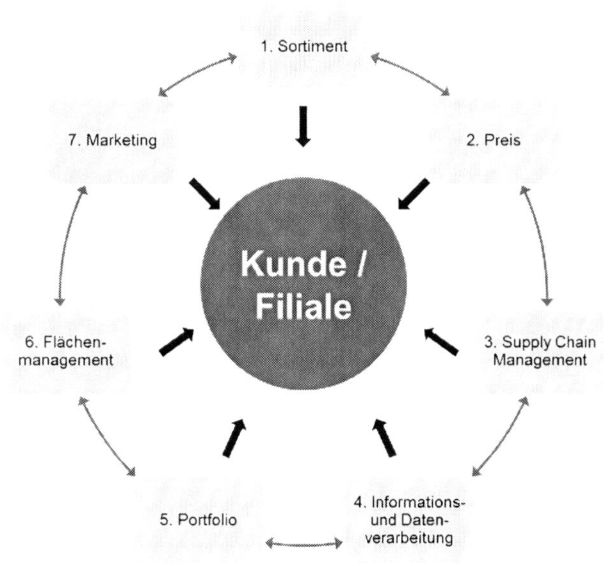

Abb. 3.2 Strategische Projekte zur Neupositionierung

Kunde im Mittelpunkt aller Prozesse stehen. Das Management war sich bewusst, dass die Neupositionierung nicht in einem Schritt, sondern durch viele Projekte realisiert werden musste und eine langfristige Perspektive erfordert. Es war wichtig, die strategische Neuausrichtung in allen Funktionsbereichen des Unternehmens zu verankern sowie sämtliche Prozesse der Wertschöpfungskette darauf neu auszurichten. Folglich wurden im Rahmen der Strategieformulierung sieben Projekte (Abb. 3.2) zur Erreichung der Neupositionierung entlang der Wertschöpfungskette definiert. Bereits in der Produktentwicklungsphase wurden die ersten Optimierungspotentiale in den Bereichen (1) Sortiment und (2) Preis definiert. Zusätzlich plante Takko, die (3) Supply Chain sowie die (4) Informations- und Datenverarbeitung zu verbessern. Ein wesentlicher Schwerpunkt lag in der Optimierung des Produktabsatzes und somit des (5) Filialportfolios, (6) des Flächenmanagements sowie (7) des Marketing. Obwohl diese Projekte nicht im gleichen Maße vom Kunden wahrgenommen werden konnten, waren sie alle auf die optimale Befriedigung der Kundenbedürfnisse und die Verbesserung der Vertriebsleistung ausgerichtet.

Das Zusammenspiel der Projekte sollte unter der Leitidee des „Best Value Fashion Deals" erfolgen, d. h. der Kundenwahrnehmung eines einzigartigen, attraktiven und modischen Angebots zum attraktiven Preis mit einem einmaligen Einkaufserlebnis. Die Realisation der aufeinander abgestimmten Projekte bildete die Voraussetzungen zum Aufbau der nötigen Kernkompetenzen zum best-practice Retailer im Value Fashion Segment und somit auch zur Stärkung der Wettbewerbsposition im In- und Ausland. Ferner sollten die Projekte zum einen durch die Erhöhung der Frequenz und zum anderen durch die Erhöhung der Flächenproduktivität (Umsatz pro m^2) zur Steigerung des LfL-Wachstums beitragen. Die Verbesserung der Produktivität des Retailsystems kann durch die einzelnen Maßnahmen der Projekte wie Reduzierung unproduktiver Sortiments-

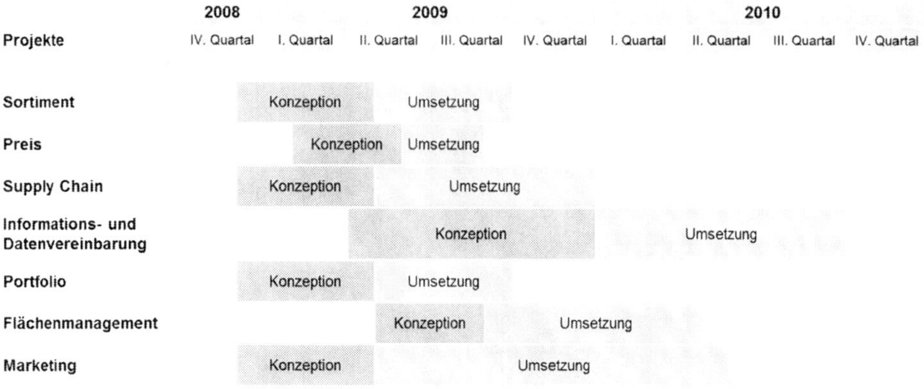

Abb. 3.3 Timeline

bestandteile, bedarfsgerechte Warenverteilung, Eliminierung unproduktiver Altwaren, optimierte Warenversorgung, Integration intelligenter IT-Prozesse, effektive Preisanpassungen, Bereinigung des Filialportfolios und durch Optimierung der Filialgestaltung und der Marketingaktivitäten realisiert werden. Frequenzsteigernde Maßnahmen, die die Kundenbindung und -aktivierung der Bestandskunden und die Neukundengewinnung verfolgen, sollten vor allem durch eine klar kommunizierte Markenstrategie, eine effektive Kundenansprache und ein attraktives Filialportfolio ermöglicht werden.

3.2.4 Timeline und Umsetzung

Zur reibungslosen und möglichst effektiven Umsetzung der sieben strategischen Projekte wurde ein ambitionierter Projektplan erarbeitet. Anhand der Timeline wird deutlich, dass an den meisten Projekten parallel gearbeitet wurde (Abb. 3.3). Die simultane Projektarbeit ermöglichte die Abstimmung zwischen den Projekten, aber benötigte auch zugleich eine aufwändige Koordination und Organisation. Zur Bewältigung des Arbeitsaufwandes wurden entsprechende Gremien und Arbeitsgruppen einberufen, die in regelmäßigen Meetings sich über den Status der einzelnen Projekte informierten. Die Geschäftsführer übten die Entscheidungsfunktion aus und hatten die Aufgabe, die Gesamtsteuerung der Projekte im Blick zu behalten, Prioritäten festzulegen sowie eventuelle Barrieren durch Bereitstelllung von finanziellen und personellen Ressourcen zu beseitigen. In regelmäßigen Beiratssitzungen mit externen Beiräten und Vertretern des Gesellschafters hatte Takko die Gelegenheit, den aktuellen Projektstatus abzustimmen, die eigenen Entscheidungen zu diskutieren und gegebenenfalls alternative Lösungsvorschläge gemeinsam zu erarbeiten. Für die einzelnen Projekte wurden Projektleiter ernannt. Diese verantworteten die inhaltliche und operative Steuerung sowie die zeitliche und kapazitative Planung des Projektes. Ferner übernahmen sie die Dokumentation der Projektergebnisse und waren für die Kommunikation des Projektstatus und der Projektergebnisse sowohl an die Geschäftsführung als auch an die involvierten Mitarbeiter in regelmäßigen Meetings zuständig. Zur Unterstützung der Projektteams wurde ein Projektbüro eingerichtet, das neben der inhaltlichen Koordination auch die insgesamt rund 80 involvierten Führungskräfte unterstützte. Das Projektbüro behielt alle Projekte im Überblick, deckte mögliche Synergieeffekte auf und half bei den Vorbereitungen der Geschäftsführer-Sitzungen. Darüber hinaus übernahm es die Aufgaben des Projektcontrollings und leitete entsprechende Maßnahmen bei Verzug des Projektplans und bei Budgetüberschreitungen ein. Durch die integrierte Projektorganisation wurde eine offene Kommunikation zwischen den Gremien geschaffen, die in der Lage war, rechtzeitig Probleme aufzudecken und schnell entsprechende Lösungen zu entwickeln.

3.3 Projekte zur Erreichung der Neupositionierung

3.3.1 Sortiment

Das Projekt „Sortiment" bildete die Basis für die Neupositionierung als Fashion Retailer, denn die Neupositionierung konnte nur durch weitere Verbesserungen des Sortimentes und der Sortimentsgestaltung glaubhaft und nachhaltig für die Kunden erlebbar gemacht werden. Die Sortimentsoptimierung verfolgte das Ziel, kurzfristig den Umsatz und langfristig das EBITDA[1] zu steigern. In diesem Rahmen wurde im Wesentlichen eine Optimierung der Warenpräsentation und Sortimentsergänzungen durchgeführt, die Sortimentsstrategie neu überarbeitet sowie eine neue Artikelplanungslogik eingeführt.

Durch eine optimierte Warenpräsentation konnten bereits mit bestehendem Sortiment nennenswerte Umsatzsteigerungen erzielt werden. Dazu gehörte die Einführung von Impulswarenträgern in der Kassenzone, Multipack-Gondeln im Mittelraum sowie Stufentische im Eingangsbereich. Die neue Warenpräsentation ermöglichte eine effiziente Ansprache der Kunden in zentralen Bereichen in der Filiale und bot Platz für neues bzw. zusätzliches Sortiment (Abb. 3.4).

Zusätzlich werteten vorgenommene Sortimentsergänzungen das bestehende Sortiment auf und eliminierten vorhandene Defizite im Sortiment. Sortiments- und Flächenanalysen haben ergeben, dass ca. 20 % der Verkaufsfläche mit Altware belegt war, die einen signifikant niedrigeren Umsatz erwirtschaftete und die Kundenwahrnehmung negativ beeinflusste. Durch die Reduktion der Altware konnten bis zu ca. 120 m^2 pro Filiale für neues Sortiment geschaffen werden. So wurde beispielsweise das neu eingeführte Young Trend Sortiment auf die Bedürfnisse des jungen und modisch affinen Kundensegmentes zugeschnitten. Damit wurde eine vorhandene Lücke zwischen den Kollektionen, die entweder die junge, aber nicht betont modebewusste Kundin oder die modische, aber erwachsene

[1] EBITDA = Earnings Before Interest, Taxes, Depreciation and Amortization; Entspricht dem Operativen Gewinn vor Zinsen, Steuern und Abschreibungen.

Impulswarenträger im Kassenbereich | Warenträger im Mittelraum | Stufentische im Eingangsbereich

Abb. 3.4 Warenträger

Frau ansprachen, geschlossen. Darüber hinaus wurde das Sortiment um weitere Produktgruppen wie Nachtwäsche, Feinstrümpfe, Sportartikel, Schuhe und Baby-Artikel erweitert.

Neben der optimierten Warenpräsentation und den Sortimentsergänzungen wurden strategische Kernelemente der Sortimentsstrategie definiert. Um das Sortimentsrisiko zu reduzieren, legte Takko in der Vergangenheit den Fokus auf eine hohe Sortimentsbreite, aber eine eher geringe Sortimentstiefe. Dies führte zu einer hohen Komplexität und zu einem erheblichen Aufwand im Produktions- und Beschaffungsprozess. Zugleich stieg mit der hohen Sortimentsbreite die Gefahr der „Atomisierung des Sortimentes". In der Tat deckte die Flächenproduktivitätsanalyse zu viele unproduktive Artikel in den Filialen und zu lange Abverkaufsräume für Saisonware auf. Dies führte auf der einen Seite zu erhöhten Preisnachlässen und auf der anderen Seite zu kritischen Beständen an Altware in den Filialen. Unproduktive Altware bindet Kapital, erzielt niedrige Roherträge, blockiert die Fläche und erzeugt Einlagerungskosten. Um diesen negativen Effekten entgegenzuwirken, wurde die Sortimentsbreite um jährlich ca. 5–10 % reduziert und die -tiefe bei Bedarfsartikeln erhöht. Hierdurch sollte das Volumengeschäft, insbesondere das Basic und Modern Basic Sortiment, an Bedeutung gewinnen und die Umsätze stabilisieren. Dazu gehörte auch die Verbesserung der Verfügbarkeit von ganzjährigen und saisonalen Bestsellern – hier wurden Absatzpotentiale nicht hinreichend abgeschöpft. Die Defizite in der Sortimentsstruktur, der Verweildauer der Ware in den Filialen sowie in der Logik der Preisabschriften wurden identifiziert und durch entsprechende Maßnahmen optimiert. In Zukunft sollte die Differenzierung und Ausrichtung der Sortimente noch stärker an den definierten Zielgruppen erfolgen. Dabei werden nur Stil-Zielgruppen gewählt, die zur grundsätzlichen Mode-Positionierung der Marke Takko passen anstelle der klassischen demographischen Zielgruppendefinitionen. Ferner wurden monatliche Fashion-Programme zur Sicherstellung der modischen Attraktivität und Aktualität des Sortimentes definiert. Die Variation aus wechselnden Warenbildern, Warenpräsentationen und Farbthemen vermittelte ein frisches Einkaufserlebnis und regte den Kunden zum Kauf an. Der Abverkauf des Sortimentes wurde zusätzlich durch zielgruppenspezifische Aktionen, wie z. B. Rabattaktionen auf Kinderware, unterstützt.

Zur Optimierung der Sortimentsplanung und zur Steigerung der Sortimentsqualität wurde in Zusammenarbeit mit externen Beratern die Artikelplanungslogik TOAST (Takkos optimiertes Artikel-Steuerungs-Tool) entwickelt. TOAST stellte sicher, dass das Sortiment strukturiert, einheitlich und abteilungsübergreifend unter Einbeziehung von strategischen Zielen geplant wird. TOAST bildete die Basis für die Umsetzung der Sortimentsstrategie in der Entwicklung nachfragegerechter Sortimentsstrukturen und der Definition der optimalen Sortimentsbreite und -tiefe auf der Fläche zu jeder Saison. Durch diese Form einer strukturierten Planung auf Artikelebene wurden alle relevanten Strukturkriterien abgebildet und sichergestellt wie z. B. Modegradstrukturen, Preisarchitektur, Mengengerüste und Zielkalkulationen.

3.3.2 Preis

Eine glaubwürdige Neupositionierung setzte eine positionierungsadäquate und wettbewerbsfähige Preisstellung voraus. Während im Discountsegment der günstige Preis im Vordergrund steht, ist im Value Fashion Segment ein optimales Preis-Leistungs-Verhältnis entscheidend. D. h. der Kunde möchte attraktive, modische und qualitativ zuverlässige Ware kaufen, ein adäquates Einkaufserlebnis erfahren, Mode am POS und durch die Sortimente erleben, aber dafür nicht das Preisniveau der klassischen Mittelpreismarken akzeptieren.

Takko hatte sich das Ziel gesetzt, eine Preispositionierung unterhalb der Mittelpreismarken und -händler und oberhalb des Discountsegmentes aufzubauen. Kundenbefragungen vor der Neupositionierung haben gezeigt, dass Takko insbesondere in der Preiswahrnehmung erhebliche Chancen noch nicht nutzt. Die Kunden nahmen aufgrund einzelner Artikel und der nicht zielführenden Preiskommunikation Takko deutlich teurer wahr als es den tatsächlichen Preisen entsprach. Basierend auf diesen Ergebnissen wurde im Wesentlichen keine Preisniveauveränderung durchgeführt, sondern die Verbesserung der Preiswahrnehmung zur Hauptaufgabe erklärt. Dies erfolgte auf der einen Seite über die Definition von Eckartikeln und auf der anderen Seite über eine gezielte Preis-Kommunikation in der Werbung sowie am POS. Eckartikel sind Artikel, die in einer hohen Menge nachgefragt werden, die in der Regel einen Basic-Charakter aufweisen und bei denen Kunden eine konkrete Preisvorstellung haben. Diese Artikel werden am POS besonders deutlich herausgestellt und erhalten eine Best Price Garantie, d. h. das Kundenversprechen, dass die Kunden diesen oder einen in der Qualität und Form vergleichbaren Artikel nirgendwo günstiger erwerben können. In der Vergangenheit wurden preisaggressive Artikel mit anderen, teilweise deutlich teuren Artikeln auf Rundständern mit „ab"-Preisschildern angeboten, was die Kommunikation der Preisbotschaft erheblich erschwerte. Durch Konzentration auf wenige Eckartikel und deutliche Herausstellung dieser Artikel mit klarem Preis-Artikel-Bezug wurde das Problem gelöst. Eckartikel wurden nun nicht mehr mit „ab"-Preislagen, sondern mit „harten"-Preislagen ausgeschildert. Zusätzlich wurde die Preiswahrnehmung durch eine gezielte Preis-Kommunikation in allen Marketingmaßnahmen und am POS verbessert. Vor allem das Printmedium Prospekt war ein wesentliches Instrument zur Steigerung der

Abb. 3.5 Preispräsentation

Preiswahrnehmung, da dieser der Mehrheit der Kunden als Quelle für Preis- und Artikelinformationen dient und somit die Preiswahrnehmung direkt beeinflusst (Abb. 3.5).

Darüber hinaus wurden zusätzliche Ergebnisverbesserungen durch eine stärkere Steuerung des Einkaufs nach dem absoluten Rohertrag geschaffen. Eine rohertragsmaximierende Sortiments- und Preissteuerung führt zu einer flexibleren Sortimentsentwicklung als statische Zuschlagskalkulationsvorgaben, da Preis-Mengenrelationen effektiver eingesetzt werden können. Hierdurch lässt sich eine attraktivere und wettbewerbsfähigere Sortimentsstruktur bei mindestens gleicher Profitabilität erarbeiten.

3.3.3 Supply Chain Management

Die Erreichung der Ziele konnte nicht allein durch ein attraktives und kundenorientiertes Sortiment erreicht werden. Genauso entscheidend waren die Hintergrundprozesse. Unter dem Aspekt der Optimierung des Beschaffungspreises und der Lieferantenqualität hatte Takko bereits eine erfolgreiche Supply Chain aufgebaut und verfügt heute über langjährige, direkte Beziehungen zu Lieferanten in Fernost. Die direkte Warenbeschaffung ermöglicht die Realisation von Kosten- und Preisvorteilen gegenüber den Wettbewerbern und sichert die volle Kontrolle über die Qualität der Produkte und der Produktionsbedingungen.

Im Rahmen der Supply Chain Analyse konnten mehrere Optimierungspotentiale zur Senkung der Lieferzeiten, Erhöhung der Lieferqualität, Steigerung der Leistungsfähigkeit und zur Senkung der Logistikkosten aufgedeckt werden. Zur besseren Planung und zur Optimierung der Lieferzeiten wurden das eProTex-Tool sowie die In Shop Week (ISW) eingeführt. Das eProTex-Tool erleichtert die Kontrolle und Steuerung der Warenbeschaffung, indem es die Kommunikation aller Beschaffungsprozesse aufgreift und automatisiert (Abb. 3.6).

Es schafft Transparenz über alle Prozessschritte bis zur Anlieferung am Lager, spart Zeit, ermöglicht Auswertungen zu jedem Lieferanten, ersetzt die langen Kommunikationswege und archiviert die Daten automatisch. Die ISW definiert die Woche der Filialanlieferung und bestimmt somit alle nachgelagerten Lieferungsprozesse. Es ist die Woche, in der die

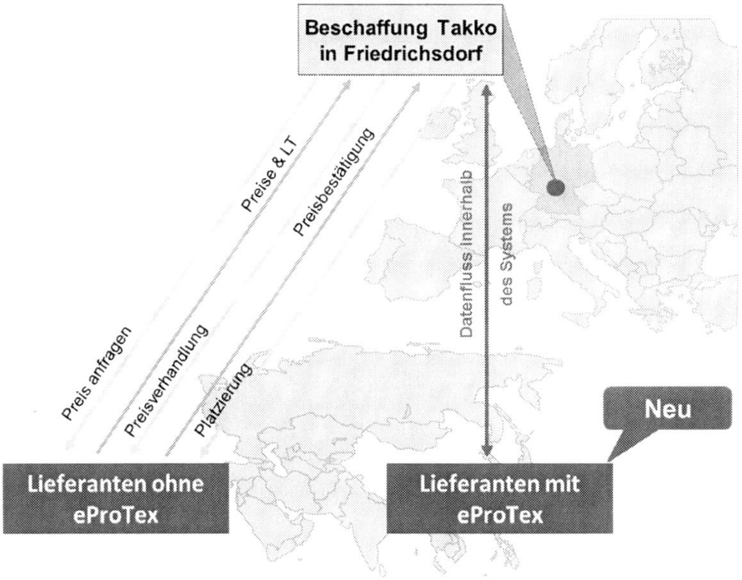

Abb. 3.6 Optimierung der Supply Chain durch eProTex-Tool

Ware aufgrund der Nachfrage und/oder einer Themeninszenierung am POS präsent sein muss. Die Einführung der ISW war eine entscheidende Weiterentwicklung, da diese den Supply Chain Prozess bedarfs- und kundengerecht steuert und somit auch alle nachgelagerten Lieferungsabläufe bestimmt. Die Leistungsfähigkeit und die Lieferqualität konnten durch eine Flexibilisierung der Warensteuerung verbessert werden. Um einen zu hohen Lagerbestand in den Filialen zu vermeiden, wurde eine zentrale Pufferung der Ware in den Lagern eingeführt. Dies erforderte einen zusätzlichen Logistikstandort für einen zentralen Wareneingang anstelle der bisherigen dezentralen Eingangslogistik.

Auf diesem Weg konnte anschließend die bedarfsgerechte Filialanlieferung verbessert werden. Weitere wichtige Maßnahmen zur Effizienzsteigerung und Kostensenkung waren Prozessoptimierung wie z. B. die Reduktion des Sortieraufwandes bei der Containerverladung und betriebsinterne Prozessverbesserungen (Abb. 3.7).

3.3.4 Informations- und Datenverarbeitung

Leistungsfähige IT-Systeme sind Grundvoraussetzung für die Kernprozesse im Unternehmen und die Erfolgschancen der initiierten Projekte. In der Vergangenheit befanden sich einige wesentliche Systeme in einem kritischen und veralteten Zustand.

Im Rahmen des „IT“ Projektes wurden mehrere Optimierungsmaßnahmen ergriffen: Zur Sicherung der permanenten Verfügbarkeit aller notwendigen Systeme wurde eine ausfallsichere Systemlandschaft mit einem Backup-Rechenzentrum entwickelt. Eine für

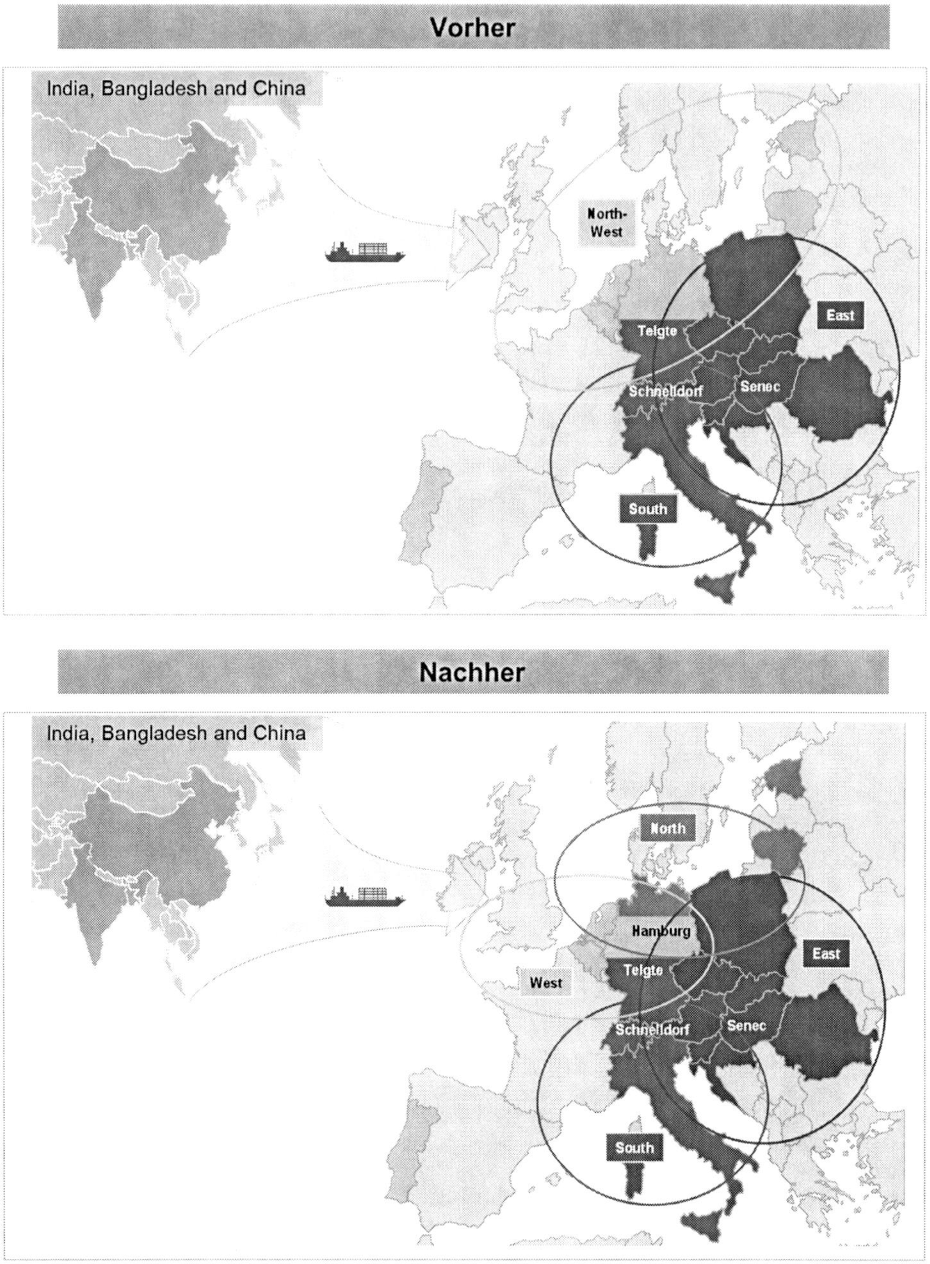

Abb. 3.7 Distributionsstruktur

Abb. 3.8 Neues Kassensystem

den Kunden wahrnehmbare Veränderung war die Erneuerung der Kassen-Hardware und Kassen-Software (Abb. 3.8). Neben einem ansprechenden und modernen Design der Kassen mit Touch Screen und einem zweiten Bildschirm zur Kundeninformation überzeugten die neuen Kassen durch zahlreiche funktionale Vorteile:

- Vereinfachung (z. B. Bedienung, Kassieren von Aktionsartikeln, Umtausch, Storno),
- Beschleunigung (z. B. Kassenabrechnung),
- Übersichtlichkeit (z. B. Anzeige nur relevanter Befehle),
- Kommunikation (z. B. Mitarbeiteranweisungen und Kundeninformationen über Aktionen),
- Systemsicherheit (z. B. Updates und Wartung).

Um einen erfolgreichen und reibungslosen, länderweiten Roll-Out der Kassen zu gewährleisten, wurden Expertenteams gebildet, die die Implementierungsphase begleitet und die Mitarbeiter in Schulungen mit den neuen Kassen vertraut gemacht haben. Anschließend an das Kassenprojekt, beschloss Takko das zentrale Warenwirtschaftssystem Robitex durch die neue Systemlösung SAP Retail zu ersetzen. Robitex entsprach nicht den Anforderungen einer Standard-Warenwirtschaft und arbeitete auf der Basis von alten, technischen Strukturen. Takko war aufgrund von zahlreichen individuellen Anpassungen des Systems auf das Spezialisten-Know-How einiger weniger Mitarbeiter angewiesen und hatte somit ein erhebliches Risiko. Schließlich war Robitex nicht in der Lage, die Komplexität der Prozesse im Hinblick auf die Sortimentsanforderung wie z. B. die Integration der ISW, der ganzjährig verfügbaren Bestseller und der Kollektionsanalyse abzubilden. Das neue System sollte das Geschäftssystem hin zu einer stärker potentialorientierten Warenversorgung und damit zur Steigerung der Flächenproduktivität entwickeln. Beispielsweise wurde das Problem der Nachversorgung mit ganzjährig verfügbaren Bestsellern durch die kontinuierliche und automatische Berechnung von Soll-Beständen auf Basis von aktuellen Absätzen und Zukunftsprognosen durch das SAP Retail System gelöst. Weitere Prozessautomatisierungen erfolgten durch die Verknüpfung von Filialbeständen mit der gesamten Supply Chain. Die Einführung des SAP Retail Systems war kein isoliertes IT-Projekt, sondern ein Unternehmensprojekt und hatte Auswirkungen auf Prozessabläufe und IT-Systeme in diversen Unternehmensbereichen, wie z. B. auch auf das Lagerverwaltungssystem, welches bisher ebenfalls in das Robitex System integriert war. Zugleich erfolgte eine Verbesserung des Data-Warehouse-Konzeptes. Das Data-Warehouse-Konzept umfasst Daten aus den Bereichen Warenwirtschaft, Finanzen und Controlling, die über Standard- und Adhoc-Analysen ausgewertet werden können und die Basis für das gesamte Reporting von Takko bilden. Zusätzlich erfolgte die Integration diverser Datenbanksysteme in ein zentrales Data-Warehouse, welches in Zukunft sukzessiv verbessert und weiterentwickelt wird. Insgesamt wurde der Grundstein für eine langfristig tragfähige Systemintegrationen in allen relevanten Bereichen der Wertschöpfungskette gelegt.

3.3.5 Portfolio

Das Ziel des Portfoliomanagements war die langfristige Ausrichtung und die kurzfristige Ertragsoptimierung der Filialen. Eine erfolgreiche Etablierung als best practice Value Fashion Retailer war nicht nur eine Frage des Sortiments, sondern auch eine Frage der Struktur und Qualität des Filial-Portfolios. Um von Kunden entsprechend der Zielpositionierung richtig wahrgenommen zu werden, musste Takko zur richtigen Zeit und an den richtigen Standorten mit attraktiven Filialen vertreten sein. Denn die Qualität des Filialportfolios hat einen direkten Einfluss auf die LfL-Entwicklung, die Markenwahrnehmung und die Chancen der Neukundengewinnung.

Im Januar 2009 startete Takko eine umfassende Portfolioanalyse und bewertete die Filialen anhand von Faktoren wie Umsatz, EBITDA, aktuelle Standort- und Mitbewerbersituation, Kundenstruktur, Altersstruktur, Größe und Zustand der Filialen. Hierbei wurden funktionsübergreifend alle Bereiche wie z. B. die Vertriebsorganisation, die Expansionsverantwortlichen, die Bauabteilung, das Controlling und das Visual Merchandising unter der Leitung der gesamten Geschäftsführung eingebunden. Im Rahmen dieser Analyse dokumentierte Takko den Zustand von 1500 Filialen auf rund 70.000 Fotos und in fachspezifischen „Steckbriefen", diskutierte über die Zukunftsperspektiven der einzelnen Filialen und leitete schließlich entsprechende Maßnahmen ein.

Die identifizierten rund 80 Filialen mit einem negativen Filial-Deckungsbeitrag wurden durch Untervermietungen oder Abstandszahlungen an die Vermieter bereinigt. Mietreduzierungen durch Neuverhandlungen für bestehende Objekte und umfangreiche Maßnahmen zur Verbesserung der Verkaufsattraktivität führten alternativ zu einer akzeptablen Ertragssituation. Bei Neuanmietungen wurde der Fokus vermehrt auf den Ausbau eigener Kompetenzen gelegt. Zur Reduzierung der Investitionen, Mieten und Courtagen wurde durch Insourcing der Einsatz externer Dienstleister für Neuanmietungen im Ausland reduziert. Zugleich erzielte die Überarbeitung der Kennzahlensysteme sowie die Optimierung der Vor- und Nachkalkulation auf Filialebene eine Erhöhung der Transparenz über die Ertragskraft der Filialen. Schließlich machte die Einführung von detaillierten Investitionsanträgen sowie die Erhöhung der Vorgaben seitens Takko (z. B. Umsatz pro m^2) die Standortentscheidung objektiver und faktenbasierter und minimierte somit das Kostenrisiko und die Gefahr der Anmietung unattraktiver Standorte. Insbesondere wurde in den Investitionsanträgen auch der Bewertung des effizienteren Kapitaleinsatzes eine höhere Bedeutung beigemessen. Dies erfolgt durch Barwertberechnungen von geplanten Investitionen und dem Vergleich dieser Barwerte mit gruppenweiten und länderspezifischen Benchmarks.

Die durchgeführte Portfolioanalyse deckte ebenfalls auf, dass der Zustand von Filialen ein wesentlicher Treiber der Umsatzentwicklung ist. Aufgrund der starken Expansion in den letzten Jahren stellte Takko nur wenige Ressourcen für Renovierungsmaßnahmen zur Verfügung, was in einem unterschiedlichen Niveau an Ausstattung und Optik der Filialen resultierte. Entsprechend war die Performance älterer Filialen bzw. Filialen in einem schlechten Zustand deutlich schlechter als die neuer Filialen. In weiteren Schritten wurden die Filialen anhand ihres Zustandes in Klassen 1 bis 4 eingeteilt. Die Klassen 3 und 4 beinhalteten Filialen mit dem schlechtesten Zustand und wiesen eine um rund 3 %-Punkte p. a. schlechtere LfL-Entwicklung als die Klassen 1 und 2 auf. Anschließend wurden Renovierungspakete „New Look“, „Light“ und „Komplett“ zur Erschaffung eines einheitlichen, frischen und aktuellen Filialauftritts mit Wohlfühlatmosphäre definiert. Das Renovierungspaket „New Look“ beinhaltete keine großen Renovierungsmaßnahmen, sondern nur Verkaufsaktivierungsprogramme wie die optische Anpassung des Layouts an die Corporate Identity (CI), Optimierung des Kassenbereichs und den Einsatz neuer Warenträger. Dieses Paket führte Takko bei allen Filialen aus der Klasse 1 und 2 durch. Für die Klassen 3 und 4 wurden die Maßnahmenpakete „Light“ und „Komplett“ entworfen. Sollte die Filiale auf das Niveau der Klasse 2 hochgestuft werden, wurden die Maßnahmen des „New Looks“ sowie aufwendigere Renovierungsmaßnahmen wie Streichen, Tapezieren, Instandsetzung alter Teppiche und Beseitigung von Beschädigungen vorgenommen. Zur Erreichung der Zustandsklasse 1 wurden die Maßnahmen der kleineren Pakete plus die Optimierung der Beleuchtung, der Kassentresen, Kabinenanlage, Rückwandstruktur und des Präsentationsmaterials vorgenommen. Bei diesem „Komplett“ Paket erfolgte die Renovierung analog zu einer Neueröffnung (Abb. 3.9).

Bis zur tatsächlichen Realisierung des Filial-Relaunches mussten zahlreiche Schritte im Vorfeld eingeleitet werden. Zur Festlegung des Gesamtbudgets wurden sämtliche Maßnahmen erst einmal einzeln kalkuliert und anschließend aggregiert. In zahlreichen Kundentests untersuchten die Verantwortlichen die Auswirkungen der Neustrukturierung und Renovierung auf die Kundenzufriedenheit, das Kaufverhalten und Kauferlebnis. Die Ergebnisse bestätigten die Vermutung, dass mit einem frischen und modernen Filialauftritt die Umsätze deutlich gesteigert werden können. Die größte Herausforderung bei der Um-

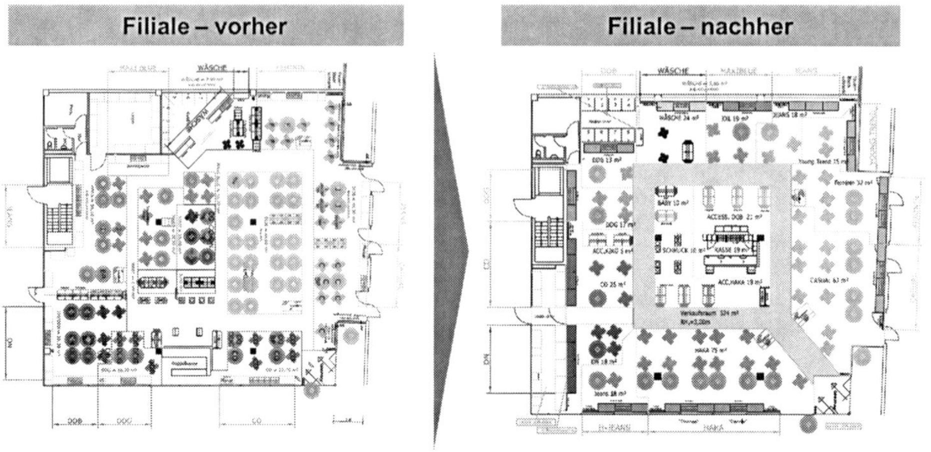

Abb. 3.9 Filialrundgang

setzung des Filial-Relaunches war die individuelle Übertragung der Renovierungsmaßnahmen auf die Filialen. Da die Filialen unterschiedliche Ausgangsbedingungen an Größe und Schnitt boten, wurde zuerst über Bestandslisten und Filialfotos der Filialzustand detailliert dokumentiert und in anschließenden Workshops analysiert. Auf diesem Wege entstanden von September 2009 bis Januar 2010 rund 1350 Einrichtungspläne und 800 Beleuchtungspläne. Zur Steigerung der Filialattraktivität wurden z. B. kundenfreundliche Filialrundgänge geschaffen, die so ausgelegt waren, dass der Kunden den besten Blick über die Ware erhält und das Kauferlebnis gesteigert wird (Abb. 3.10).

Die Umsetzung erfolgte mit durchschnittlich 36 Renovierungen pro Woche für rund 800 Filialen mit „Komplett"- und „Light"-Renovierungen und mit durchschnittlich 50 Filialen pro Woche mit „New Look"-Renovierungen für die verbleibenden rund 500 Filialen. Das Ergebnis der Filialrenovierungen waren kundenfreundliche Filialen mit abverkaufsstarken Warenträgern, attraktiven Warenpräsentation, hellen Kabinen, die zum Anprobieren einladen, und modernen Kassenzonen mit Impulstischen und einer neuen Beleuchtung. Die Vorher-Nachher-Bilder verdeutlichen den Erfolg dieses Großprojektes, das es in diesem Umfang in der Textilbranche bislang noch nicht gegeben hat.

3.3.6 Flächenmanagement

Während das Projekt „Portfolio" auf die Bereinigung und den Ausbau des Filialnetzes ausgerichtet war, beschäftigte sich das Projekt „Flächenmanagement" mit den Wertsteigerungspotentialen der Bestands- und Neufilialen auf bestehender Fläche mit vorhandener Infrastruktur. Hierzu diente eine Analyse der Flächenproduktivität auf definierter Detailebene als Ausgangspunkt. Anschließend wurden Flächenzuordnungen und entsprechende

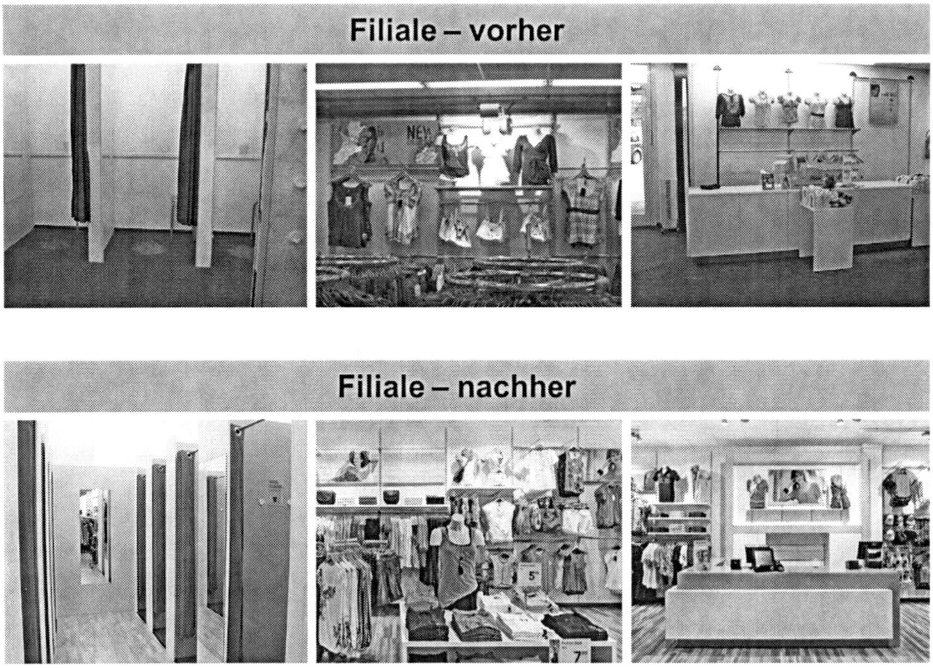

Abb. 3.10 Vorher-Nachher-Bilder des Filialrelaunches

Sortimentsbausteine aufeinander abgestimmt und in den Filialen etabliert. Im Anschluss erfolgte eine Optimierung der Sortimentssteuerung basierend auf den definierten Flächenmodulen. Dabei bestimmt ein Flächenmodul für jedes Sortiment die genaue Anzahl von Warenträgern wie Rückwände, Tische und Rundständer in den Filialen. Das Konzept beruht auf der Idee, dass unterschiedlich große Filialen nicht dieselbe Sortimentsbreite abbilden können und folglich eine Priorisierung der Sortimente erfolgen muss. Häufige Folgen von einer nicht optimalen Filialbewirtschaftung sind überfüllte bzw. leere Filialen, fehlende Konfektionsgrößen und die Ansammlung von Altwaren. Mit dem Projekt „Flächenmanagement" wurden erforderliche Grundlagen für eine optimale Filialbewirtschaftung geschaffen – dessen Umsetzung wird Takko in den folgenden Jahren sukzessive, weitere Produktivitätsverbesserungen ermöglichen.

3.3.7 Marketing

Der Filial-Relaunch ging Hand in Hand mit einem Marken-Relaunch, da eine erfolgreiche Neupositionierung durch die Aufwertung der Markenwahrnehmung verstärkt werden sollte. Vor der Neupositionierung kannten zwar 80 % der Zielgruppe die Discount-Marke Takko, aber nur knapp ein Viertel fand die Marke sympathisch. Das schwache Image führte

Abb. 3.11 Definition des Markenkerns

dazu, dass ungeachtet der hohen Markenbekanntheit nur eine Minderheit bei Takko tatsächlich eingekauft hat. Mit der Neupositionierung hat sich Takko das Ziel gesetzt, zur Ansprache und Aktivierung von Neu- und Bestandskunden die Markensympathie durch positive Aufladung der Marke signifikant zu steigern.

Das strategische Fundament einer erfolgreichen Marketingstrategie war die Erschaffung einer attraktiven Markenidentität. Takko stand vor der Herausforderung, das Discounterimage glaubwürdig abzulegen, um sich im neuen Value Fashion Segment – ohne hierbei die vorhandene Kundenbasis zu verlieren – gegen starke Wettbewerber behaupten zu können. Es war wichtig eine Marke zu erschaffen, welche die Aufnahme in den Consideration Set der Kunden gewährleistet und die Markenidentität steigert.

Ausgangspunkt war die Definition des Markenkerns (Abb. 3.11). Von nun an sollte die Marke Takko Fashion hohe Modekompetenz, Preisbewusstsein, attraktives Sortiment, gute Erreichbarkeit sowie modische und bezahlbare Best Fashion Deals repräsentieren. Wesentliche Signale und Manifestationen der Marke waren die gelbe und rote Farbe, ein neues Logo, ein starker Claim und attraktive Filialen. Die Takko Signalfarben rot und gelb wurden weiterhin als die dominanten Farben der CI beibehalten und dienten als ein starkes Wiedererkennungssignal. Eine entscheidende Weiterentwicklung der CI war das Update des Logos. In wenigen Monaten wurde die Lesbarkeit, Fernwirkung des Logos und Auffälligkeiten der Wortmarke überprüft und optimiert. Das Ergebnis ist ein zeitloses Logo, was im Vergleich zu älteren Logos deutlich moderner und ansprechender wirkt (Abb. 3.12).

Abb. 3.12 Logoentwicklung

Daneben wurde die Markenpräsenz durch einen neuen, starken Claim „Alle wollen gut aussehen" gesteigert. Bei der Konzeption des Claims, wurde darauf geachtet, dass er griffig ist, einen hohen Wiedererkennungswert hat, sich auf die Marke und die Verbrauchssituation bezieht, die Vorteile von Takko hervorhebt und die Markensympathie bewusst steuert. Als ein zentrales und einzigartiges Signal mit einem großen Wiedererkennungswert wurde der gelbe Torbogen als das Tor zu einer attraktiven Modewelt mit Top-Preisen und besten Fashion Deals eingeführt. Seit 2009 schmückte der gelbe Torbogen inklusive des Logos den Eingangs- sowie den Kassenbereich in über 1300 Filialen europaweit (Abb. 3.13).

Bei der Überarbeitung der CI hat Takko besonders viel Wert darauf gelegt, dass alle Maßnahmen authentisch und für die definierte Zielgruppe relevant, abgrenzbar und eindeutig sind, sich im Gedächtnis des Konsumenten verankern, mit der Marke assoziiert werden und somit den Markenwert aufbauen.

Als Discounter hat Takko historisch nur wenige Werbemedien eingesetzt. Die Kundenansprache fand fast ausschließlich am POS und über Prospekte statt. Mit der Neupositionierung erfolgte die Kommunikation der neuen Marke inhaltlich und gestalterisch abgestimmt über alle etablierten Kanäle und zusätzlich über TV, eine weiterentwickelte Website sowie über soziale Netze. Insgesamt wurde die kommunikative Balance zwischen „Preis und Leistung" neu justiert, um in der Kundenkommunikation weniger preisfokussiert und stärker auf der Modeleistungsseite wahrgenommen zu werden.

Optimierte Visual Merchandising Aktivitäten wie z. B. CI konformes Printmaterial und attraktive Schaufensterpräsentationen transformierten die Markenbotschaft am POS und vermittelten ein positives Einkaufserlebnis. Der neue Markenauftritt setzte sich in der Gestaltung der Prospekte fort.

Abb. 3.13 Manifestation des Markenkerns

Nach wie vor waren die Prospekte ein wichtiges Informationsmedium für die Bestandskunden und sollten auch zum wichtigen Medium in der Neukundenakquise werden (Abb. 3.14). Durch die Hervorhebung der Best Fashion Deals mit Best-Price-Angeboten und der Ausweisung von Produktdetails wurde der Fokus auf die Produktqualität und das Preis-Leistungs-Verhältnis gelenkt. Zur Steigerung der Modekompetenz wurden sowohl in Prospekten als auch auf der Homepage redaktionelle „Fashion-Specials“ und Style-Welten integriert. Darüber hinaus konnten sich die Kunden auf der neu eingeführten Facebook-Seite über aktuelle Trends, Fashion-News und Kollektionen informieren. Während über die Online-Kanäle insbesondere die junge Zielgruppe angesprochen wurde, erfolgte die Aktivierung der breiten Masse über die erstmalige Schaltung eines TV-Spots. Die aufwändige Neupositionierung von Takko wurde in einer marktweiten TV-Kampagne festgehalten. Der TV-Spot informierte die Kunden über die renovierten Filialen sowie über den neuen Markenauftritt. Daneben wurde der Fokus auf die Inszenierung von Best Fashion Deals und Best-Price Artikel gelegt, die die Kunden zu einem Filialbesuch aufforderten. Der frische Werbespot vermittelte ein einzigartiges Einkaufserlebnis und machte gemäß dem Claim „Alle wollen gut aussehen“ Lust aufs Einkaufen.

3.4 Erfolgsmessung der Neupositionierung

In weniger als 2 Jahren hat es Takko geschafft, sich von einem preisaggressiven Discounter sehr konsequent in Richtung „Value Fashion Retailer“ zu entwickeln. Die Ziele der Neu-

Abb. 3.14 Prospekte

positionierung wurden erreicht, was deutlich zum Erfolg des Unternehmens beitrug. Seit Beginn der Neuausrichtung konnte der Bruttoumsatz stetig gesteigert werden. Takko verzeichnete nach dem Relaunch eine LfL-Umsatzsteigerung von +6,1 % im Geschäftsjahr 09/10 und +10,3 % im Geschäftsjahr 10/11. Seit der Neupositionierung im Geschäftsjahr 07/08 konnte der Umsatz um 72 % gesteigert und die Expansion um weitere sieben Länder ausgebaut werden (Abb. 3.15).

Die Erfolgsgeschichte von Takko spiegelt sich ebenfalls in der Entwicklung von Marktanteilen wider. Während im Jahr 2008 der Absatzmarktanteil 1,6 % und der Umsatzmarktanteil 0,9 % betrug, erzielte Takko im Jahr 2011 einen Marktanteil nach Absatz von 2,7 % und nach Umsatz von 1,3 %. Somit konnte Takko nicht nur die Unternehmensprofitabilität steigern, sondern sich auch gegen neue Wettbewerber aus dem Value Segment behaupten (Abb. 3.16).

Zur Messung der Markenpräferenz sowie des Markenerlebnisses wurde in Kooperation mit der Agentur Musiol Munzinger Sasserath (MMS) ein kontinuierliches Marketing-Tracking aufgesetzt. Mit dem MMS Brand Development System konnte der Beitrag der eingesetzten Inhalte, Kanäle und Signale zum Markenerlebnis quantifiziert werden (vgl. Musiol Munzinger Sasserath (o. A.), S. 1). Die Ergebnisse verdeutlichen, dass die Neupositionierung den Kundennutzen bei den bedeutenden Kontaktpunkten der Marke Takko

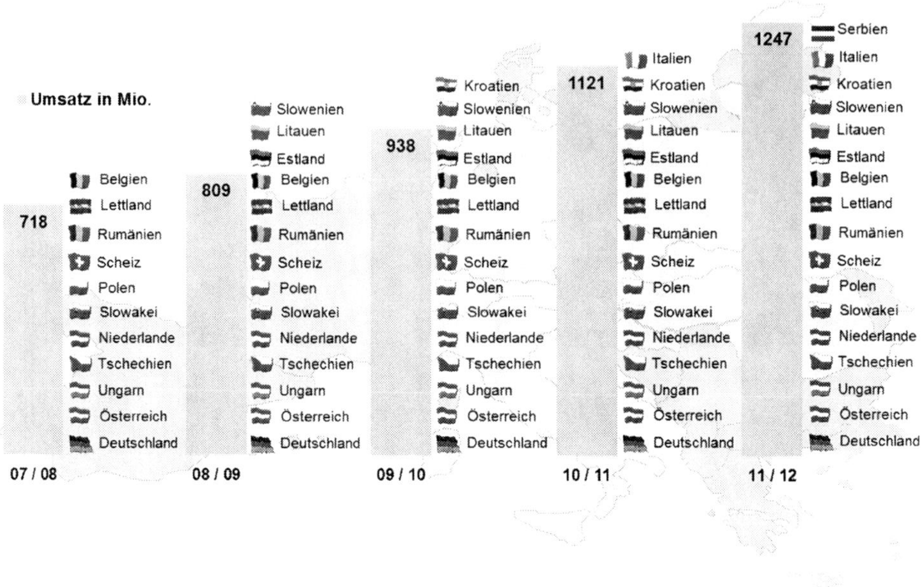

Abb. 3.15 Umsatzentwicklung

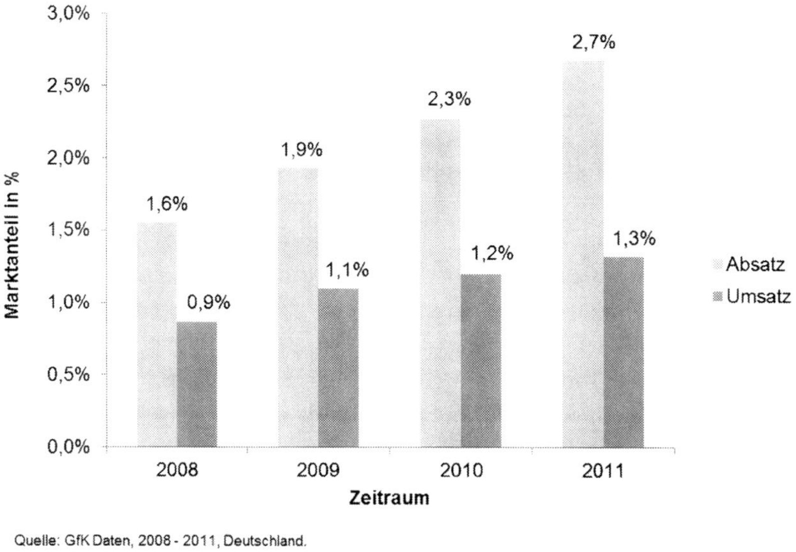

Abb. 3.16 Marktanteilsentwicklung

Fashion (Preis-Leistung-Verhältnis, Filiale, Modekompetenz, Service- und Einkaufserlebnis) kontinuierlich verbessert hat. Im Zeitraum von September 2009 bis Dezember 2010 verbesserte sich die Beurteilung des Preis-Leistungs-Verhältnisses von 44 % auf 50 %, der

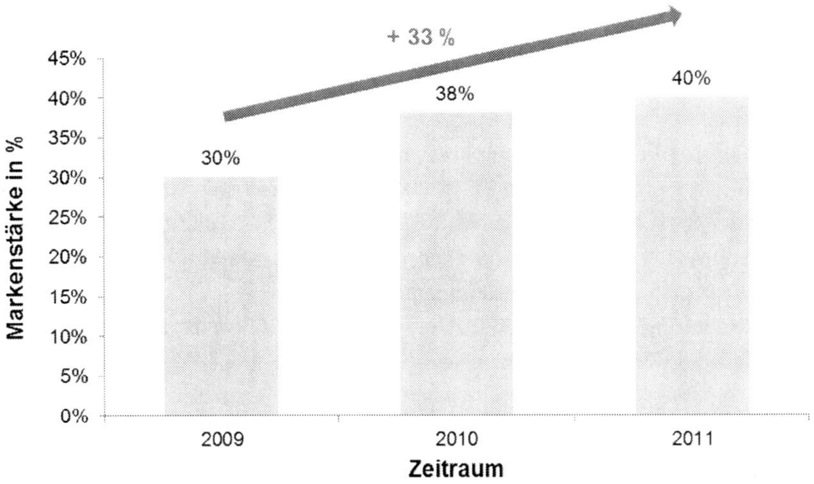

Markenstärke: Durchschnitt aus Sympathie, Vertrauen und Verbundenheit gewichtet mit gestützten Markenbekanntheit
Quelle: Musiol Munzinger Sasserath, 2011.

Abb. 3.17 Steigerung der Markenstärke

Filialen von 43 % auf 51 %, der Modekompetenz von 48 % auf 57 % und des Service- und Einkaufserlebnisses von 39 % auf 46 % (MMS Trackingstudie). Die TV-Werbung erzielte den erwünschten Erfolg und übte einen positiven Einfluss auf die Wahrnehmung von Takko auf vielen Kontaktpunkten bei Kunden und Potentialkunden. So bewerteten die Befragten, die sich an die TV-Werbung erinnerten, die Filialen, die Werbung, die direkten und indirekten Marketingmaßnahmen sowie die Online-Präsenz von Takko signifikant besser als diejenigen, die sich an die Werbung nicht erinnern konnten. Im Ganzen konnte die Neupositionierung die Markenstärke, aggregiert aus Sympathie, Vertrauen und Verbundenheit, seit September 2009 bis Mai 2011 um 33,00 % steigern (Abb. 3.17).

3.5 Zusammenfassung und Ausblick

Durch die Optimierung aller entscheidenden Bereiche entlang der Wertschöpfungskette ist es Takko gelungen, das alte Discounter-Image abzulegen und sich neu als ein kundenorientierter Value Fashion Retailer zu positionieren und hiermit erhebliche Wachstumspotentiale zu realisieren. Im Rahmen der Sortimentsoptimierung wurden die Volumenartikel und ganzjährig verfügbare Artikel ausgebaut, eine verbesserte Ausrichtung der Zielgruppen erreicht, neue Sortimentsinhalte eingeführt und eine Verbesserung der Qualität und Passform vorgenommen. Zusätzlich wurde eine bedarfsgerechte Warensteuerung eingeführt und die Altwarenbestände reduziert. Takko passte die Preise an das neue Sortiment an und verbesserte die Preiswahrnehmung beim Kunden. Das Supply Chain Management hatte eine erfolgreiche Einführung der wochengenauen Filialanlieferung, eine höhere Lieferqualität sowie die Einrichtung der zentralen Warenpufferung zur Folge. Mit der Verbesserung der Daten- und Informationsverarbeitung wurde eine höhere Systemsicherheit erreicht, leistungsstarke Kassensysteme eingeführt und ein modernes Warenwirtschaftssystem eingesetzt. Durch die Bereinigung des Filialportfolios und die Durchführung des Filial-Relaunches kann Takko heute ein Filialnetzwerk vorweisen, auf das die Mitarbeiter stolz sind und in denen sich die Kunden wohlfühlen. Der Marken-Relaunch wurde erlebbar durch z. B. ein modernes Logo, einen knackigen Claim, ein attraktives Visual Merchandising Konzept und eine erfolgreiche TV-Kampagne.

Die Neupositionierung hat die gesetzten Ziele erreicht und teilweise sogar übertroffen. Die Markenstärke und der Kundennutzen wurden gesteigert sowie die Wettbewerbsposition durch eine höhere Markenreichweite ausgebaut. Die Unternehmenspositionierung im Value Fashion Segment erzielte eine signifikante Umsatz- und Profitabilitätssteigerung, förderte die Expansion und erlangte die Gewinnung neuer Marktanteile. Mit der Neupositionierung wurde ein wichtiger Grundstein für das stetige LfL-Wachstum der vorhandenen Filialstruktur, weitere Expansion in den Stammmärkten und neuen Märkten mit rund 150 Neueröffnungen pro Jahr sowie die Übertragung der Kompetenzen unter Nutzung der vorhandenen Infrastruktur für neue Geschäftsmodelle gelegt.

Literatur

Michael, B. M. 2008. Retail Business: Grenzen der „Geiz-ist-geiz"-Strategie. In *Retail Business in Deutschland: Perspektiven, Strategien, Erfolgsmuster*, 2. Aufl., Hrsg. H.-C. Riekhof, 147–178. Wiesbaden.

Musiol Munzinger Sasserath. o. A. MMS Brand Development System, Arbeitspapier. http://www.markenlexikon.com/texte/mms_brand-development-system.pdf. Zugegriffen: 03.07.2012.

Der gute Name zählt – Handelsmarken vs. Markenartikel im Einzelhandel unter dem Aspekt der Wahl ihrer Namen

4

Bernd M. Samland

Inhaltsverzeichnis

4.1 Vorbemerkung

Handelsmarken und Herstellermarken nähern sich in der Betrachtung des Konsumenten immer stärker einander an. Dadurch ergibt sich letztendlich die größere Herausforderung für die Herstellermarken, sich klarer zu differenzieren, zumal es im Zeitalter des Smartshopping nicht mehr per se uncool ist, seinen Champagner beim Discounter zu kaufen. Handelsmarken sind in der Mehrzahl längst keine reinen Nachahmer- und Billigheimer-Wettbewerber mehr, sondern gewinnen mit ausgefeilten Strategien ständig Marktanteile hinzu. Der folgende Beitrag konzentriert sich dabei auf die Strategie ihrer Namensgebung.

Wie kreiert man erfolgreiche Namen für Handelsmarken? Gibt es Unterschiede zu Herstellermarken? Und was gilt es bei der Namenswahl zu beachten? Dies sind die zentralen Punkte dieses Beitrags, der sich sowohl auf eine Analyse der gängigen Handelsmarken in

Bernd M. Samland ✉
Endmark GmbH, Lindenallee 24, 50968 Köln, Deutschland

H.-C. Riekhof (Hrsg.), *Retail Business*, DOI 10.1007/978-3-8349-4555-6_10,

Deutschland als auch auf die Erfahrungen bei der Entwicklung derartiger Markennamen stützt.

4.2 Die Macht des Namens

Markenamen bilden für Hersteller- und Handelsmarken den zentralen Baustein der Markenidentität. Produkte (wie auch Dienstleistungen) sind austauschbar, sie können kopiert werden. Den Schlüssel zur einzigartigen Identifizierung bildet der (möglichst geschützte) Name, denn er darf nicht nachgeahmt werden. Natürlich entsteht eine Marke aus mehr als dem Namen; dennoch bleibt der Name der wichtigste Markenfaktor. Den Markenauftritt, das Design und die Markenkommunikation kann man modifizieren, ändert man allerdings den Namen, sind alle vorherigen Investitionen in die Marke obsolet. Dass Markennamen auch dann eine Wirkung entfalten können, wenn keinerlei kommunikative Einführung stattgefunden hat, zeigt der sogenannte „Wasser-Fall": Bei einem Verkostungstest mit stillem Wasser wurden die fiktiven Marken MISOKI, QLARA und GUTENFELS ausgeschenkt – sowohl aus Flaschen mit designten Etiketten für eine Gruppe als auch aus Flaschen, die nur mit einem Zettel des jeweiligen Namens versehen wurden für eine zweite Gruppe. Beide Gruppen gaben in einem Multiple-Choice-Test an, mehrheitlich „eine leichte Note von Kirschblütengeschmack" bei dem Getränk mit Namen MISOKI identifiziert zu haben, den „mineralhaltigsten Eindruck" von GUTENFELS gewonnen zu haben und die höchste „Geschmacksneutralität" wurde überwiegend bei QLARA festgestellt. Verkostet wurde ausnahmslos in allen Proben das gleiche Kölner Leitungswasser (vgl. Samland 2010).

4.3 Die Wahrnehmung des Verbrauchers

Lassen diese allgemeinen Erkenntnisse Schlüsse zu, die Unterschiede zwischen Markennamen von Hersteller- oder Handelsmarken aufzeigen? In der Wahrnehmung des Konsumenten unterscheiden sich die Namenswirkungen lediglich darin, dass er Herstellermarken häufiger in verschiedenen Medien und Umfeldern begegnet – Handelsmarken jedoch entweder nur am POS oder in Medien eines bestimmten Handelsunternehmens.

Die jeweilige Wahrnehmung wird natürlich von der Erwartungshaltung des Konsumenten bestimmt. Wenn er zu ALDI geht, erwartet er keine klassischen Markenartikel. Geht er zu REWE oder EDEKA, konkurrieren dort in den Regalen Hersteller- und Handelsmarken um seine Kaufgunst. Ob der Verbraucher dabei eine Handelsmarke überhaupt als solche erkennt, hängt wiederum vom Grad seiner Informiertheit und einer eventuellen Marken-Prädisposition ab. Interessiert sich der Konsument am POS zum ersten Mal für eine bestimmte Produktkategorie, z. B. Woll-Waschmittel, ist die Wahrscheinlichkeit, dass im Wahrnehmungskampf gleiche Bedingungen zwischen Handels- und Herstellermarken herrschen, am größten. Somit gelten auch die gleichen Grundanforderungen hinsichtlich Wahrnehmungsqualität und Rezeption für die Namen beider Markenkategorien.

4.4 Positionierung durch Namenswahl

Neben vielen wichtigen Markenattributen spielt die Namenswahl eine zentrale Rolle für die Positionierung eines Produktes. Bei Handelsmarken beobachtet man unter dem Aspekt der Namenswahl inzwischen vier verschiedene Positionierungsstrategien:

a) Namensähnlichkeit zu bestehenden (älteren und möglichst marktführenden) Herstellermarken
z. B. BALEA/DM vs. NIVEA = *MeToo-Strategie*
b) Programmnamen, die einen niedrigen Preis implizieren und sich durch die Namensgebung bewusst und deutlich von Herstellermarken unterscheiden
z. B. GUT UND BILLIG/Marktkauf = *NoName-Strategie*
c) Cuckoo-Branding, Namen deren Anmutung eine bestimmte Produktherkunft (Nation/Kultur) suggerieren soll
z. B. COMBINO/LIDL = *Kuckucks-Strategie*
d) Themen-Marken, Markennamen, die eine bestimmte Produktaussage implizieren, wobei insbesondere bei Lebensmitteln eine weitere Herausforderung in der Kompatibilität mit der EU-Health-Claim-Verordnung liegt (d. h. u. a. dass keine (Gesundheits-) Versprechen im Namen enthalten sind, die nicht belegbar sind).
z. B. VielLeicht/Edeka = *Themen-Strategie*
e) Namen ohne Programmaussage und Ähnlichkeit zu Herstellermarken
z. B. ERLENHOF/Rewe = *Identitäts-Strategie*
Unter der Identitäts-Strategie finden sich sowohl generische Namen (wie REWE FEINE WELT), abstrakte Namen (wie LASCANA/Otto-Versand) als auch Abkürzungen (wie TCM/Tchibo).

Die NoName-Strategie zielt ganz explizit auf eine Niedrigpreis-Positionierung, die MeToo-Strategie tut dies indirekt auch, indem sie zum Vergleich mit der Herstellermarke animiert und diesbezüglich meist durch einen niedrigeren Preis zu überzeugen versucht. Die Identitätsstrategie entzieht sich durch ihre Eigenständigkeit eher einem direkten Preisvergleich; sie erlaubt preislich sowohl Niedrig-Positionierungen (wie TCM), Mittel-Positionierungen (wie ERLENHOF) und Premium-Positionierungen (wie REWE FEINE WELT).

Obwohl es einzelne Versuche von Tchibo gibt, wie z. B. mit der Modemarke MITCH & CO. (des Designers Michael Michalsky), „namentliche“ Marken zu etablieren, ist für Tchibo generell ein namensbezogenes Branding nur bedingt hilfreich, handelt es sich doch meist um eine Art Aktionsware mit wechselndem Sortiment, die es schwer macht so etwas wie „Markentreue“ zu entwickeln.

Die am stärksten wachsende Naming-Strategie unter den Handelsmarken bildet das auch bei Herstellermarken bekannte Konzept des Cuckooing. Dies gilt insbesondere bei Nahrungsmitteln und Mode. Ähnlich wie das amerikanische HÄAGEN-DAZS eine dänische Herkunft suggeriert, deuten Namen wie COMBINO, DULANO oder PASTA CASA in den LIDL-Discountmärkten auf Italien als Herkunftsland, auch wenn die Produkte in Deutschland oder Drittländern hergestellt werden. Diese „Verschleierungspolitik" wird noch dadurch verstärkt, dass auch die Produktbeschreibungen und weitere Informationen auf der Verpackung in Italienisch gehalten sind. So heißt es bei COMBINO „Spaghetti alla Napoli" und nicht etwa „Spaghetti auf neapolitanische Art" und PASTA CASA „Pomodore" statt „Tomate". Obwohl PASTA CASA in seiner Übersetzung bereits als „Hausmarke" verstanden werden kann, wird der durchschnittliche LIDL-Kunde diese Übersetzungs- und Adaptionsleistung nicht erbringen. Das Prinzip gilt übrigens keineswegs nur für die italienische Küche, bei der man allein durch die hohe Anzahl italienischer Restaurants eine gewisse Vertrautheit oder gar Eindeutschung kulinarischer Bezeichnungen unterstellen könnte, sondern auch in ganz anderen Fällen.

So gibt es z. B. bei NETTO eine Handelsmarke für Tomaten-Ketchup unter dem Namen RICH. Sie präsentiert sich als RICH TOMATO KETCHUP mit dem Etiketten-Claim „As we love it". So wird auf eine amerikanischer Herkunft hingedeutet, ohne das es eine solche gibt oder diese explizit behauptet wird.

Natürlich exitiert keine ganz scharfe Trennung zur MeToo-Strategie. So z. B., wenn wir im Modebereich an die C&A-Marke WESTBURY denken, die sowohl an BURBERRY erinnert als auch eine britische Herkunft suggeriert.

4.5 Gefahren suboptimaler Namenswahl

4.5.1 Schutzfähigkeit

Je beschreibender ein Markenname konstruiert ist, umso geringer ist die Chance, ihn als Wortmarke schützen – und somit monopolisieren – zu können. Ein typisches Beispiel dafür bildet die Programm-Dachmarke „BioBio" von NETTO (vormals Handelsmarke von PLUS). Ebenso wie der Marke TODAY (REWE) wurde „BioBio" die Eintragung als Wortmarke verweigert. Die Begründung des BGH zur Eintragungsunfähigkeit von TODAY lautet zusammengefasst: Die Bezeichnung ist ein gängiges Wort der englischen Sprache und wird in der Werbung üblich als Hinweis für Waren des täglichen Gebrauchs verwendet, daher besitzt sie keine Unterscheidungskraft (vgl. BGH 1997).

Natürlich muss man nicht zwangsläufig über eine eingetragene Marke verfügen, um ein Produkt am Markt verkaufen zu können. Beim Vertrieb von Produkten mit einem schutzunfähigen Namen setzt man sich jedoch Gefahren aus:

a) Es wird erheblich schwerer, späteren Nachahmern die Verwendung der Namen ähnlicher Namen (hier z. B. zu: „BioBio" oder „Today") zu untersagen.

b) Man bietet Inhabern von prioritätsälteren Markenrechten, die diese Begriffe als signifikante Bestandteile in ihrem Namen führen, eine Angriffsfläche für Abmahnungen.

Unabhängig von diesen markenrechtlichen Aspekten macht man es speziell im Fall von „BioBio“ dem Konsumenten schwer, bei derzeit über 10.000 Marken (in Europa) mit dem Bestandteil „Bio“ im Namen, eine klare Markenidentität zu erkennen.

4.5.2 Ähnlichkeitsprobleme

Eine bewusste MeToo-Positionierung kann in Einzelfällen aufgehen, – wie u. a. der Erfolg von BALEA zeigt – vorausgesetzt, die Ähnlichkeit ist nicht so groß, dass dadurch existierende Markenrechte verletzt werden. MeToo-Strategien bergen aber immer enorme rechtliche Risiken.

Von 100 frei generierten Markennamen erzeugen bei einer sorgfältigen Ähnlichkeitsrecherche (je nach geografischem und Markenklassenumfang) in der Regel 96 bis 99 Vorschläge ernstzunehmende Probleme, die für den potentiellen Markenverletzer enorm teure Konsequenzen nach sich ziehen können. Die gerichtliche Beurteilungspraxis fällt dabei sehr unterschiedlich aus. Während es Beiersdorf bisher nicht gelang, BALEA (DM) eine Markenverletzung gegenüber NIVEA nachzuweisen, untersagte der Bundesgerichtshof beispielsweise der Anheuser-Busch-Brauerei die Nutzung des Namens BUD in Deutschland aufgrund seiner (verwechslungsfähigen) Nähe zu BIT (Marke der Bitburger Privatbrauerei).

Bei weltweit über 26 Millionen registrierten Marken [diese Zahl inkludiert Doppel- und Mehrfachanmeldungen in verschiedenen Ländern und supra-nationalen Registern (z. B. Community Trademarks)] wachsen die Gefahren von Markenverletzungen durch die Verwendung ähnlicher Namen stetig.

Abgesehen von diesen rechtlichen Aspekten entsteht zusätzlich eine nicht-steuerbare Gefahr von ungewollten Imagetransfers: Gerät beispielsweise die ältere Herstellermarke durch Skandale oder Produktprobleme in Verruf, kann sich dies auch durchaus negativ auf eine jeweilige MeToo-Marke auswirken.

Wenn auch die Handelsmarke BALEA große Verkaufserfolge verzeichnet und der Marke NIVEA Marktanteile abnimmt, so kann eine derartige Ähnlichkeitsstrategie in der Namensgebung aufgrund der o. a. hohen Risiken nicht pauschal zur Nachahmung empfohlen werden. Zu berücksichtigen ist dabei natürlich auch der Druck, den der Handel mit seiner Listing-Politik auf die Herstellermarken ausüben kann.

4.6 Voraussetzungen für die Wahl des richtigen Namens

4.6.1 Grundsätzliche Anforderungen

Grundsätzlich gelten für die Entwicklung von Markennamen für Handelsmarken die gleichen Bedingungen wie für Herstellermarken. Dabei ist es unerheblich, ob es sich um eine Monomarke (vgl. TANDIL/Aldi), eine Produktgruppenmarke (vgl. ERLENHOF/Rewe) oder eine Programmmarke (vgl. JA!/Rewe) handelt.

In einem großen Kaufhaus buhlen bis zu 60.000 verschiedene Markennamen um die Aufmerksamkeit ihrer Zielgruppen, die aber maximal über einen aktiven Wortschatz von 6000 Wörtern verfügen. Setzt man voraus, dass es das Idealziel jeder Marke ist, ihren Namen im aktiven Wortschatz ihrer Zielgruppe zu verankern, so gelten besondere Anforderungen an die sprachlichen und assoziativen Eigenschaften.

Zusammenfassen lassen sich die allgemeingültigen Anforderungen in der SUPER-Formel (vgl. Entwicklung der Endmark GmbH 2012), d. h. jeder Markenname sollte möglichst:

*S*imple (einfach)
*U*nique (einzigartig)
*P*rotectable (schutzfähig)
*E*loquent (ausdrucksstark)
*R*ememberable (erinnerungsfähig)

sein. Für die beschriebene MeToo-Strategie gilt die „Einzigartigkeit" nur eingeschränkt, d. h. vor allem unter markenrechtlichen Aspekten. Neben diesen sehr grundsätzlichen Bedingungen einer optimalen Namenswahl gelten jeweils besondere formale und strategische Anforderungen, die vor einem Namensfindungsprozess geklärt werden müssen. Im Übrigen können Ausnahmen von dieser Regel insbesondere dann Erfolg verbuchen, wenn einer der Kriterien – z. B. die Einzigartigkeit im Wettbewerbsumfeld – extraordinär ist, wie etwa der Name UMCKALOABO für ein frei verkäufliches Husten-Arzneimittel.

4.6.2 Formale Anforderungen

Die formalen Anforderungen an einen Namen beziehen sich auf rechtliche und (sprach-)kulturelle Aspekte. Sie umfassen im Kern folgende Fragen:

a) *Produkt- und Dienstleistungsumfang*:
   Welche Produkte sollen unter dem gesuchten Markennamen jetzt und in Zukunft vertrieben werden (können)? Die Antwort definiert die notwendigen Markenklassen, die ein zukünftiger Markenschutz umfasst.

b) *Geografische Erstreckung*:
Welche nationalen Märkte werden anvisiert? Dementsprechend sind nationale und supranationale Anmeldevoraussetzungen und Recherchen festzulegen

c) *Relevante Sprachen*:
In welchen Sprachen soll der jeweilige Name wirken? Dabei sind nicht nur fremdsprachliche Märkte zu berücksichtigen, sondern auch Migrantensprachen im Inland (z. B. Türkisch).

d) *Medien*:
Ist unter dem Markenamen auch eine Publikation geplant (titelschutzrelevant)? Und ist eine namensgleiche URL im Internet wünschenswert oder notwendig?

4.6.3 Strategische Anforderungen

Die strategischen Anforderungen ergeben sich insbesondere aus der gewünschten Positionierung und konkreten Anwendung des geplanten Namens. Da allein die bekannten Positionierungstheorien und -techniken genug Stoff für eine eigene Publikation bieten, beschränkt sich dieses Kapitel auf die für die Namensgebung relevanten Kernfragen.

Wie bereits zuvor erwähnt, prägt der Name in wesentlichen Zügen die Identität einer Marke. Das Markenimage aus der Sicht des Konsumenten kann allerdings langfristig nur sehr bedingt durch den Namen gesteuert werden. Wenn jemandem ein Getränk oder Jogurt einfach nicht schmeckt, oder er mit einem einzelnen Produkt schlechte Erfahrungen sammelt, hat dies immanente Auswirkungen auf sein persönliches Image von der jeweiligen Marke – ohne dass dies im Einzelfall durch Marketingmaßnahmen zu beeinflussen wäre.

Diese Maßnahmen, an deren erster Stelle der Name steht, können allerdings zumindest dafür sorgen, dass z. B. etwaige durch den Namen implizierte Produktversprechen nicht konterkariert werden und die Glaubwürdigkeit der Marke nicht in Frage gestellt wird. So wird ein Wein mit einem adligen Namen schlechterdings in einem Kartongebinde Sinn machen, genau wie eine edle Schokolade nicht als „Nasch-Happen" angeboten werden sollte.

Die namensstrategischen Grundfragen lassen sich wie folgt zusammenfassen:

a) *Markenarchitektur*
- Handelt es sich um eine Monomarke (wie z. B. TANDIL/Aldi) oder eine Gruppenmarke?
- Sind (ggf. spätere) Marken-Extensions vorgesehen (z. B. BALEA/BALEA MEN)?
- Tritt die Absendermarke in der Produktkommunikation als Endorsement in Erscheinung (z. B. TODAY, Eine Leistung der Rewe Handelsgruppe) oder nicht (z. B. TCM ohne Bezug zu Tchibo) bzw. wird der Markenname überhaupt kommuniziert (Tchibo tut dies bei TCM nicht)?

b) *Glaubwürdigkeit und Authentizität*
- Welche Eigenschaften soll der Name in Bezug auf das Produkt vermitteln: z. B. preiswert, hochwertig, praktisch, luxuriös?
- Wie soll sich der Name im Wettbewerb zu Herstellermarken positionieren?
- Gibt es USPs gegenüber Wettbewerbsmarken, wenn ja: welche?

c) *Kommunikation*
- Soll der Name auch über das Internet kommuniziert werden?
- Ist eine phonetische Umsetzung des Namens in der Werbung (HF/TV) vorgesehen oder möglich?
- Welche strategische Rolle wird der Produktname in der Gesamtkommunikation spielen?

Am besten werden die Antworten auf diese strategischen Fragen in einem möglichst fokussierten Positionierungspapier zusammengefasst.

4.7 Verfahren zur Auswahl des optimalen Namens

Sofern die formalen und strategischen Anforderungen klar definiert worden sind, kann der Kreationsprozess beginnen. Zuvor sollte eine Liste aller denkbaren Wettbewerbsnamen vorliegen, die als K.O.-Kriterien für die Kreation anzunehmen sind. Aus dem Positionierungsprofil des Produktes und der daraus entwickelten Naming-Strategie werden mögliche Namensrouten festgelegt. Auf deren Grundlage können Namensvorschläge kreiert werden. Dabei ist ein meist ein umfangreicher Input notwendig, da allein bei der anschließenden Markenrecherche erfahrungsgemäß bis zu 99 % der Vorschläge herausfallen können.

In einem ersten Prüfungsschritt werden die Vorschläge auf ihre Eintragungsfähigkeit untersucht, es sei denn das Handelsunternehmen verzichtet bewusst auf eine Markenanmeldung, was aber aus den zuvor genannten Gründen nicht zu empfehlen ist.

In jedem Fall muss dann eine sorgfältige Identitäts- und Ähnlichkeitsrecherche folgen. Diese bezieht sich sowohl auf Marken (in den relevanten Markenklassen, Ländern und supranationalen Markenregistern) als auch auf Firmennamen. Ggf. sind auch Titelschutzregister und Internet-domains entsprechend zu überprüfen.

Diese Recherchen sollten in jedem Fall von erfahrenen Spezialisten durchgeführt werden. So besteht eine konfliktträchtige Ähnlichkeit keineswegs nur in verschiedenen Schreibweisen oder einzeln ausgetauschten Buchstaben, sondern auch in Lautverschiebungen, Lautumkehrungen und inhaltlichen Ähnlichkeiten. Die Suchraster für einen einzigen Namen können leicht aus mehreren hundert Varianten bestehen.

Nach diesen Recherchen verbleiben nur noch wenige Namen. Diese sollten dann zunächst – möglichst durch Muttersprachler – hinsichtlich ihrer relevanten Fremdsprachwirkungen geprüft werden. Dabei gibt es natürlich immer Ermessenspielräume. Beispielsweise hat IKEA vor einiger Zeit ein Jugend- und Etagenbett unter dem Namen GUTVIK in

Deutschland aus dem Programm genommen, da es in gesprochener Form doch für Irritationen sorgte.

Nach Abschluss der formalen Prüfungen verbleibt je nach Input oftmals nur noch eine Hand voll Namensvorschläge. Als weitere Entscheidungshilfe kann man diverse Marktforschungsmaßnahmen anschließen. Sowohl mit geeigneten qualitativen als auch mit quantitativen Instrumenten lassen sich bestimmte Eigenschaften von Namen testen. Man sollte allerdings niemals fragen, ob dieser oder jener Name zu einem bestimmten Produkt passt, weil so erfahrungsgemäß immer der naheliegendste und vertrauteste Name präferiert würde, was wiederum ggf. gewünschte Alleinstellungskriterien konterkariert. Mit derartigen Verfahren hätten erfolgreiche Markennamen wie APPLE, DIESEL oder MONSTER niemals das Licht der Markenwelt erblickt.

Eine obligatorische Memory-Prüfung und ein Praktikabilitätstest, der den Namen im Geschäftsverkehr, am Telefon und in der Presse simuliert, führen dann zu einer noch kleineren Endauswahl, aus der letztendlich ein finaler Vorschlag gewählt werden kann.

4.8 Fazit: Unterschiede und Gemeinsamkeiten von Handels- und Herstellermarken unter „namentlichen" Aspekten

Der direkteste Namens-Wettbewerb zwischen Handels- und Herstellermarken entsteht bekanntlich am POS, mit Ausnahme von Handelsunternehmen, die keine Herstellermarken vertreiben (vornehmlich, aber nicht ausschließlich Discounter). Wenn ein Verbraucher zu ALDI geht, erwartet er eben keine Markenprodukte, von daher können die Bemühungen um einen guten Handelsmarkennamen dort weniger intensiv verfolgt werden. Überall dort, wo Handels- und Herstellermarken im direkten POS-Wettbewerb stehen, gelten für beide Gruppen die gleichen Spielregeln in Sachen Namenswirkung.

Ergänzt wird dieser Wettbewerb durch das Internet, in dem der (geschriebene) Name gegenüber anderen Markeneigenschaften eine noch größere Rolle spielt als im Verkaufsregal (vgl. Perry und Wisnom 2003). Dieses direkte Nebeneinander verdeutlicht, dass für die Wirkung – und damit auch für die Entwicklung – von Namen für Handelsmarken die gleichen Kriterien gelten wie für die Neu-Entwicklung von Herstellermarken. Zwei wesentliche Unterschiede bestehen allerdings: Während für eine Herstellermarke eine namentliche MeToo-Strategie in der Regel tödlich ist, kann sie bei Handelsmarken im Einzelfall (siehe BALEA) aufgehen. Weiterhin können lange und mit hohen Budgets eingeführte Herstellermarken auch mit – nach Wahrnehmungskriterien – suboptimalen Namen eher Markterfolge erzielen als neue Handelsmarken mit entsprechenden Wahrnehmungsdefiziten in ihrem Namen.

Letztendlich lässt sich jeder beliebige (rechtlich mögliche) Markenname etablieren, sowohl als Hersteller- wie auch als Handelsmarke – nur benötigen nach den zuvor geschilderten Kriterien schlechtere Namen einen weit höheren Kommunikationsaufwand, um einen ähnlichen Erfolg verbuchen zu können.

Vergleicht man die derzeit im Handel befindlichen Typologien der Namen von Hersteller- und Handelsmarken, so entdeckt man zunehmend weniger Unterschiede. Es gibt in beiden Kategorien generische und abstrakte Kunstnamen, Abkürzungen, Akronyme, lediglich Herkunftsnamen (wie Bitburger, Warsteiner, Rügenwalder) findet man kaum unter den Handelsmarken (es sei denn, man würde abstrakte Absenderorte wie ERLENHOF dazu zählen). Und Eigennamen, die immer noch einen hohen Anteil der originären Herstellermarkennamen ausmachen (wie Siemens, Bosch, Opel, Dr. Oetker etc.), finden sich bis auf wenige Ausnahmen (z. B. THEO WORMLAND/Textilen und WILHELM BRANDENBURG/REWE-Fleischwaren) auch kaum unter den Handelsmarken.

Bis jetzt sind es in erster Linie immer noch die originären Marken, die Trends setzen. Das könnte sich in der Zukunft durchaus ändern. So plausibel es erscheinen mag, dass Mode-Labels wertiger wirken, wenn sie eine italienische oder französische Herkunft vorgeben – wie z. B. die ur-deutschen Marken RENÈ LEZARD oder CARLO COLUCCI – umso austauschbarer werden sie letztlich. Ähnlich wie dies z. B. Wolfgang Joop erkannte, der sein neues Label bewusst deutsch WUNDERKIND genannt hat (vgl. Samland 2006), kann man die Prognose wagen, dass es auch bald mehr Private Labels geben wird, die als Gourmet- oder Modemarke eben nicht französische oder italienische Klischees bedienen. REWE FEINE WELT und MITCH & CO. von TCHIBO sind ist bereits Vorstöße in diese Richtung. Eigenmarken wie REWE FEINE WELT und EDEKA SELECTION reflektieren zudem einen selbstbewussteren Umgang mit der jeweiligen Handelsdachmarke. Sie streben damit eine deutlich höherwertige Positionierung in der Betrachtung ihrer Kunden an. Ob das bislang immer auf eine namentlich prägnante, originelle und nachhaltige Art und Weise geschieht, darf im Einzelfall noch hinterfragt werden.

Literatur

BGH. Beschluss vom 6. November 1997 – I ZB 17/95 – Bundespatentgericht.

Entwicklung der Endmark GmbH, Köln (2012). www.endmark.de. Zugegriffen: 10.09.2012.

Perry, A., und D. Wisnom. 2003. *Before The Brand*. New York.

Samland, B. M. 2010. *Der Google-Effekt*. Berlin.

Samland, B. M. 2006. *Unverwechselbar. Name Claim und Marke*. München.

Erfolgreiches Dialog-Marketing im Einzelhandel 5

Ralf T. Kreutzer

Inhaltsverzeichnis

5.1 Kennzeichnung, Erfolgsfaktoren und Ziele des Dialog-Marketings im Einzelhandel

5.1.1 Kennzeichnung des Dialog-Marketings

Dialog-Marketing begegnet uns heute in einer Vielzahl der unterschiedlichsten Erscheinungsformen. Mailings und Postwurfsendungen sowie die gewünschten und unerwünschten Telefonanrufe und SMS von Unternehmen, Werbe-E-Mails sowie die Vielzahl der Kundenkarten gehören zum Dialog-Marketing. Werbebanner und Sponsored-Links im Internet zählen ebenfalls hierzu. Und wenn wir von einem City-Light-Poster dazu aufgefordert werden, bei unserem Handy die Bluetooth-Schnittstelle zu aktivieren, um weitere Informationen des dort Werbenden zu erhalten, handelt es sich ebenso um eine Form des Dialog-Marketings. Hierzu zählen auch Spots in TV und Rundfunk, die zu einer unmittelbaren Reaktion auffordern. Schließlich gehören auch die Kontakte zum Außendienst oder zu einem Customer-Service-Center (auch Customer-Care-Center oder enger Call-Center genannt) zum Dialog-Marketing (Abb. 5.1). Die Dialog-Marketing-Instrumente zielen darauf

Ralf T. Kreutzer ✉
Alter Heeresweg 36, 53639 Königswinter, Deutschland

H.-C. Riekhof (Hrsg.), *Retail Business*, DOI 10.1007/978-3-8349-4555-6_11,

Abb. 5.1 Erscheinungsformen des Dialog-Marketings

ab, eine unmittelbare Beziehung und damit gleichsam einen Dialog mit den angesprochenen Zielpersonen zu eröffnen. Da hierzu i. d. R. „direkte" Reaktionen des Angesprochenen angestrebt werden, wird der Begriff des Direkt-Marketings und des Dialog-Marketings häufig synonym verwendet.

Wenn von Dialog- oder Direkt-Marketing gesprochen wird, ist häufig Kern allerdings die Dialog- bzw. Direktkommunikation gemeint. Diese Dialogkommunikation umfasst im Kern alle Aktivitäten, die sich einer einstufigen (direkten) Kommunikation bedienen, um Zielgruppen möglichst gezielt zu erreichen (vgl. Kreutzer 2009, S. 1–7). Dies gelingt bspw. durch Telefonanrufe, Mailings, E-Mails, SMS oder einen Außendienstbesuch. Zur Dialogkommunikation gehören auch die Aktivitäten, die sich einer mehrstufigen Kommunikation bedienen, um einen direkten individuellen Kontakt herzustellen. Hierzu zählen bspw. Anzeigen in der Zeitschrift *Elle* mit der Aufforderung an den Leser, bspw. eine Responsekarte einzusenden, eine Telefonnummer anzurufen oder per Scan des abgebildeten Quick Response Codes (QR-Code) auf die Homepage des anbietenden Unternehmens zu gehen. Ein TV-Spot wird zu einem Instrument der Dialogkommunikation, wenn eine direkte Reaktionsmöglichkeit (bspw. eine Bestellhotline) ausgelobt wird. Hier wird folglich versucht, den Angesprochenen zu einer unmittelbaren Reaktion i. S. einer Direct-Response (DR) zu bewegen. Folglich zählen alle Kommunikationsinstrumente, die auf eine unmittelbare Reaktion der Zielpersonen abheben, zum Dialog-Marketing.

Durch die Integration derartiger Reaktionsmöglichkeiten werden klassische Werbemedien zu Response-Medien und klassische Werbemittel zu Response-Werbemitteln. Ein TV-Spot wird zum DR-TV-Spot, ein Radio-Spot zum DR-Radio-Spot, eine Anzeige zur DR-Anzeige und ein Plakat zum DR-Plakat. Die Zielsetzung besteht darin, den Zuschauer, Zuhörer oder Leser aus seiner Anonymität herauszuführen und ihn direkt adressierbar zu machen. Erst wenn eine Adresse vorliegt, kann eine direkte Interaktion bzw. ein Dialog mit der dahinter stehenden Person beginnen.

5.1.2 Entwicklung des Dialog-Marketings

Bis in die 60er und 70er Jahre des letzten Jahrhunderts hinein dominierte sowohl bei der Ansprache wie auch bei der Leistungserbringung das Prinzip One-to-mass (Abb. 5.2). Hiermit verbunden waren eine weitgehend undifferenzierte Kundenansprache und die Vermarktung standardisierter Angebote. Die zunehmende Entstehung von Käufermärkten erforderte von den Unternehmen eine stärkere Berücksichtigung segmentspezifischer Anforderungen – in Kommunikation und Leistungserbringung gleichermaßen. Die Möglichkeit zur Umsetzung des Prinzips One-to-many wurde durch die zunehmende Verbreitung von IT-gestützten Lösungskonzepten in Kommunikation und Produktion möglich. In den 80er und 90er Jahren wurde eine umfassende Marktsegmentierung Grundlage vieler Unternehmens- und Marketing-Strategien, um im zunehmenden Wettbewerb überleben zu können. Die zielgruppenspezifischere Kommunikation wurde durch Begriffe wie Kundenstamm-Marketing, Database-Marketing und Relationship-Marketing geprägt. Flexiblere Produktionsstrukturen ermöglichten gleichzeitig, zumindest in Grenzen eine Differenzierung der Leistungserbringung orientiert an den Kundenerwartungen vorzunehmen.

Mit dem verstärkten Aufkommen von Kundenbindungsprogrammen in den 90er Jahren sowie durch den Begriff Customer Relationship Management wurde in der Kommunikation der Schritt zum One-to-one systematisch vorbereitet. Zielsetzung dabei wurde es, den Kunden als Einzelperson in den Mittelpunkt der Kommunikation zu stellen und diesen differenziert zu betreuen. Diese Personalisierung und Individualisierung der Ansprache orientiert sich dabei am spezifischen Wissen über die Person und/oder an Informationen über die Historie der Beziehung zwischen Person und Unternehmen. Bei der Umsetzung dieser individualisierten Ansprache kommt dem Dialog-Marketing eine Schlüsselstellung zu.

Eine umfassende Individualisierung der Leistungserbringung war damit allerdings nicht verbunden. Auch wenn *Dell* als Lieferant individuell konfigurierter Computer, *Spreadshirt* als Anbieter individualisierter T-Shirts oder mymuesli.de als Bezugsquelle individuell zusammengestellter Müsli-Mischungen als Beispiele einer solchen Individualisierung herangezogen werden, muss konstatiert werden, dass einer Individualisierung der Leistungserbringung nach wie vor enge Grenzen gesetzt sind. Groß ausgelobte Innovationen, wie bspw. individualisierte Laufschuhe, entpuppen sich bei genauer Analyse als Standardschuhe, auf die ein individualisierter Schriftzug aufgebracht wird. Deshalb ist es

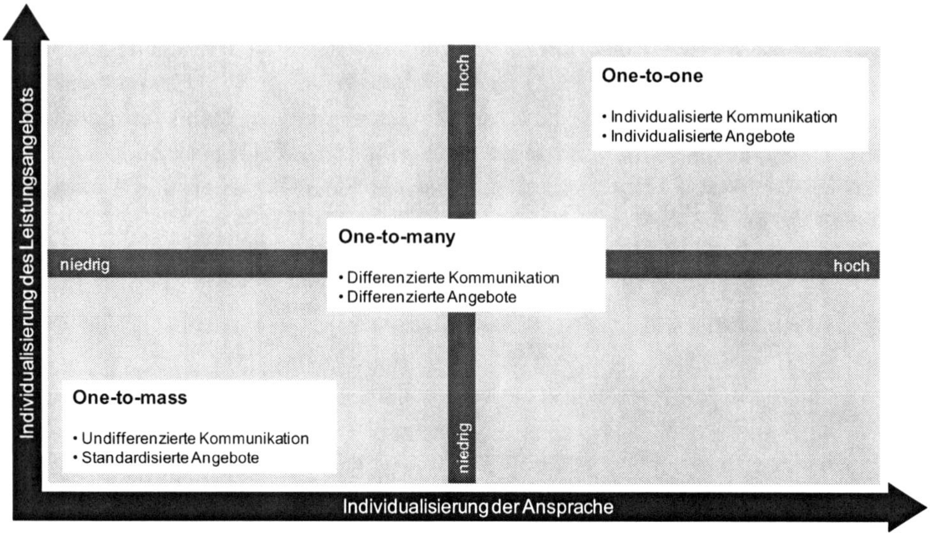

Abb. 5.2 Veränderungen des Differenzierungsgrades in Kommunikation und Leistungserbringung

zwingend geboten, beim One-to-one-Marketing zwischen einer Individualisierung der Ansprache und einer Individualisierung der Leistungserbringung zu unterscheiden. Eine Gleichsetzung von beidem wird der Realität heute nicht gerecht.

5.1.3 Hintergründe und Erfolgsfaktoren für die Ausgestaltung des Dialog-Marketings

Worauf ist es jetzt zurückzuführen, dass gerade die Instrumente des Dialog-Marketings einen wichtigen Anteil an den Werbebudgets der Unternehmen gewonnen haben? Welche Erfolgsfaktoren liegen der zunehmenden Bedeutung des Dialog-Marketings zugrunde?

- *Stärkere Fokussierung auf einzelne Zielgruppen*
  Einige Instrumente des Dialog-Marketings (bspw. Mailings, Telefon-Marketing, E-Mails, z. T. auch Beilagen) erlauben eine stärkere Fokussierung auf einzelne Zielgruppen, als dies i. d. R. bei einem klassischen TV-Spot oder einer Anzeige in einem großen Publikumstitel möglich ist. So können bspw. im BtC-Markt (Business-to-Consumer) können Abonnenten einer Eltern-Zeitschrift angeschrieben werden, um diesen etwa Kinderbekleidung vorzustellen.
- *Individualisierung der übermittelten Botschaften*
  Teilweise bieten die eingesetzten Instrumente die Möglichkeit einer Individualisierung der übermittelten Botschaften im Hinblick auf die Zielperson. Dies gelingt bspw. bei Telefonanrufen und Anschreiben, in denen aufgrund einer bestehenden Kundenhistorie

oder auf Basis des beim Unternehmen bekannten Geburtsdatums, der Familienstruktur oder der Konfektionsgröße maßgeschneiderte Angebote unterbreitet werden. Diese Individualisierung führt beim Empfänger vielfach zu einem höheren Involvement und damit wiederum zu einer höheren Aufmerksamkeit.

- *Angebot einer unmittelbaren Reaktionsmöglichkeit*
  Instrumente des Dialog-Marketings können aufgrund einer unmittelbaren Handlungsaufforderung teilweise eine höhere Aufmerksamkeit erzielen. Denn im Gegensatz zu den klassischen Monolog-Instrumenten stellen die Dialog-Instrumente keine kommunikative Einbahnstraße dar. Denn unabhängig davon, ob es sich um einen DR-TV-Spot, eine Response-Anzeige, einen Werbebrief oder einen Werbebanner im Internet handelt – der Angesprochene kann unmittelbar reagieren.
- *Persönliche Interaktion*
  Beim Telefon-Marketing, auf Messen oder im Zuge des Außendiensteinsatzes steht sogar der unmittelbare Dialog im Zentrum. Hier besteht nicht nur die Möglichkeit, eine Vielzahl von Informationen im direkten Gespräch zu gewinnen, sondern auch individualisierte Lösungen zu präsentieren. Hierdurch kann ein wichtiger Beitrag zur Kundenakquisition wie auch zur Kundenbindung geleistet werden.
- *Einsetzbarkeit auch bei kleinen Budgets für Marketing*
  Viele Instrumente des Dialog-Marketings lassen sich auch bei kleinen Budgets realisieren. Die Anmietung von 10.000 Adressen im unmittelbaren Einzugsbereichs eines Einzelhändlers, um besonders kaufkraftstarke Kunden anzusprechen, ist dabei ebenso möglich, wie die telefonische Ansprache von 50 Kunden, die ein Händler auf Basis einer Analyse des bisherigen Kaufverhaltens für eine exklusive Modenschau am POS gewinnen möchte. Die Möglichkeit, mit den Instrumenten des Dialog-Marketings sehr fokussiert tätig zu werden, ist für Nischenanbieter und kleine Unternehmen besonders interessant.
- *Bewertbarkeit der Ergebnisse der Dialog-Marketing-Instrumente*
  Da die Instrumente des Dialog-Marketings immer auf eine unmittelbare Reaktion der angesprochenen Personen abzielen, ergeben sich hierdurch „systembedingt" sehr schnell Reaktionsdaten, die die Erfolgsträchtigkeit der eingeleiteten Maßnahmen zeigen. Auch Testkonzepte können auf diese Weise sehr leicht eingesetzt werden, um im Vorfeld eines umfassenden Einsatzes die „am besten arbeitenden" Konzepte zu identifizieren. Auf diese Weise kann viel schneller, als dies bspw. bei einer nationalen Werbekampagne zur Imagesteigerung und Verkaufsunterstützung möglich ist, eine Erfolgsbewertung vorgenommen werden. Eine solche Erfolgsbewertung kann dabei nicht nur auf die eingesetzten Dialoginstrumente alleine, sondern auch in Verbindung mit den angesprochenen Zielgruppen und Teilzielgruppen erfolgen. So kann bspw. ermittelt werden, welches Dialoginstrument bei welcher Zielgruppe die höchste Rentabilität erreicht hat. Auf diese Weise kann der Instrumentaleinsatz kundenspezifisch optimiert werden. Damit gelingt es den Marketing-Verantwortlichen viel leichter, den zunehmend geforderten Nachweis bzgl. der Erfolgsträchtigkeit einzelner Marketing-Instrumente zu führen. Im Zentrum steht dabei der ROMI i. S. eines Return-on-Marketing-Investment.

Damit die Instrumente des Dialog-Marketings die hier aufgezeigten Vorteile für den gesamten Marketing-Auftritt erreichen können, ist eine umfassende Integration der Instrumente des Dialog-Marketings in das gesamte Marketing-Konzept erforderlich. Vielfach ist in Unternehmen noch immer festzustellen, dass klassische und direkte Kommunikation in verschiedenen organisatorischen Einheiten verantwortet werden. Zusätzlich sind i. d. R. auch unterschiedliche Agenturen für PR, Werbung (oft noch getrennt nach TV und Print), Dialog-Marketing, POS-Marketing, Event-Marketing und Online-Marketing zuständig. Dabei sind zwischen Abteilungen und/oder Verantwortungsträgern häufig kognitive Firewalls vorhanden, die eine zielorientierte Kommunikation zur Integration der verschiedenen Maßnahmen deutlich erschweren – oft zu Lasten eines überzeugenden Auftritts gegenüber den Kunden.

5.1.4 Zielkonzepte des Dialog-Marketings und Einordnung ins CRM

Dialog-Marketing hat im Zuge der sich immer stärker vollziehenden Etablierung des CRM (Customer Relationship Management) in Unternehmen der unterschiedlichsten Branchen an Bedeutung gewonnen. CRM ist ein konzeptioneller Ansatz im Marketing, der eine ganzheitliche, Einzelkunden-orientierte Betreuung von Zielpersonen im Rahmen des Kundenbeziehungslebenszyklus durch integrierte Marketing-Maßnahmen anstrebt. Im Kern geht es damit – orientiert an den Begriffen „Customer", „Relationship" und „Management" – um das zielorientierte Ausgestalten von Beziehungen zu Kunden. Die Grundlage hierfür bildet eine Datenbank, die die erforderlichen Informationen für die Schaffung von Mehrwert in der Beziehung zwischen Unternehmen und Kunden bereitstellt. Damit stehen beim CRM die folgenden Zielgruppen im Mittelpunkt:

- Wunsch- oder Ziel-Kunden, die ein Unternehmen für sich gewinnen möchte;
- Interessenten, d. h. Personen, die bereits ein generelles Interesse an den Leistungen des Unternehmens gezeigt haben;
- gegenwärtige und ehemalige Kunden, die nach dem Kaufakt weiter zu betreuen und für zusätzliche Käufe zu begeistern sind.

Die Ziele des CRM lassen sich wie folgt konkretisieren:

- *Informationsziele*
  Im Rahmen des CRM sollen bestimmte Informationen über das Unternehmen, dessen Kultur, Leistungsprogramm, Stellung im Markt etc. an Ziel-/Wunsch-Kunden sowie bestehende Kunden und Interessenten des Unternehmens übermittelt werden. Dabei stehen die Bekanntmachung des Unternehmens und dessen Leistungen an erster Stelle. Gleichzeitig strebt das Unternehmen allerdings auch die Gewinnung von Informationen über die Zielpersonen und/oder Zielunternehmen an.

- *Beeinflussungsziele*
  Die Bereitstellung von Informationen erfolgt nicht als Selbstzweck, sondern dient wiederum der Erreichung übergeordneter Ziele. So soll bspw. durch die Kommunikation ein bestimmtes Bild bzw. Image des Unternehmens bei Ziel-/Wunschkunden, Interessenten oder Kunden entstehen. Der Einsatz verschiedener Instrumente erfolgt mit dem Ziel, die Wahrnehmung und Bewertung eines Unternehmens und dessen Leistungen durch Dritte zu beeinflussen. Damit soll deren Einstellung zum Unternehmen, zu dessen Angeboten und Mitarbeitern in einer bestimmten Richtung geprägt und folglich ein bestimmtes Image aufgebaut werden.
- *Steuerungsziele*
  Schließlich sollen durch die Veränderung von Einstellungen sowie durch die Präsentation von konkreten Produkten und Lösungen bestimmte Verhaltensweisen erreicht werden. Dies kann die Anforderung des neuen Katalogs von *mini Boden*, der erstmalige Kauf im *Esprit-Shop*, der wiederholte Kauf bei *Peek & Cloppenburg* oder die Weiterempfehlung einer Mode-Boutique im Freundeskreis sein.

Eine Einzelkunden-bezogene Betreuung setzt zunächst eine umfassende Transparenz der Interessenten und Kunden, die das Unternehmen zurzeit bedient, voraus:

- Welche Art von Interessenten und Kunden hat ein Unternehmen bisher gewonnen?
- Wodurch zeichnen sich diese Personen oder Unternehmen aus?
- Wie groß ist dabei der Anteil, der dem vom Unternehmen definierten „Beuteraster" entspricht?
- Wie hoch ist der Kundenwert bei den einzelnen Kunden oder Kundengruppen?

Ohne eine solche Transparenz, die im klassischen Einzelhandel vielfach noch fehlt, können keine zielführenden weiteren Maßnahmen zur Kundengewinnung i. S. einer Erhöhung der Anzahl an Zielkunden durchgeführt werden. Denn erst durch die Schaffung der entsprechenden Transparenz im Unternehmen wird deutlich, welches eigentlich die „gewünschten" Zielkunden eines Unternehmens sind. Diese generieren für das Unternehmen bspw. besonders hohe Deckungsbeiträge oder weisen für die Eroberung weiterer Märkte eine wichtige Multiplikator- bzw. Meinungsführerfunktion auf.

Außerdem werden nur durch eine umfassende Transparenz der eigenen Kundenstruktur Ansatzpunkte zur Steigerung des Kundenwertes ersichtlich – einem zentralen Ziel von Unternehmen. Dieses kann neben der Fokussierung auf die „richtigen" Kunden über den mit den drei folgenden zentralen Stoßrichtungen einhergehenden Dreiklang der Kundenbetreuung erreicht werden:

- *More-Sell*
  Hier soll der Kunde mehr vom Gleichen kaufen. Aus Sicht eines Internet-Shops heißt das bspw., dass der Kaufzyklus der Bestellungen von Herrenbekleidung verkürzt werden soll.

- *Cross-Sell*
  Der Kunde soll allerdings auch Umsätze in anderen Angebotsfeldern des Unternehmens tätigen. Beim o. g. Internet-Shop wäre dies bspw. die zusätzliche Bestellung von Schuhen oder – ein entsprechender Bedarf vorausgesetzt – von Damen- und Kinderbekleidung. Dabei wird folglich angestrebt, aus einer Kundenadresse einen höheren Umsatz – bzw. präziser – einen höheren Deckungsbeitrag zu erzielen.
- *Up-Sell*
  In diesem Kontext würde der o. g. Kunde motiviert, höherwertige Angebote des gleichen Unternehmens zu nutzen. Dies bedeutet etwa, dass der Käufer von Angeboten aus der Mittelpreislage dazu motiviert wird, auch höherwertige Produkte zu erwerben, die für das Unternehmen i. d. R. auch einen höheren Deckungsbeitrag mit sich bringen.

Damit wird deutlich, dass im Kontext eines CRM die folgenden Stoßrichtungen dominieren:

- Erhöhung der Anzahl der Zielkunden,
- Steigerung des Kundenwertes bei den betreuten Konsumenten oder Unternehmen.

Durch diesen differenzierten Ansatz wird deutlich, dass es einem Unternehmen nicht alleine darum gehen kann, Kunden nur länger zu „binden", wenn dies nicht gleichzeitig mit der Erschließung von More-, Cross- und/oder Up-Sell-Potenzial einhergeht. Erst ein Zusammenwirken all dieser Faktoren unterstreicht, warum die Erhöhung der Verweildauer eines Kunden beim eigenen Unternehmen ein ganz zentrales Ziel für CRM-Programme darstellt.

5.2 Kundenwert und Kundenbeziehungslebenszyklus als Orientierungsrahmen des Dialog-Marketings im Einzelhandel

5.2.1 Steuerung des Dialog-Marketings durch den Kundenwert

Viele der nachfolgenden Fragen bleiben heute in Unternehmen nach wie vor unbeantwortet:

- Wer sind meine „besten" Kunden und woran wird „das Beste" gemessen (Umsatz/Deckungsbeitrag – als Vergangenheits-/Ist-Wert oder als Prognose)?
- Wie loyal sind die Kunden und woran wird „Loyalität" gemessen (Länge der Kundenbeziehung, Umsatzhöhe – absolut oder relativ i. S. Share of Wallet, Ausmaß an erfolgreichen Weiterempfehlungen)?
- Auf welche Segmente werden heute Kundenbindungsmaßnahmen fokussiert – und warum?
- Über welche Akquisitionswege und -maßnahmen werden die besten/schlechtesten Kunden gewonnen – und warum?

- Durch welche Angebote werden die besten/schlechtesten Kunden gewonnen – und warum?
- Durch welche Betreuungsmaßnahmen werden Kunden am effizientesten gebunden – und warum?

Wenn solche Fragen nicht oder nicht fundiert beantwortet werden können, erreicht die Marketing-Steuerung weder ihre Effektivitäts- noch ihre Effizienzziele. Hieraus ergibt sich folglich die Notwendigkeit, ein tragfähiges Bewertungskonzept einzusetzen, welches hilft, die o. g. Fragen zu beantworten. Die qualifizierte Ermittlung des Kundenwertes stellt folglich die Grundlage für ein wertorientiertes Kundenmanagement dar. Hierunter ist die Entwicklung von Konzepten zu verstehen, die zur Auswahl und Bearbeitung profitabler Kundenbeziehungen beitragen. Auf diese Weise wird deutlich, dass beim wertorientierten Kundenmanagement zwei Aufgaben zentral sind: zum einen die Auswahl der zu gewinnenden und zu behaltenden Kunden, zum anderen die Ausgestaltung der Kundenbetreuung – orientiert an dem in Abb. 5.5 präsentierten Kundenbeziehungslebenszyklus.

5.2.2 Ansätze zur Ermittlung des Kundenwertes im Einzelhandel

Die ABC-Analyse hilft bereits bei der Kundenklassifikation weiter, weil zumindest die Verteilung der Kunden in Abhängigkeit ihrer Umsatzhöhe oder der erzielten Deckungsbeiträge dargestellt wird. Die dabei sichtbar werdenden Konzentrationseffekte können bei der Fokussierung von „Management-Attention" sowie von Bindungsmaßnahmen eine wichtige Orientierung liefern. Allerdings wird bei der klassischen ABC-Analyse „Verhalten aus der Vergangenheit" im „Jetzt" belohnt, während zukünftige Potenzialträger, die heute noch im B- und C-Segment zu finden sind, auf eine wertorientierte Betreuung verzichten müssen, weil deren Potenzial nicht erkannt wurde. Damit gilt: Es muss eine höhere Informationsdichte geschaffen werden, um das Erkenntnispotenzial für eine wertorientierte Steuerung auszuschöpfen.

Die dominierenden Fehlerquellen, die beim Aufbau eines wertorientierten Kundenmanagements beseitigt werden müssen, sind in Abb. 5.3 aufgezeigt. Zunächst einmal findet häufig eine Kundenwertermittlung ex post statt, ohne kritisch zu hinterfragen, ob das von Kunden in der Vergangenheit gezeigte Verhalten auch in der Zukunft zu erwarten ist. Durch eine solche Vorgehensweise wird folglich systematisch verhindert, dass Kunden mit Entwicklungspotenzial erkannt und folglich auch angemessen bearbeitet werden können. Ein weiterer Kritikpunkt sind statische Modelle, die auf eine reine Trendextrapolation nach dem Motto „mehr vom Gleichen" setzen, ohne mögliche Veränderungen zu antizipieren und bei der Kundenwertermittlung zu berücksichtigen.

Ein undifferenzierter Ansatz liegt dann vor, wenn bei der Kundenwertermittlung nicht berücksichtigt wird, dass sich unterschiedliche Kundengruppen im Zeitablauf verschieden entwickeln können. Bei einer Eindimensionalität der Kundenwertermittlung wird lediglich ein Kriterium zur Wertermittlung herangezogen. Häufig ist dies der Umsatz, ohne zu

Abb. 5.3 Fehlerquellen in der Kundensteuerung (in Anlehnung an Helm und Günter 2006, S. 24)

berücksichtigen, dass dieser nicht bei allen Kundengruppen positiv mit Deckungsbeitrag korreliert. Zusätzlich ist die Aktionsunabhängigkeit der Kundenbewertung zu kritisieren. Dabei bleibt unberücksichtigt, dass ein großer Unterschied hinsichtlich des Kundenwertes vorliegen kann, je nachdem, über welchen Weg ein Kunde angesprochen bzw. welches Angebot diesem unterbreitet werden soll. Für eine Ansprache per Telefon kann der Kunde prädestiniert sein und damit einen hohen Kundenwert für eine Verkaufsaktion darstellen. Da der gleiche Kunde auf eine E-Mail-Ansprache aber so gut wie nie reagiert, wird dessen Wert für eine E-Mail-Ansprache entsprechend niedrig ausfallen.

Die Folgen eines solchen Vorgehens sind Defizite in der Kundenakquisition. Durch eine ungenügende Kundenwertermittlung werden u. U. marginale, d. h. nur noch „am Rande" für ein Unternehmen relevante Kunden gewonnen, die keine oder negative Deckungsbeiträge erwirtschaften. Außerdem werden möglicherweise weiterhin Kommunikationskanäle, Angebote zur Neukundengewinnung oder spezifische Anreizmechanismen eingesetzt, die nicht zu langfristig werthaltigen Kunden führen. Zusätzlich treten Defizite in der Kundenentwicklung auf, weil More-, Up- und Cross-Sell-Potenzial nicht erkannt oder nicht auf geeignete Weise ausgeschöpft werden kann. So setzt ein Unternehmen u. U. immer wieder „aufs falsche Pferd", weil die relevanten Steuerungsinformationen fehlen. Schließlich stellen sich auch Defizite in der Kundenrückgewinnung ein, weil bei dieser ein falscher Fokus vorliegt. So können u. U. auch „marginale Kunden" zurückgewonnen werden, die für das Unternehmen nur noch am Rande interessant sind. Oder es werden wiederum falsche Kanäle, Angebote, Anreizmechanismen eingesetzt.

Ein Kundenmanagement, welches dagegen konsequent auf einem differenzierten Kundenwert basiert, kann einen aktionsbezogenen „Blindflug" des Unternehmens vermeiden und bei Akquisition und Betreuung von Kunden die geeigneten Fokusse setzen. Dann können bei der Akquisition die richtigen Schwerpunkte bei Ansprache und Kanälen, bei initialen Angeboten sowie bei den einzugehenden Kooperationen zur Kundenakquisition gesetzt werden. Hinsichtlich der Betreuung können die Kunden mit Entwicklungspotenzial

Kriterium	Gewicht	Punktwert 1	2	3	4	5
Recency (Wie lange ist der letzte Kauf bereits her?)	0,3	2,5 < x Monate	2 < x ≤ 2,5 Monate	1,5 < x ≤ 2 Monate	1 < x ≤ 1,5 Monate	x ≤ 1 Monat
Frequency (Wie häufig kauft der Kunde pro Jahr ein?)	0,5	x < 1	1 ≤ x < 3	3 ≤ x < 5	5 ≤ x < 7	x ≥ 7
Monetary Ratio (Welche Umsätze tätigt der Kunde pro Kaufakt in €?)	0,2	x < 25	25 ≤ x < 50	50 ≤ x < 75	75 ≤ x < 100	x ≥ 100
Summe	1,0					

Abb. 5.4 Scoring-Modell zur Ermittlung von Kundenwerten im Einzelhandel

fokussiert und die geeigneten Kunden in Bindungsprogramme integriert werden. Gleichzeitig wird sichtbar, welche Kunden zurückgewonnen werden sollten und von welchen man sich gerne verabschiedet.

Um ein Scoring-Modell (auch Punktbewertungsmodell oder Nutzwertanalyse) zu entwickeln, muss zunächst festgelegt werden, anhand welcher Merkmale eine Idee bewertet werden soll (Abb. 5.4). Anschließend müssen diese Merkmale mit einer Gewichtung versehen werden. Die Gewichtungsfaktoren müssen sich dabei zu 1,0 addieren. Im Zuge dieser Festlegung finden in den Unternehmen häufig intensive Diskussionen statt, weil bei der Entwicklung eines solchen Scoring-Modells eher intuitiv geprägte Bewertungsmuster transparent und damit auch diskutierbar werden. Allein hierin liegt bereits ein großer Wert dieses Ansatzes. Es ist darauf zu achten, dass die Kriterien möglichst unabhängig voneinander sind, um eine ungewollte Mehrfacherfassung gleicher Sachverhalte zu vermeiden.

Im nächsten Schritt müssen alle Kriterien operationalisiert, d. h. messbar gemacht und hinsichtlich ihrer unterschiedlichen Ausprägungen mit Punkten (Scores) versehen werden. Aus der Multiplikation der vergebenen Punkte mit den jeweiligen Gewichten, summiert über alle Kriterien, ergibt sich dann für jede Alternative ein Gesamtpunktwert, anhand dessen ein Vergleich der Kunden basierend auf ihrer individuellen Wertigkeit möglich wird.

Ein für den Einzelhandel besonders geeignetes Konzept, um den Kundenwert zu bestimmen, ist die RFMR-Methode. Hier wird der Kundenwert in Abhängigkeit von drei Größen ermittelt:

- Recency (Wie lange ist der letzte Kauf bereits her?),
- Frequency (Wie häufig kauft der Kunde ein?),
- Monetary Ratio (Welche Umsätze tätigt der Kunde pro Kaufakt?).

Je kürzer der letzte Kauf zurück liegt, je häufiger der Kunde einkauft und je mehr Umsatz er dabei tätigt, desto höher fällt der entsprechende Kundenwert für das betreffende

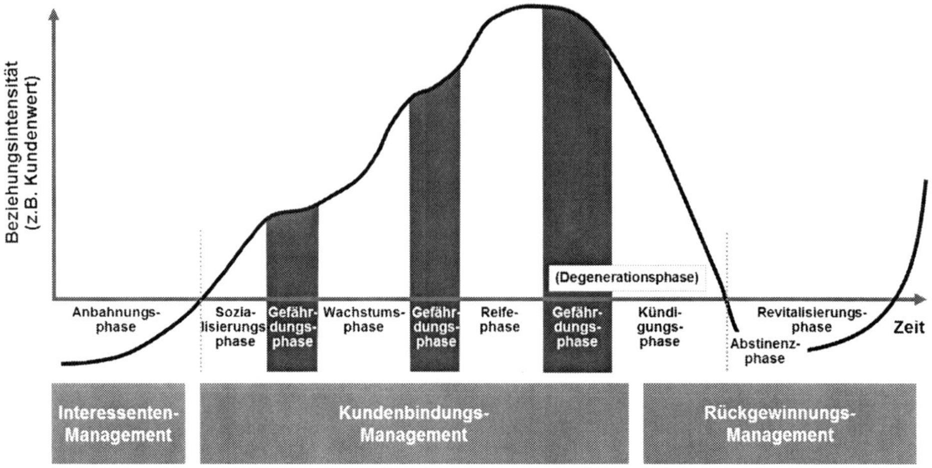

Abb. 5.5 Konzept des Kundenbeziehungslebenszyklus (Stauss 2000, S. 16)

Unternehmen aus. In einer Weiterentwicklung dieses Modells könnten ebenfalls kunden- und unternehmensbetriebene Betreuungskosten in die Kundenwertermittlung einfließen.

Jedes Unternehmen ist gut beraten, vor dem Hintergrund der Branchenspezifika, der eigenen Ziele sowie der Verfügbarkeit der relevanten Daten ein spezifisches Konzept zur Kundenwertermittlung zu erarbeiten. Eine größere Schärfe der Kundenwertermittlung ist dann anzustreben, wenn das Unternehmen auch die Möglichkeit besitzt, daran orientiert eine differenzierte Betreuung der Kunden vorzunehmen. Die Differenziertheit der Kundenbewertung muss folglich mit der Differenzierbarkeit der Kundenansprache Hand in Hand gehen.

5.2.3 Kennzeichnung und Aufgabenbereiche im Rahmen des Kundenbeziehungslebenszyklus im Einzelhandel

In Abgrenzung zum klassischen Produktlebenszyklus steht beim Konzept des Kundenbeziehungslebenszyklus nicht das Produkt, sondern die Beziehung einer einzelnen Person oder eines Unternehmens bzw. einer entsprechenden Gruppe von Personen oder Unternehmen zu einem spezifischen Unternehmen im Mittelpunkt der Betrachtung. Dabei wird aufgezeigt, wie sich diese Beziehung (gemessen bspw. am Kundenwert) über die Zeit entwickelt. Dabei sind drei wichtige Kernphasen zu unterscheiden (Abb. 5.5):

- Interessenten-Management,
- Kundenbindungs-Management,
- Rückgewinnungs-Management.

In der Phase des Interessenten-Managements geht es zunächst darum, eine Beziehung zum Unternehmen anzubahnen. In dieser Phase fallen die Maßnahmen eines Unternehmens zur Akquisition neuer Kunden. Die Phase des Kundenbindungs-Managements beschreibt, wie sich ein Kunde im Zeitablauf entwickelt und welche Subphasen er dabei durchlaufen kann. In dieser Phase können Unternehmen verschiedene Maßnahmen einsetzen, um den Kunden an das Unternehmen zu binden. Den Übergang von Kundenbindungs- zum Rückgewinnungs-Management wird geprägt von der Degenerationsphase, bei der die Beziehungsintensität abnimmt und der Kunde für das Unternehmen verloren zu gehen droht. Jede dieser Phasen geht – für jede Person bzw. jedes Unternehmen sowie für die entsprechenden Gruppen – mit spezifischen Anforderungen an das betreuende Unternehmen einher. Gerade die Instrumente des Dialog-Marketings ermöglichen, diesen Spezifika umfassend Rechnung zu tragen.

Bevor ein Interessenten-Management nach Abb. 5.5 erfolgen kann, ist im Rahmen des CRM der Fokus zunächst auf die akquisitionsorientierte Segmentierung zu legen. Dabei wird – basierend auf den Akquisitionszielen und/oder auf den Erkenntnissen der Kundenwertermittlung – definiert, welche Zielsegmente ein Unternehmen ansprechen möchte („Definition des Beuterasters"). Damit wird festgelegt, auf welche Zielgruppe oder Zielgruppen das Marketing ausgerichtet werden soll. Diese Festlegung der Akquisitionsschwerpunkte ist nicht nur für die Ausgestaltung des Marketing-Konzepts relevant, sondern auch für die Definition des relevanten Informationsbedarfs und für die Auswahl der für die Akquisition einzusetzenden Dialog-Marketing-Instrumente.

Neben den primär zur Zielgruppendefinition genutzten akquisitionsorientierten Segmentierungskriterien und -konzepten ist für die bereits gewonnenen Interessenten und Kunden eines Unternehmens eine transaktionsorientierte Segmentierung durchzuführen. Diese kann bereits auf den Informationen aufsetzen, die im Zuge der Transaktionen zwischen Interessenten und Kunden einerseits und dem Unternehmen andererseits gewonnen wurden. Damit wird deutlich, dass die transaktionsorientierte Segmentierung eine viel größere Tiefe und Schärfe in der Segmentbeschreibung und -bearbeitung ermöglicht als die akquisitionsorientierte Segmentierung. Letztere kann häufig nur auf wenigen Basisdaten aufsetzen.

Bei der Betreuung von Personen und/oder Unternehmen entlang des Kundenbeziehungslebenszyklus sollte man sich vor Augen führen, dass zum einen die Interessenslage sowie der Informationsbedarf von Personen und Unternehmen in diesen verschiedenen Phasen ganz unterschiedlich ausgeprägt sind. Zum anderen streben anbietende Unternehmen in den einzelnen Phasen auch ganz verschiedene Ziele an. Im Zuge des Interessenten-Managements geht es primär darum, im Rahmen einer Anbahnungsphase – basierend auf den Festlegungen der akquisitionsorientierten Segmentierung – Ziel- und Wunsch-Kunden des Unternehmens auf unterschiedlichste Weise anzusprechen, um diese für das eigene Leistungsangebot zu begeistern. Dabei ist zu berücksichtigen, dass solche Personen, die durch erste Akquisitionsmaßnahmen ggf. bereits zu Interessenten weiterentwickelt wurden, einen ganz anderen Informationsbedarf aufweisen als langjährige Kunden. Auf die in dieser Phase gewonnenen ersten Informationen über die Interessenten setzt die transaktionsorientierte Segmentierung auf. Dabei werden die hier gewonnenen Erkenntnisse für die Ausgestaltung weiterer Betreuung wie auch zur Optimierung der Akquisitionsmaßnahmen selbst herangezogen.

Im Rahmen der Interessenten-Gewinnung sowie eines individualisierten Interessenten- und Kunden-Managements können u. a. die folgenden Instrumente des Dialog-Marketings eingesetzt werden:

- Response-Anzeigen sowie TV- und Radio-Response-Spots,
- Coupon-Kataloge,
- Beilagen,
- Mailings, ggf. ausgestaltet im Rahmen von Werbebriefprogrammen für Interessenten und Kunden,
- E-Mails,
- Newsletter (online/offline),
- Telefonanrufe,
- Freundschaftswerbung,
- Kundenkarten, Kundenmagazine, Kundenclubs.

Sowohl beim Interessenten- wie beim Kunden-Management sind für die Optimierung der weiteren Akquisitions- und Betreuungsmaßnahmen die folgenden Fragen zu beantworten:

- Welche Personen oder Unternehmen wurden als Interessenten bzw. Kunden gewonnen?
- Welche Merkmale weisen diese jeweils auf?
- Wurden diejenigen erreicht und zum Handeln motiviert, sei es Informationsabforderung oder Kauf, die im „Beuteraster" beschrieben wurden?
- Welche Kosten wurden damit bei verschiedenen Kampagnen ausgelöst?

Die Phase des Kundenbindungs-Managements umfasst mehrere Stufen, die wiederum verschiedene Anforderungen an das unternehmerische Marketing und insb. an die einzusetzenden Instrumente stellen (vgl. Abb. 5.5). In der Sozialisationsphase sind die Kunden zunächst mit ihrem neuen Leistungspartner vertraut zu machen, sei es im Consumer-Markt mit dem betreuenden Autohaus, dem gewählten Bekleidungsunternehmen, dem Angebot eines Weinversenders oder einem Fundraising-Unternehmen wie *UNICEF*. Diesem Prozess schließt sich im Idealfall eine Wachstumsphase an, in der die Umsätze steigen werden, weil man zu seinem neuen Anbieter bzw. Leistungspartner Vertrauen gefasst hat und zusätzliche Leistungen in Anspruch nimmt. Die Reifephase kann sich – in Abhängigkeit vom Leistungsangebot – nach wenigen Tagen, Wochen, Monaten oder Jahren einstellen.

Im Zuge des Kundenbindungs-Managements sollten darüber hinaus die folgenden, für die weitere Kundenbetreuung wie auch für die Neukundengewinnung zentralen Fragen beantwortet werden:

- Welche der angesprochenen Personen, Personengruppen bzw. Unternehmen sind aktiv geworden?
- Welche Erst- und Folgeumsätze wurden getätigt?
- Welcher Warenkorb mit welchen Deckungsbeiträgen wurde nachgefragt?
- Welche Kaufmuster lassen sich erkennen?
- Aus welchem Einzugsgebiet kommen die Kunden?
- Welche Sortimentsteile werden von Kunden aus welchem Einzugsgebiet und in welcher Abfolge nachgefragt?
- Welche Gewinnungswege führen zu welcher Kundenwertigkeit (hinsichtlich Umsatz und Deckungsbeitrag, aber auch bzgl. der erzielten Einkaufsstättentreue)?
- Welche Akquisitionsquoten sind bei personalisierter Ansprache (bspw. über Mailings) im Vergleich zur unpersonalisierten Ansprache (etwa über Coupons in der Tageszeitung) zu erreichen?

Zusätzlich sollte das Unternehmen konsequent – wenn das entsprechende Angebot vorhanden ist – den Dreiklang der Kundenbetreuung einleiten. Im Zuge des More-Sell sollte versucht werden, eine Kundenloyalität zu schaffen, damit der Kunde dem Produkt oder dem Anbieter i. S. des betreuenden Handelsunternehmens treu bleibt und „mehr vom Gleichen" erwirbt. Dies ist ein Ansatz von Kundenbindungssystemen, mit denen der Wiederkauf belohnt wird (bspw. durch die *Adler-* oder die *P&C*-Kundenkarte). Um Folgekäufe auszulösen, können ganz gezielt Coupons versandt werden, um bspw. die Kunden von *Kaufhof* oder *Anson's* über Kundenbindungsprogramme (hier *Payback* bzw. *Anson's Insider*) dazu anzuregen, diese Kauf- bzw. Warenhäuser für Folgekäufe aufzusuchen. Mit weiteren direkten Ansprachen, sei es über E-Mail, Mailing, SMS oder Telefon können Unternehmen versuchen, zusätzliche Kaufimpulse zu setzen oder auf Wettbewerberaktivitäten zu reagieren. Durch unterschiedlichste Instrumente können den Kunden – so deren Kommunikationsdaten nutzbar vorliegen – auch konkrete Angebote unterbreitet werden, die auf Cross-Sell (den Bekleidungskauf durch den Kauf von Schuhen ergänzen) bzw. Up-Sell (Ausrichtung eines Kunden auf höherwertige, deckungsbeitragsstärkere Angebote) abzielen. Dabei kann diese idealtypische Entwicklung durch Gefährdungsphasen unterbrochen werden, wie sie bspw. aggressive Preisangebote, neue Vertriebsformen oder innovative Leistungsangebote von Wettbewerbern darstellen. Je gefestigter die Kundenbeziehung ist, desto schwerer fällt es neuen Anbietern, in die bestehenden Beziehungen einzubrechen. Eine gut gefestigte Beziehung mit der gewünschten Kommunikationsintensität immunisiert damit gleichsam gegen attraktive Wettbewerbsangebote – wie im richtigen Leben auch!

Von großer Bedeutung für die akquisitions- und transaktionsorientierte Segmentierung ist die Sprosse, die eine Person auf dem Weg zum loyalen Stammkunden auf der Loyalitätsleiter erreicht hat (vgl. Abb. 5.6) – und die es informatorisch zu ermitteln gilt. Die Stufen dieser Loyalitätsleiter beginnen im „Rest der Welt", in der zu Beginn einer Aktion keine oder kaum Kenntnisse über das Unternehmen bzw. das Angebot vorliegen und aus der Personen oder Unternehmen als Zielobjekte herausgelöst werden sollen. Suspects (i. S. „Verdächtige" bzw. „potenziellen Interessenten") bezeichnen Personen oder Unternehmen,

Abb. 5.6 Loyalitätsleiter zur Interessenten- und Kundenentwicklung (Kreutzer 2009, S. 55)

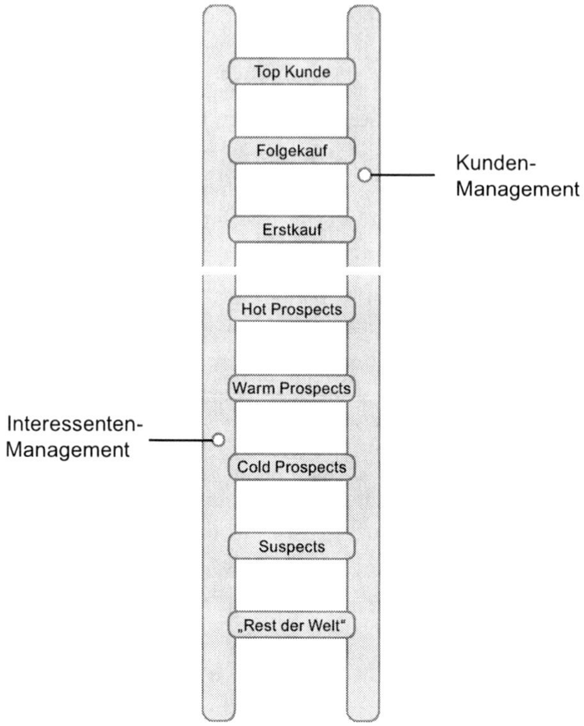

bei denen ein Interesse an der eigenen Leistung unterstellt wird. Diese gilt es über verschiedenste Betreuungsmaßnahmen für ein Angebot „anzuwärmen", um sie so zu Warm/Hot Prospects (i. S. einer „Verkaufschance" bzw. von „potenziellen Kunden") zu entwickeln, die einen Erstkauf tätigen sollen. Über Folgekäufe sind diese dann zu Top-Kunden weiterzuentwickeln. Für jede Stufe diese Loyalitätsleiter gelten andere Gesetzmäßigkeiten bzgl. des relevanten Informations- und Betreuungsbedarfs, dem das anbietende Unternehmen konsequent Rechnung tragen sollte.

Folglich sind in Abhängigkeit von der erreichten Sprosse dieser Loyalitätsleiter unterschiedliche Maßnahmen einzuleiten, um den Interessenten bzw. Kunden immer genau die Informationen zukommen zu lassen, die in der jeweiligen Stufe erforderlich sind. Dazu können u. a. die folgenden Instrumente zum Einsatz kommen:

- Bereitstellung von Basisinformationen über das Unternehmen und/oder das Produkt über den Versand von Flyern,
- Telefonische Beratung,
- Versand eines E-Mail-Newsletters,
- Glückwunsch zur getroffenen Kaufentscheidung,
- Informations- und Betreuungsbriefe,
- Informationen über Zusatzangebote,

- Einbindung in ein Kundenbindungsprogramm,
- Einleitung einer VIP-Betreuung.

Die aufgezeigten Maßnahmen füllen in ihrer Gesamtheit das aus, was heute unter dem Stichwort Kundenbetreuungs- oder Kundenbindungsprogramm sowohl im BtC- wie im BtB-Markt diskutiert wird. Vor diesem Hintergrund müssen Unternehmen eine Transparenz über die jeweils erreichte Sprosse der Loyalitätsleiter anstreben, um die Maßnahmen individuell auf die einzelnen Interessenten oder Kunden auszurichten.

Die letzte Phase im Rahmen des Kundenbeziehungslebenszyklus wird als Rückgewinnungs-Management gekennzeichnet. Hier wird zunächst versucht, möglichen Kündigern im Vorfeld einer tatsächlich ausgesprochenen Kündigung auf die Spur zu kommen, um einer Kundenabwanderung vorzubeugen. Hat der Kunde bereits gekündigt, setzt das Churn-Management ein. Churn ist dabei ein Kunstwort, das sich aus Change und Turn zusammensetzt und den Vorgang bezeichnet, dass man versucht einen Kunden wieder „umzudrehen", damit dieser seine Kündigung zurückzieht.

5.3 Bausteine einer kundenorientierten Dialogstrategie im Einzelhandel

5.3.1 Informatorische Grundlagen des Dialog-Marketings

Um eine ziellose Suche nach Informationen und eine ungerichtete Zusammenführung von diesen zu vermeiden, sind vor dem Eintritt in die Informationsbeschaffung in einem ersten Schritt zunächst die relevanten Informationsbedarfe zu definieren. Dabei kommt der Adresse als Dreh- und Angelpunkt aller weiter zu beschaffenden Informationen der zentrale Stellenwert zu.

Bei der Definition der weiteren Informationsbedarfe kann u. a. darauf aufgesetzt werden, welche Art von Kundenwertmodell unternehmensintern zum Einsatz kommen soll, weil diese Entscheidung die zu ermittelnden Informationsfelder determiniert. Weiterhin ist festzulegen, welche Informationen zur weiterführenden Beschreibung von Kunden und Interessenten eine besonders große Aussagekraft haben. Schließlich ist der zu deckende Informationsbedarf auch davon abhängig, welche Dialog-Marketing-Instrumente kundenorientiert ausgestaltet zum Einsatz kommen sollen. Verfügt ein Unternehmen bspw. nur über eine sehr enge Produktpalette oder setzt es ein nur sehr schmales, hoch standardisiertes Instrumentarium zur Kommunikation mit den Kunden ein, kann eine tiefgehende Analyse der Kundenbedürfnisse und die Ermittlung von kommunikativen Präferenzen entfallen. Denn dann besteht keine Möglichkeit, diese Informationen in eine spezifische Ausgestaltung der Marketing-Instrumente umzusetzen.

Die zu deckenden Informationsbedarfe differieren nach der Phase, die eine Person bzw. ein Unternehmen im Kundenbeziehungslebenszyklus erreicht hat. Für die akquisitionsorientierte Segmentierung im BtC-Markt haben sich verschiedene Gruppen von Kriterien

Demographische Kriterien	Psychographische Kriterien	Marketing-Diamant-bezogene Kriterien
▪ **Geschlecht** ▪ **Familien-Lebenszyklus** ▪ Alter ▪ Familienstand ▪ Haushaltsgröße ▪ Haushaltsstruktur ▪ **Soziale Schicht** ▪ Bildung ▪ Beruf ▪ Einkommen ▪ Werteorientierung ▪ Subkultur ▪ **Geographische Merkmale** ▪ Wohnortsgröße ▪ Region ▪ Kaufkraftniveau ▪ Stadt/Land ▪ Infrastrukturdichte	▪ **Persönlichkeitsmerkmale** ▪ Soziale Orientierung ▪ Risikofreude/-scheu ▪ Entscheidungsverhalten ▪ **Lifestyle**, geprägt durch ▪ Werte ▪ Aktivitäten ▪ Interessen ▪ Meinungen	▪ **Produktebene** ▪ Qualitäts-/Marken-orientierung ▪ Ver- bzw. Gebrauchs-intensität ▪ Verbundkaufverhalten ▪ Anbieterloyalität ▪ **Preisebene** ▪ Preisorientierung/-bewusstsein ▪ Preisschwellen ▪ Bonität ▪ **Distributionsebene** ▪ Einkaufsstätten-präferenzen ▪ Online-/Offline-Affinität ▪ Distributorloyalität ▪ **Kommunikationsebene** ▪ Informationsquellen ▪ Informationssuch-verhalten ▪ **Personenebene** ▪ Qualifikationsniveau ▪ Service-Orientierung

Abb. 5.7 Ausgewählte Kriterien der akquisitionsorientierten Segmentierung im BtC-Markt (Weiterentwicklung des Ansatzes von Freter 2006, S. 3845)

bewährt, die in unterschiedlicher Kombination zum Einsatz kommen können (Abb. 5.7). Die demographischen und psychographischen Merkmale beschreiben die generelle Lebenssituation und weitere verhaltensbeeinflussende Faktoren. Der darauf basierenden Segmentierung liegen Hypothesen zugrunde, in welcher Weise sich diese Merkmale auf das Kaufverhalten auswirken.

Die Informationsbeschaffung muss dabei „vom Ende her" definiert werden, um einen blinden Aktionismus bei der Erhebung und Verarbeitung von Daten vorzubeugen. Diese Zielorientierung ist auch deshalb bedeutsam, weil ein Unternehmen nicht bei der einmaligen Informationsbeschaffung stehen bleiben darf. Schließlich ist die Dynamik auf Märkten auch das Ergebnis der Dynamik einzelner Kunden, die sich in Veränderungen der zugrunde liegenden Daten niederschlägt. Deshalb ist bei der Ermittlung von Informationen darauf zu achten, dass parallel zur initialen Erhebung daran gearbeitet wird, wie die gewonnenen Daten kontinuierlich aktualisiert werden können.

Die zentrale Voraussetzung, um eine Beziehung zum Kunden aufzubauen, sind aussagefähige und qualitativ hochwertige Informationen. Dies beginnt zunächst mit der Adresse, die im Zuge des Interessenten-, spätestens im Zuge des Kundenbindungs-Managements gewonnen werden sollte. Denn nur bei Vorliegen einer Adresse (i. S. einer Kontaktmöglichkeit wie bspw. der postalische Adresse, einer E-Mail Adresse oder auch einer Telefonnummer) können weitere Botschaften – über welchen Kommunikationskanal auch immer –

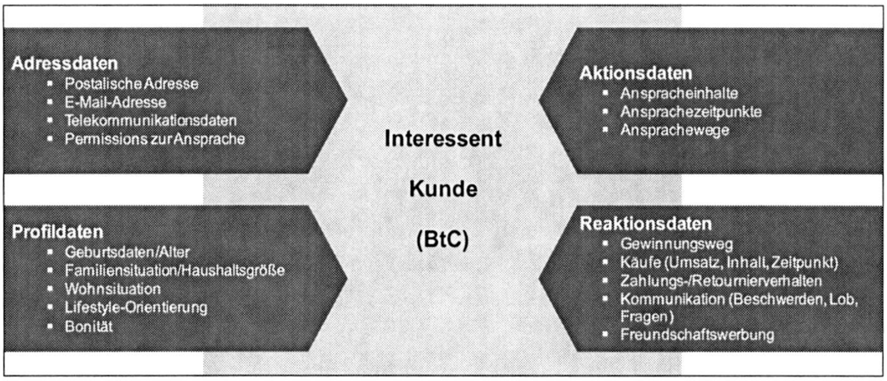

Abb. 5.8 Informationskategorien im BtC-Markt

gezielt auf einzelne Personen bzw. Unternehmen ausgerichtet werden. Während Versender, Energieversorger, Versicherungen, Banken oder Telekommunikationsunternehmen aufgrund ihres Geschäftsmodells quasi automatisch die Adresse ihrer Kunden generieren, fehlte diese Möglichkeit den meisten stationären Einzelhandelsunternehmen. Die große Welle der Gründung von Kundenclubs und die Ausgabe von Kundenkarten seit Anfang der 90er Jahre erhält vor dem Hintergrund ihre Bedeutung. Denn diesen Unternehmen ist es auf diese Weise häufig erstmalig gelungen, den Kunden durch das Ausfüllen eines entsprechenden Antrages aus seiner Anonymität herauszuführen und damit für weitere Ansprachen und Angebote auch dieser Unternehmen adressierbar zu machen.

Allerdings reicht die Adresse alleine nicht aus, um eine differenzierte Kundenbetreuung im Rahmen einer transaktionsorientierten Segmentierung zu ermöglichen. In Abb. 5.8 sind weitere Informationen aufgezeigt, die idealerweise für eine differenzierte Kundenansprache im BtC-Markt im Zuge der Kundenentwicklung zu erheben sind. Bei den Adressdaten sind auch die gesetzlichen Permissions, d. h. die „Erlaubnisse" von Bedeutung, eine Person bspw. über E-Mail, SMS oder telefonisch ansprechen zu dürfen. Das damit verbundene Permission-Marketing wird in der Zukunft weiter an Bedeutung gewinnen, weil sich Privatpersonen immer genauer überlegen werden, welchen Unternehmen eine Erlaubnis zur Ansprache eingeräumt wird (vertiefend zum Permission-Marketing Siegert 2009). Eine Relevanz haben diese Daten allerdings nur dann, wenn diese eine hohe Aktualität aufweisen und für möglichst viele Interessenten und Kunden verfügbar sind. Nur dann können größere E-Mail-, SMS- oder Telefon-Marketing-Maßnahmen effizient eingesetzt werden, weil sich die Konzeptionskosten auf eine größere Anzahl von Ansprechpersonen verteilen.

Zusätzlich zu den Adressdaten sind Einzelpersonen-bezogene Profildaten von Bedeutung, weil diese wichtige Anhaltspunkte für die individualisierte Ausgestaltung der Kommunikation sowie für die Entwicklung von kundenspezifischen Leistungsangeboten enthalten können. Zu den wichtigsten Daten im Consumer-Markt zählt das Alter (besser das Geburtsdatum), weil dieses eine Ableitung konkreter Bedarfssituationen ermöglicht.

Danach bedarf es einer Erfassung und Auswertung von Aktions- und Reaktionsdaten (Abb. 5.8). Aktionsdaten (auch Kampagnendaten genannt) registrieren die Anstöße des Unternehmens, die zur Kundenbetreuung eingesetzt werden. Dies können Angebote, Couponing-Maßnahmen, Telefonanrufe, E-Mails, Einladungen zu Veranstaltungen etc. sein, die kundenorientiert zu erfassen sind. Für eine Erfolgsanalyse entscheidend ist, wie der Kunde auf diese vielfältigen Anstöße – differenziert nach Produkt, Angebot und Zeitpunkt – reagiert. Diese Reaktionsdaten, die eine Informationsanforderung, einen Kauf, eine Reklamation, eine Rücksendung u. Ä. umfassen, sind ebenfalls kundenorientiert abzuspeichern. Ein besonders aussagefähiges Reaktionsdatum ist dabei der Gewinnungsweg. Hiermit ist die Information darüber gemeint, über welche Maßnahme ein Kunde ursprünglich für ein Unternehmen gewonnen wurde. Dies kann ein Akquisitionsmailing, ein Coupon, eine Freundschaftswerbung, ein Internet-Angebot oder ein Event gewesen sein. Wichtig ist dabei sich vor Augen zu führen, dass auch jede Nicht-Reaktion eine Reaktion ist, die ausgewertet werden kann. Denn jede Nicht-Einlösung eines Coupons wie auch jede Ablehnung eines Telefonats können bei entsprechender datentechnischer Verknüpfung genau einer Person zugeordnet werden. Folglich kann dann analysiert werden, welche Zielpersonen oder Zielgruppen nicht in der gewünschten Weise reagiert haben.

Die erforderlichen Informationen können intern oder extern gewonnen werden. Bei der internen Informationsgewinnung liegen die Daten entweder bereits im Unternehmen vor und müssen häufig „nur noch" kundenorientiert zusammengeführt werden. Dazu zählen aber auch die spezifischen Maßnahmen des Unternehmens selbst, um Adressen und weitere Informationen von Interessenten und Kunden zu gewinnen. Bei der externen Informationsbeschaffung geht es darum, die für Akquisition und Betreuung relevanten Informationen bei spezialisierten Dienstleistern zu erwerben. Eine zentrale externe Informationsquelle, um an relevante Adressdaten zu gelangen, stellen die einschlägigen Unternehmen dar (u. a. *Schober, Acxiom, SAZ, Global Direct, AZ Direct,* und *Deutsche Post Direkt*), die Adressen von Privatpersonen für die werbliche Ansprache anbieten.

5.3.2 Neukundenakquisition im Einzelhandel

Grundlagen der Neukundenakquisition

Unter Neukundenakquisition sind alle Maßnahmen zu verstehen, die ein Unternehmen einsetzt, um erstmalig Personen oder Unternehmen für den Einstieg in die Beziehung zum eigenen Unternehmen zu motivieren. Die Grundlage jeglicher Form von Neukundenakquisition stellt eine präzise Definition der gewünschten Neukunden dar. Dieses zielorientierte Vorgehen sollte sich an den in Abschn. 5.2.2 genannten Kriterien zur Definition des Kundenwertes orientieren. Zentral ist hierbei, dass ein erfahrungsgestütztes Vorgehen zum Tragen kommt, d. h., dass bei der Ausgestaltung von neuen Akquisitionsmaßnahmen auf den Erfahrungen früherer Aktionen aufgesetzt wird. Dies setzt voraus, dass deren Ausgestaltung sowie die dadurch gewonnenen Erkenntnisse nachvollziehbar dokumentiert und ggf. zentrale Erfolgsfaktoren herausgearbeitet wurden.

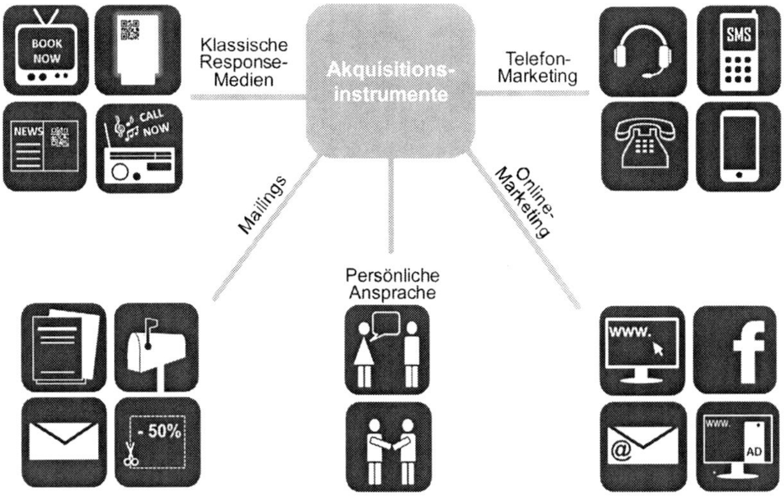

Abb. 5.9 Zentrale Akquisitionsinstrumente des Dialog-Marketings

Instrumente der Neukundenakquisition

Zu den besonders relevanten Akquisitionsinstrumenten des Dialog-Marketings zählen die in Abb. 5.9 aufgezeigten Instrumente. Hierbei sind insb. auch die in klassischen Medien zum Einsatz kommenden Varianten werblicher Ansprache ausgewiesen, die auf eine direkte Reaktion der Angesprochenen abzielen und deshalb zum Instrumentalbereich des Dialog-Marketings zählen. Diese werden nachfolgend in ihren Einsatzbereichen präsentiert.

Klassische Response-Medien

Gemäß der Loyalitätsleiter des CRM (vgl. Abb. 5.6) muss es Unternehmen u. a. durch den Einsatz von klassischen Response-Medien (TV, Radio, Zeitung, Zeitschrift, Plakatwand, Kino) gelingen, Suspects oder Prospects für das eigene Leistungsangebot aus dem „Rest der Welt" zu generieren. Hierzu sind diese klassischen Medien als Response-Medien auszugestalten, die alle ein Ziel anstreben: die Auslösung einer direkten Reaktion (Direct-Response). Diese ist hier i. d. R. mit der Gewinnung der Adresse einer Zielperson verbunden.

Ein klassisches Instrument hierfür ist die Responseanzeige, die in zielgruppenaffinen Zeitungen und Zeitschriften geschaltet wird und – im Gegensatz zu einer „normalen" Anzeige – eine unmittelbare Reaktion der angesprochenen Person auslösen soll. Deshalb wird auch von einer (Direct) Responseanzeige (auch DR-Anzeige) gesprochen. Eine klassische Anzeige wird folglich durch die Einbindung von Response-Kanälen oder konkreten Response-Elementen zu einer Responseanzeige. Hierfür bieten sich verschiedene Möglichkeiten an. Hierzu kann wie in Abb. 5.10 ein QR-Code, eine Internetadresse oder eine Bestellhotline sowie ein Ladenlokal ausgelobt werden. In eine Responseanzeige können

Abb. 5.10 Responseanzeige von *XING*

auch Reaktionsverstärker integriert werden, um den Leser zum schnellen Handeln zu motivieren.

Neben den hier behandelten Printmedien können auch die anderen klassischen Medien als Response-Medien ausgestaltet werden. Durch die Auslobung eines Reaktionskanals (sei es Telefon, Fax, E-Mail, Homepage, postalische Adresse) wird ein klassischer TV-Spot zum DR-TV-Spot, ein klassischer Radio-Spot durch die korrespondierende Auslobung zum DR-Radio-Spot. Ein klassisches Plakat wird durch das Angebot eines Reaktionskanals zu einem DR-Plakat.

Beilagen

Ein intelligentes Konzept, um neue Interessenten und Kunden bzw. deren Adressen zu gewinnen, stellen auch Beilagen dar. Neue Interessenten und Kunden können durch Werbebeilagen gewonnen werden, die durch Zeitungen, Zeitschriften und z. B. *Amazon* Pakete verteilt werden. Zu den Dialog-Instrumenten gehören allerdings nicht die regelmäßig u. a. durch Waren- und Kaufhäuser oder Supermärkte geschalteten Zeitungsbeilagen. Denn diese zielen nicht auf eine unmittelbare Response mit Gewinnung der Adresse ab, sondern sollen vielmehr zu einem Besuch im Handel motivieren. Gemeint sind im Kontext des Dialog-Marketings folglich nur solche Werbebeilagen, die einen Mechanismus zur unmittelbaren Bestellung oder zur Abforderung von Informationen vorsehen.

Ein Beispiel, das zu einer sofortigen Bestellung einlädt, liefert die Beilage von *String Line* (vgl. Abb. 5.11). Ein preisgünstiges Einstiegsangebot für € 5 („nur für Erst-Kundinnen") soll zur Aktivierung beitragen. Gleichzeitig geht die Kundin dabei ein Abonnement ein: „Sie kommen als Erste in den Genuss unserer neuen exklusiven Angebote. Sie erhalten alle 2 Monate ein neues exklusives Wäsche-Angebot zu einem unschlagbaren Preis." Durch diesen Abonnement-Mechanismus wird versucht, Dauerkundinnen zu gewinnen. Da-

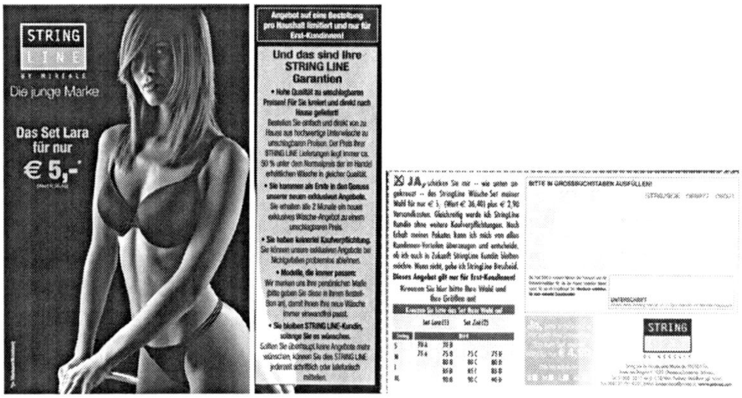

Abb. 5.11 Beilage von *String* in *Glamour*

bei ist fraglich, ob allen Erstbestellerinnen bewusst ist, dass sie ein solches Abonnement eingehen.

Bei der in Abb. 5.11 ausgewiesenen Responsekarte wird sichtbar, wie stark der Kunde – sinnvollerweise – zu führen ist. Das „Ja" ist bereits, deutlich hervorgehoben und angekreuzt. Gleichzeitig wird durch die Vorgabe eines Adressgebisses (der Fachbegriff für die Rasterung zum Eintragen der Adresse) erreicht, dass eine lesbarere Schrift zum Einsatz kommt. Denn Fehler in der Adresse, auch wenn sie auf schlechte Lesbarkeit zurückzuführen sind, stören den aufzubauenden Dialog mit Interessenten und Kunden.

Mailings

Eines der wichtigsten Instrumente zur Akquisition von Interessenten und Kunden wie auch zur Betreuung der Kunden selbst stellt das Mailing dar, auch Direct Mail, Werbebrief oder in Abgrenzung zur E-Mail White Mail genannt. Eine direkte Ansprache von Wunsch-Kunden kann erfolgen, indem deren Adressen für werbliche Zwecke angemietet werden. Die Ansprache durch ein Mailing kann dabei in verschiedenen Formen erfolgen. Man unterscheidet dabei zwischen individueller, persönlicher, halbpersonalisierter und nicht personalisierter Ansprache.

Die individuelle Einzelansprache dominiert im Kontext der Interessenten- und Kundenbetreuung. Sie setzt dabei auf die – idealerweise in einer systematisch aufgebauten und gepflegten Marketing-Datenbank – gespeicherten Daten zum Kundenprofil sowie zur bisherigen Kundenhistorie auf. Ihr kommt deshalb auch im Bereich der Kundenentwicklung und -bindung eine zentrale Bedeutung zu. Eine Umsetzung der individualisierten Einzelansprache kann bspw. die Unterbreitung eines spezifischen Angebotes auf Basis von Präferenzen für bestimmte Modelabels sein (Tenor: „Die neue Kollektion von *Lagerfeld* ist eingetroffen!"). Solche Möglichkeiten ergeben sich nur dann, wenn nicht nur die Adresse von Interessenten und Kunden, sondern auch weitere Merkmale der betreffenden Personen oder Unternehmen bekannt sind.

Abb. 5.12 Mailing von *Mode Simader*

Eine persönliche Einzelansprache kann sich sowohl auf Zielkunden wie auf Interessenten und Kunden beziehen. Hier erfolgt eine Personalisierung lediglich im Hinblick auf den Namen, wie sie heute bei den meisten Mailings eingesetzt wird. Grundlage derartiger Ansprachen können folglich sowohl die eigene Datei wie auch angemietete Adressbestände sein, die zur Kundengewinnung eingesetzt werden (Abb. 5.12). Hierbei kommt häufig die *Infopost* i. S. der adressierten Werbesendung zum Einsatz. Diese bietet die Möglichkeit, adressierte Werbesendungen und Kataloge zu versenden. Als *Infopost* können schriftliche Mitteilungen und Unterlagen oder Datenträger wie CDs und USB Sticks versendet werden. Kostenlose Proben, Produktmuster und Werbeartikel sowie Fremdbeilagen (Sendungsteile anderer Absender) können ebenfalls zum Einsatz kommen. Verkaufswaren sind nicht zugelassen; ausgenommen sind Bücher, Broschüren, Zeitungen und Zeitschriften.

Für die Vornahme einer halbpersonalisierten Ansprache wird auf die Dienstleistungen der *Deutschen Post* zugegriffen. Diese bietet mit dem Produkt *Postwurfspezial* eine zielgruppenorientierte Ansprache von Zielpersonen an, ohne dass der Werbende bereits über eigene Adressen verfügen muss. Zur Definition der Zielpersonen werden – orientiert am Briefing des Werbetreibenden – seitens der *Deutschen Post* verschiedene Selektionskriterien angeboten (bspw. Gebäudedaten, Wohnsituation, Alter, Kaufkraft, Konsumschwerpunkte). Diese übernimmt auch die Zustellung der Werbesendungen, die gezielt an einzelne Häuser verteilt werden, um so Streuverluste zu verringern und Werbekosten zu sparen. Zu

Postwurfspezial zählen teiladressierte Werbemittel und Prospekte, die wie folgt adressiert werden „An die Bewohner des Hauses, Musterstraße 1, 12345 Musterstadt". Die Anschrift muss die Bezeichnung „Postwurfspezial" mit dem Post-Logo, die Straßenbezeichnung, die Hausnummer, die Postleitzahl und den Ortsnamen enthalten. Als *Postwurfspezial* können inhaltsgleiche Prospekte und Kataloge verteilt werden.

Eine nicht personalisierte Ansprache verzichtet auf jegliche Form der Personalisierung. Hierbei handelt es sich um Postwurfsendungen bzw. um nicht adressierte Werbesendungen. Dabei liegt allerdings immer noch eine direkte Ansprache vor, weil die Botschaft unmittelbar den Briefkasten der Zielperson erreicht und dadurch eine direkte Reaktion ausgelöst werden soll. Um eine Verteilaktion mit Postwurfsendungen durchzuführen, werden folglich keine Adressen benötigt. Werden diesen Postwurfsendungen Responseelemente beigefügt, können Adressen generiert und gleichzeitig eine schnelle Erfolgskontrolle durchgeführt werden. Die Postwurfsendungen eignen sich deshalb gut, um Neukunden zu gewinnen.

Bei der Ausgestaltung der Mailings sollte man sich an den zentralen Erkenntnissen orientieren, die durch Untersuchungen des Leseverhaltens mit der Augenkamera erzielt wurden. Danach wurden folgende zentralen Erkenntnisse abgeleitet (vgl. SVI 2005, S. 4)

- Der erste Eindruck ist entscheidend, wobei hier auch der Geruch und die Papierqualität des Mailings bzw. der Beilagen eine große Rolle spielen.
- Bereits nach wenigen aufgenommenen Informationen fällt die Entscheidung über die Zu- oder Abwendung vom Mailing.
- Für das Überfliegen eines Mailings nimmt sich der Empfänger i. d. R. nur 20 Sekunden Zeit.
- Herausforderung: Der erste Kurzdialog muss dem Betrachter zwingend signalisieren, dass sich die weitere Beschäftigung mit dem Angebot für diesen lohnt. Wenn dies nicht gelingt, wartet nur noch der Papierkorb (häufig in 80–90 % der Fälle der direkte Weg!).
- Innerhalb der genannten 20 Sekunden hält das Auge ungefähr 50–100 Mal an, um Informationen aufzunehmen. Denn dies gelingt nur bei diesen sogenannten Fixationen. Bei diesen sollen möglichst „kleine Jas" (i. S. von Kundenvorteilen) erkannt werden. Dominieren dagegen „kleine Neins", so wird der Lesevorgang abgebrochen.
- Pro Seite ergeben sich im Schnitt 10 Fixationen und damit 10 Möglichkeiten, Informationen aufzunehmen. Damit die notwendigen „kleinen Jas" vermittelt werden, müssen wir dem Leser Anreize geben, sich auf die wichtigen Punkte zu konzentrieren. Dies können bspw. Hervorhebungen im Text, prägnante Headlines oder Bilder sein.
- Deshalb sollten wir im Vorfeld einer Mailingerstellung die sogenannten „unausgesprochenen Leserfragen" vorwegnehmen, um genau diese dann im Rahmen einer kompakten Ansprache zu beantworten. Dabei gilt nach Prof. Vögele: „Verdichten statt dichten" – denn für das Dichten sind andere zuständig.
- Nur wenn die Summe der „kleinen Jas" die der „kleinen Neins" überwiegt, wird das „große Ja" i. S. einer Bestellung oder eine Informationsabforderung folgen!

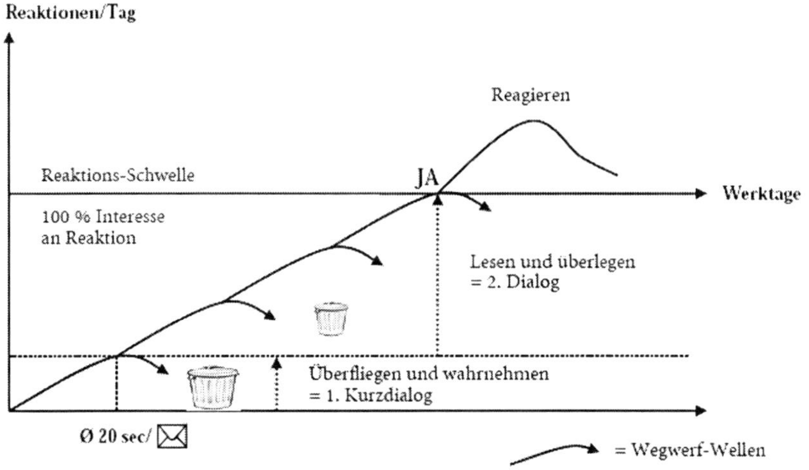

Abb. 5.13 Wahrnehmung und Werbewirkung (SVI 2005, S. 8)

Die dabei zu beobachtende Wahrnehmung ist in Abb. 5.13 dargestellt. Hier wird nochmals sichtbar, welche Widerstände beim Empfänger überwunden werden müssen, um sich mit einer ausgesandten Botschaft durchzusetzen.

Um den Empfänger tatsächlich auch zum Leser und Reagierer zu entwickeln, ist eine Orientierung an folgenden generellen Leitideen der Mailinggestaltung sinnvoll (vgl. grundlegend Vögele 2005):

- Briefe sollten generell eine Unterschrift tragen, um einen persönlichen Eindruck zu erwecken. Eine andersfarbige Unterschrift kann diese Wirkung noch verstärken.
- Versuchen Sie die Botschaften prägnant und damit kurz zu präsentieren, damit Ihre Kernideen und Kernargumente auch dem flüchtigen Leser auffallen. Hierzu können kurze Absätze wesentlich beitragen.
- Bieten Sie Ihrem Leser – wie oben ausgeführt – visuelle Haltepunkte an, um in den Text einzusteigen. Dazu können Fettdruck oder Unterstreichungen beitragen.
- Das Postskriptum wird von fast allen – auch den flüchtigen – Lesern wahrgenommen. Deshalb sollten Sie hier Argumente integrieren, die den Leser zum Haupttext zurückführen.
- Machen Sie den Angesprochenen das Antworten so leicht wie möglich. Hierzu kann eine absenderpersonalisierte Responsekarte ebenso beitragen wie Symbole, die – bspw. durch eine Schere – genau angeben, was der Empfänger auszuschneiden hat.
- Die Art der notwendigen Frankierung eines Responseträgers (etwa „Porto bezahlt der Empfänger“) kann ebenfalls zur Steigerung der Responsequote beitragen.
- Setzen Sie – soweit es zum Inhalt Ihrer Botschaft und zur anvisierten Reaktion passt – gezielte Reaktionsverstärker ein. Dazu zählen bspw. Early Bird-Prämien, bei denen etwa die „ersten 100 Einsender“ ein bestimmtes Incentive erhalten.

Diese Gestaltungshinweise machen bereits deutlich, dass die Erarbeitung eines Mailings nicht alleine aus der Anbieterperspektive erfolgen darf. Es ist vielmehr konsequent auch die Empfängerperspektive einzunehmen – um herauszuarbeiten, welche Argumente und welche Vorteile aus dieser Sicht die wirklich überzeugenden sind.

Telefon-Marketing

Telefon-Marketing gehört zu den wichtigen Instrumenten der Dialogkommunikation. Hierunter fällt zunächst das Inbound-Telefon-Marketing (i. S. hereinkommend; auch passives Telefon-Marketing). Hier nimmt eine Person mit dem Unternehmen Kontakt auf, um bspw. Informationen abzufordern oder eine erste Bestellung zu platzieren. Dem Inbound-Telefon-Marketing kommt über die Akquisitionsphase hinaus auch im Rahmen der Kundenbetreuung als Leistung eines Customer-Service-Centers eine zentrale Bedeutung zu. In diesem werden häufig die unterschiedlichsten, von Interessenten und Kunden eingehenden und zu diesen ausgehenden Kommunikationskanäle betreut: so neben dem Telefon auch die Kommunikation über Briefe, E-Mail und Fax.

Beim Outbound-Telefon-Marketing (i. S. hinausgehend; auch aktives Telefon-Marketing) suchen Unternehmensmitarbeiter oder entsprechende Dienstleister den direkten Kontakt zur Zielperson. SMS- und MMS-Ansprachen gehören ebenfalls zu diesem Instrument. Basierend auf den im Unternehmen bereits vorhandenen Daten können zur weiteren Informationsgewinnung sowie zum aktiven Verkauf Outbound Calls durchgeführt werden. Bei solchen Anrufen ist insb. bei Privatpersonen darauf zu achten, dass die für diese Ansprache notwendigen Permissions zur telefonischen Kontaktaufnahme vorliegen. Ein solches Telefonat ermöglicht vielfach eine differenzierte Informationsbeschaffung, die allerdings sehr zeit- und damit kostenaufwändig ist und deshalb sehr gezielt zum Einsatz kommen sollte. Dabei ist darauf hinzuweisen, dass eine werbliche Kontaktaufnahme durch Anrufmaschinen, Fax und E-Mail ohne Einwilligung des Adressaten verboten ist (§ 7 (2) 3 UWG). Der Alltag zeigt jedoch, dass sich eine große Zahl an Werbetreibenden über diese Regelung hinwegsetzt.

Ein wichtiges Entwicklungsfeld des Telefon-Marketings stellt das Mobile-Marketing dar. Hierunter fallen alle kommunikativen Maßnahmen, die ein Unternehmen unter Einsatz der telefonischen Kontaktaufnahme über mobile Endgeräte initiiert, um damit das Kundenverhalten zu beeinflussen. Hierzu zählen die folgenden Einsatzbereiche:

- Übermittlung von Informationen, insb. solcher, die sich auf den Aufenthaltsort des Kunden beziehen (bspw. Informationen darüber, wo sich die nächsten Bekleidungshäuser befinden oder in welchem Geschäft die Marke *Strenesse* geführt wird),
- Mobil abrufbare digitale Inhalte (bspw. Spiele, Songs, Videos),
- Gewinnung von Informationen durch Umfragen oder im Rahmen mobiler Gewinnspiele,
- Bereitstellung von räumlich fokussierten Dienstleistungen (bspw. mobilen Tickets),
- Durchführung von Verkaufstransaktionen (Stichwort Mobile-Commerce oder M-Commerce),

- Abwicklung von Zahlungsvorgängen,
- Übermittlung von mobilen Coupons (bspw. durch eine Textilkette, die zur Einlösung in der nächstgelegenen Filiale motivieren sollen).

Jeder Einzelhändler ist hier gut beraten zu prüfen, ob er über eine App (Abkürzung von Applikation) für den Nutzer relevante Informationen bereitstellen kann. Beispiele für Apps liefern u. a. *Aldi Süd, real,-, H&M, Metro* und *Zara*. Zusätzlich können durch die Einbindung von eigenen Flyern in Online-Plattformen wie *kaufDA* eigene Angebote im Internet und über spezielle Apps kommuniziert werden (vgl. vertiefend Kreutzer 2012, S. 323–327).

Online-Marketing

Die meisten Anzeigen im Internet sind als Direct-Response-Medium ausgestaltet. Banner, Sponsored Links und viele Homepages fordern den Besucher zur unmittelbaren Reaktion auf. Dabei geht es um die Bekanntgabe der E-Mail- oder der postalischen Adresse zur Zuleitung von weiteren Informationen, um das Abonnement eines (E-)Newsletters oder um die sofortige Anforderung eines Angebotes oder um einen unmittelbaren Kauf.

Bei der Internet-Kommunikation sind verschiedene Arten der Nutzereinbeziehung zu unterscheiden. Zum einen gibt es Informationsangebote, die einen aktiv suchenden Nutzer voraussetzen. Dies ist bspw. bei der Unternehmens-Homepage gegeben, die durch die Eingabe der entsprechenden Webadresse oder als Ergebnis eines Suchprozesses erscheint. Bei Werbebannern sowie bei Sponsorenlinks ist dagegen ein aktiv annehmender Nutzer gefordert, der informatorische Angebote akzeptieren muss. Hierbei kann insgesamt von einer Pull-Kommunikation gesprochen werden, weil der Nutzer die Informationen „aus dem Internet herausziehen" muss (vgl. Kuß 2003, S. 244). Bei Informationen, die einem Nutzerkreis im Zuge einer Push-Kommunikation zugeleitet werden, ist dagegen ein aktiv lesender Nutzer gefordert, damit die Kommunikationsziele erreicht werden können. Hierzu zählen insb. E-Mails und E-Newsletter. Eine ungelesen gelöschte Werbe-E-Mail oder ein ungelesener E-Newsletter können jeweils nur einen Bruchteil der erwünschten Wirkung entfalten. Diese unterschiedlichen Mitwirkungsnotwendigkeiten der Internetnutzer sind beim Einsatz und bei der Gestaltung der verschiedenen Instrumente der Internet-Kommunikation zu berücksichtigen.

Um bei Suchmaschinen wie *Google*, *Yahoo* oder *Bing* auf der am stärksten wahrgenommenen ersten Seite der Suchergebnisse zu erscheinen, kann eine solche Position außerhalb der klassischen Treffer erkauft werden. Hierbei wird von Suchmaschinen-Werbung (SEA, Search Engine Advertising) gesprochen. Darüber hinaus kann versucht werden, durch die Ausgestaltung der eigenen Webpräsenz und das Einpflegen wichtiger Suchbegriffe die Trefferqualität bei Suchmaschinen unabhängig von gesponserten Links zu erhöhen. Dabei wird von Suchmaschinen-Optimierung (SEO, Search Engine Optimization) gesprochen. Die Summe dieser Aktivitäten wird als Suchmaschinen-Marketing bezeichnet. Eine führende Position bei den Trefferergebnissen oder bei den gesponserten Links kann einen wesentlichen Beitrag zur Akquisition von Interessenten und Kunden leisten. Auch weitere Werbeformen im Internet, wie bspw. Werbebuttons, Werbebanner und Bannerwerbung generell, leisten einen Beitrag zu dieser Form der Akquisition (vgl. weiterführend Kreutzer 2012, S. 196–213, 248–277).

Eine Erleichterung für E-Mail-Werbung bietet § 7 (3) UWG für Unternehmen, die im Zuge ihrer Geschäftstätigkeit mit den Kunden deren E-Mail-Adresse erhalten (bspw. ein Online-Shop). Hiernach darf ein Unternehmen diese Adresse für eigene werbliche Zwecke einsetzen, solange der Kunde dem nicht widerspricht. Dabei handelt es sich um eine Opt-out-Regelung, weil der Kunde für den Ausstieg optieren muss, wenn er keine weiteren E-Mails erhalten möchte. Ein zielgruppenorientierter, wertschätzender Umgang mit Ist- oder Wunsch-Kunden sowie mit Interessenten, der gleichzeitig die rechtlichen Grundlagen berücksichtigt, setzt gültige Permissions für eine Kontaktaufnahme voraus.

Diese Orientierung an den vorhandenen Permissions gilt auch für den Versand von E-Mail-Newslettern, die häufig zur Betreuung von Interessenten und Kunden eingesetzt werden. Seriöse Unternehmen weisen bei jeder Ansprache darauf hin, dass der Empfänger den Newsletter jederzeit wieder abbestellen kann. Die Herausforderung bei solchen Newslettern besteht in der Abwägung zwischen der erwünschten Kommunikationsdichte des Unternehmens (i. S. der Anzahl der versandten Newsletter) einerseits und den Empfängerinteressen andererseits, die es bei Konzeption und Versand von Newslettern konsequent zu berücksichtigen gilt.

In diesem Kontext sind auch die sozialen Netzwerke zu bewerten, denen – insb. bei jüngeren Zielgruppen – als zentrale Kommunikationsplattform einen zunehmende Bedeutung zukommt. Hier stehen u. a. der Austausch oder das Finden von Gleichgesinnten im Mittelpunkt, wodurch eine intensive Vernetzung der jeweiligen Personen erreicht wird. Für den Einzelhandel sind dabei die Erscheinungsformen relevant, die unmittelbare Auswirkungen auf das Kaufverhalten haben können. Wird bspw. innerhalb dieser Netzwerke (bspw. bei *Facebook*) über Modethemen gesprochen oder bspw. auf Blogs über bestimmte Themen philosophiert, dann sollte dies von den betroffenen Unternehmen nicht nur intensiv beobachtet, sondern auch informatorisch eingegriffen werden. Dies kann bei den eigenen *Facebook*-Fans durch entsprechende Posts oder durch Anzeigen bei den affinen Zielgruppen erfolgen (vgl. vertiefend zum Social-Media-Marketing Kreutzer 2012, S. 330–428).

Freundschaftswerbung

Freundschaftswerbung (auch Member-gets-Member – MGM, Tip-a-friend, Mund-zu-Mund-Propaganda) stellt eine besonders wichtige Form der Gewinnung von Neukunden dar. Dabei wird auch auf die bereits vorgestellten Dialoginstrumente zurückgegriffen. Die Grundidee der Freundschaftswerbung ist, dass eigene Kunden andere Personen aus dem persönlichen Umfeld für die Leistungen eines Unternehmens gewinnen und dafür belohnt werden. Diese Art der Werbung findet u. a. bei Zeitungs- und Zeitschriften-Abonnements, bei Versandhäusern, bei Online-Shops und bei Kundenbindungssystemen statt, kann aber auch im stationären Einzelhandel wirkungsvoll eingebunden werden.

Freundschaftswerbung ist eine besonders glaubwürdige Werbeform, da das „Verkaufsgespräch" auf einer persönlichen Beziehung basiert. Die Freundschaftswerbung wird dabei häufig von besonders guten Kunden initiiert. Gleichzeitig können durch diese wiederum

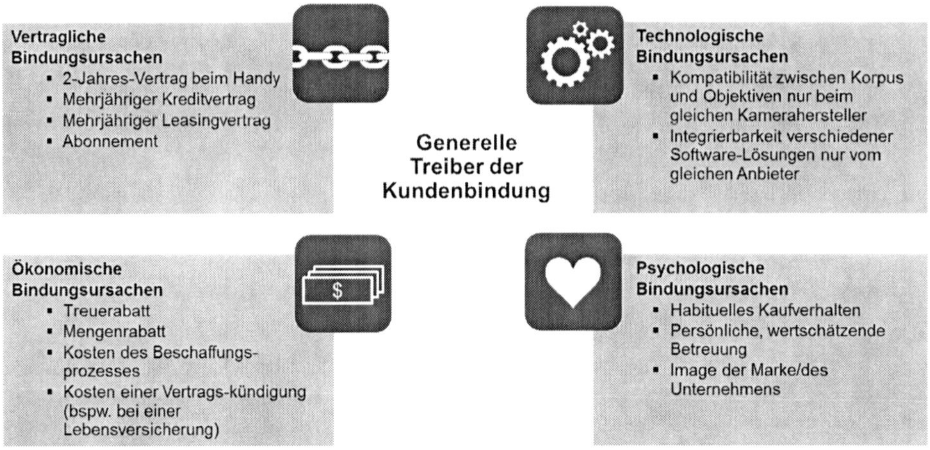

Abb. 5.14 Generelle Treiber der Kundenbindung (modifiziert nach Meyer und Oevermann 2006, S. 3335)

häufig auch besonders wertige Kunden gewonnen werden. Voraussetzung hierfür ist jedoch, dass die ausgelobten Belohnungen nicht zu attraktiv sind. Wenn dies der Fall ist, wird u. U. ein Angebot (etwa ein Zeitschriften-Abonnement) angenommen mit der Absicht, dieses nach der vertraglichen Mindestlaufzeit sofort wieder zu kündigen. Aufgrund der Erfolge der Freundschaftswerbung wurde diese zwischenzeitlich so weiterentwickelt, dass auch Nicht-Kunden neue Kunden werben können, was der Ursprungsidee der Freundschaftswerbung widerspricht, gleichwohl aber erfolgreich praktiziert wird.

5.3.3 Kundenbindung im Einzelhandel

Grundlagen der Kundenbindung

Hier stellt sich zunächst die Frage, welches die Treiber der Kundenbindung sind. Dabei lassen sich diese Treiber wie in Abb. 5.14 dargestellt, unterscheiden. Im Rahmen einer konkreten Kundenbeziehung können dabei mehrere Treiber gleichzeitig „aktiv" sein.

Diese Treiber der Kundenbindung lassen sich danach unterschieden, ob dabei freiwillige oder unfreiwillige Bindungsursachen zugrunde liegen. Freiwillige Bindungsursachen liegen vor, wenn sich ein Kunde quasi autonom für einen bestimmten Anbieter entscheidet, ohne dass dazu eine zwingende Notwendigkeit besteht. Dies ist bspw. bei den psychologischen Bindungsursachen der Fall ist. So kann sich ein überzeugter Käufer von *Joop*-Bekleidung immer wieder für diese Marke entscheiden, ohne dass dazu eine Notwendigkeit bestünde. Das gleiche gilt, wenn regelmäßig ein kleines Textilfachgeschäft aufgesucht wird, weil hier eine exzellente Dienstleistung garantiert ist. Auch ökonomische Bindungsursachen können zu einer freiwilligen Bindung eines Kunden führen. Dies ist der Fall, wenn durch die Treue zu einem Anbieter ökonomische Vorteile erzielt werden können (bspw. ein Treuerabatt). Eine gleiche Situation ist gegeben, wenn man regelmäßig in einem Nachbarschaftsladen einkauft, weil sich dadurch die Wegekosten minimieren. Hier kann von einer verbundenheitsgetriebenen Kundenbindung gesprochen werden, weil Kunden eine freiwillige Verbindung zum Unternehmen eingehen.

Anders sieht dies bei den vertraglichen und den technologischen Bindungsursachen aus, die häufig als unfreiwillige Bindungsursache in Erscheinung treten. Eine vertragliche Bindungsursache ist bspw. dann gegeben, wenn sich ein Kunde in Deutschland für einen Post-Paid-Handy-Vertrag interessiert und dazu zwingend eine zweijährige Vertragsbindung eingehen muss. Das gleiche gilt in ähnlicher Form für Fitnessstudios und z. B. Zeitungs- oder Weinabonnements. Der Vorteil derartiger Konzepte liegt für das anbietende Unternehmen darin, dass sich die Kunden längerfristig binden und diese nicht jeweils wieder neu gewonnen werden müssen. Gleichzeitig verbessert sich die Planbarkeit, da bestimmte Abnahmemengen im Jahr verbindlich definiert sind.

Die technologischen Bindungsursachen müssen Kunden i. d. R. ebenfalls unfreiwillig in Kauf nehmen, da bspw. *Leica*-Objektive nur beim *Leica*-Kamera-Korpus eingesetzt werden können, oder ein Drucker nur mit Patronen des gleichen Herstellers störungsfrei betrieben werden kann. In diesem Kontext kann auch von einer gebundenheitsgetriebenen Kundenbindung gesprochen werden. Denn hier ist der Kunde für eine bestimmte Zeit zwingend an einen Partner gebunden. Aufgrund der dadurch erzielten Bindung kommt der Anbieter – zeitlich befristet – in eine monopolähnliche Situation, aus der ein Kunde wiederum nur mit zusätzlichen Kosten aussteigen kann (bspw. indem der Drucker oder die Kamera ausgetauscht wird).

In diesem Kontext wird auch von Wechselbarrieren gesprochen, die Unternehmen durch die diskutierten Maßnahmen ganz systematisch aufbauen. Manche dieser Wechselbarrieren sind schon im Produkt angelegt. Hierbei ist etwa an die Inkompatibilität (i. S. einer Unvereinbarkeit) zwischen verschiedenen Marken/Modellen von Staubsaugern und den entsprechenden Beuteln zu denken. Andere Wechselbarrieren ergeben sich durch die Servicequalität, indem bspw. ein höherpreisiges Fachgeschäft eine optimale Stilberatung durchführt und damit den Kunden an dieses Unternehmen langfristig bindet, obwohl ein Textildiscounter nur fünfzig Meter entfernt zu finden ist. Zusätzlich werden Wechselbarrieren künstlich geschaffen, indem man treuen Kunden zusätzliche Vorteile verspricht. Diese finden sich bei allen Kundenbindungsprogrammen, von *BSW* über *Payback* bis zur *Deutschland-Card*. Der Stellenwert derartiger Kundenbindungskonzepte ist in den letzten beiden Jahrzehnten u. a. deshalb gestiegen, weil in immer mehr Unternehmen die Erkenntnis gereift ist, dass das erfolgreiche Management von Kundenbeziehungen einen, z. T. auch den zentralen Treiber des Unternehmenswertes darstellt.

Die oben beschriebenen Entwicklungen haben in den letzten Jahren dazu geführt, dass sich der Fokus vom Einmalgeschäft auf eine langfristig angelegte Pflege von Kundenbeziehungen verschoben hat. Unter Kundenbindung sind dabei alle Maßnahmen zu verstehen, die ein Unternehmen einsetzt, um die Beziehung zwischen einem Kunden und einem Unternehmen so zu gestalten, dass diese langfristig trägt und der Kunde im Idealfall seinen

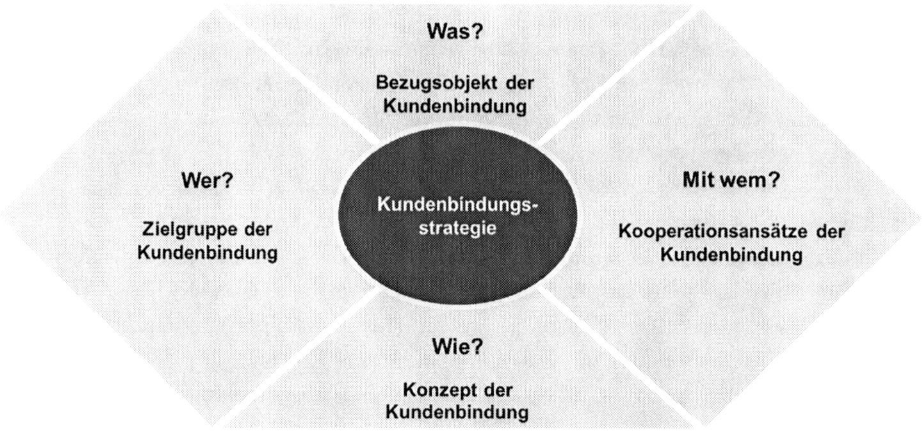

Abb. 5.15 Dimensionen der Kundenbindungsstrategie (adaptiert nach Homburg und Bruhn 2008, S. 19)

Share of Wallet bei diesem Unternehmen kontinuierlich erhöht. Der Share of Wallet bezeichnet den monetären Anteil eines Unternehmens am gesamten Umsatz eines Kunden, den dieser in einer spezifischen Produktkategorie (bspw. Bekleidung) tätigt. Wenn ein Kunde von dem Bekleidungs-Jahresbudget von € 750 in einem Jahr € 410 bei *Anson's* und € 75 bei *Hess Natur* investiert, dann hat *Anson's* einen Share of Wallet von 55 % und *Hess Natur* von 10 % erzielt.

Das dominante Ziel von Kundenbindungssystemen stellt die Verlängerung der Geschäftsbeziehung zu Konsumenten oder Unternehmen dar. Diese soll dadurch erreicht werden, dass die Bindungsangebote möglichst intensiv genutzt werden, weil vielfach nur hierdurch die bindenden Effekte erreicht werden. Bei der Entwicklung der Kundenbindungsstrategie sind die in Abb. 5.15 aufgezeigten Fragestellungen zu beantworten. Zunächst stellt sich die Frage nach dem Bezugsobjekt der Kundenbindung. Dies können einzelne Produkte, ein Vertriebskanal (etwa *SinnLeffers*, *Kaufhof* oder *Peek & Cloppenburg*), eine Marke (u. a. *HUGO BOSS* oder *Armani*) oder ein Unternehmen (etwa *Otto*) sein. Zusätzlich ist die Zielgruppe der Kundenbindung zu definieren.

- Sollen bspw. alle Kunden eines Unternehmens eingebunden werden, wie dies durch das *Payback*-Konzept bei *Kaufhof* angestrebt wird?
- Müssen sich die Kunden durch ihr Kaufverhalten eine besondere Betreuung und Belohnung erst verdienen (so bei der Kundenkarte von *Peek & Cloppenburg* oder der *stylecard* von *Wöhrl*, bei der die Belohnung i. S. einer Rabattierung an bestimmte Mindestumsätze gebunden ist)?
- Richtet sich das Programm an alle, die sich dafür registriert haben (etwa beim Kundenbindungsprogramm von *Esprit*)?

- Müssen die Kunden einen Beitrag entrichten, um die Vorteile eines Kundenbindungsprogramms zu erhalten (so bspw. bei *Douglas* und beim *BSW*)?

Hier wird bereits deutlich, dass die Frage nach der Zielgruppe mit dem Konzept der Kundenbindung selbst eng verbunden ist. Hierbei können folgende Instrumente Verwendung finden, die speziell auf die Erhöhung der Kundenloyalität einzahlen. Diese können einzeln oder in Kombinationen in Kundenbindungskonzepte einfließen:

- Dialog-/Werbebriefprogramm,
- Newsletter (offline und/oder online),
- Customer-Service-Center als Anlaufstelle für die betreuten Kunden (offline und/oder online),
- Sammelkarte/Rabattkarte,
- Kundenkarte,
- Treuebelohnungsprogramm (bspw. mit einer Bonifizierung getätigter Umsätze),
- Vorteilsprogramm (mit eigenen sowie mit Leistungen von Kooperationspartnern),
- Kundenmagazin,
- Events.

Um ein für die Kunden attraktives Gesamtprogramm zu erstellen, stellt sich die Frage nach der Einbindung von Kooperationspartnern. Häufig lässt sich ein werthaltiges Programm nur durch die Zusammenarbeit mit weiteren Leistungspartnern erarbeiten. Dabei geht es um die zentrale Frage, ob ein Unternehmen die definierten Kundenbindungsziele eher alleine oder im Zusammenspiel mit anderen Partnern erreichen möchte.

Bei der Entwicklung der Kundenbindungsstrategie ist ein „Spagat" zwischen drei divergierenden Perspektiven zu leisten. Aus anbieterorientierter Perspektive sind die Inhalte für die Kunden so zu gestalten, dass eine langfristige Ertragssteigerung, einhergehend mit einer Substanzsicherung des Unternehmens erreicht wird. Gleichzeitig kann nur eine nachfrageorientierte Perspektive der Gestaltung des Programms einen langfristigen Erfolg ermöglichen. Denn aus Kundensicht stellt sich die Frage nach dem Mehrwert des Leistungsprogramms. Hierbei gilt die Kernregel der Kundenorientierung:

Der Köder muss dem Fisch schmecken, nicht dem Angler!

Neben der anbieter- und kundenorientierten Sichtweise muss bei der Zusammenstellung der Leistungspalette auch eine wettbewerbsorientierte Perspektive eingenommen werden. Nur durch eine ausgefeilte Wettbewerbsbeobachtung können Fehler vieler Bindungskonzepte vermieden werden, die sich in einem reinen „Me-too-Produkt" (i. S. einer Nachahmung) niederschlagen, ohne den Kunden einen innovativen Mehrwert zu verschaffen. Wenn es den Kunden nicht auf den ersten Blick gelingt, im Wettbewerbsvergleich eindeutige Leistungsvorteile, insb. in den Markenkern-nahen Leistungen zu erkennen, ist ein solches Konzept zum Scheitern verurteilt.

Unter Berücksichtigung dieser drei Perspektiven ist ein inhaltliches Angebot zu erstellen, bei dem der Kunde den Eindruck gewinnt, dass ihm das Verlassen seines Anbieters Wechselkosten verursacht. Ohne solche Switching Costs bleiben die notwendigen Wechselbarrieren aus und das Kundenbindungsprogramm verursacht Kosten, ohne die gewünschten Bindungseffekte zu erzielen. Da in der Kernleistung des Produktes oder der vermarkteten Dienstleistung selbst aufgrund einer zunehmenden Austauschbarkeit solche Wechselbarrieren kaum mehr zu finden sind, müssen diese verstärkt durch attraktive Nebenleistungen in anderen Feldern gleichsam neu erschaffen werden.

Instrumente zur Erreichung von Kundenbindung

Werbebrief-Programme – Kunden

Um profitable Kunden kontinuierlich zu betreuen, können Werbebrief-Programme eingesetzt werden. Die Ansprache der Kunden erfolgt dann durch ein Kunden-Kontakt-Programm (KKP) und zielt auf zusätzliche Käufe ab. Im Rahmen eines entsprechenden Dialogprogramms wird bspw. der Kunde immer wieder angesprochen: zum Saisonauftakt, wenn die neue Kollektion im Hause ist, zum Saisonende mit Couponaktionen oder mit anderen Schwerpunkten, die für den Kunden von Interesse sein könnten. Zusätzlich kann zum Geburtstag gratuliert und/oder kleine Geschenke auf die Reise gebracht werden (bspw. eine CD mit Musiktiteln). Die Herausforderung besteht darin, den Dialog zum Kunden nicht abreißen zu lassen, um so regelmäßig Kaufimpulse zu setzen und ggf. auf weitere Angebote im Sortiment hinzuweisen, die der Kunden bisher noch nicht genutzt hat.

Sollen Kunden bspw. zum regelmäßigen Besuch einer Einkaufsstätte motiviert werden, kann ein KKP wie beim Herrenausstatter *Anson's* zum Einsatz kommen. In regelmäßiger Folge erhalten die Kunden, die einen Antrag auf Betreuung durch *Anson's Insider* gestellt haben, Mailings, Coupons und Produktkataloge zugeleitet, die zum Besuch der Geschäfte motivieren. Diese Ansprache wird teilweise durch die Auslobung von Rabatten verstärkt, die immer einen beschränkten Gültigkeitszeitraum aufweisen, um eine möglichst zeitnahe Reaktion des Kunden auszulösen. An diesem Beispiel wird auch ein Kooperationsmodell im Kontext der Kundenbindung sichtbar: Auf Käufe bei *Anson's* können auch Meilen beim Programm *Miles & More* von *Lufthansa* gesammelt werden. Auf diese Weise soll das Angebot eine zusätzliche Attraktivität erhalten. Gleichzeitig bietet *Anson's* als Partner von *American Express* auch die Möglichkeit, über das Kundenbindungsprogramm von *American Express* gesammelte Punkte zur Bezahlung bei *Anson's* einzusetzen.

Ein weiteres Beispiel stellt die Mailing-Aktion des Modehauses *Deschler* an ihre Kunden dar (Abb. 5.16). Auch hier werden in den Dialog mit dem Kunden ganz konkrete Anreize in Gestalt der „Dankeschön-Coupons" eingebunden. Die Voraussetzung, eine umfassende, einzelkundenorientierte Responseanalyse durchführen zu können, ist die Identifikation der einlösenden Personen. Erfolgt dies nicht, kann zwar die Einlösequote insgesamt ermittelt werden, nicht jedoch, welche der Stammkunden wie reagiert haben und bei welchen ggf. der Bon aufgrund des Couponeinsatzes höher als in der Vergangenheit ausgefallen ist.

Abb. 5.16 Stammkunden-Mailing und Coupons des Modehauses *Deschler*

Sammelkarten

Sammelkarten (auch Bonuskarten oder Rabattkarten genannt) stellen eine einfache Möglichkeit dar, ohne IT-Unterstützung loyale Kunden zu belohnen. Hierbei werden von Seiten der Unternehmen Karten ausgegeben, auf denen getätigte Käufe dokumentiert werden. Dazu können vorgegebene Felder entweder abgestempelt, gelocht oder vom Unternehmen ausgehändigte „Wertpunkte" aufgeklebt werden. Sobald eine bestimmte Anzahl von Kaufakten dokumentiert wurde, erhält der Kunde einen Vorteil.

Der Vorteil von Sammelkarten besteht darin, dass diese ohne IT-Unterstützung ausgegeben und eingesetzt werden können. Damit steht diese Art von Kundenbindungssystem einer großen Zahl von Unternehmen zur Verfügung. Der entscheidende Nachteil derartiger Sammelkarten besteht darin, dass das Unternehmen keinerlei Informationen darüber gewinnen kann, wann und in welcher Größenordnung Kaufakte getätigt worden sind. Schließlich findet keine elektronische Datenerfassung statt. Teilweise wird auch auf die Erfassung von Name und/oder Adresse verzichtet, so dass der Kunde nach wie vor anonym bleibt. Eine differenzierte, kundenwertorientierte Kommunikation und Betreuung wird auf diese Weise nicht ermöglicht. Gleichwohl wird ein zentrales Ziel erreicht: loyale Kunden zu belohnen.

Kundenkarten

Wenn heute vielfach von einer inflationären Verbreitung von Kundenbindungskonzepten gesprochen wird, dann sind im Kern die nachfolgend charakterisierten Kartenkonzepte gemeint, die auch als Plastikkarte bezeichnet werden. Hierbei handelt es sich um eine normierte Karte, die i. d. R. in der Größe eine Kredit- oder EC-Karte gestaltet ist und durch Verwendung verschiedener Speichermedien (Barcode, Magnetstreifen, Chip) die Möglichkeit bietet, den Kunden beim Einsatz der Karte individuell zu identifizieren.

Bei der Klassifizierung von Kundenkarten ist zwischen verschiedenen Konzepten zu unterscheiden. Zunächst gibt es Karten, die von einem Unternehmen herausgegeben werden und ein Earning (Punkteerwerb) und Burning (Punkteeinsatz) auch nur bei diesem oder innerhalb der eigenen Unternehmensgruppe erlauben. Dabei wird auch von einem Single-Partner-Programm gesprochen. Ein solches wird bspw. von *Esprit* und *SinnLeffers* angeboten. Sind mehrere Partner in ein Programm eingebunden, spricht man von einem Multi-Partner-Programm. Ein Multi-Partner-Programm liegt auch dann vor, wenn bspw. der Träger eines Kundenbindungsprogramms wie des *BSW* verschiedene Leistungspartner (hier in Deutschland über 30.000 Geschäfte und ca. 200 Online-Shops) akquiriert hat, bei denen ein Earning stattfinden kann. Auch *Payback* gehört zu dieser Kategorie von Multi-Partner-Programmen, die ein Earning bei einer Vielzahl von Partnern anbieten und den Mitgliedern verschiedene Möglichkeiten zum Burning der erworbenen Punkteguthaben eröffnen. So können bei *Payback* Punkte u. a. bei den Unternehmen *Aral, Galeria Kaufhof, dm, real,-, Europcar, Dänisches Bettenlager, Alice, NH Hotels, Marriot* etc. online und/oder offline gesammelt werden. Erworbene Punkteguthaben können bei *Payback* in eine Vielzahl von Prämien eingetauscht, bei *UNICEF* gespendet, in Einkaufsgutscheine für ausgewählte Partner umgewandelt oder als Bargeld ausbezahlt werden. Durch die regelmäßige Online- und Offline-Kommunikation, die auch den Versand unterschiedlichster Coupons beinhaltet, ist der Inhaber einer *Payback*-Karte in eine umfassende Kommunikation eingebunden. Der regelmäßige zugesandte Kontoauszug macht dem Kunden dabei deutlich, in welchem Umfang bereits Guthaben aufgebaut wurde.

Bei der Ausgestaltung eines entsprechenden Konzeptes sind folgende Funktionen einer Kundenkarte zu unterscheiden:

- Vorteilsfunktion (für Kunden),
- Ausweisfunktion (für Kunden und Unternehmen),
- Datengenerierungsfunktion (für Unternehmen).

Im Mittelpunkt der Bewertung stehen zunächst die Leistungsvorteile von Kundenkarten aus der Kundenperspektive. Dabei gilt, der Dreh- und Angelpunkt jeglicher Kundenkartenkonzepte wie auch jeden Kundenbindungsprogramms liegt in der Beantwortung der zentralen Kundenfrage: „What's in it for me?"

Leistungsvorteile von Kundenkarten aus der Kundenperspektive

Da die Beschäftigung mit jeglicher Art von Kundenbindungskonzept eine mehr oder weniger umfassende zeitliche Investition durch den Kunden voraussetzt, muss diese Frage präzise beantwortet werden, um Kunden zur Mitwirkung zu motivieren. Was sind die erreichbaren Vorteile für den Kunden, die die Ausfüllung eines Antrags, die Beschäftigung mit den AGBs und die Auswertung der regelmäßigen Kommunikation über unterschiedliche Medien rechtfertigt?

Die Vorteilsfunktionen, die Kunden zum regelmäßigen Einsatz von Karten motivieren sollen, lassen sich in folgende Gruppen zusammenfassen, die aber nicht immer trennscharf voneinander abgegrenzt werden können. Die nachfolgenden Ausführungen haben dabei auch Gültigkeit für Kundenclubs, soweit diese ebenfalls das Gestaltungsmerkmal „Karte" einsetzen.

Finanzielle Anreize finden sich bei Kundenkarten in ganz unterschiedlicher Ausprägung. Während bei der Karte des Modehauses *Adler* bei jedem Kaufvorgang ein Direktrabatt von 3 % gewährt wird, werden bei *Peek & Cloppenburg* Rabatte in Abhängigkeit von der innerhalb eines Jahres erzielten Umsatzhöhe zwischen 2 % bis 5 % gewährt.

Eine große Bedeutung kommt innerhalb von Kundenbindungskonzepten dem Versand von Coupons zu, durch die ganz gezielt spezifische Vorteile an die Karteninhaber kommuniziert werden können. Beim Couponing handelt es sich um eine Maßnahme, bei der ein Herausgeber einer ausgewählten Personengruppe durch ein Medium einen Berechtigungsausweis (entspricht dem Coupon) zur Verfügung stellt, bei dessen Einsatz in einer ausgelobten Akzeptanzstelle während eines definierten Zeitraums ein spezifischer Vorteil versprochen wird, wenn die Zielperson ein bestimmtes Verhalten zeigt. Basierend auf konkreten Kundendaten können diese Coupons sehr gezielt distribuiert und hinsichtlich ihrer Wirkungen analysiert werden.

Serviceanreize liegen dann vor, wenn sich ein Kunde durch seine Unternehmenstreue Vorteile in der Betreuung „erarbeitet", die anderen Kunden i. d. R. nicht oder nur gegen Kostenerstattung zur Verfügung stehen. So kann guten Kunden die Möglichkeit eingeräumt werden, vor allen anderen die neue Frühjahrsmode präsentiert zu bekommen. Bei dieser Heraushebung aus der Masse kann gleichzeitig von Prestigeanreizen gesprochen werden, weil die Sonderbetreuung des Kunden einen gehobenen Status zum Ausdruck bringt.

Prestigeanreize können auch in Gestalt individueller Informationsangebote rund um die Produkt- und Dienstleistungswelt vermittelt werden, wenn sich Kunden auf diese Weise privilegiert fühlen. Da Personen durch die Teilnahme an einem Kundenbindungsprogramm häufig eine größere Nähe zu „ihrem" Unternehmen suchen, wird diesem Anspruch häufig umfassend Rechnung getragen. Beliebte Prestigeanreize sind auch Events, die Mitglieder Zugang zu speziellen Veranstaltungen ermöglichen. Exklusive Verpackungen, spezielle Parkplätze und Counter für Premiumkunden können diese Prestigeeffekte unterstreichen.

Hervorzuheben sind bei den Prestigeanreizen insb. solche Angebote, die der Kunde von sich aus auf anderem Wege schwer oder nicht erhalten könnte. Dabei sollten sie glaubhaft zum Absender passen, nicht leicht zu kopieren sein und sich deutlich von Angeboten der Wettbewerber abheben. Dies können exklusive Company Tours, die Einbindung in Modeschauen, Previews von Filmen und Ähnliches sein, wie sie nicht nur im Rahmen von Kundenkartenkonzepten, sondern auch von Club-Konzepten eingesetzt werden. Gerade derartige Angebote können zu einer langfristigen Kundenbindung beitragen, weil hierbei auf Emotionen, Vertrauen und Partnerschaft aufgebaut wird.

Vielfach werden Kundenkarten auch mit einer Zahlungsfunktion versehen. Diese kann sich auf das emittierende Unternehmen selbst beziehen (wie bspw. bei der *Breuninger Card*) oder im Co-Branding mit einem Kreditkarten-Unternehmen angeboten werden. Bei diesem Co-Branding kann der Kunde – häufig über den engen Bereich der Bonusgeber hinaus – weitere finanzielle Vorteile erwerben. Gleichzeitig erschließt der Betreiber des Kundenbindungsprogramms eine zusätzliche Erlösquelle, indem er Kreditkartenkunden akquiriert. Derartige Co-Brandings werden u. a. von *Payback* und *BSW* angeboten. Zusätzlich wird für das Unternehmen ein ganz wichtiges zusätzliches Ziel erreicht: Eine Kreditkarte ist normalerweise regelmäßig im Einsatz, so dass die Zahlungsfunktion die Sleeper-Quote ausgegebener Karten drastisch reduzieren kann. Darunter versteht man den prozentualen Anteil an den ausgegebenen eigenen Kundenkarten, die nicht oder nicht in der gewünschten Frequenz eingesetzt werden.

Eine Ausweisfunktion ist mit der Kundenkarte verbunden, weil nur Kunden, die sich anhand einer Karte als bezugsberechtigt ausweisen, in den Genuss der Vorteile kommen. Diese Funktion liefert für die Kunden die Begründung, warum die Karte zwingend ins Portemonnaie gehört. Denn ohne sie sind die oben beschriebenen Vorteile nicht zu erzielen. Von besonders großer Bedeutung ist diese Ausweisfunktion auch für die emittierenden Unternehmen, weil hierdurch die Verbindung von Kaufakt und Kunden zum Aufbau der Marketing-relevanten Kundenprofile führt.

Aus Unternehmensperspektive dominieren beim Einsatz von Kundenkarten drei wichtige Ziele, die i. d. R. auch Kundenclubs zugrunde liegen:

- Kundenbindung,
- Kundenakquisition,
- Gewinnung von Informationen über Kunden.

Im Hinblick auf die angestrebte Kundenbindung erfüllt die Karte allein bereits eine wichtige Funktion, weil sie einen Werbeträger mit Dauerkontakt darstellt. Dies ist zumindest dann der Fall, wenn sie im Portemonnaie und nicht in einer häuslichen Schublade aufbewahrt wird. Hier wird bereits deutlich, dass die Karte zwingend – wie oben aufgezeigt – eine Relevanz für den Kunden aufweisen muss. Nur dann wird sie in das Relevant Set von Karten (neben Krankenversicherungs- und EC-Karte) aufgenommen; d. h. sie gehört zu den Karten, die für den Kunden wichtig sind und die dieser auch einsetzt. Dann wird sie auch ihrer Erinnerungsfunktion an das Unternehmen bzw. dessen Leistungsfelder gerecht. Wird durch eine hochwertige Karte eine Profilierung des Kunden in seinem beruflichen oder privaten Umfeld möglich, kann hierdurch gleichzeitig auch die emotionale Bindung an das Unternehmen bzw. dessen Leistungsprogramm erfolgen, die gleichzeitig auch die Grundlage für die Gewinnung neuer Kunden darstellen kann.

Neben der Bindung und der Akquisition von Kunden kommt der systematischen Gewinnung von Informationen über die eigenen Kunden ein zentraler Stellenwert zu. Unternehmen, die einen indirekten Vertrieb einsetzen sowie Einzelhandelsunternehmen selbst verfügen ohne den Einsatz von derartigen Kartenkonzepten i. d. R. über keinerlei personen-/adressgebundene Informationen über ihre Kunden. Erst die Zusammenführung von Name, Adresse und Kaufdaten ermöglicht es, eine systematische Ermittlung des Kundenwertes durchzuführen und diesen einer differenzierten Betreuung zugrunde zu legen. Hierbei kann von einem Customer Tracking gesprochen werden. Deshalb ist bei der Bewertung eines Einsatzes von Kundenkarten neben dem Bindungseffekt immer auch der Datengewinnungseffekt zu berücksichtigen, dem in manchen Unternehmen sogar die größere Bedeutung zugemessen wird.

Kundenmagazine

Angesichts der schon skizzierten Informationsüberlastung, in der viele klassische und direkte Kommunikationsinhalte verloren gehen, gewinnt das Kundenmagazin an Bedeutung. Das Kundenmagazin ist traditionell als Hochglanzzeitschrift oder im Zeitungsformat aufbereitet und wird medienübergreifend von mehr und mehr Unternehmen auch digital ins Internet verlängert. Für die Zielgruppen der Interessenten und Kunden stellt sich dabei die Frage: Wie kann die Aufmerksamkeit des Lesers möglichst lange bei einem Kundenmagazin gehalten werden, um die Chance eines umfassenden Eintauchens in die (werbliche Marken) Welt des Absenders zu erreichen? Der zentrale Erfolgsfaktor heißt auch hier: Dialog. Die Herausforderung besteht darin, durch ein Kundenmagazin eine Vielzahl von Dialogmöglichkeiten anzubieten, um den Leser aus seiner Passivität herauszuführen und zur aktiven Nutzung des Lesestoffs anzuregen. Dies wird durch den Begriff dialogisiertes Magazin verdeutlicht. Das *Modehaus Diehl* (Abb. 5.17) überreicht hier seinen Kunden ein an mehreren Stellen Absender-individualisiertes Magazin, welches in die Welt der anspruchsvollen Mode „entführt". Neben Anzeigen großer Marken werden gemäß dem Local-Hero-Konzept bspw. auch eigene Mitarbeiter vorgestellt. Zusätzlich werden Einladungen zum Einstieg in den Dialog ausgesprochen, so durch den beigelegten „Änderungs-Gutschein" sowie den „Gutschein für einen Sekt-*Aperol*".

5.4 Trends im Dialog-Marketing

Aufgrund der Vielzahl der heute verfügbaren Kundenbindungsansätze – insb. der Vielzahl an Kundenkarten – sowie aufgrund der großen Zahl von Optionen, über die ein Kunde heute beim Earning verfügt, besteht die Gefahr der Überforderung der Kunden, die dann u. U. mit Reaktanz reagieren. So muss sich der Kunde bei *Anson's* zwischen dem Erwerb eines Direktrabatts und dem Sammeln von Miles bei *Lufthansa Miles & More* entscheiden, und beim Abschluss eines Mietwagenvertrages bzw. beim Check-in in einem Hotel hat der Kunde häufig die Wahl zwischen fünf bis zehn Optionen, sei es das Sammeln von Punkten, Miles und ähnlichem. Diese Optionen existieren dabei noch bei einer großen Zahl unterschiedlicher Programme. Diese Vielfalt und Komplexität setzt der weiteren Expansion solcher Konzepte natürliche Grenzen. Die große Zahl von im Wettbewerb um den Kunden stehenden Ansätzen wirft außerdem die Frage auf, ob von diesen tatsächlich noch bindende Effekte ausgehen, oder ob diese schlicht als selbstverständlich vorausgesetzt werden und damit zu reinen Mitnahmeeffekten führen.

Gleichzeitig profilieren sich die Hersteller, die in zunehmendem Maße über eigenständige Online-Shops verfügen, als ernstzunehmende Wettbewerber zum klassischen Einzel-

Abb. 5.17 TRENDLOOK-Magazin des Modehauses Diehl

handel. Über Rabattaktionen, die Hersteller in ihren Shops – ohne Rücksprache mit den Handelspartnern – initiieren, um den eigenen Verkauf zu stimulieren, wird ein deutlicher Preisdruck auf die Händler ausgeübt. Die größten Herausforderungen für den stationären Einzelhandel liegen damit in den Online-Shops, die von neuen Handelspartnern, aber insb. auch von den Markenherstellern selbst ins Leben gerufen werden. Die Einzelhändler sind deshalb gut beraten, kritisch zu analysieren, ob eigenständige Kundenbindungsprogramme einen wesentlichen Beitrag leisten können, um in dieser Sandwich-Position langfristig profitabel überleben zu können.

Literatur

Freter, H. 2006. Marktsegmentierung. In *Handelsblatt, Wirtschafts-Lexikon, Das Wissen der Betriebswirtschaftslehre*, 3842–3850. Stuttgart.

Helm, S., und B. Günter. 2006. Kundenwert – eine Einführung in die theoretischen und praktischen Herausforderungen der Bewertung von Kundenbeziehungen. In *Kundenwert – Grundlagen – Innovative Konzepte – Praktische Umsetzungen*, 3. Aufl., Hrsg. B. Günter und S. Helm, 3–38. Wiesbaden.

Homburg, C., und M. Bruhn. 2008. Kundenbindungsmanagement – Eine Einführung in die theoretischen und praktischen Problemstellungen. In Hrsg. M. Bruhn und C. Homburg, 3–37.

Kreutzer, R. 2009. *Praxisorientiertes Dialog-Marketing, Konzepte, Instrumente, Fallbeispiele*. Wiesbaden.

Kreutzer, R. 2012. *Praxisorientiertes Online-Marketing, Konzepte – Instrumente – Checklisten*. Wiesbaden.

Meyer, A., und D. Oevermann. 2006. Kundenbindung. In *Handelsblatt, Wirtschaftslexikon, Das Wissen der Betriebswirtschaftslehre*, 3334–3343. Stuttgart.

o.V. 21.4.2009. Social Communities. *HB*, 21.4.2009, S. 15.

SVI/Siegfried-Vögele-Institut. 2005. *Eye Tracking, Die Entwicklung der Blickaufzeichnung mithilfe apparativer Verfahren als Grundlage der Prof. Vögele Dialogmethode*. Königstein, 2005

Siegert, M. 2009. Rechtliche Rahmenbedingungen des Dialog-Marketings. In *Praxisorientiertes Dialog-Marketing, Konzepte, Instrumente, Fallbeispiele*, Hrsg. R. Kreutzer, 333–342. Wiesbaden.

Stauss, B. 2000. Perspektivenwandel: Vom Produkt-Lebenszyklus zum Kundenbeziehungs-Lebenszyklus. *Thexis* 2000(2): 15–18. 17. Jg.

Vögele, S. 2005. *Dialogmethode: Das Verkaufsgespräch per Brief und Antwortkarte*. Landsberg/Lech.

Teil IV

Social Media, Cross Channel und Multi Device Management im Retail Business

„Netzwerke und Herrsche!" Social Media aus markenstrategischer Sicht

1

Oliver Hermes

Inhaltsverzeichnis

1.1 Einleitung

Der Konsument von heute produziert, kommentiert, publiziert digitale Inhalte und organisiert sich in riesigen Gruppen. Er ist zunehmend besessen davon, permanent zu kommunizieren und in Kontakt zu stehen (vgl. Stengel 2010, S. 35 ff.). Das Internet als Massenmedium (genauer: als massenhaft genutztes Individualmedium) ist längst kein passiver Informationsspeicher mehr, wie bei der ersten großen Völkerwanderung ins Netz in den 90er Jahren (Boris Becker für AOL: „Ich bin drin"), sondern ein lebendiger, stetig wachsender, von Menschen getragener Organismus geworden, in dem sich ununterbrochen globale Gespräche abspielen. Waren die User anfangs Besucher, die sich freuten, dass sie plötzlich so schnell und preiswert an Informationen kommen konnten, sind sie jetzt mit Haut und Haaren eingezogen (vgl. Kruse 2010a, S. 1).

Die entscheidende Nutzungsdimension heißt nicht mehr „Search", sondern „Share". Soziale Netzwerke im Internet verändern die Verteilung von Macht. Politik, Unternehmen, Marken werden weniger davon haben, einzelne Menschen mehr davon. Jeder kann zu

Oliver Hermes ✉
Berger Baader Hermes GmbH, Nymphenburger Str. 86, 80636 München, Deutschland

H.-C. Riekhof (Hrsg.), *Retail Business*, DOI 10.1007/978-3-8349-4555-6_12,

jedem Thema jederzeit eine große Gemeinschaft versammeln. Wenn das überwältigende Wachstum von Facebook, Google+, Twitter, YouTube, Flickr, Pinterest etc. anhält, werden einzelne Menschen in Zukunft zu machtvollen Spielern mit großer Magnetwirkung und direktem Zugang zu allen (!) anderen Menschen.

Wir sprechen hier nicht etwa von einer Mode, sondern von einem Kulturwandel. Einem Kulturwandel in der Meinungsbildung, in der Art wie wir Beziehungen pflegen, aktiv an gesellschaftlichen Prozessen teilnehmen, unser Leben organisieren – und dabei unser höchstes Gut, die Privatsphäre, neu definieren. Die Social Media-Dynamik ist unumkehrbar, weil sie Abbild der Gesellschaftsdynamik ist (vgl. Kruse 2010b, S. 6). Man kann das gut oder schlecht finden, feststeht jedenfalls, dass die Welt unaufhaltsam ins digitale Zeitalter steuert.

Social Media ist kein neuer Kanal, sondern eine Nutzungsänderung des Internets, die auf einem Paradigmenwechsel des Konsumentenverhaltens beruht („Share"). Social Media ist eine selbstverständliche Komponente der Kommunikation im digitalen Zeitalter (vgl. auch Ritter 2010). Der Souverän mischt mit. Und Facebook, Twitter etc. sind sein Betriebssystem.

Es scheint fast, als würden in Zukunft soziale Netzwerke und virale Kampagnen, deren multiplizierendes Medium der Mensch ist, in vielen Segmenten darüber entscheiden, ob ein Produkt sich am Markt durchsetzt oder ob es gnadenlos durchfällt.

Deshalb ist es überraschend, dass sich zwar die Nutzungsstatistiken überschlagen, gleichzeitig aber kein Konzept für die Markenführung im Web 2.0 vorliegt (zum Begriff Marke und den Gesetzen erfolgreicher Markenführung im Retail Business vgl. Hermes 2008, S. 275 ff.). Denn Markenstrategie und -technik werden sich kategorisch ändern müssen, um in der „schönen neuen Welt" zu überleben. Dies hat vor einiger Zeit schmerzhaft der größte Nahrungsmittelkonzern der Welt erleben müssen und damit unfreiwillig den letzten Beweis für die Richtigkeit und Dringlichkeit dieser These erbracht (siehe Abschn. 1.3).

1.2 Web 2.0 Fakten

Dass ein mächtiger neuer Kulturraum entsteht, der die Gesellschaft in allen Bereichen verändert, zeigt ein kurzer Blick auf die Zahlen.

Über 52 Mio. Menschen nutzen das Internet regelmäßig. Das sind 75 % der Bevölkerung ab 14 Jahren. Keine andere Technologie hat so schnell so viele Menschen erreicht. Die größten Wachstumsraten werden bei den über 40-jährigen erzielt, weshalb das Netz längst kein virtuelles Jugendzentrum mehr ist. Auch Oma ist online.

Entscheidender aber ist, dass drei von vier Internetuser Social Media nutzen (Bitcom 2011, S. 6 ff.), also sich in netzgestützten Interessengemeinschaften zu bestimmten Themen oder Leidenschaften organisieren. Und sie organisieren sich nicht nur, sondern 66 % verfassen aktiv Beiträge. Ein tiefes Motiv der Beteiligung in Netzwerken (neben gezielter Information und Transparenz) ist Mitmachen, Wahrgenommen werden, Spuren hinterlassen. Plötzlich kann jeder aus der Nische der Gesellschaft in die Mitte vordringen und das Interesse von Millionen von Menschen auf sich ziehen (vgl. Kruse 2010a, S. 13).

Facebook ist wohl das prominenteste Beispiel für Social Media, wenngleich nur ein klitzekleiner Teil des sozialen Netzwerkens im World Wide Web. Während das Radio noch 38 Jahre brauchte, um 50 Mio. Menschen zu erreichen, das Fernsehen noch 13 Jahre, erreichte Facebook diese Größenordnung schon 9 Monate, nachdem die Türen für alle geöffnet wurden (zunächst lag der Fokus auf Universitäten). Heute hat Facebook weltweit über eine Milliarde Nutzer (Stand März 2013), die jeden Monat die unvorstellbare Zahl von 700 Mrd. Minuten dort verbringen und 30 Mrd. Inhalte, wie z. B. Bilder, Texte, Videos, Links, teilen (Stand August 2011; vgl. Internet World Business 2011). In Deutschland sind ca. 25 Mio. Menschen über Facebook vernetzt (Stand März 2013). Das entspricht einer Bevölkerungsdurchdringung von fast 30 %, die verglichen mit einer Marktdurchdringung in den USA oder Großbritannien von über 50 % noch reichlich Luft nach oben hat.

Würde man die Verbindungen, die Menschen global über Facebook haben, grafisch darstellen, ergäben sich daraus die Konturen der Weltkugel mit all ihren Kontinenten.

Und selbst der Marktführer wird von allen Seiten angegriffen. Überall entstehen neue, stark wachsende soziale Netzwerke, wie z. B. Google+, Instagram oder Pinterest (praktische Tipps zur Nutzung von Google+ gerade für mittelständische Unternehmen bei Berger 2012b). Auf Youtube, erst acht Jahre alt, werden jede Minute 60 Stunden Videomaterial hochgeladen. Zuletzt wurden 4 Mrd. Videos pro Tag aufgerufen (Stand März 2013; vgl. Youtube 2013).

Man könnte die Dokumentation dieser enormen Zahlen, die schon im Moment des Niederschreibens wieder veraltet sind, beliebig fortsetzen, aber die Beispiele mögen genügen, um zu verdeutlichen, dass die Menschen ihr Informations-, Kommunikations- und Entscheidungsverhalten signifikant ändern und ein völlig neues Selbst-Bewusstsein entwickeln (eindrucksvoll Stengel 2010, S. 35 ff.).

1.3 Der Kulturwandel und die Folgen für die Markenführung

„A revolution doesn't happen, when society adopts new tools. It happens, when society adopts new behaviors." (vgl. Shirky 2012).

Der Konsument von heute ist ein *FUSE*-Konsument. Ein „Find-Use-Share-Expand"-Konsument. Er sucht nicht mehr nur Inhalte, sondern er beteiligt sich. Seine Fähigkeit, digitale Inhalte zu kreieren, zu kommentieren, anzureichern, begründet seine Macht.

Dies deshalb, weil die anderen interessiert, was der einzelne meint und publiziert. 70 % der Nutzer weltweit vertrauen den Bewertungen anderer Nutzer, sogar 92 % den Empfehlungen von (Online-) Bekannten (vgl. Nielsen 2012, S. 2 f.). Angebote ohne Bewertungsmöglichkeiten dürften bald verkaufsschädigend sein. Marken werden Nutzerbewertungen forcieren und offenes Feedback zulassen. Nutzerbewertungen werden so normal sein, dass sie in fast alle Ereignisse eingebunden werden.

Und erst recht, wenn es um die konkrete Kaufentscheidung geht, wird den sozialen Netzwerken im Internet mehr vertraut als Testmagazinen oder sogar den persönlichen Freunden und Bekannten (vgl. Consline 2008).

Die Macht verlagert sich irreversibel auf den Nachfrager, weil er plötzlich Transparenz hat und sich organisieren und mitteilen kann (vgl. zur Konsumentensouveränität als betriebswirtschaftlichem Leitbild Nieschlag, Dichtl, Hörschgen 1988, S. 43 ff.; Treis 1998, S. 136 f.). Alle Akteure stehen unter permanenter Beobachtung einer kritischen Öffentlichkeit.

Trifft etwas auf Resonanz, dann greift die Selbstverstärkung durch Mund-zu-Mund-Propaganda und die kleinste Erregungswelle kann sich pfeilschnell zu einem Tsunami aufschaukeln (Kruse 2010b, S. 6). Zwei Beispiele:

1.3.1 Der Fall Nestlè/Kitkat: Ein Weltkonzern scheitert an Social Media

Ein Beispiel von spektakulärer Reichweite zeigt, welch desaströse Wirkung ein mangelndes Verständnis des Paradigmenwechsels im Konsumentenverhalten haben kann. Vor einiger Zeit hat es den größten Lebensmittelkonzern der Welt schwer erwischt. Eine Marken-Institution, die es bislang wohl gewohnt war, ihre Kommunikation kontrollieren zu können und innerhalb von fünf Tagen einen Reputationsabsturz ohnegleichen erlebte. Nach diesem Alptraum ist man fast geneigt zu fragen, ob sich durch Social Media die Machtverhältnisse bereits derart verschoben haben, dass nun die Verbraucher und ihre Schutzorganisationen unter Missbrauchsverdacht geraten – also unverhältnismäßig, ohne Rücksicht auf Verluste, Markenimages zerstören. – Was war passiert (vgl. ausführlich mit Einzelnachweisen und Beispielen Hermes 2010a)?

Nestlè benötigt Palmöl zur Herstellung des Schokoriegels Kitkat. Sein indonesischer Lieferant Sinar Mas rodet zur Palmöl-Gewinnung illegal Urwälder und vernichtet damit den Lebensraum der dort lebenden Orang Utans. Nachdem Gesprächsversuche seitens Greenpeace mit dem Nahrungsmittelmulti fehlschlugen, startete Greenpeace eine Kampagne „Ask Nestlè to give rainforests a break", angelehnt an den berühmten Kitkat-Slogan.

Mit einem Youtube Video, diversen Gruppen und Fanpages in Social Networks torpediert Greenpeace Nestlè auf diversen Kanälen. Und während es Greenpeace durch virtuose Nutzung der gesamten Social Media-Klaviatur schafft, Konsumenten weltweit zu mobilisieren, begeht der Marken-Goliath ein Fehler nach dem anderen.

Der erste Fehler Mit Hinweis auf Copyright-Verletzungen bewirkt Nestlè eine Löschung des britischen Youtube-Videos. Als würde diese ungeschickte Zensur nicht schon allein für eine beschleunigte virale Verbreitung des gelöschten Videos reichen, nutzte Greenpeace geschickt Google-Adwords („Have a break") und die eigenen Social Media-Fanpages, z. B. auf Facebook, um Konsumenten auf ihre Website zu locken und zur Verbreitung des Videos zu animieren.

Außerdem wird zu einer Protestmail-Aktion aufgerufen. Jetzt geht das Video erst richtig viral und wird bei verschiedensten Videoportalen hochgeladen, Blogs und Nachrichten-websites springen auf das Thema auf. Auf den Fanpages von Nestlé/Kitkat gehen tausende Proteste ein. Derart provoziert, beginnen User veränderte Nestle/Kitkat-Logos als Profilbild zu kreieren und massenhaft zu verbreiten.

Der zweite Fehler Mit der Androhung von Zensur sowie der Löschung von Pinnwandbeiträgen sticht Nestlé in ein Wespennest und mobilisiert noch mehr Social Media-Massen. Das Ganze springt über auf die internationalen traditionellen Medien. Negative Kommentare fluten die Nestle- und Kitkat-Fanpages.

Der dritte Fehler Nestle hört nicht zu, lernt nicht dazu, will „Recht haben" und eskaliert die Lage weiter. Als Folge gründen User eigene Seiten für Kommentare und Diskussionen. Die Zensur läuft ins Leere, im Gegenteil: sie forciert sogar die Verbreitung der unliebsamen Botschaft. Das System beschleunigt sich selbst.

Der vierte Fehler Die größte KitKat-Fanpage mit zuletzt 758.712 Fans wird von Nestlé aufgrund der Flut kritischer Kommentare aus dem Netz genommen. Nestlé verzichtet lieber auf den Kontakt mit über 750.000 Konsumenten, als mit diesen in Dialog und Aufklärung zu treten.

Der fünfte Fehler Auf Anfragen reagiert Nestle nicht. Die Pinnwandeinträge von Nestle verstummen. Resignation? Nestle entschuldigt sich kleinlaut und verschwindet erstmal von der Bühne. Die Reaktionen: „Nestle, du musst noch viel lernen über das Internet."

Das alles passiert in weniger als einer Woche. Was folgt, ist ein beträchtlicher Image- und wahrscheinlich auch Umsatzschaden für die Marke. Erste Analysen zeigen einen Absturz der (Online-) Reputation. Die Ergebnisse zum Suchbegriff Nestlè auf Google oder Twitter weisen nur fast ein Thema auf. Zu löschen: Nie! Selbst die internationale Wikipedia-Seite wird ungewollt „aktualisiert" um das Social Media-Debakel. Am Ende gibt sich Nestlè kleinlaut, der Hinweis auf die Kündigung des umstrittenen indonesischen Lieferanten verhallt. Der Marken-Riese hat nichts gewonnen, aber viel verloren.

1.3.2 Der Fall Otto: Clevere Krisenkommunikation

In einem Model-Contest suchte Otto per Voting das Gesicht für die eigene Facebook-Fanpage. Fast 50.000 gutaussehende Jungen und Mädchen beteiligten sich. Doch dann begeisterten sich die Facebook-Nutzer plötzlich mit über 1 Mio. Votes für einen jungen Mann. – Was war passiert?

Mitten im laufenden Wettbewerb nimmt Facebook-User „Brigitte", ein Mann mit blonder Perücke, grellroten Lippen und kurzem Rock den Model-Contest des Versandhauses auf den Arm.

Alle sind überrascht. Die Geschichte kocht hoch. Die Netzgemeinde puscht „Brigitte“ in der Hoffnung auf ein wenig Schadenfreude. Otto reagiert souverän – und katapultiert seine Fangemeinde innerhalb weniger Wochen auf 160.000 – und macht das versprochene Fotoshooting mit Brigitte.

Obwohl „Brigitte“ gegen den Geist des Wettbewerbs verstoßen hatte und sich wahrscheinlich viele junge hoffnungsfrohe Mädchen enttäuscht sahen, nahm Otto die Geschichte mit Humor und beugte sich der Macht der Community. Dadurch aber wurde die Aktion erst richtig populär und ein voller Erfolg mit hohen Reichweiten- und Sympathiezuwächsen für das Versandhaus.

1.3.3 Markenkonzept 2.0: „Netzwerke und herrsche!“

25 % der Google-Suchergebnisse zu den 20 bekanntesten Marken verweisen auf Inhalte, die von Nutzern erstellt sind. Die Macht des Individuums, über derartige Medien oder eigene soziale Netzwerke Meinungen zu bilden und auszutauschen, kann Marken pushen, aber auch schwer beschädigen (vgl. zu weiteren Beispielen Hermes 2009, S. 32 und 2010a, S. 100 f.).

Was bedeutet das für das traditionelle Marketing:

1. Autonomie geht verloren,
2. Kontrolle geht verloren,
3. Konsistenz geht verloren.

Der Konsument wird vom Zielobjekt zum Interaktionspartner, zum Mitgestalter der Marke oder sogar zum Stakeholder (siehe Abschn. 1.4 Crowdsourcing und Crowdfunding).

Eine Studie des Beratungsunternehmens Keylens zeigt, dass 72 % der befragten Konzernchefs Angst davor haben, die Kontrolle über ihre Werbebotschaft zu verlieren (vgl. Keylens 2009, S. 6; siehe auch mit weiteren Nachweisen Kreutzer, Hinz 2010, S. 25). Diese Angst ist so verständlich wie gefährlich. Denn nur durch ein beherztes Öffnen der Marke in Richtung sozialer Netzwerke wird überhaupt noch ein Maß an Kontrolle erhalten bleiben (siehe die Ohnmacht von Nestlé/Kitkat; vgl. auch Abschn. 1.5).

Natürlich erfordert es Courage, sich zu öffnen. Dieses Wagnis ist aber ohne Alternative, denn „Abwesenheit“ stellt den absoluten Kontrollverlust über die Markenführung dar. Jede Möglichkeit zum Dialog entfällt und gibt die Marke in fremde Hände. Gleichzeitig wird dies als Ignoranz gegenüber dem Kunden gewertet und verstärkt negative Effekte. Also engagieren Sie sich, reden Sie von sich, bevor es andere über Sie tun. Und je stärker die Marke sich auf treue Fans verlassen kann, desto geringer ist der zukünftige eigene Aufwand der Social-Media-Aktivitäten. Selbstreinigungskräfte durch die Fürsprecher der Marke machen eigene Eingriffe im Idealfall überflüssig.

Moderne Markenführung heißt: „*Netzwerke und Herrsche!*“ Es sind zwar immer noch die Unternehmen, die über ihre Marken herrschen, aber eben nicht mehr autonom und autokratisch. Im abgeriegelten Raum erhalten sie nicht mehr genügend frische Luft, um marktnah und marktintelligent aufzutreten (vgl. Baumann 2008). Das simple Erfolgskonzept: Rausgehen, dorthin, wo der Konsument ist (siehe Abschn. 1.4 „Brandwalking").

Der Souverän emanzipiert sich und steuert mit. Dank der Instrumente des Web 2.0 wird er zu einer mächtigen digitalen Schaltstelle. Anstelle der hierarchischen (Marken-) Organisation wird es zukünftig mehrere, eng ineinander greifende Zentren der Aktivität und kommunizierende Netzwerke geben.

„Netzwerke" bezieht sich aber auch auf die geschickte Vernetzung der Kanäle untereinander. Social Media ist keine „All Inklusive-Waffe" und wird anderen Nutzerbedürfnissen gerecht als bspw. eine Marken- oder Kampagnen-Website, die nach wie vor ihre Existenzberechtigung hat, aber jetzt eben mit „Gefällt mir"-Button.

Alle Marken werden sich für die Kommentare und Links der User öffnen müssen, weil die Leute es so wollen. Die Kontrolle der wenigen wird aufgehoben, jeder bekommt Einfluss auf das Ganze. Worauf es (deshalb) bei sozialen Netzwerken ankommt: Man muss sich um die Leute kümmern – täglich und systematisch gemanagt. Das, was in der Marketingtheorie schon lange klar ist, wird jetzt zur praktischen Überlebensregel.

1.4 Die markentechnischen Handlungsoptionen im Web 2.0

Was kann die Marke falsch machen im Umgang mit dem neuen Konsumenten? Wie kann sie den vermeintlichen Autonomieverlust in Wettbewerbsvorteile oder nie dagewesene Stärke ummünzen? Die grundsätzlichen Optionen:

1.4.1 Nichts tun

„Nichts tun" kann eine richtige Maßnahme sein. Und zwar dann, wenn die Marke nicht direkt angegriffen wird, sondern aufgrund ihrer Positionierung oder Popularität für gesellschaftspolitische Zwecke missbraucht wird. Die Welle geht vorüber, der Markenkern wird nicht beschädigt.

Wird die Marke aber direkt wegen Leistungsschwächen angegriffen, ist nichts tun gefährlich. Kunden erwarten schnelle Aufklärung, Courage und Lösungsoptionen. Abwesenheit stellt den absoluten Kontrollverlust über die Markenführung dar und ignoriert, was die Kunden von morgen erwarten (Präsenz, Interaktion, Mehrwert).

Das Mindeste: Dabei sein. „Wer selbst im Wasser schwimmt, gewinnt immer noch den besten Eindruck von den jeweilig wirksamen Strömungsverhältnissen" (Kruse 2010b, S. 7).

1.4.2 Bekämpfen

Im digitalen Zeitalter fast immer chancenlos. Selbst für große Marken ist heute eine steuernde Kontrolle der eigenen Kommunikation unmöglich geworden. Falsche Bewertungen oder unliebsame Angriffe bekämpfen zu wollen, führt zu Selbstverstärkung und plötzlichen Aufschaukeleffekten.

Insbesondere rechtliche Angriffe wie auch PR-Offensiven lösen unkontrollierbare Multiplikationseffekte in den Blogs und Communities aus, die den negativen Impact nur verstärken. Dies zeigt das Beispiel Nestlè/Kitkat. Was Du nicht bekämpfen kannst, das unterstütze!

1.4.3 Unterstützen

Klinken Sie sich ein. Geben Sie als Einzelhändler Expertenrat in relevanten Foren, schreiben Sie einen eigenen Blog zu Ihrem Spezialgebiet, Serviceinnovationen oder Produkterfahrungen. Spielen Sie gerade als Mittelständler Ihre Kundennähe aus: man kennt und schätzt sich, man weiß um Vorlieben und Geschmack, spricht eine Sprache.

Die Mechanismen des Social Web bieten gerade kleineren, nicht so kapitalkräftigen Unternehmen die Chance, mit Kreativität im Wettbewerb zu punkten. Vernetzen Sie sich dabei mit Partnern, um Arbeit zu teilen und Kompetenzen zu addieren. Initiieren Sie einen virtuellen Qualitätszirkel. Ihre Fans werden für Multiplikation sorgen und neue Kunden zuführen. Liefern Sie Mehrwerte (siehe Abschn. 1.5). Aber machen Sie keine vordergründige Werbung.

Aber auch diese Option will wohl überlegt sein. Jägermeister Markenfans haben die „Jagerbomb" erfunden und über das Netz popularisiert. Dieser Cocktail, bestehend aus einem Jägermeister Schnapsglas, das in ein Red Bull Glas gestellt wird und sich beim Trinken vermischt, erfreut sich großer Beliebtheit beim jungen Partyvolk. Doch in Zeiten von Flatrate-Partys und Komasaufen verbietet die Corporate Social Responsibility jeglichen Support der Markenfans durch Jägermeister.

1.4.4 Zuhören und Lernen

Zuhören und Lernen ist gerade deshalb wichtig, weil durchschnittlich 25 % aller Einkäufe in einem Problem resultieren. Nur jeder 20. unzufriedene Kunde beschwert sich direkt beim Unternehmen, erzählt von seiner Unzufriedenheit aber bis zu 12 anderen Personen; dies allein in der realen Welt. Im digitalen Zeitalter funktioniert dieses System der Mund-zu-Mund-Propaganda genauso, nur tausendmal schneller und mit zigfacher Reichweite.

Durch Netnographie (Wortmischung aus Netz und Etnographie) kann aktiv verfolgt werden, was im Web über Ihre Marke, Ihre Services, Ihren Markt, Ihre Konkurrenz in welcher Intensität gesprochen wird. Oft sind es die kleinen und für selbstverständlich gehaltenen Dinge, die brennend diskutiert werden. Können Sie sich als Reisebüro oder Touristikunternehmen vorstellen, dass Ihre Kunden nicht wirklich wissen, was „All Inclusive" bedeutet? Wie es mit dem notwendigen Trinkgeld und Taschengeld abhängig von Familiengröße, Urlaubsland und Ausflügen aussieht? Aus diesen Insights lassen sich hochrelevante Serviceideen ableiten.

1.4.5 Die kollektive Intelligenz nutzen

Tchibo, Unilever, aber auch Spreadshirt und viele andere tun es bereits: Sie integrieren den Kunden in den Wertschöpfungsprozess. Sie nutzen die Schwarmintelligenz, Energie und Kreativität der Masse, indem über Crowdsourcing-Plattformen systematisch zu Ideen und Optimierungen aufgerufen wird. 50 % aller Procter&Gamble-Innovationen kommen bereits von Horden (dem Vernehmen nach 1,5 Mio.) externer Tüftler, Kunden, Enthusiasten. Tchibo hat als einer der ersten Produkte der virtuellen Ideenfabrik ins Regal gebracht.

Zukünftig wird „Crowdfunding" an Bedeutung gewinnen. Der Konsument macht die Marke sprichwörtlich zu seiner eigenen und wird zugleich zum Shareholder. Eines der ersten prominenten Beispiele war „Brewtopia", die Entwicklung einer eigenen Biermarke ohne Kapital, ohne eigene Produktion, ohne Mitarbeiter, ohne Werbung in einem gesättigten Markt. Im digitalen Zeitalter kann solch eine Idee innerhalb von Wochen genügend Fans und Mitstreiter, hier 16.000, gewinnen. Das Internet erzeugt Investoren, Markenbotschafter und Kunden zugleich. Brewtopia ist seit 2005 an der australischen Börse notiert und bietet neben Bier mittlerweile auch Wasser und Wein an.

Jeder noch so kleine Onlineshop mit einer gut durchdachten und gut präsentierten Idee findet über einschlägige Plattformen heute leicht Menschen wie dich und mich als Investoren (vgl. z. B. https://www.seedmatch.de/ oder https://www.gruenderplus.de/; eine gute Übersicht findet sich http://t3n.de/news/deutschsprachige-crowdfunding-plattformen-blick-318076/).

1.4.6 Brandwalking

Der umfassendste Ansatz, den wir programmatisch und bildhaft „Brandwalking" nennen: Die Marke geht „raus". Dorthin, wo die Menschen sich organisieren. In Social Networks treffen Sie ihre Kunden. Wer als Händler nicht mit Beiträgen oder positiven Ratings in der Community existent ist, wird immer weniger besucht.

Das Wichtige: Social Media wird immer *lokaler* – und *mobiler*. In 5 Jahren wird das Internet mehr mobil genutzt werden als stationär von Zuhause aus (siehe Abschn. 12.6). Zukünftig lässt sich der Kunde (geo-basiert) über sein Handy Einkaufsstättenempfehlungen (inkl. Promotions) geben, so wie er Restaurants im lokalen Umfeld sucht. Kundenkarten werden abgelöst durch Smartphone-Apps, die eine Reihe wertvoller Zusatzservices, wie Kundenempfehlungen, Preisvergleiche, Terminvereinbarungen, Lieferzeiten etc. bieten.

Brandwalking macht das Web zu einem großen bunten Marktplatz, auf dem sich Menschen treffen, plaudern, sich darstellen, exklusive Informationen austauschen, Waren beziehen, aber eben auch gemeinsam zu verbessern suchen – Erlebnisse und „sozialen Mehrwert" zu liefern, die es als Geschichte wert sind, weitererzählt zu werden, oder der Erweiterung der eigenen digitalen Identität dienen, wird die neue Königsdisziplin.

1.5 Social Media praktisch: Die 10 Naturgesetze

Wir haben gesehen, dass Social Media kein neuer Kanal ist, sondern eine selbstverständliche Komponente der Kommunikation im digitalen Zeitalter, bei der der Souverän gehörig mitmischt. Clevere Retailer können die neue Gesellschaftsdynamik nutzen. Sie können eine Menge lernen, Nähe zu ihren Konsumenten gewinnen und signifikante Wachstumsimpulse erzielen. Wenn sie folgende 10 Naturgesetze beherzigen.

1.5.1 Markenidentität sicherstellen

Dies ist der wichtigste und in der Diskussion am häufigsten vernachlässigte Punkt. Erfolgreiche Marken haben eine differenzierende, relevante, glaubwürdige Positionierung (siehe hierzu ausführlich Hermes 2008, S. 282 ff.), besser noch eine „Position", die sich programmatisch in allen Social Media-Aktivitäten widerspiegeln muss. Sonst sind sie weder konsistent noch resonanzfähig. Wenn mein emotionales Markenterritorium „Lebensfreude" (Coca Cola) oder „Sympathie" (Otto) heißt, ist mein Social Media-Auftritt ein anderer als wenn es „Leidenschaft" (Hornbach) oder „Aufwertung" (Apple) heißt. Ohne „Selbstähnlichkeit" und konkret aus der Marke abgeleitete Social Media-Ziele und KPI's wird es in Zukunft keinen erfolgreichen Auftritt mehr geben (vgl. komprimiert zur Erfolgsmessung Kreutzer, Hinz 2010, S. 35 ff.).

1.5.2 Nachhaltigkeit zeigen

„Social Media is (not) like teen sex" (Kaushik 2009) – sondern eher wie eine langfristige Liebesbeziehung zu sehen. Mit Höhen und Tiefen. Marken müssen sich darüber im Klaren sein, dass sie 365 Tage im Jahr Relevanz liefern müssen, d. h. Inhalte, Einbindung, Feedbackmechanismen. Es gibt im Netz keine zeitstabilen Zielgruppen, im Netz dominieren die Themen. Ein relevanter Netzwerkknoten kann eine Marke nur werden, wenn sie Einfühlungsvermögen in Themenpräferenzen hat. Ist sie hierfür strategisch, personell, budgetär nicht richtig aufgestellt, entstehen Marken- und Kampagnenfriedhöfe.

1.5.3 Aus Kundensicht denken

Für Marken in der Regel schwer zu verstehen: Die User in Sozialen Netzwerken sind nicht an Marken, sondern nur an sich selbst interessiert: an ihren eigenen Zielen und Bedürfnissen. Konkreter Nutzen geht vor Markenimage. Apps, also kleine hilfreiche Programme, die den Alltag erleichtern oder aufmuntern, sind das Thema der Zukunft (siehe Abschn. 12.6). Wobei naheliegende Basisnutzen ruck-zuck vom Wettbewerb besetzt sind, weshalb man schnell sein muss. Aber es gibt viele Möglichkeiten: ein Schulranzen-Shop z. B., der Mütter jenseits von Design und coolen Marken über Sicherheit und GPS-Ortung der Kinder aufklärt, findet Resonanz und versammelt Fans auf seinem Profil, ganz gleich ob bekannte Marke oder nicht.

1.5.4 Konversationen führen statt Kampagnen rausposaunen

Zum ersten Mal in der Geschichte ist der einzelne Mensch Empfänger und Absender gleichzeitig. Und genauso wie man im richtigen Leben Freunde nicht durch Monologe gewinnt, geht es bei jedem erfolgreichen Social Media Engagement darum, ehrliche, menschliche Konversationen mit und zwischen Usern anzustoßen. Ohne die Konsumenten dabei zu unterbrechen. Ohne anzugeben. Ohne Übertreibung. Märkte sind Gespräche. Das eindimensionale Sender/Empfänger-Modell ist tot. Aufmerksamkeit lässt sich nicht mehr kaufen, man muss sie sich durch Einfühlungsvermögen verdienen.

1.5.5 Mehrwert liefern

Hieran mangelt es auf breiter Front. Dabei ist es ganz einfach. Es gibt zwei Arten von Mehrwert: den persönlichkeitssteigernden und den funktionalen. Beim ersten geht es schlicht um die Frage, warum Menschen Social Media überhaupt machen: sie wollen sich darstellen, wahrgenommen werden, ihre digitale Identität prägen und ausbauen. Applikationen, die dabei helfen, sich gegenüber Freunden besser dazustellen oder das eigene Profil anzureichern, finden Resonanz. Beim zweiten geht es um echten Funktionsnutzen, also die schnellere und bessere Information, den Gruppenrabatt oder „Like-minded-shopping“-Ansätze, die freundesinduzierte Einkaufsorientierung geben.

1.5.6 Kritikfähig sein

Das haben Unternehmen nicht gelernt. Im abgeschlossenen Raum autokratischer Markenführung mussten sie Kritik nicht einstecken. Dabei ist Kritik ein Geschenk. Kritik ist eine kostenlose Beratung durch den Kunden. Deshalb sind unzufriedene Kunden auch kein „Problem“, sondern Partner im Verbessern der eigenen Leistung. Nirgendwo bekommt die

Marke ein umfassenderes, direkteres, authentischeres und preiswerteres Feedback als über Social Media. Alles live und in Echtzeit. Es ist nachgewiesen, dass Starbucks durch systematisches Einbinden der Kunden seine Produkte und Services deutlich verbessern konnte; allein 24.000 Ideen für Kaffee und 10.000 im Bereich Location und Atmosphäre. „My Starbucks Idea" ist bereits ein eigenes Social Network.

1.5.7 Keinesfalls Zensur üben

Im Zeitalter der digitalen Demokratisierung chancenlos, weil sich die Macht irreversibel vom Anbieter auf den Nachfrager verlagert. Eine Löschung unliebsamer Statements, Bilder oder Links kann in wenigen Minuten einen Flächenbrand auslösen (siehe oben den Fall Nestlé). Allerdings gibt es eine wichtige Ausnahme von dieser Regel: Wenn ein notorischer Störer andere User auf dem Markenprofil übelst beleidigt, dann kann gelöscht werden. Nach Vorwarnung.

1.5.8 Kontrollverlust akzeptieren

Unternehmen sind nicht mehr länger die alleinigen Hüter ihrer Marken und Inhalte. Das Web 2.0 ist die radikalste Form der Demokratisierung der Gesellschaft, ein Angriff auf jede autokratisch geprägte Organisationsform (vgl. Kruse 2010b, S. 9). Autonomie geht verloren, Kontrolle geht verloren. Netzwerke sind unkalkulierbare Resonanzkörper mit der Neigung, sich plötzlich aufzuschaukeln. Wer Herr der Lage bleiben will, für den ist das Web 2.0 ein unangenehmes Medium. „Wer einen Ameisenhaufen aufräumen möchte, wird sich schnell überfordert fühlen." (Kruse 2010a, S. 6). Statt zu bedauern, sollte man den Kontrollverlust lustvoll organisieren, wie Otto Versand mit „Brigitte".

1.5.9 Organisation neu erfinden

Social Media ist nichts für alte Organisationen. Das Ganze ist zeitintensiv, erfordert Budgets, braucht 24 h Aufmerksamkeit an 7 Tagen die Woche, verursacht neue Schnittstellen, Aufgaben und Rollen, die völlig anders als bisher gemanagt werden müssen, nämlich flexibler und weniger hierarchisch. Ob zentrales Social Media Team oder die Etablierung von Hubs als dezentral ausführende Einheiten oder organisch durch jeden gewillten Mitarbeiter, der Verhaltenskodex wird durch aus der Markenphilosophie abzuleitende Guidelines definiert, von denen es zwei Arten geben muss: einmal für die Mitarbeiter, die eher privat auf markenrelevante Inhalte stoßen, zum zweiten für die aktiven, beauftragten Mitarbeiter.

1.5.10 Fehler machen

Marken werden Fehler machen. Sie werden zu spät reagieren, sie werden falsch reagieren, sie werden zu wenig Empathie zeigen, sie werden die relevanten Emotionspunkte nicht treffen. Sie werden dazulernen, aber die Psychologie und Unberechenbarkeit des Netzes wird immer einen Schritt voraus sein. Soziale Netzwerke sind unkalkulierbare Resonanzkörper. Deshalb ist die beliebte Formel „Fail, but fail fast", um es danach richtig zu machen, zu kurz gedacht. Man wird permanent irren. Das ist Teil der neuen Kultur. Null-Fehler-Politik war letztes Jahrhundert. Deshalb kann man nur versuchen, wenigstens in die richtige Richtung zu irren.

1.6 What's next

Web 2.0 ist bereits Teil unserer Gesellschaft und verändert sie. Das ist mit Risiken verbunden, mit Unwägbarkeiten, aber auch mit Chancen. Die Risiken kann man kaum vermindern, aber die Chancen kann man erhöhen. Werfen wir also noch einen kurzen Blick in die Zukunft – wobei mit Zukunft nicht irgendeine ferne Vision gemeint ist, sondern eher vollendete Gegenwart. Höchste Zeit also, sich vorzubereiten.

1.6.1 Alles wird mobil

Die Smartphone-Penetration in EU5 (Deutschland, Frankreich, Italien, Spanien, UK) beträgt per Ende 2011 44 % (vgl. Comscore 2012, S. 7). Gehen die jährlichen Wachstumsraten von ca. 45 % so weiter wie bisher, wird die Durchdringung zum Jahresende 2013 über 90 % betragen, will besagen: nahezu jeder wird ein internetfähiges Handy besitzen. Bald wird die mobile Internetnutzung die stationäre überholt haben. Bereits 2013 werden weltweit doppelt so viele mobile Devices verkauft werden wie Desktop PCs oder Notebook PCs (vgl. Huberty, Gelblum, Morgan Stanley Research 2011, S. 7).

Der Mensch wird das Internet auf seinem Smartphone ständig mit sich herumtragen und damit durch die reale Welt navigieren. Heute schon kaufen 36 % aller Besitzer von Smartphones oder Tablets mobil ein und gaben in den letzten 4 Wochen 227 € aus (vgl. Bundesverband Verbraucher Initiative 2011, S. 14 ff.). Alle 10 Sekunden kauft der deutsche Verbraucher mit seinem Handy bei eBay ein. Das Smartphone wird der permanente Shoppingbegleiter des mobilen Verbrauchers mit diversen mobilen Applikationen. Location Based Marketing ist gerade für den Handel eine hervorragende Möglichkeit der Profilierung, Kundengewinnung und Kundenbindung.

Marktforscher (Gartner) prognostizieren, dass Händler ab 2015 mehr Umsatz über mobile Anwendungen machen als über klassische Internetshops. Gewinner dieser Entwicklung seien Anbieter, die das Shoppen auf Smartphones und Tablets besonders bequem gestalten (vgl. Financial Times Deutschland 2011, S. 7).

Das rasante Wachstum der mobilen Nutzung des Internets führt zu einer kompletten Änderung der Nutzung von Inhalten. Intuitivere Bedienung, weniger Maus und Keyboard, mehr „Touch", weniger Scrollen, mehr „Sliden", mehr Ein- und Ausblenden von Inhalten und Funktionen. Mehr Multimedialität auf der emotionalen, mehr eBook-Charakter auf der informativen Seite.

Ein Smartphone oder Tablet ist von jedem 6-jährigen zu bedienen, der noch nie mit einem Computer in Berührung kam. E-Commerce-Shops und Unternehmens-Webseiten werden sich in Usability und intuitiver Bedienungsfreundlichkeit schnell anpassen müssen, um zukünftig überhaupt noch aufgerufen zu werden. Die Maus ist aus. Der Finger ist „in".

1.6.2 Apps sind das neue Web

Die kleinen Software-Anwendungen mit echtem funktionalen Nutzwert oder Entertainment, sogenannte Applikationen, revolutionieren nicht nur die digitale Industrie, sondern unseren gesamten Alltag (ausführlich zu den Arten, Einsatzmöglichkeiten und Erfolgsfaktoren von Apps Berger 2012a, S. 847 ff.). 81 Mrd. Downloads sind für 2013 prognostiziert, fast eine Verdopplung zum Vorjahr. Apps werden auf allen Endgeräten installiert werden: Nicht nur auf Smartphones und Tablets, sondern auch auf stationären Rechnern, Festnetztelefonie, Fernsehern, Spielkonsolen. Die tägliche Nutzung der Apps beträgt heute bereits durchschnittlich 80 Minuten.

Der Konsument wird jederzeit und überall über Apps ins Internet gehen und sich gezielt die Informations- oder Kommunikationshäppchen holen, die er gerade braucht. Damit reduziert er Komplexität und entlastet sein Leben. Kein Thema, das nicht über Apps heute schon abgedeckt ist.

Ganze Geschäftsideen basieren auf Apps, wie z. B. die des US-Mietwagenanbieters Zipcar. Hier finde ich GPS-basiert einen Mietwagen in meiner Umgebung, buche ihn mit der App, öffne ihn mit der App und rechne ihn über die App ab. Tesco Südkorea erregte kürzlich Aufmerksamkeit mit der App-basierten Idee, über QR-Codes Lebensmittel einzukaufen. Der Laden kommt praktisch zum Kunden, indem beispielsweise in U-Bahn-Stationen Artikel auf Plakaten gescannt werden können, die dann nach Hause geliefert werden.

1.6.3 Realität und Virtualität verschmelzen

Informationen aus der Social Media-Sphäre werden das Alltagsleben erweitern. Konsumenten können über eine integrierte Kamera die Realität fotografieren und dann unmittelbar Informationen aus dem Internet bekommen, die mit den fotografierten Szenen zusammenhängen (Augmented Reality). Das können videobasierte Produktbeschreibungen sein, Empfehlungen, Sonderangebote, Testurteile, Promotions, aber auch günstigere Alternativangebote oder der besser bewertete Laden in der Nachbarschaft.

Die Möglichkeiten des Virtuellen werden zum Teil der Alltagswelt. Der Verbraucher von morgen wird bei beratungsintensiven Produkten besser vorbereitet sein. Das steigert die Qualität und Effizienz des Verkaufsgespräches, birgt aber auch Risiken, nämlich dann, wenn der Kunde besser informiert ist als der Verkäufer.

1.7 Fazit

Wir alle erleben einen fundamentalen gesellschaftlichen Wandel, der am Ende niemanden kalt lassen wird. Smarte Technologien ermöglichen den zu jeder Zeit und an jedem Ort vernetzten Konsumenten, der Transparenz hat und sich organisieren kann. Die Lawine rollt bereits zu Tal und ändert die Machtverteilung zwischen den Akteuren. Das ist mit Risiken verbunden, aber auch mit Chancen. Niemals zuvor ließen sich große Budgets durch Empathie, Cleverness und Kreativität ersetzen, was enorme Möglichkeiten gerade für den mittelständischen Handel oder innovative Retail-Start Ups eröffnet. Das Social Web ist ein Resonanzmedium. Nicht die Stärke des Sendeimpulses (sprich: Mediabudget) entscheidet zukünftig über Erfolg oder Misserfolg, sondern die Resonanz des Mehrwertes, den ich liefere (vgl. Kruse 2010b, S. 6). Entweder trifft er den Nerv des Publikums oder die Marke und ihr Angebot bleiben unerhört.

Märkte sind Gespräche! An dieser alten Kaufmannstradition werden sich Marken wieder verstärkt orientieren. Die (schöne neue) digitale Welt liefert die Instrumente, um intensive Marke-/Kunde-Beziehungen in die Breite zu initiieren, oder anders: um den souveränen Konsumenten Märkte und Marken nach seinen Interessen aktiv mitgestalten zu lassen (ähnlich auch Ritter 2010). Die erwähnten 72 % Firmenchefs müssen keine Angst haben, einen Teil der Kontrolle an den Souverän zu verlieren – sie werden durch Loyalität, bessere Produkte und Wachstum entschädigt.

All dies kann man nicht taktisch angehen, sondern muss es zum Bestandteil der strategischen Markenführung machen, deren Geist sich ändern wird. Moderne Markenführung im digitalen Zeitalter heißt: *„Netzwerke und Herrsche!"*

Literatur

Baumann, S. 2008. Customer, Inc. http://www.sturmunddrang.de/agenda/publik/customer-inc.

Bitcom. 2011. Bundesverband Informationswirtschaft, Telekommunikation und neue Medien e. V.; Soziale Netzwerke, Eine repräsentative Untersuchung zur Nutzung sozialer Netzwerke im Internet, Berlin 2011. http://www.bitkom.org/files/documents/BITKOM_Publikation_Soziale_Netzwerke_zweite_Befragung.pdf.

Berger, M. 2012a. Marketing in der App Economy. In *Leitfaden Online Marketing*, Hrsg. Thorsten Schwarz, 847 ff.

Berger, M. 2012b. Business Pages auf Google+. Tipps für die Nutzung von Seiten im Google Netzwerk. In: Internet World Business, 21-03-12. http://www.internetworld.de/Nachrichten/Medien/Praxistipps/Business-Pages-auf-Google-Zehn-Tipps-fuer-die-Nutzung-von-Seiten-in-Googles-Netzwerk-64739.html.

Bundesverband Verbraucher Initiative e. V. 2011. Smart Shopping – Informieren und Einkaufen auf vielen Wegen, Berlin 2011. http://www.verbraucher.org/1110_eBay_verbraucher.pdf.

Consline. 2008. Web 2.0 Quellen dominieren Kaufentscheidung, 23-06-08. http://www.presseportal.de/pm/28739/1215843/web-2-0-quellen-dominieren-kaufentscheidung-websites-von-haendlern-und-verkaeuferberatung-an.

Comscore. 2012. 2012 Mobile Future in Focus, Februar 2012. http://www.comscoredatamine.com/2012/02/smartphone-adoption-approaches-tipping-point-across-markets/.

Financial Times Deutschland. 2011. Amazons Abwehrschlacht gegen Google und Apple, 21.11.2011, S. 7.

Hermes, O. 2008. Die Naturgesetze der Markenführung im Handel. In *Retail Business in Deutschland, Perspektiven, Strategien, Erfolgsmuster*, 2. Aufl., Hrsg. H.-C. Riekhof, 275–299. Wiesbaden.

Hermes, O. 2009. Unter der Lupe: Der Fall Jako. *Internet World Business*, 12.10.2009, S. 32.

Hermes, O. 2010a. Ein Weltkonzern scheitert an Social Media. *absatzwirtschaft online*, 28.04.2010. http://www.absatzwirtschaft.de/content/communication/news/ein-weltkonzern-scheitert-an-social-media;70121;0.

Hermes, O. 2010b. „Netzwerke und herrsche!". *Markenartikel* 2010(4): 100.

Huberty, K., E. Gelblum, und Morgan Stanley Research. 2011. Global Unit Shipments of Desktop PCs and Notebook PCs vs. Smartphones and Tablets, 2005 – 2013E, unveröffentlichte Studie, S. 7.

Internet World Business. 2011. Facebook-Nutzung weltweit, 23-08-11. http://www.internetworld.de/Specials/Facebook/Zahlen-und-Fakten/Neuversion-Facebook-Nutzung-weltweit-Die-offizielle-Statistik-63008.html.

Kaushik, A. 2009. Analytics Evangelist, Google. http://twitter.com/#!/avinash/statuses/1270289378.

Keylens. 2009. Wie effizient sind Web 2.0 Aktivitäten in der Marktbearbeitung?, Düsseldorf 2009. http://issuu.com/keylensag/docs/name9efec4?mode=window.

Kreutzer, R.T., und J. Hinz. 2010. Möglichkeiten und Grenzen von Social Media Marketing, Working Papers No. 58, Berlin 2010. http://www.mba-berlin.de/fileadmin/doc/Working_Paper/WP_58_online.pdf.

Kruse, P. 2010a. Revolution 2.0. Horizont.net, 25-03-10, S. 1 ff.. http://www.horizont.net/aktuell/digital/pages/protected/Revolution-2.0-Zukunftsforscher-Peter-Kruse-ueber-den-Boom-von-sozialen-Netzwerken_91138.html.

Kruse, P. 2010b. Beitrag zur öffentlichen Anhörung; Deutscher Bundestag, Enquete-Kommission Internet und digitale Gesellschaft, Ausschussdrucksache 17(24)004-H zur ÖA am 05-07-10, S. 1 ff.

Nielsen. 2012. Global Trust in Advertising and Brand Messages Survey, 2012. http://www.nielsen.com/us/en/insights/reports-downloads/2012/global-trust-in-advertising-and-brand-messages.html.

Nieschlag, R., E. Dichtl, und H. Hörschgen. 1988. *Marketing*, 15. Aufl. Berlin.

Ritter, S. 2010. Game Change, Digital Resident Blog, 08-06-10. http://www.stephanritter.de/index.php/game-change/.

Shirky, C. 2012. US Now, zitiert nach http://www.timizzer.com/education/clay-shirky/.

Stengel, R. 2010. Only Connect, The 2010 Person of the Year. *Time Magazine*, 27.12.2010, S. 35 ff.

Treis, B. 1989. *Grundlagen der allgemeinen Betriebswirtschaftslehre*. Göttingen.

Youtube. 2012. Statistik. http://www.youtube.com/t/press_statistics.

Chancen und Herausforderungen neuer digitaler Vertriebskanäle: Everywhere Commerce bei OTTO

2

Thomas Schnieders

Inhaltsverzeichnis

2.1 E-Commerce bei OTTO

2.1.1 Die Otto Group

Das Multichannel-Einzelhandels-Unternehmen OTTO ist die „Keimzelle" des Konzerns Otto Group. Die Otto Group ist ein international agierender Handels- und Dienstleistungskonzern. Derzeit ist die Otto Group mit 123 wesentlichen Gesellschaften in mehr als 20 Ländern tätig. Im Geschäftsjahr 2012/13 (28. Februar) wurde von rund 53.800 Mitarbeitern ein Umsatz von 11,8 Mrd. € (vorläufige Zahlen, Stand März 2013) erwirtschaftet. Die Gruppe ist in drei Segmente strukturiert, und zwar Multichannel-Einzelhandel sowie Logistik- und Finanz-Dienstleistungen. Zum Multichannel-Einzelhandel, mit mehr als 10 Mrd. € Umsatz größtes Segment und Kerngeschäft der Gruppe, gehören u. a. die Unternehmen OTTO, Baur, Heine, Manufactum, Bonprix, Witt, myToys, Limango, die Na-Dom in Russland oder Crate&Barrel in den USA. Zu den Logistik-Dienstleistungen werden vor allem Paketdienste und Lagerhaltung, aber auch Unterstützung der Supply Chain in den Beschaffungsmärkten, gezählt. Wichtigster Leistungserbringer ist hier die Hermes-Logistik-Gruppe, deren Dienstleistungsportfolio sowohl von Konzerntöchtern der Otto Group als auch von externen Unternehmen genutzt wird. Ebenfalls konzernfremden Un-

Thomas Schnieders ✉
Otto (GmbH & Co KG), Wandsbeker Str. 3–7, 22172 Hamburg, Deutschland

H.-C. Riekhof (Hrsg.), *Retail Business*, DOI 10.1007/978-3-8349-4555-6_13,

ternehmen angeboten werden die Finanzdienstleistungen. Zu nennen sind hier insbesondere Marketing- und Risikoinformationen, Forderungsmanagement oder Payment Services. Wichtigstes Unternehmen ist hier die international operierende EOS-Gruppe.

Im Multichannel-Einzelhandel ist die Otto Group eines der international führenden Unternehmen. Alle Tochtergesellschaften sind inzwischen in mehreren Kanälen aktiv. Im E-Commerce werden über die rund 60 Plattformen der Otto Group über 50 Prozent der Einzelhandelserlöse erzielt. Im Geschäftsjahr 2012/13 (28. Februar) betrug der weltweite Online-Umsatz 5,7 Mrd. €. E-Commerce ist damit seit Jahren der strategische Wachstumsmotor des Konzerns. Dazu tragen auch Venture Capital Aktivitäten der e.ventures sowie Project A Venture als Inkubator für Internet Start up-s bei. Neben dem weiteren Ausbau des E-Commerce wird auch in den stationären Einzelhandel investiert, in dem heute u. a. Konzerntöchter wie Crate and Barrel oder SportScheck aktiv sind und insgesamt mehr als 400 Ladengeschäfte betrieben werden.

2.1.2 E-Commerce bei der Einzelgesellschaft OTTO, Hamburg

Die weiteren Ausführungen konzentrieren sich auf die Einzelgesellschaft OTTO, der mit über 2,1 Mrd. € Umsatz im Geschäftsjahr 2012/13(28. Februar) größten Aktivität des Konzerns. OTTO betreibt ein Universal-Distanzhandelsgeschäft, d. h. es wird ein relativ breites Sortimentsspektrum angeboten, und zwar sowohl im E-Commerce als auch in Form von Katalogen. OTTO ist als Einkaufsstätten-Marke vorwiegend für junge Mode bekannt. Neben der Damenoberbekleidung sind Wäsche und Bademoden sowie das Einrichten-Sortiment und Technik die tragenden Säulen des Geschäfts. Die Kernzielgruppe bilden Frauen im Alter zwischen 25 und 55 Jahren. Die Gesellschaft ist international in Europa und Russland unter der Marke OTTO tätig und unterstützt darüber hinaus zahlreiche Konzerntöchter mit Ware.

Traditioneller Repräsentant des Geschäftsmodells war lange Zeit der sog. Hauptkatalog mit über 1.000 Seiten. Neben dem Hauptkatalog werden weitere Spezialkataloge mit spezifischer Zielsetzung produziert und so insb. auf die Saisonalität der jeweiligen Sortimente sowie differenzierte Zielgruppen eingegangen. Mittlerweile haben Kataloge sich vom Vertriebs- zum Marketinginstrument gewandelt und sind Inspirations- und Anstoßinstrument für Online-Angebote. Die Funktion im weiteren Saisonverlauf als Einkaufsreferenz – Hauptkataloge haben i. d. R. eine „Gültigkeit" von 6 Monaten und länger – übernimmt für weite Teile der OTTO-Kundschaft heute deshalb nicht mehr der Katalog, sondern der E-Commerce Auftritt www.otto.de, über den 80 Prozent des Umsatzes abgewickelt werden (s. Abb. 2.1).

Mit dem Launch von www.otto.de im Jahr 1995 war OTTO erneut einer der Vorreiter im deutschen Versandhandel. Zu dem Zeitpunkt blickte das Haus bereits auf mehr als zehn Jahre Erfahrung mit vernetzten, elektronischen Bestellsystemen zurück. Kurz nach dem Start von Btx konnten OTTO-Kunden diesen Dienst zur Bestellung nutzen.

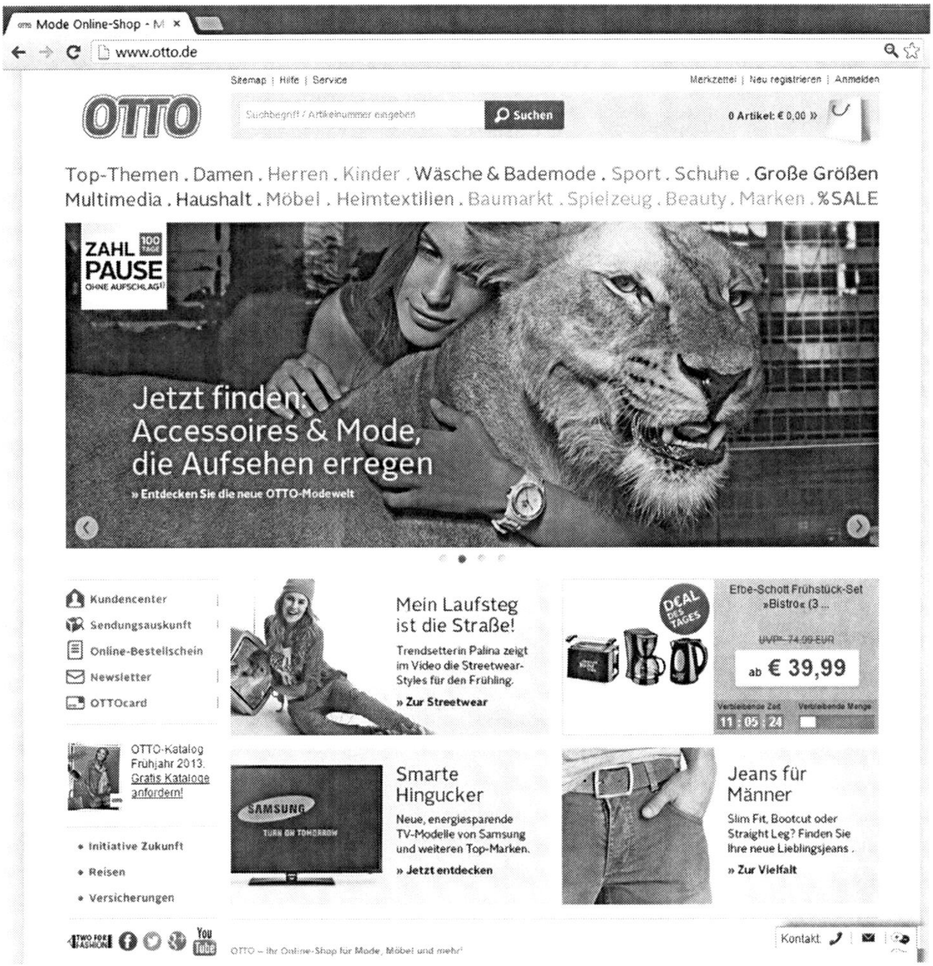

Abb. 2.1 Der Flagship Online-Shop von OTTO: www.otto.de

Es ist fester Bestandteil der Unternehmenskultur, Innovationen für den Versandhandel zu entwickeln, um hierdurch insbesondere im Service wettbewerbsführend zu sein. Zu nennen sind hier beispielsweise die Einführung der telefonischen Bestellannahme 1963, die ersten Artikel im 24 Std. Lieferservice 1990 oder das Shopping rund um die Uhr und an Wochenenden 1991 durch einen entsprechend organisierten telefonischen Kundenservice. Unter dieser Devise wurden und werden auch stets frühzeitig die Möglichkeiten neuer Medien ausgelotet (Abb. 2.2, 2.3 und 2.10). Mitte der 90er Jahre war bei weitem noch nicht klar, ob sich das offene World Wide Web als Standard für die Vernetzung der Konsumenten durchsetzen würde. Parallel wurde AOL mit seiner proprietären Infrastruktur aggressiv beworben und auch Btx hoffte auf eine Renaissance. Klar war jedoch, dass sich alle Netze durch ihre langsamen Übertragungsraten nicht uneingeschränkt für die Inszenierung von Ware eigneten. Anders sah es hier für die CD-ROM aus, mit der die Multimediafähigkeiten des PC ausgenutzt werden konnten. OTTO setzte deshalb ab 1994 als erster Versandhändler in Deutschland auch auf dieses Medium und konnte viel Erfahrung im Einsatz PC-gestützter Benutzeroberflächen, multimedialer Warenpräsentation und Online-Service-Funktionen sammeln. Auch der Einstieg ins Teleshopping-Geschäft wurde früh getestet (1993–1995).

Neben dem Bekenntnis zur Innovation als strategischem Erfolgsfaktor werden am Beispiel des E-Commerce zwei weitere Grundsätze deutlich, die zunächst wie Plattitüden wirken:

- Der Kunde kauft bei dem, der ihm am nächsten ist!
- Kannibalisiere dich selbst, sonst tun es andere!

Beim Handel auf Distanz fehlt natürlich – abgesehen von der etwaigen Bestellannahme oder Services im Call Center – der persönliche Kontakt zum Kunden. Umso wichtiger ist es, Instrumente einzusetzen, die die Distanz zum Kunden verringern. Genauso wie ein guter Verkäufer im persönlichen Dialog versucht, zunächst die exklusive Aufmerksamkeit des potenziellen Kunden zu erreichen, um ihn dann vom Angebot zu überzeugen, benötigt man im Distanzhandel Instrumente, die an die Stelle des Verkaufsdialogs treten. Im Direktmarketing spricht man deshalb vom Dialog auf Distanz, der klassischer Weise über Kataloge und Mailings geführt wurde. Mit Aufkommen der Neuen Medien hat sich das Spektrum der Dialog-Möglichkeiten deutlich erweitert und in seiner Qualität verändert. Denn jetzt ist der Dialog ohne Medienbruch und unmittelbar, d. h. ohne zeitlichen Verzug, möglich. Heute können weitere Dialogangebote gemacht werden, in dem man unterschiedliche Medien (Internet-PC, Smartphone, Tablet-PC etc.) und weitere Kanäle wie insb. die großen Social Media Plattformen nutzt und so den Kunden in sehr unterschiedlichen Einkaufssituationen erreichen kann. Über den geschickten Einsatz dieser Kanäle gelingt es, die Bestellaktivitäten und Kundenbindung zu fördern. Die intelligente Verzahnung der Kanäle ist deshalb ein zentrales Ziel des Multichannel Marketings. Mit wachsender Verbreitung von mobilen Internet-Zugängen, insbesondere Smartphones, resultierte daraus die Möglichkeit, von überall auf den eShop zuzugreifen. Darüber hinaus steigt die Anzahl der Dialogmöglichkeiten rapide an, zu den Telefonaten, SMS, eMail und dem Online-Shop gesellen sich Präsenzen auf den Social Media Plattformen. Daraus resultiert die hohe Anforderung an das Multichannel Management allein für das Portfolio der digitalen Kanäle.

E-Commerce hat das Kaufverhalten inzwischen nachhaltig verändert. Zwar funktioniert die stimulierende, bedarfsweckende Funktion eines Katalogs nach wie vor sehr gut. Allerdings ist der Internet-Auftritt bezüglich der Bedarfsdeckung deutlich überlegen. Dank der Such-Funktion benötigt der User nur wenige Klicks zum Produkt, dank der multimedialen Produktdarstellung sowie Beratungsfunktionalitäten lässt sich der Informationsbedarf zur Vorbereitung der Kaufentscheidung viel besser befriedigen als in jedem Katalog und dank des breitbandigen Internet-Zugangs und insbesondere neuer Endgeräte wie dem Tablet-PC, (iPad etc.), stellt sich heute die Frage, ob auch die Bedarfsweckung als verbliebene Domäne von Katalogen durch Neue Medien besser gelingen kann.

Hätte OTTO mit Aufkommen des Internets nicht konsequent in den Erfahrungsaufbau investiert, wäre das Kannibalisierungspotenzial zugunsten des Wettbewerbs erheblich gewesen. Durch die Ausdifferenzierung des E-Commerce dieser Tage ergibt sich die weitere Notwendigkeit zur Innovation, um unter Einsatz der Neuen Medien die E-Commerce Potenziale zu realisieren. Darauf wird im Weiteren besonderes Augenmerk gerichtet.

Die folgenden Ausführungen beschreiben den Erfahrungsaufbau im Einsatz neuer Medien bei OTTO. Dabei stehen der E-Commerce und die dazu genutzten digitalen Vertriebskanäle im Vordergrund.

2.1.3 Die ersten 3 Phasen des E-Commerce bei OTTO

Die durch fortschreitende Digitalisierung und Computereinsatz ausgelöste digitale Revolution zieht gravierende Folgen in zahlreichen Lebensbereichen nach sich. Sie bietet auch neue Chancen und Möglichkeiten im Kundendialog, und zwar sowohl

- in der Präsentation der angebotenen Waren- und Services auf der Web-Site als auch
- in der arrondierenden und mit der Web-Site verlinkten digitalen Kommunikation.

Da zwischen dem neuen kommunikativen Instrumentarium und der Web-Site keine Medienbrüche mehr stattfinden (müssen), ergibt sich eine komplexe, vernetzte und mithin interdependente Struktur, mit besonderen Herausforderungen an die Ablauf- und Aufbauorganisation sowie dem erforderlichen Change Management.

Den Kristallisationspunkt der E-Commerce Aktivitäten bildet die Web-Site und ihre Varianten, da diese der (neue) Repräsentant oder die Einkaufsstätte im Sinne eines stationären Ladengeschäfts – des Geschäftsmodells ist. Überlegungen rund um die E-Commerce Produktentwicklung bilden deshalb den Schwerpunkt der weiteren Ausführungen. Unter E-Commerce Produktentwicklung wird das Konstruieren und Entwickeln einer Web-Site und ihrer Bestandteile unter Einsatz systematischer- und methodischer Vorgehensweisen von der Idee bis zur Markteinführung (Launch) verstanden. Dabei ist das E-Commerce Produkt, die Web-Site, eine Synthese aus Informationssystem und Kommunikationsinstrument. Daraus entsteht eine Symbiose zwischen den in Unternehmen bislang häufig getrennten Disziplinen Marketing und IT mit drei zentralen Herausforderungen:

1. Mit der E-Commerce Produktentwicklung verbundene IT-Kosten bilden eine Opportunität zu den Werbekosten. Die hier eingesetzte IT dient nicht mehr vorzugsweise zum Heben von Effizienzpotenzialen, sondern wird zum Marketinginstrument.
2. Der Einsatz moderner Informations- und Telekommunikations-Technologie ermöglicht den Paradigmenwechsel vom 1-zu-n zum 1-zu-1 Marketing.

3. E-Commerce Produkte/Web-Sites werden von Endverbrauchern bedient und müssen in erster Linie selbsterklärend funktionieren; eine Schulungs-Notwendigkeit der Benutzer, wie bei IT-Systemen üblich, ist umsatzverhindernd.

E-Commerce Management erfordert deshalb ein deutlich verändertes Selbstverständnis der Marketing-/Vertriebsorganisation, die heute ohne die erforderliche (interne) IT-Kompetenz nicht mehr in der Lage ist, die E-Commerce Potenziale zu adressieren

Wie bereits erwähnt, war der Siegeszug des World Wide Web, der die Voraussetzung für den heutigen E-Commerce bildet, zu Beginn der 90er Jahre mitnichten klar vorgezeichnet. Um wirtschaftliche Bedeutung für den Einzelhandel zu entwickeln, musste diese technologiegetriebene Innovation Breitenbedeutung erlangen. Heute sorgt E-Commerce für den Strukturwandel in der gesamten Handelslandschaft und ist damit eine Innovation sowohl im wahrsten Sinne des Wortes (lat. innovare = erneuern) als auch im Schumpeter'schen Sinne. Der Altvater des wirtschaftswissenschaftlichen Innovations-Begriffs forderte nämlich, dass die neue Kombination von Produktionsfaktoren zu Veränderungen in Wirtschaft und Gesellschaft führt. Von Innovation im engeren Sinne wird dann gesprochen, wenn Ideen in neue Produkte, Dienstleistungen oder Verfahren münden, die den Markt durchdringen, also diffundieren. Für den E-Commerce als Innovation ist dabei sowohl die Adoption durch den Anbieter als auch den Nachfrager erforderlich. Im Rahmen der Diffusionstheorie wird deshalb unter Adoption die Übernahme einer Innovation durch eine Organisation oder ein Individuum verstanden.

Für den E-Commerce gilt wie für viele Innovationen auch, dass die Adoptionsgeschwindigkeit über- und die Auswirkungen der Veränderung unterschätzt werden. Heute ist bereits mehr als ¾ des Umsatzes bei OTTO durch E-Commerce beeinflusst und ein Ende dieser Entwicklung noch nicht in Sicht. Zum Selbstverständnis des Unternehmens gehört es, das Innovationspotenzial von neuen Technologien für den Einzelhandel frühzeitig auszuloten. Der E-Commerce ist bei OTTO konsequent gefördert worden. Aus der Heritage eines Versandhandelsunternehmens ist dabei besonders wichtig, die Weiterentwicklung des E-Commerce im Verbund mit der Weiterentwicklung des Multichannel-Kommunikations-Mixes zu gestalten. Denn erst im Verbund der genutzten Kanäle lässt sich das Potenzial des Distanzhandels vollständig erschließen. Dabei werden gedruckte Werbemittel wie Kataloge auch zukünftig noch immer eine wichtige Funktion haben, allerdings mehr als Marketinginstrument denn als Vertriebskanal.

Betrachtet man die Entwicklung der vergangenen Jahre, so lassen sich drei Phasen des E-Commerce bei OTTO erkennen, die im Weiteren als „Exploration", „Enabling" und „Expansion" bezeichnet werden. Aus Kundensicht würde der „Exploration" einem ersten Ausprobieren entsprechen, in der „Enabling"-Phase werden die infrastrukturellen Voraussetzungen geschaffen und in der „Expansion"-Phase die Gewöhnung und immer konsequentere Nutzung des E-Commerce im Einkaufsverhalten. Die Phasen sind aus Kundensicht von der individuellen Internet-Affinität abhängig und gehen deshalb fließend ineinander über sowie finden zu unterschiedlicher Zeit und in unterschiedlicher Geschwindigkeit statt.

Bezogen auf den durchschnittlichen Kunden lassen sich die Phasen aber durchaus verallgemeinern.

2.2 Die Exploration- und Enabling-Phase

Die Phaseneinteilung funktioniert auf Unternehmensseite analog.

Aus Unternehmenssicht ging es in der „*Exploration*"-Phase von 1995 bis Ende der 90er Jahre darum, wirksame Verkaufsformate zu entwickeln, die die Medien-Spezifika des schmalbandigen Internets möglichst gut nutzten. War es noch einen Versuch wert, den gedruckten Katalog mit mehr oder weniger großen Veränderungen auf einer CD-ROM zu publizieren, so war dies im Internet der 90er durch zu langsame Internetverbindungen nicht sinnvoll. Als dieses dann möglich und versucht wurde, zeigte sich, dass die schlichte Übertragung der Katalog-Metapher nie die Potenziale eines digitalen Mediums ausschöpfen wird. Entsprechend rückte eine gute Produktsuche in den Vordergrund, einfach bedienbare Benutzeroberflächen und Navigationsstrukturen wurden erprobt. Genauso wenig wie ein blätterbarer Katalog als Gestaltungsparadigma einer Web-Site geeignet ist, erwies sich auch die Übertragung der Sortimentsstrukturierung des Katalogs auf die Web-Site als nicht tragfähig. Statt dem Wechselspiel von „Shop & Strecke" des Hauptkatalogs forderte der E-Commerce eine selbsterklärende Kategorie- und Warengruppenstruktur. Es bildete sich das typische Format einer E-Commerce Website heraus, mit einer Navigation im Kopfbereich der Seite, ergänzt durch eine am linken Rand angeordnete Navigationsspalte und einem in der Regel zweispaltigen Content-Bereich. Letzterer orientiert sich eher am Layout von Zeitungen, als an einer bunten Magazin-Welt und zollt damit u. a. dem damaligen World Wide Web als vorzugsweise Textmedium Tribut. Diese Struktur hat das habituelle Nutzungsverhalten und damit die Erwartungshaltung, wie eine E-Commerce Web-Site aufgebaut ist und bedient wird, bis heute geprägt.

Für die Entwicklung des Online-Kommunikations-Mix war von zentraler Bedeutung, wie man die Web-Site sinnvoll bewirbt (Bannerwerbung etc.) und wie neue Dialog-Werbeformen (insb. Newsletter) eingesetzt werden können. Erfolgreiche Web-Sites waren anfänglich eher als Service-Plattformen denn als Vermarktungs-Tools konzipiert und es ging zunächst darum, für eine entsprechende Bekanntheit auf Seiten der Kunden zu sorgen.

In der „Explorations"-Phase konnte die Frage, ob das Internet für OTTO relevant wird, schnell beantwortet werden, u. a. zeichnete sich am Ende der Dekade ab, dass die Zukunft von Btx alles andere als rosig (Dienstespektrum wurde Ende 2001 drastisch eingeschränkt), aussah und der dort abgewickelte, sehr relevante Online-Umsatz auf das Internet migriert werden musste.

Im Zentrum der „*Enabling*"-Phase stand die Überlegung, was getan werden muss, damit OTTO von den Chancen des E-Commerce profitieren kann. Für den Online-Shop erwies sich die iterative und evolutionäre Produktentwicklung im unmittelbaren Dialog mit den Usern als am geeignetsten. So wurde die Usability, also die Gebrauchstauglichkeit, stetig verbessert. Weiterhin wurde deutlich, dass E-Commerce vorwiegend zur Bedarfsdeckung

Jahr	Medium	Dienst	Service/Inhalte
1984	PC	BTX (bis 2002)	Online-Lieferauskunft und Bestellung für alle OTTO-Artikel (keine Artikeldarstellung)
1994	PC	CD-ROM (bis 2003)	Sortimentspräsentation inkl. Online-Lieferauskunft und Bestellung (zunächst Btx), multimediale Features, ab 1997 kompletter Hauptkatalog
1995	PC	www.otto.de	erste OTTO Web-Site, später inkl. Online-Lieferauskunft, seit 1997 kompletter Hauptkatalog online
2000	Handy	wap.otto.de	Online-Service auf dem Handy, u.a. Suche, Produktinfo (Text) und Online-Lieferauskunft und Bestellung
2001	PC	www.otto.de	Relaunch auf neuer Infrastruktur, Kategorie-Navigation, Suche, komplettes Katalog-Sortiment, Kundenkonto-Einsicht
2001	PC	www.otto.de & CD-ROM	Erste interaktive Produktshows im Internet als Streaming Media (otto.TV) und auf CD-ROM
2002	Handy	imode.otto.de	Erste Produktabbildungen auf dem Mobil-Telefon
2003	Handy	SMS	Kurzwahl 6886 = OTTO für SMS Infodienste (Newsletter) und Services (Paketshop-Suche, Bestellung, Gewinnspiele)
2003	MHP-Box	iTV/MHP	Pilotbetrieb eines Mediendienstes für die Multimedia Home Plattform (MHP) auf ASTRA Satellit (digital) für das TV-Gerät
2004	Handy	mobile.otto.de UMTS	Erste Mode Video-Clips via Streaming oder Download unter mobile.otto.de mit direkter Bestellmöglichkeit
2005	PC/TV	MCE	Adaption des Web-Shops für das Microsoft Media Center

Abb. 2.2 Milestones im Einsatz Neuer Medien bei OTTO (Teil 1)

eingesetzt wird, so dass der Optimierung des Nutzwertes der Web-Site ein besonderer Stellenwert zukam. Die hohe Bedeutung von Stabilität und Performance der Web-Site wurde durch das hohe Wachstum schnell direkt im Umsatz messbar. Zur Steuerung des Online-Kommunikations-Mix bildeten sich die Instrumente heraus, die auch heute eingesetzt werden: On-Site-Promotion, eMail-Marketing, Online-Werbung (klass. Formate wie Banner), Affiliate-Netzwerke und Suchmaschinen-Marketing. Jedes Instrument folgt seinen eigenen Gesetzmäßigkeiten und wird im Verbund optimiert. Nachdem klar war, welche Systemunterstützung zum Betrieb der Web-Site und des Online-Marketing benötigt wird, konnte die entsprechende IT-Infrastruktur in Form einer integrierten, ganzheitlichen E-Commerce Plattform etabliert werden. Insgesamt wurden so die Voraussetzungen geschaffen, um den Internet-PC als eigenständigen Vertriebskanal zu adressieren. Darüber hinaus wurde die vorher eher projektartig strukturierte Organisation in eine funktionale Linienorganisation überführt.

2.2.1 Die Expansions-Phase

Nach einer halben Dekade des „Enabling", die user-seitig wesentlich durch die Beseitigung von Diffusions- und Adoptionsbarrieren, wie z. B. preisgünstigem, schnellen/breitbandigem Internet-Zugang, sowie dem Erreichen einer kritischen Masse i. S. der Netzökonomie gekennzeichnet ist, war der Weg des Internet zum akzeptierten Massenmedium vorgezeichnet. Mit weiterem, stetigem Wachstum in der „*Expansion*"-Phase des E-Commerce, waren zwei zentrale Fragen zu beantworten

- Wie grundsätzlich sollte das Geschäftsmodell angepasst werden, um von den Chancen des E-Commerce maximal zu partizipieren?
- Wie geht man mit dem sich verändernden und vom Massenmedium Internet geprägten Kommunikationsverhalten der Konsumenten um?

Mit wachsender Bedeutung des Online-Vertriebskanals war zu überprüfen, ob die Kanal-Spezifika die Ausdifferenzierung des Marketing-Mix in den einzelnen Kanälen erfordert. Dass erhebliche Interdependenzen zwischen den Kanälen bestehen, lässt sich leicht an den Umsatzverlaufskurven ablesen. Die Kurve des Katalogumsatzes schießt mit dem postalischen Eintreffen des Katalogs beim Kunden schnell in die Höhe und nimmt bereits nach relativ kurzer Zeit wieder deutlich ab, um dann sukzessive „auszuschwingen". Ein Katalog zieht seine wirtschaftliche Bedeutung damit sehr stark aus seiner sog. Anstoß- oder Push-Wirkung sowie seiner Laufzeit. Beim Online-Shop handelt es sich per se um ein Pull-Medium, so dass der Kunde – vergleichbar mit dem stationären Handel – das Interesse entwickeln muss, den Shop aufzusuchen. Werden auch Kataloge eingesetzt, ist deutlich zu erkennen, dass ein Katalogversand an hinreichend große Kundengruppen eine Push-Wirkung auf den Online-Shop ausübt, die auch heute noch häufig höher ist, als die (kontinuierliche) Wirkung des Einsatzes des Online-Marketing-Instrumentariums. Damit stellt sich bezüglich der Aussteuerung des Kommunikationsmix die Herausforderung, dass diese kanalübergreifenden Effekte berücksichtigt werden müssen. Bei jedem Katalogversand hängt damit die Entscheidung, ob ein Kunde einen Katalog erhalten soll oder nicht, nicht mehr isoliert vom Kaufverhalten der Vergangenheit ab, sondern die Push-Wirkung auf die digitalen Vertriebskanäle ist i. R. d. wirtschaftlichen Optimierung einzubeziehen.

Heute lassen sich weite Teile der Wertschöpfungskette im Versandhandel durch Internet-Technologien bzw. den Online-Shop unterstützen, und zwar von der Produktauswahl bis hin zur Restevermarktung. Insbesondere bei der Produktvermarktung muss nicht mehr auf den nächsten passenden Katalog gewartet werden, sondern das Produkt wird direkt bei Lieferbarkeit im Online-Shop angeboten. So wird das Internet quasi zur „Mutter aller Sortimente" unter Vertriebsaktivitäten. Die zur Nutzung dieses Potenzials erforderlichen Maßnahmen greifen tief in die etablierten Ablaufprozesse ein. Die Produktionsprozesse der Werbemittel, insbesondere die Produktfotografie und der Produkttext, werden möglichst medienneutral angelegt, um Doppelarbeit zu vermeiden.

Jahr	Medium	Dienst	Service/Inhalte
2006	PC	OneStop Shopping	Erweiterung des OTTO/Otto Group Sortiments auf otto.de um Partnersortimente (long tail) mit Cross Docking Logistik
2007	PC	Smart Client App	erste OTTO App: 3D-User Interface, Drag & Drop Shopping zum Launch von Windows Vista
2007	Handy	m.otto.de	Relaunch des Mobile-Shops: optimierte User Experience, komplettes OTTO-Sortiment, alle relevanten Services sowie mobile-spezifische Funktionen
2007	PC	www.otto.de	Facelift der Web-Site, komplette Neugestaltung des User Interfaces
2008	PC	Two for Fashion	Von OTTO gesponsortes Mode-Bolg zur Intensivierung des Dialogs mit der Fashion- und Lifestyle Community
2009	PC	Facebook	Facebook-Profil für direkten Kontakt zur Community, inkl. Apps wie z.B. einer virtuellen Anprobe
2009	PC	Twitter	Service- und Dialogkanal für die Twitter Community

Abb. 2.3 Milestones im Einsatz Neuer Medien bei OTTO (Teil 2)

2.2.2 Re-Definition des Geschäftsmodells: One Stop Shopping

Da insbesondere die Kostenstrukturen des Katalog-Versandhandels und des E-Commerce erhebliche Unterschiede aufweisen, sind tradierte Festlegungen hinsichtlich der Sortiments- und Distributionspolitik zu hinterfragen. Eine zentrale Entscheidung ist, ob online- und offline dasselbe Angebot gemacht werden soll. Mit der Konzentration auf für seine Kundschaft relevante Ware erfüllt der Händler in seinem Selbstverständnis implizit eine Beratungsleistung und differenziert damit auch sein Geschäftsmodell im Wettbewerb. Generell wird zwischen Universalisten und Spezialisten unterschieden. Universalisten führen ein breites, kategorieübergreifendes Angebot, das innerhalb der Sortimentskategorien überschaubar tief ist und i. d. R. an große Zielgruppen gerichtet wird. Spezialisten führen ein umfassenderes Angebot in einer Kategorie oder konzentrieren sich auf bestimmte Zielgruppen.

Die Beschränkung des Sortiments ist geschäftsmodellübergreifend immer auch eine Konsequenz der Bewirtschaftungskosten (u. a. Lagerhaltung, Bewerbung). Egal, ob es sich um die Bestückung eines Ladengeschäfts oder einer Katalogseite handelt, am Ende wird ein Mindestabsatz oder – bezogen auf die Verkaufsfläche – eine Mindest-Flächenproduktivität benötigt, um Gewinn zu erwirtschaften. Durch Tests wird zwar versucht, den Anteil nicht ausreichend produktiver Artikel möglichst klein zu halten, allerdings löst diese Erfolgsabsicherung nicht den Zielkonflikt, sowohl eine erwartungskonforme Auswahl resp. Sortimentskompetenz bieten zu können/müssen als auch insb. bezogen auf die Aktualität der Ware an die Möglichkeiten der Supply Chain gebunden zu sein. Damit wird es im klassischen (stationären und Versand-) Handel immer sehr viel Produkte geben, die aufgrund ihrer geringen Absatzerwartung nicht gelistet werden. Wenig nachgefragte Produkte werden auch als „Long Tail" einer Sortimentskategorie bezeichnet, bei sehr häufig nachgefragten Produkten spricht man landläufig von Rennern. Dem klassischen Händler gelingt es mit seinem bewusst eingeschränkten Sortiment, entweder den Kunden von seiner Auswahl zu überzeugen oder er wird auf den Umsatz verzichten müssen, da er das gewünschte Produkt nicht im Angebot hat. Dabei sind nicht nur Long-Tail-Produkte betroffen, sondern auch Artikel, die aus anderen Gründen nicht angeboten werden. Die Wahrscheinlichkeit des Verkaufsabschlusses ist dabei umso höher, desto weniger der potenzielle Kunde über substitutive Produkte (oder alternative Anbieter) informiert ist.

Die Rahmenbedingungen des E-Commerce verändern die Handelslandschaft elementar. Der eher rational agierenden Kundschaft fällt es durch das Internet deutlich leichter, sich einen Überblick über das nämliche Produkt aber auch über Substitute und deren alternative Anbieter zu verschaffen. Auf Seiten der Händler ist es hingegen deutlich einfacher und kostengünstiger geworden, ein Produkt über das Internet anzubieten und zu bewerben. Im Extremfall gehen die Kosten für die Listung eines zusätzlichen Produkts im Web-Shop gegen Null. Insgesamt steigt durch die deutlich niedrigeren Markteintrittsbarrieren des E-Commerce – gut abzulesen am Phänomen tausender sog. Powerseller auf eBay – die Wettbewerbsintensität für den Händler und die Angebotsvielfalt für den Konsumenten. Durch die Attraktivität und Größe des per se durch E-Commerce adressierbaren Marktes, steigt die Verfügbarkeit des Long Tail Angebots und bindet immer mehr Kaufkraft. Die Wahrscheinlichkeit, dass die Flächenproduktivitäten weiter unter Druck geraten, steigt.

Neben der Vorauswahl ist die Bevorratung eine weitere, klassische Handelsfunktion. Mit der Verschiebung von Einzelhandels-Marktanteilen zugunsten des E-Commerce geht einher, dass immer mehr Marktteilnehmer vom E-Commerce partizipieren möchten. Zwangsläufig werden immer mehr Angebote online recherchierbar und auf Distanz käuflich. Der klassische Vorteil des Versandhändlers, das gewünschte Produkt dem Kunden in relativ kurzer Zeit verfügbar zu machen, verliert an Differenzierungskraft.

Obwohl das Internet dank Google und zahlreicher Produktsuch- und -vergleichsdienste so quasi zum virtuellen Katalog wird, bei dem der Wettbewerb nur einen Klick weit entfernt ist, bleibt für viele Kunden eine klassische Nutzungsmotivation insbesondere des Universaldistanzhandels relevant, nämlich die Bequemlichkeit durch die Nutzung einer einzigen Einkaufsstätte und der „Bedienung" aus einer Hand. Dies ist heute aufgrund der Informiertheit der Kundschaft unter den o. g. Rahmenbedingungen eines (Hauptkatalog-)Geschäftsmodells immer schwerer möglich. Ziel des Universalversandhändlers war es immer, möglichst viel Einkaufsbedarf des Kunden aus einer Hand zu befriedigen und so einen hohen Anteil am „Share of wallet" zu erzielen. Als wichtiges Kundenbindungsinstrument wirkt hier das zentrale Kundenkonto, um dem Kunden das Einkaufen und Bezahlen möglichst einfach zu machen, sowie ein durchgängig hohes Service-Niveau. Durch die Entwicklung des E-Commerce ist es heute aber möglich, die geforderte Angebotsvielfalt unter Ausnutzung des Long Tails und moderner Logistikverfahren zu einem bequemen Einkaufen unter Wahrung der wirtschaftlichen Unternehmensinteressen zu kombinieren. Dieser

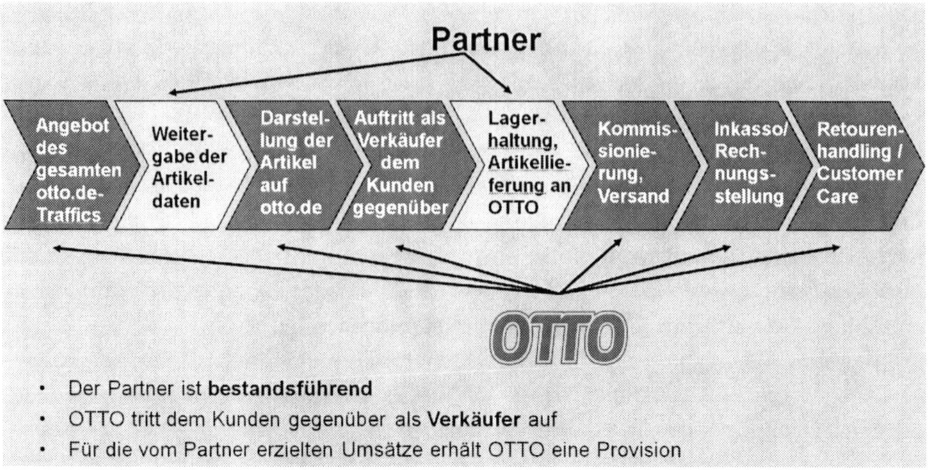

Abb. 2.4 Aufgabenteilung im One-Stop-Shopping Prozess bei OTTO

One-Stop-Shopping Ansatz transformiert den Universalversandhandel in ein modernes E-Commerce Geschäftsmodell.

Zur Ausdehnung der Sortimentstiefe und -breite öffnet OTTO seinen Web-Shop in erster Linie für erfolgreiche (Hersteller-)Marken und weitere, zur Positionierung von OTTO passfähige Partner. Der One-Stop-Shopping Ansatz von OTTO geht dabei über einen gemeinsamen Warenkorb und ein zentrales Kundenkonto hinaus und bietet zusätzlich eine anbieterübergreifende Logistik. Die Zusammenführung der Warenströme stellt dabei besondere Herausforderungen an die logistischen Fähigkeiten. Hier nutzt OTTO die hochmodernen Logistiksysteme der konzerneigenen Hermes-Gruppe. In der Aufgabenteilung (Abb. 2.4) zwischen dem One-Stop-Shopping Partner und OTTO übernimmt OTTO die Generierung der Besucher-Frequenz, die Präsentation der Artikel auf otto.de, die Funktion des Verkäufers dem Kunden gegenüber, Kommissionierung und Versand, die Zahlungsabwicklung und das Inkasso sowie die Kundenbetreuung und ggf. das Handling von Retouren. Der Partner kann sich auf die Bereitstellung von Artikelinformationen konzentrieren und über die Filiale otto.de eintreffende Warenanforderungen aus seinem Bestand bedienen, indem die OTTO-Logistik on demand versorgt wird. So können auch One-Stop-Shopping Partner vom E-Commerce partizipieren, ohne einen Online-Shop betreiben oder eine Versandhandelslogistik aufbauen zu müssen. Verfügt ein One-Stop-Shopping Partner bereits über ein eigenes E-Commerce Geschäft, so wäre sein Markenshop auf otto.de quasi eine weitere Online-Filiale in einer hochfrequenten 1 A Lage des deutschen Internets (Abb. 2.5).

Inzwischen ist OTTO durch den One-Stop-Shopping-Ansatz zu einer deutlich attraktiveren Einkaufstätte geworden. Die Katalog-Palette zeigt bei weitem nicht mehr die Vielfalt des Angebots und verändert damit ihre Funktion im Kommunikationsmix vom „gedrucktem Ladengeschäft" zum Impulsgenerator für den digitalen Flagship-Store. Die etablierten

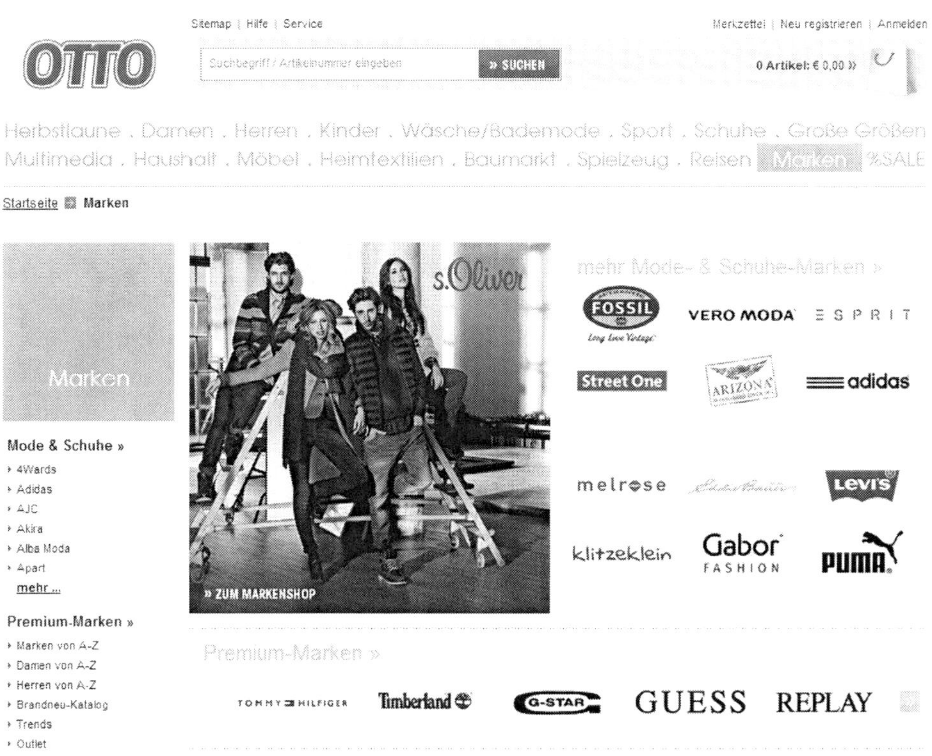

Abb. 2.5 Mehrere 1000 Marken auf otto.de dank One-Stop-Shopping Kooperationen

One-Stop-Shopping Prozesse haben darüber hinaus erheblichen Einfluss auf die Bewirtschaftungsstrategien der Sortimente. OTTO wird konsequent weitere starke One-Stop-Shopping Partner in den Web-Shop integrieren und so systematisch den Zugriff auf im Katalog nicht wirtschaftlich einsetzbare Artikel inkl. des Long Tail über otto.de zu ermöglichen. Dabei achtet OTTO auf die Einhaltung von hohen Qualitäts- und Servicestandards, um den Kunden ein optimales Shopping-Erlebnis mit hohem Vertrauens- und Sicherheitsfaktor aus einer Hand zu bieten (Abb. 2.5).

2.2.3 E-Commerce im Web 2.0

Fragt man Internet-User wofür Sie das Internet nutzen, so stehen seit jeher Kommunikationsfunktionalitäten wie E-Mail oder Soziale Netze ganz oben. Der Hauptnutzen des Internets liegt damit in der Qualität des World Wide Web als Informations- und Kommunikationsmedium. Die Attraktivität als Kommunikationsmedium hängt insbesondere von der Anzahl der Nutzer ab. Hier wirken positive Netzeffekte selbstverstärkend. Mitte der 2000er wurde nach Reduzierung wichtiger Eintrittsbarrieren, wie der Preisgünstigkeit eines schnellen Internet-Zugangs, die kritische Masse überschritten.

Wichtiger Bestandteil der Kommunikation ist nicht nur Informationen aufzunehmen, sondern sich auch aktiv einzubringen, so dass ein Dialog entsteht. Dazu werden seit dem Populärwerden von AOL Chats, Foren oder Instant-Messenger genutzt. Der Dialog mit einer Internet-Community, das sich Mitteilen und Mitgestalten sind zentrale Bestandteile des Web 2.0, dem sogenannten „Mit-mach-Netz". Die Entwicklungen des Web 2.0 machen aus dem Internet eine Kommunikationsplattform für jedermann. Online gehen ist einfach geworden (iPad), Online sein ist preiswert (Flatrate), Surfen geht schnell (Breitband). Fast jeder ist im Netz. Heute ist E-Mail – selbst mit Behörden – selbstverständlich (ELSTER), online publizieren einfach (Blog), das online Pflegen sozialer Kontakte en vogue (Facebook).

Nicht zuletzt aufgrund des Bedürfnisses nach sozialer Anerkennung, beteiligen sich die User am Dialog, denn durch die Größe des Netzwerks ist es deutlich einfacher geworden, Gleichgesinnte für seine Ideen zu finden und entsprechende Wertschätzung zu erfahren. Eine ständig wachsende Zahl Online-User führt Internet-Tagebücher, sog. Blogs, stellt eigene Fotos, Videos oder Musik online, bringt sich in kollektive Publikationen, sog. Wikis, ein, schreibt Rezensionen, bewertet Angebote oder stimmt online ab. Dazu haben sich in jüngerer Vergangenheit Plattformen mit unterschiedlichen Schwerpunkten herausgebildet. Zu nennen sind hier insbesondere das Soziale Netzwerk Facebook und der Mikro-Blogging Dienst Twitter. Im Zusammenhang mit dieser Entwicklung wird auch von der „Demokratisierung" des Internets gesprochen. Der Nutzer empfängt dabei nicht nur Informationen, sondern sendet diese auch und gestaltet somit den Content im Web mit.

Für den Handel ergeben sich durch die Nutzung von Social Media neue Möglichkeiten. Social Media Plattformen dienen dabei insb. dazu, interessante Produkte zu entdecken, sich darüber mit der Community auszutauschen und sich so gegenseitig zu inspirieren. In diesem Sinne lässt sich hier der Dialog mit den Kunden vor allem im Kunden-Service und in der Markenkommunikation deutlich intensivieren.

Die Kundenmeinung kann dabei nahezu jeden Schritt in der Wertschöpfungskette des Händlers unterstützen, zu nennen sind insbesondere:

- Produktvorschläge von Online-Usern,
- Produktentwicklung unter Einbeziehung von Online-Usern,
- Produktbewertung von Online-Usern,
- Ergänzung von Produktinformationen durch Online-User,
- Erstellung von Shops durch Online-User.

Durch dieses Einbeziehen der Online-User entsteht ein deutlich intensiverer Dialog. Allerdings besteht seitens der Online-User auch die Erwartung, ernst genommen zu werden und eine angemessene Wertschätzung zu erfahren. Dazu ist es unabdingbar, den Dialog transparent zu gestalten und auf das Engagement der User zu reagieren. Dies bedeutet, Meinungen, Bewertungen etc. auf der Web-Site uneingeschränkt zu publizieren. Mit der

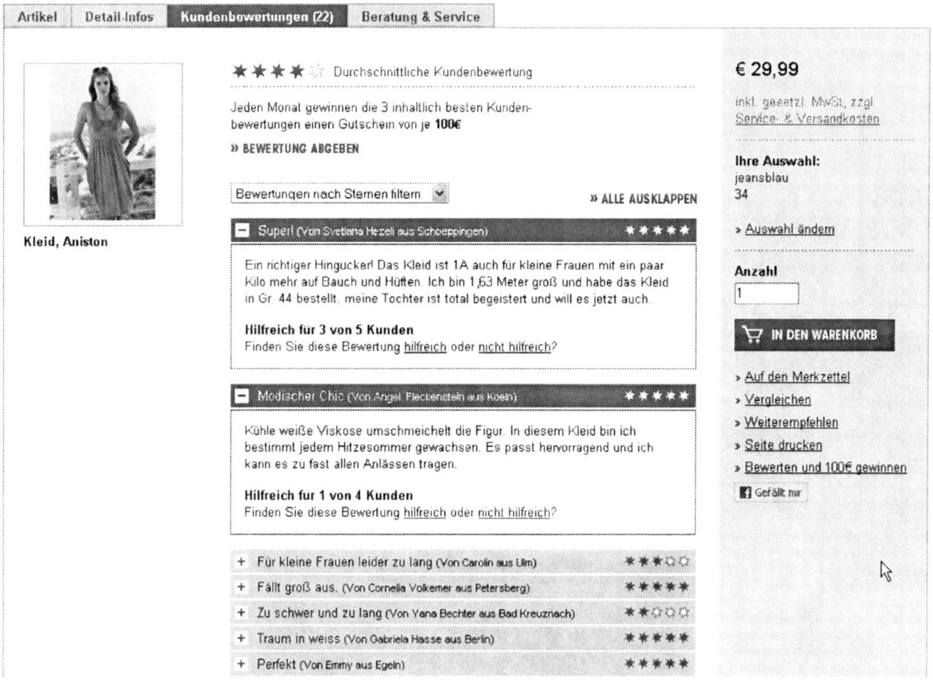

Abb. 2.6 Kundenbewertungen- und -rezensionen auf otto.de

Veröffentlichung der User-Beiträge geht ein gewisser, vom Händler subjektiv empfundener Kontrollverlust einher, der gerade im Umgang mit negativer Kritik sorgfältig abgewogen werden muss. Ohne die Veröffentlichung negativer Kritik verliert man hingegen schnell an Glaubwürdigkeit und konterkariert sein an die Online-User gerichtetes Dialogangebot. Die Rolle des Händlers wandelt sich vom Urheber von (Produkt-)Informationen stärker hin zum Moderator des Dialogs über die angebotene Ware, die Einkaufsstätte und die Marke.

OTTO bindet Online-User an unterschiedlichen Stellen der Wertschöpfungskette ein. Neben Online-Produkt- und Dispositionstests sind vor allem die Produktbewertungen und Rezensionen zu nennen (Abb. 2.6). Soweit die User-Meinungen den transparenten „Spielregeln" entsprechen, werden diese veröffentlicht. Insbesondere Kritik wird von den Einkaufsverantwortlichen kommentiert und als Anregung für die weitere Optimierung des Geschäfts verstanden. Bislang stoßen durchweg alle Aktionen, die die Kundenpartizipation auf otto.de fördern, auf positive Resonanz, und zwar sowohl auf Seiten der User als auch auf Seiten der OTTO-Mitarbeiter. OTTO wird deshalb weitere Schritte unternehmen, um die OTTO-Kundschaft noch intensiver in die Unternehmens-Prozesse einzubeziehen und die Dialogintensität zu erhöhen.

Das Kern-Paradigma des Versandhandels in der Kundenkommunikation ist der Dialog auf Distanz, bei dem folgende Herausforderungen bestehen:

- ein Dialog in Echtzeit ist mit dem Kunden nur selten möglich,
- Emotionen des Kunden werden nicht unmittelbar transparent,
- individuelle Kundenansprache wird erschwert,
- eine persönliche Kundenbeziehung ist aufwendig und
- persönliche Interessen und Anforderungen sind schwer zu erfahren.

Die Nutzung einer eigenen Community, um u. a. die Distanz zum Kunden zu reduzieren, ist tief in der DNA von OTTO verwurzelt. Die OTTO-Sammelbesteller wirken durch den persönlichen Kontakt als soziale Multiplikatoren in ihrem Mitbesteller-Netzwerk (insb. Familienmitglieder, Bekanntenkreis). In der Terminologie sozialer Medien sind sie wohl die engagiertesten „Fans" der Marke OTTO. Sie nehmen aus ihrem Netzwerk Bestellungen entgegen, leiten diese an OTTO weiter, nehmen die Ware entgegen und verteilen sie an ihre Mitbesteller, sind bei der Retouren-Abwicklung oder Service-Anfragen behilflich. Viele veranstalten sogar eigeninitiativ Events, Power-Partys sowie Farbtyp-, Stil-, oder Passformberatungen zur Umsatzsteigerung und Mitbesteller-Bindung.

Durch die Nutzung von Social Media Plattformen zur Kundenkommunikation besteht nun eine weitere Möglichkeit, die Distanz zum Kunden zu verringern und neue Vertriebschancen zu schaffen. Mit der Demokratisierung der Kommunikation auf diesen Plattformen nimmt die „Macht" des Einzelnen durch die Chance auf Aufmerksamkeit für rasche, mitunter nicht vorteilhafte Nachrichten über Unternehmen und Produkte (weiter) zu. Nachrichten in einer durch Social Media beeinflussten Welt sind nicht steuerbar: Jedes Handeln ist transparent, das Netz vergisst nichts. Die von Unternehmen erwarteten Reaktionszeiten werden immer kürzer, man kann nicht mehr „nicht-kommunizieren", aus Dialog-Angebot wird Feedback-Anspruch. Dank Social Media explodieren die Möglichkeiten der Kundenkommunikation, der Dialog mit den Kunden wird einfacher und unmittelbarer. Es gilt, auf allen Kanälen authentisch zu bleiben und die Erwartungshaltung der User zu berücksichtigen.

Social Media Plattformen zeigen durch ihr schnelles Mitgliederwachstum exemplarisch, welche Kraft positive Netzwerkeffekte entfachen können. Allerdings manifestiert sich die Euphorie, die dieses Wachstum auch für den E-Commerce auslöste, bis heute weder in Zusatzumsätzen, bspw. durch integrierte eShops auf den großen Plattformen, noch in einer Opportunität zu klassischen, performanceorientierten Online-Werbungsmaßnahmen.

Während der Social Commerce oder gar F-Commerce (für Facebook-Commerce) noch in den Kinderschuhen steckt, gewinnen die Social Media Plattformen als Dialogkanäle an Bedeutung. OTTO ist deshalb auf den großen Social Media Plattformen präsent. Genannt seien an dieser Stelle die Aktivitäten auf Facebook und Twitter.

Die Mitgliederanzahl von Facebook übersteigt inzwischen eine Milliarde. Wäre es ein Staat, wäre dieser längst die drittgrößte Nation der Welt hinter China und Indien und weit vor den USA; wäre es eine Religion, wäre es ebenfalls die drittgrößte der Welt hinter dem Christentum und Islam sowie knapp vor dem Hinduismus.

Facebook ist im Kern eine Kommunikationsplattform und wird hauptsächlich zur Interaktion mit Freunden und Bekannten genutzt (z. B. Chat, private Nachrichten, Pinnwand,

Abb. 2.7 OTTO Präsenz auf Facebook

Teilen von Fotos und Videos). Als wichtigste Institution des sog. Mit-Mach-Webs können hier wie auf anderen sozialen Medien auch von jedem Inhalte für alle oder einen geschlossenen Nutzerkreis veröffentlicht, kommentiert, bewertet („Like-Button") und geteilt werden. Das zentrale Element von Facebook ist der Newsfeed, der in Echtzeit die neuesten Aktivitäten des persönlichen Netzwerks publiziert.

OTTO ist seit 2009 auf Facebook mit einer eigenen Präsenz aktiv und hat mehrere hunderttausend Fans (Abb. 2.7). Für die Community interessante Themen rund um OTTO werden in regelmäßigen Updates (10–15 x die Woche) auf der Pinnwand veröffentlicht. Die Pinnwandeinträge ermöglichen ein direktes Feedback. Eine Aufforderung zum Dialog steht bei den meisten Updates im Mittelpunkt. Jedes Update erhält im Schnitt ca. 200.000–300.000 Seitenaufrufe durch die Newsfeeds der Nutzer und die OTTO-Pinnwand.

Auch auf Twitter ist OTTO seit 2009 mit einem eigenen Account aktiv (Abb. 2.8). Dank der sympathischen, authentischen, unkomplizierten und vor allem reaktionsschnellen Dialogführung gehört der OTTO-Account laut Branchenstudien zu den Vorreitern in der Twitter-Nutzung. Hier wird versucht, im besten Sinne Kundendienst zu betreiben: Bestellannahmen, Serviceanfragen, Beratungen, etc., die allesamt über andere Kanäle sowohl aus Kunden- als auch aus Unternehmenssicht effizienter abgewickelt werden könnten, werden trotzdem über Twitter gelöst. Der OTTO-Twitter Service ist somit ein exzellenter Beleg dafür, dass der persönliche Service OTTO sehr wichtig ist und dass OTTO stets dahin ge-

Abb. 2.8 OTTO auf Twitter

hen wird, wo man seinen Kunden am nahesten sein kann. An vielen Dialogen ist darüber hinaus zu erkennen, dass den Twitter-Nutzern die Sortimentsvielfalt und Services von OTTO nicht ausreichend bekannt sind, so dass über diesen Kanal auch Neukundenpotenziale implizit adressiert werden.

Um den Dialog mit der modeinteressierten Zielgruppe zu intensivieren, wird seit 2008 das Mode-Blog Two for Fashion (http://twoforfashion.otto.de/) von OTTO betrieben (Abb. 2.9). OTTO hält sich dabei im Hintergrund und überlässt die Content-Auswahl und den Dialog mit den Usern zwei erfahrenen und in der Szene beliebten Bloggerinnen.

In der Zukunft gilt es zu erproben, wie sich aus dem Social Dialog relevanter Social Commerce entwickeln kann. Hierbei sind die Verlagerung der Kommunikation auf die eigene Web-Site sowie die Transformation des Sammelbesteller-Konzepts in die digitale Welt interessante Optionen. Herausforderung bleibt die Fragestellung, welche der vielen Social Media Plattformen mit welcher Intensität und Erwartungshaltung zu bespielen sind und wie diese Kanäle untereinander und mit den Web-Sites des Unternehmens verzahnt sind.

Social Media Plattformen können als (Vertriebs-)Kanäle im weiteren Sinne verstanden werden. Die Entwicklung von Shopping-Applikationen erfolgt allerdings immer unter den Rahmenbedingungen der jeweiligen Plattform. Auch diese Auftritte haben durchaus „Produktcharakter" i. S. des eigens erwähnten Verständnisses, insb. wenn dort elektronisch eingekauft werden kann, und zwar ohne den Kontext der Web-Site verlassen zu müssen. So entstehen weitere elektronische Filialen mit durchaus erheblichen Interdependenzen zu Produktentwicklung des eigenständigen Web-Shops.

Abb. 2.9 Das OTTO-Mode Blog „Two for Fashion"

2.3 Aus Electronic-Commerce wird Everywhere-Commerce

„Many times we turn to the screen that's closest. While we all have screen preferences for certain activities, we are also creatures of convenience" (Google MultiScreen Studie 2012).

2.3.1 Mehr Konvergenz: eShopping anywhere, anytime, anyhow

Mit dem Aufkommen der Neuen Medien ist seit Mitte der 90er Jahre die Diskussion um die Medienkonvergenz verbunden. Aufgrund der digitalen Übertragung von zunächst Daten und Texten, dann auch Bildern, Ton und Video (Multimedia) bis hin zu elektronischen Substituten von Produkten (Software, Audio-CD, Spielfilme, eBooks etc.) haben sich die betroffenen Wertschöpfungsketten gravierend verändert. Konvergenz meint in diesem Zu-

Jahr	Medium	Dienst	Service/Inhalte
2010	iPad	Katalog-App	„Blätterbarer", interaktiver Möbel-Katalog zum Launch des Apple iPads
2010	Smart-Phone	iPhone App	Pilot-Apps: „Styleshaker" (spielerischer Zugang zum OTTO-Modesortiment) und „Stylecatcher" (visuell gestützte Suche)
2010	Smart-phone	m.otto.de	für Smartphones optimierter Online-Shop mit komplettem Sortiments- und Service-Angebot
2010	Smart-phone	Android App, iPhone App	Apps auf Basis m.otto.de sowie mit gerätespezifischen Funktionen wie Sendungsstatus per Push-Notification und QR-Code-Reader
2010	SmartTV	OTTO App	Pilot-App: „Mode Memory"Gewinnspiel
2011	Smart-phone	Bada App	Bada-App mit komplettem Shopping- und Service-Umfang wie Android/iPhone App
2012	Smart-phone	Windows Phone 7 App	Adapation der Shopping-Apps für Windows Phone 7 unter Berücksichtigung der WP7-spezifischen Design Patterns
2013	iPad	iPad App	Pilot-App mit Fokus auf dem Thema Inspiration und Erlebniskauf

Abb. 2.10 Milestones im Einsatz Neuer Medien bei OTTO (Teil 3)

sammenhang die zunehmende Überschneidung von Computer-/Software-, Medien- und Telekommunikations-Industrie.

Die Auswirkungen der Medienkonvergenz waren und sind noch nicht abschließend zu beurteilen. Die Einführung eines neuen Mediums kann in einer Koexistenz, einer Evolution oder einer Extinktion münden. Bei der Koexistenz erfreuen sich das neue und das ähnliche, alte Medium gleichzeitig ausreichender Akzeptanz, insb. wenn das neue Medium ergänzende Eigenschaften oder einen anderen Nutzungskontext adressiert, z. B. Musik-Cassette und Schallplatte. Bei einer Evolution entsteht das neue Medium aus der Weiterentwicklung des alten Mediums, z. B. Fernsehen zum Digitalfernsehen oder evolutionäre Weiterentwicklung des Internet. Bei der Extinktion verdrängt oder ersetzt das neue Medium andere Medien, z. B. Schallplatte durch Audio-CD. Wie die Beispiele zeigen, dienen häufig neue Technologien, Produkte oder Endgeräte als Katalysator für Veränderungen. Sind diese Innovationen disruptiv, ergeben sich nachhaltige Konsequenzen für die betroffenen Industrien.

Der Versandhandel war in der Kommunikation der angebotenen Waren und Dienstleistungen auf den gedruckten Katalog als Medium angewiesen. Weiterhin war die Erfolgsgeschichte der die Bequemlichkeit des Einkaufens nutzenden Form des Einzelhandels von der Verbreitung des Telefons zur Bestellannahme und Kundenservice stark beeinflusst. Entstehen nun neue Medien, die auch zur Kommunikation des Angebots und/oder im Rahmen des Kundendienstes eingesetzt werden können, so sollten deren Möglichkeiten frühzeitig ausgelotet werden, und zwar

- zum einen, um das Innovations- und Wachstumspotenzial adressieren zu können und
- zum anderen, um die sich im Wettbewerbsvergleich bildende Erwartungshaltung der Kunden nicht zu enttäuschen.

Wie man an der Entwicklung des unter Einsatz der Neuen Medien entstandenen E-Commerce und dessen Auswirkung auf den Katalogeinsatz sowie telefonische Service-Dienste sieht, ist die Medien-Nutzung sehr stark von der Sozio-Demographie der Kundschaft abhängig. Besteht die Kundschaft vorwiegend aus gut ausgebildeten, jüngeren, besser verdienenden Männern, ist eine Extinktion des Katalogs absehbar. Richtet sich das Geschäftsmodell an ältere Frauen mit durchschnittlicher Bildung und Einkommen, wird die Koexistenz von Katalog und E-Commerce noch lange Bestand haben. Allerdings wird sich das „Wesen" des Katalogs trotzdem verändern müssen, um die Neuen Medien noch besser zu ergänzen.

Auch wenn man aufgrund der Soziodemographie seiner Kundschaft noch Zeit hätte, mit dem Erfahrungsaufbau zu beginnen, empfiehlt sich eine frühzeitige Evaluation von relevanten Medien-Innovationen und der diesen zugrunde liegenden Technologien, da sich sowohl die Geschwindigkeit der notwendigen Adoption schwer vorhersagen lässt, als auch um dem Kausalitäts-Dilemma (Henne-Ei-Problem) vorzubeugen, d. h. ohne ein zumindest prototypisches Angebot eines neuen Services ist die Beurteilung des Innovationspotenzials mit sehr hohen Unsicherheiten behaftet.

Bezüglich der hier relevanten E-Commerce Innovationen ergibt sich die Handlungsnotwendigkeit auch aufgrund des bereits angesprochenen Primats: Ziel des Distanzhändlers sollte es sein, dem Kunden im Alltag möglichst überall die Möglichkeit zum Einkaufen zu bieten. Dies funktioniert nur dann, wenn die dazu erforderlichen Angebote auf dem Medium präsentiert werden, das der Kunde in seiner Alltagssituation am ehesten zu nutzen geneigt ist. Dabei unterscheidet sich die Erwartungshaltung des Kunden an das Medium, das er gerade zum Einkaufen nutzen möchte, d. h. jedes Medium bietet aus Kundensicht ein unterschiedliches Mehrwertprofil. Sinnvollerweise stimmt der Händler den vertrieblichen Instrumenten-Mix auf das Mehrwertprofil des Mediums ab. Das Medium wird so als Vertriebskanal genutzt (Abb. 2.11).

Auf der CeBit 2000 wurde das erste WAP-fähige Mobil-Telefon vorgestellt und damit die Anzeige von Internet-Seiten auf dem Mobil-Telefon ermöglicht. Mobil-Telefone mit WAP (Wireless Application Protocol) Browser und Internet-Zugang wurden schnell zum Standard. Die Mobilfunknetze wurden dank UMTS sukzessive aufgerüstet. Damit waren die infrastrukturellen Voraussetzungen für die Verbreitung von M-Commerce-Anwendungen formal günstig. Leider ist es den deutschen Mobilfunkbetreibern lange Jahre nicht gelungen, die Datendienste und damit auch M-Commerce attraktiv und populär zu gestalten, so dass die Marktentwicklung weit hinter den Erwartungen zurückblieb. Diese Entwicklung ist bedauerlich, handelt es sich doch beim Mobiltelefon um das persönlichste und mobilste Medium. Damit konnten die Potenziale, um den Kunden immer und überall Angebote machen und Services anbieten zu können, erschlossen werden.

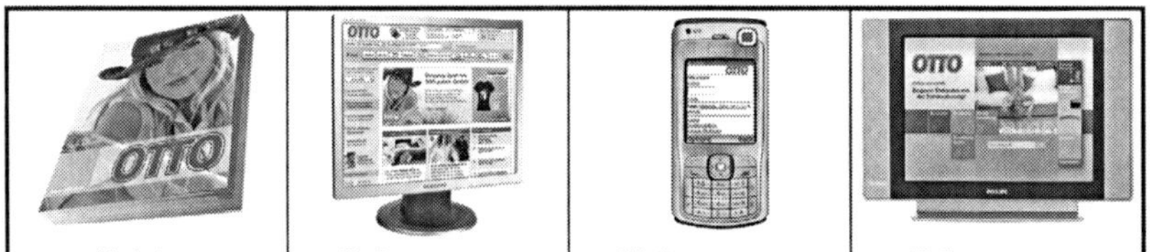

	Katalog	E-Commerce	M-Commerce	T-Commerce
Mehrwert für den Kunden	➢ Beständigkeit ➢ Gültigkeit ➢ Bilderwelten ➢ „Blättern"	➢ Aktualität (Pull) ➢ Breite/Tiefe ➢ Suche ➢ Information	➢ Aktualität (Pull) ➢ Verfügbarkeit ➢ Information	➢ Aktualität (Pull) ➢ Animative Darstellung ➢ Inspiration
Bedeutung für OTTO	➢ Aktivierung der Kunden (Push) ➢ Bedarfsweckung	➢ Aktualität und Flexibilität ➢ Bedarfsdeckung	➢ Service und Beratung ➢ Bedarfsdeckung	➢ Bedarfsweckung

Abb. 2.11 Mehrwertprofile Neuer Medien im Vergleich zum Katalog (OTTO 2005)

Dass die Technologiediffusion deutlich erfolgreicher hätte gestaltet werden können, zeigen beispielsweise der koreanische oder auch der japanische Markt. In Korea wurde die Breitbandverfügbarkeit durch staatliche Programme massiv gefördert. In Japan ist es dem größten Telekommunikations-Unternehmen, NTT DoCoMo gelungen, sein mit UMTS vergleichbares 3G Netz mit Namen FOMA durchzusetzen. Dazu hat NTT DoCoMo das erforderliche Wertschöpfungsnetzwerk geschickt orchestriert, um direkt einen Massenmarkt zu adressieren. Durch Packaging von Mobil-Telefon, Content und Tarif wurden affine Zielgruppen schnell erschlossen. Um die gewünschte User Experience zu unterstützen und neue Dienste durchzusetzen, wurde tief in die Roadmap der Gerätehersteller eingegriffen.

Dies blieb auch für den E-Commerce nicht ohne Folgen: Bei der japanischen Otto Group Gesellschaft OTTO Sumisho wurde bereits 2005 mehr als jede dritte elektronische Bestellung über ein Mobil-Telefon ausgelöst und dies von einer weiblichen Kundschaft, die im Durchschnitt um 10 Jahre älter war als bei OTTO in Deutschland!

OTTO ist – wie bereits erwähnt – seit 2000 im M-Commerce aktiv. Der M-Commerce Shop mobile.otto.de verfügt seit langem über das gleiche, heute rund 1.8 Mio. Artikelpositionen umfassende Angebot wie otto.de. Auch der Umfang der Service-Funktionalitäten ist vergleichbar. Um ein Push-Instrument ohne Medienbruch – ähnlich wie im E-Commerce das Newsletter-Marketing – einsetzen zu können, werden SMS-Services genutzt. Die breite Akzeptanz dieses WAP-basierten eShops blieb aus genannten Gründen leider aus.

Ähnlich enttäuschend verliefen die letzten zwei Dekaden im T-Commerce. Die viel gepriesene Konvergenz von Computer-Technologie und TV-Gerät fand nicht statt, so dass die vom Handel erhoffte Adressierung des Fernsehgeräts als weiteres interaktives Medium bis heute nicht massentauglich ist. Dadurch ist die Nutzbarkeit des Fernsehers für den Handel auf wenige Formate, wie insbesondere das Teleshopping und DRTV, beschränkt.

Inzwischen haben sich die infrastrukturellen Voraussetzung deutlich verbessert, und zwar dank:

- des Booms hochauflösender (HDTV) und damit auch zum Anschluss von Computern geeigneter Flachbild-TV-Geräte,
- der Verfügbarkeit breitbandiger und im Haushalt durch entweder über leistungsfähige WLAN verteilter oder durch die Digitalisierung des Fernsehkabels direkt am TV Gerät verfügbarer Internetzugänge und schließlich
- sich etablierender Standards für internetfähige TV-Geräte wie SmartTV.

OTTO hat sich auf dieses Szenario und durch eine Kooperation mit Microsoft, aus der der eShop für das Windows Media-Center hervorging, vorbereitet. Ein Media-Center vereint die Funktionen von Fernseher, Musikanlage, Fotoarchiv und Internet-PC in einem Gerät und macht diese Geräte überflüssig. Dabei werden dann alle Komponenten über eine zentrale Fernbedienung gesteuert. Media Center werden vorzugsweise im Wohnzimmer in Kombination mit einem modernen, HDTV-fähigen Fernseher betrieben. Ein HDTV-fähiger Fernseher kann mindestens viermal mehr Information auf dem Bildschirm – und damit vergleichbar mit heute üblichen PC-Monitoren – darstellen als ein gewöhnliches (nach dem mehr als 30 Jahre alten) PAL-Standard arbeitendes Fernsehgerät. Bequemes Internet-Surfen vom Sofa aus wird dadurch sinnvoll möglich. Die Media-Center Funktionalität wurde über Microsoft Windwos XP Media Center Edition eingeführt und gehört heute zum Standard des Funktionsumfangs moderner Betriebssysteme.

OTTO hat deshalb eine auf die Medienspezifika des Fernsehers hin optimierte Shopping-Anwendung für das Microsoft Media Center entwickelt, die vollständig über die Fernbedienung bedienbar ist. Die Anwendung bietet den gleichen Sortimentsumfang sowie die gleichen Service-Funktionalitäten wie otto.de. Dies ist möglich, da bei der Konzeption der Prozesse und IT-Systeme auf Wiederverwendbarkeit geachtet wurde und die Produktinformationen Medien-neutral aufbereitet werden. In dem Projekt wurde sehr deutlich, welche Modifikationen am eShop und dem notwendigen Content erforderlich sind, damit elektronisches Einkaufen im Nutzungs-Kontext des Fernsehers (2–3 m Betrachtungsabstand, Fernbedienung etc.) machbar wird.

2.3.2 Die neue Multiscreen-Welt: der Einfluss von Smartphone und Tablet-PC

Aus Unternehmensperspektive bedeutsam ist die Beantwortung der Frage, ob eine Innovation eine kritische Masse erreicht, die dann notwendige Investitionen rechtfertigt, um am wirtschaftlichen Erfolg der Innovation partizipieren zu können. Für den klassischen E-Commerce unter Einsatz eines Internet-PC als E-Commerce Vertriebskanal im engeren Sinne ist diese Frage beantwortet. Zum Durchbruch verhalfen hier preisgünstige (Flatrate), breitbandige Internet-Zugänge sowie einfach nutzbare Social Media Plattformen und nicht zu vergessen, eine Nutzerschaft, die mit dem PC aufgewachsen ist. Wie an der Aufzählung deutlich wird, sind selbst Handelsinnovationen wie Internet-Auktionen (insb. eBay) keine Killerapplikation, aufgrund derer man unbedingt einen Internetzugang besitzen möchte, sondern sie arrondieren diesen Entscheidungsprozess nur. Vergleicht man die Entwicklung des Internetzugangs per PC mit dem mobilen Internet-Zugang, so bestehen sicherlich Parallelen hinsichtlich der hohen Geräteverbreitung sowie der zögerlichen, massentauglichen Tarifierung breitbandiger Zugänge.

Erst mit dem Apple iPhone, mit dem eine neue Geräte-Generation begründet wurde, kam im Jahr 2007 der Durchbruch für die mobile Internetnutzung. Vergleichbar mit der Pionier-Leistung von NTT DoCoMo waren es allerdings nicht die Geräteeigenschaften und die Begehrlichkeit dieses „Lifestyle-Accessoires" an sich, sondern die Orchestrierungsleistung von Apple. Apple gelang es, ein Ökosystem rund um das iPhone bereits zum Launch des Gerätes an den Start zu bringen. Das Paket aus Hardware, „fairem" Tarif, nutzenstiftenden und unterhaltsamen Apps sowie einer einfach nutzbaren Content- und Softwaredistributionsplattform (iTunes) machten den Unterschied. Der inzwischen wichtige Zugriff auf soziale Netzwerke von unterwegs unterstützte die Attraktivität des Packages zusätzlich. Zur weiteren Wettbewerbsdynamik tragen die „Antwort" von Google mit der Bereitstellung des kostenlosen Betriebssystems Android sowie die daraufhin schnell entwickelten Smartphones diverser Hersteller bei.

Um diese Entwicklung und damit auch die Wirkung auf den Mobile-Commerce für den deutschen Markt besser einschätzen zu können, haben Google und OTTO im Jahr 2010 die Studie „GoSmart2012: Always in touch" durchgeführt. Zentrale Erkenntnis der Studie war, dass 2012 jeder vierte Deutsche ein Smartphone nutzen wird. Außerdem wird die Unterstützung des Einkaufens durch das Smartphone genauso selbstverständlich werden wie allgemein der E-Commerce. Voraussetzung dafür ist allerdings, dass der eShop an das Endgerät sowie die typische Nutzungssituation angepasst wird. Die aus der GoSmart2012 Studie abgeleiteten Prognosen wurden weit übertroffen. Im April 2012 vermeldete die Bitkom, dass 34 % der Deutschen ein Smartphone besitzen, bei den unter 30jährigen sind es inzwischen bereits mehr als 65 %.

Nach dem bahnbrechenden Erfolg des iPhone war Apple in der Lage, mit dem iPad der Geräteklasse der Tablet-PC zum Durchbruch zu verhelfen. Tablet-PC sind leichte, tragbare und flache Computer, die über einen Touchscreen bedient werden und keine physische Tastatur besitzen. Wie auch bei Smartphones erfolgt beim Anschalten des Gerätes kein Bootvorgang für das Betriebssystem, sondern das Gerät ist direkt einsatzbereit. Das iPad wurde 2010 vorgestellt und im selben Jahr noch 14,8 Mio. Stück abgesetzt. Dabei profitiert der iPad Nutzer vom für das iPhone etablierten Ökosystem, da sich die beliebten Apps auch auf diesem Gerät verwenden lassen sowie der Content- und Softwareaustausch über iTunes organisiert ist. Der Wettbewerb reagierte erfolgreich mit Tablet-PC auf Android Basis. Beide Geräteklassen werden außerdem vom neuen Microsoft Betriebssystem Windows8 bzw. WindowsPhone 8 partizipieren, für das gerade zahlreiche neue Endgeräte auf den Markt kommen.

Im Gegensatz zu Smartphones verfügen Tablet-PC in der Regel nicht über einen eingebauten Internetzugang, der ein Mobilfunknetz nutzt, sondern werden öfter im heimischen WLAN betrieben. Deshalb sollte der über Tablet-PC erzielte E-Commerce Umsatz per se genauso wenig unter M-Commerce subsummiert werden wie der Umsatz von ebenfalls mobilen Computern wie Net-, Notebooks oder Ultrabooks. Spätestens anhand des Nutzungsverhaltens der Tablet-PC zeigt sich, welchen Schwächen die Begrifflichkeiten M- und T-Commerce aufweisen. T-Commerce meint zwar ursprünglich E-Commerce unter Verwendung des TV Geräts. Implizit war damit aber auch die Nutzung eines Bildschirms, der zu Unterhaltungszwecken angeschafft wurde und sich deshalb im Wohnzimmer befindet, gemeint, und zwar zur Abgrenzung des im Arbeitszimmer genutzten PC. Insbesondere im Nutzungskontext des Wohnzimmers stellt sich mit der Verbreitung der Tablet-PC die Frage, wie hier zukünftig elektronisch eingekauft wird. Wenn auch die Geräte nicht mehr trennscharf zugeordnet werden können, so behält der mit M- und T-Commerce verbundene, differenzierende Nutzungskontext seine Relevanz.

Die drei in Bezug auf die durchschnittliche Nutzungszeit wichtigsten digitalen Devices werden in einer aktuellen Google Studie (The New Multi-screen World: Understanding Cross platform Consumer Behavior, August 2012) wie folgt charakterisiert:

- PC (inkl. mobiler PC wie Netbooks etc.) unterstützen unsere Produktivität und halten uns informiert, und zwar im Büro oder zuhause. Sie werden produktivitätsfördernd, aufgabenabhängig eingesetzt. Ihre Nutzung erfolgt über längere Zeiträume und mit hoher Aufmerksamkeit, und zwar unter einer ernsthaften/professionellen Nutzungsmotivation.
- Smartphones sorgen für unsere Erreichbarkeit, und zwar sowohl unterwegs, als auch zuhause. Sie unterstützen das in Verbindung stehen und Kommunizieren. Die Nutzung ist spontan und kurz, dient vorzugsweise kurzfristigem und unverzüglichem Informationsbedarf.
- Tablets dienen unserer Unterhaltung, und zwar vorwiegend zuhause, zum Entertainment und zum Internet-Surfen, ohne Zeitnot und in entspannter, ungezwungener Atmosphäre.

Weiterhin zeigt die Google-Multi-Screen Studie, wie determinierend der Nutzungskontext für die Wahl des Endgerätes ist und wie die Geräte im Verbund genutzt werden. Die meiste Zeit zur Medien-Nutzung wird vor einem Bildschirm verbracht, und zwar vor dem Computer, dem Smartphone, dem Tablet-PC oder dem Fernseher. Das Gerät der Wahl ist oft abhängig vom Kontext, d. h. wo man sich befindet, was man erledigen möchte und wie viel Zeit man dazu hat. Es lassen sich zwei Arten der Multi-Screen Nutzung unterscheiden: die sequenzielle Nutzung, bei der die Geräte wechselnd genutzt werden sowie die simultane Nutzung, bei der verschiedene Geräte zur selben Zeit genutzt werden. Allen vier Bildschirmen gilt in mehr als 50 % der Zeit nicht die ungeteilte Aufmerksamkeit, beim TV sind es sogar 77 % und beim Tablet PC sind es 75 %. Die häufigste Parallel-Nutzung ist das Smartphone. Bei der simultanen Medien-Nutzung, werden auf den Geräten unter-

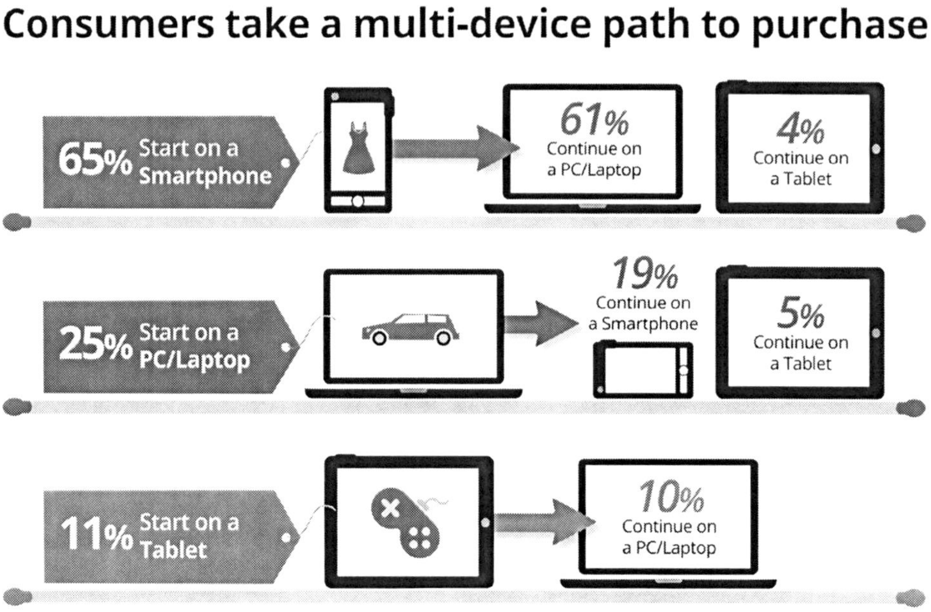

Abb. 2.12 Gerätenutzung im Einkaufsprozess (Quelle: Google Multiscreen Studie)

schiedliche Dinge erledigt. Mobile Bildschirme erlauben es, ein begonnenes Vorhaben auf einem anderen Bildschirm fortzuführen. Am häufigsten wird eine Recherche auf unterschiedlichen Geräten (sequentiell) weitergeführt. Smartphones bilden das Fundament der täglichen Medien-Nutzung. Sie werden am häufigsten genutzt und bilden für gewöhnlich den Ausgangspunkt medienübergreifender Aktivitäten. Die Nutzung multipler Bildschirme vermittelt das Gefühl von Effizienz, da spontan und von überall Fortschritte erzielt werden können und wird somit als Zeitgewinn empfunden.

Wird das Smartphone i. R. d. Einkaufs eingesetzt, erfolgt dies heute häufiger zuhause (59 %) als unterwegs. Dabei wird das Smartphone deutlich häufiger für Spontankäufe genutzt als PC/Laptop. 67 % der User verwenden heute bereits unterschiedliche „Screens" im Einkaufsprozess (Abb. 2.12.).

Derzeit bildet sich für Smartphone und Tablet-PC eine Dualität zwischen klassischer Präsentation im Browser und applikationsgerechter Aufbereitung des Angebots aus. Apps zeichnen sich dadurch aus, dass sie speziell an die Zielplattform angepasst sind und sehr leicht über ein herstellerspezifisches Online-Portal bezogen und installiert werden können. Sog. Hybrid-Apps greifen auf den Content der Browser-basierten Web-Site zurück, der durch einen „Navigationsrahmen" ergänzt und im betriebssystemspezifischen Look & Feel präsentiert wird. Über den Navigationsrahmen werden außerdem geräteabhängige Features wie bspw. die Nutzung einer Kamera als QR-Code Reader oder Lokalisierungsfunktionen eingebunden.

Abb. 2.13 Die Mobile-Shop Produktfamilie

Abb. 2.14 eShopping auf dem Tablet-PC

Um zum einen möglichst viele Smartphone Nutzer über das Internet zu erreichen, als auch die spezifischen Vorteile der Apps zu nutzen, bietet OTTO eine für Smartphones optimierte Browserversion von otto.de unter m.otto.de an sowie für die drei wichtigsten Betriebssysteme – Android, iOS und WindowsPhone 7 (WindowsPhone 8 in Vorbereitung) – eine hybride Einkaufs-App. Wie die Apps auf die Browserversion zurückgreifen, zeigt Abb. 2.13.

Zur Nutzung auf Tablet-PC wird ebenfalls ein für diese Geräteklasse optimierter eShop im Rahmen einer iPad App angeboten (Abb. 2.14). Genauso wie die Version für Smartphones ist dieser eShop für die Bedienung über einen (Multitouch) Touchscreen ausgelegt.

2.3.3 Interdependenz zwischen Device und E-Commerce „Format"

Emotionales Einkaufserlebnis am PC?

In gesättigten Märkten ist es eine überlebenswichtige Fähigkeit eines Handelsunternehmens, durch die Inszenierung der Ware zum Einkauf anzuregen oder gar zu „verführen". Im Kataloggeschäft gelingt es im Wesentlichen durch die Katalogfotografie sehr gut, den Kunden zu inspirieren. Verkauft wird dadurch nicht nur das Kleid, sondern der Traum, etwa so wie das hübsche Model, das das Kleid trägt, auszusehen und eine entsprechende Ausstrahlung auf sein Umfeld auszuüben. Vergleicht man die emotionale Bilderwelt des Katalogs mit den Formaten, die sich heute im E-Commerce als erfolgreich erwiesen haben, stellt man fest, dass sehr viel der bedarfsweckenden und impulskauf-fördernden Kraft der Katalogwelt verloren geht. Der Grund dafür ist sicherlich in den Medien-Spezifika zu sehen, die sich zwangsläufig auf den E-Commerce auswirken.

- Das Internet ist als schmalbandiges Medium gestartet und eignet sich deshalb schlecht zur Übertragung visueller, multimedialer Inhalte, war also eher ein Textmedium. Darüber hinaus ist die Produktion von (ansonsten nicht weiter einsetzbaren) multimedialen Inhalten teuer.
- Eine „Killerapplikation" des Internet ist die Kommunikation, insbesondere per E-Mail und in sozialen Netzwerken.
- Eine weitere „Killerapplikation" ist die Möglichkeit zur effizienten Recherche in einer – vor der Internet-Nutzung unbekannten – Informationsflut.
- Zur Internet-Nutzung waren hohe technische Hürden zu überwinden.
- Als Endgerät musste das „Arbeitsmittel" PC genutzt werden, und zwar möglichst in der Nähe der Telefondose. Durch das Browser-basierte, standardisierte Internet konnten die Fähigkeiten des PC, insbesondere die Rechenleistung, aber nicht ausgeschöpft werden.

Dass mit diesem Nutzwert-Medium zunächst Produkte eingekauft wurden, die sich sehr gut durch Text beschreiben und bewerben lassen, durch ihren relativ niedrigen Preis und gute Versandeigenschaften das Risiko eines Fehlkaufes minimieren, ggf. im konventionellen Handel schwer beziehbar sind und vorzugsweise von überdurchschnittlich gut ausgebildeten technikaffinen Männern gekauft werden, verwundert nicht weiter. Die Rede ist zunächst von Büchern, CDs, Videos/DVD, dann Computerzubehör und auch von Unterhaltungselektronik. Hinzu kommt, dass man während des gesamten elektronischen Einkaufsprozesses online sein muss und damit relativ hohe Nutzungskosten verbunden waren. Insgesamt also keine günstigen Rahmenbedingungen für den Online-Vertrieb von Mode und Lifestyle-Produkten.

OTTO hat deshalb von 1994 bis 2003 parallel zum Internet einen CD-ROM Katalog eingesetzt, mit dem der Kunde die o. g. Nachteile, im isolierten Einsatz oder in Kombination mit dem Internet – allerdings nur zur Überprüfung der Warenverfügbarkeit und Übermittlung der Bestelldaten – kompensieren konnte. Erst als absehbar wurde, dass sich die Rahmenbedingungen für den E-Commerce durch die Weiterentwicklung der Internet-Infrastruktur deutlich verbessern, wurde auf diesen zusätzlichen Kanal verzichtet. Die mit dem CD-ROM Einsatz einhergehende Lernkurve war hinsichtlich der Produktion multimedialer Inhalte, der Benutzerführung und auch einer stärker inspirierend wirkenden Produktpräsentation bereits im Hinblick auf das breitbandige Internet sehr wertvoll.

Mit der Entwicklung des „OTTO-Store" in Kooperation mit Microsoft als internationaler Referenz Show Case für E-Commerce zum Launch von Windows Vista im Jahr 2007 konnte dann ein weiterer, wichtiger Schritt gemacht werden. Windows Vista sollte den „Charakter" des PC deutlich verändern: nicht mehr Arbeitswerkzeug, sondern (intelligente) Unterhaltungselektronik oder einfach ein Multimedia-Gerät. Dieses Betriebssystem hatte deshalb eine gegenüber Windows XP deutlich attraktivere und intuitivere Benutzeroberfläche, Vereinfachungen in der Anbindung von Peripherie-Geräten und eine integrierte Internet-Einbindung. Das Microsoft Media Center als alternative, über eine Fernbedienung bedienbare Benutzeroberfläche, ist standardmäßig eingebunden. Der Media Center Modus lädt zum Betrieb des Vista-PC am (HDTV-)Fernseher im Wohnzimmer ein, und zwar als zentrales System für alle digitalen Inhalte (Fotos, Videos, Musik). Über sog. Widgets können z. B. Nachrichten oder Börsenkurse direkt auf dem Desktop, der „Einstiegsseite" des Betriebssystems, angezeigt und permanent über die Internet-Verbindung aktualisiert werden, ohne dass der Internet-Browser gestartet werden muss.

Der „OTTO-Store" für Windows Vista war dabei als Smart Client Applikation konzipiert. D. h. der OTTO-Store wird nach dem Download aus dem Internet wie „gewöhnliche" Software auf dem PC installiert. Die Versorgung mit Produktinformationen erfolgt über die Internet-Verbindung, so dass diese immer aktuell gehalten werden. Eine derartige Smart Client Applikation bietet gegenüber der Anzeige von Web-Seiten in einem Internet-Browser interessante Eigenschaften:

- Die Applikation nutzt die Leistung des PC aus. Die Wirkung von Video-Präsentationen, der Zoom in Produktabbildungen hinein oder das Gestalten drei-dimensionaler Benutzeroberflächen werden nicht mehr durch die aktuelle Übertragungsgeschwindigkeit der Internet-Verbindung beeinträchtigt.

- Die Produktdaten werden auf dem lokalen Rechner zwischengespeichert, so dass die Applikation auch ohne bestehende Online-Verbindung genutzt werden kann. Ist man online, erfolgt eine Aktualisierung im Hintergrund. Die Applikation wird automatisch auf dem neuesten Stand gehalten.
- Bei der Gestaltung der Benutzeroberfläche muss nicht auf die Rahmenbedingungen eines Internet-Browsers Rücksicht genommen werden. Insbesondere die intuitive Bedienbarkeit durch eine durchgängige Drag & Drop Nutzung wird dadurch möglich.
- Durch die in Windows Vista integrierte, sog. „CardSpace" Funktionalität, durch die der User das System autorisieren kann, z. B. bestimmte Daten im Rahmen eines Transaktionsprozesses automatisiert und sicher weiter zu geben, wird der Bestellvorgang deutlich vereinfacht und bequemer.

Mit dem OTTO-Store entstand eine drei-dimensionale Einkaufswelt (Abb. 2.15), die ein neues, deutlich inspirierenderes Einkaufserlebnis schafft. Als Zielgruppe sollte die junge, modebewusste Frau angesprochen werden. Dazu wurde insb. auf die Inhalte des entsprechenden Spezialkatalogs (Refashion), der u. a. Mode magazinartig inszenierte, zurückgegriffen, der monatlich erschien. Die OTTO-Store Kundin „flaniert" an einem langen, virtuellen Schaufenster entlang, kann die Kleidungsstücke aus dem Schaufenster nehmen und einfach miteinander vergleichen. Zum Überprüfen der Kombinierbarkeit werden diese dann mit in die virtuelle Umkleidekabine genommen. Die Steuerung der Applikation erfolgte konsequent per Drag & Drop – man bewegt beispielsweise die Kleidungsstücke mit der Maus auf dem Bildschirm. So entsteht eine „Haptik", die sehr stark an das physische Einkaufen erinnert und dadurch besonders intuitiv bedienbar ist. In Kombination mit der Nutzung der 3D-Fähigkeiten erinnert die Applikation eher an ein Computerspiel als an eine E-Commerce-Web-Site und steigert so das Einkaufserlebnis erheblich.

Heute würde man diese Smart-Client Applikation kurz als App bezeichnen. In Zeiten von Smartphone und Tablet-PC tragen Apps zur Beliebtheit dieser neuen Geräteklassen bei.

Der Tablet-PC als neues Leitmedium für emotionaleres eShopping!

Aus den Ausführungen zum Nutzungskontext des PC wurde deutlich, dass dieser im Einkaufsprozess eher genutzt wird, wenn der Kunde schon relativ gut weiß, was er einkaufen möchte. Dabei bedingen sich Beschaffenheit und Entwicklungsgeschichte des Gerätes und damit verbundener Nutzungskontext des PC gegenseitig. Weder die gesteigerte Leistungsfähigkeit von PC und Internetzugang, noch die Ableitung mobiler Varianten von Laptop bis Ultrabook haben dies bislang verändert. Eine disruptive Veränderung, wie sie derzeit bei der Verdrängung klassischer Mobil-Telefone durch Smartphones zu beobachten ist, zeichnet sich beim PC nicht ab. Die Erwartungshaltung zu Aufbau, Inhalt und Bedienung einer E-Commerce Website ist durch die Nutzung am PC geprägt und entwickelt sich nur langsam weiter. Sie ist darüber hinaus prägend für die Erwartungshaltung an Web-Sites auf Geräten mit ähnlich großem Bildschirm. Die Verführung zum Impulskauf gelingt mit den Neuen Medien heute noch deutlich schlechter als mit dem Katalog. Die Kapitalisierung der

Abb. 2.15 OTTO-Store Einstiegsseite

emotionalen Kraft bewegter Bilder wie sie im Nutzungskontext des TV-Geräts möglich wäre, erreicht absehbar noch keine kritische Masse. Trotzdem fordert das Nutzungsumfeld des Wohnzimmers sowie generell die Zeit, die vor dem Fernseher verbracht wird, den Distanzhändler geradezu heraus, alternative Ansätze i. S. von Einkaufsformaten zu entwickeln.

Ein „Fernseh-Format“ bezeichnet ein bezüglich der Inhalte, Struktur und Präsentationsform auf eine klar definierte Zielgruppe und einen definierten Programmplatz abgestimmtes (mehrteiliges) Sendekonzept. Übertragen auf den E-Commerce ist das „Format“ auf dem Programmplatz „Computer“ definiert. Wie erwähnt, erwarten die Kunden hier eine Web-Site deren Haupt-Navigation oben und am linken Seitenrand stattfindet. Die Angebote werden in der Regel zweispaltig im Content-Bereich präsentiert, und zwar so, dass der Content mehr als den sichtbaren Bildschirmbereich nutzt, man also scrollen muss, um sich alle Inhalte zu erschließen. Auch die Erwartungshaltung bezüglich der Elemente der Angebotsdarstellung hat sich über die letzten Jahre geprägt.

Durch die Beschaffenheit der neuen Endgeräte (insb. Bildschirmgröße und Eingabeverfahren) sowie den immer spezifischer werdenden Nutzungskontext ist heute noch nicht klar, welche „Formatierung“ des Contents die E-Commerce Potenziale optimal adressiert.

Die Hoffnung auf die Akzeptanz eines wesentlich impulskauf-fördernden Einkaufsformats richtet sich auf den Tablet-PC. Der Nutzungskontext des Tablet-PC bietet viele Parallelen zum Katalog:

- findet in einer angenehmen Atmosphäre ohne Hektik statt,
- beginnt oftmals ohne konkrete Kaufvorstellung, der Kunde möchte sich inspirieren lassen,
- ist emotionsgetrieben,
- lebt von sozialen Interaktionen,
- muss keinen Kauf zur Folge haben.

Damit vereint der Tablet-PC mindestens die Vorteile von Katalog und PC. Man könnte ihn auch als „Missing Link" zwischen Katalogwelt und PC-Welt bezeichnen. Herauszufinden, ob sich mit dem Tablet-PC ein wesentlich emotionalerer, inspirierenderer und vor allem stärker bedarfsweckender E-Commerce realisieren lässt, ist eine der Hauptherausforderungen dieser Tage. OTTO wird auch hier wieder versuchen, das Potenzial zu erschließen und entwickelt dazu derzeit entsprechende Tablet-App Ansätze.

2.4 Zusammenfassung und Ausblick

Innovation ist einer der zentralen Werte in der Unternehmenskultur der Otto Group. Mit diesem Selbstverständnis werden geschäftsmodellrelevante Innovationen bei OTTO früh aufgegriffen und ihre Wirkung auf den Distanzhandel erprobt. Dadurch konnte eine lange Erfahrungskurve im E-Commerce aufgebaut werden. Die einzelnen Phasen der E-Commerce Entwicklung wurden systematisch genutzt, um entstehende Wachstumspotenziale zu adressieren und die Unternehmung auf den durch E-Commerce initiierten Strukturwandel im Einzelhandel vorzubereiten.

Nach dem Ausloten der Bedeutung in der „Explorationsphase", insbesondere dem Schaffen der infrastrukturellen Voraussetzungen in der „Enabling-Phase", erreichte der E-Commerce in der „Expansion"-Phase auch dank der Auswirkungen des Web 2.0 Massenbedeutung. OTTO nutzt in dieser Phase entstandene Dialogmöglichkeiten über Social Media Plattformen aus und hofft, dass sich das Social Commerce Potenzial in den nächsten Jahren realisieren lässt. Parallel wurde das Geschäftsmodell des Universaldistanzhändlers über den One-Stop-Shopping Ansatz re-interpretiert, so dass das Sortiment über Kooperationen zu erheblichen Teilen von Dritten bewirtschaftet wird.

Insbesondere durch neue mobile, internetfähige Endgeräte entwickelt sich der E-Commerce zum Everywhere Commerce. Um die sich ständig wachsender Beliebtheit erfreuenden Smartphones und Tablet-PC für den E-Commerce zu nutzen sowie auf weitere Endgeräte vorbereitet zu sein, ergeben sich erhebliche Anforderungen an die E-Commerce Produktentwicklung. Dabei bestehen unterschiedliche Herausforderungen:

1. Bewältigung der zunehmenden Komplexität:
   Die entstandene Variantenvielfalt gründet sich nicht nur auf die gewachsene Anzahl relevanter Geräteklassen, für die auf den Nutzungskontext abgestimmte eShop Varianten benötigten, sondern auch auf die Frage der Unterstützung unterschiedlicher Formfaktoren innerhalb der Geräteklasse. Die Berücksichtigung weiterer Geräteklassen wie z. B. SmartTV ist absehbar.
2. Filialisierung des eShops auf Social Commerce Plattformen:
   Auch wenn heute die Nutzung der Social Media Plattformen zum E-Commerce noch nicht vorgezeichnet ist, so werden die Plattformbetreiber weiter versuchen, auch das Einkaufen direkt auf ihren Web-Sites zu ermöglichen. Dies gilt nicht nur für die großen sozialen Netzwerke, sondern für alle Web-Sites mit „natürlichem Kundenzugang" (insb. Google und andere Portale).
3. Emotionalisierung des elektronischen Einkaufens:
   Mit dem Tablet-PC steht endlich eine Geräteklasse zur Verfügung, um die Vorteile der von Katalog- und Internet-PC zu vereinen. Es muss in den nächsten Jahren heraus gefunden werden, ob sich auf dieser Art von Endgeräten bedarfsweckende E-Commerce Formate etablieren lassen.

OTTO wird diese Herausforderungen annehmen und weiter impulsgebend in den E-Commerce Markt wirken. Im Zentrum stehen dabei die eigene E-Commerce Plattform und die über die vergangenen Jahre entwickelte Technologiekompetenz. Die Marktaussichten für das weitere Wachstum des E-Commerce sind weiterhin exzellent. Dazu wird auch die Bewältigung der o. g. Herausforderungen weiter beitragen.

Nach wie vor ist schwer absehbar, zu welchen Veränderungen der E-Commerce in der Handelslandschaft noch führen wird. Handelsunternehmen ziehen einen wesentlichen Teil ihrer Daseinsberechtigung aus dem Umstand, besonders flexibel auf Veränderungen der Umwelt reagieren zu können. Diese Eigenschaft wird im Internet-Zeitalter mehr denn je gefordert sein, bietet aber denen, die sie in ihrer Kultur und ihren Fähigkeiten verankert haben, bislang nie dagewesene Chancen.

Gerade für den Everywhere Commerce gilt: Kannibalisiere dich selbst, sonst tun es andere, und der Kunde kauft bei dem, der ihm am nächsten ist!

No-Line-Handel als höchste Evolutionsstufe des Cross-Channel-Management

3

Gerrit Heinemann

Inhaltsverzeichnis

3.1 No-Line-Handel statt Multi-Channeling

3.1.1 Von Offline über Online zu No-Line

Zweifelsohne spielt der Mobile-Commerce eine Schlüsselrolle im zukünftigen Multi-Channel-Handel. Mit den Smartphones der vierten Generation wird der simultane Kauf auf allen Kanälen möglich, und zwar auch online im Laden. Dementsprechend steigt auch die Rolle des mobilen Internet zur generellen Kaufvorbereitung stetig an und beeinflusst nachhaltig den Kauf im Laden. In bis zu 50 % der Einkaufsfälle steht mittlerweile zuerst das Searching und Browsing, also das Stöbern im Netz, als Einstieg in einen Kaufprozess. Dazu wird zunehmend das Smartphone oder der Tablet-PC benutzt. Dadurch wird es zukünftig immer weniger möglich, von den reinen Online- und Offline-Welten zu sprechen. Beides verschmilzt zu „No-Line"-Systemen, in denen die Betriebsformen ineinander übergehen. Damit ergeben sich enorme Chancen für die gebeutelten, stationären Einzelhändler. Denn die technologischen Innovationen ermöglichen eine völlig neue Form der Kundenorien-

Gerrit Heinemann ✉
eWeb Research Center Hochschule Niederrhein, Webschulstr. 31,
41065 Mönchengladbach, Deutschland

H.-C. Riekhof (Hrsg.), *Retail Business*, DOI 10.1007/978-3-8349-4555-6_14,

tierung, die insbesondere der von den Kunden geforderten Multi-Optionalität Rechnung trägt.

Vor allem die Smartphones der vierten Generation machen ein völlig neues Einkaufserlebnis möglich, das die Anbieter sich zunutze machen können, indem sie beispielsweise Konsumenten gezielt mit mobilen Werbeformen in ihre Geschäfte lenken. Schon heute ist es möglich, die sich beim Einkaufsbummel befindenden Kunden gezielt mit Werbeanzeigen anzusprechen, wie bereits in den USA praktiziert. Der Elektronikhändler BestBuy, die Modekette American Eagle Outfitter und der Kaufhausbetreiber Macy's haben Hunderte von Filialen aufgerüstet, sodass sie zentimetergenau verfolgen können, wo ein Konsument steht. Die neue Ortungstechnik verbinden sie mit sofortiger Handywerbung, die auf Ort, Zeit, Person und bald sogar aufs Regal zugeschnitten ist. Die Kunden erhalten dann einen Gutschein für ein bestimmtes Geschäft oder bekommen die Verfügbarkeit des gewünschten Produkts in umliegenden Stores angezeigt. In Kombination mit ihren intuitiven Navigationsfunktionen bringen die Smartphones die Kunden dann sprichwörtlich in die Filialen. Nur so ist zu verstehen, dass E-Commerce-Experten sagen: „Die Zukunft von online ist offline". Der Schlüssel liegt in der Kombination von sozialem, lokalem und mobilem Netz, durch die das Internet als disruptive Technologie den gesamten Handel neu definiert (vgl. Heinemann 2012, S. 1 ff.).

Der britische Elektronik-Händler Argos erklärt dazu treffend, dass es für ihn nicht mehr wichtig ist, in welchem Kanal seine Kunden einkaufen, sondern dass sie es überhaupt bei ihm und nicht bei den Mitbewerbern tun. Dementsprechend hat Argos Online-Shop, Mobile-Shop, Filialen und Katalog zu einem geschlossenen Gesamtsystem integriert, das den Kunden alle Möglichkeiten des Kanalwechsels erlaubt (vgl. Abb. 3.1). Bemerkenswert dabei ist, dass über 12 % der Gesamtumsätze bei Argos Online-Umsätze sind, die in den Filialen an Terminals bestellt wurden. Mehr als ein Drittel aller Verkäufe kommen bei dem britischen Paradebeispiel bereits durch Kunden zustande, die gleichzeitig mehr als einen Absatzkanal benutzen.

Dieses deutet auf einen wesentlichen Trend im Handel hin. Denn zukünftig wird es immer weniger möglich, von den reinen Online- und Offline-Welten zu sprechen, denn beides verschmilzt zur „No-Line"-Systemen, in denen die Betriebsformen ineinander übergehen. Dieses gilt auch für die Dinosaurier unter den Betriebsformen, zumindest in den USA, wo JC Penney, Sears und auch Nordstrom als ehemalige Warenhausbetreiber zu integrierten „No-Line"-Händlern mutiert sind und dabei eine Renaissance erleben. Da nun mal im stationären Handel die meisten Kunden sind, sehen insbesondere die „Pure-Online"-Händler, die nur über einen Internet-Kanal verfügen, diesen Trend durchaus als besorgniserregend. Deswegen ist auch zu erwarten, dass viele der reinen Online-Händler über kurz oder lang zusätzlich offline gehen und den Trend zum integrierten Multi-Channel-System zusätzlich befeuern werden. Eine Schlüsselrolle spielt dabei zweifelsohne der „Mobile-Commerce der neuen Generation", da damit der simultane Kauf auf allen Kanälen am konsequentesten möglich wird, und zwar mit dem Smartphone im Laden (vgl. Heinemann 2012, S. 1 ff.).

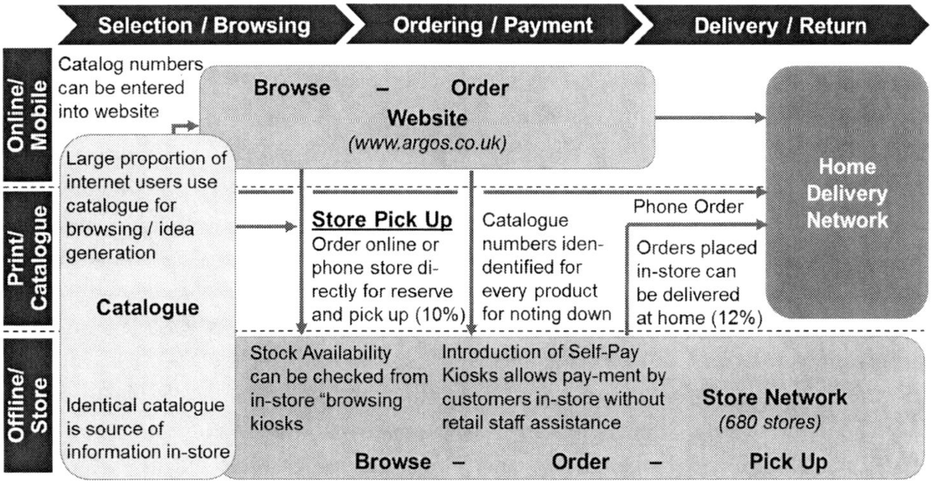

Abb. 3.1 Multi-Channel-Netzwerkarchitektur von Argos (Quelle: Heinemann 2012 in Anlehnung an OC&C, S. 205)

3.1.2 Mobile-Commerce im stationären Handel

Mobile-Commerce kann als verlängerter Arm des Online-Handels angesehen werden, durch den dieser vom Schreibtisch auf das Sofa und die Straße gezogen wird und dadurch immer neue Anwendungen und Geschäftsmodelle ermöglicht. Dabei können mobile Anwendungen vor allem dem stationären Handel Chancen bieten und bedeuten nicht automatisch einen Verlust für die Offline-Kanäle (vgl. Kowalewsky 2010, S. A7). Über mobile Services wird es sogar möglich, auch Kunden in die Geschäfte zu locken. Diesbezüglich gibt es verschiedene Service-Funktionen, die ein Händler für in Form von Mobile-Shopping Apps seinen Kunden bereitstellen kann. Die Funktion des Store-Locators gehört mittlerweile schon fast zu den Grundanwendungen einer App, da sie eine große Hilfe ist, den Kunden auf einfachstem Wege ins Geschäft zu locken. Über die Ortung via GPS kann der Standort des Kunden durch die Position seines Smartphones genauestens festgelegt werden und mit den im Internet vorhandenen Informationen aus seiner Umgebung abgeglichen werden. Anhand grafischer Darstellungen kann ein Einzelhändler so auf die nächstgelegene Filiale hinweisen (vgl. Rio mobile 2011, S. 14).

Vor allem vertikale Händler wie H&M und ZARA nutzen diese Möglichkeit bereits in ihrem Mobile-Kanal. Beide Unternehmen stellen ihren Kunden über eine App den Store-Locator zur Verfügung. Diese machen es möglich, die nächste Filiale automatisch zu orten, egal an welchem Standort der Welt sich der Nutzer gerade befindet. Ein Nachteil dieser Service-Funktion besteht allerdings darin, dass nur Kunden angesprochen werden, die von vornherein schon die Absicht besitzen, ein bestimmtes Geschäft aufzusuchen. Von Vorteil ist es daher, wenn eine Service-Anwendung automatisch Hinweise und Angebote liefert, sobald sich ein Kunde in der Nähe des Geschäftes aufhält. Dieses ist auf Basis von Geo-

Targeting möglich. Location Based Services (LBS) können den Kunden, die sich gerade in der Nähe des Geschäftes aufhalten und dem Dienst zugestimmt haben, gezielt per SMS oder E-Mail anschreiben und Informationen über aktuelle Angebote zustellen.

Dabei kann das Mobile-Couponing zusätzliche Anreize bieten (vgl. Negele 2011, S. 1 ff.). Mobile Coupons können auf verschiedenen Wegen – zum Beispiel über SMS oder E-Mail – zum Kunden gelangen. Sie sollten so attraktiv wie möglich gestaltet werden und möglichst häufig wechseln, da der Kunde dann immer wieder von neuem auf die mobilen Angebote des Unternehmens aufmerksam gemacht wird. Die Coupons sind auch personalisierbar, wenn sie erst angeboten werden, wenn das Einloggen in die Service-Anwendung erfolgt ist. Dabei kann leicht analysiert werden, welche Produkte in der letzten Zeit vom Kunden gekauft wurden und welche Coupons der Kunde bevorzugt einlöst. Den Coupon kann der Kunde in Form eines Barcodes ausdrucken oder auf dem mobilen Endgerät abspeichern (vgl. Negele 2011, S. 1 ff.). In-Store-Navigation-Anwendungen können dem Kunden helfen, sich in großen Geschäften mit einer hohen Anzahl an verschiedenen Produkten besser zurechtzufinden. Dies lässt sich unter anderem über RFID-Chips (Radio Frequency Identification-System) umsetzen. RFID-Chips werden bei dieser Anwendung an der Ware angebracht und können so vom Kunden über das mobile Internet geortet werden. Zusätzlich kann der Kunde auch Informationen über Produkteigenschaften und Verfügbarkeit abrufen, die auf dem RFID-Chip hinterlegt wurden (vgl. Rio mobile 2011, S. 14). Dadurch wird es möglich, dass der Kunde das gesamte Sortiment im Geschäft durchsuchen und Informationen über Verfügbarkeit und Standort über die Produktseite abfragen kann (vgl. Negele 2011, S. 1 ff.).

Mit Anwendungen für Produktinteraktionen lässt sich auch das Einkaufserlebnis steigern, wenn sich die Kunden dadurch intensiver mit den Produkten auseinandersetzen. Durch die Identifizierung des Produktes per Barcode-Scanner oder eine entsprechende Objekterkennungs-Software erhält der Kunde weitergehende Informationen. Dabei kann es sich im Produktinformationen, Gebrauchshinweise oder Produktbewertungen von anderen Kunden handeln. Darüber hinaus kann er sich sein Produkt auch direkt beim Einzelhändler reservieren lassen (vgl. Negele 2011, S. 1 ff.).

Eine weitere Möglichkeit der Kaufprozess-Optimierung stellt die mobilisierte Kundenkarte dar. Diese kann der Mobile-Kunde per App aufrufen und ist über das Smartphone immer griffbereit in der Hosentasche. Dadurch ruft der Kunde regelmäßig die Anwendung auf und wird über neue Angebote informiert. So kann der Bezahlvorgang mit mobilen Anwendungen vereinfacht und beschleunigt werden. Mit Hilfe einer Self-Checkout-App kann der Kunde während des Geschäftsbesuchs bereits alle Produkte einscannen, die er später kaufen möchte. Die Bezahlung findet am Ende des Kaufprozesses direkt über die Applikation statt. Der Kunde muss dem Händler nach dem Einkauf nur noch seinen Beleg für den Kaufabschluss vorlegen (vgl. Negele 2011, S. 1 ff.).

3.1.3 Channel-Hopping-Möglichkeit als Schlüsselfrage

Vorrangiges Ziel des Multi-Channeling ist nicht mehr nur die Erschließung neuer Kundengruppen und Märkte durch den Einsatz innovativer Absatzkanäle. Mittlerweile geht es vor allem darum, dem Wunsch der Kunden nach „Channel-Hopping“ sowie ihrem gestiegenen Informationsbedürfnis aus der „explodierenden“ Nutzung des „World-Wide-Web“ Rechnung zu tragen. Nachweisbare Erfolge mit Multi-Channel-Systemen stellen sich erst durch die vollständige Integration und Vernetzung der Offline- und Online-Kanäle ein, da es sonst zu Kunden-Konfusion kommt und dem Wunsch nach „reibungslosem“ Channel-Hopping nicht wirklich entsprochen werden kann (vgl. Ahlert et al. 2009, S. 127, S. 172). Die Möglichkeit des Channel-Hopping erweist sich als zentraler Wettbewerbsvorteil des Multi-Channel-Handels, der vom traditionellen Mehrkanalhandel so nicht geboten werden kann (vgl. Heinemann 2011, S. 14 ff.).

Nur ein geringer Teil der Händler ist allerdings auf das „Channel-Hopping“ wirklich eingestellt, obwohl Kunden diese Art des Kanalverhaltens bevorzugen (vgl. Abb. 3.2). Ein Konsument kann z. B. in einem gedruckten Katalog auf ein Produkt aufmerksam werden und beschafft sich dann über das Internet weitere Informationen. Es ist auch denkbar, dass er anschließend das Geschäft des Händlers aufsucht, um das gewünschte Produkt zu bestellen. Ebenfalls kann der Fall auftreten, dass der Kunde das Produkt im Internet bestellt und per Post nach Hause zugestellt bekommt. Geht er allerdings danach in die Filiale, um sein Produkt zu reklamieren oder umzutauschen, dann kann im Falle nicht integrierter Kanäle leicht vorkommen, dass der Umtausch des online bestellten Produktes im Geschäft gar nicht möglich ist. Mangelnde Kundeninformationen und eine unzureichende Integration der Warenwirtschaftssysteme innerhalb der verschiedenen Absatzkanäle lassen ein derartiges Szenario als nicht unwahrscheinlich erscheinen. In solchen Fällen ist es nicht möglich, auf den Kunden als Channel-Hopper einzugehen. Weitere Problemfälle sind dabei vorprogrammiert, z. B. wenn die Kunden in den verschiedenen Kanälen des Händlers unterschiedliche Sortimente vorfinden.

Bei einer Multi-Channel-Strategie besteht dabei die große Gefahr, dass ein Kunde seine negativen Erfahrungen auf die übrigen Absatzkanäle überträgt. Sollte es daher Zielsetzung des Handelsunternehmens sein, separierte, nicht verknüpfte Absatzkanäle aufzubauen und dabei kanalspezifische Sortimente anzubieten, dann sollten diese nicht unter einer einheitlichen Markierung gegenüber dem Kunden präsentiert werden. Damit sind dann aber auch alle Chancen und Vorteile dieser Strategie hinfällig (vgl. Heinemann 2008, S. 47 ff.).

3.1.4 Geschäftssystem und Kernkompetenzen je Kanal

Aus dem klassischen stationären Geschäft sind nur wenige Erfahrungen auf den Online-Handel übertragbar und umgekehrt. Wesentlicher Grund dafür ist, dass Online-Verkauf kein neuer Vertriebskanal im herkömmlichen Sinne ist, sondern ein vollkommen neu-

Abb. 3.2 Channel-Hopping-Möglichkeit (Quelle: Heinemann 2011, S. 15)

es Geschäft mit neuen Fähigkeitsanforderungen. Im Online-Handel werden die bisher so wichtigen Standorte, Verkaufsmitarbeiter und Filial-Bestandssteuerungsprozesse unbedeutend. Auch die mit dem Internet einhergehende globale Preistransparenz steht im Konflikt zum lokalen Pricing, wie es der stationäre Händler gerne betreibt. Hier kommen ebenfalls neue Aufgaben auf ihn zu, denn im traditionellen stationären Einzelhandel werden nur etwa drei bis vier Händler miteinander verglichen.

Auch die stationären Sortimentskonzepte sind nicht anwendbar, da im elektronischen Handel die Zielgruppen und Sortimente nicht abgesteckt werden können. Völliges Umdenken ist in den Bereichen Retail-Branding, Markenprofil und Werbung gefragt, da die erhebliche Komplexität des Internet-Handels ein neues Internet-Markenmanagement erfordert. In der nahezu unübersehbaren Vielfalt der Markennamen und Shops muss vor allem Aufmerksamkeit und Markenbekanntheit erreicht werden, da der Online-Shopper sonst auf bekanntere Anbieter zurückgreifen wird. Auch das klassische Store-Merchandising ist im Internet nicht mehr nutzbar. Hier ist eine spezifische, gänzlich andersartige Internet-Shop-Gestaltung gefragt. Schließlich treten im Online-Handel an Stelle von geschlossenen Warenwirtschaftssystemen und effizienten, schlanken und schnellen Geschäftsprozessen konsequent kundenorientierte Geschäftsprozesse. Im Internet-Kanal ist vor allem die „kundenorientierte Rundumbehandlung“ wesentliche Erfolgsvoraussetzung, die im stationären Handel bei arbeitsteiliger Abteilungszuordnung oft nicht erfüllt werden kann (vgl. Heinemann 2008, S. 28 ff.).

Betrachtet man den Aufbau weiterer Kanäle aus Online-Sicht und dabei zunächst aus der Perspektive des Versenders, dann stellt sich die Übertragbarkeit der Fähigkeiten anders dar. Die Kernkompetenzen je Kanal aus Versendersicht sind in Abb. 3.3 dargestellt.

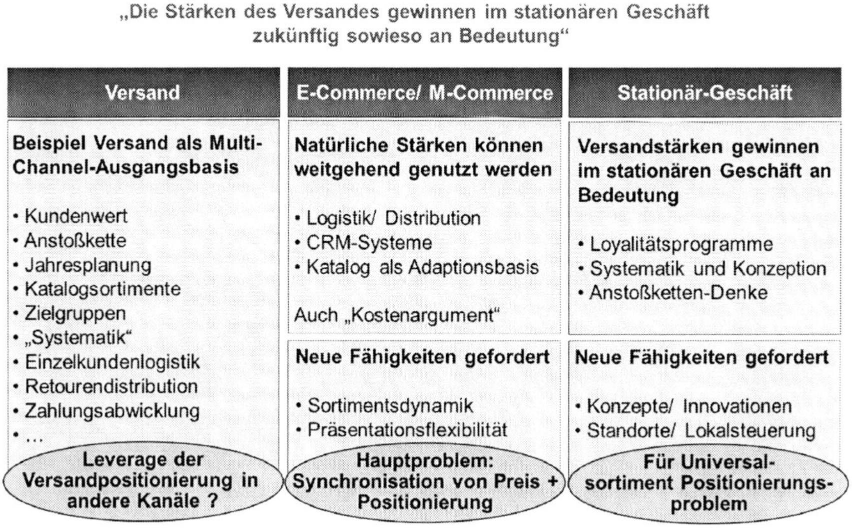

Abb. 3.3 Kernkompetenzen je Kanal (Quelle: Heinemann 2011, S. 35)

Vergleicht man dementsprechend die Erfolgsfaktoren und Kernkompetenzen für Versand, Internet und Stationär-Geschäft, dann steht im Versand zunächst die kundenorientierte Umsatzausschöpfung im Mittelpunkt. Es gilt, aus den vorliegenden Kundenadressen den höchstmöglichen Nutzen zu ziehen. Neben den Adressen ist der Katalog Hauptstellhebel. Alles dreht sich um den Katalog, Sortimentskonzeption und -planung sind katalogabhängig und erfordern präzise Planungen und Prognosen. Ein hoher Grad an Systematik prägt das Versandgeschäft. Die Planung ist katalogbasiert und nicht zu trennen von der Kataloganstoßkette, über die auch die Sortimente nachgesteuert werden. Schließlich erfordert die Warenzustellung eine Einzelkundenlogistik. Zielsetzung im Zusammenhang mit Multi-Channel-Handel muss es sein, die Versandpositionierung in andere Kunden-Kauf-Kanäle zu leveragen.

Im Internet-Kanal können in vielen Fällen natürliche Versandstärken genutzt werden. Dieses betrifft die Logistik und Warenwirtschaft, den Katalog als gute Basis für eine Internet-Adaption sowie CRM-Fähigkeiten im Zusammenhang mit Einzelkundenoptimierungen. Internet wird aus der Versandhandelsbrille nicht selten als „Kosteneinsparinstrument“ gesehen, mit dem vor allem die hohen Katalogkosten reduziert werden können. Als Hauptproblem stellt sich jedoch die Synchronisation von Positionierung und Preisthema heraus. Auch ist eine neue Aufteilung von Sortiments- und Frequenzmanagement zu bewältigen. Auf der anderen Seite können in Hinblick auf die Sortimentsdynamik sowie Präsentations- und Positionierungsflexibilität neue Fähigkeiten entwickelt werden.

Mit dem Eintritt eines Versenders ins Stationär-Geschäft müssen allerdings neue Fähigkeiten wie z. B. Sortimentskonzepte und -innovationen sowie Standortführung entwickelt werden. Andererseits verfügt der Versand über Stärken, die im stationären Geschäft zukünftig sowieso an Bedeutung gewinnen werden und bereits in Kundenbindungs- bzw. Loyalitätsprogrammen ihren Niederschlag finden. Das Stationärgeschäft ist für Universalversender sicherlich keine Option mit gleicher Positionierung. Anderes gilt für Spezialversender, die hier überwiegend bereits fachgeschäftsähnliche Sortimente mitbringen (vgl. Heinemann 2011, S. 36 ff.).

3.2 Mit Cross-Channel-Management in die No-Line-Welt

3.2.1 Handlungsoptionen des Cross-Channel-Managements

Vor der Umsetzung von Multi-Channel-Handel muss der Einzelhändler festlegen, wie viele und welche Kanäle er überhaupt bedienen will. Unter der Voraussetzung gegebener finanzieller Mittel und entsprechender Kunden- und Produktstruktur lässt sich generell davon ausgehen, dass eine durchgängige Präsenz auf möglichst vielen Kanälen am vorteilhaftesten ist. Auch wenn vordergründig Kosten und Komplexität steigen, sollte ein Unternehmen sich heute für möglichst viele Kanäle entscheiden, da die Kunden mittlerweile eine ubiquitäre Erreichbarkeit und damit durchgängige Präsenz des Unternehmens erwarten. Damit verbunden ist eine einheitliche und konsistente Erfahrbarkeit des Leistungsversprechens für die Kunden über alle für ihn relevanten Kanäle und Kontaktpunkte hinweg.

Die Festlegung, welche Kanäle ein Handelsunternehmen überhaupt bedienen soll, erfolgt am besten anhand einer Multi-Channel-Matrix, in der alle Geschäftsbereiche und Absatzkanäle des betreffenden Unternehmens aufgeführt werden. Diese Matrix hilft dabei, eine Multi-Channel-Strategie zu visualisieren. In Abb. 3.4 ist beispielhaft ein Bekleidungshandelsunternehmen dargestellt, das über fünf Sparten verfügt.

Daraus ergeben sich vielfältige Multi-Channel-Beziehungen z. B. zwischen Filialen, Katalogen und Internet. Weiterhin sind auch innerhalb eines Handelsunternehmens horizontale Beziehungen zwischen den verschiedenen Sparten möglich, die bei der Gestaltung der Kanäle berücksichtigt werden müssen (vgl. Schneider 2002, S. 39–40). Nachdem Art und Anzahl der Absatzkanäle anhand der Multi-Channel-Matrix festgelegt wurden, geht es darum, die Handlungsoptionen für den Multi-Channel-Händler auszuloten. Die Potenziale einer systematischen Ausweitung und Abstimmung der Kanäle sind jedoch kaum zeitgleich zu erschließen. Stattdessen ist von einem zeitaufwendigen Integrationsprozess auszugehen, wie sich am Beispiel der meisten existierenden Multi-Channel-Händler nachweisen lässt. Sowohl Karstadt, als auch Kaufhof und Otto haben als ursprüngliche Einkanalanbieter nach und nach weitere Kanäle aufgebaut und zunehmend integriert. Dieser sich fortlaufend wiederholende Integrationsprozess kann in drei Phasen unterteilt werden: Multi-Channel-Vertrieb, Multi-Channel-Marketing sowie Multi-Channel-Management (vgl. Wegener 2004, S. 202 ff.).

	Sparte A Basics	Sparte B Junge Mode	Sparte C Designer Mode	Sparte D Discount	Sparte E Heim-Textilien
Stationäre Kanäle					
-Filialen	X	X		X	X
-Shop-in-Store			X	X	
Vesandkanäle					
-Print-Katalog			X		
-Online-Shop	X	X	X		
-Mobile-Shop		X	X		
Werbekontakte					
-Beilagen/Prospekte	X	X		X	X
-Anzeigen				X	X
-Radio	X				
-Website	X	X	X	X	X

Abb. 3.4 Multi-Channel-Matrix (Quelle: Heinemann 2011, S. 45 in Anlehnung an Schneider 2002)

3.2.2 Festlegung der Vertriebs- und Marketingpolitik

In der ersten Phase ist alles darauf ausgerichtet, den neuen Kanal zu penetrieren und dessen Akzeptanz bei den Kunden zu sichern. Der Integrationsgrad des neuen Kanals mit dem bestehenden Geschäftssystem ist zu diesem Zeitpunkt relativ gering und beschränkt sich überwiegend auf das gemeinsame Leistungsangebot. In der sich anschließenden Marketing-Phase geht es darum, Synergien zwischen den verschiedenen Kanälen zu erschließen und die kundengerichteten Prozesse im Marketing voranzutreiben. Zentrale Schlüsselfrage ist dabei, inwieweit sich die einzelnen Kanäle voneinander differenzieren sollen oder ob eine Harmonisierung der Kanalaktivitäten sinnvoll ist. Anhand einiger Beispiele aus der Unternehmenspraxis lassen sich die diesbezüglich vielfältigen Handlungsoptionen verdeutlichen (vgl. Ahlert et al. 2009, S. 165).

Sortimentspolitik

Es geht darum, ob in allen Absatzkanälen identische oder jeweils absatzkanalspezifische Sortimente angeboten werden sollen. Diesbezüglich sind alle Varianten denkbar, z. B. völlig vom Ursprungssortiment losgelöste Angebote (otto-supermarkt.de) oder aber Ausschnitte des Gesamtsortiments (karstadt.de, galeria-kaufhof.de). Identische Sortimente sind ebenso anzutreffen (z. B. Ikea.de, Sport-Scheck.de) wie erweiterte Online-Angebote (otto.de). Besonders gut geeignet für den Internet-Handel sind digitalisierbare Sortimente und Produkte, die darüber hinaus einen ausgeprägten Selbstbedienungscharakter aufweisen. Das sind z. B. Sortimente wie Musik, Nachrichten, Software oder Bücher, nicht dagegen Produkte, die vor dem Kauf von den Kunden besichtigt werden müssen. Der Multi-Channel-Händler muss also vornehmlich solche Produkte ins Sortiment aufnehmen, die sich über seine Absatzkanäle auch problemlos vertreiben lassen. Das Multi-Channel-System bietet ihm aber dabei die Möglichkeit einer besseren Produktdifferenzierung. So können durch das Angebot diverser Variationen eines Kernproduktes verschiedene Zielgruppen angesprochen werden, z. B. mit unterschiedlichen Konditionen und Beratungsformen. Insgesamt bietet sich für einen Multi-Channel-Händler im Gegensatz zu einem traditionellen Händler ein größerer Handlungsspielraum bei der Gestaltung seines Sortiments.

Brandmanagement

Das Brandmanagement hat eine entscheidende Rolle in Hinblick auf die Erwartungshaltung des Kunden und damit die Beurteilung der Leistung aus Kundensicht. Die Erfahrung zeigt, dass in diesem Bereich häufig die unternehmensindividuellen Umstände entscheidend sind, z. B. welches Markenversprechen in der Vergangenheit kommuniziert wurde. Das erklärt, warum führende Handelsunternehmen beim Aufbau ihres Internetkanals gezielt ihre Dachmarke einsetzen. Damit soll verdeutlicht werden, wie der Kunde den neuen Kanal zu verstehen hat, was ihn erwartet und inwiefern es sich lohnt, die neue Einkaufsstätte zu nutzen. Während Globetrotter zum Beispiel konstant ein einheitliches Markenversprechen über alle Kanäle abgibt, nutzt Neckermann die innovative Komponente des Internet, um das Image aufzufrischen. Next hingegen kennzeichnet die besonderen Vorteile des neuen Kanals mit einer eigenen Submarke (Next Directory), die allerdings auf dem Markenkern der Dachmarke aufbaut, was mit einer Line-Extension vergleichbar ist. Wird eine bereits existierende Marke auf einen neuen Absatzkanal ausgedehnt, liegt eine integrierte Markenstrategie vor. Der Sportartikelhändler Sportscheck verwendet z. B. für sein Ladengeschäft, seinen Katalog sowie seinen Internet-Kanal dieselbe Marke. Mehr und mehr Händler wie u. a. Galeria-Kaufhof ändern im Zuge der wachsenden Bedeutung des Online-Kanals von einer Submarken- auf eine integrierte Markenstrategie. Wird allerdings eine neue, eigenständige Marke geschaffen, liegt eine fokussierte Markenstrategie vor. Limango.de oder smatch.de unter dem Dach der Otto-Group ist ein Beispiel für eine derartige fokussierte Markenstrategie Vielfach ist jedoch eine genaue Zuordnung zu einer Markenstrategie nicht genau möglich.

Preispolitik

Im Worldwide-Web lassen sich Preise verschiedener Anbieter problemlos und schnell vergleichen, unterstützt von Preisvergleichsseiten. Aufgrund der steigenden Markttransparenz und des damit einhergehenden Wettbewerbsdrucks durch das Internet erwartet der Kunde, dass die Preisspielräume der Anbieter Abschläge zulassen. Die Kunden haben gelernt, dass die Kostenstrukturen neuer Kanäle nicht selten geringer sind, als die der stationären Kanäle. Dieses liegt auch mit darin begründet, dass die Kunden selbst Teilaufgaben der Kaufprozesse übernehmen (z. B. Selbstbedienung, Bestellabwicklung etc.). Die Erfahrung zeigt, dass das Preisniveau vergleichbarer Artikel im Online-Kanal geringer ist als in den stationären Geschäften, dafür erhält der Kunde auch keine persönliche Beratung. Wünscht der Kunde ein ausführliches Beratungsgespräch, kann er dies im Ladengeschäft bekommen, muss dann aber auch einen höheren Ladenpreis bezahlen. Aufgrund der großen Preistransparenz im Internet kann ein Handelsunternehmen Paketangebote bzw. Preisbündel für zusammengestellte Produkte schnüren, um die Vergleichbarkeit mit den Mitbewerbern zu erschweren. Zur Preispolitik gehört auch die Gestaltung der Bedingungen der Entgeltentrichtung. Ein Multi-Channel-Händler hat prinzipiell alle denkbaren Zahlungsverfahren zur Verfügung. Dabei besteht die Möglichkeit, je nach Absatzkanal auch unterschiedliche Zahlungsmöglichkeiten anzubieten. So gilt die Kreditkarte als wichtigstes Zahlungsmittel im Onlineshop, während Bargeldkauf immer noch im stationären Handel überwiegt (vgl. Schobesberger 2007, S. 48).

Kommunikationspolitik

Die Kommunikationspolitik spiegelt deutlich die unterschiedlichen Auffassungen von Kundenbedürfnissen wieder. Während ein Teil der Multi-Channel-Händler ganz klar auf eine kanalspezifische Differenzierung setzt wie z. B. aktuell die Warenhausanbieter Kaufhof und Karstadt, verfolgt der andere Teil der Anbieter eine strenge Harmonisierungspolitik der werblichen Instrumente (z. B. Couponing in allen Kanälen) wie zum Beispiel Crate & Barrel. Vielfach reduziert sich die Harmonisierung der Kommunikationspolitik auf ein identisches Corporate Design und die gleiche Bezeichnung der Produkte und Services, wie z. B. von Lascana praktiziert. In der Regel werden dabei die kanalspezifischen Möglichkeiten voll ausgespielt, z. B. mit Suchmöglichkeiten im Internet oder aktuellsten Aktionen. In elektronischen Katalogen können Unternehmen alle angebotenen Produkte abbilden. Dabei kann der Kunde sich gezielt informieren, nicht nur über Produkteigenschaften, sondern auch über Preise, Zahlungsmöglichkeiten sowie sonstige Geschäftsbedingungen. Ein Multi-Channel-Händler hat im Rahmen der Kommunikationspolitik aber auch die Möglichkeit, in einem Absatzkanal Werbung für einen anderen Absatzkanal zu machen und damit die Reichweite zu erhöhen. In Katalogen dürfen eigentlich Hinweise auf den Online-Shop eigentlich bei keinem Anbieter mehr fehlen, da es keine bessere und kostengünstigere Werbung für den Internet-Kanal gibt.

Servicepolitik

Zur Servicepolitik zählen vor allem die Kundendienstleistungen, die sich in Mehrkanalsystemen mit der Anzahl der Absatzkanäle multiplizieren. Das mögliche Spektrum reicht dabei von der isolierten Kundendienstpolitik, die für jeden Kanal spezifische und separate Instrumente zur Verfügung stellt, bis hin zum integrierten Ansatz, der ein einheitliches Kundenmanagementsystem zugrundegelegt (vgl. Schröder 2005, S. 184 ff.). Vorteil einer kanalübergreifenden Integration der Kundendienstpolitik ist zweifelsohne, dass auch Kunden, die die verschiedenen Kanäle für jeweils einzelne Phasen des Kaufprozesses in Anspruch nehmen, mit allen Kundendienstleistungen erreichbar sind. Das ist auch der Grund, warum hier in der Regel versucht wird, durch identische Inhalte und einheitliche Qualitäten in der Kundenbetreuung ein Mindestmaß der Qualitätsorientierung sicherzustellen. Aus diesem so vereinheitlichen Serviceangebot ragen nur vereinzelt kanalspezifische Services hervor, wie z. B. die virtuelle Anprobe auf Otto.de.

Distributionspolitik
Aufgrund der kanalspezifischen Eigenschaften sind die Verkaufs- und Abwicklungsvorgänge in der Regel sehr unterschiedlich gestaltet. Im stationären Geschäft kann der Verkaufsprozess in hohem Maße durch das Verkaufspersonal beeinflusst werden, was im Katalogverkauf nun mal nicht möglich ist. Ansonsten wird jedoch auf eine weitestgehende Harmonisierung Wert gelegt, z. B. wie bei Eddie Bauer oder Manufaktum, die beide ihre Markenversprechen in Bezug auf Qualität und Vertrauen im eigentlichen Verkaufsprozess identisch gestalten. Häufigste Strategie ist allerdings, sich bei der Harmonisierung der kanalspezifischen Aktivitäten auf die Abwicklung des Kaufvorgangs (z. B. Verpackung, Zahlungsart und Rückgabeprozess) zu fokussieren. Beispielsweise garantiert Otto seinen Kunden in allen Kanälen von Anfang an eine einheitliche Qualität des Abwicklungsprozesses. Oft unterstützen Kundeninformationssysteme nur Teile dieser Abläufe. Wichtig ist, dass ein System zu Beginn eines Bestellvorgangs Informationen über die bestellten Produkte, Dienstleistungen, gewünschte Liefer- und Zahlungsmodalitäten sowie den Kunden erfasst, sei es aus internen Datenbanken oder im Dialog mit dem Besteller. Vom Kunden müssen jederzeit Waren zur Bestellliste hinzugefügt oder entfernt werden können. Gleiches gilt für die Liefer- und Zahlungsmodalitäten, die jederzeit veränderbar sein müssen. Stammkunden sollten die Möglichkeit haben, auf gespeicherte Stammdaten zurückzugreifen. Standard ist die Erstellung eines Bestelldokuments, auf der die zuvor getroffene Auswahl festgehalten und der Preis berechnet wird. Gängig ist mittlerweile auch eine Auftragsbestätigung nach Bestellfreigabe oder eine Sofortrechnung. Für die Dauer der Lieferzeit sollten Kunden über den Stand der Auftragserledigung informiert werden (vgl. Schobesberger 2007, S. 47). Steht die Bestellung zur Lieferung an, kann ein Multi-Channel-Händler seinen Kunden verschiedene Optionen der Warenzustellung bieten. Denkbar ist zum Beispiel auch ein „In-Store Pick-Up", bei dem ein Kunde sein Produkt online bestellt und dieses dann in einem nahe gelegenen Ladengeschäft abholt. Diese wird zum Beispiel gerade von REWE für den Lebensmitteleinkauf getestet und dürfte in Zukunft auch auf andere Kategorien übergreifen. Dabei kann die Ware bereits für den Kunden vorbereitet werden, wodurch er Zeit und Versandkosten spart (vgl. Schobesberger 2007, S. 48). Es gibt aber immer noch erstaunlich viele Händler, die ihren Web-Auftritt ausschließlich dazu nutzen um potenzielle Kunden auf Angebote in anderen Kanälen hinzuweisen.

Insgesamt lässt sich die Tendenz erkennen, Marketing-Mix-Konzepte im Multi-Channel-Handel zu vereinheitlichen. So zeigen sich Bestrebungen, die Markierung der Kanäle zu harmonisieren, indem die Varianten der Retail-Brands reduziert werden.

3.3 Erfolgsfaktoren des Cross-Channel-Management

Die mittlerweile über zehnjährigen Erfahrungen mit dem Parallelbetrieb von Online- und Offline-Kanälen sowie identifizierte Best-Practice-Unternehmen lassen es heute zu, Empfehlungen für eine erfolgreiche (Neu-) Ausrichtung von Multi-Channel-Systemen zu geben (vgl. Heinemann 2011, S. 69 ff.). Diesbezüglich können sieben zentrale Erfolgsfak-

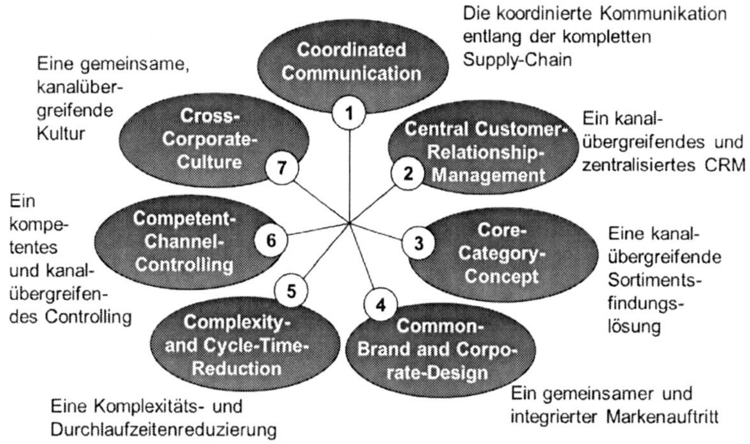

Abb. 3.5 Erfolgsfaktoren des Cross-Channel-Management (Quelle: Heinemann 2011, S. 72)

toren („7 C-Erfolgsfaktoren") für das Cross-Channel-Management abgeleitet werden (vgl. Abb. 3.5).

Erfolgsfaktor Nr. 1 Coordinated Communication – Die koordinierte Kommunikation entlang der kompletten Supply-Chain. Diese bezieht sich sowohl auf die kanalinterne Kundenführung und -unterstützung als auch auf die kanalübergreifende Koordination der Kommunikation, bei der auch der Einsatz eines Customer-Interaction-Centers anstelle eines traditionellen Call-Centers helfen kann. Ebenfalls geht es um die Koordination der immer wichtiger werdenden Online-Werbung, die viele deutsche Einzelhändler bisher eher vernachlässigen.

Erfolgsfaktor Nr. 2 Central Customer-Relationship-Management – Ein kanalübergreifendes und zentralisiertes CRM. Dieses zielt nicht nur auf eine systematische Kundenbindung ab, sondern nutzt auch die vergleichsweise günstige Online-Kunden-Gewinnung und -Conversion. Der Internetkanal verfügt im Übrigen über Stärken, die im stationären Geschäft zukünftig sowieso an Bedeutung gewinnen werden und bereits in Kundenbindungs- bzw. Loyalitätsprogrammen ihren Niederschlag finden, jedoch in Kombination der Internettechnologie neue Quantensprünge im CRM ermöglichen.

Erfolgsfaktor Nr. 3 Core-Category-Concept – Eine kanalübergreifende Sortimentsfindungslösung. Es geht darum, welche Sortimente in welchen Kanälen angeboten werden sollen. Erschreckend viele Handelsunternehmen versuchen immer noch, ohne systematisches Sortimentskonzept und quasi per „Bauchentscheidung" dieser Herausforderung Lügen zu strafen. Als Knackpunkt entpuppt sich dabei die Synchronisation der Positionierung und des Preisthemas sowie die neue Aufteilung von Sortiments- und Frequenzmanagement. Vor allem in Hinblick auf die Sortimentsdynamik und Präsentations- bzw.

	Versand	Stationär	Online
Sortiments-breite	Sehr breit (ca. 5000 Artikel in Spezialformaten)	Klar begrenzt (ca. 600 Artikel in 250 qm Filiale)	Unendlich (keine Beschränkung aus Kanalgründen nötig)
Themen-treiber	Doppelseite	Rückwand und Monatstaktung	Keiner („6 aus 49", kleine Themen werden als Teaser selektiert)
Laufzeit-Artikel	Saison („6 Monate"; Bestellmanagement Zeit für Abverkauf und Retouren)	~ 1-3 Monate; je nach Flächen-produktivität	Egal

„Short Tail" „Long Tail"

Abb. 3.6 Sortimentsfindungslogiken der verschiedenen Kanäle (Quelle: Heinemann 2011, S. 121; in Anlehnung an Bähre 2007)

Positionierungsflexibilität müssen neue Fähigkeiten entwickelt werden. In Abb. 3.6 sind die Sortimentsgrenzen und -möglichkeiten der unterschiedlichen Kanäle im Vergleich dargestellt. insbesondere die fehlende räumliche und zeitliche Beschränkung des Online-Kanals erlaubt das Angebot von Long-Tail-Vermarktung.

Erfolgsfaktor Nr. 4 Common Brand and Corporate-Design – Ein gemeinsamer, integrierter Markenauftritt. Dieser sollte beim Start mit Multi-Channel-Handel zum Pflichtprogramm gehören, sonst besteht schnell die Gefahr, auf Kundenseite eine „Brand Confusion" zu erzeugen. Dabei muss in jedem Fall auch der URL (Uniform Resource Locator) mit einbezogen werden, der häufig auf Kosten der Kundenorientierung vernachlässigt wird. Die Markendefinition im Multi-Channel-Handel erfordert eine breitere und umfassendere Gestaltung, die das gesamte operative Leistungsversprechen sowie das Kundenvertrauen und die Unternehmenskultur mit einbezieht.

Erfolgsfaktor Nr. 5 Complexity-and-Cycle-Time-Reduction – Eine Komplexitäts- und Durchlaufzeitenreduzierung. Im Vordergrund muss die Erkenntnis stehen, dass Multi-Channel-Handel mit Stationär- und Distanzhandel zwei völlig verschiedenartige Geschäftssysteme integrieren muss. Die Komplexität steigt dabei in dem Maße, in dem Kunden Channel-Hopping betreiben. Wesentliche Herausforderung besteht in der maximalen Integration der Kanäle einerseits (Interkanal-Komplexität), aber zugleich kanalspezifischen Sicherstellung der optimalen und schnellstmöglichen Arbeitsabläufe bzw. Prozesse in jedem einzelnen Kanal andererseits (Intrakanal-Komplexität).

Erfolgsfaktor Nr. 6 Competent Channel-Controlling – Kompetentes und kanalübergreifendes Controlling. Multi-Channel-Handel führt nicht automatisch zu wirtschaftlichem

Abb. 3.7 New-Economy- und Old-Economy-Kultur (Quelle: Heinemann 2011, S. 164)

Erfolg, sondern es kommt darauf an, die Kanäle sorgsam fein zu steuern. Dieses stellt sich jedoch als besondere Herausforderung dar, denn die Online- und Offline-Kanäle sind nicht ohne weiteres vergleichbar und weisen völlig unterschiedliche Managementanforderungen und Kostenstrukturen auf. Eine Schlüsselrolle spielt im Multi-Channel-Controlling die Kundenzentriertheit. Dabei geht es um die richtige Erfassung und Bewertung des Kundenverhaltens, insbesondere wenn die Kunden den Internetkanal zur Kaufvorbereitung im stationären Geschäft nutzen.

Erfolgsfaktor Nr. 7 Cross-Corporate-Culture – Eine gemeinsame, kanalübergreifende Kultur. Der nach außen ausgetragene Konflikt zwischen „New Economy" und „Old Economy" in den Anfangsjahren des Internet-Hype hat sich mittlerweile in die Unternehmen verlagert und ist dort immer noch latent wirksam. Als erfolgreich erweisen sich dabei die Multi-Channel-Handelsunternehmen, die den Spagat zwischen alt und neu bewerkstelligen und sich dieser besonderen unternehmenskulturellen Herausforderung in einem gestalterischen Sinne gestellt haben. Wesentlicher Erfolgsfaktor ist dabei die Integration der „New-Economy"- und „Old-Economy"-Kultur. In Abb. 3.7 sind die Besonderheiten der unterschiedlichen Kulturen in der Gegenüberstellung dargestellt.

Bei Anwendung einer Multi-Channel-Strategie muss zunächst die Differenzierung bei gleichzeitiger Harmonisierung der unterschiedlichen Kanäle forciert werden. Die Differenzierung der Kanäle sollte in erster Linie von kanal- bzw. medienspezifischen Vorteilen geleitet sein und derart gestaltet werden, dass sich für den Kunden ein komplementäres, breites Nutzenspektrum ergibt. Dagegen sollten die Harmonisierungsbestrebungen auf die Wahrung eines einheitlichen Multi-Channel-Auftritts ausgerichtet sein. „Einheitlich nach vorne und getrennt nach hinten" ist die Erkenntnis, die sich bei den Handelsexperten immer mehr durchsetzt. Eine Schlüsselrolle spielt die Systemgestaltung im Sinne der Integration und Koordination sowie die Systemnutzung (z. B. insbesondere in der Warenwirtschaft).

Diesbezüglich kann auch die Unterstützung von Dienstleistern hilfreich sein und das Investitionsrisiko erheblich reduzieren.

3.4 Best Practices und Zukunftsaussichten

Im deutschsprachigen Raum überwiegen immer noch Multi-Channel-Konzepte, die das bisherige Geschäft als „Lead-Channel" betrachten und den Online-Shop nicht wirklich als „strategic opportunity" sehen. Echte, voll integrierte Multi-Channel-Systeme, in denen alle Kanäle gleichberechtigt betrieben werden, finden sich praktisch nur im englischsprachigen Raum. Interessanterweise erwirtschaften diese Handelsunternehmen traumhafte Umsatzrenditen im zweistelligen Bereich, die im deutschsprachigen Handel bisher so nicht vorzufinden sind. Die besten Konzepte der Multi-Channel-Player, zu denen UK-Handelsunternehmen wie John Lewis Partnership und Argos ebenso zählen wie der US-Retailer Best Buy, zeigen einen hohen Integrationsgrad ihrer Absatzkanäle. Der „customer proposition" zwischen den Kanälen ist annähernd identisch in Bezug auf Preispolitik, Kernsortimente und Servive-Levels. Dabei wächst der Online-Kanal dieser Unternehmen deutlich schneller als die anderen Kanäle, in vielen Fällen mehr als 40 % im letzten Jahr (vgl. Heinemann 2011). Diese Unternehmen sind auch führend bei der Nutzung des mobilen Internets durch Mobile-Commerce. In Verbindung mit der rasanten Smartphone-Penetration ist der vor allem der Mobile-Commerce als verlängerter Arm des Online-Kanals geeignet, in naher Zukunft alle Handelsbranchen nachhaltig zu transformieren. Die Entwicklung mobiler Suchanfragen verdeutlicht, dass das mobile Web enorm wächst und schon bald Laptop und PC als primäres Gerät für die Internet-Nutzung

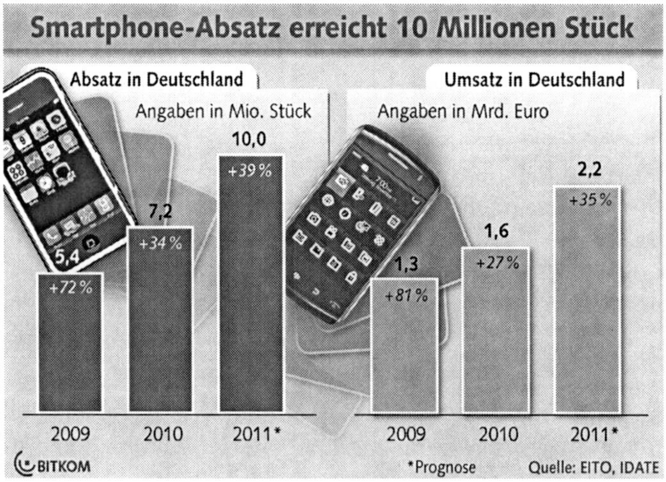

Abb. 3.8 Smartphone-Absatz in Deutschland (Quelle: BITKOM 2011)

ablösen wird. Schon jetzt haben die Notebook-Verkaufszahlen den PC-Markt überholt. Nach Prognosen der Investmentbank Morgan Stanley soll es 2014 weltweit mehr mobile Internet-Nutzer als Desktop-Nutzer geben mit entsprechender Mobilitätswirkung auf Kunden und Händler (vgl. Bruce 2012, S. 50) Schon heute sind mehr als 1 Mrd. UMTS-Nutzer („Universal Mobile Telecommunications System") weltweit zu verzeichnen und auch der Smartphone-Absatz steigt rasant (vgl. Abb. 3.8). Das weckt auch neue Erwartungen und Bedürfnisse bei den Kunden, die aus deren Sicht auch von traditionellen Einzelhändlern erfüllt werden sollten.

Literatur

Ahlert, D., K. Große-Bölting, und G. Heinemann. 2009. *Handelsmanagement in der Textilwirtschaft – Einzelhandel und Wertschöpfungspartnerschaften.* Frankfurt.

Bohlmann, A. 2007. *Multi-Channel-Retailing und Kaufbarrieren: Wie Kunden Kaufrisiken wahrnehmen und überwinden.* Essen.

Bruce, A. 2012. Multi-Channeling der Zukunft – Multi-Channel-Erfolgsfaktoren im wachsenden Markt aus Sicht von Google. In *Modernes Multi-Channeling im Fashion-Handel*, Hrsg. G. Heinemann, M. Schleusener und S. Zaharia, 50. Frankfurt.

Heinemann, G. 2012. *Der neue Mobile-Commerce, Erfolgsfaktoren und Best Practices.* Wiesbaden.

Heinemann, G. 2011. *Cross-Channel-Management – Integrationserfordernisse im Multi-Channel-Handel*, 3. Aufl. Wiesbaden.

Heinemann, G., und A. Haug (Hrsg.). 2010. *Web-Exzellenz im E-Commerce – Innovation und Transformation im Handel.* Wiesbaden.

Heinemann, G. 2012. *Der neue Online-Handel, Erfolgsfaktoren und Best Practices*, 4. Aufl. Wiesbaden.

Heinemann, G. 2008. *Multi-Channel-Handel, Erfolgsfaktoren und Best Practices*, 2. Aufl. Wiesbaden.

Kowalewsky, R. 2010b. Neue Mobilfunkrevolution kommt. *RP* vom 13. April 2010, S. A7.

Negele, M. 2011. Betriebssysteme im Mobile-Shopping – Bestandsaufnahme, Systemvergleich und Zukunftsprognosen für ausgewählte Anwendungsbeispiele, Bachelor Arbeit, Hochschule Niederrhein, Mönchengladbach, S. 1 ff.

Passenheim, O. 2003. *Multi-Channel-Retailing, Entwicklung eines adaptiven und innovativen Konzeptansatzes zur Integration des Internet als Absatzkanal im deutschen Lebensmitteleinzelhandel.* München und Mering.

Rio mobile. 2010. Die empirische Studie zum Thema „Business-Motor mobiles Internet – Wie das mobile Internet unser Leben verändert und bereichert. http://www.riomobile.de/presse/download/100331_rio-mobile-Studie_Businessmotor-Internet.pdf. Zugegriffen: 16.07.2011, S. 14.

Schramm-Klein, H. 2003. *Multi-Channel-Retailing – Verhaltenswissenschaftliche Analyse der Wirkung von Mehrkanalsystemen im Handel.* Saarbrücken.

Schröder, H. 2005. *Multichannel-Retailing, Marketing in Mehrkanalsystemen des Einzelhandels.* Berlin.

Van Baal, S., und K. Hudetz. 2008. *Das Multi-Channel-Verhalten der Konsumenten.* Köln.

Wegener, M. 2004. Erfolg durch kundenorientiertes Multichannel-Management. In *Retail Business in Deutschland, Perspektiven, Strategien, Erfolgsmuster*, Hrsg. H.-C. Riekhof, 197–218. Wiesbaden.

Zaharia, S. 2005. Multi-Channel-Retailing und Kundenverhalten - Ein Beitrag zur Erklärung des Kundenverhaltens in Mehrkanalsystemen des Einzelhandels als verhaltenswissenschaftlicher Sicht. Dissertation, Essen.

Zentes, J., und H. Schramm-Klein. 2006. Status quo des Multi-Channel-Managements im deutschen Einzelhandel. *Thexis, Fachzeitschrift für Marketing* 2006(4): 6–10.

Der mündige Dell-Kunde: Berater, Diplomat und Markenbotschafter – Die Umsetzung des Empfehlungsmarketing bei Dell

4

Michael Buck

Inhaltsverzeichnis

4.1 Einleitung: Social Media als Herausforderung

Social Media Programme und Kampagnen sind mittlerweile in einigen Unternehmen zum integrierten Bestandteil des Marketing-Mixes geworden. Unternehmen haben erkannt, dass sie viel vom Dialog mit Kunden und Interessenten lernen können. Die Firma Dell hat bereits vor vielen Jahren diese Chance als Herausforderung angenommen und das revolutionäre Innovationspotenzial darin zu nutzen gewusst. Die Ergebnisse sprechen für sich: Produkte und Services werden messbar besser, die Loyalität seitens der Kunden steigt und die Marke gewinnt an Vertrauen. Dell hat durch den innovativen Einsatz von Social-Media-Applikationen und die intelligente Nutzung bestehender sozialer Netze wie Facebook, Twitter etc. eine Vorreiterposition in Sachen Social Marketing eingenommen.

Durch den Dialog mit den eigenen Kunden und Interessenten der Marke, durch strukturiertes Zuhören erhält das Unternehmen wertvolles Feedback – in Echtzeit und zu den verschiedensten Themen und Produkten. So entsteht ein Verständnis für die Kunden ihre Kaufentscheidungen – „the why behind the buy".

Michael Buck ✉
Elsaßstr. 9, 50677 Köln, Deutschland

H.-C. Riekhof (Hrsg.), *Retail Business*, DOI 10.1007/978-3-8349-4555-6_15,

Mit dem Zuhören darf der Prozess aber nicht aufhören. Es müssen Messkriterien angesetzt werden, auf Basis derer die erhaltenen Informationen erfasst und ausgewertet werden können. Es muss gehandelt werden. Um das Potenzial von Social Media für das Unternehmen voll ausschöpfen zu können, müssen Unternehmensprozesse und die Unternehmenskultur angepasst werden, um den Kunden näher an das Unternehmen heran zu lassen und neue Zugangswege zu schaffen. Dies passiert nicht nur an der Peripherie wie z. B. im Kundenservice und Vertrieb, sondern mit Entscheidern quer durch alle Hierarchieschichten, Funktionsbereiche und Regionen. Social Media bedeutet nicht das Umstellen der Service-Dienstleistung, sondern das Öffnen des gesamten Unternehmens für den Dialog mit den Kunden.

Dell hat weltweit heute schon mehr als 12.000 Mitarbeiter im Bereich Social Media geschult und vollzieht damit eine weitreichende Transformation hin zu einer noch kundenorientierteren globalen Marke.

4.2 Die Anfänge bei Dell: „From worst to first"

Der Schock saß tief, als Jeff Jarvis, seines Zeichens US-amerikanischer Journalist, Professor und Blogger, im Jahr 2006 sein vernichtendes Urteil über Dell fällte: „Dell sucks. Dell lies. Put that in your Google and smoke it."

So etwas will doch wirklich niemand über sich lesen. Was tun? Resignation? Schockstarre? Weit gefehlt. Dell handelte. Und heute klingen Jarvis' Worte schon ganz anders: „In the age of customers empowered by blogs and social media, Dell has leapt from worst to first."

Was also ist in der Zwischenzeit passiert? Auch wenn die Bloggerszene im Jahr 2006 noch überschaubar war und der Einfluss auf die repräsentative Meinung im Web noch geringe Reichweiten hatte, wurde Dell relativ schnell klar, dass sich das Unternehmen auf einen angemessenen Dialog in diesen neuen Kanälen vorbereiten musste. Das unfreiwillig erhaltene Feedback des Bloggers Jarvis eröffnete dem Unternehmen die Chance, frühzeitig potenzielle Schwachstellen in der Kommunikation zu erkennen und sie in den nächsten Jahren Schritt für Schritt zu verbessern. Es entstanden neue innovative Ansätze für eine nachhaltige Verbesserung im Unternehmen.

Als Unternehmen, das seine Ursprünge im Direktvertrieb hat, hat Dell von jeher den Kontakt zu seinen Kunden gelebt und gepflegt. Als das Internet sich dann vor nicht allzu vielen Jahren schwerpunktmäßig vom Informations- hin zum Interaktions-Medium entwickelte, mussten bei Dell keine Türen eingerannt werden, um Social Media als Businessstrategie im Unternehmen zu implementieren. Da diente die Kritik Jarvis' zur rechten Zeit als Weckruf, den Dell sich umfassend zu Herzen nahm. Über eigene Blogs und die eCommerce-Plattformen wurde schon viel früher zugehört und kommuniziert. Allerdings war das Engagement auf externen Plattformen im Web auf diese Weise noch Neuland. Zunächst wurde die Frage geklärt, wer diese Blogger sind und was ihre Motivationsgründe sind. Zuhören, Verstehen und Lernen standen und stehen noch heute im Vordergrund.

Auch die Frage nach der Zielsetzung beim Einsatz von Social Media musste neu definiert werden. Worum geht es denn eigentlich beim Einsatz von Social Media? Es geht um den relevanten Dialog, den Dialog zwischen Unternehmen und Kunden, Unternehmen und Interessenten, Unternehmen und Öffentlichkeit. Den Dialog nicht zu scheuen, sondern ihn zu suchen und zu fördern, führt zum verbesserten Kundenverständnis, zu besserem Kundenfeedback und letztendlich zur Verbesserung des Unternehmens an sich. Das hat das Management von Dell erkannt.

Zwei Schwerpunkte liegen von Anfang an im Fokus der Nutzung von Social Media im Unternehmen. Diese bilden auch heute noch unbestritten zentrale Komponenten: Kundenkontakt und Empfehlungsmarketing. Weitere Schwerpunkte kristallisieren sich in jüngerer Zeit heraus: die erweiterte Kundeneinbindung und ein umfassendes Verständnis darüber, warum Kunden kaufen, was sie kaufen. Immer mehr Nutzer und Kunden im Netz nutzen die Möglichkeiten des sozialen Austauschs und der Online-Interaktion. Es ist kein reines Frage-Antwort-Spiel oder anonymes Rezipieren von Unternehmensmonologen mehr. Vielmehr fordern sie aktives Handeln seitens der Unternehmen ein. Sie fordern nicht nur Zuhören und Antworten, sondern Lernen und Umsetzen.

4.2.1 Kundenbindung

Marketing wäre nicht Marketing, wenn nicht auch eine Umsatzsteigerung das mittel- bis langfristige Ergebnis hinter jeder Maßnahme wäre. Die primäre Zielsetzung der Nutzung von Social Media sollte jedoch nicht in der direkten Umsatzsteigerung liegen. Das widerspräche dem Wesen von Social Media. Ein starker Verkaufsdruck hemmt die soziale, freiwillige Komponente des Mediums. Es geht darum, Vertrauen in die Marke zu schaffen, die Kunden enger an die Produkte oder das Unternehmen zu binden. Natürlich ergeben sich – wenn man es richtig macht – dadurch mittelfristig Umsatzsteigerungen oder Kostensenkungen. Wird das als Ziel zu offensichtlich, wird es von den Teilnehmern der Communities gnadenlos durchschaut. Social Marketing steckt nicht mehr in den Kinderschuhen, und die Web 2.0-Gesellschaft hat den Status der begeisterten Naivität schon lange hinter sich gelassen.

Weitere Bereiche im Paradigma der Kundenbindung sind Kundenservice und Support, in denen Social Media ebenfalls zu messbaren Resultaten führt: Kostenreduktion für Service und Support, positive Markenbildung oder Erschließung neuer Kundenschichten (vertikal und demografisch), messbare Loyalität und Verbesserung der Kundenzufriedenheit sind nur einige der erreichbaren Ziele.

4.2.2 Kundeneinbindung

Die Online-Gesellschaft verändert sich, und so auch die Art und Weise, wie soziale Netzwerke und die interaktiven Potenziale des Internet genutzt und ins Leben integriert werden.

Die User möchten nicht mehr nur einseitig informiert und beraten werden. Sie nutzen das Internet als zusätzliche Möglichkeit zur Kontaktaufnahme im Sinne von Kundensupport, sie möchten den Dialog. Sie möchten sich äußern und Gehör finden, sie möchten fragen und Antworten bekommen, sie möchten mitgestalten und Wertschätzung erfahren. Es geht also nicht mehr nur um Kundenbindung, sondern um Kunden*ein*bindung. Und das ist das, was Social Media bei Dell heute ausmacht: Einbindung der Kunden und auch der Mitarbeiter in sich verändernde Unternehmensprozesse. Das erfordert Offenheit, Transparenz und auch Lernbereitschaft seitens des Unternehmens, seitens der Entscheider.

Auch die Mitarbeiter bei Dell spielen eine entscheidende Rolle bei den Social-Media-Aktivitäten. Nicht nur agieren sie als Markenbotschafter zum Kunden, sondern sie stellen auch die Zielgruppe für die interne Nutzung von Social Media dar. Auch sie möchten und sollten integriert werden in unternehmerische Prozesse, in firmeninternes Vorschlagswesen und in Optimierung und Weiterentwicklung von Produkten und Prozessen.

4.2.3 Empfehlungsmarketing

Das weiß man bereits seit vielen Jahren: Kunden vertrauen dem Urteil anderer Kunden, und zwar mehr als den Qualitätsbeteuerungen seitens des Herstellers. Und hier eröffnen Social-Media-Kanäle eine komplett neue Dimension: Sie bieten der Mundpropaganda eine ganz neue, digitale Plattform mit unvorstellbarer Reichweite. Empfehlungen werden nicht von einer zur anderen Person gegeben, sondern von einer Person zu Hunderten, Tausenden, Zigtausenden, ja, Millionen anderer Empfänger und damit potenzieller Kunden. Durch standardisierte Bewertungssysteme und Produktrezensionen auf eCommerce-Plattformen, durch „Tweets" und „Likes" via Twitter oder Facebook, allein durch das Erwähnen der Marke in alltäglichen sozialen Austausch im Netz beeinflussen Kunden innerhalb weniger Sekunden die Kaufentscheidungen anderer potenzieller Kunden. Der einzelne Kunde hat als Markenbotschafter eine enorme Reichweite, und dieses Potenzial muss vom Unternehmen aufgefangen und genutzt werden.

4.2.4 „The why behind the buy" – Kunden und ihre Kaufentscheidung verstehen

Empfehlungsmarketing und kundengenerierte Inhalte („user-generated content") wie Produktrezensionen können die Reichweite und den Wirkungsradius erhöhen, aber auch die Glaubwürdigkeit und die Authentizität des Unternehmens steigern. Lässt man den Kunden zu Wort kommen, versteht man darüber hinaus besser, warum sich Menschen für ein Unternehmen und ein Produkt interessieren („The why behind the buy"), und das wiederum erlaubt es, das Marketing effektiver und relevanter zu machen.

Dem amerikanischen Softwarehersteller Bazaarvoice zufolge, der sich besonders durch die Entwicklung von Bewertungs- und Auswertungstools einen Namen gemacht hat, sind

80 % der Kundenbewertungen positiv. Dennoch sind es zu nicht geringen Anteilen die negativen Kommentare, die dem Kunden beim Online-Shopping-Prozess Glaubwürdigkeit vermitteln. Der durchschnittliche User verbringt in etwa 1,5 bis 2 min damit, sich die Kundenkommentare auf der Produktwebsite anzuschauen, dabei werden pro Produkt ca. vier bis sieben Bewertungen gelesen. Schlechter Kundenservice führt zu einer negativen Kaufeinstellung und demnach zu schlechten Bewertungen – hier färbt in der Bewertung die schlechte Servicequalität auf den Qualitätseindruck des Produktes ab.

Das Unternehmen hat somit die Chance, sich durch ein kundenfreundliches Social-Media-System ein funktionierendes Immunsystem im Netz zu erschaffen, das bei Problemen unterstützt und Kritiker mit einer Vielzahl authentischer Meinungen anderer Kunden auf positive Dinge hinweist. Das strukturierte Zuhören ermöglicht es, permanente Fokusgruppen zu erzeugen, die dem Unternehmen wertvolles Feedback liefern.

Das Zuhören steht dabei jedoch nur am Anfang. Die Kunden erwarten auch, dass das Unternehmen auf ihre Beiträge und Vorschläge reagiert. Dell hat hier verschiedene Ansätze entwickelt, um das Feedback der Kunden zu erfassen und in die internen Kommunikationskanäle, Entscheidungs- und Verbesserungsprozesse einfließen zu lassen. Zugleich ist dies aber auch eine der größten Herausforderungen für ein global agierendes Unternehmen. Denn Web-basierte Kommunikation ist Echtzeit-Kommunikation. Um in Echtzeit kommunizieren zu können, müssen interne Prozesse, Entscheidungskriterien, Trainings und Anforderungen an die Mitarbeiter angepasst werden.

4.3 Trial & Error als Prozess

4.3.1 Das Social Media Ökosystem

Es gibt wenige Branchen, für die Social Media keine Rolle spielt. Nun gibt es aber kein Patentrezept, das branchen- und unternehmensübergreifend den Weg zu erfolgreichem Social Marketing weisen würde.

Dell lebt es – aber was braucht es eigentlich, um Social Media im Unternehmen erfolgreich einzubinden? Zunächst erfordert es eine klare Zielsetzung und ein klares Konzept: Was soll erreicht werden? Was soll mit Social Media bewirkt werden? Welche Rolle soll es spielen? Wo sind die Menschen, die das Unternehmen weiterbringen können? Wo wird über das Unternehmen geredet, was wird geredet, was kann das Unternehmen mit den Informationen anfangen? Wie kann ein guter Dialog gestartet werden?

Social-Media-Aktivitäten sind keine Zaubermittel, keine Selbstläufer. Sie erfordern eine durchdachte, bewusste Entscheidung: Soll es Spielerei sein oder echte Businessstrategie? Soll es der reine Versuch sein, den Anschluss nicht zu verlieren, oder soll es eine tatsächlich gelebte Einbindung des Kunden in die Entscheidungsprozesse des Unternehmens sein?

Für Dell stand von Vornherein fest: Die Einbindung von Social Media ist gelebte Businessstrategie, und zwar Top-down, von der ersten Führungsebene über alle Hierarchieschichten hinweg, unternehmensübergreifend. Michael Dell, Gründer und heutiger Chairman und CEO des Unternehmens, hat die Entscheidung und auch die Umsetzung von Social-Media-Aktivitäten von Beginn an mitgetragen und aktiv mitgestaltet. Und der Erfolg gibt dem Unternehmen Recht, dass diese Entscheidung die richtige war: Social Media gibt Dell die Möglichkeit, seine DNA mit direkter Kundenbeziehung auf ein weltweit agierendes Business mit über 60 Mio. Dollar Umsatz und Millionen von Kunden zu skalieren.

Durch seine Ursprünge im Direktvertrieb brachte das Unternehmen die besten Voraussetzungen mit, die sozialen Netzwerke als erweiterten Kommunikationskanal zu den Kunden für sich zu entdecken. Man hat sich schon früh mit dem Thema auseinandergesetzt und sich über Foren und Blogs einen eigenen Weg in diesem Bereich erarbeitet. Da sich die Möglichkeiten der sozialen Netzwerke stetig weiterentwickelt haben, verlief dieser Weg alles andere als geradlinig und war oft spannend und voller Überraschungen. Im „Trial and Error"-Prinzip wurden zunächst verschiedene Ansätze getestet und die Resultate gemessen. Die erfolgreichen Ansätze wurden schließlich adaptiert und weiter verfeinert. Die fortschreitende Entwicklung der Social-Media-Plattformen, die innovativen und neuen Möglichkeiten in Social Networks und die explosionsartige Anwachsen der Nutzergruppen hat diese Entwicklung allerdings enorm beschleunigt. Die „Trial and Error"-Methode war oft der einzige Weg, der beschritte werden konnten, da viele Pilotprogramme gestartet werden mussten, bevor sich eine effektive Vorgehensweise herauskristallisierte, die von der ersten Führungsebene heraus unterstützt und vorgelebt wurde. So wurde auch das nötige Vertrauen seitens der Mitarbeiter in das neue Dialogmedium geschaffen, das nötig ist, um sie als authentische Markenbotschafter selbstständig und im Sinne des Unternehmens agieren zu lassen.

Viele Experimente führten über die Jahre zum Erfolg. Abbildung 4.1 gibt einen zeitlichen Überblick über die Entwicklung und die unterschiedlichen Ansätze des Unternehmens im Bereich Social Media.

Heute wird Social Media im Unternehmen über vier Säulen im sogenannten „Social-Media-Ökosystem" eingesetzt:

1. Eine Säule bildet die globale eCommerce-Plattform mit den weltweiten Online-Shops. Diese sind in 166 Ländern und 34 Sprachen präsent. Dort verwendet Dell interaktive Tools wie Chats, Kundenbewertungen und -beurteilungen, Rezensionen sowie andere vom Kunden generierte Inhalte („user generated content").
2. Die zweite Säule besteht aus unternehmenseigenen Communities und Foren, die seit 2006 existieren. Kunden können dort mit anderen Kunden oder Dell-Mitarbeitern direkt kommunizieren. Besonders hervorzuheben sind hier die erfolgreichen und innovativen Communities „IdeaStorm" und „EmployeeStorm". Kunden beziehungsweise Mitarbeiter haben dort die Möglichkeit, Anregungen, Produktvorschläge und Innovationen vorzubringen. Die Vorschläge mit der meisten Zustimmung („Klicks") werden von Dell geprüft.
3. Die dritte Säule wird durch die Unternehmensaktivität in den externen Communities im Netz (Facebook, Twitter etc.) gebildet. Dell ist hier weltweit aktiv und unterhält diverse Communities, die auf diesen Plattformen unterstützt werden. Über die letzten Jahre

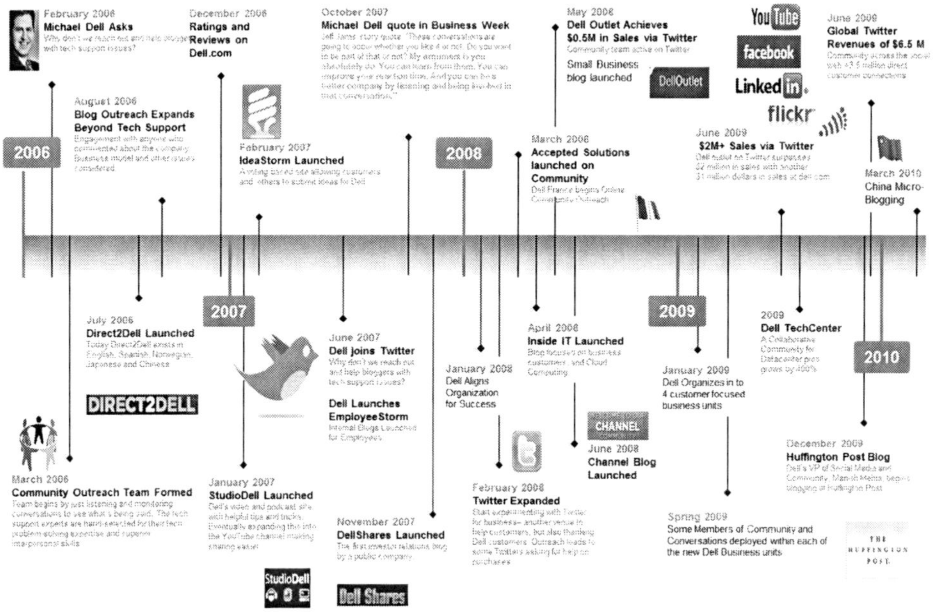

Abb. 4.1 Dells Weg in das Social Media Zeitalter

hat Dell eine Konsolidierung vorgenommen, sodass es nun einige diversifizierte Communities auf wenigen globalen Plattformen gibt. In den Communities findet ein reger Austausch mit Kunden, Interessenten und Mitarbeitern statt – über aktuelle Informationen, Hilfestellung bei Problemen, Anregungen oder Kritik. Dieses Feedback ist sehr wichtig und wird im Unternehmen in verschiedenen Abteilungen genutzt.

4. Die vierte Säule bezieht sich auf die eigenen Mitarbeiter. Dell beschäftigt zurzeit rund 110.000 Mitarbeiter weltweit. Diese Menschen sind Botschafter der Marke Dell im Netz, im direkten Gespräch am Telefon oder beim Kunden. Die Mitarbeiter sind eine wichtige Komponente für den nachhaltigen Erfolg einer Marke in den sozialen Netzen.

Diese vier Säulen des „Ökosystems" verschmelzen mehr und mehr. Digitale und reale Welt sind immer weniger voneinander zu trennen. Die Online-Aktivitäten werden im direkten Kundengespräch weitergeführt und das Kundenfeedback wird auf den digitalen Plattformen global verteilt und wird somit relevant für andere Kunden und die Mitarbeiter. Als Beispiele erfolgreicher Social-Media-Innovationen werden im nächsten Abschnitt zwei der unternehmenseigenen Communities vorgestellt.

4.3.2 Crowdsourcing im Innovationsmanagement: „IdeaStorm" und „EmployeeStorm"

Seit sich das Web 2.0 als feste Größe im Alltag der Nutzer etabliert hat, versuchen Unternehmen die Möglichkeiten einer interaktiven Kommunikation zu nutzen; beispielsweise bei der internen Kommunikation mit Mitarbeitern und der externen Kommunikation mit Interessenten und Kunden. Meist reichen die Aktivitäten jedoch nicht über die Einrichtung von Blogs und Foren hinaus. Beispiele nachhaltig gelungener Unternehmensaktivitäten im Web 2.0 sind selten, erst Recht für die Einbeziehung der interaktiven Kommunikation in Geschäftsprozesse.

Dell ist als Direktanbieter bekannt geworden und hatte deshalb immer schon einen kurzen Draht zum Kunden. Anfang 2007 richtete das Unternehmen neben den üblichen Websites für Blogs und Foren unter der Webadresse www.ideastorm.com eine Plattform ein, auf der Kunden und andere Interessierte ihre Verbesserungsvorschläge für Dell-Produkte einstellen und diskutieren können – also aktives Crowdsourcing. Außer einer kostenfreien Registrierung gibt es für die Teilnahme an „IdeaStorm" keine Voraussetzungen. Insbesondere muss auch keiner Kunde bei Dell sein; es handelt sich also um eine wirklich offene Plattform. Die Website strukturiert die Vorschläge nach Produktgruppen beziehungsweise Technologien, zum Beispiel für bestimmte Notebook-Modelle, für Drucker oder Storage-Systeme. Die Ideen sind jedoch nicht auf die Hardware beschränkt, sondern können auch Themen wie Service, Vertrieb oder auch die allgemeine Geschäftspolitik betreffen.

Die Plattform wird durch Dell nur schwach moderiert, es erfolgt lediglich eine Kontrolle der auf Websites üblichen Gepflogenheiten; so werden zum Beispiel Troll-Beiträge, also von offensichtlichen Störenfrieden, oder Beleidigungen gelöscht. Dell nimmt jedoch bewusst keinerlei Einfluss auf den Inhalt von Vorschlägen, Kommentaren oder Bewertungen. Wie im Web 2.0 üblich, muss ein Hersteller dabei akzeptieren können, dass ihm auch unangenehme Fragen gestellt werden. Unternehmen, die ein offenes Wort nicht aushalten, haben im Web 2.0 ohnehin nichts verloren.

Die Besonderheit von „IdeaStorm" besteht darin, dass die eingebrachten Ideen nicht einfach in einem großen Topf gesammelt werden, sondern von den Teilnehmern selbst kommentiert und bewertet werden. Aus den positiven („promote") oder negativen („demote") Bewertungen ergibt sich ganz im Geist der „Weisheit der Vielen" automatisch ein Ranking der Ideen. Vorschläge mit vielen positiven Bewertungen wandern in der Liste der „Top Ideas" nach oben, während andere, die von der Community nicht so geschätzt werden, zurückfallen. Dell wertet „IdeaStorm" kontinuierlich aus und reagiert konkret durch Anzeige eines Status wie „Reviewed, „In Progress" oder „Implemented".

Diese gut organisierte Form eines außerbetrieblichen Vorschlagwesens wurde von der Web-Community überaus gut angenommen. Seit dem Start vor mittlerweile fünf Jahren zählte „IdeaStorm" insgesamt mehr als 17.000 Vorschläge. Die Plattform dient aber keineswegs als bloße Diskussionsrunde, bei der die Kunden die Möglichkeit haben, eventuell Ärger loszuwerden und Dampf abzulassen. Die Vorschläge werden als echter Input für die Produktentwicklung gewertet und auch umgesetzt, denn die Ideen geben besser und zeitnäher als vergleichbare Evaluierungssysteme umfassend Auskunft über die Anforderungen und Wünsche der Kunden. Lediglich 12 % der Ideen wurden als „nicht verwendungsfähig" eingestuft, 80 % betrafen konkrete Verbesserungen und vier Prozent sind als echte Innovationen klassifiziert worden.

Bisher wurden rund 400 (Stand 03/2011) der bei „IdeaStorm" vorgebrachten Vorschläge realisiert. Prominente Beispiele dafür sind die Vorinstallation von Ubuntu Linux, die Einführung beleuchteter Tastaturen für Notebooks oder die Verbesserung von Netzteilen. Das im August 2008 vorgestellte Latitude-Notebook enthielt sechs unterschiedliche Neuerungen, die auf „IdeaStorm" zurückgehen.

„IdeaStorm" entwickelt sich zum echten Web 2.0-Sprössling und hat sich nicht als bloßes Marketing-Instrument, sondern als Plattform für Crowdsourcing mit einer „IdeaStorm"-Community etabliert. Dabei leisten die Teilnehmer – wie im Web 2.0 üblich – ihre Beiträge kostenlos und ohne Erwartung einer Vergütung. Ihre Motivation um der Sache willen treibt sie an: Sie wollen ein optimales Produkt nutzen und setzen sich dafür ein.

Dieser externen Plattform für Crowdsourcing folgte dann später eine interne Plattform zum Mitarbeitervorschlagswesen („EmployeeStorm"), die nach demselben Muster funktioniert. Hier werden interne Vorschläge von Mitarbeitern gemacht, die von anderen Mitarbeitern bewertet werden. Erfolgreiche Vorschläge werden umgesetzt.

Doch Unternehmen sollten solche Plattformen weder als ein Mittel ansehen, kostenlos gute Ideen zu generieren, noch als Forum für unzufriedene Kunden oder Mitarbeiter, die sich dort austoben können. Im Web 2.0 werden solche Motive schnell aufgedeckt. Zudem darf auch der Aufwand für den Betrieb einer solchen Plattform nicht unterschätzt werden; „nebenbei" lässt sich eine solche Plattform auf diesem Niveau nicht betreiben. Crowdsourcing per Web 2.0 ist daher nur sinnvoll, wenn ein Unternehmen ernsthaft an den von den Teilnehmern übermittelten Ideen interessiert ist und letzten Endes wirkliche Implementierungen dieser Ideen erfolgen. Die Projekte „IdeaStorm" und „EmployeeStorm" haben sich in den ersten Jahren also bewährt und gezeigt, wie Unternehmen im Web 2.0 ihre Kunden, Interessenten und die eigenen Mitarbeiter einbeziehen können.

4.4 Zuhören und der effektive Kundendialog

Soziale Austauschprozesse haben bei Dell mittlerweile jeden Unternehmensbereich erfasst. Die Unternehmensstruktur wurde geändert, um die Transparenz und die Öffnung dem Kunden gegenüber zu ermöglichen, die das Herzstück von Social Media sind. Es ist jedem Kunden möglich, bei Bedarf in den Dialog mit genau dem Mitarbeiter zu treten, der ihm bei einer Frage oder einem Problem helfen kann. Das kann der Serviceberater oder der Produktentwickler sein, aber auch die oberste Führungsebene. Das Innovationsmanagement hat sich den Ideen und Verbesserungsansätzen von außen geöffnet, die Kunden werden hier maßgeblich in Innovationsprozesse und -entscheidungen eingebunden. Das Empfehlungsmarketing in den sozialen Netzwerken läuft auf Hochtouren, Bewertungssysteme und Kundenreviews sorgen für Feedback in Echtzeit.

4.4.1 Das neue Prinzip: „Fish where the fish are"

Viele Unternehmen scheuen den Dialog mit Kunden über soziale Median, da sie den Kontrollverlust fürchten. Der zeitgemäße Austausch zwischen Unternehmen und Kunden geht über die One-to-one-Kundenbetreuung weit hinaus. Es ist schon richtig: Verstecken kann man sich in dieser Welt nicht sehr gut, und negatives Kundenfeedback kann in kurzer Zeit virale Ausmaße annehmen. Aber auf diese Herausforderungen sollte es doch andere Antworten geben, als einen weiten Bogen um soziale Netze zu machen. Zumal das nur wenig nützt, da die einschlägigen Plattformen nicht mehr um Erlaubnis nachsuchen, wenn es Diskussionsbedarf über ein Produkt oder eine Dienstleistung gibt. Und die Kunden fordern diese Art des Dialogs ein. Sie wollen nicht zum Telefon greifen, sondern sie wollen dort den Austausch, wo sie sich befinden: im Web 2.0, im sozialen Netzwerk. Dell verzeichnet eine enorme Steigerung der Kundenzufriedenheit: Die Lösungsrate beim Austausch über Social Media liegt mittlerweile bei 98 %. Hier spielen selbstverständlich auch die Social-Network-typischen Phänomene eine Rolle, beispielsweise das Einschreiten anderer Kunden und Interessenten, die teilweise die Fragen schon beantworten, bevor Dell selbst reagieren kann.

Für eine Firma wie Dell, die sich aktiv in sozialen Netzen einbringt, bieten sich echte Chancen – die auch das beste Marketing nicht schafft. Die Community fungiert als externer Berater- und Expertenpool. Zufriedene Kunden, die unaufgefordert Testberichte oder Blogs über ihre positiven Erfahrungen schreiben, sind der Traum aller Marketingexperten. Keine Hochglanzbroschüre, kein aufwändig gedrehter Werbespot ist so viel wert wie ein zufriedener Kunde, der ein Produkt kauft und hinterher allen mitteilt: Gerne wieder! Mehr Glaubwürdigkeit geht nicht. Genauso werden im Webzeitalter starke Marken aufgebaut. Natürlich ist der zufriedene Kunde, der seine Erfahrung weitergibt, keine Erfindung von Social Media. Neu ist die Reichweite und Skalierbarkeit der Mundpropaganda. Hier werden nicht nur Bekannte und Verwandte erreicht, sondern Communities, die Millionenumsätze generieren. Diese Art von Marketing ist ein globales Phänomen und überall zu finden. Hier liegt eine echte Chance für globale Marken, dies zu nutzen und sich einzubringen.

Dell hat erkannt, wie wichtig es ist, seinen Kunden zuzuhören. Und zwar dort, wo die Dell-Kunden und Interessenten sich aufhalten: in Communities, auf eCommerce-Plattformen, im Web. Hier sind die Geschwindigkeit und ein direkter Kommunikationsweg ohne Umwege sehr wichtig: Das Feedback vom Kunden kommt in Echtzeit, und die Kunden erwarten, dass auch in Echtzeit darauf reagiert wird. Die Business-Entscheider sollen das Feedback vom Kunden direkt hören, direkte Möglichkeiten haben, sich mit den Kunden auszutauschen. Das zahlt sich aus: Der interne Lernprozess schreitet sehr stark fort. Wird ein neues Produkt auf den Markt gebracht, gibt es innerhalb weniger Stunden ein umfassendes Kundenfeedback in Netzwerken und Communities, auf das entsprechend reagiert werden kann – diese Beschleunigung auf Echtzeit ermöglicht ein Tempo in der Produkt- und Serviceverbesserung, das noch vor wenigen Jahren unvorstellbar gewesen wäre.

Auch beim Innovationsmanagement werden Prozesse dem neuen Tempo angepasst: Die Zielgruppe kann nahezu in Echtzeit in die Entwicklungsprozesse neuer Produkte eingebunden werden, da sie unmittelbares Feedback geben und ihre Erwartungen, Vorschläge und ihre Anforderungen an das Produkt rückmelden können.

„Listening und Monitoring" ist also zur Businessstrategie geworden. Intensiver mit den Kunden in Kontakt treten zu können, authentisch und nahbar aufzutreten, den Kunden einzuladen, mit der Marke zu interagieren, sie sogar mitzugestalten – das ist eine neue Herangehensweise und auch eine völlig neue Einbindung des Kunden in die Unternehmensprozesse.

Das stellt natürlich völlig neue Herausforderungen für Mitarbeiter und Entscheider sowie für die Führungskräfte dar. Es stellen sich zwei zentrale Fragen:

- Wie kann die Flut der Informationen, Anregungen, Meinungen gemanagt werden, so dass eine intelligente Gewichtung erfolgen und die relevanten Themen an die Entscheider herangebracht werden kann?
- Wie muss ein Unternehmen sich organisieren, um sich nachhaltig verbessern zu können?

Die nächsten Kapitel geben Antworten auf diese Fragen.

4.4.2 Zuhören ist gut – aber dann? Neue Ansätze in Listening und Monitoring

In den Dialog mit Kunden zu treten bedeutet zuallererst: ihnen zuzuhören. Dell hat hierfür eigens neue Funktionsbereiche im Unternehmen erschaffen. Das Team um den Chief Listening Officer ist nah am Vorstand angesiedelt und hat weitreichende unternehmensinterne Kompetenzen. Voll im Unternehmen integrierte Prozesse bringen die wichtigen Informationen zum Entscheider und die wichtigen Antworten zurück zum Kunden.

Im Jahre 2010 wurde das „Social Media Listening und Command Center" eingeweiht (Abb. 4.2). Diese Einrichtung mit ihren gut geschulten Mitarbeitern hat den Listening Prozess bei Dell professionalisiert. Diese Professionalisierung bedeutet, dass Flut an täglich etwa 27.000 Informationen, die über Dell im Netz erscheinen, gefiltert, gewichtet und effektiv verarbeitet werden muss. Für diesen Schritt sind definierte Prozesse nötig, die eigens entwickelt werden mussten. Einen Teil der Auswertung und des Filterns können Tools übernehmen, aber für die inhaltliche Gewichtung und die Umsetzung in grafische Darstellungen, das Verfassen von Reports, die dann auf direktem Weg an die entscheidenden Bereiche im Unternehmen weitergeleitet werden können, ist eine Vielzahl an geschulten Mitarbeitern notwendig, die garantieren, dass die gesammelten Informationen auch effektiv genutzt und umgesetzt werden.

Abb. 4.2 Dell Social Media Listening und Command Center

4.5 Transformation und ihre Konsequenzen

4.5.1 Erfolgsfaktoren der Social-Media-Nutzung

Unterstützung vom Vorstand und Unternehmensgründer

Eine sehr entscheidende Rolle bei der Durchsetzung von Social-Media-Akzeptanz im Unternehmen spielt der Unternehmensgründer und heutige Chairman & CEO, Michael Dell. Wie schon anfangs erwähnt, hat er früh das Potenzial und die Verbindung mit dem ursprünglichen Gründungsgedanken der Firma erkannt. Er hat die Arbeit des zentralen Teams unterstützt und sich selbst mit eingebracht. Er ist täglich in den sozialen Netzen unterwegs und beteiligt sich an der Kundenkommunikation, bloggt oder chattet intern mit den Mitarbeitern. Die Devise hier heißt ganz klar: „Walk the talk" – die Führungsebene lebt vor, was sie vom und mit dem gesamten Unternehmen erreichen möchte.

Diese direkte Kommunikation kommt sehr gut bei den Mitarbeitern an, da die Unternehmensführung auf diesem Weg adressierbar ist und nicht unerreichbar wirkt. Zudem wirkt es auch wesentlich authentischer als Presseerklärungen oder interne Mitteilung in einer Betriebszeitung oder im Intranet.

Die Einbindung der neuen Kommunikationsprozesse erfolgt holistisch (gemäß dem „Honeycomb-Modell" des Altimeter Research Reports der Marktforschungsgesellschaft Altimeter Group) und durchdringt das gesamte Unternehmen. Jeder Mitarbeiter jeder Hierarchieebene kann sich einbringen, es werden prozessorientierte Teams organisiert und Funktionsbereiche neu erschaffen beziehungsweise bestehende Funktionsbereiche den neuen Anforderungen angepasst.

Umfangreicher und ganzheitlicher Trainingsansatz

Die Schulung der Mitarbeiter ist eine wichtige Voraussetzung, um das Thema Social Media umzusetzen und die Beschäftigten entsprechend zu mobilisieren. Es ist ein umfangreicher und ganzheitlicher Trainingsansatz nötig, um die ganze Bandbreite abdecken zu können. Dell war in diesem Bereich in den vergangenen Jahren sehr aktiv. Der Fokus lag hierbei bewusst nicht nur auf der Funktionalität bestimmter Social-Media-Tools, sondern auch auf den kulturellen Veränderungen im Umgang mit Kunden und Kollegen. Die Trainings erstrecken sich auf alle unternehmerischen Funktionsbereiche und Ebenen, bis hin zur obersten Führungsebene.

Erfolgreiche Mitarbeitertrainings im Social-Media-Umfeld hängen sehr stark vom Engagement ab, welches die Mitarbeiter mitbringen. Die Schulungen erfreuen sich aufgrund ihrer unkonventionellen Formate einer großen Beliebtheit. Es werden externe Blogger eingeladen, die über ihre Perspektive sprechen und mit den Mitarbeitern diskutieren, wie sich das Potenzial der Sozialen Netzwerke besser nutzen lässt. Regeln und gesetzliche Rahmenbedingungen spielen ebenso eine Rolle und werden klar kommuniziert. Gesetzliche, aber auch ethische Rahmenbedingungen sind für den erfolgreichen Einsatz von Social Media im Unternehmen unabdingbar. Die Kernthemen der Schulungen lauten: Umgang der Mitarbeiter mit den Kunden und Kollegen, Hilfsmittel, Messung des Erfolgs und erfolgreiche Auftritte in sozialen Netzwerken. Dies wird anhand von vielen praktischen Beispielen aufgezeigt. Der Mitarbeiter soll Freude daran haben, sich einzubringen und mit den Kunden, Kollegen und Communities zu kommunizieren.

Mittlerweile bietet Dell intern unterschiedliche Trainingsmodule an, die jeweils andere Themen zum Schwerpunkt haben und differenzierte Ansätze für den erfolgreichen Einsatz von verschiedenen Kommunikationskanälen (wie Facebook, Twitter, Flickr) verfolgen. Es wird Hilfestellung für erfolgreiches Blogging gegeben und die Mitarbeiter bekommen Einführungen in die rechtlichen Rahmenbedingungen.

Das Unternehmen legt Wert darauf, dass der Mitarbeiter erkennt, welche Bedeutung diese Art des Dialogs hat und wie er ihn im Umgang mit dem Kunden positiv einsetzen kann, aber auch, wie das Personal sie zur nachhaltigen Verbesserung der internen Prozesse verwenden kann. Mitarbeiter können sich für Social Media zertifizieren lassen, indem sie mindesten drei Trainingsmodule besuchen und sich so das gesamte Basiswissen aneignen können. Die Mitarbeiter, die „an der Front", also im direkten Kundendialog, stehen, bekommen weiterführende Schulungen, um sie auf die Eventualitäten und Unwägbarkeiten der Kommunikation in sozialen Netzen vorbereiten.

4.5.2 Mitarbeiterbeteiligung und interne Social-Media-Nutzung

Die Potenziale von Social Media gehen über Funktionen mit Kundenkontakt hinaus. Auch in der unternehmensinternen Kommunikation und Interaktion zwischen den Mitarbeitern wird Social Media bei Dell intensiv genutzt. Ein Beispiel wurde schon genannt: „Employee-Storm" hat das betriebliche Vorschlagswesen ersetzt und zu erheblich lebhafterer Mitarbeiterteilnahme und Akzeptanz im Unternehmen geführt.

Das Intranet und diverse interne Kommunikationsplattformen zeigten sich dagegen immer statisch, wenig frequentiert und meistens auch nicht auf dem neuesten Stand. Zudem hat jeder Mitarbeiter schon genug mit der täglichen E-Mail-Flut zu kämpfen, sodass diese veraltete Art der internen Kommunikation schon fast als Spam angesehen wurde.

Durch die Einführung der Social-Media-Applikation „Chatter" von SalesForce.com hat Dell im Jahr 2010 einen Quantensprung in der unternehmensinternen Kommunikation vollzogen. Seitdem besteht für die über 110.000 Dell-Mitarbeiter die Möglichkeit, sich intern über Chatter, eine Art Hybrid der sozialen Netzwerke Twitter, Facebook, Ren-Ren, Orkut und Sina, zu vernetzen und zu kommunizieren. Auch hier sind Mitarbeiter aller Hierarchieebenen aktiv beteiligt und es wird in Echtzeit bzw. sehr zeitnah kommuniziert, Informationen werden geteilt, Beiträge kommentiert und oftmals auch einfach nur über aktuelle Themen diskutiert. Neue Verbindungen entstehen, es findet unternehmensintern ein Dialog nicht gekannten Ausmaßes statt. Die Beteiligung der Mitarbeiter liegt höher als bei den klassischen „post and forget"-Alternativen (z. B. klassischen Intranets) und das Feedback ist durchweg positiv. Das Tool ist intern mit dem Salesforce-Kundenmanagementsystem verbunden und ermöglicht Mitarbeitern, Kundenaufträge und potenzielle Aufträge direkt dort zu bearbeiten.

Ein weiterer Bereich der internen Nutzung ist beispielsweise die sogenannte Social-Media-Universität, in der Trainingseinheiten zum Thema angeboten und die Mitarbeiter geschult werden.

Eine radikale Veränderung hat Social Media auch im Personalmarketing beziehungsweise Recruiting von neuen Mitarbeitern bewirkt. Die gängigen Social-Media-Plattformen liefern heute schon die Mehrzahl der Bewerbungen, die das Unternehmen erhält. Sicherlich spielt hier eine entscheidende Rolle, wie sich das Unternehmen in den sozialen Netzwerken präsentiert. Auch kann das Unternehmen viel über die Bewerber im Netz lernen und diese Informationen im Einstellungsprozess verwenden. Das Interesse von jungen Menschen an den Arbeitgebern, die sich aktiv im Social-Media-Umfeld bewegen, steigt und davon profitiert auch ein Unternehmen.

4.5.3 Konsequenzen der Social-Media-Nutzung

Im Unternehmen vollzieht sich eine interessante Transformation: Mehr Mitarbeiter sind über die sozialen Netzwerke in direktem Kundenkontakt. Sie sind mit ihren eigenen Kollegen vernetzt. Vertriebsmitarbeiter oder Servicemitarbeiter sind von jeher im direkten

Kundenkontakt. Social Media bietet hier jedoch zusätzliche Möglichkeiten und Kommunikationskanäle, die auch in anderen Unternehmensbereichen für interne und externe Interaktion genutzt werden können.

Der direkte Kundenkontakt für Mitarbeiter in zentralen Funktionen wie Personal, Service, Marketing, PR, Produktentwicklung etc. ist ein transformierendes Element für die Unternehmenskultur, ein Element, welches Kundenanregungen direkt und in Echtzeit zum Entscheider im Unternehmen bringt und dieser auch in Echtzeit reagieren kann. Der Kunde wird als solcher gehört und ernst genommen, bekommt eine direkte Reaktion von einem kompetenten Ansprechpartner und die Firma wird als Ganzes persönlicher und transparenter. Dies hat natürlich auch Auswirkungen auf den Mitarbeiter im Unternehmen und die interne Kommunikation. Es macht einen enormen Unterschied, ob man authentisches Feedback von den Kunden direkt erhält oder in aggregierter und gefilterter Form durch Agenturen bekommt. Klassische Marktforschung wird komplementiert und Feedback schneller und direkter zum Mitarbeiter gebracht.

Social Media etabliert sich hier auch als fester Bestandteil des Marketing-Mixes und trägt somit auch zur Verbesserung der Nachfrageentwicklung und Markenentwicklung bei. Das Kundenfeedback wird hier direkt von den Businessentscheidern gehört, Kunden erhalten diese Rückmeldungen und Dell kann durch dieses Feedback nachhaltig lernen.

Die externe und interne Social-Media-Nutzung zieht weitreichende Veränderungen im Hinblick auf die Organisation von Dell nach sich. Für ein Unternehmen dieser Größe stellt dies eine große Herausforderung dar, da es gilt, die Kommunikation über diverse Zeitzonen, Sprachen, Kulturen und Märkte hinweg zu koordinieren. Es gab und gibt kein Patentrezept für diese Art der Kundenkommunikation, aber sie hat sich über die letzten Jahre effektiv verbessert und weiterentwickelt.

Der direkte Kundendialog beschleunigt die Transformation, die Dell als Unternehmen durchläuft, und man kann erkennen, dass das Unternehmen und die Mitarbeiter mehr und mehr von den eingehenden statt von der ausgehenden Perspektive beeinflusst werden. Zuhören, Reagieren und Lernen sind Bestandteile einer nachhaltigen Strategie, die das Unternehmen hier umsetzt.

Nur rund ein Drittel der weltweiten Großunternehmen haben sogenannte Social Media Guidelines. Diese bilden den vereinbarten Rahmen für die Nutzung von Social Media im Unternehmen. Gezielte Schulungen der Mitarbeiter und klare Richtlinien für das Unternehmen stellen aber Grundvoraussetzung für einen erfolgreichen Auftritt im Social-Media-Umfeld dar. Es muss Wert darauf gelegt werden, dass nicht nur die Presseabteilung geschult wird, sondern sämtliche Mitarbeiter, die über Social-Media-Plattformen mit Kunden in Kontakt kommen. Es sollten Mitarbeiter aus unterschiedlichen Abteilungen mit einbezogen werden. So kann ein Produktingenieur in der Entwicklungsabteilung erheblich mehr über das Produkt, seine Verwendung und mögliche Probleme lernen, wenn er direktes Kundenfeedback erhält.

Dell wollte in diesem Bereich nicht überregulieren und hat versucht, pragmatische Regeln für das Miteinander in sozialen Netzen zu finden.

4.5.4 Messbarkeit des Social-Media-Nutzens

Mitentscheidend für die Akzeptanz und damit auch für weitere Investitionen in Social Media ist der Nachweis des Nutzens. Dies betrifft sowohl die externe Nutzung (Kundenbeziehung über Web 2.0) als auch den unternehmensinternen Einsatz für Kommunikation, Interaktion und Wissensmanagement (Enterprise 2.0).

Es gibt weiche Faktoren, die den Erfolg des Social-Media-Einsatzes wiederspiegeln, und es gibt klar messbare harte Faktoren, anhand derer die Rentabilität nachgewiesen werden kann.

Weiche Faktoren umfassen das Image des Unternehmens im Web. Hier ist von Belang, wie und in welchen Zusammenhängen über das Unternehmen und die Marke gesprochen wird, wie zufrieden die Kunden im Gespräch mit dem Unternehmen sind, welches emotionale Feedback sie geben.

Die klar messbaren Kenngrößen sind der durch Social Media generierte Traffic, die Anzahl von relevanten Fans/Followern (und deren Interaktion), das Ergebnis der Bewertungen über festgelegte Bewertungssysteme, das Besucherverhalten auf der Website, Leads, u. v. m.

Mittlerweile wurden genügend aussagekräftige Messmethoden und Kennzahlen entwickelt, die den Erfolg von Social Media anhand dieser zahlreichen Faktoren messbar machen. Diese Kennzahlen werden von den Entscheidern im Unternehmen genutzt, um Investmententscheidungen zu treffen und zu priorisieren. Die Messzahlen können sowohl für die internen Programme als auch als auch für externe Social-Media-Programme definiert werden, und in der Folge gemessen werden.

4.6 Nächste Schritte – Wie wird es weitergehen?

Dell ist sehr früh auf die Vorteile von sozialen Medien aufmerksam geworden. Die Unterstützung und Förderung durch die Führungskräfte (erste Führungsebene) hat hier eine entscheidende Rolle gespielt. Es würde früh erkannt, dass Social Media enorme Vorteile bieten kann und Investitionen wurden bereitgestellt, um Pilotprogramme zu entwickeln und auf diesem Gebiet zu experimentieren. Eine Förderung durch die oberste Führungsebene ist auch deshalb wichtig, da sich die meisten Social-Media-Ansätze über die definierten Unternehmensbereiche hinaus bewegen. Eine zentrale Koordination, Budgetierung und Unterstützung ist daher entscheidend.

Der sinnvolle Einsatz von Social Media trägt dazu bei, den Kunden und Mitarbeitern zu helfen, einen verbesserten unternehmensexternen und -internen Dialog zu führen; das führt meistens zu einer steigenden Zufriedenheit. Die verbreitete Nutzung der digitalen Medien bei Dell führt heute schon zu einer radikalen Veränderung in Marketing, PR, Personal, Vertrieb, Service und in der Kommunikation mit Mitarbeitern im Unternehmen.

Es zeigen sich einige weiterführende Trends:

- Mehr Kundenfeedback und vom Kunden generierte digitale Inhalte führen zu stetiger Veränderung und Bereicherung der Unternehmens-Websites.
- Eigene Mitarbeiter werden mehr involviert, Schulungen verbessert und effektive, neue Managementstrukturen bilden sich – weg von strikten Hierarchien und hin zu kundenorientierten Organisationsstrukturen.
- Es findet ein verstärkter *Dialog* auf allen relevanten Plattformen statt.
- Das Angebot wird verstärkt auch auf mobile Devices ausgerichtet, um stets dort zu sein, wo die Kunden sind. „Fish where the fish are" bezieht sich auf die räumlichen Verhältnisse in denen sich die Kunden aufhalten. Dieses Thema wird insbesondere beim Multichannel Management wichtiger.
- Es findet ein kontinuierliches Erschließen neuer technologischer Möglichkeiten statt, um mit der Weiterentwicklung der digitalen Plattformen (Facebook, Twitter, etc.) und dem fortschreitenden demografischen Wandel Schritt halten zu können.

Soziale Medien transformieren Unternehmen und haben starken Einfluss auf Unternehmenskultur und -organisation. Dies ist am Beispiel von Dell sehr gut zu erkennen. Die Marke wird durch Kunden weiterentwickelt, die Kunden haben einen starken Einfluss auf Produkte und darauf, wie die Marke von anderen Kunden wahrgenommen wird.

Unternehmensintern und -extern gilt: Soziale Medien müssen nicht kontrolliert werden, sie müssen vom Unternehmen nur sinnvoll genutzt werden. Kunden erwarten eine neue Qualität der Kommunikation von den Anbietern am Markt. Sie werden diesen direkten Draht zum Unternehmen mehr und mehr einfordern. Das Empfehlungsmarketing hat eine neue Dimension erreicht, in der der Kunde nicht nur Feedbackgeber ist, sondern eingeladen ist, über den sozialen Austausch als Berater, Diplomat und Markenbotschafter für das Unternehmen zu fungieren. In dem Moment, wo das Unternehmen dem Kunden nicht nur die Möglichkeit gibt, sich zu artikulieren, sondern ihm auch zuhört und das Gehörte umsetzt, um sich im Sinne der Kunden zu verbessern, ist der richtige Weg beschritten.

Die SportScheck Cross Channel Strategie

5

Stefan Herzog und Berit Düvell

Inhaltsverzeichnis

5.1 Strukturwandel im deutschen Einzelhandel

Nur wenige Bereiche der deutschen Wirtschaft sind so sehr von einem Strukturwandel betroffen wie der Einzelhandel. Seit 2000 ist die Einzelhandelsbranche durch stagnierende Umsätze und einen rückläufigen Anteil am privaten Konsum geprägt. Der Einzelhandelsumsatz erhöhte sich in der Zeitspanne von 2000 (398 Mrd. €) bis 2012 (414 Mrd. €) nur geringfügig. Der Anteil des Einzelhandels am Privatkonsum lag im Jahr 2005 noch bei 31 % und fiel bis 2011 auf nur noch 28 %. Da die privaten Konsumausgaben in diesem Zeitraum jedoch gering steigen, kann festgestellt werden, dass der Einzelhandel von dieser Steigerung nur unterdurchschnittlich bzw. gar nicht profitiert (vgl. HDE 2011).

Betrachtet man die Mengenveränderungen der drei Produktkategorien Fast Moving Comsumer Goods (FMCG), Urlaubsreisen und Textilgüter im Zeitraum 2006 bis 2011, so weisen alle drei Kategorien negative Mengenveränderungen auf (Abb. 5.1). Verglichen zum

Stefan Herzog ✉
SportScheck GmbH, Biberger Str. 37, 82008 Unterhaching, Deutschland
Berit Düvell
PFH Private Hochschule Göttingen, Weender Landstr. 3–5, 37073 Göttingen, Deutschland

H.-C. Riekhof (Hrsg.), *Retail Business*, DOI 10.1007/978-3-8349-4555-6_16,

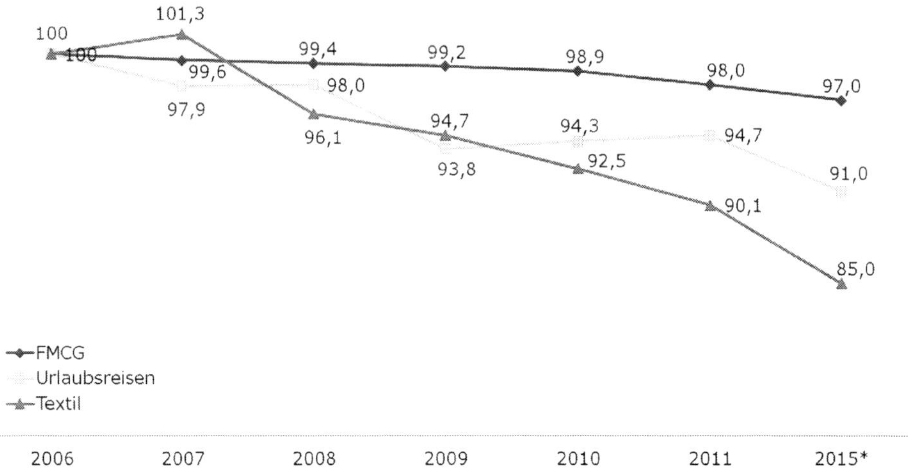

Abb. 5.1 Mengenveränderungen 2006–2015 (in %) (Quelle: GfK 2012)

Jahr 2006 erfuhren die FMCG im Jahr 2011 eine Mengenverringerung um 2 %; die GfK prognostiziert bis zum Jahr 2015 sogar eine Verringerung der FMCG um 3 %. Urlaubsreisen verringerten sich im Jahr 2011 um 5,3 % und sollen 2015 sogar um 9 % geringer sein als im Jahr 2006. Die größten Mengeneinbußen betreffen allerdings die Textilgüter. Die große negative Mengenveränderung von –9,9 % in 2011 im Vergleich mit 2006 soll sich bis 2015 laut der Prognose der GfK sogar auf –15 % erhöhen (vgl. GfK 2012).

Diese negativen Mengenveränderungen und der stagnierende Gesamtumsatz des Einzelhandels widerlegen den Mythos vom ewigen Mengenwachstum. Folglich ist Wachstum im Einzelhandel vorrangig nur noch durch die Verdrängung von Wettbewerbern zu erreichen. Gründe bzw. Einflussfaktoren, die das Ende des Mythos vom ewigen Mengenwachstum des deutschen Einzelhandels konstatieren, sind sozioökonomische Einflüsse wie z. B. der demographische Wandel und deutliche Verhaltungsänderungen der Kunden. Neben allgemeinen Trends wie Information-Overload und steigende Qualitätsansprüche können die Phänomene Trading-up und Trading-down als Auslöser für die Veränderungen des Kundenverhaltens beobachtet werden (vgl. Lademann 2013; in diesem Band).

Unter Information-Overload wird die Zunahme von Informationen und Kaufoptionen, die einzelne Kundensegmente überfordert, angesehen. Es gibt neue Informationskanäle sowie die Ausdifferenzierung der klassischen Medien, aber auch ein immer unübersichtlicheres Produktangebot.

Da Käufer in Deutschland heute einen höheren Bildungsabschluss haben und über mehr Kaufkraft verfügen, steigt zudem der Qualitätsanspruch der Kunden. Dem Qualitätsanspruch der Kunden wird im funktionellen Bereich dadurch Rechnung getragen, dass technische Materialien mehr und mehr Einzug halten. Qualität hat für den Kunden auch etwas mit seinen Wertmaßstäben zu tun und wird beispielsweise durch das Thema Nachhaltigkeit ausgedrückt.

Zu den gesellschaftlichen Veränderungen zählen neben dem demographischen Wandel auch der Anstieg der Single-Haushalte und die steigende Mobilitäts- und Flexibilitätsanforderungen. Auch die Phänomene des Trading-ups und Trading-downs können im deutschen Einzelhandel beobachtet werden. Handelsunternehmen verbessern bei einem Trading-up ihr Leistungsangebot „nach oben". Typische Maßnahmen sind ein Angebot von umfangreicheren Dienstleistungen oder Sortimentsausweitung. Gegensätzlich hierzu verschieben Handelsunternehmen beim Trading-down ihre Positionierung von einer höheren auf eine niedrigere Preislage (vgl. Cant et. al 2007). Ausgeprägte Eigenmarkenstrategien der Retailer sind die Konsequenz.

Als Antwort auf den Information-Overload kann SportScheck mit seinem Multi Channel Konzept den einzelnen Kunden entsprechend seiner Lebenssituation abholen. Im Online-Shop bietet SportScheck die unterschiedlichsten Online-Berater wie z. B. den Laufschuhberater oder den Rucksackberater an, damit der Kunde sich nicht mit einer Flut an Informationen selbst auseinandersetzen muss. Im Stationärgeschäft führt der Mitarbeiter im Verkaufsgespräch eine kurze Bedarfsanalyse durch, um dem Kunden die relevanten Informationen zu geben und somit ihn bei seiner Kaufentscheidung zu unterstützen. Hierdurch wirkt SportScheck auch dem ROPO-Effekt entgegen (research online/purchase offline), weil immer der entsprechende Kanal mit den relevanten Informationen zur Verfügung gestellt wird.

5.2 Entwicklungen im deutschen Sportmarkt

Der Stellenwert des Sports in der Gesellschaft verändert sich fortlaufend. Heutzutage ist Sport nicht mehr nur ein Pflichtprogramm, sondern ist ein wichtiger Ausgleich im Alltag geworden; er drückt auch einen bestimmten Lebensstil aus. In Zukunft wird sich Sport jedoch weg vom Lebensstil hin zur Gesundheitsprävention Nr. 1 entwickeln, da das Bewusstsein für die Verantwortung der eigenen Gesundheit in der Gesellschaft nachhaltig steigt (Abb. 5.2).

Dabei ist eine Entwicklung vom „Wellness" zur „Selfness" zu beobachten (Abb. 5.3). Das aktive Engagement für die eigene Gesundheit (Selfness) rückt immer mehr in den Fokus und wird zur wichtigsten Motivation für den Sport. Selfness ist die neue Selbstveränderungs-Kultur, eine Kultur der Selbst-Kompetenz: Jeder arbeitet aktiv am eigenen Wohlbefinden und an der eigenen Gesundheit. Das passive „verwöhnt werden" durch klassische Wellnessangebote steht nicht mehr so stark im Kundenfokus, sondern vielmehr das persönliche Engagement für ein vitaleres und gesünderes Leben, das auch die Fähigkeit, fit zu bleiben oder sich gesund zu ernähren, umfasst (vgl. Zukunftsinstitut 2012).

Obwohl der gesamte deutsche Einzelhandel in den letzten Jahren relativ stabil war, unterlag der deutsche Sportmarkt erheblichen Wachstumsschwankungen. Von 2002 bis 2004 schrumpfte der Sportmarkt jeweils um 3 % bis 4 %. Der Sportmarkt Deutschland wuchs 2008 im Vergleich zum Vorjahr um 4 %, steigerte sich im Jahr 2009 um 7 % und wuchs

Abb. 5.2 Veränderte Einstellungen zum Sport (Quelle: eigene Darstellung in Anlehnung an Zukunftsinstitut 2012)

Abb. 5.3 Entwicklung von Wellness zu Selfness (Quelle: Zukunftsinstitut 2012)

2010 im Vergleich zum Vorjahr erneut sogar um 9 %. Nach den extrem positiven Jahren 2008 bis 2010 konnte 2011 eine rückläufige Entwicklung verzeichnet werden (−5 %).

Der Hauptvertriebskanal im Sportmarkt 2011 ist der stationäre Handel (6,7 Mrd. €), welcher sich auf konstantem Niveau bewegt. Der Internethandel entwickelte sich sehr positiv über die letzten Jahre, und 2011 wurde in diesem Vertriebskanal ein Umsatz von 1,7 Mrd. € erwirtschaftet. Das Kataloggeschäft hingegen entwickelte sich in den letzten Jahren rückläufig auf 300 Mio. € im Jahr 2011.

Der Sportmarkt ist seit vielen Jahren durch ein sehr etabliertes Konkurrenzumfeld gekennzeichnet. SportSchecks größte Wettbewerber sind Intersport und KarstadtSports. Intersport ist der größte Wettbewerber am deutschen Sportmarkt mit einem Marktanteil von rund 30 %. Der Einkaufsverbund ist nur im Stationärhandel (über 1500 Verkaufsstellen) vertreten. Dies könnte sich jedoch ändern, da es seit einem Jahr einen Online-Shop in Österreich gibt. Das neue Betriebstypenkonzept „Intersport Adventure" fokussiert sich auf die Outdoor-Zielgruppe und wird bereits an 9 Standorten umgesetzt. KarstadtSports hat nach rückläufigem Umsatz noch einen Marktanteil von rund 5 %. Das umfangreiche Sortiment vertreibt der Generalist über 28 Sporthäuser, rund 70 Karstadt-Sportabteilungen und seit 2011 über einen Online-Shop (www.karstadtsports.de). Damit die Sporthäuser ihre Leistungsfähigkeit verbessern und den Marktanteil halten bzw. ausbauen wurden sie rechtlich eigenständig aufgestellt.

Aufgrund der Attraktivität des Marktes und des zeitweilig hohen Marktwachstums in den vergangenen Jahren drängten jedoch auch immer mehr Wettbewerber in diesen Markt. Als Discounter bzw. Generalisten strömen Unternehmen wie Decathlon in den deutschen Markt. Decathlon setzte 2010 über 100 Mio. € in Deutschland und rund 6 Mrd. € weltweit um. Das Unternehmen bedient mit seinem Sortiment über 70 Sportarten und steht für die „Freude am Sport" – für alle Sportler, unabhängig von Alter und der Leistungsniveau. Es ist zu beachten, dass über die Hälfte des Gesamtumsatzes mit Eigenmarken generiert werden. In Deutschland möchte Decathlon seine Expansion mit Filialeröffnungen massiv vorantreiben. Derzeit werden 16 Filialen und ein Online-Shop betrieben, jedoch gibt es kein Kataloggeschäft. Bisher wird in Deutschland auf größere Marketingaktivitäten verzichtet, da der Kunden durch die aggressive Preispolitik überzeugt werden soll.

Online-Spezialisten wie z. B. PlanetSports nehmen Marktanteile von etablierten Generalisten wie SportScheck weg. PlanetSports erwirtschaftete weltweit im Jahr 2010 7 Mio. € Umsatz und 5,4 Mio. € in Deutschland. Rund 80 % des Umsatzes in Deutschland wurde im Online-Shop erwirtschaftet, der den Hauptvertriebsweg darstellt. Stationäre Geschäfte gibt es nur in Deutschland. Beim aktuellen Bestand von sechs Filialen ist eine Filialexpansion in Deutschland geplant. PlanetSports wird als Spezialist für Boardsports und Fashion angesehen, und die Markenkommunikation ist auf das Lebensgefühl der Zielgruppe ausgerichtet.

Die etablierten Unternehmen im Sportmarkt müssen sich auch immer mehr mit der dritten Kategorie von Wettbewerbern, Vertikalisten wie z. B. adidias, auseinandersetzen. Adidas setzte im Jahr 2011 im Konzern 13,3 Mrd. € um. Umsatzzahlen für Deutschland werden nicht kommuniziert, 10,3 % des gesamten Konzernumsatzes (4 Mrd. €) werden in Westeuropa erwirtschaftet. Die Philosophie des Vertikalistens lautet „adidas is all in". Adidas verfügt über 16 Filialen, über 3000 Händler und einen Online-Shop in Deutschland. Das Sortiment deckt Teamsport, Golf, Running, Fitness, Outdoor, Tennis und Fashion ab. Adidas investiert große Summen vor allem in die Markenkommunikation und in Produktinnovationen. Als neue Vertriebslinie wird gerade adidas NEO aufgebaut, welche trendorientiert und auf Jugendliche zwischen zwölf und 16 Jahren ausgerichtet ist.

5.3 Das SportScheck Turn around Programm 2005 bis 2008

SportScheck positionierte sich 2001 in Richtung Lifestyle. Dieser Versuch endete 2004 mit einem gesunkenen Umsatz von nur 262 Mio. € und den höchsten Verlusten der Firmengeschichte. In den Jahren 2002 bis 2004 herrschte zwar ein allgemeiner Marktrückgang von rund 3 % auf dem deutschen Sportmarkt, jedoch waren die Verluste von SportScheck um ein Vielfaches höher und konnten nicht alleine auf den Markt zurückgeführt werden. Der Hauptgrund für die schlechte Lage war die Positionierung in Richtung Lifestyle, und deshalb war ein Turn around Prozess unabdingbar.

Die Neupositionierung von SportScheck hinsichtlich seines Geschäftsmodells und seines Sortiments wurde mit Hilfe einer Interview-Studie erarbeitet. Die Studie deckte auf, dass das Geschäftsmodell von SportScheck im Vergleich zu einem „idealen Sportartikelanbieter" Defizite beim Preis-Leistungsverhältnis, bei der proaktiven Markterschließung und bei der kulanten Auftragsabwicklung beinhaltete. SportSchecks Sortiment stand u. a. für sportlich-legere Mode, ein starkes Markenbewusstsein und aktuell-trendorientierte Mode. Dem Sortiment wurde jedoch von den Kunden unterstellt, dass die Marke eines Produktes wichtiger sei als dessen Funktion. Hier ergaben sich Abweichungen zu einem idealen Sportartikelanbieter.

Aufbauend auf den Studienergebnissen wurden zwei Key Learnings für SportScheck erarbeitet. Erstens stellte man vor allem eine Fehlpositionierung bzgl. des „gefühlten Preises" und der „Trendorientierung" fest. Selbst die jüngeren Befragten stellten die Trendorientierung von SportScheck deutlich in Frage. Das zweite Key Learning bezog sich auf unausgeschöpfte Marktpotenziale. Die Kunden orientierten sich fast durchgängig an dem Kern der sportlichen Betätigung, nicht aber an Lifestyles bzw. Trends. Zudem erwarteten die Kunden neue Impulse im Sinne von Orientierung.

Zielsetzungen dieses Turn around Programmes waren die strategische Neuausrichtung von SportScheck bis 2006 und das Erreichen eines positiven EBIT bei gleichzeitig deutlichem Ausbau der Alleinstellung im Distanzhandel bis 2008. Das anspruchsvolle Umsatzziel basierte u. a. auf einer weiterhin expansiven Entwicklung im e-Commerce Bereich. Ebenfalls – jedoch nicht in einem so expansiven Ausmaß wie der e-Commerce Bereich – baute SportScheck das Stationärgeschäft aus. Hier stößt SportScheck an natürliche Grenzen, da sich das Unternehmen bisher nur in Großstädten (über 500.000 Einwohner) in einer 1A Lage angesiedelt hatte, und diese Städte waren bereits größtenteils durch SportScheck Filialen besetzt. Deshalb arbeitete SportScheck an weiteren Stationärkonzepten für Städte mittlerer Größe.

Bei der auf den Key Learnings aufbauenden Repositionierung der Marke SportScheck steht der neue Markenkern für die Sport-Gemeinschaft und richtet sich an den ambitionierten Freizeitsportler. Dies findet sich auch in dem daraus abgeleiteten Claim „Wir machen Sport." wieder (Abb. 5.4).

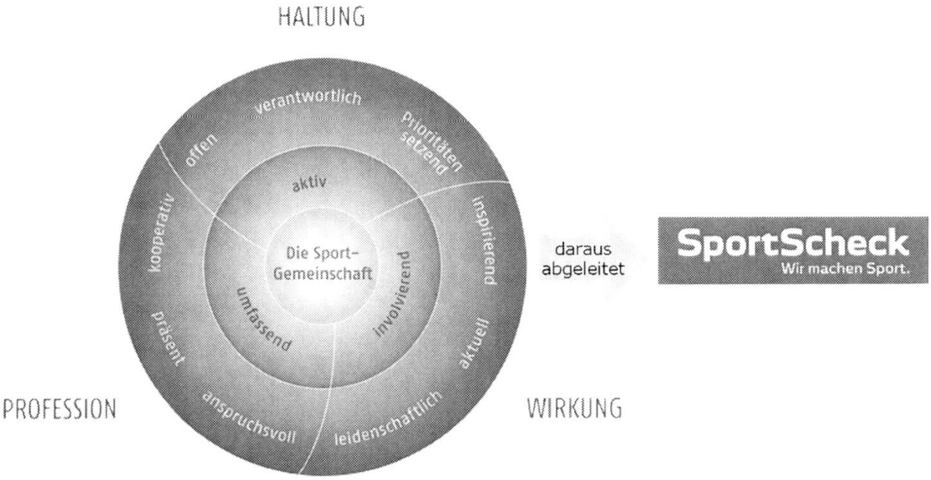

Abb. 5.4 Markenphilosophie von SportScheck

5.4 Markterschließung: „Wir machen Sport"

Auf Basis der erworbenen Kenntnisse aus der Studie und nach der Repositionierung wurde eine 360° Markenkampagne im Jahr 2010 initiiert, um eine proaktivere Markterschließung umzusetzen (Abb. 5.5). Zielsetzung war es, im Geschäftsjahr 2010 ergebnisneutral 25 Mio. € Zusatzumsatz durch die Eroberung neuer Kunden zu generieren und die Markenbekanntheit bei einem Budget von 8 Mio. € um 10 % zu steigern.

Unter dem Motto „Wir leben und verkaufen sportliche Emotionen" wurden die Markenkampagne durch TV-Spots, Social Media, Streuwurf, Filialaktionen und Online-Werbung umgesetzt.

Im Zuge der Eroberungskampagne erreichte SportScheck beim Streuwurf mit Werbesendungen 17,5 Mio. Haushalte. Durch die Eroberungskampagne konnte SportScheck einen deutlichen Anstieg der ungestützten Markenbekanntheit und auch des Top of Mind Status verzeichnen. Auch in der Werbeerinnerung zeigte sich sowohl gestützt als auch ungestützt jeweils ein signifikanter Zuwachs.

Im Social Web wurde eine integrierte Kommunikation über die Kanäle hinweg eingeführt. Die verwendeten Social Media Kanäle sind Facebook, Google+ und Youtube. Als Ziele wurden die Vermittlung von Sportkompetenz, die Emotionalisierung der Marke und der Aufbau einer Kundenbindung bzw. einer Interaktion mit der Marke verfolgt, um vor allem eine Steigerung der Visibilität und den Ausbau des Markenimages von SportScheck im Social Web zu erreichen.

Facebook stellt das Key Medium dar, und eine Mischung aus Content und spielerischen Aktionen sorgen für eine hohe Interaktion der Fans (Stand März 2013: über 177.000 Facebook-Fans). Im Vergleich zu einem der Hauptwettbewerber KarstadtSports,

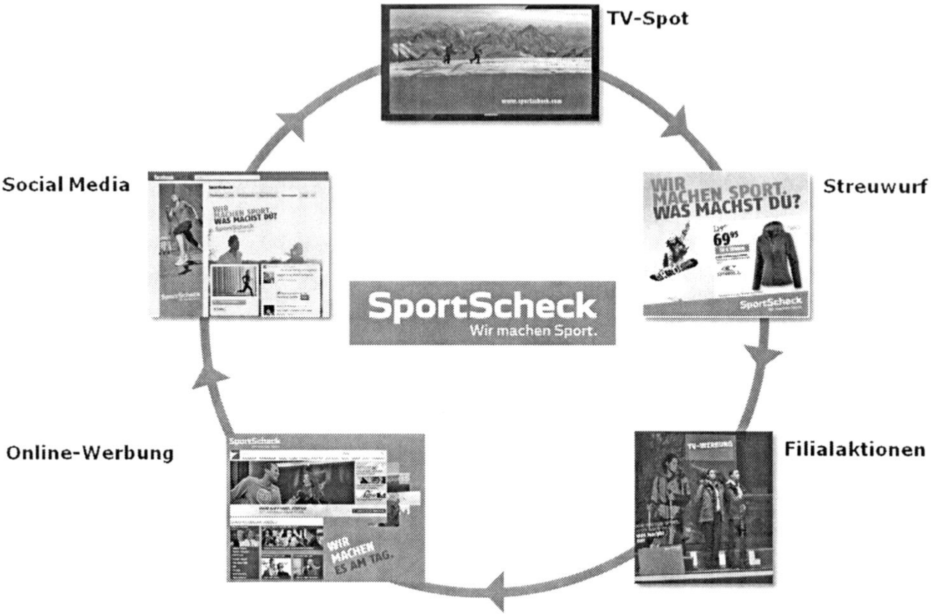

Abb. 5.5 Konzept der 360° Markenkampagne

welcher lediglich rund 47.000 Facebook-Fans (Stand März 2013) hat, ist SportSchecks Interaktion mit den Fans via Facebook sehr fortgeschritten. Unter der Leitidee eines „beratenden Entertainments" aktivieren verschiedene Gewinnspiele, Expertentipps, Events, Insides, User-Generated-Content, Fotostories und Trainingsstrecken von Markenbotschaften wie Nils Schumann das Fanpotenzial. Erfolgreiche Aktionen waren u. a. das Angebot einer Laufschuh-App sowie ein SportScheck Fußball-Tippspiel zur EM 2010. Google+ hingegen wird eher als das Social Media „Trendlab" von SportScheck angesehen. SportScheck veröffentlicht in diesem Medium eigene und weitere sportrelevante Themen. Die Kombination aus externen Trends und News sowie Fakten und Hintergründe von SportScheck soll das Google+ Profil für den Kunden einen Mehrwert darstellen und es von anderen Profilen abgrenzen.

Der Claim „Wir machen Sport" wird durch die SportScheck Events unterstrichen; insgesamt zogen diese Events im Jahr 2011 über 130.000 Teilnehmer an. Die Teilnehmeranzahl setzt sich zusammen aus 76.0000 Läufern an 17 verschiedenen Stadtlauf Standorten, 22.000 Besuchern beim SportScheck Gletscher Testival, 30.000 Besuchern beim Outdoor-Festival im Olympiapark, 250 Teilnehmern beim OutdoorTestival am Molveno See und ca. 1000 Buchungen bei der Berg- und Skischule. Die Stadtlaufserie von SportScheck und BMW begann im Jahr 2007 und ist die größte Stadtlaufserie Deutschlands. Das Wachstum der Stadtläufe der letzten Jahre soll in den kommenden Jahren kontinuierlich fortgeführt werden. 2012 soll laut SportScheck die Teilnehmerzahl der Stadtläufe auf über 80.000 an-

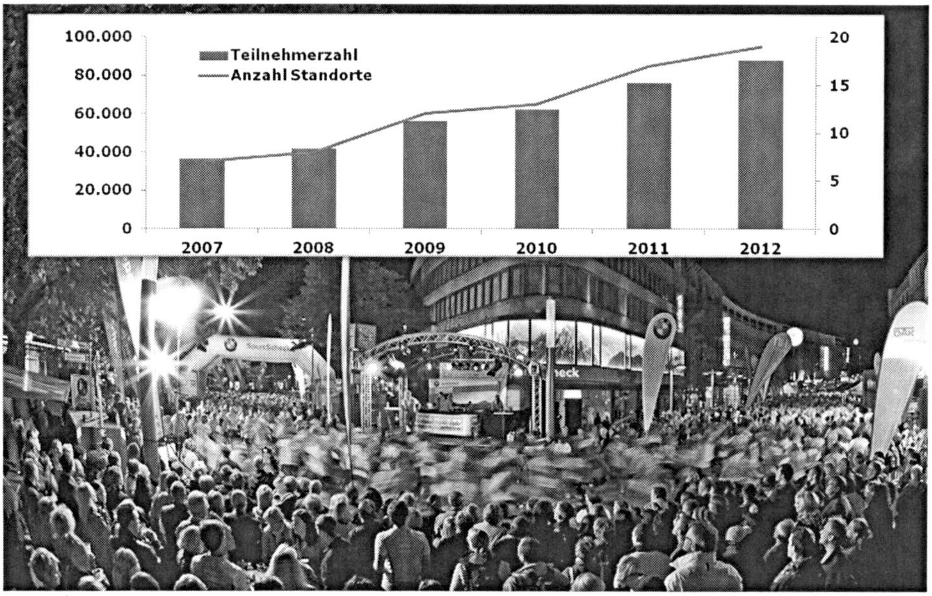

Abb. 5.6 Entwicklung der Stadtlaufserie in Deutschland

steigen, um dessen Stellenwert als wichtigster Event des Unternehmens weiter auszubauen (Abb. 5.6).

Als Filialaktion bietet SportScheck seit 2012 eine Leistungsdiagnostik an. Mit der Einführung der Leistungsdiagnostik reagierte SportScheck auf die Veränderungen des Sportmarktes vom Ausdruck eines Lebensstils hin zur Gesundheitsprävention Nr. 1. Zusätzlich trägt das Angebot einer Leistungsdiagnostik zur Aufladung des SportScheck Markenkerns bei. Leistungsdiagnostik richtet sich an Freizeitsportler und Wettkampfathleten gleichermaßen und erkennt den optimalen Trainingsbereich, steigert die Trainingseffektivität und vermeidet eine Über- oder Unterforderung. Somit können persönliche Ziele schneller und auf gesundem Wege erreicht werden. Laut einer SportScheck Studie waren 41,5 % der Befragten sogar bereit, für eine Gesundheitsberatung Zusatzausgaben zu leisten. Dieses zeigt, dass von Seiten der Kunden eine hohe Nachfrage nach Gesundheitsberatung vorhanden ist.

Die SportScheck Strategie und die 360° Markenkampagne zeigen ihre Wirkung: SportScheck ist im Juni 2011 die relevanteste und sympathischste Sporthandelsmarke Deutschlands (Abb. 5.7). Insgesamt kannten im Juni 2011 73 % der Befragten die Marke SportScheck. Vor allem bei den Top of Mind und gestützten Nennungen gab es bei SportScheck signifikante Veränderungen verglichen mit den Nennungen im März 2011, und sie belegten den ersten Platz vor allen Sportfachhändlern.

Trotz des verschärften Verdrängungswettbewerbs in den letzten Jahren hat es SportScheck – auch durch die Markenkampagne – geschafft, in den Jahren 2010 und 2011 über dem Branchenschnitt zu wachsen. Dieses zeigt, dass das Turn around Programm der Jahre

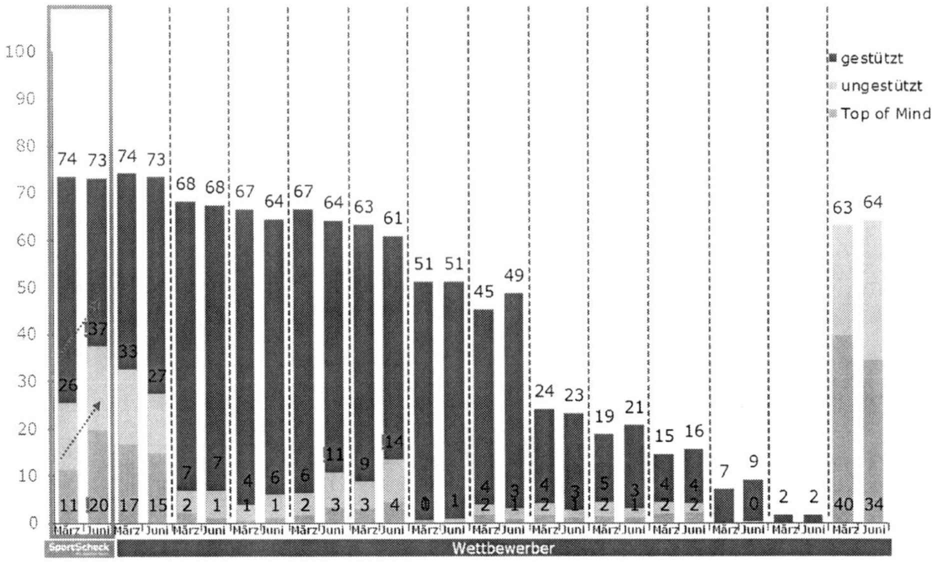

Abb. 5.7 Markenbekanntheit Sport- und Freizeithändler – Vergleich März/Juni 2011

Abb. 5.8 Wachstum des deutschen Sportmarkts und Sport Scheck im Vergleich (in % im Vergleich zum Vorjahr)

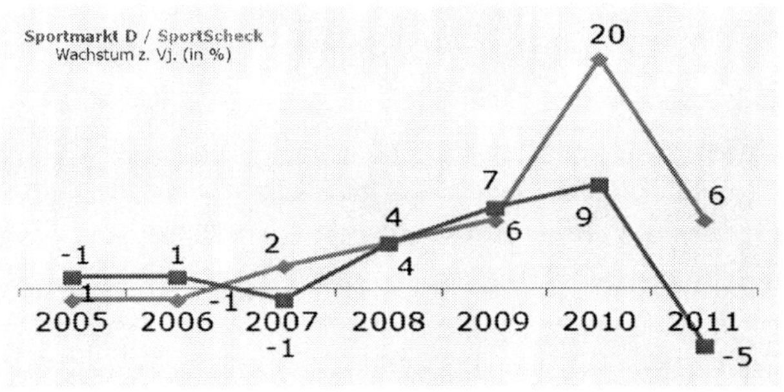

2005 bis 2008 erfolgreich war. Vor allem SportSchecks bemerkenswertes Wachstum 2010 von 20 % im Vergleich zum Vorjahr ist hierbei herauszustellen (Abb. 5.8).

5.5 Status Quo der Multi Channel Strategie

Heute ist SportScheck einer der größten deutschen Sportartikelanbieter mit einem Umsatz von 408 Mio. € im Jahr 2011. Unter anderem aufgrund des starken Wachstums 2010 von 20 % im Vergleich zum Vorjahr hat SportScheck das beste Ergebnis in der Unternehmensgeschichte realisiert. Der Umsatz wird durch drei Kanäle generiert: dem stationären Handel, dem e-Commerce und dem Versandhandel. Durch die Multi Channel Strategie kann SportScheck jeden Kunden in seiner individuellen Lebenssituation abholen.

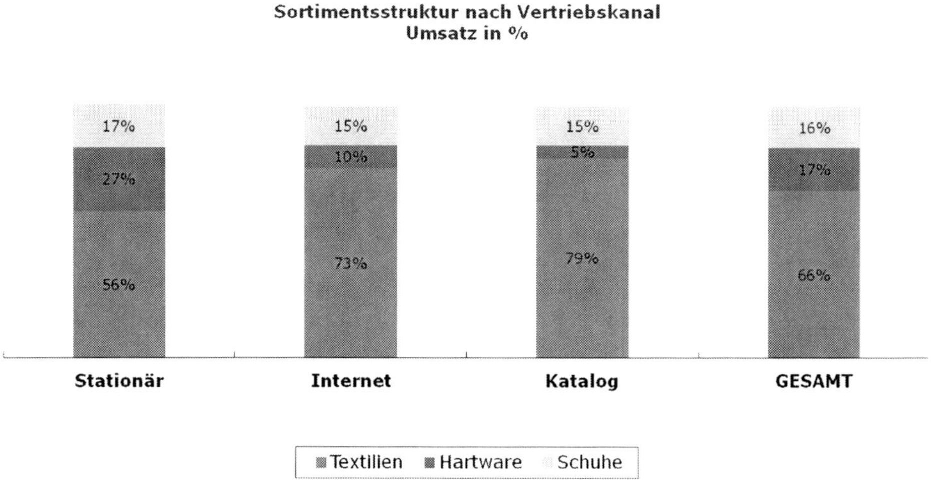

Abb. 5.9 Sortimentsstruktur nach Vertriebskanal im Jahr 2011

Der stationäre Handel besteht aus 16 Filialen (über 60.000 m^2) in Deutschland, in denen jährlich über 17 Mio. Kunden einkaufen. Der SportScheck Online-Shop (sportscheck.com) erzeugte bis dato 350 Mio. Page Impressions (Stand September 2012), und ein Versand der Produkte kann auch nach Österreich und in die Schweiz erfolgen. Mit jeweils einer Auflage von bis zu 1,9 Mio. erscheinen jährlich im Versandhandel vier Hauptkataloge, die über bis zu 770 Seiten verfügen. SportScheck spricht mit seinen jährlichen vier Spezialkatalogen outdoor-, lauf- boardsport- und styleaffine Kunden direkt an. Alle Kataloge werden in Deutschland, Österreich und der Schweiz gestreut. Im Vergleich zum Stationärgeschäft wird im Distanzhandel – sowohl Versandhandel als auch e-Commerce – im Jahr 2011 mehr Textilien und weniger Hartwaren wie z. B. Skateboards oder Skier verkauft (Abb. 5.9).

Wenn man den Stellenwert der verschiedenen Kanäle betrachtet, so erkennt man in der Zeitspanne von 2005 bis 2011 eine erhebliche Veränderung der jeweiligen prozentualen Anteile am Gesamtumsatz (Abb. 5.10). Im Jahr 2005 wurden 56 % mit dem stationären Handel, 34 % mit dem Versandhandel und 10 % des Umsatzes mit e-Commerce erwirtschaftet. Vergleicht man diese Anteile mit denen aus dem Jahr 2011, so kehren sie sich innerhalb des Distanzhandels um. 2011 bleibt der Anteil des stationären Handels mit 54 % am Umsatz stabil; e-Commerce generiert hingegen 36 % und der Versandhandel nur noch 10 % des Gesamtumsatzes.

Mobile Commerce (m-Commerce) stellt eine spezielle Ausprägung des e-Commerce unter Verwendung mobiler Endgeräte dar (vgl. Schulenburg 2008). M-Commerce fungiert verstärkt als wichtiges Bindeglied zwischen den drei Vertriebskanälen und wird zur mobilen Filiale, und durch die Einbindung von mobilem Internet in den einzelnen Kanälen erhält die Multi Channel Strategie von SportScheck eine einzigartige Dimension. Die Wichtigkeit dieses neuen Channels zeigen die aktuellen Nutzungs-Entwicklungen seit Januar 2011 (Stand September 2012):

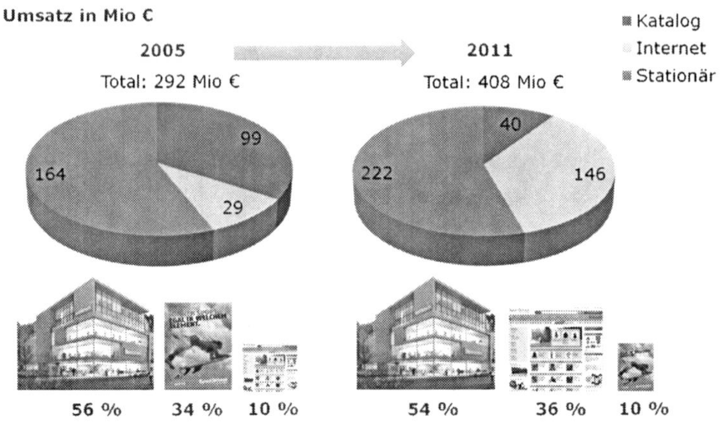

Abb. 5.10 Umsatzanteile der Vertriebskanäle

- *Mobile Shop:* 48.923 Bestellungen,
- *Smartphone Apps:* Shopping App 101.045 Downloads, Lauf App 27.597 Downloads, Wintersport App 14.052 Downloads, Outdoor App 6701 Downloads,
- *iPad App:* 37.605 Downloads, durchschnittliche Verweildauer rund 12 min,
- *Location-based-Service (LBS) Plattformen:* Von März bis September 2012 kumuliert rund 967.451 mobile Aufrufe der SportScheck Angebote über die LBS Plattformen KaufDa, meinProspekt und Gettings.

Ferner können Kunden z. B. in der Filiale vor Ort Ware, wenn diese in der Filiale nicht verfügbar ist, über den sogenannten iShop (zugängliche Gerätestation, bei der der Sport-Scheck Online-Shop in einem Display dargestellt wird) bestellen lassen und diese dann für sie wahlweise entweder in die Filiale oder an die Privatadresse liefern lassen. Seit 2009 sind alle Filialen mit einem iShop ausgestattet (Abb. 5.11).

Ein anderer Ansatz wurde mit der Filialeröffnung in Berlin Ende 2010 umgesetzt, da SportScheck hier den iShop über das Einsetzen von iPads mobil gemacht hat. Die Idee war, den Online-Shop stärker in den Verkaufsprozess der Mitarbeiter zu integrieren. Auf jeder Etage der Berliner Filiale gibt es eine iPad Station mit jeweils vier iPads, mit denen ein Zugang zu dem SportScheck Online-Shop möglich ist. Der Verkäufer hat die Möglichkeit, das iPad als mobiles Endgerät direkt in den Verkaufsprozess einzubinden. Die gesicherten iPads können über die Identifikation des Mitarbeiters entsichert und damit mobil gemacht werden (Abb. 5.12). Aufgrund der positiven Resonanz dieses Ansatzes startete im Jahr 2011 dessen Rollout auf alle anderen 15 Filialen in Deutschland.

Um alle Vertriebskanäle neben dem Einsatz von m-Commerce noch stärker zu vernetzen und die Multi Channel Strategie abzurunden, kann der Kunde sich online einen persönlichen Beratungstermin in einer Filiale buchen. Der Ausbau der Beratungsangebote dient dazu, einen Mehrwertdienst in der Filiale anzubieten, und zeugt von einer Verschmel-

Abb. 5.11 iShop von SportScheck

zung der Offline- und Online-Kanäle, da SportScheck somit einen kaufübergreifenden und individuellen Service anbieten kann.

Als Ausblick der Multi Channel Strategie SportSchecks ist herauszustellen, dass das Unternehmen bis zum Jahr 2015 sich zu einen rein stationär und Internet getriebenen Unternehmen entwickeln will, da 50 % des Umsatzes im Internet (derzeit 36 %) und 50 % des Umsatzes im Stationärgeschäft (derzeit 54 %) erwirtschaftet werden soll. Der Katalog wird keinen Vertriebskanal mehr darstellen, jedoch weiterhin ein wichtiger Impulsgeber für die anderen Vertriebskanäle sein. M-Commerce soll weiterhin als Bindeglied fungieren. SportSchecks Ziel ist es, die Multi Channel Marktführerschaft zu erlangen.

5.6 Vom Multi Channel Anbieter zum Cross Channel Anbieter

Gleichzeitig strebt SportScheck langfristig eine Weiterentwicklung des Multi Channel Ansatzes hin zu einen ausdifferenzierteren Cross Channel Ansatz an (vgl. Heinemann 2013; in

Abb. 5.12 iPad Station in einer SportScheck Filiale

diesem Band). Mit der Homogenisierung aller Kanäle und den fließenden Interaktionsprozessen zwischen den einzelnen Kanälen hat SportScheck den Multi Channel Ansatz bereits umgesetzt. Das Unternehmen befindet sich zurzeit in der letzten Phase der Entwicklung von einem Multi Channel zu einem Cross Channel Unternehmen. Erst wenn zu der bereits bestehenden Homogenisierung und den fließenden Interaktionsprozessen zusätzlich eine Harmonisierung (d. h. eine bewusste Differenzierung der Kanäle, um eine wirkungsvolle Ergänzung zu erzielen) vollzogen ist, kann der Status eines Cross Channel Unternehmens erreicht werden. Der letzte Schritt, bestehend aus einem integrierten Multi Channel Kundenmanagements, in dem individuelle Kundeninteraktionen über alle Kanäle ermöglicht werden, fehlt zurzeit noch (Abb. 5.13).

5.7 Vision 2020: „Auf dem Weg zum Multispezialisten"

Infolge des Turn around Prozesses wurde die Vision 2020 als strategischer Leitfaden erarbeitet, welche sich aus drei Bausteinen zusammensetzt. Der erste Kernpunkt dieser Vision ist, dass SportScheck 2020 Marktführer in Bezug auf Umsatz im deutschen Sporthandelsmarkt mit Wachstumsfeldern in Europa sein und eine überdurchschnittlich hohe Rendite erzielen will. Zweitens will SportScheck im mittleren bis gehobenen Marktsegment den ambitionierten Freizeitsportler als bekannteste Sporthandelsmarke mit seiner hohen Markensympathie überzeugen. Zuletzt soll die Kundenansprache noch konsequenter als heute

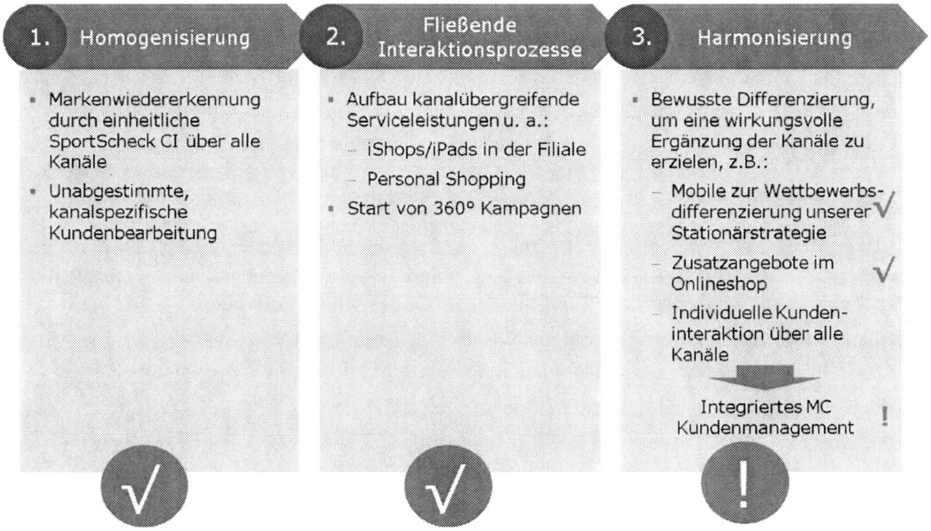

Abb. 5.13 SportSchecks Entwicklung von einem Multi Channel zu einem Cross Channel Unternehmen

als Cross Channel Anbieter erfolgen. SportScheck Events und Reisen sollen die Marke dabei für den Kunden erlebbar machen.

Um eine emotionale Kundenbindung und die Vision 2020 erreichen zu können, muss SportScheck eine Transformation vom heutigen Sportgeneralisten hin zu einem Sportmultispezialisten durchlaufen, da das Unternehmen sich nur auf diesem Wege durch Kompetenz in allen angebotenen Sportarten profilieren kann. Heutzutage ist SportScheck ein Sportgeneralist, da das Unternehmen eine Vielzahl von Sportarten bedient. Die Bedeutung einer Sortimentsbreite steht vor der Sortimentstiefe. In Zukunft will SportScheck als Multispezialist auftreten, indem das Unternehmen Sportarten, in denen SportScheck es hinsichtlich Sortimentsbreite und -tiefe mit den jeweiligen Spezialisten aufnehmen kann, anbietet. Das Anstreben einer möglichst hohen Kompetenz in diesen Sportarten und ein einheitlicher Auftritt zwischen Sortiment, Präsentation, Beratung und Kommunikation sind dabei essentiell. Im Gegensatz zu einem Sportgeneralisten strebt SportScheck in Zukunft nicht das größte, sondern das kompetenteste Sortiment an, das den Kunden immer wieder zum Kauf bei SportScheck bewegt.

Literatur

Cant, M. C., J. W. Strydom, C. J. Jooste, und C. J. du Plessis. 2007. *Marketing Management*, 5. Aufl. Kapstadt.

GFK. 2012. Demokratisierung der Markenführung – Reaktionen des Marketing auf die Destrukturierung der Gesellschaft. http://www.gfk.at/imperia/md/content/gfkaustria/data/press/2012/folien_markenroadshow_2012.pdf. Zugegriffen: 09.08.2012.

HDE. 2011. *HDE Zahlenspiegel 2011*. Berlin.

Heinemann, G. 2013. No-Line Handel als höchste Evolutionsstufe des Cross-Channel-Managements. In *Retail Business in Deutschland*, 3. Aufl., Hrsg. H.-C. Riekhof Wiesbaden.

Lademann, R. P. 2013. Betriebstypeninnovation in stagnierenden Märkten unter Globalisierungsdruck. In *Retail Business in Deutschland*, 3. Aufl., Hrsg. H.-C. Riekhof Wiesbaden.

Schulenburg, H. 2008. *Die Zukunft des Mobile Commerce*. Hamburg.

Zukunftsinstitut. 2012. Von Wellness zu Selfness. http://www.zukunftsinstitut.de/verlag/zukunftsdatenbank_detail?nr=12. Zugegriffen: 08.07.2012.

Die Multichannel Strategie bei Görtz

6

Lutz Spannuth

Inhaltsverzeichnis

6.1 Einleitung

6.1.1 Das Unternehmen Görtz

Das Unternehmen Görtz wurde im Jahre 1875 von Johann Ludwig Görtz in Hamburg gegründet. Über 135 Jahre nach der Eröffnung des ersten Ladengeschäfts in Hamburg ist die Ludwig Görtz GmbH mit über 280 Filialen in Deutschland, Österreich, Polen und der Schweiz einer der größten Schuheinzelhändler Europas. Görtz versteht sich dabei als europäischer Marktführer in dem Qualitätssegment für Schuhe und Accessoires.

Die Entwicklung von Görtz ist seit jeher geprägt von hoher Innovationskraft und Ideenreichtum. Bestand 1875 die Angebotsdiversifikation bereits aus einem zusätzlichen Kartoffelhandel innerhalb des 14 qm großen Herrenschuh-Fachgeschäftes, so steht hinter dem heutigen Verständnis der Marke Görtz „mehr als ein Schuhgeschäft" eine Sortimentsstrategie, welche neben Schuhen auch ein breites Angebot an Taschen und Accessoires umfasst.

Zu einem sehr frühen Zeitpunkt wurde bei Görtz in Zielgruppensegmenten gedacht, die entsprechend mit verschiedenen Vertriebslinien bedient werden. Als einer der ersten

Lutz Spannuth ✉
Görtz Direct, Spitalerstr. 10, 20095 Hamburg, Deutschland

H.-C. Riekhof (Hrsg.), *Retail Business*, DOI 10.1007/978-3-8349-4555-6_17,

deutschen Einzelhändler wurde im Jahre 1995 ein Kundenkartenprogramm aufgelegt, welches heute mit seinen ca. 1,5 Mio. Karteninhabern ein wesentlicher Baustein in der Görtz Multichannel-Strategie ist. Bereits im Jahre 1996 war Görtz mit einer ersten Unternehmensseite im Internet vertreten. Im Jahre 2003 eröffnet Görtz seinen ersten Online-Shop im Internet, welcher im Jahre 2009 komplett relauncht wurde.

Mit dem dynamisch wachsenden Online-Geschäft wird seit dem Jahre 2007 die Multichannel-Strategie von Görtz und damit die Entwicklung zu einem modernen Multichannel Unternehmen systematisch vorangetrieben. Ein hoher Grad der Vernetzung der einzelnen Kanäle mit einem hohen Anteil von crosschannel-induzierten Umsätzen sowie einen reinen Online Umsatzanteil von über 10 % sind im Jahre 2012 das bisherige Zwischenergebnis der Görtz Multichannel-Strategie.

6.1.2 Die Multichannel-Retailing (R)Evolution

Multichannel-Retailing ist zweifelsohne die wesentlichste und umfassendste (R)Evolution der letzten Dekaden im Einzelhandel. Multichannel-Retailing schafft keine neuen Handelsunternehmen, wie dies zum Beispiel mit der Entstehung von Cash&Carry oder Discount-Unternehmen geschehen ist. Multichannel-Retailing verändert hingegen bestehende – und zum Teil schon sehr lange bestehende – Handelsunternehmen, wie dies ohne Zweifel auf das Unternehmen Görtz zutrifft. Diese Veränderungen finden im Kern dieser Unternehmen statt und damit in der Organisation, in den Kern-Prozessen und am Ende des Tages in der ureigenen Kultur dieser Unternehmen. Diese Veränderung von etwas Bestehenden ist zweifelsohne eine komplexere Aufgabe, als die Schaffung von etwas gänzlich Neuen und dies vielleicht sogar „auf der grünen Wiese".

6.1.3 Kundenverhalten als Multichannel-Treiber

Es gibt Anbieter getriebene Entwicklungen, und es gibt Nachfrager getriebene Entwicklungen. Die in den obigen Ausführungen genannte Entwicklung von Discountern war eine eindeutig Anbieter getriebene Entwicklung. Wer treibt nun Multichannel-Retailing? Sind dies die anbietenden Unternehmen in ihrem steten Drang nach Innovationen und Wettbewerbsvorteilen? Oder sind dies die nachfragenden Kunden mit ihrem klaren Instinkt auf der Suche nach Bedarfsdeckung oder Einkaufserlebnis, nach Convenience und Zeitersparnis oder auch nach Preis- und Kostenvorteilen?

Diese Fragen beantworten sich am besten über eine vergleichende Analyse des Ausmaßes der übergreifenden Nutzung von Vertriebskanälen durch Kunden mit dem Ausmaß der kanalübergreifenden Prozesssicherheit von Unternehmen, dieses Kundenverhalten nicht nur zu ermöglichen, sondern auch zu unterstützen und zu forcieren. Dabei kann man nur zu dem Ergebnis kommen, dass Kunden – soweit dies ihnen möglich ist – mit großer Selbstverständlichkeit kanalübergreifend agieren. Dem steht hingegen eine weitestgehende

Unbeholfenheit der Unternehmen gegenüber, das instinktive Selbstverständnis der Kunden mit hoher Prozess-Sicherheit auch „abzuwickeln".

Letztendlich ist deshalb die Antwort auf die Frage nach dem wahren Treiber von Multichannel-Retailing eindeutig: Es sind die Kunden mit ihrem Kundenverhalten. Unternehmen hingegen „bauen Prozesse" (nach), um dieses gegebene Kundenverhalten auch abbilden zu können. Dabei verschärfen sich die Kundenanforderungen dahingehend, als dass die Möglichkeit des kanalübergreifenden Agierens nicht als Zusatzservice gewertet wird, sondern als Selbstverständlichkeit erwartet wird.

Als ein sehr zentrales Kundenverhalten haben sich auch bei Görtz die Vorab-Recherche im Online-Shop und der anschließende Kaufabschluss in der stationären Filiale herausgestellt. Der Online-Shop dient in diesem Zusammenhang der Inspiration, der Information und der Kaufvorbereitung. Unter diesem Aspekt ist es kaum vorstellbar, dass einzelne Retailer heute immer noch gänzlich auf eine Online-Präsenz verzichten. Diesen Händlern geht Kundenfrequenz verloren bevor diese auch nur in die Nähe der eigenen stationären Filiale gelangen.

Multichannel-Retailing ist demnach keine Innovation der Unternehmen, Multichannel-Retaling ist die Antwort auf ein zunehmend stattfindendes Multichannel-Kundenverhalten. Und mit ihrem Kundenverhalten und ihren Erwartungen treiben Kunden derzeit die Unternehmen vor sich her; und es ist bemerkenswert wie wenig elastisch und kundenorientiert sich viele Unternehmen dabei erweisen. Görtz hat sich dieser Herausforderung gestellt.

6.2 Definition Multichannel-Retailing

In Beratungs- und in Strategiekonzepten, in Managementgesprächen bis hin zu Veröffentlichungen verschiedener Art findet sich die Begrifflichkeit „Multichannel-Retailing" wieder. In der Vielfalt der Verwendungen ist hingegen nicht sichergestellt, dass dahinter ein inhaltlich klares und einvernehmliches „Bild" steht und dieses missverständnisfrei kommuniziert wird.

Die folgende Definition ist der Versuch, diese Klarheit zu schaffen. Sie dient aber auch als inhaltliche Basis der folgenden Görtz Multichannel-Strategie. Modellhaft gibt es drei Grundtypen von Unternehmen mit mehr als einem Vertriebskanal.

Modell 1 Der Vertrieb über verschiedene und parallele Vertriebskanäle, die unabhängig voneinander und nebeneinander agieren. Diese rudimentäre Ausprägung von Multichannel-Retailing ist die heute immer noch am häufigsten anzutreffende Variante.

Modell 2 Der Vertrieb über verschiedene und parallele Vertriebskanäle, die zwar nebeneinander agieren, aber miteinander kooperieren und im jeweiligen Datenaustausch stehen. Zunehmend mehr Unternehmen haben diesen Entwicklungsschritt genommen.

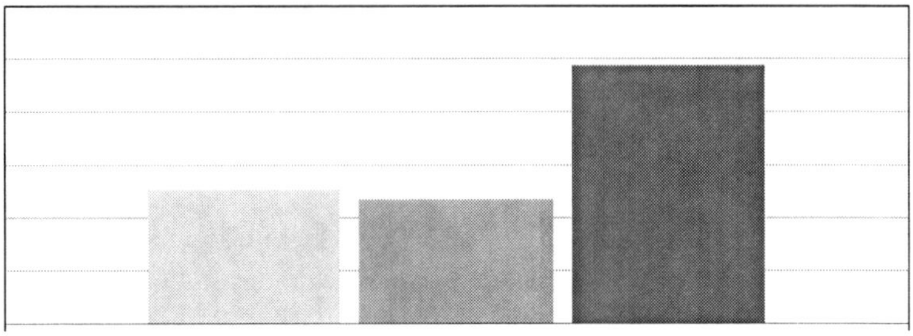

Abb. 6.1 Produktivität der Görtz Ein- und Zweikanalkunden

Modell 3 Der Vertrieb über sich ergänzende und nahtlos integrierte Vertriebskanäle mit kanalübergreifender zentraler Datenbasis und kanalübergreifenden Kundenprozessen. Sehr wenige Unternehmen werden diesem Anspruch gerecht.

Diese Definition von Multichannel-Retailing gemäß Modell 3 findet sich dann so auch in der Görtz Multichannel-Strategie wieder und ist damit die Basis für das folgende Grundverständnis von Multichannel-Retailing bei Görtz. Darüber hinaus hat Görtz für sich die Definition von Multichannel-Retailing aus Unternehmenssicht weiter operationalisiert, und dies insbesondere, um Multichannel Ziele und Erfolge messbar machen zu können. Es hat sich auch bei Görtz bestätigt, dass die diejenigen Kunden, die in beiden Görtz Kanälen einkaufen in etwa doppelt so produktiv sind, wie diejenigen Kunden, die nur in einem der Görtz Kanäle einkaufen (Abb. 6.1).

Diese doppelte Produktivität drückt sich in höheren Durchschnittsbons, höherer Kauffrequenz sowie insgesamt höheren Umsätzen aus. Damit lässt sich Multichannel-Retailing auch operationalisiert als Umsatzzuwachs durch die Entwicklung von Einkanalkunden zu Zwei- und Mehrkanalkunden verstehen.

6.3 Das Görtz Grundverständnis von Multichannel-Retailing

Erfolgreiches Multichannel-Retailing orientiert sich an den Bedürfnissen des Kunden. Es schafft die Möglichkeit, dass der Kunde sein Multichannel-Kundenverhalten wie selbstverständlich in allen gewünschten Ausprägungen ausüben kann. Damit steht der Kunde im Fokus und nicht die einzelnen Kanäle. Dies dokumentiert sich in dem gedanklichen Leitbild „ein Kunde", welches für die zu organisierenden internen Voraussetzungen „eine Database" sowie eine integrierte, über alle Kanäle hinweg konzipierte integrierte Marketing-Kommunikation steht.

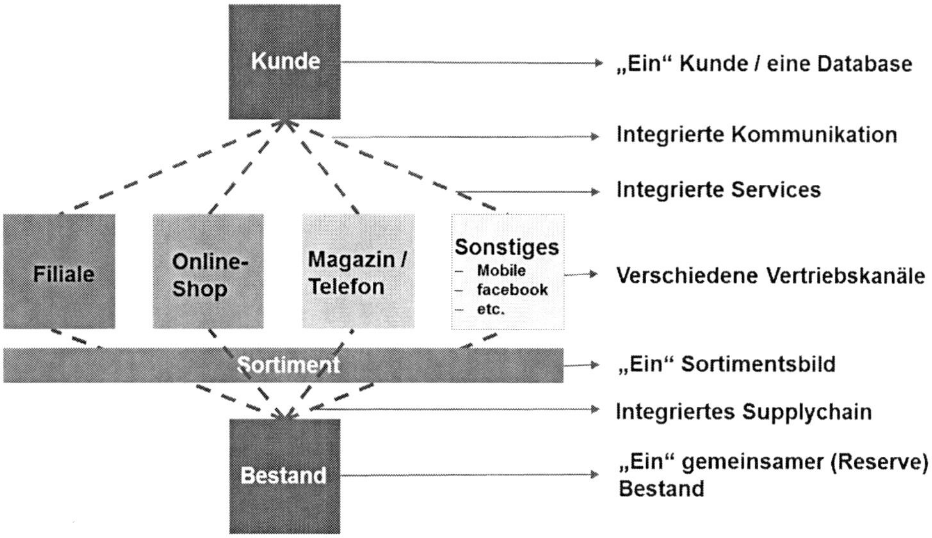

Abb. 6.2 Grundverständnis Multichannel-Retailing

Hinter dem gedanklichen Leitbild „ein Bestand“ steht die zu organisierende interne Voraussetzung eines gemeinsamen, kanalübergreifenden zentralen (Reserve-)Lagerbestandes, aus dem die initiale Warenversorgung sowie die Nachversorgung im Rahmen eines integrierten Supplychain-Managements flexibel und bedarfsgerecht in die einzelnen Kanäle gesteuert wird.

Bindeglied zwischen diesen Polen ist ein aus Kundensicht weitestgehend gleiches Sortimentsbild, zu dem der Kunde über die verschiedenen Vertriebskanäle Zugang hat. Integrierte Services mit kanalübergreifenden Prozessen ermöglichen, dass der Kunde auch insbesondere innerhalb eines Kaufaktes kanalübergreifend agieren kann (Abb. 6.2).

Dieses Grundverständnis dient bei Görtz nicht nur als strategisches Leitbild, sondern auch als Agenda, unter die sich alle Multichannel-Maßnahmen von Görtz subsummieren lassen.

6.4 Die Görtz Multichannel-Strategie

6.4.1 Database Management

Das gedankliche Leitbild „ein Kunde“, setzt voraus, dass alle Kundendaten in einer kanalübergreifenden Database gehalten werden. Bei Görtz, wie auch bei den meisten Unternehmen, wurden die einzelnen Kanäle nicht zeitgleich entwickelt. Der Online-Kanal wurde dem seit vielen Jahren bestehendem stationären Kanal hinzugefügt. Aus dem stationären Kanal heraus hatte Görtz bereits ein sehr aktives Kundenkartenprogramm aufgebaut.

Mit dem Online-Start wurden hingegen große Teile des Fulfillments outsourct, was zu einer zweiten, aus dem Online-Kanal heraus aufgebauten Database bei dem externen Fulfillment Provider führte. Damit war bei Görtz die Zusammenführung der verschiedenen Databases erste Voraussetzung, um Kunden und Kundenentwicklungen kanalübergreifend betrachten zu können, daraus zu lernen und gezielte Kommunikationsmaßnahmen zu konzipieren. Das heutige Görtz Card Programm ist damit zum zentralen Anker in der Görtz Multichannel-Strategie geworden, bei dem unter anderem das Sammeln und Einlösen von Bonuspunkten über alle Kanäle hinweg selbstverständlich ist.

6.4.2 Integrierte Kommunikation

Ein Markenverständnis

Ein weiterer zentraler Anker innerhalb einer Multichannel-Strategie ist die Marke. So wurde bei Görtz mit einem kompletten Marken Relaunch – und dabei mit einer Differenzierung in die Unternehmensmarke „Görtz" und die stationären Vertriebsmarken „Görtz" und „Görtz 17" eine weitere wesentliche Voraussetzung geschaffen. Das entwickelte Kundenversprechen „Kollektionen für Persönlichkeiten" steht im Kern der Marke und sagt damit nichts anderes aus, als dass Görtz nicht „jeden Schuh" verkauft, sondern eine Auswahl, eben „eine Kollektion" erstellt und dies nicht für „jedermann", sondern nur für die klar definierten Zielgruppen, für „Persönlichkeiten" eben. Dieses Grundverständnis ist zwingend kanalübergreifend und prägt die gesamte Sortimentsarbeit sowie Marketing- und Vertriebskonzepte und differenziert Görtz über alle Kanäle vom jeweiligen Wettbewerb.

Entscheidend ist, dass sich die einzelnen Vertriebskanäle in der jeweiligen Interpretation der Marke „auf Augenhöhe bewegen". Mit dem kompletten Relaunch des Online-Shops im Jahre 2009 ist dies eindrucksvoll gelungen; und dies wurde mit der Auszeichnung zum Online-Shop des Jahres 2009 auch anerkannt.

Die sehr positive Entwicklung der substantiell gesteigerten Bekanntheits-, Sympathie- und Kaufbereitschaftswerte der Marke Görtz in den letzten Jahren zeigt, dass ein Online-Geschäft in der Aufbauphase nicht nur von einer hohen Markenbekanntheit profitiert, sondern in der weiteren Entwicklungsphase und zunehmender Webpräsenz aktiv auf die jeweiligen Markenwerte einzahlt (Abb. 6.3).

Synchronisierte Kommunikation

Erst auf die technischen und konzeptionellen Grundvoraussetzungen einer kanalübergreifenden Datenbank sowie eines kanalübergreifenden Markenverständnisses konnte eine integrierte Kommunikation bei Görtz aufgesetzt werden.

In einem ersten Schritt wurde bei Görtz die ehemals auf die einzelnen Kanäle ausgerichtete Kommunikation nun ausschließlich auf den Kunden und damit kanalübergreifend ausgerichtet. Während die ursprünglich kanalausgerichtete Kommunikation oft unterschiedlich von Kanal zu Kanal war, so erforderte die kanalübergreifende Kommunikation eine strenge Synchronisation der Inhalte, der werblichen Ausgestaltung sowie der zeitlichen

Abb. 6.3 Görtz Markenwert

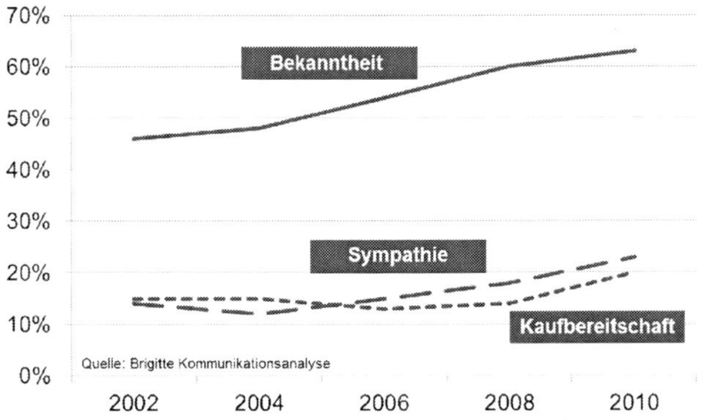

Einsatzzeitpunkte. Insbesondere erforderte dies aber eine Koordination der dahinterliegenden Verantwortlichkeiten sowie Konzeptions- und Produktionsprozesse. Im Ergebnis kann heute festgestellt werden, dass bei Görtz jede Schwerpunktaktion erfolgreich über alle Kanäle und über alle eingesetzten Medien gespielt wird. Dies betrifft alle „above the line" und alle „below the line" Maßnahmen, sowie alle Print-, Point of Sale und Online-Maßnahmen. In Anbetracht der kanalübergreifenden Wirkung aller Maßnahmen ist die Gesamtwirkung dieser Maßnahmen ein Vielfaches der Summe aller Einzelmaßnahmen in den einzelnen Kanälen.

Cross-Kanal Kommunikation

Ist die synchronisierte Kommunikation eine grundlegende und zwingende Vorgehensweise innerhalb einer Multichannel-Strategie, um glaubwürdig und widerspruchsfrei zu kommunizieren, so nutzt Görtz darüber hinaus ebenso die Mechanismen der Crosschannel-Kommunikation.

Mit der Crosschannel-Kommunikation zielt Görtz direkt auf Kunden in nur einem Görtz Kanal, um diese zu einer Aktivität in dem jeweils anderen Görtz Kanal zu motivieren. Die Crosschannel-Kommunikation ist demnach ein wichtiger Baustein in der Entwicklung von Einkanalkunden zu Mehrkanalkunden.

Diese Mechanismen werden bei Görtz sowohl am Point of Sale als auch Online erfolgreich eingesetzt. Damit wird der Point of Sale zum wichtigen Werbeträger für eine Kommunikation, die entweder die Online-Awareness generell erhöht oder für konkrete Zielsetzungen wie beispielsweise das Generieren von E-Mail Adressen für spätere Newsletter Kampagnen. Ebenso werden die klassischen Online-Werbeträger für eine auf den stationären Kanal ausgerichtete Kommunikation aktiv genutzt. Dies betrifft nicht nur stationär ausgerichtete Online-Newsletter, sondern auch beispielsweise über Geo-Targetting lokal gesteuerte stationäre Inhalte auf der Homepage sowie ein lokal ausgerichtetes Suchmaschinen-Marketing.

Damit ist die Crosschannel-Kommunikation eine weitere Entwicklungsstufe einer integrierten Gesamtkommunikation innerhalb der Görtz Multichannel-Strategie.

6.4.3 Integrierte Services

Motiviert die integrierte Kommunikation zum Kanalwechsel, so ermöglichen bei Görtz die integrierten Services den Kanalwechsel – und dies nicht nur zwischen zwei Kaufakten, sondern insbesondere innerhalb eines Kaufaktes.

Als erste Grundvoraussetzung wurden bei Görtz alle kanalspezifischen Kundenservice Stellen zu einem kanalübergreifenden Kundenservice Center zusammengefasst. Dass dieses Kundenservice Center unter einer zentralen Telefonnummer zu erreichen ist, erscheint in diesem Zusammenhang selbstverständlich. Damit werden heute alle Fragenstellungen zu stationären Themen, Online-Themen oder Kundenkartenprogramm-Themen in einem Servicecenter von einem Team kompetent beantwortet; und nicht selten besteht ein Kundenkontakt aus mehreren Themenstellungen.

Die Lieferung von Online-Bestellungen an die Lieferanschrift „Filiale" sowie die Abgabe einer Online-Retoure in der Filiale sind im heutigen Multichannel Retailing „bread and butter" Services. Dennoch werden die zusätzlichen stationären Potentiale durch die zusätzliche Frequenz in der Filiale gerne unterschätzt. Görtz setzt hier auf Schulungen, um den retournierenden Kunden in der Filiale tatsächlich ein alternatives Angebot zu unterbreiten oder um den sein Paket abholenden Kunden aktiv die Anprobe in den Filialen anzubieten.

Damit ist das Spektrum der integrierten Services aber noch nicht ausgeschöpft. Interessante Potentiale versprechen auch bei Görtz im Online-Shop angezeigte Verfügbarkeiten der Artikel in den stationären Filialen. Dies ist die logische Konsequenz aus dem erkannten Kundenverhalten der vorab Online-Recherche mit anschließendem Kaufabschluss in der Filiale und ist demnach bei Görtz für die Umsetzung entsprechend priorisiert.

6.4.4 Verschiedene Vertriebskanäle

Die Existenz von verschiedenen Vertriebskanälen ist integrale Voraussetzung von Multichannel-Retailing. Neben den verschiedenen stationären Vertriebslinien und dem Görtz Online-Shop betreibt Görtz ein (derzeit noch nicht bestellfähiges) Modemagazin, eine Facebook-Seite sowie einen Mobile-Shop. Der Gesamterfolg durch gute Vernetzung aller Vertriebskanäle ist dabei wichtiger als ein jeweiliger Einzelerfolg.

6.4.5 Sortimentspolitik

Ein weitestgehend gleiches Sortimentsbild ist für Görtz eine weitere Grundvoraussetzung für die Multichannel-Strategie. Dies erfordert nicht zwingend ein identisches Sortiment zu jedem Zeitpunkt über alle Kanäle. Dies ist allein schon über die unterschiedlich großen stationären Betriebsformate nicht zu gewährleisten. So bietet Görtz stationär je nach Standort und Kaufkraft stationäre Betriebsformate von mehreren hundert Quadratmetern bis hin zu über fünftausend Quadratmeter an. Und während Flächenkosten im stationären Handel immer eine einschränkende Bedingung sein werden, hat sich Görtz in seinem Online-Geschäft im Rahmen seiner Gesamtkollektion einer konsequenten „long-tail“ Strategie verschrieben. Darüber hinaus werden im Online-Shop Sortimentsbestandteile angeboten, welche stationär nur in Ausschnitten oder erst zu einem späteren Zeitpunkt erhältlich sind.

Um im Rahmen des gegebenen heterogenen stationären Filialnetzes sowie den weitreichenden Sortimentsmöglichkeiten des Online-Shops dennoch ein weitestgehend gleiches Sortimentsbild zu gewährleisten, hat Görtz mit sogenannten Online-Terminals in den Filialen stationäre Zugänge zum Online-Shop geschaffen.

Ein gemeinsames Kollektionsverständnis sowie der Vernetzung der einzelnen Kanäle schafft somit ein aus Kundensicht weitestgehend gleiches Sortimentsbild über alle Kanäle.

6.4.6 Integrierte Supply-Chain

Ein initial kanalübergreifend gleiches Sortimentsbild kann über unterschiedliche Abverkaufsdynamiken schnell aus dem Ruder geraten. Dann ist ein Sortiment zwar kanalübergreifend gelistet, aber in dem einen Kanal bereits ausverkauft während es in dem anderen Kanal noch verfügbar ist. Aus Kundensicht ist dies dann kein einheitliches Sortimentsbild mehr.

Um auch über die Saison hinweg ein weitestgehend gleiches Sortimentsbild zu erhalten, hat Görtz eine flexible Nachsteuerung von Ware in die Kanäle organisiert. Auf Basis der Abverkäufe werden alle Kanäle aus einem zentralen Reservelager nachversorgt und das Sortimentsbild damit weitestgehend erhalten beziehungsweise die Abverkäufe und Bestände optimiert.

Im Rahmen seiner integrierten Supply-Chain macht sich Görtz auch das tendenziell „schnellere Anspringen“ des Online-Kanals – und dies insbesondere zum Saisonstart – zu Nutze. Nachdem ausgetestet wurde, dass Renner-Artikel in der Regel über alle Kanäle Renner sind, wird der Online-Kanal zunehmend als Test- und Dispositionsplattform genutzt. Und diese Nutzung erfolgt zu einer Zeit, zu der die stationären Kanäle noch gar nicht „angesprungen“ sind, so dass zu einem sehr frühen Zeitpunkt bereits eine kanalübergreifende Renner-Nachposition erfolgen kann.

Die leidige und im Distanzhandel imminente Retouren-Problematik löst Görtz auch im Rahmen seiner integrierten Supplychain über ein konsequentes Absortieren der Online hoch-retourigen Artikel und eine Rückführung in die stationären Kanäle.

Mit den etablierten Online Terminals in den Filialen ist Görtz nicht nur eine stationäre Sortimentsverbreiterung gelungen, sondern auch ein stationärer Zugang zu den in der Regel sehr viel tieferen Online-Beständen. Ist ein Artikel stationär ausverkauft und auch nicht mehr aus dem zentralen Reservelager nachlieferbar, so offeriert der Bestand des Online-Shops noch eine weitere Chance erfolgreich stationär zu verkaufen.

Entscheidend sind also über eine integrierte Supply-Chain die unterschiedlichen relativen Vorteile der einzelnen Kanäle hinsichtlich Sortimentsbreite, Bestandstiefe, Abver-

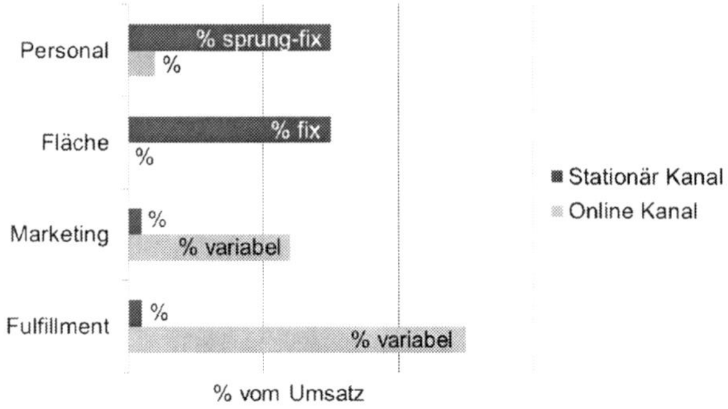

Abb. 6.4 Stationäre und Online Kostenstrukturen

kaufsdynamik oder Abhängigkeit von der Retouren-Problematik so zu nutzen, dass der Gesamterfolg maximiert wird.

6.4.7 Bestandsmanagement

Dem gedanklichen Leitbild „ein Kunde“ steht im Rahmen des Görtz Grundverständnisses von Multichannel-Retailing das gedankliche Leitbild „ein Bestand“ gegenüber. Dieses Leitbild steht bei Görtz derzeit für einen kanalübergreifenden Reservebestand, welcher eine integrierte Supply-Chain ermöglicht und möglichst lange ein weitestgehend gemeinsames Sortimentsbild über alle Kanäle hinweg gewährleistet.

Derzeit werden dennoch größere Bestände in dem speziellen Lager für den Online-Kanal vorgehaltenen. Mit den sogenannten Online-Terminals haben die stationären Filialen zwar einen direkten Zugriff auf diesen Bestand. Von einem gesamten gemeinsamen kanalübergreifenden Bestand kann dennoch nicht die Rede sein. Dies bleibt derzeit auch bei Görtz noch eine perspektivische Option.

6.5 Betriebswirtschaftliche Kanalsteuerung

Die betriebswirtschaftliche Steuerung eines stationären Kanals unterscheidet sich von der betriebswirtschaftlichen Steuerung eines Online-Kanals. Ein stationärer Kanal ist klassisch durch hohe Fixkostenbestandteile geprägt. Diese sind insbesondere die Personalkosten und die Flächenkosten. Ein Online-Kanal ist hingegen sehr stark durch variable Kosten geprägt. Diese sind insbesondere die Marketingkosten und die Fullfillmentkosten, womit ein Online-Kanal viel einfacher hoch oder herunter skaliert werden kann. Fixkostenanteile müssen in einem Online-Kanal klassisch kleingehalten werden (Abb. 6.4).

Die betriebswirtschaftliche Steuerung in einem Multichannel-Kontext muss dies nicht nur berücksichtigen, sondern sollte sich dies zur Optimierung des Gesamterfolges aktiv zu Nutze machen. So kann beispielsweise ein schnell skalierbares Online-Marketing gezielt zum Nutzen des stationären Kanals eingesetzt werden.

Steuerungssysteme von Unternehmen mit mehreren Kanälen sind in der Regel auch heute noch mit ihrem jeweiligen Set an Steuerungskennziffern traditionell auf die einzelnen Kanäle ausgerichtet. Görtz hat für sich erkannt, dass mit einem kanalübergreifenden Kundenagieren eben auch in einem ersten Schritt die kanalübergreifenden Ursache-Wirkungs-Zusammenhänge erkannt und abgebildet werden müssen, um dann in einem zweiten Schritt die jeweiligen Budgets und Ressourcen unter Berücksichtigung der kanalübergreifenden Wirkung optimal auf die Gesamtwirkung und damit den Gesamterfolg des Unternehmens auszurichten.

So hat Görtz u. a. in einer gemeinsamen Studie mit Google (Görtz 2011) das ROPO-Kaufverhalten (Research Online, Purchase Offline) in selektierten Städten mittels Gutschein Tracking untersucht. Mit 51 % zusätzlich offline eingelösten Coupons und 93 % Mehrumsatz in den Filialen wurde ein signifikanter ROPO-Effekt aufgezeigt. Das Ergebnis hat damit gezeigt, dass eben auch Görtz Kunden online recherchieren, um dann in einer Görtz Filiale zu kaufen. In anderen Worten: das Ergebnis hat gezeigt, dass Budgets und Ressourcen ausgerichtet auf Suchmaschinen-Marketing und Optimierung ihre Wirkung in der Filiale entfachen, während die Steuerung dieser Budgets und Ressourcen bisher ausschließlich auf Basis der reinen Online-Wirkung erfolgte.

Damit war diese Studie – neben verschiedenen weiteren Tests und Messungen bei Görtz – der Aufschlagpunkt für eine kanalübergreifende Marketingbudget-Steuerung und Ressourcen-Allokation. Konzeptionell wurden dafür die jeweiligen Geschäftsmodelle „Online" und „Stationär" um ein drittes Geschäftsmodell „Multichannel" erweitert; und alle Leistungen, Kosten, Umsätze und Erträge wurden nun diesen drei Geschäftsmodellen neu zugeordnet. Auf der Kostenseite betraf dies die Online- sowie die zentralen Marketingkosten, die Personalkosten sowie Investitionen und deren Abschreibungen.

6.6 Ausblick

Für das Unternehmen Görtz ist ein Blick in die Zukunft in zweierlei Weise wichtig und relevant. Dies betrifft zum einen die weitere Entwicklung der für die Kunden direkt sichtbaren und relevanten Multichannel-Features. Zum anderen betrifft dies die weitere Entwicklung der internen Voraussetzungen im eigenen Hause.

So liegt für die Görtz Multichannel-Strategie ein hohes Innovationspotential darin, bewährte Praktiken eines Kanals in den anderen Kanal zu transferieren und dort innovative Mehrwerte zu schaffen. Dies betrifft insbesondere die Integration von digitalen Mehrwerten in den stationären Kanal, die beim stationären oder kanalübergreifenden Kaufprozess von hohem Kundennutzen sind und dabei die stationären Zielsetzungen der Erhöhung der Frequenz, der Verweildauer und der Abschlussquote unterstützen. Der Nutzen der Kunden liegt hingegen in der Inspiration und in den Impulsen zur Bedarfsweckung, der Auswahl und der Orientierung, der umfassenden Information, der Vergleichs- und der Entscheidungshilfe und last but not least dem künftig immer bedeutsamer werdenden Entertainment- und Erlebniswert des Besuchs eines stationären Verkaufspunktes. Solche digitalen Mehrwerte für den stationären Kanal liefern zum Beispiel bewährte Online-Praktiken wie Topseller-Informationen, Kundenbewertungen, Coordinate-Empfehlungen oder detaillierte Artikelinformationen, aber auch inspirierender Marken-Content. An den richtigen Stellen am POS platziert kann so relevanter Kundennutzen gestiftet werden sowie die stationären Zielsetzungen bedient werden.

Ein Multichannel-Kundenverhalten impliziert ein Agieren des Kunden über Kanäle hinweg. Unternehmen sind hingegen in ihrem Aufbau noch fast ausschließlich in Kanälen organisiert und dies mit klaren Verantwortungs- und Kompetenzträgern je Kanal. Auch Görtz ist noch kein optimal aufgestelltes Multichannel-Unternehmen. Man kann sogar feststellen, dass es heute am Markt noch kaum ein gänzlich kundengerecht aufgestelltes und effizient kundenzentrisch funktionierendes Multichannel-Unternehmen gibt. Und nicht zuletzt ist die Kultur der Unternehmen von den einzelnen Kanälen geprägt. Dies gilt insbesondere wenn – wie bei Görtz – der stationäre Kanal eine sehr lange Tradition im Unternehmen hat.

Damit liegen die eigentlichen künftigen Herausforderungen für ein Multichannel-Unternehmen, das den Anspruch hat ein Multichannel-Kundenverhalten effizient abzubilden, insbesondere im organisatorischen und kulturellen Bereich. Auch Görtz hat diese Herausforderungen noch vor sich.

Literatur

Brigitte Kommunikationsanalyse. 2010. Frauen in Deutschland: Einstellungen, Marken, Medien. www.brigitte-ka.de.Zugegriffen: 28.07.2012.

Görtz. 2011. *Mit AdWords zu mehr Umsatz in den Filialen*. Hamburg.

Teil V

Innovative Geschäftskonzepte und erfolgreiche Strategien im Retail Business

Changing the Model – HUGO BOSS wandelt sich vom statischen Wholesale-Unternehmen zum dynamischen Retailer 1

Bernd Hake und Kathrin Hüsgen

Inhaltsverzeichnis

1.1 Einleitung: Directly operated Stores als Erfolgsmodell

Konsumgüterhersteller und Handelsunternehmen sind in den vergangenen Jahren mit einer Reihe neuer Herausforderungen konfrontiert worden und müssen in einem komplexer werdenden Umfeld bestehen:

- Neue Wettbewerber fordern im Rahmen der globalen Entwicklungen die etablierten Marktteilnehmer auf oftmals gesättigten Märkten heraus.
- Der demographische Wandel ist ein gesellschaftspolitisches Großthema.
- Rasch vorwärtsschreitende Entwicklungen im Bereich der neuen Medien erobern immer schneller die Märkte und verkürzen dadurch den Lebenszyklus von Produkten und Dienstleistungen.
- Verbrauchertrends und -bedürfnisse wandeln sich so dynamisch wie nie zuvor; die Kundenloyalität ist schneller verspielt.

Bernd Hake ✉, Kathrin Hüsgen
HUGO BOSS AG, 151 Gloucester Avenue, NW1 8LA London, Großbritannien

H.-C. Riekhof (Hrsg.), *Retail Business*, DOI 10.1007/978-3-8349-4555-6_18,

Unternehmen, die langfristig erfolgreich sein wollen, müssen ihr Geschäftsmodell rechtzeitig an diese Entwicklungen anpassen, wollen sie im harten Wettbewerb bestehen. Überdurchschnittliche Ergebnisse und Wachstum erzielt heute nur, wer sein Angebot permanent auf die Bedürfnisse seiner Kunden ausrichtet und neben Umsätzen auch Margen, Liquidität und Erträge im Griff hat. Also kann nur, wer seine Kunden gut kennt, die richtige Vertriebsstrategie entwickeln.

Der Einzelhandel erhöht weiterhin den Druck auf die Markenhersteller, indem er den Anteil an Eigenmarken kontinuierlich ausbaut und zudem in den Jahresgesprächen „um jeden Cent" kämpft. Stärker denn je fordert er heute neben Investitionen in die Inszenierung der Marke am Point of Sale (Beteiligung an Marken-Shops, Werbekosten und Mitarbeiterschulungen) auch bessere Preise und günstigere Konditionen (Rabatte, Skonti, garantierte Minimum-Margen, Beteiligung an Betriebskosten, Übernahme von Gehältern des Verkaufspersonals auf der Fläche etc.). All das drückt auf die Margen der Hersteller. Schwachen Marken droht bei Verweigerung schnell die Auslistung.

Gut geführte Marken lassen sich davon jedoch nicht verunsichern: Sie vertrauen nicht mehr allein auf das Wachstumsversprechen ihrer Key Accounts, sondern werden selbst zu Retailern. Die klassische Arbeitsteilung „Der Hersteller produziert, der Handel vertreibt" ist damit im Umbruch.

Technologiemarken wie Apple und Bose, die Kaffeemarke Nespresso, Süßwarenhersteller M&M's, Sportartikelmarken wie Nike und Adidas, die Kosmetikmarke Nivea, die Uhrenmanufakturen Rolex und Omega oder der Spielwarenhersteller Lego, sie alle zeigen: Starke Marken „integrieren vorwärts" und wachsen profitabel. Directly Operated Stores (DOS) entwickeln sich zum Erfolgsmodell.

Die Vorteile dieser Strategie sind vielfältig:

- Marken wandeln den „Point of Sale", also den Ort, an dem ca. 2/3 aller Kaufentscheidungen fallen (vgl. Michaelis 2011, S. 1), zum „Point of Experience" (vgl. Hüsgen und Schlamp 2012, S. 38 f.). Hier schaffen sie faszinierende Erlebnis-Welten und klare Profilierung.
- Sie steigern ihre Kapitalrendite, weil sie die Handelsmarge selbst vereinnahmen und den Anteil an hochpreisigen Produkten im eigenen Sortiment jederzeit erhöhen können.
- Insbesondere der Faktor Zeit verschafft vertikalen Systemen erhebliche Wettbewerbsvorteile. Das unmittelbare Aufgreifen von Trends und deren schnelle Umsetzung sind dabei der entscheidende Vorteil.
- Der Wegfall der Zwischendistributionsstufe erschließt erhebliche Synergien (einheitliche Warensicherung, Preisauszeichnungen etc.). Daneben profitiert auch die Kostenstruktur, sofern Bestände besser gesteuert und Sortimente nachfragegerecht geplant werden (vgl. Siemes et al. 2002, S. 4).
- Hersteller erhalten durch den direkten Kontakt zum Endverbraucher wichtige Informationen über Erfolg und Misserfolg der angebotenen Produkte. Brandmanager und Kreative können die sich daraus ergebende Fülle an Informationen als eine Quelle ihrer Inspiration nutzen.

- Wachstum lässt sich zudem mit steigendem Integrationsgrad zuverlässiger planen und realisieren.

Für Unternehmen aus der Luxusbranche waren Kundenbeziehungen von jeher der Schlüssel zum Erfolg (vgl. ICLP 2010, S. 1). Sie haben früh erkannt, dass der Direktvertrieb über DOS Chancen bietet (vgl. Turban 2009, S. 28 f.). Sie sind die Vorreiter dieses Trends. Um die Loyalität der Luxuskäufer zu gewinnen, setzten sie frühzeitig neben Produkt-Exzellenz, auf den kundennahen, serviceorientierten und eigenverantwortlichen Handel. Deshalb betreiben sie seit Jahrzenten Luxus-Boutiquen in den teuersten Einkaufsstraßen der Welt. Nun folgen verstärkt die Premium-Marken.

Warum also investiert HUGO BOSS in den kapitalintensiven Aufbau eines eigenen Filialsystems? Welche Regeln bestimmen den Erfolg? Welche Konsequenzen hat das für die Organisation? Und wo verbergen sich Risiken?

Dieser Artikel beleuchtet den spannenden, strukturellen Wandel der Mode-Branche und erklärt, wie und warum Unternehmen ihre Vertriebsstrategie und damit auch ihre Unternehmenskultur – und zwar in dieser Reihenfolge – von einem eher statischen Wholesale- zu einem dynamischen Retail-Geschäftsmodell wandeln.

1.2 Die Konzernstrategie

HUGO BOSS ist einer der global führenden Anbieter von Damen- und Herrenbekleidung, incl. Schuhen und Lederaccessoires im Premium- und Luxussegment; Luxussegment, weil die Marke in Ländern wie China, Frankreich, Großbritannien, Japan und Kanada hochwertiger positioniert ist, und die luxuriöse Spitze durch die Marke BOSS SELECTION kontinuierlich ausgebaut wird.

1923 gegründet, erwirtschaftete das Metzinger Unternehmen im Geschäftsjahr 2011 mit rund 11.000 Mitarbeitern einen Konzernumsatz von EUR 2,1 Mrd. und gehört weltweit zu den profitabelsten Modemarken. HUGO BOSS vertreibt seine Produkte in 124 Ländern.

Der Konzern verfügt über ein erfolgreiches Geschäftsmodell und hat ehrgeizige Wachstumspläne. Ziel ist es, den Umsatz bis 2015 auf insgesamt EUR 3 Mrd. zu steigern und dabei ein operatives Ergebnis (EBITDA vor Sondereffekten) von EUR 750 Mio. zu erwirtschaften (Abb. 1.1).

Zur nachhaltigen Sicherung unserer Ertragskraft haben wir konzernweit vier strategische Wachstumsfelder definiert (Abb. 1.2; vgl. HUGO BOSS Annual Report 2011, S. 69):

1. Den weiteren Ausbau des eigenen Einzelhandels und im Zusammenhang damit die stärkere Fokussierung auf den Endkonsumenten.
2. Die Stärkung der einzelnen Markenidentitäten.[1]

[1] HUGO BOSS besitzt mit seinen fünf Marken – BOSS SELECTION, BOSS BLACK, BOSS ORANGE, BOSS GREEN und HUGO – einen Markenaufbau, der den verschiedenen Bedürfnissen und Lebensstilen seiner Zielgruppe entspricht.

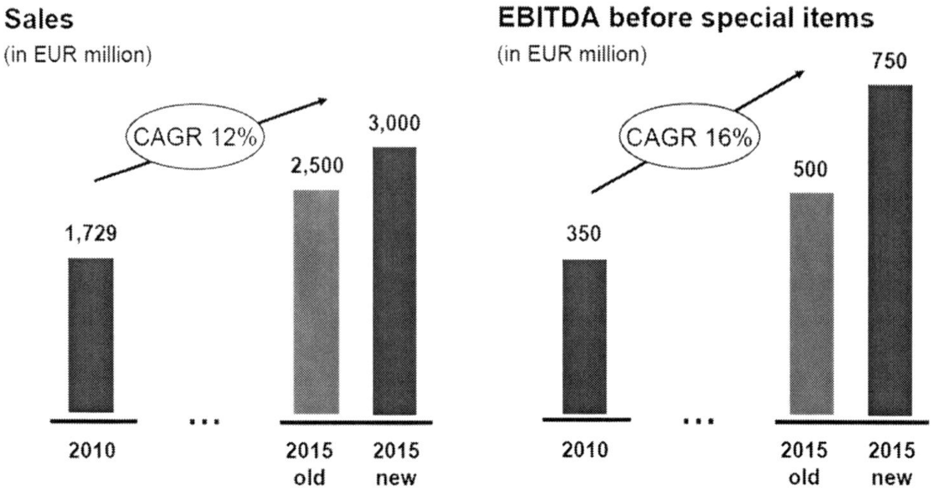

Abb. 1.1 HUGO BOSS Group: Medium-term Targets (Quelle: HUGO BOSS Investor Meeting Presentation, Januar 2012, S. 5)

Abb. 1.2 Growth Strategy (Quelle: Analysts' Conference 2012, März 2012, S. 3)

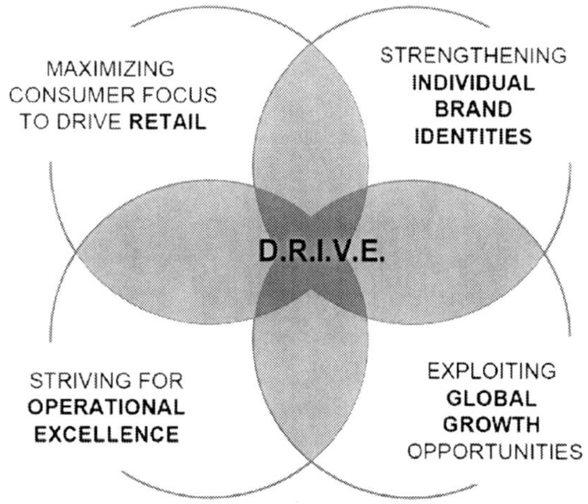

3. Das Ausschöpfen von Wachstumspotentialen insbesondere in Asien und Amerika zur Stärkung der globalen Präsenz.[2]
4. Die weitere Verbesserung wichtiger operativer Prozesse.

[2] Die wichtigste Absatzregion ist Europa (61 % des Konzernumsatzes im Geschäftsjahr 2011). In Amerika wurden im gleichen Zeitraum 22 % des Umsatzes erwirtschaftet, in Asien 15 %, sowie 2 % weltweit über Lizenzen.

Es obliegt den Vertriebstöchtern, aufbauend auf den Kernfunktionen der Zentrale,[3] die Marken- und Vertriebsstrategien auf den jeweiligen Markt zu übersetzen und erfolgreich zu implementieren. Ziel ist es, marktgerechte, zeitgemäße Formate zu entwickeln, die den Konsumenten am Point of Sale begeistern und ihn zum Einkaufen bewegen. Dabei ist es zunächst unbedeutend, ob die Produkte über den Großhandel (Wholesale) oder den Einzelhandel (Retail, stationär oder via eCommerce) vertrieben werden. Denn so können wir vielfältige Kunden- und Konsumentenanforderungen erfüllen, das Potential unserer Marken optimal ausschöpfen und uns zudem flexibler auf Marktveränderungen einstellen.

1.3 Das Premium- und Luxus-Segment in der Bekleidung

Luxus fasziniert nach wie vor. Die Umsätze für edle und kostspielige Waren, wie Bekleidung, Uhren, Schmuck oder Lederwaren, sind in 2011 um über 10 % auf insgesamt EUR 191 Mrd. angestiegen (Abb. 1.3). Das ist das Ergebnis der 10. „Luxury Goods Worldwide Market"-Studie der Management-Beratung Bain & Company und Fondazione Altagamma, dem führenden italienischen Verband der Luxusgüterhersteller (vgl. Bain & Company und Fondazione Altagamma 2011, S. 20).

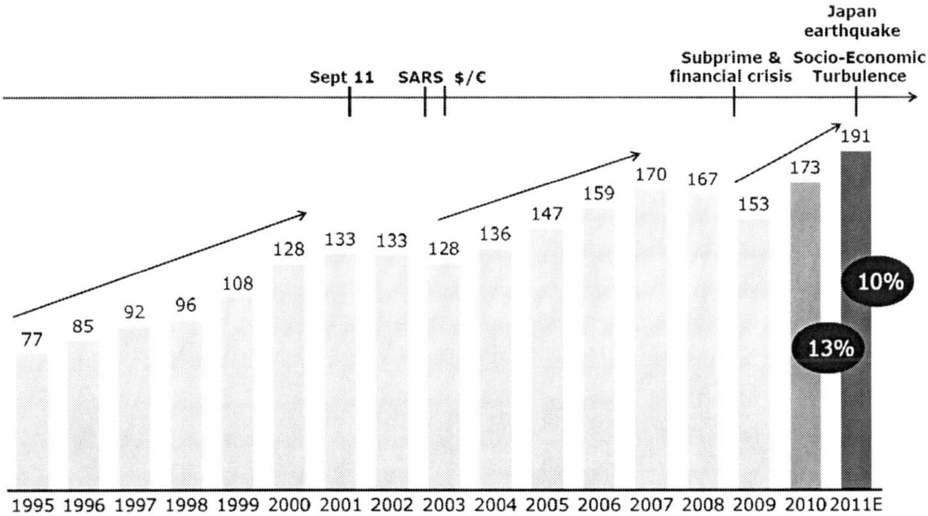

Abb. 1.3 Worldwide Personal Luxury Goods Market Development (Quelle: Bain & Company und Fondazione Altagamma 2011, S. 2)

[3] Zu diesen Kernfunktionen gehören neben der Entwicklung und Produktion sämtlicher Produkte, die Logistik, der Bereich Finanzen/Controlling/IT und globales HR, sowie die Entwicklung der globalen Vertriebsstrategie und Markenpositionierung und -führung.

Großen Anteil an den kräftigen Zuwächsen der Luxusmarken hat die steigende Nachfrage aus Asien und hier insbesondere aus China. Aber auch Europa hat weiterhin Potential. Führende Marken bauen daher ihre Präsenz in den wichtigsten europäischen Metropolen deutlich aus.

HUGO BOSS ist mit einem Marktanteil von über 15 % Weltmarktführer im Segment der gehobenen Bekleidung für Herren und mit mittlerweile EUR 225 Mio. auch im Damenbereich ein bedeutender Anbieter. Gemeinsam mit dem Gesamtmarkt für Luxus-Konsumgüter hat sich dieses Segment in den letzten Jahren überproportional entwickelt. Nahezu alle Marktteilnehmer, von Armani, Burberry, Gucci, Hugo Boss, Max Mara, Mulberry, Paul Smith, Prada, Ralph Lauren bis Zegna, konnten im abgelaufenen Geschäftsjahr Höchstmarken bei Umsatz und Konzernergebnis erzielen.

Auch die mittelfristigen Wachstumsprognosen sind durchweg optimistisch. Branchenexperten erwarten bis 2015 ein durchschnittliches jährliches Wachstum von sechs bis sieben Prozent. Und das vor dem Hintergrund einer weltweit zunehmenden Angst vor der nächsten Rezession.

1.4 Der Wandel vom statischen Wholesale-Unternehmen zum dynamischen Retailer

In den vergangenen vier Jahren wurden die Strategie des Unternehmens und auch die Kultur nachhaltig verändert.

Im Geschäftsjahr 2008 lag der Umsatz bei GBP 82 Mio. Der Schwerpunkt der Vertriebsaktivitäten lag damals auf dem Wholesale-Geschäft. Über 80 % der Umsätze wurden mit führenden Einzelhändlern des Premium-Segments umgesetzt:

- von Franchisepartnern betriebene Mono-Marken Stores (Moss Bros, etc.),
- von Department Stores betriebene Shop-in-Shops (Harrods, Selfridges, Harvey Nichols, etc.),
- Specialty Stores (Schuh-Händler Kurt Geiger, etc.),
- „Independents" (unabhängige Einzelhändler) und „Chain Stores" (Einzelhändler mit mehr als 5 Point of Sales),
- von Wholesale-Partnern betriebene Travel Retail Stores,
- Online-Händler.

Nicht einmal 20 % des Umsatzes wurden im „Own Retail" erzielt, d. h. mit Directly Operated Stores, Shop-in-Shop Concessions und Factory Outlet Stores.

Die Auswirkungen der Rezession bekam HUGO BOSS in Großbritannien im Krisenjahr 2008/2009 wie folgt zu spüren:

- Franchisepartner konnten (oder wollten) ihren vertraglichen Verpflichtungen zur regelmäßigen Renovierung ihrer Monomarken-Stores nicht nachkommen mit negativen Folgen für die Markenpräsenz/-darstellung am Point of Sale.

- Knapp 5 % unserer „Independents" mussten wegen Zahlungsunfähigkeit Insolvenz anmelden. Andere veränderten ihr Sortiment mit dem Fokus auf preisaggressive, günstigere Modemarken.
- Department Stores erhöhten den Druck, forderten Warenrücknahmen und bessere Zahlungskonditionen.
- Insgesamt war die Zahlungsmoral schlecht und ging zu Lasten unserer „Days Sales Outstanding".

Unsere Finanzabteilung berechnete, dass wir unser Umsatzziel um ca. 20 % verfehlen würden, sollten wir keine geeigneten Gegenmaßnahmen einleiten; mit verheerenden Folgen für unsere Profitabilität.

Große Optimierungschancen auf der Kostenseite konnten nicht identifiziert werden – ein hoher Anteil unserer Kosten ist fix. Vor diesem Hintergrund analysierten wir unsere Gesamtsituation, den Markt und die Kunden, und entdeckten ungenutzte Potentiale im Vertrieb. Die Analyse ergab:

- Trotz Rezession wächst Hugo Boss im Own Retail weiterhin stark und profitabel.
- Vermieter suchen in Krisenzeiten nach Mietern mit gutem Leumund. Starke Marken können hervorragende Incentives verhandeln.
- Unsere Marken und Produkte erzielen weiterhin Spitzenplätze bei Abverkauf und erzielter Marge, was es uns ermöglicht, aus einer starken Position mit unseren Großhandelskunden zu verhandeln.
- Unser Vertrieb verliert zu viel Zeit mit administrativen Tätigkeiten: das eigentliche Verkaufen, also der Kontakt zum bzw. die Arbeit mit dem Kunden ist aus dem Fokus geraten.

Folgende Vision und Strategie wurde darauf aufbauend definiert:

HUGO BOSS strebt danach, in Großbritannien der führende Anbieter für Premium- und Luxus-Bekleidung im Herren- und Damensegment zu werden.

1. Stärkung der individuellen Markenidentitäten: Starke Marken sind auch zukünftig von zentraler Bedeutung für unseren Unternehmenserfolg. Deshalb schaffen wir Markenwelten, die Konsumenten langfristig an unser Unternehmen binden.
2. Wandel zum dynamischen Retailer: Wir gewinnen wertvolle Informationen über die Bedürfnisse unserer Konsumenten und nutzen die Erkenntnisse für unsere gesamte Organisation, wie auch unsere Großhandelskunden.
3. Erhöhung unserer Markenpräsenz: Wir analysieren permanent durch „integrierte Vertriebsplanung" unsere Marktchancen an den Top 75 Standorten in Großbritannien für alle Marken, Produktkategorien und über verschiedene Vertriebskanäle.
4. Mitarbeiter sind der Schlüssel unseres Erfolgs: Wir schaffen eine Leistungskultur, in der wir die besten und talentiertesten Mitarbeiter langfristig an uns binden und fördern. Unsere ehrgeizigen Ziele verlangen erstklassige Führungskompetenzen unseres Managements und hohes Engagement aller Mitarbeiter.

5. Langfristige Verbesserung der Profitabilität: Neben einer schlanken und effizienten Organisation konzentrieren wir uns darauf, strategische Entscheidungen zu treffen, die nachhaltiges Wachstum von Umsatz und EBITDA zum Ergebnis haben. Zudem verstärken wir unser Working Capital Management.

Durch antizyklisches Handeln haben wir so die Krise zu unseren Gunsten genutzt. Wir kündigten Franchise-Verträge mit Partnern, die ihren Renovierungs-Verpflichtungen nicht nachkamen, und eröffneten zeitgleich eigene Stores an selbigen Standorten. Andere Franchise-Stores wurden übernommen, um langfristig sinnvolle Geschäfte zu sichern, und zudem renoviert, um unsere Lifestyle-Welten einheitlich und konsistent zu präsentieren. Schritt für Schritt haben wir uns von unprofitablen Wholesale-Kunden getrennt und setzen stattdessen auf Retail-Expansion sowie Key Accounts (vorsichtig selektierte, starke Großhandelspartner), mit denen ein gemeinsam abgestimmter Businessplan erarbeitet wird. Darin bekennt sich der Partner zu definierten Wachstumszielen, und wir unterstützen ihn mit branchenführender Verkaufsunterstützung, Visual Merchandising und dem Aufbau eines ebenso motivierten wie qualifizierten Verkaufsteams (siehe auch Abschn. 1.5.1 und 1.5.2). Heute nutzen wir unsere Ressourcen im Vertrieb wesentlich besser: die Sales-Teams haben wir von administrativen Aufgaben weitestgehend befreit, und sie verbringen wesentlich mehr Zeit bei ihren (potentiellen) Kunden. Auch unsere Direktoren sind an der Verkaufsfront deutlich aktiver und immer präsent.

Der Erfolg gibt uns Recht: Wir haben im Laufe der letzten vier Jahre in Großbritannien an Stärke gewonnen und gehören heute kontinuierlich zu den am dynamischsten wachsenden Premium-Marken. Dabei erzielen wir herausragende Kapitalrenditen für unseren Konzern.

Im Geschäftsjahr 2011 konnten wir den Umsatz auf GBP 130 Mio. steigern. Retail ist dabei heute die zentrale Antriebskraft für unser Wachstum. Wir erwirtschaften aktuell ca. 65 % unseres Umsatzes im eigenen Retail (Abb. 1.4). Daneben wachsen wir weiter im Wholesale-Geschäft. Zwischen 2008 und 2011 haben wir unsere Profitabilität verdoppelt. Wir betreiben 40 Stores in bedeutenden Einkaufsstraßen, an Airports und in Premium-Shoppingzentren. Hinter diesen Erfolgen stehen unsere Mitarbeiter. Zum 30. Juni 2012 beschäftigten wir ca. 700 Mitarbeiter, von denen knapp 80 % mittelbar oder unmittelbar im Retail arbeiten.

HUGO BOSS hat sich damit eine erstklassige Ausgangsposition erarbeitet, um auch in den kommenden Jahren nachhaltig und profitabel zu wachsen.

1.5 Erfolgsfaktoren im Einzelhandel

Im Kern hängt der Erfolg von sieben Faktoren ab:

1. Der Strahlkraft der Marke „BOSS"
2. Der Attraktivität unserer Sortimente

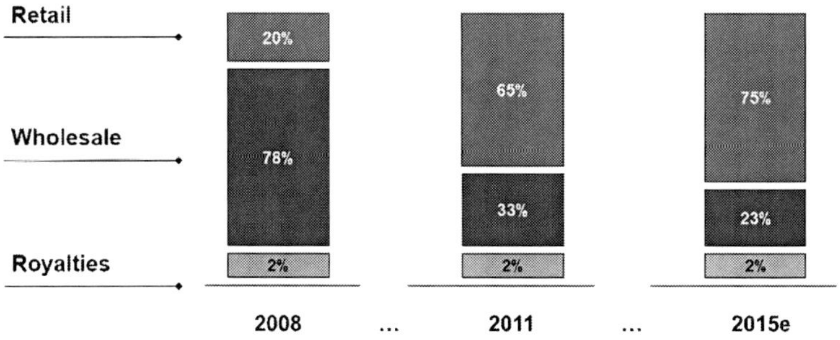

Abb. 1.4 Net Sales Share Development – Wholesale, Retail, Licence

3. Der Qualität unserer Standorte
4. Einer sinnvollen Balance aus zentraler Führung und dezentraler Verantwortung
5. Der Markenverbundenheit und Leistungsorientierung unserer Mitarbeiter
6. Einem effektiven Kundenbindungsmanagement (CRM)
7. Der finanziellen Tragfähigkeit des Modells

1.5.1 Die Strahlkraft der Marke „BOSS"

Unser Markenprofil und das damit verbundene Vertrauenskapital schaffen die Grundlage dafür, dass unsere Marken für Millionen von Kunden beim Kauf von Premium-Bekleidung erste Wahl sind. Es ist für unseren dauerhaften Erfolg deshalb unabdingbar, dass wir neben den rein wirtschaftlichen Faktoren, wie Umsatz- und Profitabilitätssteigerung, auch eine emotionale, intensive Bindung zu unseren (potentiellen) Kunden herstellen.

Zunächst müssen wir die Modeerwartungen der Premium- und Luxuskunden erfüllen, und zwar bevor diese sie artikulieren. Konsumenten bringen zunehmend ihr persönliches Lebensgefühl und die damit verbundenen Interessen, Einstellungen, Meinungen und Werte in der Wahl ihrer Bekleidung und Accessoires zum Ausdruck. Die Bedürfnisse und Träume unserer Kunden zu kennen und daraus abgeleitet hochwertige Produkte zu entwickeln und zu vermarkten, ist das vorrangige Ziel unserer Aktivitäten. Das stärkt die Faszinationskraft unserer Marken.

In der „Fashionworld" erfordert Markenführung eine professionelle Inszenierung und Emotionalisierung international etablierbarer Fashiontrends (Abb. 1.5).

- Auf Catwalk Shows in Metropolen wie Berlin, London, New York, Paris, Peking präsentieren wir die neuesten Trends. Wir wählen dafür außergewöhnliche Orte und nutzen die faszinierende Kulisse als Bühne zur Inszenierung der aktuellen Looks – den Fashion Highlights der Saison.
- Mode Magazine und zunehmend Blogger bewerten unsere Kollektionen saisonal und auf teilweise höchstem intellektuellen Niveau.

Abb. 1.5 Dramatizing our Lifestyle Worlds

- Das Internet ist auf dem Weg, zur wichtigsten und effektivsten Plattform für die Darstellung unserer Marke zu werden: Im Web schaffen wir die für jeden jederzeit betretbare HUGO BOSS Welt und setzen unsere Marken so als Lifestyle-Erlebnis für unsere Kunden in Szene. Durch Social Media Marketing via Facebook, Twitter oder auch LinkedIn kommunizieren wir direkt und interaktiv mit unseren Kunden und integrieren sie damit in unsere Markenwelt. An dieser Stelle verschwimmt die sonst so klare Grenze zwischen dem Unternehmen und dem Kunden – der Kunde wird Teil der Marke und stärker an das Unternehmen gebunden.
- Unser langfristig ausgelegtes Sport-Sponsoring konzentriert sich auf Premium-Sportarten. Wir engagieren uns seit über 30 Jahren in der Formel-1, als Partner des Rennstalls Vodafone McLaren, und haben in dieser Zeit Fahrer wie Ayrton Senna, Kimi Räikkönen, David Coultard, Lewis Hamilton und Jenson Button bei ihren sportlichen wie mentalen Höchstleistungen begleitet. Mit diesem Engagement transportieren wir unsere Markenwerte Erfolg, Dynamik, Internationalität und Innovation auf ideale Weise. Auch unser Engagement im Segeln basiert auf ähnlichen Wertmaßstäben. Faszinierende Technik, hochwertige Materialien, Mut und Männlichkeit – all dies sind Dimensionen, für die HUGO BOSS und der Segelsport gleichermaßen stehen. Seit mehr als 25 Jahren sind wir außerdem aktiver Sponsor im Golfsport. Wir suchen jeweils junge, hochbegabte Talente wie Tom Lewis und bauen diese kontinuierlich auf. Spitzensportler wie ehemals Bernhard Langer und heute Martin Kaymer werden von uns ausgestattet und unterstützt.
- Unser Engagement in der Kunst ist uns von jeher ein besonderes Anliegen, da hier Kreativität in ihrer reinsten Form die treibende Kraft ist. Wir vergeben in Zusammenarbeit mit der Guggenheim Foundation alle zwei Jahre den „Hugo Boss Prize" in New York. Er gehört inzwischen zu den weltweit renommiertesten Auszeichnungen für zeitgenössische Kunst. Kunst und Mode sind sich gesellschaftlich stets begegnet und haben häufig

knisternde soziale Auswirkungen. Als Lifestyle-Marke interpretieren und zelebrieren wir auf diese Weise Lebensart.

- Auch Celebrities sind heute ein wichtiger Teil der Markeninszenierung. Wir arbeiten mit Persönlichkeiten, die zu unserer Marke passen und die unsere Marken-Attribute durch ihren persönlichen Stil transportieren. Der Glamour-Faktor spricht für sich selbst. Schauspieler und Sportler, die sich auf internationalem Parkett bewegen wie Orlando Bloom und Sienna Miller für BOSS ORANGE oder Tilda Swindon, Gwyneth Paltrow, Jenson Button und Ryan Reynolds für BOSS BLACK sind so Botschafter unseres Lifestyles.

Neben diesen Aktivitäten hat Markenführung vor allem mit Vertriebskompetenz zu tun. Sie stellt einen wichtigen Faktor für unseren Markenerfolg dar. Endverbraucher suchen verstärkt nach erlebnisorientierter Stimulation beim Konsum (vgl. Opaschowski 1998, S. 25). Der Erlebnischarakter bestimmt deshalb zunehmend die Attraktivität des Angebots. Die Verführung beginnt bereits beim Schaufenster, dem Aushängeschild des Shops, und setzt sich im Geschäft durch eine prozessgestützte Inszenierung der Ware selber fort. Bei der Präsentation der Waren am Point of Sale wird nichts dem Zufall überlassen. Wie können wir unsere Produkte verkaufsfördernd präsentieren und damit die Kaufentscheidung des Kunden positiv beeinflussen? Wo zeigen wir Lifestyle, wo optimieren wir den Quadratmeter-Umsatz durch „Category Business"? Wie können wir langfristig die Loyalität unserer Konsumenten sichern?

Kunden erwarten von ihren Lieblingsmarken Konsistenz. Die konsequente Inszenierung einer Marketing-Idee am Point of Sale und die Perpetuierung und selbstähnliche Wiederholung der Marken-Botschaft sind deshalb ein wesentlicher Erfolgsfaktor. Der Trend zum erlebnisorientierten Einkaufen verlangt nach neuen Konzepten – vor allem in der Verkaufsraumgestaltung und Warenpräsentation. Läden müssen Geschichten erzählen, der Kunde soll sich wohl fühlen. Der Ladengestaltung liegen daher heute komplexe psychologische Erkenntnisse zu Grunde. Die Bedeutung des Visual Merchandising hat dadurch in den vergangenen Jahren erheblich zugenommen. Präsentation der Produktgruppen, Gestaltung, Stil und Atmosphäre des Einkaufs, tragen maßgeblich dazu bei, wie Konsumenten unser Produkt wahrnehmen. Erlebnisorientiertes Design sollte alle Sinne des Konsumenten ansprechen. Neben der reinen „Warenbildgestaltung" müssen Shop-, Air- und Sound-Design, Beleuchtung, Präsentationstechnik, interaktive Elemente und sogar die Inszenierung des Personals aufeinander abgestimmt werden. Ziel ist es, die Verweildauer der Kunden zu erhöhen, Impulskäufe zu fördern, und die Kunden durch herausragenden Service an unsere Marke zu binden (Abb. 1.6).

Unser beim Konsumenten verankerter Markenkern – Qualität, Modernität, Faszination – wird als emotionale Botschaft auf den Point of Sale übertragen. Dieser wandelt sich so zum „Point of Experience".

Abb. 1.6 HUGO BOSS Store: Dramatizing our Lifestyle Worlds at the Point of Sale

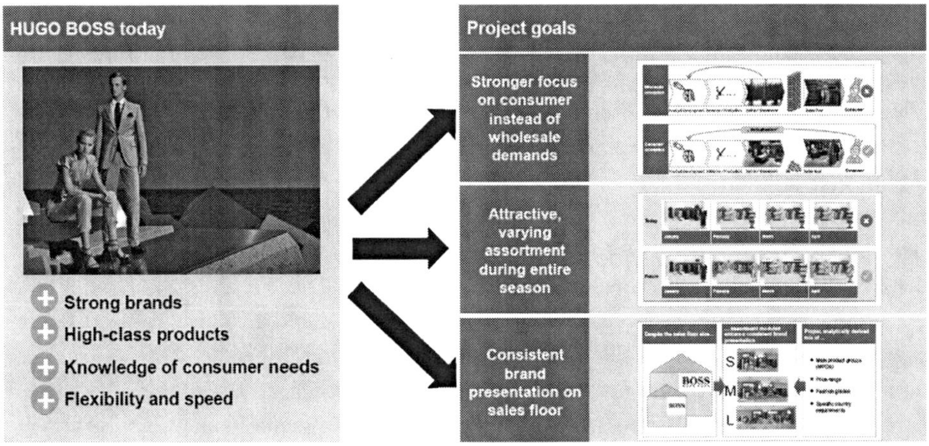

Abb. 1.7 HUGO BOSS has strong brands and premium products (vgl. Internal presentation 2012)

1.5.2 Attraktivität unserer Sortimente

Wir verdanken unseren Erfolg vor allem einem starken Produktportfolio. Im Fokus unseres Handelns stehen die Bedürfnisse unserer Kunden (Abb. 1.7).

Wir wollen sie mit Premium-Produkten begeistern, die bei Design, Komfort und Qualität Maßstäbe setzen. Unser Angebot am Point of Sale soll in erster Linie die für das angesprochene Konsumentenprofil relevanten Produkte beinhalten. Das Produktportfolio muss preislich wettbewerbsfähig, qualitativ hochwertig, klar verständlich und vor allem zur richtigen Zeit am richtigen Ort in allen gängigen Größen verfügbar sein (vgl. Whalin 2001, S. 42).

In Londons „City", dem Bankenviertel, liegt der Fokus entsprechend auf Anzügen und Kostümen, in der New Bond Street laufen Luxusprodukte fast ohne Preislimit, und in Liverpool dominiert Sportswear.

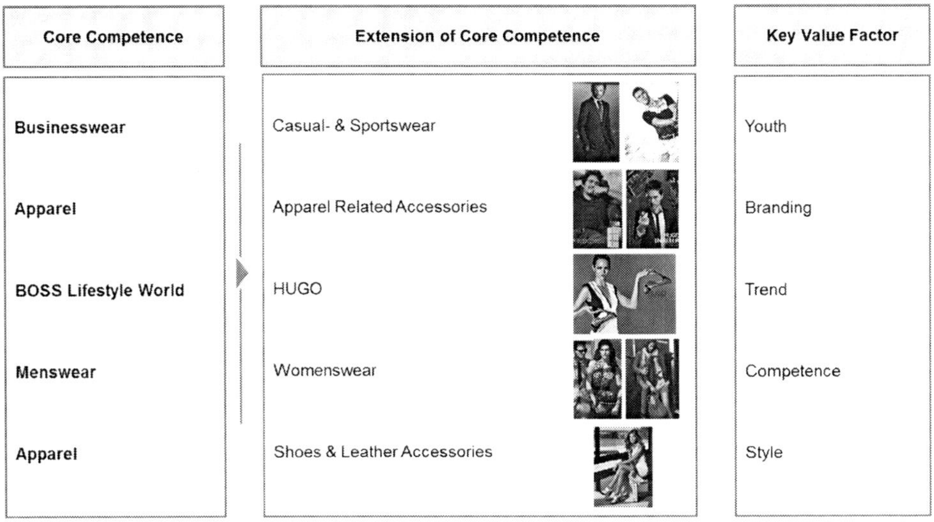

Abb. 1.8 Extension of Core Competencies

Traditionelle Werte gewinnen in schwierigen Zeiten an Bedeutung: „Prassen und Protzen ist out. Stattdessen nimmt die Bedeutung der Familie zu – und Schlichtheit scheint plötzlich attraktiv", sagt BCG-Geschäftsführerin Catherine Roche. „Die Krise ändert die Auffassung vieler Menschen darüber, was für sie wirklich wichtig ist, darum passen sie auch ihr Einkaufsverhalten an" (vgl. www.bcg.de/media/PressReleaseDetails.aspx?id=tcm:89-42779). Konsumenten suchen beim Kauf hochwertiger Bekleidung nach einem zusätzlichen funktionalen oder emotionalen Nutzen.

Dieses sogenannte „Trading up" hat für HUGO BOSS in der Produktentwicklung eine große Bedeutung. Moderne, innovative Produkte bieten Saison für Saison einen neuen Kaufanreiz. Der Kunde erwartet von unseren Produkten in jeder Kollektion eine gleichbleibend hohe Qualität, Passformsicherheit und eine unverkennbare Handschrift. Der Entwicklungsfokus liegt daher darauf, sowohl die genannten Ansprüche, als auch konsistente Markenführung und -differenzierung zu erfüllen. Dabei gilt immer: Unser gesamtes Sortiment muss am Point of Sale wettbewerbsfähig sein.

HUGO BOSS bietet attraktive Lifestyle-Produkte mit hohem Identifikationspotential, immer nahe an Körper und Geist von Mann und Frau. Durch das Prinzip des Markentransfers haben wir mit der massiven Erweiterung des Sortiments Wachstumspotentiale geschaffen, neue Zielgruppen erschlossen und das Erscheinungsbild unserer Marken abgerundet. Unsere Markendehnungen waren immer das Resultat zuvor geäußerter Konsumentenbedürfnisse. Bis heute umfasst die Markentransfer-Strategie von HUGO BOSS vier Dimensionen (Abb. 1.8).

In der ersten Dimension wurde die etablierte Kernkompetenz in der klassischen Bekleidung, vor allem dem Design und der Fertigung von Anzügen, Sakkos, Hosen, Mänteln, Hemden und Krawatten, erfolgreich auf den Freizeitbereich transferiert. So erzielen die

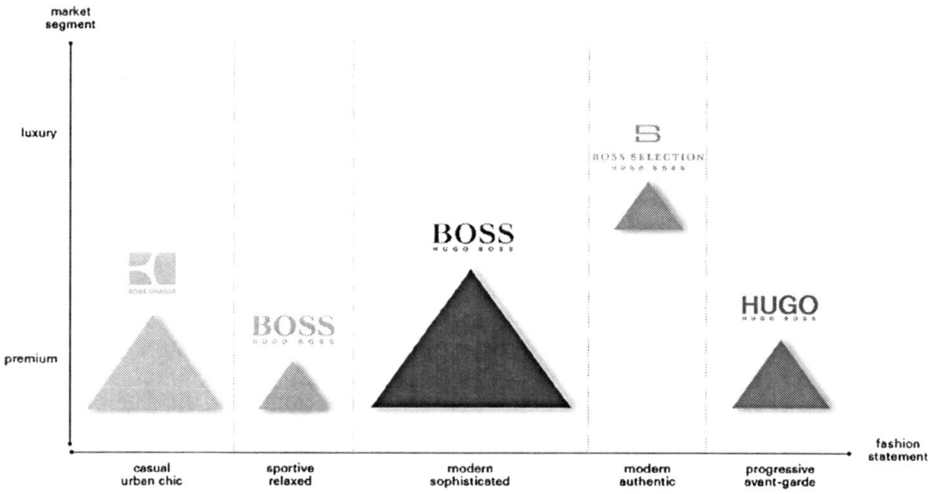

Abb. 1.9 HUGO BOSS Brand Portfolio (vgl. HUGO BOSS Investor Meeting Presentation, September 2011, S. 9)

Produktgruppen Jeans und Freizeitbekleidung wie z. B. Polo-Hemden heute knapp 50 % des Gesamtumsatzes gegenüber einem Anteil vor 15 Jahren von knapp 20 %.

In der zweiten Dimension erfolgte der Transfer auf bekleidungsnahe Accessoires, die den Gesamtauftritt des Mannes und der Frau abrunden. Für die Hauptmarke BOSS HUGO BOSS wurde 1984 die Lizenz für Duft vergeben. Es folgte die Lizenzvergabe für Brillen (1989), Unterwäsche (1994), Schuhe (1995), Uhren (1996) und Lederaccessoires (1999).

In der dritten Dimension des Markentransfers wurde mit der Marke HUGO HUGO BOSS neben der Kernmarke eine weitere eigenständige Lifestyle-Welt geschaffen. Mit BOSS HUGO BOSS als Absenderadresse und Orientierungspunkt ist es uns gelungen, die Innovations-, Kreativitäts- und Faszinationskraft der Marke auf ganz spezifische neue Lifestyle-Welten zu übertragen.

In der vierten und komplexesten Dimension wurde die sicher etablierte Männermarke in den Damenbereich des Premium- und Luxussegments ausgedehnt. 1998 wurde mit HUGO Woman das weibliche Pendant zu HUGO Man geschaffen. Seit dem Jahr 2000 wird unter der Kernmarke BOSS auch Mode für Frauen angeboten.

Erst die kontinuierliche und erfolgreiche Ausdehnung unseres Produktsortiments hat es uns ermöglicht, unsere Marken auch in Monomarkenstores kompetent zu präsentieren (Abb. 1.9).

1.5.3 Die Qualität unserer Standorte

Vor ein paar Jahren eher ein Schlagwort ist „Multi-Channel-Retailing“ heute Realität (vgl. Berg et al. 2011, S. 28 f.). Markenhersteller aus allen Bereichen expandieren parallel über verschiedene Verkaufskanäle wie das sog. „Bricks and Mortar"-Business (Flagship Stores, Concept Stores und Factory Outlets), über eCommerce, Katalog-Geschäft und seit neuestem Apps auf dem Handy (vgl. Warschun und Stratmann 2009, S. 1 ff.).

Die digitale Revolution ist im Modehandel angekommen. Bekleidung ist nach der Unterhaltungselektronik heute mit knapp GBP 2,5 Mrd. Umsatz das zweitgrößte Segment im Online-Handel in Großbritannien und wächst dabei von Jahr zu Jahr überdurchschnittlich. Bis 2015 werden voraussichtlich 20 % aller Bekleidungs-Einzelhandels-Umsätze in Großbritannien über das Internet erzielt. Dies hat natürlich auch Folgen für den konventionellen Handel. „Das Schicksal der Einkaufsstraßen scheint ab 2015 ungewiss", dramatisieren die Visa-Presseverantwortlichen und schüren damit die Angst vor leeren Geschäften.[4]

Das ist vermutlich, vor allem in Bezug auf Prime-Locations, zu pessimistisch gedacht. Sicherlich werden Online-Umsätze in den kommenden Jahren zu Lasten des stationären Einzelhandels wachsen. Allerdings wird erwartet, dass sich der stationäre Handel und eCommerce danach im Gleichschritt weiterentwickeln. Das heißt, dass immerhin 80 % der Einzelhandels-Aktivitäten weiterhin im Store stattfinden werden. Der Point of Sale bleibt somit für Konsumenten die wichtigste Anlaufstelle für den Kaufabschluss.

Was sich jedoch drastisch geändert hat, und weiter ändern wird, ist das Informationsbedürfnis bzw. -verhalten der Menschen. Durch das Internet ist jede Form der Information und Informationsverbreitung jederzeit für jeden zugänglich. Potentielle Kunden informieren sich verstärkt im Internet über Produkte und Marken bevor sie eine Einkaufsentscheidung treffen. Das beginnt beim einfachen Preisvergleich und geht bis hin zum Prüfen ethischer Firmenwerte bei Produktion und Personal. Kontinuierliches Monitoring, sowie Reporting sind unabdingbare Maßnahmen, um die Online-Aktivitäten zu überprüfen, das digitale Markenbild zu fixieren und in verschiedenen Formen zunehmend auch auf die Verkaufsfläche zu übertragen.

Davon unberührt herrscht bereits heute ein Mangel an erstklassigen und zeitgemäßen Standorten in den beliebtesten Metropolen und gut geführten Shoppingzentren, denn hier zieht es den Kunden hin. Die Nachfrage übersteigt das Angebot, weil starke Marken expandieren und nach geeigneten, profitablen Optionen suchen. Was die Anziehungskraft auf internationale Handelskonzepte angeht, ist die britische Hauptstadt London weiterhin der wichtigste Standort in Europa.[5]

Mode im Premium- und Luxussegment ist ein Metropolen-Geschäft. HUGO BOSS erwirtschaftet über 40 % seines Umsatzes in den 100 bedeutendsten Wirtschafts-, Handels- und Fashion-Metropolen. Wir fokussieren unsere globale Retail-Expansion maßgeblich auf diese Städte. Unser Anspruch ist es, ständig fundiert über allgemeine Marktentwicklungen und lokale Marktbedingungen informiert zu sein. Eine qualifizierte Standortentscheidung wird durch systematisches Market-Monitoring gestützt. Wir sammeln Informationen über die neuesten Trends in diesem Bereich und analysieren die wichtigsten Standorte inner-

[4] Vgl. www.dnv-online.net/handel/detail.php?rubric=Handel&nr=22167.

[5] Vgl. www.welt.de/finanzen/immobilien/article13476064/London-schlaegt-Paris-und-Berlin-bei-Luxusmarken.html.

City	Luxury Street	Rent Space in Euro / sqm / Year
London	New Bond Street	7.905
Paris	Avenue Montaigne	7.500
Moscow	Stolehinkov Lane	7.015
Milan	Via Montenapolone	6.800
Rome	Via Condotti	6.700
Paris	Rue du Faubourg St. Honore	6.500
Zurich	Bahnofstrasse	6.020
London	Old Bond Street	5.825
Paris	Rue St. Honore	5.500
Paris	Avenue George V	4.300
Paris	Boulevard St.Germain	4.000
Munich	Maximilianstrasse	3.000
...	...	

Abb. 1.10 Most Expensive Retail Locations in Europe (Rent per sqm per year) (vgl. locationgroup research 2012, S. 272)

halb der Metropolen, großen Städte und Premium-Shoppingzentren. Nur so können wir profitable, imageträchtige Standorte identifizieren und für uns sichern.

Das kostet zunächst viel Zeit und Geld: Das potentielle Objekt wird mehrfach besucht, an verschiedenen Tagen, zu unterschiedlichen Zeiten. Langfristig zahlt sich dieses Investment jedoch definitiv aus, denn so entwickeln wir ein Verständnis für das Kundenprofil und können Potentiale und Risiken besser einschätzen: Ein falsch gewählter Standort hat negative Auswirkungen auf unsere Wettbewerbsfähigkeit, da hohe Abschreibungen und demotivierte Mitarbeiter in Verbindung mit längerfristigen Mietverpflichtungen nicht nur dem Image unserer Marke, sondern auch dem finanziellen Erfolg erheblich schaden können.

Wir managen unsere Expansion deshalb mit Vorsicht, sind aber gleichzeitig davon überzeugt, dass die bekanntesten Einkaufsstraßen wie Regent Street und New Bond Street (London), oder New Cathedrale Street (Manchester) und international die Maximilianstraße (München), 5th Avenue (New York), Champs-Elysees (Paris) oder Bahnhofstraße (Zürich) weiterhin attraktiv bleiben und kaufkräftige Kunden anziehen werden (Abb. 1.10). Diese Standorte sind im „relevant set" des Premium- und Luxuskunden fest verankert. Sie ziehen neben lokalen Stammkunden auch Geschäftsleute und Touristen aus aller Welt an, weil sie Shopping über verschiedene Segmente mit Kunst und Kultur, Entertainment und Food geschickt verbinden. Das hat eine hohe Anziehungskraft und bewegt Konsumenten zum Verweilen.

Worauf achten wir also bei der Wahl eines neuen, geeigneten Standorts? Für unsere Einzelhandelsgeschäfte sind regionale Faktoren von elementarer Bedeutung: Kunden, Zielgruppen, Kaufkraft und Konsumentenstimmung unterscheiden sich bei den Standorten nachhaltig. Geprüft werden unter anderem folgende Aspekte:

- Absatzpotential: vorhandenes Nachfragevolumen nach Premium- und Luxusmode,
- Bereits bestehende Point of Sale, aktuelle bzw. potentielle Wholesale-Kunden,
- Angebotsstrukturen, Branchenmix, Wettbewerbsumfeld,
- Lage und Größe des Objekts, abgestimmt auf die Anforderungen des lokalen Marktes,
- Demographische Kriterien,
- Mietniveau,
- Lokale Bedingungen: Immobilie, Sichtbarkeit, Image, Umfeld, Frequenz, Parkplatzangebot, Öffnungszeiten.

1.5.4 Sinnvolle Balance aus zentraler Führung und dezentraler Verantwortung

Retail hat die Anforderungen an unser Unternehmen radikal verändert. Wir müssen uns heute wesentlich schneller und flexibler an neue Marktgegebenheiten anpassen. Das ist nur mit einer leistungsfähigen Organisation möglich, die über die geeigneten Strukturen, passenden Management-Qualifikationen und richtigen Entscheidungsprozesse verfügt. Der optimale Mix aus zentraler Führung und dezentraler Verantwortung ist eindeutig einer unserer Wachstumstreiber.

Tiefgreifende Restrukturierungsmaßnahmen und damit die Neuordnung unserer gesamten Führungsstruktur waren unumgänglich, um die höhere Komplexität des Retail-Geschäfts zu bewältigen. Zunächst haben wir die Organisation unserer Zentrale in Großbritannien durch das Einführen von Trading, Buying & Merchandising und Finanzen auf Direktoren-Ebene nachhaltig verändert und gestärkt (Abb. 1.11).

Der Geschäftsführer erarbeitet die Strategien, definiert die Unternehmensziele in Abstimmung mit dem Konzern, bestimmt über die Markendistribution und betreut die Key-Accounts auf oberster Ebene, führt und motiviert die Mitarbeiter und optimiert die Unternehmensprozesse. Das operative Geschäft wird kontrolliert, ist aber weitestgehend an die Direktoren Trading, Buying & Merchandising und Finanzen, sowie die Abteilungsleiter Marketing und Human Resources übergeben (Abb. 1.12).

Dabei ist der Bereich Trading für die weitere Expansion und Vertriebssteuerung im Markt verantwortlich. Unsere Vertriebsmitarbeiter sind weitestgehend von administrativen Aufgaben befreit und konzentrieren sich verstärkt auf ihre Märkte. Sie sind seitdem effizienter, weil sie zum Einen näher und zum Anderen wesentlich häufiger beim Kunden sind (vgl. Abschn. 1.4). Dadurch erkennen sie Wachstums-Chancen, die sich für uns im eigenen Retail oder bei Großhandelskunden ergeben, schneller.

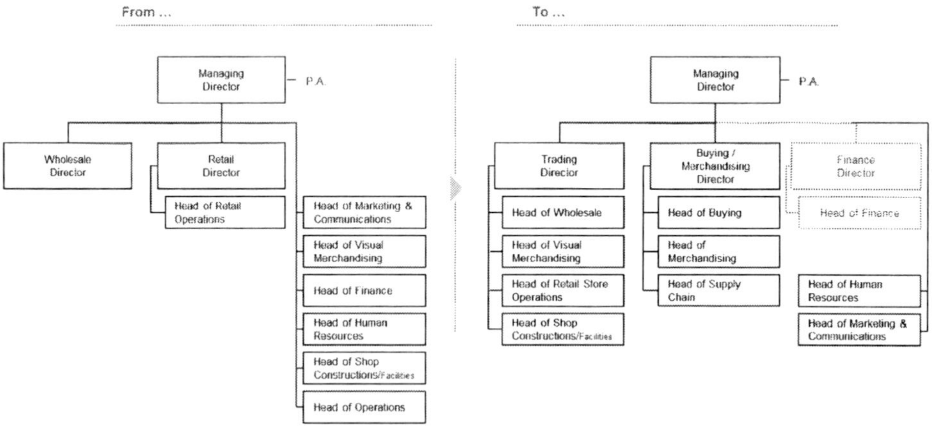

Abb. 1.11 Organizational Diagram HUGO BOSS UK: Transforming our Business Model

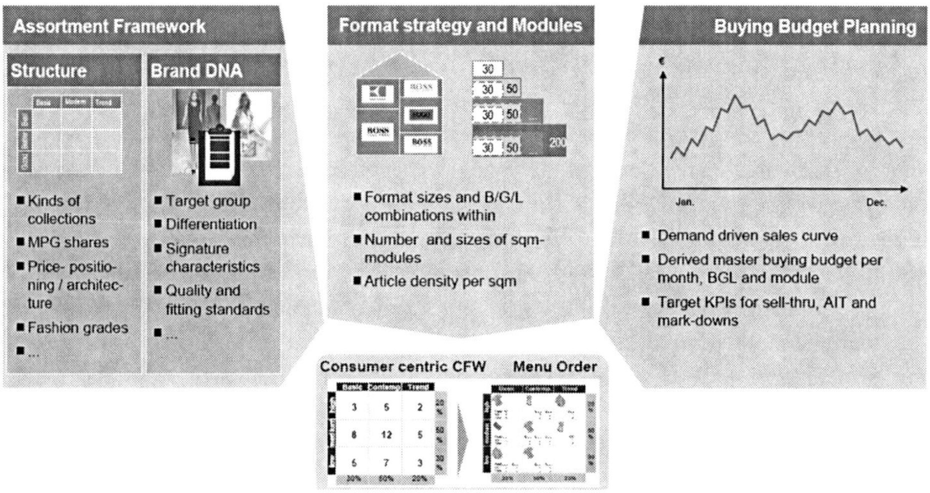

Abb. 1.12 Assortment Framework, Format Strategy and Buying Budget Planning (vgl. Analysts' Conference 2012, März 2012, S. 3)

Das Warenbestandsmanagement, sprich den Einkauf, die Logistik und die Kontrolle über Bestände und Abverkäufe im Handel, übernimmt der Bereich Buying und Merchandising. Um unseren Kunden am Point of Sale ein global einheitliches Bild zu präsentieren, definiert er gemeinsam mit dem Kreativteam und dem Brandmanagement im Headquarter eine „Core-Range" für verschiedene Storeformate. Somit ist eine einheitliche Kernaussage unserer Kollektionen in allen Stores gewährleistet, die Botschaft an den Konsumenten ist konsistent.

Dezentrale Verantwortung im Einzelhandel hat große Vorteile gegenüber der herkömmlichen, zentralen Steuerung, weil Entscheidungen unmittelbar am Point of Sale getroffen werden können. Das motiviert unsere Mitarbeiter, denn sie werden so zum kompetenten und geschätzten Ansprechpartner unserer Kunden.

Exzellente Storemanager machen mehr denn je den Unterschied zwischen durchschnittlicher Performance und Top Ergebnissen. Im Idealfall besitzt der Storemanager klassische unternehmerische Qualitäten: Kundenorientierung, Flexibilität, Kreativität, ganzheitliches Denken, Verantwortungsbereitschaft, Selbständigkeit, Engagement, Loyalität, Kostenbewusstsein und soziale Kompetenz. In Kombination mit Markenverständnis und visuellem Gespür erreicht er damit unsere Unternehmensziele.

Unsere Storemanager sind daher mit speziellen Befugnissen ausgestattet. Vor allem jene Entscheidungskompetenzen, die vorwiegend das operative Geschäft betreffen, liegen in den Filialen: Vertrieb, Personalverantwortung, Organisation der Geschäftsabläufe, Kundenservice (Verkauf, Retouren-Management), Abverkauf und Schwund. Zudem betreuen sie Marketingthemen und internes Reporting. Hat die Zentrale die Voraussetzungen für effizientes Retail geschaffen, d. h. ist das richtige Produkt, in der richtigen Menge, in einwandfreiem Zustand, mit dem richtigen Preis, zur rechten Zeit, an der besten Stelle im Verkaufsraum platziert (vgl. Schymik 2007, S. 14), obliegt die Verantwortung für die Storeperformance allein dem Storemanager.

Storemanager und -mitarbeiter sind angehalten in konstruktiver Weise zu hinterfragen, wie sie das, was sie heute machen, effizienter und effektiver gestalten können. Jedes Team muss die kundenorientierte, effiziente und schnelle Arbeitsweise der gesamten Organisation verstehen; und auch, wie sich der eigene Arbeitseinsatz in das Ganze einfügt.

Strategische Entscheidungen, die für alle Filialen gelten, werden gemeinsam mit den Storemanagern getroffen. Mit einem gut funktionierenden Controlling ist gewährleistet, dass die Leistungsfähigkeit einzelner Filialen und des ganzen Unternehmens ständig analysiert und unter Umständen gesteigert werden kann.

1.5.5 Markenverbundenheit und Leistungsorientierung unserer Mitarbeiter

Unsere Kunden und unsere Verkaufsteams sind die primären Bezugspunkte unseres Retail-Erfolgs. Leitsätze, wonach sich ein „gutes Produkt von selbst verkauft" oder ein „guter Verkäufer jedes Produkt vertreiben kann", sind längst überholt.

Kunden sind heute über Modetrends, Qualität und Preis, angesagte Marken, Herkunft der Produkte, Nachhaltigkeit und Instore-Service immer besser informiert. Der Erfolg unseres eigenen Retails steht und fällt mit der Qualifikation, dem Engagement und den kommunikativen Fähigkeiten unserer Teams vor Ort. Kundenzufriedenheit und -bindung werden hier nachhaltig beeinflusst. Die Kunst dem Kunden ein Produkt zu verkaufen, mit dem er langfristig glücklich ist, generiert nachhaltiges Wachstum. Dabei ist das Talent des Zuhörens ebenso wichtig wie Eloquenz und Neugier. Was sucht der Kunde? Welchen Modegrad bevorzugt er? Wie preissensibel ist er? Wünscht er intensive Beratung, oder will er sich erst einmal nur umsehen? Jeder Kundenkontakt entscheidet darüber, ob der Kunde kauft, wiederkommt, den Store und unsere Marke weiterempfiehlt. Die Servicequalität ist ein wichtiger Erfolgstreiber.

Um die begehrtesten Fachkräfte und Management-Talente herrscht deshalb im Retail – und das verstärkt im Luxus – ein harter Wettbewerb. Die Rekrutierung und Entwicklung von Fach- und Führungskräften ist integraler Bestandteil unserer Geschäftsstrategie. Wie können wir die Besten langfristig an unser Unternehmen binden? Sicherlich müssen die Gehälter wettbewerbsfähig sein. Ebenso wichtig wie eine wirksame Gehaltspolitik ist allerdings nachhaltiges Talent-Management. Talenten zeigen wir regionale, nationale und globale Karrierewege auf, die ihnen hervorragende Perspektiven bieten. So schaffen wir loyale, motivierte Mitarbeiter.

Richtige Personalentscheidungen sind für die Wettbewerbsfähigkeit der Schlüssel zum Erfolg. Auf dem Arbeitsmarkt in Großbritannien bestehen erhebliche regionale Unterschiede. Während Retail außerhalb Londons generell zu den sehr begehrten Einstiegsmöglichkeiten in die Mode gehört, herrscht in London der „War for Talent", in dem Konkurrenten aus allen Wirtschaftszweigen um Talente werben. Immer wieder erleben wir, dass Kandidaten sehr gute Angebote von Investmentbanken, Unternehmensberatungen, Softwareherstellern etc. vorliegen haben.

Wir haben Partnerschaften mit guten Universitäten, um interessante Talente frühzeitig zu entdecken und diese bereits während des Studiums an uns zu binden.

Durch den direkten Kundenkontakt ist der Endkonsument zum integralen Bestandteil der Unternehmensstrategie geworden. So wissen wir z. B. heute, dass sich der weltweit reisende Geschäftsmann/-frau zwischen den internationalen Metropolen weitaus mehr ähnelt als zwischen den Regionen eines Landes. Die Aktivitäten, Interessen und Wünsche von Geschäftsleuten aus Berlin, Kapstadt, London, Melbourne, New York, Rio de Janeiro, Shanghai oder Tokio entsprechen sich häufig weitaus mehr, als die Lebensstile, und damit die das Konsumentenverhalten prägenden Attribute zweier Geschäftsleute aus London und einer englischen Kleinstadt. Die Sitten und Gebräuche, und damit Ansprüche an Servicequalität, können sich wiederum stark unterscheiden. Die Auswirkungen auf die Ansprüche an unsere Mitarbeiter sind klar: Die Fähigkeit „im Kleinen groß zu denken", komplexe Sachverhalte in praktikable Lösungen umzusetzen und hohe Führungskompetenz werden zu wichtigen Erfolgsmerkmalen auf sämtlichen Vertriebspositionen.

Um diesen Anforderungen auch in Zukunft gerecht zu werden, „fördern und fordern" wir unsere Mitarbeiter, sich durch eigenverantwortliches und praxisnahes Lernen am Arbeitsplatz und in der Freizeit kontinuierlich weiter zu entwickeln. Das Spektrum ist breit gefächert und umfasst neben den herkömmlichen Verkaufs- und Produktschulungen auch Sprachen und interkulturelle Trainings. Wie adressiert man Kundinnen, die mit Tschador bekleidet Luxus shoppen? Wie erfüllt man die Wünsche und Erwartungen asiatischer Kunden? Die Kundenstruktur ist heute komplexer denn je.

Wissen und Bildung sind also auch im Retail ein Erfolgsfaktor. Wir investieren verstärkt in die konsequente Ausbildung, Weiterbildung und Qualifizierung auf Unternehmensebene und gewinnen damit als Arbeitgeber an Attraktivität. Um zu gewährleisten, dass unsere Mitarbeiter in den Bereichen Verkaufs-Know-how, Produktpalette und Materialkunde auf dem neuesten Stand sind, hat die Abteilung Training & Development einzelne E-Learning-Module und Präsenzschulungen entwickelt und durchgeführt: Ein Team von Trainern sorgt dafür, dass die Unternehmenswerte auch in die entferntesten Winkel in Großbritannien und weltweit getragen werden. In besonderen Fällen werden die Verkäufer als „Incentive" auch zu Veranstaltungen ins deutsche Headquarter eingeladen, den „BOSS Academies".

E-Learning hat die Effizienz, Qualität und Nachhaltigkeit der Weiterbildung deutlich verbessert, weil der Lernerfolg relativ zum Zeitaufwand sehr hoch ist. Der Mitarbeiter übernimmt zusammen mit dem Vorgesetzten mehr Verantwortung für seine fachliche Entwicklung und steigert dadurch zusätzlich die eigene Beschäftigungsattraktivität.

Unser Talent-Management umfasst heute neben den standardisierten Angeboten auch individuelle Maßnahmen, wie z. B. Coaching, Feedback, Job Rotation, Auslandsaufenthalte oder Übernahme einer Projektleitung. Es geht also nicht nur um den hierarchischen Aufstieg, sondern vielmehr darum, fachliche und persönliche Potentiale der Mitarbeiter zu fördern, um sie auf ständig wechselnde Herausforderungen vorzubereiten.

1.5.6 Effektives Kundenbindungsmanagement (CRM)

HUGO BOSS spricht anspruchsvolle Konsumenten mit mannigfaltigen Einstellungen und Bedürfnissen an, die individuell, situations- und ortsbezogen stark differieren können. Unsere Marken fokussieren sich auf jeweils klar definierte Zielgruppen und bedienen das für HUGO BOSS relevante Marksegment weitreichend. Wir investieren stark in Customer Relationship Management, da wir damit identifizieren können, welche Kundenbeziehungen für uns wertvoll, d. h. erfolgversprechend sind (vgl. Wittkoetter und Steffen 2002, S. 73). Ein entscheidender Faktor dabei ist das Personalisieren der Abverkäufe: Name, Familienstand, dazu die Post- und E-Mail-Adresse, Telefonnummer, Modegrad/-typ, Konfektionsgröße, das bevorzugte Preissegment, Einkaufsgewohnheiten und -historie, Hobbies, Interessen und oft das Geburtsdatum (vgl. Bruhn 2012, S. 54). Durch die systematische Erfassung, Pflege und Analyse von Kundendaten lernen wir das Kaufverhalten, Vorlieben im Bezug auf die Kundenbetreuung, Interessen, Wünsche und Einstellungen, kurz das persönliche Lebensgefühl unserer Kunden immer besser kennen. Attraktivität im oberen Preissegment lebt von Emotion, Zeitgeist und Image.

Mit dem dadurch generierten – sehr wertvollen – Wissen können wir über mehrere Vertriebskanäle einen auf die individuellen Kundenbedürfnisse zugeschnittenen Service bieten, der uns und unsere Produkte von der Konkurrenz abhebt. Wie erreichen wir diesen Kunden am besten? Welche Artikel passen zu seinen Vorlieben?

Profitable Kunden können wir so identifizieren und zu Modeschauen, Made-to-Measure-Events („Maßanfertigung"/Personalisierung von BOSS Selection Anzügen im Store), „Golf-Pro Am"-Tagen, an denen sie mit Profis wie Martin Kaymer Golf spielen, Segelevents, Kunstvernissagen oder zur Formel 1 nach Silverstone einladen. Übergeordnetes Ziel ist es, die Kunden wertzuschätzen und zu Markenbotschaftern zu machen (vgl. Bruhn 2004, S. 18).

Wir haben die traditionelle Aufgabenteilung in Kundengewinnung (Vertrieb) und Kundenbindung/Kundenbeziehungsmanagement (CRM) damit aufgehoben und ersetzt mit dem gemeinsamen Evaluieren und Ausschöpfen unseres Kundenpotentials.

1.5.7 Finanzielle Tragfähigkeit des Modells

Retail ist ein gnadenloses Geschäft, in Großbritannien an sieben Tagen pro Woche mit mindestens zehn Stunden/Tag in den Städten und bis zu 16 Stunden am Airport. Der Kunde gleichwohl darf nicht spüren, dass hinter den Kulissen hart gekämpft wird – im Umsatz wie in der Profitabilität. Im Retail mit Premium- und Luxusprodukten erwarten Kunden ein besonderes Einkaufserlebnis. Sie wollen Spaß, Unterhaltung und besonders guten Service erleben, sie erwarten ausführliche Beratung und Aufmerksamkeit. Das zieht hohe Aufwendungen nach sich (vgl. Rasch und Prießnitz 2005, S. 10):

1. Beträchtliche Investitionen in Geschäftsausstattung und -einrichtung: Wir investieren pro Quadratmeter bis zu EUR 5000 für Konzeption, Innenausstattung und externe Darstellung der Stores. Daneben investieren wir in Mitarbeiter und deren Weiterbildung (vgl. Abschn. 1.5), eine einzelhandelsgerechte IT-Landschaft, funktionierende Retail-Prozesse und eine entsprechende Organisationsstruktur viel Zeit und Geld.
2. An das Management bestehen hohe Anforderungen. Sind die entscheidenden Positionen richtig besetzt und miteinander verzahnt?
3. Große Chancen bergen große Risiken. Konnten wir im Wholesale-Geschäft aufgrund geringerer tatsächlicher Fixkosten noch relativ flexibel auf Nachfrageschwankungen reagieren, bedeuten eigene Vertriebsaktivitäten einen erheblichen Verlust eben dieser: die Fixkostenremanenz kann bei einem Umsatzrückgang – je nach Umfang und Dauer – zur Gefahr für die Existenz eines Unternehmens werden. Wir tragen heute das doppelte Risiko – das des Herstellers und das des Händlers.
4. Luxusstandorte kosten Luxusmieten (Bsp. London New Bond Street, Miete/qm/Jahr EUR 7000 ohne Nebenkosten). Das, sowie Abschreibungen und andere Kosten, summiert sich schnell. (vgl. Riebe 2012, S. 487).

Deshalb bewerten wir vorab neue Retail-Objekte finanziell mit Hilfe einer Plan-Gewinn- und Verlustrechnung. „Key Performance Indikators", sog. KPI's, messen den Erfüllungsgrad des jeweiligen Projektes. Dabei versorgt uns unser Controlling täglich/wöchentlich mit verdichteten Kennzahlen, die anschließend zur Planung, Kontrolle, Steuerung und dem frühzeitigen Erkennen von Problemfeldern dienen. Unter anderem erhalten wir Umsatzentwicklung gegenüber Vorjahr und Plan, durchschnittlichen Verkaufspreis,

Margenentwicklung, Kundenfrequenz, Units per Transaction, Lagerumschlag, Conversion Rate, Bestandsentwicklung, Abverkäufe pro Produktgruppe, etc.

1.6 Zusammenfassung und Ausblick

Die konsequente Orientierung auf Premium-Produkte im Bereich der Mode ist der Kern unseres Geschäftsmodells. Und das wird so bleiben. Daneben setzen wir heute gezielt auf die kontrollierte Expansion des eigenen Retails und investieren in den Point of Sale, und damit Premium-Dienstleistungen, signifikant mehr als noch vor wenigen Jahren. Unser Erfolg basiert auf vielen, teilweise sehr unterschiedlichen, Parametern: Wachstum und Profitabilität gehören ebenso dazu, wie soziale Verantwortung und nachhaltiges Handeln. Dreh- und Angelpunkt bleiben dabei immer die Wünsche und Bedürfnisse unserer Kunden.

So erlebt das altbekannte Sinnbild vom „Kunden als König" eine ungeahnte Renaissance, denn genau hier liegt unser größtes Potential.

Literatur

Bain & Company, *Fondazione Altagamma: Luxury Goods Worldwide Market Study - 2011*, 10th Edition, October 2011.

Berg, Dr. A., Dr. J. Kuepper, und Dr. M. Stoll. 2011. *Akzente - Erfolgsfaktoren für das Multikanalgeschäft.*

Bruhn, M. 2012. *Kundenorientierung - Bausteine für ein exzellentes Customer Relationship Management*, 4. Aufl.

Bruhn, M. 2004. *Handbuch Marken Führung*, Band 3.

Hüsgen, M., und A. Schlamp. 2012. *Markenartikel - Point of Brand Experience*, 1–2.2012.

HUGO BOSS. 2011. *Annual Report* 2011.

ICLP. 2010. *Ist Kundenbeziehungsmarketing ein Luxus?* August 2010.

Locationgroup Research. 2012. Preview 4th Edition. *Retail Market Study*, 2012.

Michaelis, N. 2011. *Planung & Analyse - Zeitschrift für Marktforschung und Marketing: Was der Kunde wirklich wünscht - Kundenorientierte Sortimentsgestaltung*, 15. April 2011.

Opaschowski, H. W. 1998. *The Future of Leisure, Culture and Tourism - The Challenge for Politics and Society.* In Nahrstedt/Kombol (Ed.).

Rasch, S., und H. Prießnitz. 2005 *The Boston Consulting Group GmbH: Die Vertikale Verlockung - Eigener Handel als Erfolgsstrategie für Gebrauchsgüterhersteller?*

Riebe, M.-C. 2012. *Location Group - Research Retail Market Study.*

Schymik, C. 2007. *Den Vertrieb im Handel zeichnet höchste Komplexität aus.* Bain & Company, 02.2007.

Siemes, J., G. Mager, und F. Pietersen. 2002. *Vertikalisierung im Handel - Auswirkungen auf die zukünftige Absatzwegestruktur.*

Turban, M. 2009. *Markenfokussierte Distributionssysteme in Non-Food-Konsumgüterbranchen: Strukturmerkmale, Typisierungsansatz und Steuerungsproblematik*, Ausgabe 12 Oktober 2009.

Warschun, Dr. M., und Dr. J. Stratmann. 2009. *ATKearney - Erfolg auf allen Kanälen - Mehrkanalstrategie lässt Umsätze im Handel steigen.*

Whalin, G. 2001. *Retail success - Increase sales, maximise profits, and wow your customers in the most competitive marketplace in history.* WP Willoughby Press.

Wittkötter, M., und M. Steffen. 2002. Customer Value als Basis des CRM. In *Customer Relationship Management im Handel - Strategien, Konzepte, Erfahrungen*, Hrsg. D. Ahlert, J. Becker, R. Knackstedt und M. Wunderlich.

KeenOn Fashion: Ein virtueller show room als innovatives Geschäftsmodell für den Mode- und Lifestyle-Großhandel

2

Henning Husmann, Claudia Hagedorn und Thomas Baierlein

Inhaltsverzeichnis

2.1 Was ist KeenOn Fashion?

2.1.1 Geschäftsmodell

KeenOn Fashion ist eine B2B-Handelsplattform für internationale Markenmode. KeenOn-Fashion.com wurde im Januar 2012 von Hermes-OTTO International (H-OI) in Hamburg gelauncht und stellt Einzelhändlern eine ideale Orderumgebung zur Verfügung, kombiniert mit Services rund um den internationalen Modeeinkauf. Auf dem Marktplatz steht eine große Auswahl an internationalen Marken aus den Bereichen Womenswear, Menswear, Kids, Wäsche sowie Accessoires und Schuhe zur direkten Online-Bestellung bereit. Informationen zu den Marken erleichtern den Blick auf die Modeszene und halten Interessenten auf dem Laufenden. Handel und Modemarken profitieren gleichermaßen von KeenOn Fashion: Einzelhändler ordern ihre Ware bequem online, und Markenanbieter nutzen den Weg zur schnellen und günstigen Expansion in neue Märkte. Beide Seiten unterstützt KeenOn Fashion bei der Logistik sowie bei Abwicklungs- und Zahlungsprozessen.

Henning Husmann ✉, Claudia Hagedorn, Thomas Baierlein
Otto International GmbH, Wandsbeker Str. 3–7, 22172 Hamburg, Deutschland

H.-C. Riekhof (Hrsg.), *Retail Business*, DOI 10.1007/978-3-8349-4555-6_19,

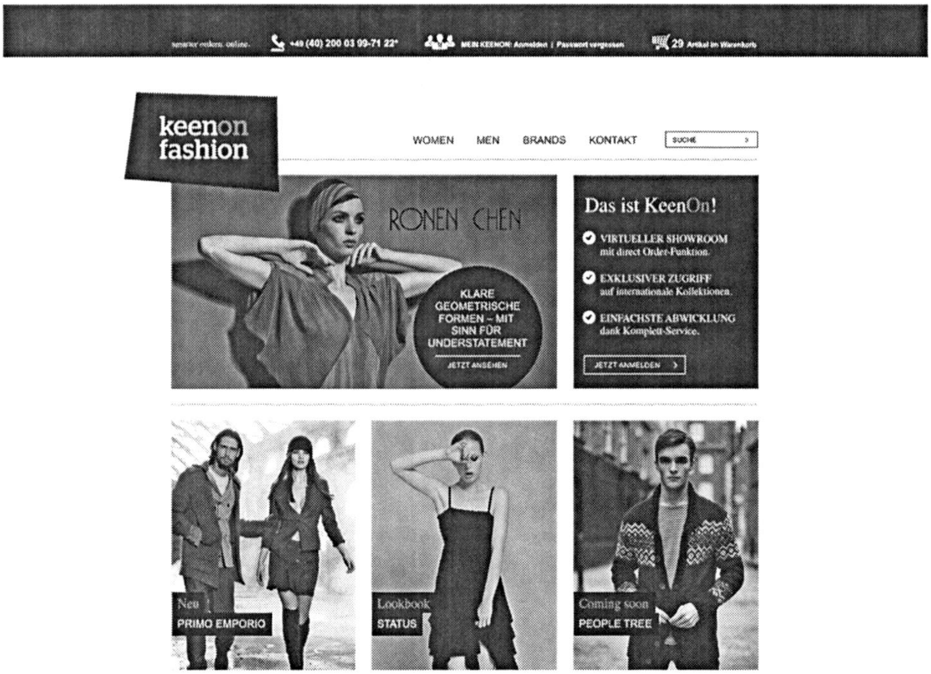

Abb. 2.1 KeenOn Fashion Screenshot

Das KeenOn Fashion Geschäftsmodell ist vergleichbar mit einem online basierten Modedistributor. Die beteiligten Parteien sind zum einen Marken, die ihre Kollektionen über KeenOn im deutschen Markt vertreiben wollen, und zum anderen Mode-Einzelhändler, die ihr Sortiment über die Plattform beschaffen (Abb. 2.1).

Auf der Markenseite gliedern sich die Interessenten in drei Hauptgruppen:

1. Marken, die in ihren Heimatmärkten bereits Erfolge verzeichnen, aber bisher noch nicht in den deutschen Markt expandiert haben.
2. Marken, die bereits in den deutschen Markt expandiert haben, aber nicht zufrieden sind mit der Leistung des Distributors oder Agenten, mit dem sie dieses tun.
3. Marken, die im deutschen Markt bereits vertreten sind, die aber an das Onlinemodell KeenOn als die Lösung der Zukunft glauben und deshalb ihre Vertriebsaktivitäten auf KeenOn Fashion übertragen.

Die Markenauswahl erfolgt durch KeenOn Modeprofis, die die Marken nach den Kriterien Relevanz für den deutschen Markt und Waren- und Prozessqualität bewerten. KeenOn Fashion ist in dem Sinne daher kein freier Online-Marktplatz, sondern vertritt den Ansatz, sowohl Anbieter als auch Nachfrager nach qualitativen Kriterien vorzuselektieren. KeenOn Fashion hat zum Ziel, den kompletten deutschen Mode-Einzelhandel bedienen zu können,

d. h. es gibt keinen Fokus auf bestimmte Sortimente des Modemarktes, mit Ausnahme von reinem Discount auf der einen Seite und dem Premium-Segment auf der anderen Seite. Auch von der modischen Ausrichtung wird von Streetfashion bis hin zu gehobener Damenmode alles angeboten.

Die Registrierung der Einzelhändler kann auf unterschiedlichen Wegen erfolgen. Einzelhändler müssen für eine Erst-Registrierung zunächst nur ihren Namen, Adresse und Umsatzsteuer-ID angeben. KeenOn Fashion hält damit die Hürde einer Erstregistrierung möglichst gering, stellt aber gleichzeitig sicher, dass nur Profis angemeldet sind. Damit kann zunächst die komplette Plattform eingesehen werden. Für den Kauf müssen dann noch weitere Informationen hinterlegt werden, die dem Händler auf KeenOn Fashion die Zahlungsart „Per Rechnung" ermöglichen. Die Registrierung auf KeenOn Fashion ist für den Einzelhändler nicht mit Kosten verbunden, es gibt keinen Mitgliedsbeitrag.

Wie im Mode-Distributionsgeschäft üblich, finanziert KeenOn Fashion sich über eine Marge, die zwischen dem Großhandelspreis der Marke und dem Abgabepreis an den Einzelhändler auf der Plattform angesetzt wird und demzufolge umsatzabhängig ist.

2.1.2 Serviceportfolio

KeenOn Fashion ist die derzeit einzige B2B-Online Plattform für den Mode-Einzelhandel, die die komplette Prozesskette hinter den Kaufvorgängen abbildet. Die Services im Einzelnen:

Plattform

KeenOn Fashion stellt die Online Plattform mit allen Funktionalitäten zur Verfügung. Kunden können ihre Orders bequem, wie im B2C-Bereich erlernt, abwickeln, d. h. durch Registrieren, Surfen, Merkzettel und Warenkorb. Dabei werden sie zum einen durch einen intuitiven Kaufprozess unterstützt aber auch durch eine State of the Art 360° Fotografie der Einzelartikel mit Zoomfunktion und detaillierten Artikelinformationen (Abb. 2.2).

Zudem erhalten die Kunden umfassende Informationen zu den Marken in den Brandshops. Hier bekommen Marken die Gelegenheit ihr Marken-CI durch Texte, Imagefotos und Filme darzustellen.

Orderabwicklung

KeenOn Fashion bietet dem Einzelhändler drei verschiedene Orderoptionen: die klassische Vororder, Lagerabruf und NOOS. Bei der Vororder bestellt der Kunde auf eine in der Zukunft erfolgende Produktion vor. Die Bestellungen werden aufsummiert und daraufhin entscheidet die Marke über ihre Produktionsmengen. Beim Lagerabruf greift der Kunde auf einen im Lager des Markenlieferanten befindlichen Bestand zu und NOOS (Never out of Stock) bedeutet, dass es jederzeit lieferbare Mengen eines Sortiments im eigenen KeenOn Lager in Deutschland gibt. In allen drei Fällen ist KeenOn Fashion der Geschäftspartner der

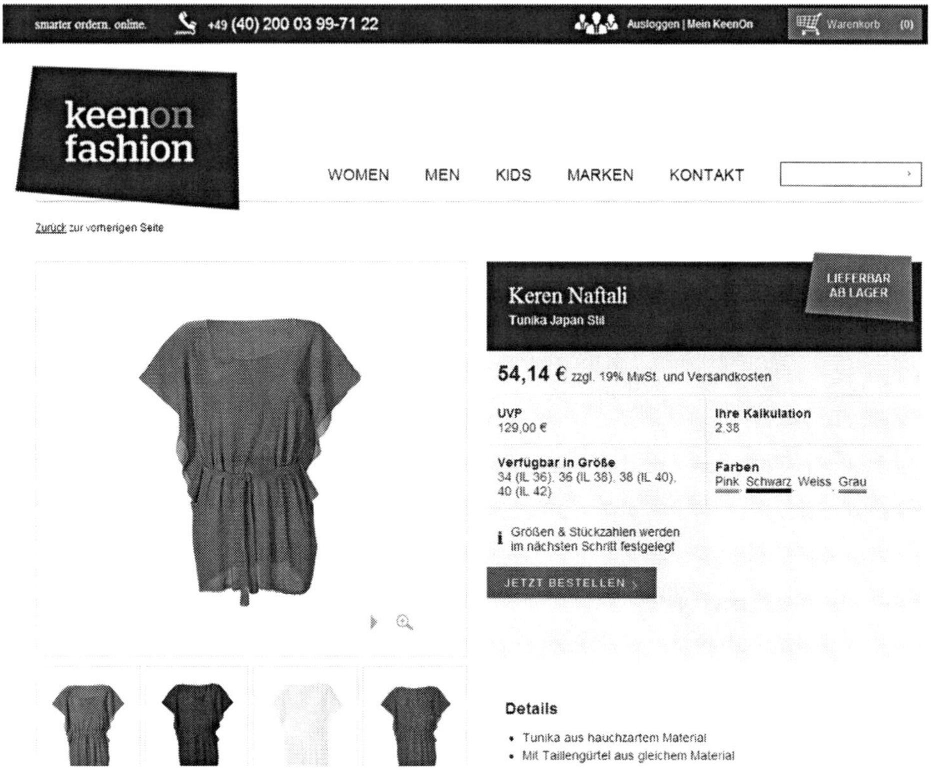

Abb. 2.2 Screenshot 360° Foto und Artikelbeschreibung

beteiligten Parteien. KeenOn Fashion Operations erhält die Orders und, je nach Prozess, sammelt diese entweder oder platziert direkt eine Einzelorder beim Markenlieferanten.

Logistik

Hat der Markenlieferant eine Order erhalten, arrangiert KeenOn Fashion die Abholung der Menge ab Lager des Lieferanten. Hierbei werden alle Synergien durch Bündelung von Mengen – pro Lieferant oder pro Markt – genutzt. Dort wird kommissioniert und die Auslieferung an den Einzelhändler veranlasst. Auch eine eventuelle Retourenabwicklung wird durch die KeenOn Fashion Logistik bearbeitet. Als Tochter der Hermes Gruppe verfügt Hermes-OTTO International über das notwendige Know-How, diese Prozesse professionell abbilden zu können.

Zahlungsprozesse

Nach erfolgter Lieferung und Rechnungsstellung erhält der Markenlieferant innerhalb von 28 Tagen die Bezahlung seiner Ware. Auch auf Kundenseite ist KeenOn Fashion der Partner für die Zahlungsabwicklung. Ausgewählte Kunden können hierbei gegen ein definiertes

Entgelt eine Zahlungszielverlängerung von bis zu 120 Tagen in Anspruch nehmen. Beide Parteien können sich beim Thema Zahlungsabwicklung auf einen starken und zahlungskräftigen Partner verlassen. Hierbei spielt in der Kommunikation die Zugehörigkeit von KeenOn Fashion zur Otto Group eine zentrale Rolle.

Vertriebsunterstützung
Obwohl die verwendeten modernsten Plattform-Technologien und die implementierten Prozessketten heute eine nahezu „perfekte on-line-Welt" mit allen relevanten Funktionen abbilden, bedarf es dennoch zahlreicher Sales-Services, um die Händler in das neue Medium aktiv zu begleiten. Hierzu sind die wichtigsten „supporting services":

a) Sales-Hotline: alle Händler können jederzeit direkt Kontakt zu den verantwortlichen KeenOn-Experten für Logistik, Marken, Orderstatus, Bezahlung etc. via Telefon-Hotline aufnehmen,
b) Kunden-Plattform-Management für alle Themen zur Bonitätseinstufung, Stammdatenverwaltung, Statusreports, Plattform-Schulungen etc.,
c) Flächendeckend agierendes Service-Berater-Team „on the road" zu direkten Händlerbesuchen und KeenOn-Schulungen im Ladenlokal.

Marketingunterstützung
Die bei KeenOn Fashion aktiven Marken werden in die externe Kommunikation der Plattform mit einbezogen, d. h. sie finden Erwähnung in Anzeigen, Bannern und Newslettern sowie in Pressemitteilungen. Als „Icing on the Cake" bietet KeenOn Fashion den beteiligten Marken auch die Option, sich über dieses Maß hinaus marketingseitig unterstützen zu lassen.

Messeauftritte
KeenOn Fashion ist jede Saison auf mindestens drei Modemessen mit einem großen Stand vertreten, auf dem nicht nur die Plattform präsentiert und erklärt wird, sondern auch alle Markensortimente gezeigt werden. Für die Saison F/S 2013 ist dies Berlin mit einem Showroom an der Premium, die Supreme in Düsseldorf und die Munich Fashion in München. Eine Teilnahme der Marken an diesen Messen ist im Leistungsspektrum von KeenOn Fashion enthalten (Abb. 2.3).

2.1.3 Abgrenzung zu wichtigen Formen der Modedistribution im Markt

KeenOn Fashion grenzt sich sehr klar von allen bereits bestehenden Formen der Mode Distribution ab:

Abgrenzung zu Postenbörsen
KeenOn Fashion bildet das gesamte Spektrum der Warenbeschaffung im Modeeinzelhandel ab, incl. einem Vororder-Prozess. Damit stellt KeenOn Fashion für den Handel eine

Abb. 2.3 Foto Messeauftritt

Option zur „Grundversorgung" der Fläche dar und kann nicht nur zur temporären Ergänzung oder als „Lückenfüller" eingesetzt werden.

Abgrenzung zu Lieferantensuchportalen

KeenOn Fashion erhebt keinen Mitgliedsbeitrag. Seitens der Marken ist keine freie Registrierung möglich, sondern es erfolgt einen Selektion seitens KeenOn Fashion zur Sicherung von Qualitätsstandards. KeenOn Fashion begleitet den gesamten Prozess bis hin zur Lieferung und ggf. zur Regelung von Qualitäts- oder Lieferproblemen. Im Gegensatz zu den klassischen Lieferantensuchportalen wird der Händler hier nicht mit seinen Problemen allein gelassen.

Abgrenzung zur klassischen Distributorstruktur

Durch die Online-Plattform als Kern kann KeenOn Fashion eine wesentlich größere Anzahl an Marken repräsentieren als das einem klassischen Distributor möglich wäre. Eine Internationalisierung des Markenvertriebs ist erheblich einfacher. Des Weiteren ist es für die Kunden deutlich einfacher, Sortimente online auszuwählen und zu bestellen als in der klassischen Vertriebsstruktur.

Abgrenzung zu Monolabel-B2B-Portalen
Durch die Konzentration auf eine Marke ist das Einkaufserlebnis auf einer Monolabel-B2B-Plattform gering. Es handelt sich eher um Abwicklungsunterstützung. KeenOn Fashion bietet dagegen die Möglichkeit, sich inspirieren zu lassen von der Vielfalt des Angebots. Des Weiteren erhält der Kunde somit die Möglichkeit, viele verschiedene Marken bei einem Anbieter zu erwerben und sich diese gebündelt anliefern zu lassen. Somit sinkt für den Kunden die Abwicklungskomplexität.

2.2 Wurzeln

2.2.1 Otto Group

Mit heute 123 Konzerngesellschaften und über 53.100 Mitarbeitern in mehr als 20 Ländern blickt die Otto Group auf eine mehr als 60-jährige Unternehmensgeschichte zurück. Der Multichannel-Einzelhandel ist der Geschäftskern der Otto Group. Per Online-Shop, Katalog oder im Laden können Kunden ihre Shopping-Wünsche erfüllen. Auch der Bereich Service wird großgeschrieben: Er deckt die gesamte Wertschöpfungskette des Einzelhandels ab, vom Einkauf über die Qualitätsprüfung bis hin zur Zustellung zu den Kunden. Das Segment Finanzdienstleistungen rundet das Dienstleistungspaket der Otto Group ab.

Im Geschäftsjahr 2011/12 konnte die Otto Group ihren Umsatz auf 11,6 Mrd. EUR steigern. Dies entspricht einem Zuwachs von 1,7 % gegenüber dem Vergleichswert des Vorjahres. Dabei legten alle drei Segmente – Multichannel-Einzelhandel, Finanzdienstleistungen und Service – zu.

2.2.2 Hermes-Gruppe

Diejenigen Gesellschaften der Otto Group, die im Segment Service angesiedelt sind, operieren gemeinsam unter der Marke Hermes. Diese jeweils spezialisierten Unternehmen erbringen global nachgefragte Services entlang der Wertschöpfungskette des Handels. Von der Warenbeschaffung, der Produktprüfung über die Transportlogistik, die Entwicklung und Betrieb von Onlineshops und das komplette Fulfillment bis hin zu der Distribution verschiedenster Sendungen an den Endkunden – Hermes ist weltweit der einzige Dienstleister, der kundennah aufgestellt einen derartigen Full-Service anbietet. Als zuverlässiger Partner für eine wachsende Anzahl international agierender Unternehmen zeichnet sich Hermes durch traditionelle Handelsnähe sowie die Fähigkeit aus, jederzeit maßgeschneiderte Lösungen realisieren zu können.

Im Geschäftsjahr 2011 konnte Hermes die weltweiten Umsätze um 4,7 % auf 1,8 Mrd. EUR steigern. Durch die positive Entwicklung aller vier Geschäftsbereiche – Sourcing & Product, Transport Logistics, Fulfillment und Distribution – konnte das in Hamburg ansässige Unternehmen weltweit zusätzlich Mitarbeiter einstellen. Damit beschäftigte Hermes

Ende des abgelaufenen Geschäftsjahres 2010/11 in zwölf Gesellschaften 11.011 fest angestellte Mitarbeiter in über 20 Ländern.

2.2.3 Hermes-OTTO International

Hermes-OTTO International gehört innerhalb der Hermes Gruppe zum Geschäftsbereich Sourcing & Product und ist eine globale Handels- und Beschaffungsorganisation mit mehr als 40 Jahren Erfahrung in den Produktgruppen Mode, Einrichtung und Freizeit. Mit 29 Standorten in 20 Ländern und einem erprobten Lieferanten und Hersteller Netzwerk bietet H-OI seinen weltweiten Kunden Dienstleistungen rund um die Beschaffung an. In den letzten Jahren hat H-OI sein Portfolio erweitert: Web-basierte Supply Chain Lösungen, Qualitätskontrollen in eigenen Inspection Centern in Asien, sowie eine wachsende Anzahl eigener Marken kamen hinzu, um den aktuellen Marktanforderungen gerecht zu werden.

2.2.4 Warum der Schritt zu KeenOn Fashion?

Das Kernsegment im Leistungsangebot von Hermes-OTTO International ist die klassische Sourcingtätigkeit für Retailer im Fashion-Einzelhandel; mit Fokus auf Kunden aus dem Bereich Multichannel-Einzelhandel. Dieses Segment weist aufgrund des Geschäftsmodells eine „natürliche Grenze nach unten" auf:

Aufgrund des notwendigen operativen Setups für jeden einzelnen Kunden (dedizierte Mitarbeiter in einzelnen Beschaffungsmärkten, separate Organisationsstrukturen, kundenspezifische Prozesse) ergibt sich ein notwendiges jährliches Mindest-Geschäftsvolumen, um den entsprechenden Retailer wirtschaflich bedienen zu können. Dieses Mindest-Geschäftsvolumen schließt einen bedeutenden Teil des Einzelhandelsmarktes als Kundengruppe für Hermes-OTTO International aus.

Mit KeenOn Fashion wird dagegen die Möglichkeit eröffnet, über ein internetbasiertes operatives Geschäftsmodell diese Einstiegsbarriere für Kunden massiv zu reduzieren. Aufgrund der erheblich günstigeren Kostenstrukturen erhält somit faktisch jeder Einzelhändler Zugriff auf das Produkt- und Serviceangebot von Hermes-OTTO International. Dies bedeutet wiederum eine massive Ausweitung des Kundenpotenzials für Hermes-OTTO International – verbunden mit den entsprechenden Wachstumschancen. Die bisherige „untere Grenze" wird aufgehoben.

Des Weiteren bietet Hermes-OTTO International auch bestehenden Kunden ein zusätzliches Leistungsspektrum an, welchen einen Hebel in drei Dimensionen bildet:

1. *Effizienzsteigerung* z. B. durch Einsparung von Einkaufsreisen durch webbasierte Abwicklung des bisherigen Geschäftes und von Koordinationsaufwand für eine eigene Logistik durch Frei-Haus Anlieferung,

2. *Zusätzliche Services* durch die Verfügbarkeit von Markenartikeln, White-Label-Lösungen und individuellen Designer-Produkten,
3. *Zusätzlicher Vertriebskanal* für Kunden von Hermes-OTTO International, welche über eigene Markenkonzepte verfügen, stellt KeenOn Fashion einen zusätzlichen Vertriebskanal in den Handel dar.

Durch die beiden großen Hebel (Erschließung neuer Kundenpotenziale, zusätzliche Wachstumspotenziale mit bestehenden Kunden) ist KeenOn Fashion für Hermes-OTTO International ein Kernelement für das Wachstum in den kommenden Jahren.

2.3 Marktumfeld

2.3.1 Kundenstrukturen

Die Struktur des Handelsmarktes wird in der Programmoberfläche der Plattform widergespiegelt. Die typischen Einzelhandelsformen im Textil-Business sind:

a) der Typ „Einzel-Boutique",
b) der Typ „Filialist" mit bis zu 100 Filialen,
c) der Typ „stationäres Multi-Brand-Modehaus",
d) der Typ „Großkonzern" mit nationaler/internationaler Filialisierung,
e) der Typ „Online"-Modeanbieter,
f) der Typ „Discounter" mit eigenem Filialnetzwerk,
g) der Typ „vertikalisierter Filialist" mit ausschließlich eigenen Labels,
h) der Typ „LEH- Lebensmittel-Einzelhandel" mit Textilprogramm.

KeenOn-Fashion fokussiert sich für den Vertrieb mit Markenware auf die Kundentypen a) bis e)

Der typspezifischen Handelsform wird hinsichtlich Einkaufsverhalten, Order-Philosophie, Budget-Verhalten und Einkaufsabläufen Rechnung getragen. Insbesondere bietet KeenOn für große Unternehmen mit Eigenmarkensortiment die Option, sowohl als „Einkaufsplattform" als auch zugleich als „Verkaufsplattform" zu fungieren. Auch für Einkaufsverbände bietet KeenOn einige entscheidende Vorteile in der Bündelung der Prozesse für ihre Verbandshändler.

2.3.2 Anbieterstrukturen

Neben den klassischen Anbieterstrukturen für Marken im Textilhandel (eigene Vertriebsorganisation, Distributoren, Agenturen) haben sich über die letzten Jahre auch verschiedene Online-Vertriebsmöglichkeiten entwickelt. Eines der ersten und mittlerweile auch größten Konzepte in diesem Umfeld ist Alibaba.com, die seit ihrer Gründung 1999 ihren Umsatz auf fast 1 Mrd. Dollar steigern konnten. Das Geschäftsmodell lässt sich folgender maßen skizzieren:

Kontaktplattform für Lieferanten und Händler

Die Plattform enthält ein extrem breites Lieferantenspektrum. Es gibt Auswahlkriterien, grundsätzlich wird die Eintrittsschwelle auf der Lieferantenseite sehr niedrig gehalten. Dieses Plattformkonzept finanziert sich über einen Mitgliedsbeitrag, den die Lieferanten zahlen, um Zugang zur Plattform zu bekommen. Viele dieser Plattformen konzentrieren sich eher auf Hartwaren, bieten aber auch Textilien an. Die Leistung beschränkt sich auf die Plattform (Lieferanten-Onboarding, Erstellung des Angebots etc.) und Zahlungsabwicklung. Das grundsätzliche Prinzip ist, dass das eigentliche Geschäft offline zwischen den beiden Parteien stattfindet, die sich über die Plattform gefunden haben.

Dieses Konzept findet sich vorwiegend in Asien. Kundengruppen sind vorwiegend kleine und mittlere Einzelhändler.

Kontaktplattform für Marken und Händler

Weiterentwicklung des Alibaba-Konzeptes für den textilen Einzelhandel. Das Prinzip ist das gleiche wie oben allerdings beschränkt sich das Angebot auf der Plattform auf Modemarken. Auch hier findet keine Abwicklung des Geschäfts über die Plattform statt.

Handelsplattformen

Diese dritte Gruppe ist dadurch gekennzeichnet, dass sie auch den kompletten Abwicklungsprozess zu den Käufen abbildet. D.h. von der Bestellabwicklung, der Logistik bis zur Zahlungsabwicklung wird alles durch den Plattformanbieter gehandelt. Dieses Konzept wird hauptsächlich durch Anbieter von Marken-Restposten an Händler vertreten. Es gibt aber auch Anbieter, die ein größeres Spektrum an Handelswaren anbieten. Der Kunde tritt hierbei ausschließlich mit dem Plattformanbieter in Kontakt. Es besteht kein Zugriff auf die Lieferanten im Hintergrund.

2.3.3 Nutzung der Anbieterstrukturen durch Kundengruppen

Das unter 1 erwähnte Online-Konzept wird vom Modeeinzelhandel nur in geringem Umfang genutzt. Der Händler bekommt keine substanzielle Unterstützung bei der Kauf- und Lieferabwicklung und wird zudem mit einer extrem großen Vielfalt konfrontiert, die er sich selbstständig über Filterfunktionen zuschneiden muss, um die für ihn relevanten Angebote angezeigt zu bekommen. Relevant ist hier lediglich eine Nutzung zu Recherchezwecken.

Konzept 2 bietet dem Mode-Einzelhandel ein für ihn relevantes Sortiment an Marken. Allerdings hat er auch hier das Problem, dass er keine Abwicklungsunterstützung durch die Plattform bekommt.

Konzept 3 bildet für den Einzelhändler nicht die Möglichkeit, seine Sortimentierung kontinuierlich über die Plattform abzubilden, da nur Posten verfügbar sind, mit denen der Handel kurzfristig sein Sortiment auffrischen kann.

Keines der beschriebenen Modelle bietet dem Einzelhändler wirkliche Alternativen zu seinen traditionellen Anbieterstrukturen. KeenOn Fashion setzt genau hier an und ermöglicht es Händlern jeder Größe, ihr komplettes Sortiment online zu ordern oder es nur selektiv zu ergänzen. Hierdurch können sie die Differenzierung zum Wettbewerb aufrecht erhalten.

2.3.4 Vertriebs- und Abwicklungsprozesse im Markenumfeld

Ein Markenhersteller bedient die gesamte Prozesskette von der Kreation, Beschaffung, Logistik und den internationalen Vertrieb. Insbesondere sind die internationalisierten Vertriebsprozesse ein signifikanter Kosten- und Erfolgsfaktor jedes Markenherstellers. Der Heimatmarkt („home-market") weist i. d. R. den höchsten Umsatzanteil auf und somit die größte Ressourcen-Alllokation. Für die Internationalisierung werden meist Tochtergesellschaften, Distributoren oder Sales-Agenten eingesetzt, die in Reihenfolge der Nennung kostenintensiv, aber prozessorientiert und Marktrat arbeiten können. Für mittlere bis kleinere Markenhersteller oder Zweit- und Drittmarken im Portfolio eines Multi-Brand-Herstellers scheitert die erfolgreiche Internationalisierung sehr oft an den überproportionalen Kosteneffekten aufgrund fehlender Skalierungseffekte (Verkaufsvolumen) im Ausland. Mit abnehmenden Umsätzen nimmt die relative Komplexität einer Auslandsoperation deutlich zu. Plattformen wie KeenOn vermögen diese Lücke sowohl ökonomisch als auch seitens des Markenaufbaus zu optimieren bzw. zu schließen.

2.3.5 Charakteristika der heutigen Prozesse im Fashion-Großhandel

Der Großhandel unterliegt heute – insbesondere unter dem Postulat eines individualisierten Angebotsprofiles – einer extremen „Kleinteiligkeit", auch in durchwegs großen Handelshäusern. Es ist deshalb schwierig geworden, außerhalb des textilen Discount-Sektors weitere Preisvorteile durch Skaleneffekte eines zentralen Einkaufes zu realisieren.

Die Sortimentsdarstellung – und Gestaltung wird sehr stark von externen Faktoren wie Ausgabefreudigkeit, „kollektive Stimmungslage", Preisbewusstsein der Konsumenten, hoher Preiswettbewerb und unorthodoxes Ausverkaufsverhalten einzelner Händler geprägt. Dem Handelsbereich – insbesondere der Textilhandel – werden zudem seitens der Finanzpartner (Banken, Investoren) immer stärkere „Sicherheits-und Bonitäts-Kriterien" abverlangt, die letztendlich zu eine dauerhaften Unterkapitalisierung vieler kleinerer und mittlerer Betriebe geführt haben. Die betriebswirtschaftliche Bestätigung dieser charakteristischen Faktoren spiegelt sich in den Jahresergebnissen der Handelshäuser wider, die signifikant unterhalb denen der Markenanbieter liegen, oft auch im Verlustbereich.

2.3.6 Schwächen der heutigen Prozesse

Trotz deutlich intensivierten Einsatzes von IT-Lösungen und strukturierter Abwicklungssoftware fehlt großen Teilen des Einzelhandels das Know-How, sich dieser sehr komplexen Prozesse zu bedienen. Viele Prozesse sind in ihrer Schnittstelle zum „Menschen" deutlich zu kompliziert und umständlich, teuer in der Implementierung und aufwändig in Pflege und Wartung.

Es gibt keine „integrierten Einkauf- und Orderprozesse" mit nachgelagerter Voll-Abwicklung für die angeschlossenen Handelsstruktur, die sich idealerweise personell und finanziell auf Verkauf, Service und Beratung fokussieren müsste. Die notwendigen operativen Handlungsabläufe für einen Händler sind bislang sehr zeitintensiv, die wertvolle Ressource „Kundenmanagement" tritt im Verhältnis zum „Verwaltungsaufwand" in ein sehr ungesundes Verhältnis.

Die Plattform KeenOn Fashion bietet erstmals genau diese Gesamtlösung in der Schnittstelle zwischen Markenherstellern und Handelsbetrieben an, von welchen insbesondere kleinere und mittlere Strukturen nachhaltig profitieren können.

2.4 KeenOn Fashion – Funktionsweise und USP's

Der grundsätzliche Ablauf des KeenOn Fashion Prozesses lässt sich folgendermaßen skizzieren (Abb. 2.4):

1. Marken – und Kollektionsselektion durch die KeenOn Category Manager,
2. Schulung der Marken und Eingabe der Daten ins KeenOn System durch die Marken,
3. Produktion der 360° Fotografie durch KeenOn Fashion,
4. Erstellung des Brandshops mit Image Bildern der Marke,
5. Freischalten der Marke auf der Plattform,
6. Kunde registriert sich, surft und kauft,
7. Verarbeitung der Order durch KeenOn Fashion: Sammeln der Orders pro Marke im Vororder Prozess, Platzierung der KeenOn Fashion Sammelorder beim Lieferanten vor Schließung des Orderbuchs der Marke, bei Lagerbestellung sofortige Platzierung der Einzelbestellung beim Lieferanten durch KeenOn Fashion,
8. Lieferung des Markenlieferanten an das KeenOn Fashion Lager,
9. Konsolidierung und Auslieferung an den Einzelhändler,
10. Bezahlung des Markenlieferanten innerhalb von 28 Tagen,
11. Rechnungsstellung an den Einzelhändler durch KeenOn Fashion.

Die Vorteile für den Kunden liegen auf der Hand:

1. Maximale Entlastung durch Full-Service,
2. Flexible Zahlungsziele bis zu 120 Tagen,

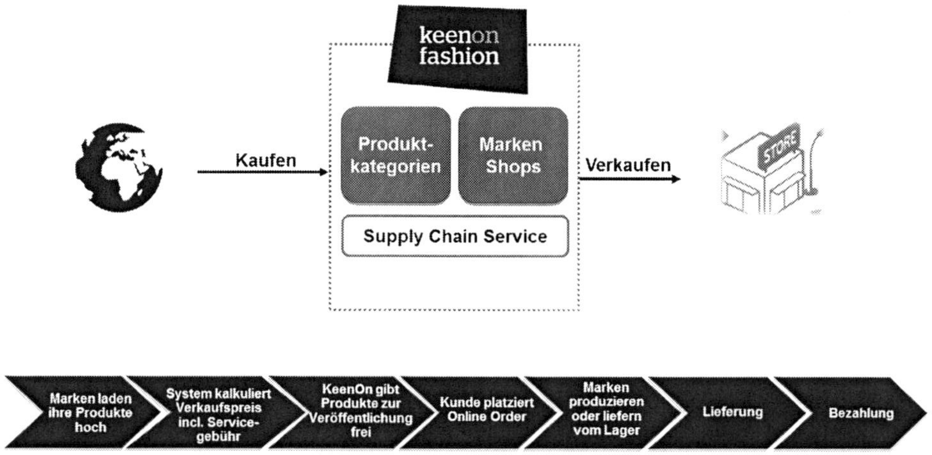

Abb. 2.4 So funktioniert KeenOn Fashion

3. Große Vielfalt an internationalen Marken,
4. Garantierte Liefertermine und Bezugspreise,
5. Geprüfte Qualitäts-Standards,
6. Geringe Mindestbestellmengen.

Auch für die Anbieter ergeben sich klare Vorteile:

1. Kostengünstige Expansion in neue Märkte,
2. Unterstützung bei der Produktselektion für den deutschen Markt,
3. Komplette Abwicklung des Bestell-, Liefer- und Zahlungsprozesses,
4. Zahlungssicherheit durch KeenOn Fashion (innerhalb von 28 Tagen),
5. Darstellung der Marken-CI im Brandshop,
6. Partizipation an Marketingaktivitäten und Messen.

Hermes-Otto International kann schließlich neue Kundenpotentiale erschließen, denn durch den kostengünstigeren Online-Prozess können auch kleinere Ordermengen – und damit kleine Kunden – sinnvoll bedient werden. Bestehende Kunden profitieren ferner durch die Effizienzsteigerung des Geschäfts und durch eine große Auswahl an Marken und White Label Artikeln, die sie bei KeenOn Fashion direkt im Zugriff haben. Zudem können Hermes-OTTO International Kunden ihre eigenen Sortimente über KeenOn vertreiben.

2.5 KeenOn Fashion – Managementphilosophie

2.5.1 Organisationsentscheidung

KeenOn Fashion wurde in einem strukturierten Strategieentwicklungsprozess aus einem etablierten Handelskonzern heraus entwickelt. Auf Basis der Identifikation attraktiver Zukunftsfelder und dem Matching mit bestehenden Kernkompetenzen wurde das Marktumfeld analysiert, ein Geschäftsmodell entworfen, Businesspläne erstellt und eine Investitionsentscheidung getroffen.

Mit dem Beginn der Implementierung war die Frage zu klären, ob KeenOn Fashion innerhalb der bestehenden Prozess- und Aufbauorganisation der Hermes-OTTO International entwickelt werden sollte oder ob es als „Grüne-Wiese"-Projekt mit dem Charakter eines Start-Ups zu führen sei. Die Entscheidung fiel für den Aufbau einer separaten Unit; diese Unit ist zwar zunächst angesiedelt unter dem formellen Dach der Hermes-OTTO International, hat jedoch ein eigenes Managementteam, eigene Strukturen und die notwendigen Handlungsfreiheiten, um operative und strategische Entscheidungen ausschließlich mit Blick auf den Erfolg von KeenOn Fashion auszurichten. Somit hat KeenOn Fashion den vollen Zugriff auf die Strukturen und Kompetenzen von Hermes-OTTO International, der Hermes Gruppe und der Otto Group und genießt gleichzeitig die Flexibilität eines klassischen (kleinen) Start-Up in Bezug auf Planungs- und Adaptionszyklen sowie Entscheidungsprozesse.

2.5.2 Lernende Organisation

Als Haupterfolgsfaktor für den Eintritt in neues Marktsegment wird die Fähigkeit der Organisation zu beobachten, zu interpretieren, zu verstehen und zu adaptieren gesehen. Nach dem KeenOn Fashion-Managementverständnis war der Prozess des strukturierten, theoriegetriebenen Designs des Geschäftsmodells mit dem Tag des Go-Live beendet. Seit diesem Go-Live im Januar 2012 wird das Prinzip der lernenden Organisation angewendet: Die Kunden, Lieferanten und Marken sowie Prozesspartner geben Tag für Tag Feedback durch ihr Verhalten, durch Lob, Kritik, Forderungen und ihre Erwartungen. Themen, die nach Ursprungsannahmen weniger wichtig waren, nehmen vielleicht in der Realität eine große Bedeutung für Kunden ein (und umgekehrt). Auf Basis dieser Erfahrungen werden die Prozesse angepasst und die Reaktion auf die angepassten Prozesse beobachtet. Zum Teil vollzieht sich dieses Lernen in Schleifen und man ist nach einigen Monaten wieder am Ausgangspunkt. Bei vielen Veränderungen ist aber eine dauerhafte Entwicklungsrichtung erkennbar, die dann nach vorne fortgeschrieben und ausgestaltet wird.

2.5.3 Geschwindigkeit

In Geschäftsmodellen, die das Internet als Medium zur Kundenkommunikation nutzen und bei denen eine permanente und volltransparente Wettbewerbssituation besteht, ist nach Erachtens von KeenOn der Faktor Geschwindigkeit ein entscheidender Schlüssel zum Erfolg. Dies gilt insbesondere für das Wettbewerbssegment Fashion – Großhandel – Web-basiert, welches als sehr junges Feld vor der Verteilung der Marktanteile für die kommenden Jahre steht.

In diesem Kontext legt KeenOn Fashion den Fokus darauf, mit hoher Geschwindigkeit Lernzyklen vollziehen zu können und das Gelernte in Form veränderter Prozesse, Services und Angebote umzusetzen. Eine hohe Veränderungsgeschwindigkeit wird folgendermaßen sichergestellt:

a) sehr kurze Entscheidungswege und -zeiten durch eine kompakte Managementstruktur mit einem kleinen Führungsteam,
b) Verzicht auf einen „Perfektionsanspruch" in der Analyse und Verifizierung von Beobachtung und Hypothesen; stattdessen bewusste Entscheidungen „aus dem Bauch" und mit der gesammelten Erfahrung,
c) Bereitschaft, Entscheidungen, die sich als falsch herausstellen, auch schnell wieder zu korrigieren und die Prämisse, dass schnelle Entscheidungen (in diesem Unternehmenskontext) in der Summe wertvoller sind als langsame (vermeintlich besser fundierte),
d) höhere Wertigkeit von Initiative, Kreativität und Mut gegenüber Fehlervermeidung und Absicherung als Grundbestandteil Managementphilosophie.

2.5.4 Erfahrung

Neben den Faktor „Lernfähigkeit" und „Geschwindigkeit" sieht KeenOn Fashion als dritte wesentliche Säule den Faktor „Erfahrung". Daher wird auf Team von KeenOn auf Mitarbeiter mit langjähriger Erfahrung im B2B-Modehandel und im Supply Chain Management gesetzt. KeenOn Fashion ist sich der Tatsache bewusst, dass die Mitarbeiter und Führungskräfte mit einer Historie aus der Otto Group durchaus in einigen Segmenten des Geschäftsmodells über weniger Know-How verfügen (z. B. in Bezug auf Einzelhandelsstrukturen im kleineren und mittleren Segment; oder in Bezug auf die Anforderungen und Strategien von Marken in deren Vertriebsstrukturen und -prozessen). Diese Wissens- und Erfahrungslücken haben wurden konsequent identifiziert und das Team an diesen Stellen gezielt mit Experten verstärkt, die wiederum sowohl über die erforderlichen langjährigen Erfahrungen verfügen als auch über bestehende Netzwerke im Markt.

2.5.5 Qualitäts- und Serviceanspruch

Die Otto Group und Hermes-OTTO International haben in der Belieferung des Einzelhandels mit Fashion-Sortimenten keine breite Historie; insofern kann KeenOn Fashion hier nicht auf ein positiv besetztes Image zurückgreifen. Allerdings verbindet der Markt mit den Namen Otto/Hermes folgende Attribute:

- Verlässlichkeit,
- Professionalität,
- Qualitätsanspruch,
- Service- und Logistikkompetenz,
- Nachhaltiges Handeln und Wirtschaften.

Dieses Image nimmt KeenOn in seiner Kommunikation zu Marken und Kunden auf. Das Ziel ist es, neben attraktiven Sortimenten zu attraktiven Preisen, die Erwartungen der Händler in dieser Hinsicht nicht nur zu erfüllen, sondern zu übertreffen. Dies gilt insbesondere in dem Marktumfeld, welches für den Händler bisher stark von persönlichen Beziehungen zu den Lieferanten und Handelsvertretern geprägt war. In diesem Kontext will KeenOn Fashion beweisen, dass eine effiziente Abwicklung über das Internet keinen Verlust an Service für den einzelnen Kunden darstellt, sondern einen Mehrgewinn an Verlässlichkeit und zusätzlichen Leistungen. Daher ist es das Ziel, sich mit den angebotenen Serviceleistungen positiv vom Wettbewerb abzusetzen und gleichzeitig bei der Erfüllung der Serviceversprechen noch einmal die Kundenerwartungen zu übertreffen.

Die Umsetzung dieses Anspruches kann bereits heute zu einem hohen Grad gewährleistet werden, allerdings sollte an dieser Stelle auch nicht verschwiegen werden, dass die hohe Gewichtung von Lernzyklen und Geschwindigkeit in der Aufbauphase auch Fehler mit sich bringt. Diese Problematik ist systemimmanent; dem begegnet KeenOn Fashion zum einem mit schnellem Lernen aus Fehlern (= Abstellen der Fehlerquellen); zum anderen wird sich der betroffenen Kunden individuell angenommen, um mit diesen und für diese entsprechende Lösungen zu finden und letztendlich auch an dieser Stelle positive Erfahrung zu generieren.

2.5.6 Managementstil

Für die aktuelle Start-Up-Phase von KeenOn ist entscheidend, dass die Mitarbeiter

- sich voll mit dem Konzept identifizieren,
- ihre Ideen einbringen und umsetzen können,
- sich überdurchschnittlich engagieren (Flexibilität, gegenseitige Unterstützung),
- mit Rückschlägen positiv umgehen können,
- begeistert sind.

Ein solches Umfeld ist im Wesentlichen von der Managementkultur und dem gegenseitigen Miteinander geprägt. Das Führungsteam lebt diese Kultur vor und fordert diese gleichzeitig von den Mitarbeitern ein. Dazu gehört insbesondere:

- flache – in der Praxis kaum sichtbare – Hierarchien,
- offener und direkter Umgangston; sowohl bei Lob und Kritik,
- Respekt vor jeder einzelnen Person, unabhängig von deren Aufgabe,
- Vertrauen (z. B. Vertrauensarbeitszeit, Vertrauen in die Ausgestaltung der Aufgabe, Vertrauen bei neuen Herausforderungen),
- Konsequenz (klare Ansagen und klare Konsequenzen).

Diese Managementphilosophie führt in der Praxis dazu, dass die Mitarbeiter sehr überdurchschnittlich engagiert und identifiziert für KeenOn Fashion arbeiten. Es wird hart gearbeitet, hart und intensiv diskutiert, aber auch viel und laut gelacht.

2.6 Blick in die Zukunft

KeenOn Fashion arbeitet heute mit den beschriebenen Services im Bereich Mode (Bekleidung und Accessories) für Business-Kunden im deutschsprachigen Raum. Dieses Setup wurde bewusst als Einstieg gewählt, um in einem klar definierten Umfeld mit einer begrenzten Anzahl an Einflussfaktoren die ersten Lernerfahrungen zu durchlaufen. Originäres Ziel war jedoch bereits in der Konzeptionsphase ein globales Setup mit erweiterten Produktgruppen und Services. Die Skalierung wird anhand dieser drei Dimensionen in den kommenden Monaten und Jahren vorgenommen. Auch bei der Skalierung wird der Grundsatz „Lernen und Adaptieren" angewendet, so dass derzeit noch keine fix definierte Sequenz der einzelnen Schritte und für die Teilaufgaben innerhalb der Schritte festgelegt ist.

Skalierungsdimension 1: Service-Portfolio Wie bereits in den vorherigen Abschnitten dargelegt, sind neben dem Angebot von Markentextilien als Full-Service-Lösung (frei-Haus-Lieferung für Vororder, Lagerware und NOOS) auch noch weitere Services vorgesehen:

- White Label Kollektionen,
- Internetbasierte Beschaffung eigenentwickelter Artikel,
- Angebot und Umsetzung von Designerentwürfen.

Durch diese zusätzlichen Services bringt KeenOn Fashion dem Modeeinkäufer zusätzliche Optionen bei der Gestaltung und Komplettierung seines gesamten Angebotes; es wird möglich, dass sich der B2B-Kunde mehr und mehr seiner Bedarfe über KeenOn Fashion decken kann. Somit wird sich gleichzeitig die Anzahl unterschiedlicher Beschaffungsquellen reduzieren – damit erfolgt auch eine Reduktion der Komplexität.

Ein weiterer Servicebaustein für KeenOn Fashion wird der Aufbau eines B2C-Kanales als Serviceleistung für die Anbieter auf der Plattform sein. Somit können diese ihren jeweiligen Zielmark t auch mit einem Online-Angebot bedienen, ohne sich selber mit der Komplexität des Betriebes eines eigenen Wesbshops zu befassen.

Skalierungsdimension 2: Internationalisierung Als weitere Skalierungsdimension sehen wir die Internationalisierung der B2B-Absatzkanäle. Dabei sind die Märkte mit entwickelten bzw. sich entwickelnden Einzelhandelsstrukturen an der Spitze der Priorität zu sehen: Mitteleuropa, Nordamerika, Osteuropa, Russland, Brasilien, China und Indien. Bei der Festlegung der Abfolge wird sich KeenOn Fashion auch hier stark an den jeweils gemachten Erfahrungen und Erfolgsfaktoren der jeweils zuvor getätigten Markteintritte orientieren.

Skalierungsdimension 3: Produktgruppen Eine weiterer Hebel für das Wachstum von KeenOn Fashion sind zusätzliche Produktbereiche neben Bekleidungstextilien und Accessoires. Aus unserer Sicht bieten sich hier insbesondere diejenigen Felder an, in denen eine vergleichbare zersplitterte Anbieter- und Nachfragerstruktur vorzufinden ist. Dies ist aus unserer Sicht insbesondere in folgenden Produktgruppen der Fall: Haus- und Heimtextilien, Möbel und Wohnaccessoires. Diese Produktbereiche decken sich zudem mit den bestehenden Kernkompetenzen von Hermes-OTTO International. Daher werden wir eine Ausdehnung auf diese Produktbereiche mit erster Priorität vornehmen.

KeenOn Fashion steht heute am Anfang einer Entwicklung, die in vielerlei Hinsicht sehr erfolgversprechend ist. Wir wissen heute nicht genau, wann und was uns diese Zukunft genau bringen wird. Aber wir sind sicher, dass wir aufgrund des starken Fundamentes, des einleuchtenden Geschäftskonzeptes und unserer hohen Bereitschaft zu lernen und zu adaptieren sehr erfolgreich sein werden.

LUSH Fresh Handmade Cosmetics - Die etwas andere Kosmetik: frisch, handgemacht, nackt, nachhaltig - innovativ

3

Katja Kreß und Sandra Dollinger

Inhaltsverzeichnis

3.1 LUSH – Über uns

3.1.1 Unsere Werte

Wir glauben …

… dass man aus frischen und biologisch angebauten Früchten und Gemüse, feinen ätherischen Ölen und sicheren synthetischen Zutaten wundervolle, effektive kosmetische Produkte herstellen kann. Wir glauben daran, unsere Inhaltsstoffe nur von Firmen zu beziehen, die nicht an Tieren testen oder testen lassen. Wir testen unsere Produkte nur an Menschen. Wir entwickeln unsere eigenen Produkte und Düfte, wir machen sie frisch von Hand, verwenden keine oder sehr wenig Verpackung und Konservierungsstoffe, benutzen nur vegetarische Zutaten und sagen dir, wann unsere Produkte hergestellt wurden. Wir glauben daran, dass glückliche Menschen glückliche Seife machen, kleben unsere Gesichter auf unsere Produkte und machen unsere Mütter stolz. Wir glauben an ausgiebige Bäder bei Kerzenschein, daran, zu zweit zu duschen, an romantische Massagen und daran, die Welt mit Düften zu betören. Wir glauben an das Recht, Fehler zu machen, alles zu verlieren und wieder ganz neu anzufangen. Wir glauben, dass unsere Produkte einen hohen qualitativen Wert haben, dass wir einen angemessenen Gewinn erwirtschaften sollten und dass die KundInnen immer Recht haben.

Katja Kreß ✉
LUSH GmbH, Römerstr. 13, 72469 Meßstetten, Deutschland
Sandra Dollinger
Johannesstr. 70, 70794 Filderstadt, Deutschland

H.-C. Riekhof (Hrsg.), *Retail Business*, DOI 10.1007/978-3-8349-4555-6_20,

Abb. 3.1 Die LUSH-Logos

Abb. 3.2 Mark Constantine, Gründer, Anteilseigner und Chairman von LUSH Ltd

Was heißt LUSH eigentlich (Abb. 3.1)? „Lush“ bedeutet so viel wie „üppig, grün, satt, dicht, feucht, überschäumend, luxuriös“. Man spricht im Englischen zum Beispiel vom tropischen Regenwald als „lush“ oder von einer üppigen grünen Wiese. „Wir glauben auch daran, dass Worte wie ‚frisch‘ und ‚biologisch‘ eine ehrliche Bedeutung haben, die über Marketing hinausgeht.“

3.1.2 Unsere Geschichte

Das LUSH-Kreativteam arbeitet seit den späten siebziger Jahren zusammen, als es damit anfing, frische Kosmetik von Hand herzustellen. Im Jahre 1978 lieferten wir unser erstes Produkt an „The Body Shop“, und im Jahre 1988 gründeten wir in Poole, direkt an der

Südküste von England in Dorset gelegen, die Firma Cosmetics to Go. Von dort aus überraschten wir die Welt regelmäßig mit Erfindungen wie Badekugeln, festen Shampoos oder Massagebutterstücken und bauten auf der Basis eines Mailordersystems ein einzigartiges und sehr erfolgreiches Kosmetikunternehmen auf.

Aber jede(r) macht von Zeit zu Zeit Fehler. Eine Serie von unglücklichen Ereignissen endete für uns in einer Katastrophe. Cosmetics to Go musste schließen und das, was von der Firma noch übrig war, mussten wir schließlich verkaufen.

Im Jahre 1994 waren wir schließlich wieder in der Lage aufzustehen, und aus kleinsten Anfängen heraus begannen wir erneut kosmetische Produkte herzustellen (Abb. 3.2). Unser erster Laden eröffnete in Poole in der High Street 29, wo er auch heute noch jeden Tag Anlaufstelle für zahlreiche KundInnen ist. Unser zweiter Laden wurde kurz darauf in London im berühmten Covent Garden eröffnet. Von Anfang an stürmten die Leute unsere Läden förmlich, und aus diesen kleinen Anfängen heraus wuchsen wir rasant. Heute zählt LUSH weltweit über 800 Läden in 45 Ländern (Abb. 3.3). Wir betreiben darüber hinaus in all diesen Ländern einen Internethandel und sind auch im Bereich M-Commerce in einigen Ländern (darunter auch in Deutschland) bereits unterwegs mit mobiler Website und Handy-Applikationen.

Auf der ganzen Welt stellen wir unsere kosmetischen Produkte in eigenen Produktionsstandorten her, z. B. in England, Kanada, Australien, Südamerika, Singapur und Japan. Damit möchten wir sicherstellen, dass jedes Produkt so frisch wie möglich zu unseren KundInnen gelangt, da wir überzeugt sind, dass frische Produkte besser wirken und weniger Konservierungsmittel benötigen. Es ist unser Ziel und unser stetes Bestreben, die frischesten Produkte in der Geschichte der Kosmetik anzubieten.

2008 schaffte es LUSH UK auf Platz fünfzig einer von der Sunday Times veröffentlichten Liste der hundert besten Arbeitgeber in Großbritannien – und auch in Deutschland hat LUSH seinen MitarbeiterInnen (und denen, die es noch werden wollen) einiges zu bieten: So beteiligt sich LUSH an der Initiative Fair Company für faire Praktikumsbedingungen und gibt jedes Jahr Schülern ab der 5. Klasse im Rahmen des Boys'Day die Chance, einen Blick hinter die Kulissen der LUSH-Shops zu werfen.

3.1.3 Unsere Philosophie

Wir verwenden nur die besten ätherischen Essenzen, frisches Obst und Gemüse, die besten kaltgepressten Öle und wir nehmen die Umwelt und die Tiere sehr ernst. Nur die frischesten Zutaten sind gut genug für unsere Produkte, deswegen gibt es in der LUSH Factory Kühlräume, die vollgepackt sind mit frischen Früchten und Gemüse. Diese sind – wenn möglich – immer aus biologischem bzw. regionalem Anbau.

Alle unsere Produkte sind handgemacht, die Badekugeln und die Schaumbäder sind einzeln von Hand geformt, die Seifen sind von Hand gegossen und in Stücke geschnitten. Unsere Früchte werden frisch gepresst. Die LUSH-Factory sieht daher auch eher aus wie eine Hexenküche und so gar nicht wie eine Fabrik. Nirgends sieht man Förderbänder oder

Abb. 3.3 LUSH in der Carnaby Street in London

gar Roboter. Stattdessen köcheln riesige Pfannen auf dem Herd, Kisten voller Obst und Blütenblätter verstellen den Weg, und überall stehen fertige Produkte zum Trocknen herum.

Unsere fleißigen FabrikmitarbeiterInnen sind inzwischen Berühmtheiten, denn auf jedem Topf kann man sehen, wer das Produkt wann hergestellt hat, inklusive Bild und Namen. Handgemacht bedeutet auch, dass jedes der LUSH Produkte einzigartig und individuell ist (Abb. 3.4). Kein Badeschaum, Massage- oder Shampoobar sieht exakt aus wie der andere. Genau wie bei uns Menschen machen diese kleinen Unterschiede jedes Exemplar wertvoll und einzigartig.

Wir verwenden auch lieber natürliche Inhaltsstoffe (stets grün gekennzeichnet) als synthetische (schwarz gekennzeichnet). So kommen z. B. über 70 % unserer Produkte ganz ohne Konservierungsstoffe aus. Außerdem verzichten wir auf Silikone in Shampoos, Mineralöle (Paraffine, Petrolate) und Emulgatoren und entwickeln stattdessen feste Produkte, die keine Konservierungsmittel brauchen, verwenden Bio- und Fair-Trade-Kakaobutter und andere natürliche Öle. Wir sind überzeugt, dass „natürlich" für die Haut besser ist.

LUSH testet keine Produkte oder Rohstoffe an Tieren. Wir arbeiten auch nicht mit Zulieferern zusammen, die Tierversuche in Auftrag geben oder selber welche durchführen,

Abb. 3.4 Kennzeichnung des Produkts mit Informationen zu MitarbeiterInnen, die das Produkt hergestellten

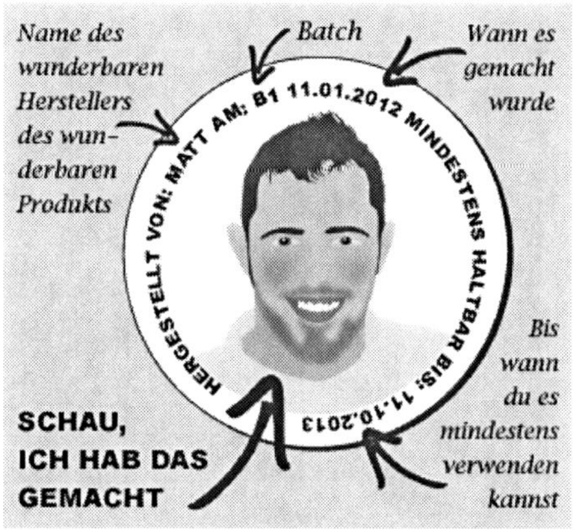

egal ob für uns oder andere Firmen. Diese Richtlinie ist einzigartig auf dem Kosmetikmarkt, da wir damit garantieren können, dass kein Cent unserer KundInnen in Tierversuche fließt.

LUSH ist der Meinung, dass die beste Verpackung diejenige ist, die sich vermeiden lässt. Deshalb erfinden wir konsequent feste Produkte, die ohne Konservierungsstoffe und ohne Verpackung auskommen. Unsere übrigen Produkte werden z. B. in Flaschen oder Dosen aus 100 % recyceltem Kunststoff verkauft.

3.1.4 Unsere Produkte

LUSH stellt etwa 450 verschiedene Produkte zur Reinigung und Pflege von Kopf bis Fuß her: Gesichts-, Haar- und Körperpflege, Produkte zum Baden und Duschen, Parfüm, Männerpflege, Geschenksets und dekorative Kosmetik. In den Shops türmen sich unverpackte, lecker duftende und lustig aussehende Seifen und Jellies, Massagebars, Shampoos und Körperpeelings. Daher ist eine der häufigsten Fragen, die unsere MitarbeiterInnen in den Shops zu hören bekommen: „Kann man das essen?" „Theoretisch ja" ist hier die korrekte Antwort. Inhaltsstoffe von LUSH-Produkten lesen sich erstaunlich verständlich: Bio-Jojobaöl, Kakaobutter, frischer Orangensaft und sogar weiße Schokolade kommen darin vor – anstelle von Abkürzungen, lateinischen Namen oder suspekten Zahlenkombinationen.

Jedes LUSH-Produkt ist randvoll mit frischen und natürlichen Inhaltsstoffen. LUSH verwendet für seine Produkte jährlich über 50 Tonnen frisches Obst und Gemüse, davon etwa die Hälfte aus biologischem Anbau. Wir verarbeiten mehr als 90.000 Zitronen und 33.000 frische Orangen pro Jahr. Mehr als 20 Tonnen Olivenöl verwenden wir jährlich, um es in unsere Seifen und Cremes zu mischen. Es ist das feinste kaltgepresste Öl „extra vergine", das wir kriegen können; biologisch angebaut und fair gehandelt. Wir beziehen unser Kokosöl von entlegenen Inseln Indonesiens und unterstützen damit ihre wirtschaftliche

Unabhängigkeit. Darüber hinaus kaufen wir jährlich mehr als 10 Tonnen fair gehandelte Kakaobutter aus Costa Rica und der Dominikanischen Republik.

Mehr als 20 Tonnen Honig bekommen wir aus Argentinien, Griechenland und Mittelengland. Er wirkt entzündungshemmend und antibakteriell und eignet sich daher hervorragend gegen Akne. Aber auch gegen Hautalterung ist Honig bei LUSH beliebt, weswegen wir ihn gerne in Frischemasken und für reichhaltige Gesichtspflege verwenden.

Zwei Tonnen Algen landen frisch aus dem Meer in den Badekugeln Big Blue und Geo Fizz, der Seife Sea Vegetable, der Frischemaske BB Seaweed und dem wunderbaren Aqua Marina Gesichtsreiniger. Algen spenden Feuchtigkeit und nähren die Haut mit vielen Mineralien und den Vitaminen A, C und E. 450 Tonnen Zitronensäure aus Zuckerrüben und Mais verhelfen unseren Badekugeln zum Sprudel-Effekt. 13 Tonnen hochmineralische Rhassoulerde beziehen wir tief aus dem Atlasgebirge in Marokko; sie ist tiefenreinigend und wirkt sehr gründlich, ohne die Haut auszutrocknen. 100 Tonnen Natursalze, darunter 25 Tonnen des seltenen roten Meersalzes aus dem entlegenen hawaiianischen Paradies Molokai verwenden wir für unsere Geo Fizz Badekugel.

All diese kostbaren Inhaltsstoffe werden in Handarbeit gemischt, in die Formen gegossen, mit Blüten, Glitzer oder Lebensmittelfarben verziert und innerhalb weniger Tage CO2-neutral ausgeliefert. In unseren Shops lagern nur minimale Mengen der Produkte, damit sie so frisch wie möglich in ihre recycelte LUSH-Papiertüte oder in die kompostierbare PLA-Folie gelangen und so ihre maximale Wirksamkeit entfalten können.

Unsere Produkte sind preislich im mittleren Segment zu finden, wir versuchen aber auch vorsichtig und punktuell in leicht höhere Preissegmente vorzustoßen, um noch nachhaltigere Qualitäten zu vermarkten. Häufig werden unsere Produkte von Außenstehenden auch als teuer bezeichnet, aber eben nur von Menschen, die deren Langlebigkeit noch nicht erfahren haben. Zum Beispiel ersetzt ein festes Haarshampoo für 8 bis 9 Euro drei konventionelle 250-ml-Shampoo-Flaschen. Auch ein festes Seifenstück ist wesentlich langlebiger als eine Flüssigseife und auch unsere flüssigen Produkte wirken besonders gut in geringer Dosierung. Wir sind auch der Meinung, dass diese Produkte zukünftige Ausgaben z. B. für Müllentsorgung und für Umweltschäden verhindern.

Unsere KundInnen in den 1A-Lagen und im Distanzhandel sind – wenig überraschend – zu 85 % weiblich; eine sehr treue Gruppe sind vegan lebende KundInnen. Der Altersquerschnitt ist durch die Lauflagen sehr breit, der Schwerpunkt ist aber vor allem im Distanzhandel deutlich bei 32-bis-50-Jährigen zu finden. Die Kaufkraft ist überdurchschnittlich. Während in den Shops das Klientel aus den Städten deutlich über 100.000 Einwohnern stammt, leben unsere KundInnen im Distanzhandel maßgeblich in ländlichen Regionen mit weniger als 100.000 Einwohnern.

3.1.5 LUSH in Deutschland

In Deutschland wird es im Sommer 2012 bereits 42 Shops geben, dazu die Zentrale in Meßstetten auf der Schwäbischen Alb auf 900 m Meereshöhe gelegen, die den Internethandel

Abb. 3.5 LUSH Shop in Wiesbaden

über die Website www.lush.de und den Katalogversand betreut. Wir werden in Deutschland weiter expandieren und hoffen, jedes Jahr 10–15 Shops zu eröffnen (Abb. 3.5). Unser aktuelles Ziel ist es, 80–100 Shops in Deutschland zu haben. Eine stets aktuelle Übersicht findet man unter http://www.lush.de/shops. Alle Standorte werden von LUSH selbst betrieben, ein Franchisesystem existiert in Deutschland nicht.

2012 werden wir in Deutschland voraussichtlich mehr als 18 Millionen Euro Umsatz machen und damit unseren Umsatz in drei Jahren verdoppelt haben. Bei unseren mittlerweile 450 MitarbeiterInnen liegt unser Fokus klar auf unbefristeten und langjährigen Voll- und Teilzeitkräften. Minijobs findet man bei uns vor allem zum Bewältigen der Hochphasen, sie werden aber genauso sorgfältig ausgesucht und intensiv geschult und bekommen ebenfalls Leistungen bei Urlaub und Krankheit, was gesetzlich verpflichtend, aber nicht unbedingt üblich ist im Einzelhandel in Deutschland.

3.1.6 LUSH international

LUSH ist zwischenzeitlich in über 45 Ländern vertreten und mit über 800 Shops präsent. Zu einem kleinen Teil handelt es sich hier um Franchise-Shops. Der weltweite Umsatz von LUSH betrug im Geschäftsjahr 2010/2011 ungefähr 272 Millionen Britische Pfund, weltweit werden über 5000 MitarbeiterInnen beschäftigt.

3.2 LUSH – Wir sind anders

3.2.1 Unternehmensentwicklung

Natürlich gibt es auch bei LUSH Budgetplanungen und monatliches Berichtswesen, ebenso testierte Jahresabschlüsse. Wir schauen sehr genau auf die Unternehmensentwicklung und auf die Umsatz- und Profitentwicklung. Das ist notwendig, sonst können wir unsere Lieferanten, MitarbeiterInnen und unsere Expansion nicht finanzieren. Trotzdem stehen nicht Rationalisierungsprojekte in unserem Fokus oder etwa Kosteneinsparungen und auch jährliche Steigerungen im Ertrag nicht.

Wichtig ist bei uns vielmehr die Umsatzentwicklung durch neue innovative Produkte, die teilweise durch KundInnen und MitarbeiterInnen entstehen, die tolle Inhaltsstoffe haben, möglichst keine Konservierungsstoffe brauchen oder bei denen auf Verpackung verzichtet werden kann. Auch die Entwicklung der MitarbeiterInnen durch Produkttrainings und durch Kundenservice-Schulungen ist bei den Planungsrunden wichtig. Einen besonderen Fokus haben wir stets auf die Reduktion unseres weltweiten Carbon-Footprints und auf die Steigerung unserer Charity-Ausgaben, die wir in ausgewählte Tierschutz-, Menschenrechts- und Umweltschutz-Projekte investieren.

Wir sind uns bewusst, dass uns all dies vor allem aufgrund unserer Alleinstellung im Markt möglich ist. Viele bezeichnen The Body Shop, Kiehl's und L'Occitane als Wettbewerber, auch alle Naturkosmetikhersteller wie Weleda, Dr. Hauschka und Logona werden häufig zum Vergleich herangezogen. Wenn wir über naturnahe Kosmetik sprechen, ist dies auch korrekt. Aber im Detail sind unsere Produkte und unsere Philosophie ein echter USP und ein absolutes Alleinstellungsmerkmal im Markt. Gerade unsere Produkte sind eben außerhalb jeder Konkurrenz, da sich bereits die Haptik völlig von jeglicher konventionellen Kosmetik unterscheidet und häufig ist Spaß und Lebensfreude inkludiert.

3.2.2 Marketingbudget

LUSH ist eine „non-advertising brand", d. h. wir haben kein Budget für Werbeaktionen im TV, Magazinen oder auf Litfaßsäulen. Das macht es sehr schwierig, eine Marktbekanntheit zu erreichen und die Menschen über die einzigartige Qualität der LUSH-Kosmetik aufzuklären, dass wir z. B. keine Silikone benutzen, dafür aber Unmengen an natürlichen Inhaltsstoffen. Die wenigen sicheren künstlichen Konservierungsstoffe wie z. B. Parabene müssten wir aufgrund der geringen Konzentration Großteils gar nicht angeben, aber Transparenz gehört zu unserer Philosophie.

Wie machen wir dann auf uns aufmerksam? Durch das bunte, auffällige Aussehen unserer Shops in den 1 A-Lagen, durch den Geruch, der PassantInnen zu unseren LUSH-Shop führt, durch unsere LUSH-Fans, die es toll finden, dass wir innovative Kosmetik anbieten, durch ziemlich schräge Aktionen in oder vor unseren Shops, wo Leute bereits mit runtergelassener Hose auf Toiletten saßen oder sich mit Melasse haben übergießen lassen. Guerilla-Marketing also. Darüber hinaus versuchen wir JournalistInnen, Magazine und prinzipiell alle Menschen von unserer Philosophie und der Notwendigkeit, sich nachhaltig zu verhalten, zu überzeugen, damit sie über uns schreiben und es weitererzählen.

Ein wesentlicher Baustein unseres Marketings sind unsere Produkte, deren Wirkung einfach überzeugt und die man in allen Shops anfassen, beschnuppern und testen kann, bevor man sie kauft. Und natürlich sind unsere MitarbeiterInnen ein wichtiger Teil unseres Marketingkonzeptes, da sie unsere KundInnen über die Besonderheit unserer Produkte und Philosophie aufklären. Ihr Fokus ist nicht, den meisten Umsatz zu machen, sondern passende Produkte zu empfehlen, damit möglichst viele KundInnen begeistert wiederkommen.

Was uns im Marketing grundsätzlich von konventionellen Kosmetikfirmen unterscheidet, ist die Verpackung. Unsere Wettbewerber beschäftigen sich teilweise mehr mit der Verpackung als mit dem Produkt und investieren hierfür auch häufig mehr als in die Inhaltsstoffe. So eine Verpackung muss besonders verkaufsfördernd und werbewirksam sein. Bei uns ist sie das nicht. Am liebsten verpacken wir unsere Produkte gar nicht, denn dies ist am umweltfreundlichsten, Ressourcen werden geschont und Müll vermieden. Um der gesetzlichen Verpackungsverordnung mit Inhaltsstoffen, Anwendung und Haltbarkeit gerecht zu werden, benutzen wir Papierverpackungen oder kompostierbares PLA. Ansonsten werden unsere flüssigen Produkte immer in die gleiche schwarze, wenig verkaufsfördernde Verpackung gefüllt, sogar unsere Parfüms, bei denen bekanntermaßen die Verpackung über den Kauf des Parfüms wesentlich mitentscheidet. Das hat den Vorteil, dass Flacons und Verpackungen nicht ungenutzt vernichtet werden müssen, wenn das Produkt sich nicht gut verkauft oder aus dem Sortiment geht. In diesen Fällen füllen wir einfach ein anderes Parfüm oder Produkt ein.

Damit kann sich jeder ganz auf die Inhaltsstoffe unserer Produkte konzentrieren, ohne sich von Verpackungen ablenken zu lassen.

3.2.3 Soziale Verantwortung

LUSH setzt sich ein: Egal ob für Tiere oder die Umwelt – uns fällt immer etwas ein, um auf Missstände, Minderheiten oder Umweltverschmutzung aufmerksam zu machen. Um etwas zu erreichen und die Welt ein kleines Stück besser zu machen, organisiert LUSH Kampagnen mit unterschiedlichem Fokus: Beispielsweise haben wir uns mit einer Zirkuskampagne gegen das Halten und Vorführen von Tieren in Zirkussen ausgesprochen, ein anderes Mal haben wir mit einer veganen Kampagne auf Massentierhaltung aufmerksam gemacht. Das Projekt „Nächstenliebe" haben wir ins Leben gerufen, um unseren KundInnen die Möglichkeit zu geben, mit dem Kauf unserer „Nächstenliebe"-Creme den kompletten Kaufpreis (abzüglich der Mehrwertsteuer) für von uns ausgewählte wohltätige Organisationen zu spenden. Unseren ersten Nächstenliebe-Erlös spendeten wir der Naturschutzorganisation Naturefund e. V., dessen Ziel es ist, Lebensraum für bedrohte Tier- und Pflanzenarten zu erhalten oder wieder neu zu schaffen. Hier ein Auszug der Projekte, die wir bisher unterstützt haben:

- Naturefund e. V.,
- Prinzessinnengarten-Projekt Berlin,
- Keine Tiere zu Weihnachten,
- Ethecon,
- German Toilet Organization e. V.

3.2.4 Ökologische Verantwortung

Wir sind uns unserer Verantwortung auch dann bewusst, wenn unsere KundInnen es nicht direkt sehen oder spüren. Wir arbeiten z. B. daran, die Menge an Energie zu verringern, die wir für die Herstellung, den Transport und den Verkauf unserer Produkte benötigen. Das heißt, wir denken über effizientere Herstellungsprozesse nach, knipsen unnötige Lichter und Maschinen aus, ersetzen ineffiziente Geräte, installieren neue Fenster und beziehen grünen Strom von Lichtblick. Ein anderes Beispiel sind unsere ökologischen Bio-Rasenmäher in der Zentrale, umgangssprachlich auch Schafe genannt.

Jeder Shop hat einen sogenannten Green Helper, der auf Schulungen Tipps und Infos erhält, wie man in den Shops grüner arbeiten kann, Ressourcen und Energie spart, Müll vermeidet, richtig trennt usw. Dieses erlernte Wissen gibt der Green Helper dann an alle anderen Shop-MitarbeiterInnen weiter. Außerdem versendet unser Distanzhandel alle Pakete und Werbematerialien CO_2-neutral mit DHL GOGreen; damit konnte LUSH Deutschland 2010 1472 Tonnen CO_2 kompensieren.

Unsere Kartonagen sind aus recyceltem Material; wir testen gerade Kartonagen mit einem geringeren Materialeinsatz durch versetzte Wellen. Unser Füllmaterial besteht aus Mais- und Kartoffelstärke und ist biologisch rückstandsfrei abbaubar. Unsere Materialien können kompostiert werden oder in den Papiermüll. Wir finden das toll.

3.2.5 Management

Wir sind der Überzeugung, dass Erfolg durch Ehrlichkeit, Authentizität und Nachhaltigkeit entsteht. Unsere überzeugenden Produkte und unsere MitarbeiterInnen, die den Enthusiasmus für unsere Produkte verbreiten, sind aus unserer Sicht unsere wesentlichen Erfolgsfaktoren. Auf unsere Produkte haben wir den größtmöglichen Einfluss, auf alle unsere 450 MitarbeiterInnen in Deutschland und mehrere tausend weltweit natürlich nicht. Das Management muss hier mit gutem Beispiel vorangehen, die eigenen Werte konsequent vertreten und selbst an der Basis mitarbeiten. Ebenso wichtig ist es, den KundInnen zuzuhören. Dazu geben wir ihnen über unser Forum, in den Shops, über Facebook, Google+ und auch auf unserer Website gerne die Möglichkeit, mit uns zu kommunizieren. Da wir unsere KundInnen duzen und ständig zu Feedback auffordern, sind sie auch sehr kommunikativ und sagen uns auch direkt, was sie gut finden und was nicht. Das finden wir toll, aber wir sind natürlich dann auch in der Verantwortung, sie ernst zu nehmen und zu handeln.

Wir sind der Meinung, dass jede(r) Fehler machen darf und dass heutzutage nicht immer nur ein Weg der Richtige ist. Aber wir bemühen uns, konstant besser zu werden, nachhaltiger und kritischer uns selbst gegenüber.

2011 wurden wir von unseren KundInnen und einer unabhängigen Jury mit dem Preis „Deutschlands Kundenchampion 2011" ausgezeichnet als bestes mittelständisches Handelsunternehmen. Dieser Preis wird Unternehmen verliehen, die ihre KundInnen zu Fans machen, worauf wir sehr stolz sind.

LUSH vermeidet Organigramme und das Denken in Hierarchien. Das Management wird als Support-Team bezeichnet und stellt sich damit in den Dienst der KollegInnen an der Front. Wichtiger als die fachliche Kompetenz wird bei BewerberInnen die LUSHness gesehen. Wir glauben, dass Engagement und Enthusiasmus für die Marke wichtiger sind und man fachliche Kompetenzen erlernen kann.

Wir könnten noch viel mehr erzählen und ganze Bücher über LUSH füllen, aber es ist besser, jede(r) überzeugt sich selbst davon und schnupperst sich in einem unserer Shops einfach durch. Unser Versprechen an alle ist: LUSH bietet hochwertige und ökologische Pflege von Kopf bis Fuß, die fröhlich aussieht, lecker duftet, definitiv pflegt und auf jeden Fall Spaß macht!

Die Positionierung von BUDNIKOWSKY im Retail Business

4

Christoph Wöhlke

Inhaltsverzeichnis

4.1 BUDNI: Ein echtes Hamburger Wahrzeichen mit 100-jähriger Tradition

In Deutschland gab es 2010 über 12.000 Drogeriemärkte mit einem Gesamtumsatz von knapp 13 Mrd. Euro, der von den Unternehmen Schlecker, Rossmann, dm, Müller und BUDNIKOWSKY erwirtschaftet wurde. Dabei ist ein Drogeriemarkt per Definition „ein Einzelhandelsgeschäft, das im Allgemeinen ein schnell umschlagendes Markenartikelsortiment mit Schwerpunkt im Bereich der Gesundheits- und Körperpflegemittel, Wasch-, Putz- und Reinigungsmittel, Babynahrung und -pflege, Haushaltspapiere sowie Kosmetik in Selbstbedienung anbietet" (Nielsen Booklet „Deutschland 2011", The Nielsen Company [Germany] GmbH). Wohl in keiner Branche kämpfen die Unternehmen momentan härter um Marktanteile als im deutschen Einzelhandel und in keiner Sparte des Handels wird der Verdrängungswettbewerb härter ausgefochten als im Drogeriesegment. Das fordert natürlich auch den einzigen verbliebenen regionalen Anbieter BUDNIKOWKSY aus Hamburg, kurz BUDNI genannt (Abb. 4.1).

Christoph Wöhlke ✉
IWAN BUDNIKOWSKY GmbH + Co. KG, Wandsbeker Königstr. 62,
22041 Hamburg, Deutschland

H.-C. Riekhof (Hrsg.), *Retail Business*, DOI 10.1007/978-3-8349-4555-6_21,

Abb. 4.1 Iwan Budnikowsky vor seinem Geschäft in der Mühlenstraße in Hamburg

BUDNI ist ein echtes Hamburger Wahrzeichen mit 100-jähriger Tradition. Seit der Gründung der IWAN BUDNIKOWSKY GmbH & Co. KG 1912 in Hamburg-Harburg wird das Unternehmen mittlerweile in der 3. und 4. Generation geleitet. In mehr als 155 Filialen in der Metropolregion Hamburg, Sylt, Lübeck, Schwerin und Hagenow werden auf einer Verkaufsfläche von rund 78.500 m^2 zwischen 8000 und 20.000 Artikel präsentiert (Abb. 4.2). Mehr als 1900 Mitarbeiter in den Filialen, im Dienstleistungszentrum (die BUDNI-Zentrale) und im Lager begründen den Erfolg von BUDNI. Aber diese Zahlen sind keine strategischen Messgrößen, sondern der Ausdruck der unternehmerischen Verantwortung und damit das Gesicht von BUDNI und vielleicht das Geheimnis des Erfolges in einem Markt, in dem ein erbitterter Preiskampf die Gewinne drückt und Mitbewerbern rote Zahlen einbringt, denn nirgendwo in Europa sind die Preise so stark von der discountorientierten Handelsform geprägt.

Nachhaltigkeit und Natürlichkeit sind fester Bestandteil der BUDNI-Philosophie. Das Unternehmen ist ein Vorreiter im Bereich sozialer und ökologischer Verantwortung. Die Entwicklung eines nachhaltigen Sortiments liegt BUDNI am Herzen. Dementsprechend sind die Sortimentsschwerpunkte von BUDNI Schönheit, Gesundheit, Wellness und Bio sowie Baby/Kind und WPR.

4.2 Positionsmerkmal: UNSER Sortiment

BUDNI bietet seinen Kunden selbstverständlich eine breite Produktauswahl von Artikel des täglichen Bedarfs aus den unterschiedlichsten Warengruppen – von Lebensmitteln bis Wasch-, Putz- und Reinigungsmitteln, von Naturkosmetik über konventionell hergestellte Kosmetik zu Babybedarf, Nahrungsergänzungsmittel und Hygieneartikel und klassischen Seifenprodukten. Aufgrund der teilweise sehr unterschiedlichen Filialgröße variiert dabei das Produktangebot innerhalb der Filialen. Aber dies allein macht aus einem Sortiment noch nicht UNSER Sortiment.

BUDNI traut sich, Neues zu machen und bisherige Denkmuster zu verlassen!

BUDNI hat frühzeitig erkannt, dass Nachhaltigkeit und Fairness bei der Sortimentsauswahl eine immer größere Rolle spielt und hat daher bereits seit Jahren sein Augenmerk auf ökologische und sozialverträgliche Alternativen gerichtet. Zudem werden bei der Lieferantenauswahl regionale Aspekte berücksichtigt, um die Beschaffungswege kurz zu halten

Abb. 4.2 Zwischen 8000 und 20.000 Artikel werden in einer BUDNI-Filiale präsentiert

und die regionale Wirtschaft zu unterstützen. Daher setzt BUDNI neben Drogeriemarktartikeln bereits seit 2007 gezielt auch auf eine fundierte Angebotspalette im Bereich Naturkosmetik und Biolebensmittel. Diese zum Teil fair gehandelten Produkte und Produkte in Bio-Qualität führten dann auch dazu, dass der Umsatz im Bereich Naturkosmetik von 2010 auf 2011 um 18 % gesteigert werden konnte und BUDNI mittlerweile Marktführer in der Stadt Hamburg im trockenen Bio-Lebensmittelbereich ist und hier 2011 ein Umsatzplus von 15 % gegenüber 2010 verzeichnen konnte. Außerdem helfen Zertifikate für Produkte und Lieferanten sowie laufende Qualitätsprüfungen dem Kunden bei der Orientierung und versetzen BUDNI in die Lage, kritische Ware sofort auszulisten und durch bessere Produktalternativen zu ersetzen. So hat BUDNI bereits nach den ersten Hinweisen und als erstes Drogerieunternehmen im Warenbereich Baby und Kind konsequent ein Bisphenol-A-freies Sortiment umgesetzt, um keine Produkte anzubieten, die unter Verdacht sehen, durch den darin enthaltenen Weichmacher ab einer bestimmten Aufnahmemenge krebserregend zu sein.

Wie aber genau kommt BUDNI zu seinem Sortiment? Das Ziel für die nächsten Jahre ist definiert: Die Vision ist, dass BUDNI im Jahr 2020 das Sortiment weitestgehend auf ökologisch und sozial sinnvolle Produkte umstellt. BUDNI kann dies jedoch nicht im Alleingang bewerkstelligen. Insgesamt unterhält BUDNI zu über 800 Lieferanten zum Teil jahrzehntelange gute Geschäftsbeziehungen und diese sind daher bei der Sortimentsentwicklung die wichtigsten Ansprechpartner. In den Gesprächen und Verhandlungen spielen Qualität und Sicherheit, Produktherkunft und Herstellungsbedingungen eine große Rolle. Dort, wo es BUDNI als Handelsunternehmen nicht möglich ist, bei allen Lieferanten die Arbeitsbedingungen zu überprüfen, achtet BUDNI verstärkt darauf, dass die Lieferanten internationale Standards wie zum Beispiel die der „Business Social Compliance Initiative" (BSCI) erfüllen. Bei der BSCI handelt es sich um eine Organisation, die ein Überwachungssystem für Sozialstandards aufgebaut hat und garantiert die Überprüfung der Zulieferbetriebe vor allem in Asien und Südamerika. Aber auch das Label der Fairtrade-Organisation, vor allem auf Kaffee, Kakao und Schokolade sowie auf Baumwolle, garantiert BUDNI und seinen Kunden faire Bedingungen für die Arbeiter in den Erzeuger- und Herstellerländern. Mit dem

Abb. 4.3 Exemplarische BUDNI Eigenmarken

dazugehörigen Fairtrade-Code auf dem jeweiligen Produkt erfährt der interessierte Kunde im Internet den Hersteller dieser Charge und kann die Herkunft seines Produkts jeder Zeit nachvollziehen.

Ein aktuelles Beispiel der Verbindung von hoher Qualität, Nachhaltigkeit, regionaler Verbundenheit und Transparenz ist die Umsetzung der Frischmilch aus Norddeutschland. Die Bio-Milch stammt von einem Zusammenschluss von knapp 40 Bio-Bauern, die ihre Höfe hauptsächlich in Schleswig-Holstein, aber auch in Niedersachsen und Mecklenburg-Vorpommern betreiben. Sie arbeiten nach den strengen Vorschriften des Bioland-Verbandes und erhalten dafür einen fairen Preis, um ihre Höfe auch langfristig bewirtschaften zu können. Zudem werden BUDNI-Kunden exklusive Hofbesuche inklusive Führung und Verkostung angeboten, damit sich jeder vor Ort ein eigenes Bild machen kann.

Eine besondere Stellung hat die BUDNI Partnerschaft mit einem Hersteller für die Produktion der sieben Eigenmarken (Abb. 4.3). Ein hoher Qualitätsanspruch, Umweltverträglichkeit und soziale Aspekte sind Haupt-Kriterien für diese Artikel. Vor einer Partnerschaft werden daher die Unternehmen vor Ort besucht, um zum Beispiel den Herstellungsprozess und die Hygienebedingungen zu überprüfen. Die Produkte selbst werden im Labor zahlreichen Untersuchungen unterzogen, damit der Kunde die größtmögliche Qualität bei den BUDNI Eigenmarken vorfindet. Auch Verpackung und Transport eines Produktes sind wesentliche Faktoren bei der Beurteilung seiner Umweltverträglichkeit. Wo möglich werden die Verpackungen auf vom Forest Stewardship Council (FSC) zertifiziertes oder auf Recycling-Papier umgestellt und Verpackungsmaterial wird auf ein Minimum reduziert. Die Auswahl regionaler Hersteller verkürzt zudem die Transportwege und stärkt wiederum die Region Hamburg.

Insbesondere die Marke HAMBURG entstand aus der Leidenschaft für Hamburg und die Liebe der Gästen und Einheimischen zu der Stadt, zum Wasser, zu den grünen Oasen und dem gelassenen Leben in Mitten einer pulsierenden Metropole. Eine Marke, die Tradition und Verbundenheit ausmacht und sich Qualität und puren Genuss zur Aufgabe gemacht hat. Alle HAMBURG Lebensmittelprodukte sind mit dem Bio-Siegel zertifiziert. Zudem gehen mit jedem Kauf eines HAMBURG Lebensmittelproduktes 10 Cent an die BUDNIANER HILFE e. V., die soziale Projekte in der Metropolregion unterstützt.

Abb. 4.4 Immer ein freundliches Erscheinungsbild

4.3 Positionsmerkmal: UNSERE Filialen

Kein anderes regionales Handelsunternehmen hat auf so kleiner Fläche so viele Filialen und so viel Umsatz (Abb. 4.1). Dies ist nur möglich, in dem man sich der Stadt und den Menschen anpasst. So ist beispielsweise von den knapp 160 Filialen die kleinste BUDNI-Filiale mit einer Verkaufsfläche von unter 200 m^2 genauso wichtig, wie die größte Filiale mit knapp 1500 m^2 und der ältesten noch bestehenden Filiale von 1927 wird genau so viel Aufmerksamkeit zuteil, wie der jüngsten Neueröffnung im April 2012. Jede dieser Filialen ist ein vertrauter Anlaufpunkt in der Nähe des Wohnortes oder der Arbeitsstätte und damit ein bisschen Heimatgefühl. Ausschlaggebend dafür ist nicht nur die Höflichkeit und Begeisterung der BUDNI-Mitarbeiter, sondern auch die Gestaltung der Filialen. Übersichtlichkeit und Transparenz kennzeichnen die Aufteilung und sorgen für ein angenehmes Einkaufserlebnis. Hochwertige Sortimentsmotive an den Wänden inspirieren und leiten den Kunden. Sitzmöbel bieten in vielen Filialen gerade auch älteren Kunden einen Ort für eine kleine Pause und Wickelkommoden stehen für den Notfall bei kleineren Kindern bereit.

Aber auch im Ladenbau und Filialbetrieb spielt Umweltschutz, Nachhaltigkeit und Rationalität eine besondere Rolle. Deshalb hat sich BUDNI wiederholt beim ÖKOPROFIT-Programm der Stadt Hamburg beteiligt. ÖKOPROFIT steht für „Ökologisches Projekt für integrierte Umwelttechnik" und soll Unternehmen bei der Einführung von Umweltmanagementsystemen unterstützen. In Hamburg wird das Projekt unter anderem von der Stadt, der Handels- und Handwerkskammer sowie einer wachsenden Zahl von Unternehmen verschiedenster Branchen getragen. Ende des Jahres 2012 werden alle BUDNI-Filialen, die Zentrale und das eigene Hochregallager zertifiziert sein.

Mit der Eröffnung der Filiale in Tornesch hat BUDNI wieder Neuland betreten, denn durch die Installation einer Photovoltaikanlage auf der gesamten nach Süden und Südwesten ausgerichteten Dachfläche erzeugen 526 Solarmodule Strom. Gemeinsam mit der aufwendigen Gebäudeisolierung und -abdichtung, modernster Heizungs- und Lüftungstechnik sowie Beleuchtungsanlagen mit geringem Stromverbrauch soll die auf dem Dach erzeugte Energiemenge den gesamten Energiebedarf decken. Damit ist dies die erste BUDNI-Filiale, deren Betrieb auf Null-Energie-Standard läuft. Die ersten Schritte sind gemacht, auch wenn nicht alles gleich auf das gesamte bestehende Filial-Netz ausgeweitet werden kann. Aber es ist ein weiteres Beispiel, wie man gemeinsam, beispielsweise mit dem Vermieter, neue umweltfreundliche Projekte realisieren kann und damit zukunftsweisend an einer umweltorientierten Gesellschaft mitwirkt.

Ausschlaggebend für den Kunden sind neben der ansprechenden Filialgestaltung jedoch mindestens genauso die Freundlichkeit und der angebotene Service. Obwohl BUDNI wie alle anderen Drogeriemärkte heutzutage ein Geschäft mit Selbstbedienung ist, gehört kompetente Beratung zum Selbstverständnis von BUDNI.

4.4 Positionsmerkmal: UNSERE Mitarbeiter

Die Mitarbeiter in den Filialen sind das Gesicht des Unternehmens. Jeder Mitarbeiter bei BUDNI ist mitverantwortlich für den Erfolg des Unternehmens. Als Marktführer im Bereich kundenorientiertester Dienstleister in Hamburg bietet BUDNI seinen Mitarbeitern ein umfangreiches Weiterbildungsangebot und schnelle Aufstiegschancen. So wird mit mindestens einer Schulung pro Jahr für jeden Mitarbeiter sichergestellt, dass die Informationen über Basiswissen und die neuesten Produktentwicklungen zu den Mitarbeitern und somit zu den Kunden gelangen. Alle neu eingestellten Mitarbeiter werden in einem Startseminar mit der Geschäftsführung und den ethischen Grundlagen des Unternehmens vertraut gemacht. Insbesondere der Umweltschutz gewinnt in der Sortimentsschulung immer weiter an Bedeutung.

Mehr als 1900 Mitarbeiter arbeiten in den Filialen, im Dienstleistungszentrum und im eigenen modernen Hochregallager. BUDNI ist Ausbildungsbetrieb und stellt jährlich 40 Auszubildende in acht unterschiedlichen Berufen ein. Damit befinden sich zwischen 90 bis 110 Azubis in Ausbildung. Fast neun von zehn Auszubildenden werden in eine Festanstellung übernommen. Daneben ist das Unternehmen in drei duale Studiengänge eingebunden und bietet eine Vielfalt an Karrierechancen für Fach- und Führungsmitarbeiter. Für die familienfreundliche Mitarbeiterpolitik erhielt BUDNI bereits das Hamburger Familiensiegel. Beim diesjährigen Wettbewerb um Hamburgs beste Arbeitgeber belegt BUDNI den fünften Platz und wurde mit 5 von 5 möglichen Sternen ausgezeichnet sowie zusätzlich mit dem Sonderpreis „Einzelhandel". Bei BUDNI ist die Zahl älterer Mitarbeiter und Mitarbeiter mit Migrationshintergrund überdurchschnittlich hoch, so werden bei BUDNI mittlerweile 40 Sprachen gesprochen, etwa ein Drittel der Auszubildenden haben Migrationshintergrund und 24 % der Mitarbeiter sind über 50 Jahre alt. Auch hiermit zeigt BUDNI seine Verbundenheit zur Region und spiegelt die Menschen und Kunden der Umgebung wider.

Abb. 4.5 BUDNI KARTE

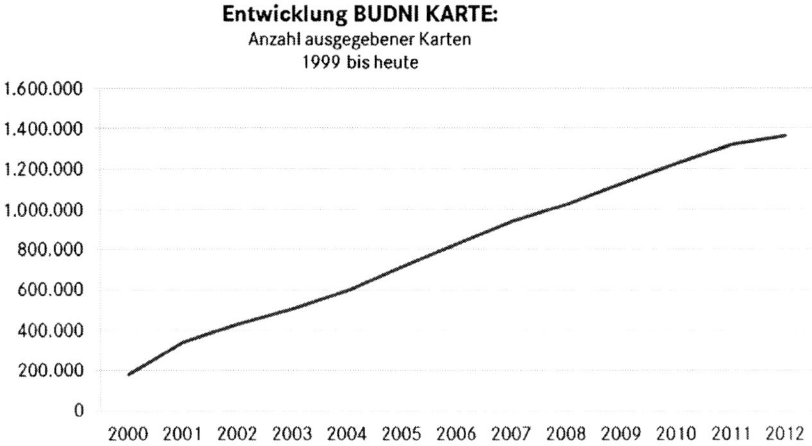

Abb. 4.6 Entwicklung BUDNI KARTE

4.5 Positionsmerkmal: UNSER Kundenservice

Der Kundenservice bei BUDNI beschränkt sich jedoch nicht allein auf kompetente Beratung und freundlichen Service. Deshalb kann man bei BUDNI mehr als nur einkaufen. BUDNI bietet eine Reihe praktischer Services und Möglichkeiten an, durch BUDNI weitere Vorteile zu genießen – auch in der Freizeit und mit der Familie.

Ein besonders Erfolgsmodell ist die eigene BUDNI Kundenkarte (Abb. 4.5). Seit ihrer Einführung im Jahre 2000 sind mittlerweile über eine Million BUDNI KARTEN ausgegeben worden und damit hat bereits jeder zweite Hamburger eine BUDNI KARTE im Portemonnaie (Abb. 4.6).

Der Mehrwert der BUDNI KARTE besteht für den Kunden darin, dass man mit ihr nicht nur geldwerte Bonuspunkte sammeln, sondern auch viele Vergünstigungen bei über 100 Kooperationspartnern in Anspruch nehmen kann. Alle Kooperationspartner können die Kunden jeweils aktuell in einer ausliegenden Broschüre oder im Internet nachschlagen.

Abb. 4.7 BUDNI Kundenmagazin verde

Ergänzt wird dieses Angebot durch die B-YOURSELF-CARD, die Vorteilskarte speziell für Kunden von 12 bis 18 Jahre und die BUDNI KARTE „Mein Baby" mit besonderen Angeboten für junge Familien mit Nachwuchs. Mit der Aktion „Kaufen mit Verantwortung" eröffnet BUDNI eine weitere Möglichkeit, ganz einfach Gutes zu tun. Mit der BUDNI Spendenkarte kann man ganz anonym Bonuspunkte spenden. Dabei geht der Barwert der Bonuspunkte zu 100 % an ein aktuelles Hilfsprojekt der eigenen Wahl, z. B. an die Fördergemeinschaft Kinderkrebszentrum e. V. oder die BUDNIANER Hilfe e. V. Selbstverständlich können auch alle Bonuspunkte der regulären BUDNI KARTE ebenfalls den Hilfsprojekten gespendet werden. So kamen im vergangenen Jahr mehr als 20.000 Euro zusammen. Zusätzlich spendet BUDNI während der jährlichen Aktion „Kaufen & Helfen" zehn Prozent des Umsatzes ausgewählter Artikel an die Welthungerhilfe. Damit wurde von 2007 bis 2011 das Millenniumsdorf Sodo in Äthiopien mit 150.000 Euro unterstützt.

Aber BUDNI bietet seinen Kunden noch mehr. Neben den mittlerweile in der Branche selbstverständlich gewordenem Fotoservice können BUDNI Kunden regelmäßig an unterschiedlichen Veranstaltungen teilnehmen. Ob gesundes Kochen mit Bioprodukten, Pflege für Körper und Seele oder ein glamouröses Fotoshooting, BUDNI geht neue Wege und erweitert sein Angebot im Sinne der Kundenwünsche kontinuierlich. Das eigene, monatlich erscheinende, kostenlose Kundenmagazin „verde", mit vielen interessanten Artikeln und Berichten zu den Themen Gesundheit, Kosmetik, Ernährung, Lifestyle oder Fitness, runden gemeinsam mit dem regelmäßig aktualisierten Internetauftritt das Angebot ab (Abb. 4.7).

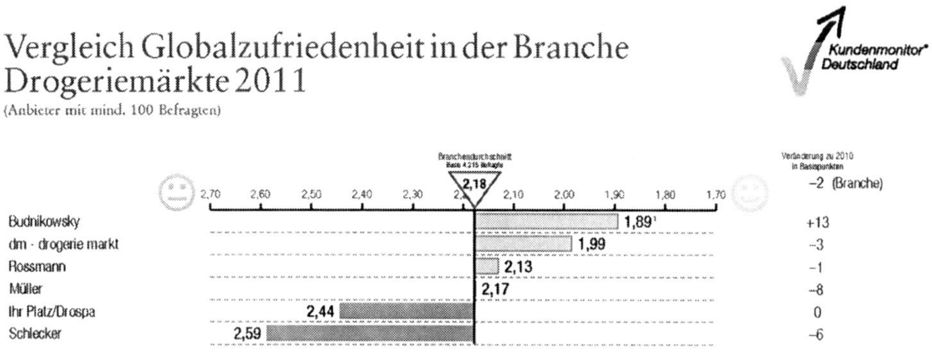

Abb. 4.8 Kundenmonitor Deutschland, Vergleich Globalzufriedenheit in der Branche Drogeriemärkte 2011 (Quelle: ServiceBarometer AG)

Eine höchstmögliche Kunden- und Serviceorientierung hat für BUDNI oberste Priorität. Daher stehen im hauseigenen Informationszentrum (IKUMA) für Kunden und Mitarbeiter exklusive Ansprechpartner für alle Kundenanfragen und -kommentare zur Verfügung. Gute Erreichbarkeit, kompetente fallabschließende Beratung und größtmögliche Kulanz im Beschwerdefall sind selbstverständlich und unterstreichen das Bestreben von BUDNI, die Kunden durch guten Service zufrieden zu stellen. Seit Beginn der jährlichen Befragungen im Rahmen des „Deutschen Kundenmonitors" erreicht BUDNI Spitzenplätze in der Kundenzufriedenheit und braucht sich als einziger regionaler Anbieter auf dem Drogeriemarkt vor den überregionalen Wettbewerbern nicht zu verstecken. BUDNI belegte 2011 und 2010 bei den Umfragen des Kundenmonitors bei der Frage nach der Gesamtzufriedenheit Platz 1 als bester Drogeriemarkt Deutschlands (Abb. 4.8). Die Gestaltung der Verkaufsräume, die Erreichbarkeit der Filialen, Öffnungszeiten und Sauberkeit wurden mit Höchstnoten bewertet. Freundlichkeit und Ansprechbarkeit der Mitarbeiter und Schnelligkeit an der Kasse waren für die Kunden herausragend.

4.6 Bei BUDNI werden Werte glaubhaft gelebt

BUDNI ist nicht nur Arbeitgeber, Drogerie, Handelsunternehmen, Bio-Markt, Parfümerie und Nachversorger, BUDNI ist Tradition und Moderne in einem organischen Gleichgewicht, ist gesundes Wachstum, vorsichtige Finanzpolitik und geschäftliche Progressivität. BUDNI ist außerdem eine Institution, eine Idee, eine Gemeinschaft, ein gutes Gefühl und ein freundliches Lächeln für jeden Kunden. Der Kunde steht seit je her im Fokus von BUDNI und nur gemeinsam konnte sich BUDNI zum Vorreiter im Bereich sozialer und ökologischer Verantwortung entwickeln. Dank dem guten Kontakt zum Kunden kann BUDNI das Sortiment, die Filialgestaltung und den Service bedarfsgerecht gestalten und die Kunden auch für neue ökologisch und sozial nachhaltige Ideen begeistern.

Das System ALDI – Ein Muster erfolgreicher Unternehmensführung

5

Dieter Brandes

Inhaltsverzeichnis

5.1 Einleitung

> Große Teile des Lebensmittelhandels sehen dem Albrecht-Prinzip und seinem Erfolg ratlos zu. Man dürfe es doch nicht zulassen, dass zwei Einzelhändler immer größer würden, indem sie etwas aus dem Vollsortiment herauspickten. Es ist kein Geheimnis, dass die Konkurrenz überall an Orten, in denen Albrecht stark expandiert, auf Gegenmaßnahmen sinnt.

Die Gebrüder Albrecht lieferten im Lebensmittelhandel den meisten Gesprächsstoff, so hieß es in dem zitierten Text der Frankfurter Allgemeinen Zeitung aus dem Jahr 1966 (22.12.1966).

Das hat sich bis heute nach weiteren 45 Jahren nicht fundamental verändert. In vielem gilt ALDI als prägend für erfolgreiche Unternehmenskonzepte. Doch ALDI hat sich in den letzten zehn Jahren stark verändert. Es ist angebracht zu differenzieren: ALDI früher und ALDI heute. Das Früher beschreibt das System, das ALDI erfolgreich gemacht hat. Das Heute zeigt, was sich wesentlich verändert hat. Artikel wie diese sollen ja nicht Geschichtschreibung sein, sondern aufzeigen, was andere von einem solchen Beispiel lernen können. Das ist dann zum einen, das erfolgreiche System, zum anderen aber auch zu erkennen, wel-

Dieter Brandes ✉
Hegestieg 10b, 20249 Hamburg, Deutschland

H.-C. Riekhof (Hrsg.), *Retail Business*, DOI 10.1007/978-3-8349-4555-6_22,

che Veränderungen warum den Erfolg vergrößert oder verringert haben, ihn stützen oder gefährden.

5.2 ALDI früher – ALDI heute: was hat sich verändert?

5.2.1 Einschätzungen 1998

Es lohnt sich, auf drei Abschnitte aus der ersten Auflage von „Konsequent einfach" (vgl. Brandes 1998) zurück zu blicken und mit der aktuellen Entwicklung von ALDI zu vergleichen. Die Überschriften lauteten:

- „Zukunftsperspektiven",
- „Computer verdrängen Bohnenkonserven",
- „Bleibt ALDI noch konsequent?".

Aus diesen Abschnitten werden hier die Kerngedanken wiederholt und aus heutiger Sicht betrachtet:

- *Zukunftsperspektiven*: Auch Ende der 1990er Jahre hatte das Discountkonzept seinen Zenit noch lange nicht überschritten. Kommentar heute: Das rasante Wachstum des Discounts setzte sich in den Folgejahren kaum vermindert fort. Allein bei ALDI stieg die Filialzahl in Deutschland zwischen 1997 und 2011 von 3200 auf 4300 (+34 %) und der Umsatz (brutto inklusive Umsatzsteuer) von EUR 16 Mrd. auf 26 Mrd. (+63 %). Auch Lidl hat seinen Umsatz um viele Milliarden erhöht. Aktuell wie damals melden sich immer wieder Marketingexperten, die meinen, der Discount müsse sich wandeln. Manche sprechen von notwendigen Verschönerungen der Läden. ALDI ist dabei, seine Läden zu modernisieren. Doch alles dieses zeigt keine grundlegende Veränderung an. Das Konzept des beschränkten Sortiments gekoppelt mit Systemen der Einfachheit lebt unverändert. Allerdings gibt es einige wie sogar ALDI selbst, die ohne Not und vielleicht nur aus einer vermeintlich notwendigen Wachstumsstrategie ihre Sortimente ausweiten.
- *Computer verdrängen Bohnenkonserven*: Der Non-Food-Anteil (von Textilien über Rasenmäher zu Computern und iPads) dürfte sich von damals etwa 13 % und EUR 2 Milliarden gesteigert haben auf 20 % und über 5 Milliarden. Zwar kann man nicht feststellen, dass „Computer die Bohnenkonserven verdrängt" hätten, denn auch das Food-Sortiment hatte einen erheblichen Zuwachs an Artikeln. Aber verändert, und damit vermindert hat sich die einstmals so konsequent sorgfältige Auswahl der Nicht-Lebensmittel und deren Qualitätsorientierung zugunsten einer für ALDI vergleichsweise riesigen Artikelzahl. In den 70er und 80er Jahren verkaufte ALDI-Nord jährlich etwa 40 Non-Food-Artikel pro Jahr. 1997 waren es schon 300. Heute sind es schon 3000 oder mehr. Inzwischen gibt es neben einem wechselnden Sortiment auch schon

ein Standardsortiment, vornehmlich im Elektronikbereich. Das Problem mit Restbeständen ist gewaltig und damit nicht mehr einfach, sondern komplex. Erweitert wurde dieses Sortiment zudem um permanente Angebote von Reisen, Fotoarbeiten und Mobilfunkkontrakte. ALDI ist inzwischen einer der führenden Textilhändler und Computeranbieter in Deutschland. Doch das Lebensmittelsortiment wurde nicht vernachlässigt. ALDI ist es gelungen, im Weinsortiment eine besonders hohe Kompetenz aufzubauen. Seit Jahren ist das Unternehmen mit einem Marktanteil von 25 % der führende deutsche Weinhändler (Hamburger Morgenpost 13.3.2011).

- *Bleibt ALDI konsequent?* Schon 1998 war die Artikelausweitung bei ALDI Nord von 600 um weitere 150 eine schwerwiegende prinzipielle Änderung. Kein Zweifel bestünde – so hieß es damals – dass auch diese erhöhte Artikelzahl beherrscht werden könnte. Mahnend allerdings war anzumerken, dass es schwierig sei, Disziplin zu üben und eine allerdings unbekannte Grenze nicht zu überschreiten. Hinzu kommt, dass nach der Einführung des Euro im Jahr 2002 in allen Filialen Scanner-Kassen installiert wurden. Gegenüber der bis dato notwendigen Speicherung von Artikelnummern je Artikel in den Köpfen der Kassierer eröffnete sich hier eine gewaltige Möglichkeit zur Sortimentsausweitung. Heute muss die Artikelzahl bei ALDI-Nord mit deutlich über 2000 angenommen werden. Diese Zahl ergibt sich neben vielen neuen Artikeln im Kühl-, Tiefkühl-, Feinkost- und Kosmetikbereich auch aus den vielen gemischten ca. 1000 Kartons. Da können in einem Karton mit 12 Verkaufseinheiten durchaus 3 bis 4 verschiedene Sorten oder Geschmacksrichtungen enthalten sein. Diese Sorten sind aus Kundensicht verschiedene Artikel, werden aber in der Warenwirtschaft des Unternehmens ALDI nicht als solche erfasst.
  Ein weiterer Bereich von verringerter Konsequenz kann heute in der Schweiz beobachtet werden. Dort bietet ALDI (Süd) täglich wechselnde Sonderangebote zu stark reduzierten Preisen an. Das machen alle anderen Supermärkte und auch Konkurrent Lidl schon lange so. Muss ALDI folgen?

ALDI dürfte heute bereits ebenso wie Lidl als ein „schlanker" Supermarkt bezeichnet werden, der sein Sortiment um Markenartikel wie Nutella, Coca Cola und Nivea erweitert und dem nur noch die Bedienungsabteilungen der Edekas und Rewes fehlen. Auch die Einführung eines Zeitungs- und Zeitschriftensortiments hatte das Ziel, zusätzliche Umsätze zu erzielen, die nicht zu Lasten des bestehenden Sortiments gehen. ALDI verlässt mit diesen Artikeln seine ursprüngliche Stärke des konsequenten Verzichts auf Umsatz und gibt damit ein prägendes Element seiner Unternehmenskultur auf. Mit der jährlichen Summe von rund 3000 Artikeln des Aktionssortiments von oft sehr interessanten und preisgünstigen Gebrauchsartikeln und Elektronik ist ALDI auf dem Weg zu einem anderen Geschäftsmodell. ALDI kann kaum noch als Lebensmittel-Discounter bezeichnet werden. Das Geschäftsmodell der letzten Jahre ist so neu in der Landschaft wie das ursprüngliche Discountmodell vor fünfzig Jahren.

5.2.2 Veränderungen in Unternehmenskultur und Organisation

Eine weitere noch bedeutendere Veränderung wurde bereits 1998 beschrieben. Seit damals hat sich die Zahl der Regionen (ALDI Nord) mit selbstständigen operativen Organisationseinheiten auf heute 36 erhöht. Eine solche Organisation lässt sich nicht mehr in der ursprünglich so erfolgreichen Weise der Autonomie und Dezentralisation führen. Ursprünglich führte die konsequente Dezentralisation dazu, dass jede Region begeistert und hochmotiviert ihre Beiträge zur Entwicklung des Gesamtunternehmens leistete. Überall wurde an vielen Details probiert und entwickelt, bis gemeinsam über die besten Lösungen entschieden wurde. Das ist so nicht mehr möglich und in den regelmäßigen Geschäftsführer-Besprechungen mit über 40 Personen aus Geschäftsführern und Verwaltungsrat wird nicht mehr stundenlang über Details diskutiert, sondern fast zwangsläufig ersetzen autoritäre Entscheidungen seitens des Verwaltungsrates das Engagement der Regionen. Eine organisatorische Lösung für diese Herausforderung hätte sein können, ALDI-Essen wiederum in Nord-Ost und Nord-West zu unterteilen mit völliger Autonomie jeweils: Getrennter Einkauf, getrennte Preispolitik, getrennte Sortimentspolitik. Das hätte den Prinzipien der ALDI Unternehmenskultur und den Methoden der Einfachheit entsprochen. Teilen vereinfacht und reduziert Komplexität. Die ursprüngliche Stärke der detaillierten Diskussionen unter den regionalen Gesellschaften über Organisation und Abläufe, Qualitäten, Preise und Artikel würde wiederbelebt und weiterhin genutzt werden.

Die mit 36 Gesellschaften gestiegene Komplexität verändert das Verhalten der Führungskräfte und schließlich die Unternehmenskultur. Diese veränderte Unternehmenskultur wirkt sich vielfach aus. Es gibt nicht mehr die Spezialisten in den Regionen, die sich für bestimmte Sortimente und bestimmte operationale Prozesse interessierten. Heute macht ALDI schon manches wie seine traditionellen Mitbewerber. Früher schaffte die Organisation Raum für eine konsequente Detailorientierung. Neben Themen der Organisation und Logistik spielten viele Details von Qualitäten, Verpackungen und Deklarationen eine wichtige Rolle. In dieser unerbittlichen Konsequenz, gefördert durch eine hohe dezentrale Verantwortung, wird das heute nicht mehr geleistet.

Von vielen Seiten prasselt heute Kritik auf ALDI ein. Besonders die Medien greifen fast lustvoll jede Sensation auf, um etwas zur Lüftung des Geheimnisses „ALDI" beizutragen. Da geht es um Behandlung von Mitarbeitern, Überwachungen, so genanntem Kontrollwahn etc. Auch hin und wieder wird das Los ausgequetschter Lieferanten beklagt. Auch die Bauern müssen angeblich unter niedrigen Milchpreisen bei ALDI leiden. Manche solcher Recherchen beruhen auf nicht zu akzeptierenden Einzelfällen schlechter Personalführung, viele Meinungen besonders zu betriebswirtschaftlichen Zusammenhängen sind Spekulationen aus Unkenntnis. Spekulationen werden aber auch begünstigt durch den anhaltenden Verzicht auf Öffentlichkeitsarbeit. Warum gab es diese Kritiken früher nicht?

Eine Hypothese: die Komplexität des sehr groß gewordenen Unternehmens wird nicht mehr beherrscht. Statt die Stärken der Dezentralität weiter zu entwickeln, wurde mit einer weiteren Ebene zwischen Verwaltungsrat und den regionalen Geschäftsführern (Bevollmächtigte des Verwaltungsrates) eine Tendenz zur Zentralisation eröffnet.

ALDI ist in Gefahr, den Wettbewerbsvorteil seiner einzigartigen Unternehmenskultur zu verlieren. Noch allerdings hat ALDI bei den Verbrauchern ein fast unschlagbares Image. Lediglich LIDL nähert sich. ALDI als Marke hält seine Spitzenposition in Beliebtheit. Die regelmäßige Kommunikationsanalyse der Frauenzeitschrift Brigitte/Gruner + Jahr (2012) führt ALDI auf Platz 2 hinter NIVEA jeweils als beliebteste Marke (ALDI 61 %/NIVEA 65 %) und als glaubwürdigste Marke (ALDI 70 %/NIVEA 74 %), deutlich vor allen anderen Marken in Deutschland.

Die folgenden Abschnitte beschreiben das, was ALDI erfolgreich gemacht hat und was ALDI immer von seinen Mitbewerbern unterschieden hat. ALDI machte fast alles anders als der traditionelle Einzelhandel. ALDI ist niemals dem gefolgt, was Berater und Wissenschaftler den Unternehmen empfehlen. In diesen Abschnitten erfährt der Leser das Wesentliche über das *ALDI-System*. Auf Abweichungen zum Heute wird dort in der Regel nicht mehr eingegangen.

5.3 Womit sich der Einzelhandel beschäftigt

Viele bekannte und bedeutende Einzelhändler erwirtschaften traditionell niedrige Gewinne. Selbst in Zeiten hoher Konsumausgaben und guter volkswirtschaftlicher Entwicklung kämpfen sie untereinander und gegeneinander um die Verbesserung ihrer schmalen Gewinnmargen von einem Umsatzprozent – wenn es gut geht. Nach außen war das immer zu sehen an ausufernden Sortimenten, da ja vermeintlich jeder neue Artikel zusätzlichen Umsatz bringt. Es war auch immer zu bemerken an einer immer weiter entwickelten Aktionitis, an Sonderangeboten und Werbekampagnen aller Art. Fantasielose Manager und ihre Berater erfinden Jahr für Jahr neue Gewinnspiele, Verlosungen, Rabattaktionen und Kundenkarten. Einfallsloser Aktionismus wird oft als „Kundenbindungsaktion“ verstanden.

Solche Versuche und Scheinaktivitäten, mit der Unsicherheit und Ratlosigkeit umzugehen, auch die „Flucht“ in den Perfektionismus, sind überall zu beobachten. ALDI, das Unternehmen mit einem vom üblichen abweichenden Geschäftsmodell, aber vor allem mit völlig anderen Methoden der Unternehmensführung, erzielt konstant Jahr um Jahr Gewinne von vier Prozent und mehr. Es sind zwei Felder, auf denen sich die Dramen unzulänglicher Unternehmensführung abspielen: in der Sortimentspolitik und in den Methoden der Unternehmensführung, dabei besonders in der Anwendung der vielfältigsten Methoden zur Ansammlung und Umsetzung von Informationen zur scheinbar besseren Unternehmenssteuerung.

5.3.1 Sortimentspolitik

Ein wesentlicher Aspekt der Sortimentspolitik ist die Vielfalt des Angebots. Sie ist für den Konsumenten unübersichtlich. Der Zuwachs an Artikeln geht gegen unendlich. Der Verbraucher muss letztlich im Selbstbedienungshandel allein seine Wahl treffen. Er kann

	24 Sorten	6 Sorten
Kunden, die interessiert stehen bleiben	60 %	40 %
Von den interessierten Kunden kaufen	3 %	30 %
Von 1000 Kunden kaufen tatsächlich	18	120

Abb. 5.1 Reaktion der Konsumenten auf Sortenvielfalt im Regal

das allerdings kaum bewältigen – er braucht eigentlich Hilfe. Beim größten Einzelhändler der Welt, Wal-Mart, kann man in seinem 7000 qm-Store in Mexico-City 50 verschiedene Sorten Toilettenpapier zählen. In Deutschlands traditionellen Lebensmittel-Supermärkten gibt es 160 Sorten Joghurt und 30 Sorten Kondensmilch. Diese Vielfalt mit vielen völlig gleichartigen Artikeln, nur in verschiedenen Verpackungen, verschiedenen Größen und von mehreren Herstellern erschwert dem Kunden seinen Einkauf.

Der Trendforscher Matthias Horx (Lebensmittel-Zeitung 11.11.1994) stellte fest: *Der Konsument will von zu viel Neuem entlastet werden. Er will die angebotenen Waren einfacher, dauerhafter, billiger, schlichter und ökologisch.* Man könnte hinzufügen: und ehrlicher. Er will sich verlassen können, er kann die Komplexität der Vielfalt nur bewältigen, wenn er Vertrauen gewinnt zum Angebot seines Händlers; denn Niklas Luhmann wusste: *Vertrauen verringert* Komplexität (vgl. Luhmann 1989).

Ein Feldexperiment amerikanischer Forscher (*Journal of Personality and Social Psychology 6/2000*) berichtet darüber, dass die Konsumenten zu einfacheren, klareren Angeboten tendierten. Sie fühlen sich überfordert von der Vielfalt. Klare, übersichtliche, kleinere Angebote sind offensichtlich erfolgreicher. Bei einem Vergleich verschiedener Sorten Konfitüren aus alternativen Angeboten ergaben sich in dem Experiment Ergebnisse nach obiger Tabelle in Abb. 5.1.

In einem weiteren Experiment konnten Testpersonen zwischen 30 Schokoladenmarken auswählen. Die Auswahl machte zunächst Spaß, anschließend aber waren die Testpersonen frustrierter als andere Personen mit kleinerer Auswahl. Sie bereuten ihre Wahl teilweise. Die Forscher erklären die Unzufriedenheit so: Wer mit einem Überangebot konfrontiert wird, fühlt sich besonders verantwortlich für die getroffene Wahl. Er zweifelt, ob es nicht eine noch bessere Option gegeben hätte. Das führt zu einem Gefühl der Überforderung, zu Stress und Frustration.

Anbieter könnten eine Vorauswahl für ihre Kunden treffen. Sie wählen das Beste für ihn. Sie machen ihm seine Wahl so einfach und sicher wie möglich. Unternehmer könnten ihre Kunden bei der Qual der Wahl entlasten. Sie könnten als *Treuhänder ihrer Kunden* wirken. Die Kunden wissen: mein Händler wählt das für mich beste Produkt aus. Ich kann mich auf ihn verlassen. Das wäre praktische, konkrete Kundenorientierung und ein besonderer

	Thermoskanne	Wasserkocher	Kaffeemaschine
Anzahl Modelle im Angebot	20	14	25
Anzahl Modelle mit Absatz < 2 Stück pro Monat	0	5	8

Abb. 5.2 Angebotsvielfalt und Absatzmengen am Beispiel eines Kaufhauses

Service, eine besondere Leistung, die von Marketing-Experten bisher so kaum registriert wurde. Die vorherrschende Meinung ist: großes Angebot = besondere Leistung. Der Erfolg von ALDI liegt seit mehr als fünfzig Jahren auch in diesen Einsichten begründet. Unternehmen aber verwirren nicht nur ihre Kunden mit unübersichtlicher Vielfalt, sondern mehr noch sich selbst.

Die obige Tabelle in Abb. 5.2 zeigt das Sortiment eines innerstädtischen großen Kaufhauses. Im Angebot sind 20 verschiedene Modelle von Thermoskannen. Davon wurden im Laufe eines ganzen Jahres in jedem Monat immer mehr als 2 Exemplare pro Modell verkauft. Bei den angebotenen 25 Kaffeemaschinen gab es 8 Modelle, von denen in jedem der zwölf Monate durchschnittlich weniger als 2 (also 0 oder 1) verkauft wurden. Beim Wasserkocher waren es 5 Modelle, deren Absatz jeden Monat unter 2 Stück lag. Bei der noch am besten abschneidenden Thermoskanne betrug der jährliche Umschlag des Warenlagers nur zwei Mal – ein Wert, den Juweliere erreichen. Und all dieses geschieht trotz einer großen Controlling-Abteilung und eines riesigen modernen Data-Warehouse, in dem sich offenbar niemand aus dem Kreis der strategischen Category-Manager zurechtfindet.

Dieses Beispiel zeigt, dass die Sortimentsbestimmung nicht absatz- und kundenorientiert erfolgt sein kann. Es ist zu bezweifeln, dass hier konzeptionelle Gedanken zugrunde liegen. Solche Beispiele gibt es im deutschen Einzelhandel ohne Ende. Dieses einstmals bedeutendste deutsche Kaufhausunternehmen hat seine Ignoranz schließlich mit einer Insolvenz abgeschlossen.

Ein weiteres Beispiel bietet der Preiskrampf bei Kaiser's und Rewe: Auch hier wieder eine mangelnde Kundenorientierung und eine mangelnde Kompetenz, die Komplexität der Sortimente zu beherrschen. In der Regel werden die Sortimente durch die Lieferanten vorgeschlagen. Der Einkauf bemüht sich um Listungsgelder, verkauft seinen Regalplatz, und seine Kreativität erschöpft sich zumeist in immer neuen Kreationen von Konditionengestaltungen, bis er selbst nicht mehr den wahren Einkaufspreis kennt. Mit dem Kunden und der Frage, warum der Kunde in meinem Laden einkaufen soll, hat das nichts zu tun.

- Preisknüller bei Kaiser's (Tengelmann):
Löwensenf extra scharf 100 ml Preis: EUR 1,09
Löwensenf extra scharf 250 ml Preis: EUR 1,39 – 100 ml kosten also EUR 0,56

- Bei Rewe dann ähnliches:
  Thomy Delikatess Senf, 100 ml Tube Preis: EUR 0,89
  Thomy Delikatess Senf, 200 ml Tube Preis: EUR 1,09 – 100 ml also EUR 0,55

100 ml der 200 ml Tube kosten also fast die Hälfte der kleinen Einheit. Es ist anzunehmen, dass hier kalkulatorisch geschulte Einkäufer die Preisgestaltung am Computer vorgenommen haben. Sie haben die Verkaufspreise bei den kleineren Einheiten möglichst hoch angesetzt, um so einen hohen Rohertrag pro verkauftem Artikel zu erzielen. Wenn diese so geschulten Excel-Spezialisten sich die Umsatzanteile der Artikel ansehen würden, dann könnten sie schnell ermitteln, dass manche Umsätze gegen 0 gehen und damit der Margenbeitrag für das Unternehmen ebenfalls zu vernachlässigen ist. Welcher Sinn ergibt sich für den Kunden, die kleine Einheit zu kaufen? Sollte es ihm um die Frische gehen, so kann er nach dem Verbrauch von etwas mehr als der Hälfte den Rest der großen Packung ja vernichten.

Schlimmer aber noch: es wird deutlich, wie sehr hier Konzept und Strategie fehlen. Keine Klarheit herrscht, welches Angebot man dem Kunden machen will. So bietet Kaiser's dem Kunden dasselbe wie Rewe auf der anderen Straßenseite, aber eben eine andere Marke – und damit einen unschätzbaren Mehrwert, wie es die Handelsmanager nennen. Sie sprechen dann bei der kleinen Einheit gern vom Profit-Generator (hoher Prozentsatz) und bei der großen Einheit vom Volume-Generator (niedriger Preis, große Menge), obwohl der Profit-Generator keinen Profit macht, da er trotz hohem Prozentsatz kein Volumen macht. Der Kunde merkt es! Auch solche Erfindungen modernen Handelsmanagements gehören zum Retail in Deutschland – hier soweit es das Kernthema Sortiment betrifft.

5.3.2 Methoden der Unternehmensführung

Fast parallel zur ausufernden Sortimentsvielfalt gibt es eine ständig wachsende Menge an Methoden, die den Unternehmen angeboten werden oder die diese selbst erfinden. Diese Methoden tragen Namen wie Customer Relationship Management, Efficient Consumer Response, Supply Chain Management, Category Management, aber auch Riskmanagement und Wissensmanagement. Man spricht über Wertschöpfungspotentiale, Innovationen und Prozessketten, und der Chief Information Officer versorgt das Management mit vielen scheinbar wichtigen Informationen. Sehr oft führen Wissens- und Informationsmanagement dann zur Über-Information. Orientierung und Konzentration auf das Wesentliche gehen verloren.

Peter Drucker behauptete einmal, dass die Topmanager heute schlechter informiert seien als ihre Kollegen vor dreißig Jahre zuvor. Und als Grund nannte er die Computer (manager magazin 4/2002). Computer können alle Informationen ermitteln, verarbeiten, vergleichen und neue Informationen aus verschiedensten Verbindungen zwischen den Daten entwickeln. Manager wissen dann vermeintlich alles, nur nichts darüber, was die Kunden wirklich wünschen. Dabei ist dieses Wissen oder die Einschätzung darüber nicht so schwer zu erlangen. Gerade im Einzelhandel sind alle Beschäftigten als Privatleute auch die Käufer und Anwender der von ihnen selbst verkauften Produkte. Sie alle haben einen viel leichteren Zugang zu ihrer Ware und ein viel besseres Urteilsvermögen als ein Beschäftigter beim Raketenhersteller. Jack Welch:

> Unternehmensführung ist einfach. Das ist doch keine Raketenwissenschaft.

ALDI dagegen ist ein Unternehmen des gesunden Menschenverstandes, ein Unternehmen, das in der Lage ist, mit fast traumhafter Sicherheit, Vernünftiges und Selbstverständliches in die Praxis umzusetzen. ALDI verwirklicht Dinge, während andere die Perfektion suchen. Einige Fallstudien zeigen, auf welchen fatalen methodische Wege sich Unternehmen heute begeben:

Fallstudie von der Perfektion: „Preispolitik nach McKinsey"

Um fatale Fehler bei der Preisgestaltung zu vermeiden, muss das Preisimage verstanden werden. Das sagen McKinsey-Handelsexperten (Lebensmittel-Zeitung 22.2.2002). Es ginge darum, die Preiswahrnehmung durch den Kunden in den Fokus zu stellen und aktiv zu managen. Das vorrangige Ziel müsse sein, die Preiswahrnehmung und den echten Preis miteinander zu verbinden und daraus eine Preisstrategie zu machen. Ein simples Beispiel sei: Wenn der Kunde denkt, bestimmte Artikel in einem Markt seien teuer, warum sollten diese Artikel dann nicht tatsächlich im Preis angehoben werden? Systematisches Pricing sei aufwendig, aber lohnend.

McKinsey empfiehlt dann die Bestimmung der eigenen Kundengruppen und eines geeigneten Warenkorbes für jede Kundengruppe. Man gesteht zu, das sei komplex und ohne aufwändige Marktforschung nicht zu bewältigen. Der Kunde habe nur ein Gefühl für den Preis bei hochfrequentierten Artikeln. Beim Gros der Artikel habe der Kunde keine Preisvorstellung, kaum Erinnerungen. Kunden hätten eine geringe Preiswahrnehmung. Bei diesen Artikeln könne man mit Preisaufschlägen gegenüber der Konkurrenz Marge machen. Der Kunde würde das nicht merken. Das rechtfertige und rechnete dann eine aufwendige Marktforschung. Bei den sogenannten Key-Value-Artikeln (Massenartikel) gibt es dagegen eine gute Preiskenntnis der Kunden mit einer hohen Bedeutung der Preiswahrnehmung. Hier müsse in Preissenkung investiert werden, um den Wettbewerb zu unterbieten.

Die McKinsey-Empfehlungen fordern zu einigen Fragen heraus. Welche Kundengruppen haben Kaufland, Metro, Globus, Tengelmann und Kaufhof? Muss das erforscht werden? Vielleicht ist das noch vorstellbar für konkrete Läden an konkret zu bestimmenden Standorten wie für Douglas und Edeka in der Eppendorfer Landstraße in Hamburg, aber doch nicht für Hunderte und Tausende von Geschäften quer durchs Land. Und dabei würde man immer nur zu gefährlichen Durchschnittswerten ohne Relevanz für den konkreten Fall kommen. Und das alles für 20.000 Artikel?

Zu bezweifeln ist, ob der Kunde wirklich die sogenannten Schnelldreher-Preise kennt, oder ob er seine Meinung nicht viel mehr auch bei einigen ihm gut bekannten Lieblingsprodukten bildet, die er vergleicht. Solche aufwendigen Marktforschungen hat ALDI nie durchgeführt. Die Manager aller Anbieter können mehr erfahren durch Nachdenken und Beobachtung als durch Marktforschung.

Falsch ist auch die Vorstellung, dass ein Kaufland in die Schnelldreher Milch, Butter und Bier investieren muss, um Real zu unterbieten. Was macht dann Globus? Schließlich: Geht es um die Gefühle der Kunden oder um Wahrheiten? Geht es um kurzfristige und kurzsichtige Optimierungen oder um den Sinn eines ehrlichen Angebots im Rahmen einer sinnvollen schlüssigen Strategie? Geht es um Kundenbindung über Vertrauen und Glaubwürdigkeit, um Treuhandverhältnisse oder um: so viel nehmen wie möglich (kurzfristig)?

Fallstudie: Preisstrategie für Konsumgüteranbieter

Für die langfristige Preisstrategie der Konsumgüteranbieter empfiehlt McKinsey (Lebensmittel-Zeitung 25.10.2002) die Beschaffung detaillierter Informationen zur makroökonomischen Entwicklung (BIP pro Kopf, Arbeitslosenrate, Sparquote, Inflationsrate, Wechselkurse etc.). Außerdem Informationen zum Kategoriewachstum, zur Entwicklung der Produktnachfrage bzw. des Produktangebots innerhalb der Kategorie, der Veränderung der Industriekostenkurve bzw. des Profitpools sowie zu gesetzlichen Rahmenbedingungen und segmentspezifischen Trends. Schließlich auch Informationen über sämtliche relevante Mitbewerber, ihre Marktanteile und ihre Endverbraucherwahrnehmung hinsichtlich des Kosten-Nutzen-Verhältnisses. Über ein Reverse-Engineering sollten die Kostenstrukturen der Mitbewerber sowie eine weiterführende Analyse der Fertigkeiten und möglichen Intentionen der Wettbewerber abgeleitet werden. Nach Zusammenführung aller Informationen wird dann eine stringente Handlungsempfehlung entwickelt, um anschließend in einem iterativen Prozess Strategien zu formulieren, die mit Hilfe spieltheoretischer Methoden auf mögliche Reaktionen der Mitbewerber, Händler, Konsumenten getestet werden. Das bestmögliche Ergebnis wird dann nach Durchlaufen einer Reihe von Testrunden bei unterschiedlichen Rahmenbedingungen erzielt.

Weniger ist mehr wäre den Beteiligten zuzurufen. Klarheit gewinnen über eigene Grundsätze und Strategien heißt die Uraufgabe. Damit gewinnt man Orientierung. Dann wird deutlich, dass man auf den McKinsey-Umweg verzichten kann, Unsummen an Energie, Zeit und Kosten spart und letztlich ein besseres Ergebnis erzielt. Solche Methoden mit massenhaften Datenerhebungen begründen letztlich auch die Entwicklung von ECR- und CRM-Systemen.

Fallstudie: „Den Käseumsatz steigern"

Die Ausgangslage: Globus, ein führendes SB-Warenhausunternehmen, Arla Foods, größtes europäisches Molkereiunternehmen und ACNielsen als Berater sehen im Category Management (CM) eine der tragenden Säulen des Efficient Consumer Response (ECR). Dabei geht es ihnen, geleitet von den Verbraucherbedürfnissen, um die Effizienzsteigerung und letztlich um die Ergebnisverbesserung. Berichtet wird, dass Globus und Arla Foods mit Unterstützung von ACNielsen einen pragmatischen Ansatz implementiert hätten, der Händler und Hersteller effizient zum Ziel führen soll. In diesem Beispiel geht es darum, die Umsatzmöglichkeiten im Käsesortiment besser zu nutzen (Lebensmittel-Zeitung 3.8.2001). So wird der Weg von den Beteiligten beschrieben:

1. Arla Foods führt eine repräsentative Befragung mit 1500 Einzelinterviews bei Käsekonsumenten durch. Damit gewinnt man detaillierte Erkenntnisse über das Verwendungs- und Kaufverhalten.
2. Dann führt man eine Abgrenzung und Segmentierung der Kategorie durch. Das ist die Basis für die Festlegung der Rolle (Pflicht) für die Kategorie „Käse SB".
3. Für die anschließende „Analyse der Kategorie" setzt Arla Foods den ACNielsen-Trade Planner ein. Mit diesem Tool werden die Stärken, Schwächen, Chancen und Risiken der Kategorie aufgedeckt.
4. Bei der Analyse nutzt man als zentrale Kennziffern: das Kundenpotential (Umsatzbedeutung der Globus-Kunden an der Kategorie im Gesamtmarkt) und die Geschäftsstättenloyalität (Ausgabenanteil, den die Kunden bei Globus decken).
5. Diese Kennzahlen sind die Determinanten des Marktanteils von Globus. Anhand dieser beiden Erfolgsfaktoren teilt man die Kategorien und Segmente in vier Felder ein. Käse SB befand sich im Feld „überdurchschnittliches Kundenpotential", aber „unterdurchschnittliche Loyalität". Entsprechend ergibt sich das Ziel: die Lücke in der Einkaufsstättentreue zu schließen. Als Strategie wird festgelegt: „Erhöhung der Kundenfrequenz und Steigerung des Transaktionswertes".
6. Für die Verfolgung der Strategie stehen die taktischen Maßnahmen der Sortiments- und Promotionsoptimierung im Vordergrund. Mit Hilfe des ACNielsen-Tools „Consumer Driven Assortment" wird das verbraucherorientierte Sortiment – unter besonderer Berücksichtigung der Globus-Kunden – schnell ermittelt. Dabei werden mehrere entscheidungsrelevante Leistungskennziffern aus dem Haushalts- und Handelspanel in einer Scorecard zusammengespielt. Dabei stehen drei Key Performance Indicators (KPI) im Mittelpunkt: Erhöhung der Käuferreichweite, Erhöhung der Ausgabenintensität und der Loyalität.
7. Unter Berücksichtigung der gewählten Strategie werden der kumulierten Käuferreichweite und dem durchschnittlichen Abverkauf pro Markt auf Basis aller Einzelartikel die größte Gewichtung beigemessen. Der daraus resultierende Sortimentsvorschlag wird mit Hilfe der Space-Management-Software in Planogramme umgesetzt.
8. Sodann setzt man den Promotion Planner ein, um das optimale Promotion-Mix für die Kategorie zu bestimmen.
9. Mit Hilfe einer Ursachen-Wirkung-Analyse (multivariate Regression) werden auf Basis von repräsentativen Scanner-Rohdaten die Absatz- und Umsatzeffekte der Aktionsmaßnahmen ermittelt. Nach Bereinigung um Einflüsse aus Saison, Trend, Geschäftsgröße, Geschäftsstandort und klassischer Werbung wird die zusätzliche Abverkaufsleistung von Handzetteln, Tageszeitungsinseraten, Display sowie Aktionspreis – aber auch Normalpreisreduktionen – quantifiziert.

10. Das Ergebnis ist ein konkreter Promotion-Plan, der von den Absatzsteigerungseffekten der Marken, deren Kreuzbeziehungen untereinander sowie der Auswirkung auf die Kategorie Käse SB bestimmt wird.
11. Schließlich werden Testmärkte eingerichtet. Mit Spannung erwartet man die abschließenden Ergebnisse nach einem Zeitraum von sechs Monaten.

ALDI und viele andere Unternehmen wurden erfolgreich schon vor der „Erfindung" von ECR und CM. Bei Globus, einem erfolgreichen Unternehmen im Markt der SB-Warenhäuser, gibt es noch Hunderte oder gar Tausende dem „Käse in SB" vergleichbare Kategorien. Das hier aufgezeigte Modell ist äußerst komplex und zeitaufwendig. Die Ergebnisse müssen natürlich noch betrachtet werden von verantwortlichen Managern – und das dann für eine große Zahl von Kategorien, was allein aus den zeitlichen Anforderungen heraus undurchführbar wäre. Mit solchen Modellen aber beschäftigt man sich im Einzelhandel. Dafür braucht man dann die Stabsabteilungen, die es bei ALDI alle nicht gibt. Das alles kann eine Flucht aus der drängenden Verantwortung sein und eine Form des Aktionismus. In diesem Umfang und dieser Komplexität ist das untauglich für die praktische Arbeit und höchstens geeignet für eine theoretische Fallstudie an der Universität.

ALDI geht anders vor und ist damit schneller und erfolgreicher:

1. Man stellt zunächst grundsätzliche Überlegungen im Rahmen des Geschäftsmodells Hard-Discount an: Umsatzsteigerungen erreicht man, wenn es viele zufriedene Kunden gibt, die viel kaufen und auch immer wieder kommen.
2. Sodann überlegt ALDI, welche Käsesorten sinnvollerweise ins Sortiment gehören. Das wird bestimmt von der grundlegenden Unternehmensstrategie: ein in der Artikelzahl beschränktes Sortiment, stark nachgefragte problemlose Artikel des täglichen Grundbedarfs, beste Qualität.
3. Über die in Frage kommenden Artikel wird beraten, intern und mit einigen Lieferanten. Diese Artikel werden dann in einigen Läden über mehrere Wochen oder Monate getestet.
4. Nach der Testperiode wertet man die Ergebnisse aus, prüft vielleicht noch andere Varianten und entscheidet dann, ob diese Artikel generell in allen Läden geführt werden sollen oder ob man auf den Verkauf verzichten will.
5. Früher hat man diese Entscheidungen in den Besprechungen mit den regionalen Geschäftsführern intensiv diskutiert und ist dann zu einer Entscheidung gekommen. Die Beteiligung aller und die Diskussion von verschiedenen Meinungen führen erfahrungsgemäß zu sehr guten Ergebnissen. Es gab normalerweise keine einsamen Entscheidungen und schon gar keine durch externe Berater oder computerunterstützte Modelle. Lediglich der Umsatzanteil (heute von Scannerkassen schnell und einfach ermittelt) hat eine Rolle gespielt. Nicht einmal die Marge hatte eine große Bedeutung.

Fallstudie Space-Management

Die Software-Spezialisten Retek und Advanced Visual Technology Ltd. bieten gemeinsam Space-Management-Lösungen an. Man macht CAD-Zeichnungen für Verkaufsflächen mit dem Ziel, für den Handel die Margen pro Flächeneinheit zu steigern. Die Verbindung von Flächen und POS-Daten sollen ein präziseres Management von Flächen- und Regalplänen ermöglichen, Bestände reduzieren und die Filialgestaltung optimieren.

Auch in diesem Beispiel fehlen den Beratern und Anwendern die am Beginn wichtigen Einsichten über Sinn und Zusammenhänge. Projekte scheitern bereits am Anfang, wenn man sich nicht genügend Mühe macht und Klarheit verschafft, was erreicht werden soll. Was am Anfang versäumt wird, ist später fast nie mehr aufzuholen. Versäumt wird hier die Erkenntnis, dass es vor jeglicher Regaloptimierung um das Geschäftsmodell, um Logistikkosten, Personalproduktivität und das richtige Sortiment geht und nicht um Euros pro Regalmeter.

Fallstudie RSM-Preismanagement

Die Softwarefirma Retek hat ein Modul zum regelbasierenden Preismanagement entwickelt. Die Preise regionaler Wettbewerber werden in das System eingepflegt. Das System schlägt dann für bestimmte Filialen nach zuvor definierten Regeln automatische Preisänderungen vor.

Sowohl Anzahl der Preisermittlungen als auch die Vielfalt der qualitativ notwendigen Unterscheidungen, die miteinander zu verbinden sind, führen zu einer unüberschaubaren und nicht zu beherrschenden Komplexität. Ein praktischer Nutzen kann daraus nicht gezogen werden, allenfalls eine scheinbare Sicherheit und Befriedigung. Zunächst müssen ja die interessierenden Preise regelmäßig erhoben werden. Welche Artikel sollten da verglichen werden? Alle? Weiterhin fragt sich, ob es sinnvoll und notwendig ist, für eine Reihe von Filialen unterschiedliche Regeln einzuführen. Schließlich bleibt als entscheidende Frage, ob das Unternehmen überhaupt Grundsätze für seine Preispolitik definiert hat, ob es strategische Prinzipien für die Preisgestaltung hat, und ob es geklärt hat, warum die Kunden gerade in seinen Läden einkaufen sollen.

ALDI ist General Electric und Svenska Handelsbanken ähnlicher als seinen deutschen Mitbewerbern

An diesen Beispielen aus der täglichen Praxis wird der elementare Unterschied zwischen ALDI und seinen Mitbewerbern deutlich. ALDI macht alles anders als alle anderen. Gleiches sagt man von GE (hoch dezentralisiert) und Svenska Handelsbanken (kennen seit vierzig Jahren kein Budget). Viele Kerngedanken und Prinzipien von ALDI findet man bei diesen Unternehmen wieder und umgekehrt. Diese Prinzipien sind branchenübergreifend anwendbar. Es sind die Prinzipien, die von Vernunft und von gesundem Menschenverstand geprägt sind. Prinzipien, die in Verantwortung nach Klarheit drängen, die zum Wesentlichen führen und auf überflüssige Spielereien verzichten.

5.4 Womit sich ALDI beschäftigt – Das ALDI-System

ALDI beschäftigt sich mit dem Wesentlichen. Wesentlich ist, was das Geschäftsmodell im Wesen, im Urkern ausmacht und über Jahre erfolgreich gemacht hat. Das sind zunächst nicht die niedrigen Einkaufspreise aufgrund starker Nachfragekraft, nicht die günstigen Kostenstrukturen oder eine kluge Organisation. Dieses wie auch der große Umsatzerfolg und die hohen Gewinne sind das Ergebnis einer prägenden Unternehmenskultur.

5.4.1 Die Unternehmenskultur von ALDI – der Schlüssel zum Erfolg

„Das Wesentliche ist für das Auge unsichtbar." Dieser Satz von Saint-Exupéry kennzeichnet sehr schön das *Geheimnis ALDI*. Ladenausstattungen sind für das Auge ebenso sichtbar wie Sortimente und Preise, und sie konnten durch Mitbewerber leicht kopiert werden. Aber darüber hinaus gibt es viel Unsichtbares, das wesensbestimmend ist, um den Erfolg von ALDI zu verstehen. Es geht um Normen und Werte – um die Unternehmenskultur.

Die Summe kultureller Regeln funktioniert in vielen Gemeinschaften genauso gut wie Gesetze – oft sogar besser. Kulturelle Regeln steuern das Denken, die Gefühle und das Handeln der Mitglieder. Mit solchen Regeln erhält jedes Unternehmen seine eigene, unverwechselbare Identität. Sie schaffen Klarheit darüber, was im Unternehmen als „gut" oder „nicht gut" gilt, was „erlaubt" oder „nicht erlaubt" ist, was „belohnt" und was „bestraft" wird. Unternehmenskultur lebt von Beispielen und Vorbildern, von den besonderen „Typen" des Unternehmens, wozu insbesondere die Gründer und Inhaber gehören. Theo und Karl Albrecht sind solche „Typen", die vorbildlich für die von ihnen gewünschte Unternehmenskultur stehen. ALDI ist entscheidend von seinen Gründern geprägt, und hier liegt wohl auch die Ursache dafür, dass es tatsächlich kaum gelingen konnte, dieses Unternehmen zu kopieren.

„Es gibt letztlich keine effizientere Steuerung als eine ausgeprägte, in sich stimmige Unternehmenskultur. Wenn nämlich die allgemeine Marschrichtung stimmt, kann man den Rest vertrauensvoll der dezentralen Selbstorganisation überlassen. Aufwendige Koordinations- und Kontrollsysteme entfallen." So formulieren es Doppler und Lauterburg (vgl. Doppler und Lauterburg 2002), und so funktioniert es bei ALDI. Die Unternehmensorganisation mit ihrer dezentralen Führung basiert auf dieser Kultur. Dazu gehören Stellenbeschreibungen, die kurz und präzise formuliert sind, und ein intelligentes Kontrollsystem. Reinhold Würth, Weltmarktführer im Handel mit Schrauben und Befestigungstechnik, formuliert treffend:

> Der Wettbewerb der Zukunft wird entschieden auf dem Marktplatz der Unternehmenskulturen

Kluge Organisation spart Geld und sorgt für gute Resultate. ALDI hat – auch durch die extreme Sparsamkeit seiner Gründer – immer nach organisatorischen Lösungen gesucht, die in der Regel teure Investitionen unnötig gemacht haben. Das ist zu einem besonderen Teil der Unternehmenskultur geworden. Statt Hochregallager (hohe Investitionen) stehen alle Artikel auf Paletten auf dem Boden. Das ist sparsam und schließlich sogar an einer Effizienz der kurzen Wege nicht zu überbieten. Natürlich hat auch ALDI mittlerweile viel in Informationstechnik und andere Systeme investiert. Sinnvolles punktet auch bei den technikskeptischen Albrechts. Die Vorsicht und Sparsamkeit hat aber vor vielen zweifelhaften Investitionen, insbesondere in Investitionstechnologie, bewahrt.

5.4.2 Die wesensbestimmenden (Erfolgs-)Elemente

Das Prinzip der Einfachheit

ALDI's Erfolgsstory ist eine Lehre von der Einfachheit. Alles wird in diesem Unternehmen davon bestimmt. Das eigentliche ALDI-Prinzip lautet: Einfachheit.

ALDI beherrscht die Kunst, das Selbstverständliche, Normale, Vernünftige in die Praxis umzusetzen. Für ALDI wäre eine Vorgehensweise wie bei Globus zur Verbesserung des Käsesortiments undenkbar. Um so viel Ecken zu denken, das hat kein ALDI-Manager in seiner Karriere gelernt. ALDI-Manager haben einfach eine Fähigkeit zur „Kultur der Einfachheit". Nicht das versteckte große Geheimnis hat ALDI zum Erfolg geführt, sondern diese Kunst, die Fähigkeit zum Einfachen. Auch Ikea, das erfolgreichste Möbelhaus der Welt, liefert ein Beispiel dafür, dass Einfachheit eine entscheidende Basis für Erfolg sein kann. Der Gründer Ingvar Kamprad bezeichnet die Einfachheit als eine Tugend. „Komplexe Regeln lähmen, übertriebene Planung ist die gängigste Todesursache von Unternehmen. Einfachheit gibt Stärke."

Einfachheit ist nicht leicht. Zwei entscheidende Komponenten machen die Einfachheit aus:

Klarheit und Verzicht zeigen den Weg zum Wesentlichen

Erst wenn man sich klar geworden ist, was man wirklich will, warum man es will, dann kann man den einfachen Weg gehen. Der einfache Weg aber ist der Weg des Verzichts. Weglassen, Loslassen. Nicht alles tun, was möglich ist, sondern nur das, was sinnvoll und zweckmäßig ist. Eben das tun, worüber man sich gerade klar geworden ist. Nur der Verzicht ermöglicht die Einfachheit. Nur die Klarheit sagt mir, worauf ich verzichten kann. Globus würde den oben beschriebenen komplexen Weg nicht gegangen sein – nicht einmal als Versuch – wenn man die Prinzipien der Klarheit und des Verzichts befolgt hätte. Bei ALDI haben die Prinzipien der Einfachheit deutlich sichtbare konkrete Ausformungen:

- Es gibt keine Stabsstellen wie Marketing, Controlling, Organisation, Personalabteilung.
- Es gelten deutlich definierte Ziele und Kompetenzen für alle Positionen.
- Die Unternehmensorganisation ist gekennzeichnet durch Delegation und Dezentralisation.
- Es gibt nur wenige Statistiken als Führungsmittel.

- Budgets oder Jahresplanungen braucht man nicht.
- Verzichtet wird auf Marktforschung und die Analyse unendlicher Datenberge.
- Es gibt keine komplexen Einkaufskonditionen.

Vielfach wird argumentiert, dass nur ALDI die Möglichkeit hätte, so zu arbeiten. Auf andere Unternehmen ließe sich dieses nicht übertragen. „Bei uns ist alles anders", lautet die Entschuldigung. Dabei zeigt eine Bank, die Svenska Handelsbanken, wie man exakt so wie bei ALDI ohne Budgets das Unternehmen führen kann, und das schon seit 1970.

Totale Kundenorientierung und Vertrauen

„Jeder, der einem anderen nützt, nützt sich selber." Ohne diesen Satz von Seneca so überhaupt zu kennen, ist er ein Leitgedanke bei ALDI. Die Unsicheren nennen das in der modernen Managementsprache „Clienting", „Customizing", „Kundenmanagement", „Kundenfokussierung" oder „Customer Relationship Management". Warum muss alles so gestelzt und angelsächsisch umschrieben werden? Warum ist Kundenorientierung so kompliziert, dass selbst erfahrene Manager damit nicht mehr allein zurechtkommen? Ist es der fehlende Wille oder die mangelnde Umsetzung des Gewollten an der Verkaufsfront? Ist Kundenorientierung nur ein Lippenbekenntnis? Die vielen Worte, die hier gemacht werden, um einfache Gedanken mitzuteilen, sind – mit Schopenhauer gesprochen – untrügliche Zeichen der Mittelmäßigkeit.

Ein weiteres Beispiel sind die Forschungsergebnisse des Instituts für Handelsforschung an der Universität Münster (Lebensmittel-Zeitung 25.10.2002). Dort hat man das Preiswissen der Kunden untersucht. Man fragte die Kunden, ob sie die Preise bestimmter Lebensmittelgruppen wie Obst, Molkereiprodukte oder Süßwaren für sehr wichtig oder für sehr unwichtig hielten. Das „sensationelle" Ergebnis: Die Kunden hielten die Preise niemals für unwichtig. Daher befindet das Universitätsinstitut es für richtig, dass der Handel sich auf den Preis als zentraler Marketingparameter fixiert. Überraschend fand man es dann, dass viele Kunden keine Preise kannten. Erwähnenswert findet man auch die Vermutung, dass Kunden die Preise der schnell drehenden Artikel besser kennen als diejenigen von Zweit-, Dritt- oder Handelsmarken. Die Schlussfolgerung aus der Untersuchung: Der Handel verschenke massiv Spanne, weil er nicht die Möglichkeiten höherer Preise nutzt. Denn die Kunden hätten oft höhere Preisvorstellungen als die Preise tatsächlich sind. Hier würde der deutsche Handel die Zahlungsbereitschaft seiner Kunden nur unzureichend abschöpfen. Man sieht die Notwendigkeit einer systematischen, kundenorientierten Preispolitik. Die Preisbeurteilung der Konsumenten sollte die Grundlage zur Identifikation preispolitischer Spielräume darstellen.

Mit viel Aufwand hat man zunächst allein Erkenntnisse gesammelt, die das überall vorhandene Wissen noch einmal bestätigen. ALDI dagegen hat das Ziel, den Konsumenten die niedrigstmöglichen Preise zu bieten. ALDI orientiert sich niemals an vermeintlichen Preisvorstellungen seiner Kunden. ALDI will seine Kunden niemals enttäuschen, sondern glaubwürdig und zuverlässig sein. Weil das über Jahrzehnte gelungen ist, vertrauen die Konsumenten ihrem Händler. Vertrauen verringert Komplexität. Die Kunden vertrauen

ALDI. ALDI verzichtet auf teure und unsinnige Untersuchungen. ALDI investiert alle seine Kraft und Fähigkeit darin, die Produkte für die Kunden noch besser und noch billiger zu machen. Die Art und Weise, wie ALDI die Umstellung von der DM auf den Euro vollzog (für alle Artikel exakte Umrechnung DM-Preis geteilt durch 1,96 mit Abschlag auf die nächsten üblichen Preisgrößen) sowie der Erfolg von ALDI im Jahr nach der Euro-Umstellung bestätigen die strenge korrekte und vertrauenswürdige Kundenbeziehung.

Konsequent nach klaren Zielen arbeiten – trotz täglicher Verlockungen

Viele Menschen sind wankelmütig. Manager unter scheinbarem Zwang aller möglichen denkbaren internen und externen Umstände oft ganz besonders. Aber worauf kommt es an? Die Antwort scheint einfach: Ein gutes Konzept durchhalten. Richtig erkannte Prinzipien stur verfolgen. Den Verlockungen widerstehen. Konsequenz heißt: Bewährte Methoden nicht dauernd ändern, sondern dem Leitspruch folgen: „Schuster, bleib bei deinen Leisten". ALDI hat fast immer danach gehandelt. Um nur ein Beispiel zu nennen: Die Eigenproduktion beschränkte sich auf die Röstung von Kaffee – anders als es die Konsumgenossenschaften in Deutschland und A&P in Amerika handhabten, die bis zu 80 % ihrer Ware selbst produzierten und daran zugrunde gingen.

Allen Verlockungen in verschiedenen Bereichen des Unternehmenslebens hat man bei ALDI widerstanden. Dazu gehören: Ausdehnung des Sortiments, Diversifikation in andere Branchen, Einkaufsentscheidungen aufgrund von Vergünstigungen der Lieferanten, die den Handel mit zig verschiedenen „kreativen" Zusatzkonditionen locken. Jahrelang hielt man an der Ablehnung problematischer Artikel wie Obst und Gemüse strikt fest. Man verzichtete auf Manipulation an den Qualitäten ebenso wie auf die kostspielige Anmietung eines Ladens an einem fantastischen Standort. Solche Konsequenz im Handeln erfordert strenge Disziplin und prägt das Unternehmen und seine Mitarbeiter.

Der Erfolg von ALDI ist ein Erfolg freiwilliger Selbstbeschränkung. Jahrzehntelang hielt ALDI sein Sortiment bei 600 Artikeln.

ALDI hatte (früher) sein ehernes Prinzip vom beschränkten Sortiment nie verändert, auch wenn es für den außenstehenden Betrachter oft so aussah. Aber mit der Einführung von 25 Tiefkühlartikeln wurden eben 25 andere, schwache Artikel, die nicht mehr zum notwendigen Grundbedarf des Haushalts gehörten, gestrichen. Die Sortimente wurden verändert, anders zusammengesetzt, aktualisiert, aber nicht ausgeweitet.

Die Kommentare der Wettbewerber oder der Fachpresse sahen allerdings immer wieder ein Ende, eine Erschlaffung des Konzeptes: Jetzt ist ALDI gezwungen, sein Sortiment auszudehnen, hieß es. Mit anderen Worten: Jetzt müsse ALDI endlich so werden wie die anderen. Damit werden sie die gleichen Verhältnisse und Bedingungen haben, und der über all die Jahre so störende Konkurrenzvorsprung geht verloren. Das nahmen Fachpresse und Mitbewerber viele Jahre hoffnungsvoll an. Sie täuschten sich. Hier liegt einer der bewundernswerten Erfolge der ALDI-Unternehmenspolitik, einer starken Kultur, nämlich den Verlockungen von Sortimentsausweitungen eben *nicht* zu folgen. Schließlich würden ja 50 Artikel mehr doch nichts ausmachen? Sie könnten doch sicherlich 5 % Umsatzsteigerung bringen. Das wären bei ALDIs heutiger Größe im Jahre 2012 jährlich EUR 1,5 Milliarden allein in Deutschland.

Das Detail ist wichtig

ALDIs Devise ist: ausprobieren, schnell sein, Ergebnisse erzielen. Dazu nutzt man die Methode *Versuch und Irrtum*. Hat man sich aber einmal für eine Lösung entschieden, so wird an der Vervollkommnung permanent gearbeitet. Jedes Detail ist wichtig. Vielfach kann der Verbraucher beobachten, wie unzulänglich und nachlässig viele Produkte gefertigt sind oder angeboten werden. Verpackungen werden optisch wunderschön gestaltet, aber sie lassen sich schwer öffnen, ohne den Inhalt gleich zu zerstören oder zu verschütten. Zur Öffnung einer Mineralwasserflasche selbst bedeutender Marken kann man durchaus eine Kneifzange benötigen.

Trotzdem: auch die Mitarbeiter können nicht das in Ordnung bringen, was vorher ihre Chefs auf den Managementetagen vernachlässigt haben: das Detail und eine Kultur, die das fördert. Bei ALDI gibt es eine Detailverliebtheit, nicht weil man Bürokratie oder Pingeligkeit mag, sondern weil man immer wieder erkannt hat, dass Details die Idee und das Produkt vollkommen machen. Das gilt für alle Bereiche des Unternehmens. Für das Sortiment und die Preise ebenso wie für die Konstruktion der LKWs und der Drehkreuzanlagen in den Läden.

Ein ALDI-Geschäftsführer kennt sehr viele Details, ohne dabei die Gesamtstruktur aus dem Auge zu verlieren. Das bedeutet in der Praxis, dass sowohl die Mitglieder des Verwaltungsrates als auch die Geschäftsführer Interesse daran zeigen, wie frisch die Eier in den Läden sind. Interesse am Detail heißt auch, sich selbst als Topmanager in den Laden zu begeben, in allen Ecken des Unternehmens zu forschen und die hundertfachen Ansatzpunkte aufzugreifen, auf Entscheidungswege zu bringen, Problemlösungen zu finden und umzusetzen – durch Ausprobieren, Testen, Machen.

Die Büros und die Charts auf den Computern zu verlassen und an die Basis zu gehen, ist oft mühevoller als das Philosophieren über die großen Visionen, über Marketing des nächsten Jahrtausends und die dicken Studien der Marketingstäbe und Unternehmensberater. Arbeit am Detail macht die Tagesmühen am Ort des Geschehens sichtbar – eine ebenso notwendige wie hilfreiche Praxis. Wenige Hierarchiestufen und wenige oder keine Stabsstellen begünstigen diese Arbeitsweise. Denkbare Entwicklungen in den nächsten zehn und zwanzig Jahren müssen natürlich im Blick sein, wichtig aber ist es, gerade die Praktiker auf den unteren Ebenen in Strategieüberlegungen einzubeziehen, um auch die Details der täglichen Geschäfte würdigen und richtig einschätzen zu können.

Orientierung statt Informationsmassen

Bei ALDI gibt es nur wenige, fast an einer Hand abzählbare Statistiken und Leistungskennzahlen. Sie sind einfach, überschaubar und verständlich, überhaupt nicht wissenschaftlich. Nur die nötigsten Daten werden für das interne Kontroll- und Informationssystem aufbereitet. So sieht man immer noch den Wald trotz furchtbar vieler Bäume.

ALDI braucht keine Datenerhebungen und Analysen zur Ermittlung der „direkten Produktrentabilität" eines jeden Artikels oder Margenberechnungen pro Regalmeter. Bei ALDI weiß man, welche Informationen für das Geschäft wichtig sind, und auf diese kann man sich konzentrieren. Viele Mitbewerber konzentrieren ihre Energien auf Analysen und Interpretationen großer Zahlenkolonnen oder beschäftigen ihre wichtigsten Mitarbeiter mit der Budgetplanung, während ALDI bereits viele Erkenntnisse in die Tat umgesetzt hat.

Es ist fast unglaublich, wie schwer es vielen Führungskräften fällt, mit wenigen wesentlichen Daten ihre Ziele zu verfolgen. Dank moderner Analyseinstrumente und hochentwickelter Datenverarbeitungstechniken kann man heute alle nur denkbaren Daten erhalten und sie in jeder denkbaren Kombination miteinander verbinden. Und sich daran wunderbar im warmen Büro festhalten. Viele Manager lieben es, mit großen Zahlenmengen theoretische Erwägungen anzustellen. In vielen Konzernzentralen machen sich Handelsmanager noch immer ein Bild von ihrem Kunden in Form von Marktanteilen, Durchschnittseinkäufen und Kundenbon-Analysen aus den Scannerkassen, die Aufschluss über Umsätze zu verschiedenen Tageszeiten und an verschiedenen Standorten geben. Man beschäftigt sich mit Kundenlaufstudien und Regaloptimierungsprogrammen – *Space-Management* hört sich da besser, vor allem wissenschaftlich, an. Doch *warum* der Kunde *was* kauft, bleibt unbekannt.

In den überall sehr umfangreichen Controlling- und Planungsabteilungen und in den Führungsetagen, die sich mit der Interpretation von Statistiken beschäftigen, sollte eine tiefgreifende Einsicht des deutschen Physik-Nobelpreisträgers, Gerd Binnig (1997), bedacht werden: „Kreative Leistungen erfordern auch ein gewisses Maß an Dummheit im Sinne des Verzichts auf Informationen".

Wer sich mit viel Wissen vollstopft, kann zwar Vorhandenes sehr gut verstehen, aber kaum noch Neues schaffen. Daten gibt es genug, allein es fehlt an Informationen und vor allem an Orientierung. Wie erhält man aber entscheidungsrelevante Informationen aus zigtausend Daten? So werden zum Beispiel immer wieder bessere Informationen über Kostenstrukturen gefordert. Viele kunstvolle Versuche werden unternommen, Kosten nach scheinbar intelligenten Methoden auf Kostenträger und Kostenstellen verteilt.

Ein wesentliches Führungsmittel bei ALDI ist immer wieder, allen Mitarbeitern in Gesprächen, Besprechungen oder über die Stellenbeschreibungen deutlich zu machen, dass maximale Leistungen und kontinuierliche Verbesserungen erwartet werden. Diese Leistungen werden auch gemessen, zum Beispiel in Produktivitätskennzahlen wie Umsatz pro Mitarbeiter in Laden, Lager, Fuhrpark sowie Betriebs- und Zeitvergleiche über alle Leistungs- und Kostengrößen zwischen einzelnen Abteilungen oder Verkaufsbezirken oder zwischen den verschiedenen ALDI-Gesellschaften. Auch der Zeitvergleich mit Vormonaten und Vorjahren ist wesentliches Steuerungsinstrument, bei dem zusätzlich zum Betriebsvergleich die relativen Entwicklungen verfolgt und bewertet werden können.

Dadurch entsteht ein Wettbewerb, der die Maßstäbe setzt und jede Controlling-Abteilung oder sonstige Sollwert-Ermittlungen sowie Budgets und Planungsvorgaben überflüssig macht. Bei Ist-Zahl-Vergleichen werden Tatsachen mit Tatsachen verglichen und nicht Wunschzahlen und Prognosen auf der einen mit Echtzahlen auf der anderen

Seite. Umsatz und Kosten, ausgedrückt in Geld, sind nützliche Maßstäbe. Und es ist sinnvoller, wenige Zahlen sorgfältig zu betrachten und zu hinterfragen, als Zahlenmassen vom Computer in alle denkbaren Beziehungen zu bringen. Maschinell erstellte Zahlenfriedhöfe sind zur Unternehmensführung nicht geeignet. Bei ALDI findet ein sinnvolles, nämlich ein internes Benchmarking statt. Budgets im Sinne von Jahresplanungen und Vorgaben für einzelne Abteilungen, Unternehmensbereiche oder Kostenarten sind völlig überflüssig, sie sind ungeeignet zur Steuerung oder Kontrolle.

Statt immer wieder neueste Key Performance Indicators zu analysieren, sollte man im Supermarkt besser einmal darüber nachdenken, ob das Verkaufspreisverhältnis zwischen Jacobs-Krönung 500 g und 250 g wohl zweckmäßig ist, wenn man die Unternehmensziele oder das Thema Single-Haushalte oder absoluter Rohertrag insgesamt betrachtet. Dazu passt auch das oben genannte Beispiel vom Preiskrampf bei Kaiser's und Rewe. Generelles Nachdenken über prinzipielle Fragen wie zum Beispiel über preispolitische Zusammenhänge – ohne die Belastung durch Zahlenkolonnen – ist also ebenso notwendig wie Phantasie und Vorstellungskraft darüber zu entwickeln, wie Kunden auf eine solche veränderte Preispolitik reagieren könnten. So lässt sich die Aussage des Physikers Binnig für den Lebensmittel-Einzelhändler übersetzen. Die Kernfrage, auf die ein Erfolgreicher eine klare Antwort geben kann, lautet: „Warum sollen die Leute mein Produkt kaufen?"

Ausprobieren statt endloser Analyse: Versuch und Irrtum

Tom Peters und Robert Waterman propagieren in ihrem Buch *Auf der Suche nach Spitzenleistungen (1993)/In Search of Excellence* (1982) das KISS-System: „Keep it Simple, Stupid". Ein Satz, der wie geschaffen ist für die Beschreibung der ALDI-Praxis. ALDI-Leute sind Macher-Typen. Alles wird ausprobiert, möglichst schnell, man hält sich nicht allzu lange auf mit quantitativen Analysen. Wenn grundsätzlich alles, was dem Unternehmensziel dienlich ist, erdacht und ausprobiert werden kann, so ist kaum ein besserer Antrieb zu den in der Wirtschaft häufig vermissten Innovationen denkbar. Als günstig erweist sich bei ALDI zudem, dass man beim Ausprobieren niemandem in die Quere kommen kann. Keine Stabsstelle beschwert sich über eventuelle Kompetenzüberschreitungen. Tests sind auch deshalb nicht zu unterschätzen, weil man die Unzulänglichkeiten einer Maßnahme oft genug erst bei der Umsetzung in die Praxis erkennt. Nicht philosophieren, sondern machen heißt die Devise, schnell, radikal, aber konsequent einfach.

Eine hervorragend geeignete Methode im Kaizen-Prozess ist „Versuch und Irrtum". Sie bekommt eine besondere Bedeutung, weil auf diese Weise Ideen und neue Methoden sofort oder zumindest wesentlich schneller in die Praxis umgesetzt werden können. Nach einigen grundsätzlichen Überlegungen wird eine Anwendung unmittelbar in der Praxis geprüft, bevor man lange Zeit mit der exakten Prüfung und Vervollkommnung zubringt. Nach ersten Versuchsergebnissen kann dann eine Anpassung oder Veränderung vorgenommen, der Test abgebrochen oder zeitlich verschoben werden.

Diese Methode macht Mut, etwas zu versuchen und dabei vielleicht auch einen Flop zu riskieren. Wenn dies der Fall ist, steht jedoch das Ergebnis im Mittelpunkt, die Erkenntnis, die daraus gewonnen wurde – und nicht die Frage: „Wer hat Schuld?" Fast niemals gibt es wirklich richtige oder falsche Entscheidungen. Mit der Methode Versuch und Irrtum gelang es ALDI, größere Katastrophen und Irrtümer zu vermeiden. Es waren immer kleine Versuche und kleine Irrtümer. Die weit verbreiteten Analyse- und Entscheidungsverfahren sind meist verbunden mit dicken schriftlichen Ausarbeitungen, mit denen zahlreiche wichtige und teure Mitarbeiter ihre Zeit zubringen. Im Zweifel gibt es dann einen Kundenkontakt weniger oder ein Mitarbeitergespräch wird vertagt, bis es nicht mehr nützlich ist. Viele Ausarbeitungen landen am Ende im Reißwolf oder verstauben in der Schublade eines Top-Managers.

Dies alles ist auch gar nicht neu. Eileen C. Shapiro (1996) zitiert in *Trendsurfen in der Chefetage* einen wunderbaren Satz von Mark Twain: „Kontinuierliche Verbesserungen sind besser als hinausgezögerte Vervollkommnung".

Bei allen neuen Ideen, Entwicklungen technischer oder organisatorischer Art, bei der Einführung neuer Artikel, geänderter Qualitäten oder Verpackungsgrößen arbeitet ALDI nach diesem Grundsatz.

Fair zu Lieferanten: Treuhandverhältnisse

Der Grundsatz eines korrekten und fairen Umgangs gilt vor allem für die Beziehungen zu Lieferanten – auch wenn das den einen oder anderen überraschen mag; denn immer wieder war in der Presse von Knebelungstechniken, Abhängigkeiten und Machtausübung die Rede. Doch dabei handelte es sich in der Regel lediglich um Vermutungen von einigen Fachleuten oder aber um Klagen einzelner Lieferanten, die sich ungerecht behandelt fühlten, weil sie aufgrund schlechter Qualitäten die Geschäftsbeziehung verloren. Bildhaft stellte der Brancheninformationsdienst *Extrakte* diesen Sachverhalt mit einem Satz dar: „Albrecht zahlt nicht nur, dass man die Uhr danach stellen kann, sondern ist auch ein fairer Partner."

So konsequent und fair wie ALDI mit den Kunden umgeht, so korrekt ist auch die oftmals jahrzehntelang andauernde Verbindung zu den Lieferanten. Wichtig ist für ALDI einzig und allein, dass Lieferanten kontinuierlich gute Qualitäten liefern, und natürlich müssen auch die Preise immer wettbewerbsfähig sein. Das wissen auch die Lieferanten. Mit vielen Lieferanten hat ALDI ein partnerschaftliches, aber dennoch sachlich-korrektes, Verhältnis aufgebaut. Man weiß, was man voneinander zu erwarten hat. Man vertraut einander wie in einem Treuhandverhältnis. Lieferanten sorgen für eine bestmögliche Wahrnehmung der Interessen von ALDI hinsichtlich Qualität, Belieferung, Innovation, Technologie und Hygiene. ALDI zahlt Preise, die zu einer sicheren und profitablen Entwicklung der Lieferanten beitragen.

Wenn irgendetwas nicht stimmt, so gibt es sehr einfache Sanktionen. Der Lieferant, der bisher vielleicht 20 Lager einer ALDI-Gruppe belieferte, verliert beispielsweise fünf Lager. Nur im Extremfall – und das ist dann immer ein Thema von Qualitäten – verliert er alle. Mit diesem Prinzip der Lagerzuweisung kann man auch neue Lieferanten testen und langsam aufbauen.

Die Branche weiß sehr wohl, dass ALDI ein fairer, zuverlässiger Partner ist. Die manchmal schändlichen Praktiken, die aus dem Wettbewerb bekannt sind, hat es bei ALDI nie gegeben. Wenn heute ein Großer im deutschen Lebensmittelhandel einen Kleinen schluckt, dann zittert die gesamte Nahrungsmittelindustrie. Das übernehmende Unternehmen vergleicht sofort alle Einkaufskonditionen des übernommenen Unternehmens mit den eigenen Konditionen. Das ist selbstverständlich und nützlich, um die eigenen Konditionen zu verbessern oder um auch mit dem neuen höheren Volumen in neue Verhandlungen zu gehen. Aber es geschieht etwas ganz anderes, eigentlich Unglaubliches: Sollte der Kleine irgendwo einen niedrigeren Einkaufspreis als der Große gehabt haben, so fordert der Große die Differenz gleich für zwei Jahre rückwirkend als Gutschrift. Teilweise zieht er die Summe gleich von seiner nächsten Rechnung ab. Das ist pure Machtausübung und hat mit fairen Handelspraktiken nichts zu tun! Vielleicht hat der Kleine mit anderen Voraussetzungen zu besseren logistischen Verhältnissen beigetragen oder einfach erfolgreicher verhandelt. Allerdings mag die Industrie den Fehler begangen haben, ihrem großen Kunden zu sagen, er hätte die besten Konditionen. Unehrlichkeit und Unglaubwürdigkeit kann dann durchaus ihren Preis haben.

Aus dem Verhältnis von ALDI zu seinen Lieferanten kann einiges abgeleitet werden für eine generell bessere Beziehung zwischen Handel und Industrie. Die derzeitigen Verhandlungspraktiken könnten entkrampft und noch mehr versachlicht werden. Druck und Poker sind keine guten Konzepte, wenn man auch in der Zukunft miteinander arbeiten möchte. Eine gute Richtlinie für erfolgreiches Verhandeln bietet das *Harvard Konzept* (Fisher et al. 2003) bei dem die wichtigste Maxime lautet, dass erfolgreich verhandelt wurde, wenn beide Partner auch in Zukunft gern wieder Geschäfte miteinander machen möchten. Die allgemeine Öffentlichkeit und vor allem die Journalisten begreifen oft diese einfachen, auch auf Vertrauen basierenden, Geschäftspraktiken nicht. Es sind die Praktiken des *ehrbaren Kaufmanns.*

Kaum jemand versteht „Discount"

Die Süddeutsche Zeitung schrieb im Januar 2012 „Natürlich zahlt immer jemand den Preis für den Niedrigpreis." Das sind in solchen Vorstellungen die ausgebeuteten Mitarbeiter und die Lieferanten, die über den Tisch gezogen werden. Diese Vorstellungen sind falsch. Es fehlt Verständnis, Begriff, Durchblick. Journalisten und auch Politiker verstehen oft solche einfachen wirtschaftlichen Zusammenhänge nicht.

Die großen Preisvorteile kann sich der Discount „erarbeiten" durch sein anderes Geschäftsmodell und seine total anderen Strukturen. Hier ein paar Kernpunkte:

- Discount ist ein Geschäftsmodell des *Weglassens.* Auf sonst Branchenübliches wird verzichtet.
- 1000 Artikel statt 20.000 verändern alles, vor allem die Produktivität und damit die Personalkosten der Mitarbeiter.
- Logistikkosten (Transport und Lagerhaltung): volle LKW-Ladungen für einen Artikel als Beispiel.
- Keine hohen Werbekosten für das Produkt. Handelsmarken tragen fast keine Werbekosten. Nur der Händler wirbt für sein Geschäft und damit für alle Produkte. Die Stiftung

Warentest spricht von bis zu 40 % Marketingkosten, die den Einkaufspreis für den Handel erhöhen.
- Wesentlich niedrigere Mietkosten für die Läden. Nicht 1A-Lagen, sondern Standorte in den Nebenstraßen.
- Lieferanten werden von Discountern nicht mehr „gedrückt" als von allen anderen Abnehmern im Handel. Im Gegenteil, sie können es sich viel mehr „leisten", ihre Lieferanten fair zu behandeln. Sie wollen gerade die oft mittelständischen Lieferanten stützen und erhalten, um nicht von den internationalen Markenartiklern abhängig zu sein.

Führen nach den Prinzipien Vertrauen und Kontrolle

Vertrauen ist ein Kernthema der Einfachheit. Es geht um Beziehungen zu Kunden, Lieferanten, Mitarbeitern, Kollegen und Bürgern. ALDI etwa hat ein solches Vertrauensverhältnis mit seinen Kunden aufgrund besonders guter und zuverlässiger Leistungen über Jahrzehnte aufgebaut. Vertrauen war es, das den Kunden nach der Euro-Einführung den Einkauf bei ihrem ALDI erleichtert hat, weil sie wussten: „ALDI rechnet korrekt um. ALDI würde uns niemals trickreich begegnen."

Glaubwürdigkeit und Berechenbarkeit sind die Grundlagen von Vertrauen. Wer glaubwürdig ist, ist stark, in sich gefestigt. Er ist selbstsicher. Ihn wirft es nicht um, wenn er selbst einmal betrogen wird. Er weiß trotzdem um den großen Nutzen des Vertrauens. Vertrauen ist eine gewinnbringende Tugend. Für eine vertrauensorientierte Unternehmensführung steht auch der Jesuitenpater und Moralphilosoph; Rupert Lay: „Manager, die kein Vertrauen aufbauen können, haben auch keinen ökonomischen Erfolg."

Vertrauen braucht Kontrolle. In den Unternehmen wird allgemein viel zu wenig kontrolliert. Chefs können ihre Aufgaben nur verantwortlich erfüllen, wenn sie selbst Kontrollen ausführen und sich nicht ausschließlich auf Berichte anderer, auf Reports und Innenrevisionen oder Wirtschaftsprüfer verlassen. Bei ALDI wird nach dem System der regelmäßigen Stichproben kontrolliert. Jeder Vorgesetzte führt sie bei seinen Mitarbeitern monatlich durch. Mitarbeiter haben sogar ein Anrecht darauf. Wie sollte sonst festgestellt werden können, welche guten Leistungen ein Mitarbeiter vollbracht hat? Man sollte niemals Mitarbeitern Aufgaben und Kompetenzen übertragen, wenn man sie zur Ausführung weder für fähig genug hält, noch ihnen volles Vertrauen schenken kann. Vertrauen ist die Grundbedingung, nicht das „vorsichtshalber" eingesetzte Misstrauen. Trotzdem ist es für Vorgesetzte wichtig zu prüfen, ob und wie die delegierten Aufgaben ausgeführt werden. So können zum Beispiel auch Missverständnisse ausgeräumt werden, die bei der Aufgabenübertragung aufgetreten sein können. Beide Partner können sich im Kontrollverfahren genauer über Zielvorstellungen absprechen. Letztlich dient die Kontrolle auch dazu, Fehlerquellen zu vermeiden und Risiken für das Unternehmen zu verringern. Mit der Kontrolle zeigt ein Vorgesetzter seinem Mitarbeiter auch: „Ich interessiere mich für deine Arbeit".

Altmodische Tugenden: sparsam und bescheiden

Bescheidenheit geht bei ALDI einher mit Sparsamkeit und extremem Kostenbewusstsein. Dies findet sowohl in konkreten Handlungsanweisungen seinen Ausdruck als auch im kontinuierlichen Bemühen, unnötige Kosten auf allen Ebenen zu vermeiden. So gibt es etwa die von Theo Albrecht vorgelebte Übung, bereits beschriebenes Papier auch noch auf der Rückseite zu beschreiben und das Licht auszuschalten, wenn es draußen hell genug ist. Auch durch eine ständige Optimierung der Lampenkonstruktion und der Lux-Zahlen in den Läden wurde Strom gespart.

Dies sind nur einige Beispiele für ein klar ausgerichtetes Verhalten vieler Mitarbeiter, Führungskräfte und Abteilungen. Jeder Versuch, jede Lösung prägt die Unternehmenskultur – sparsam wirtschaften, Verschwendung vermeiden, extremes Kostenbewusstsein. Das japanische Wort für Verschwendung „muda" kannte bei ALDI noch keiner, als alle schon danach handelten. Bei ALDI bemühte man sich schon immer, die unproduktiven Arbeiten zu unterlassen, denn das meint der Begriff Verschwendung.

ALDI glänzte schon immer durch Bescheidenheit, und diese Haltung passt zum wichtigsten Unternehmensteil, den Läden. Hier wird das Geschäft gemacht, hier sind die meisten Mitarbeiter tätig. Der Faktor Glaubwürdigkeit ist nicht zu unterschätzen. Darin bestand früher auch eine bemerkenswerte Ähnlichkeit mit den Metro Cash-&-Carry-Betrieben. Bei der Metro kann schon ein Außenstehender Gemeinsamkeiten erkennen: einfach und zweckmäßig ausgestattete Verkaufsräume, spartanisch eingerichtete Büroräume, auch für das Management – der langjährige Metro-Chef, Erwin Conradi, hatte in seinem Düsseldorfer Büro eine noch einfachere Ausstattung als Theo Albrecht, und für seine Mitarbeiter war er immer sichtbar, nur durch Glaswände von ihnen getrennt. Verzicht ist eine der wichtigsten Tugenden von ALDI. ALDI ist spartanisch und asketisch in all seinen Methoden und Techniken.

Was der Handel braucht

Warum sollen die Kunden in meinem Laden kaufen? Wenn sich alle diese Frage stellten und sich die Antwort darauf nicht zu leicht machten, dann würde der Einzelhandel bessere Ergebnisse erzielen können. In einem Artikel (Lebensmittelzeitung 1.3.2002) schreibt Jörg Konrad:

> Der Handel weiß nicht, was er sein will – ein Zwitterwesen zwischen Supermarkt und Discount. Der Zweifel bedingt ständige Kurskorrekturen. Es fehlt der Glaube an ein einmal beschlossenes Ladenlayout. Läuft ein umgerüsteter Markt schlecht, wird gleich das ganze Konzept in Frage gestellt. Es kann nicht darum gehen, im Halbjahresrhythmus an Insellösungen und Detailkonzepten zu feilen. Was der Handel braucht, sind klar definierte Auftritte, eine konsequente Umsetzung und eine disziplinierte Führung als Marke. Das verlangt Mut und einen langen Atem und Festhalten an getroffenen Entscheidungen.

Das alles hätte der deutsche Handel über Jahrzehnte bei ALDI beobachten und von ALDI lernen können. Aber das schien manchen offenbar veraltet, altmodisch. Sie wollten das Marketing, das Wissensmanagement, die Supply Chain und das Customer Relationship Management des neuen Jahrtausends. Der Satz von Jörg Konrad ist auch heute zehn Jahre später uneingeschränkt gültig.

Literatur

Binnig, G. 1997. *Aus dem Nichts. Über die Kreativität von Natur und Mensch*. München.

Brandes, D. 1998. *Konsequent einfach. Die ALDI Erfolgsstory*. Frankfurt/New York.

Brandes, D. 2010. *Einfach managen. Klarheit und Verzicht – der Weg zum Wesentlichen*. München.

Brandes, Dieter und Nils Brandes. 2012- Bare Essentials – The Aldi-Way to Retail Success. E-Book.

Doppler, K., und C. Lauterburg. 2002. *Change Management*. Frankfurt/New York.

Fisher, R., und W. Ury. 2003. *Das Harvard Konzept*. Frankfurt/New York.

Luhmann, N. 1989. *Vertrauen. Ein Mechanismus der Reduktion sozialer Komplexität*. Stuttgart.

Shapiro, E. C. 1996. *Trendsurfen in der Chefetage, Unternehmensführung jenseits der Management-Moden*. Frankfurt/New York.

Kiehl's Since 1851 – Von der New Yorker Apotheke zur international erfolgreichen Kosmetikmarke

6

Friederike Heine

Inhaltsverzeichnis

6.1 Einleitung

Weltweit hat auf den meisten Konsumgütermärkten, speziell im Kosmetiksegment, ein Wandel vom Wachstums- zum Verdrängungswettbewerb stattgefunden. Von den Kunden wird Produktqualität als selbstverständlich angesehen, und eine reine Profilierung über das Produkt ist für die Unternehmen immer schwerer. Der Kunde sucht nach einem Partner, dem er vertrauen kann, der ihm mehr bietet als die reinen Produkteigenschaften.

Damit rücken Marken und das erfolgreiche Management von Marken – von jeher ein wichtiger Faktor im Bereich der Konsumgüter – noch stärker in den Fokus. Marken geben dem Kunden einen Zusatzwert, der dem Gesamtbild der Marke entspringt. Einflussfaktoren dieser Markenwahrnehmung auf Konsumentenseite sind – neben den Eigenschaften des Produktes – die Service-, Kommunikations- und Distributionspolitik, welche alle zur Erzeugung von Assoziationen beitragen. Für Unternehmen, die dem Kunden ihre Marken über ein eigenes Vertriebsnetzwerk anbieten, spielt die Distributionspolitik dabei eine entscheidende Rolle.

„Kiehl's ist Kult" – hier sind sich Kunden und Medien einig (vgl. Welt am Sonntag, 23.02.2003). Aber worin liegt der Erfolg dieser aus einer Apotheke hervorgegangenen Marke für Pflegeprodukte begründet? Das Unternehmen konzentriert seine Energie darauf, den

Friederike Heine ✉
L'Oréal Deutschland GmbH, Georg-Glock-Str. 18, 40474 Düsseldorf, Deutschland

H.-C. Riekhof (Hrsg.), *Retail Business*, DOI 10.1007/978-3-8349-4555-6_23,

Abb. 6.1 Kiehl's Apotheke in New York 1920 und Irving Morse 1955

Kunden hochwertige Produkte bei einem hohen Dienstleistungsniveau zu bieten. Die Marke besteht seit über 160 Jahren und ihr Erfolg basiert maßgeblich auf der Verteilung von Produktproben und Mundpropaganda. Die Produkte werden weltweit im Direktvertrieb, vornehmlich in eigenen Boutiquen und Department Stores verkauft. Dort kann der Kunde die Marke hautnah erleben. Bei der hier vorgenommenen Betrachtung der Markenstrategie sollen daher insbesondere die Distribution und die Interaktion mit dem Kunden am Point of Sale betrachtet werden.

6.1.1 Die Geschichte von Kiehl's – Born in New York

Im Jahre 1851 eröffnete der deutsche Einwanderer John Kiehl eine Apotheke in der Lower East Side von Manhattan/New York. Es war eine typische Apotheke dieser Zeit, in der Tee, Honig, Salben und homöopathische Medizin angeboten wurden.

Nach siebzig Jahren, im Jahre 1921, übernahm mit Irving Morse ein ehemaliger Lehrling von John Kiehl die Apotheke und begann, ein überaus erfolgreiches Geschäft mit einer umfangreichen Angebotspalette im Bereich Kosmetik aufzubauen. Damit gingen die angebotenen Produkte über das eigentliche Sortiment an Medikamenten weit hinaus (Abb. 6.1).

Aaron Morse, Irvings Sohn, der wie sein Vater an der Universität von Columbia sein Pharmaziestudium abgeschlossen hatte, verfestigte das bis heute existierende Grundgerüst für Kiehl's. Aaron wuchs im Geschäft an der Seite seines Vaters auf. Daher war es ganz natürlich, dass Aaron im Jahr 1961 Kiehl's übernahm, die Marke gründete und sich dem hohen Qualitätsstandard verpflichtete, für den Kiehl's schon als Apotheke bekannt geworden war.

Während des Zweiten Weltkriegs war Aaron Morse Jagdflieger. Als er in New Mexico stationiert war, entdeckte er als erster in Amerika die Behandlung mit Fluorid. Er trug auch zur Rezeptur von Penizillin bei und leistete die Vorarbeit zur Entwicklung eines aus chemischen Inhaltstoffen bestehenden Mittels zur Bekämpfung von Tuberkulose. Zudem versorgte er die Regierung mit einer speziellen Aloe-Vera-Creme für die Behandlung von Verbrennungen durch radioaktive Strahlung. Aaron Morse besaß sein eigenes pharmazeutisches Unternehmen, Morse Laboratories. Jahre später sollte das Unternehmen auch bei der Herstellung von Kosmetikprodukten gute Dienste leisten. Als Anerkennung seiner herausragenden Leistungen sowie der Tradition und Qualität von Kiehl's wurden im Jahr 1979 mehr als 103 Produkte von Kiehl's durch die Smithsonian Institution's Public Health and Pharmacy für eine Ausstellung ausgewählt. Eine Reihe davon befinden sich seitdem als Dauerexponat beim Smithsonian Institute.

Aaron Morse führte die Idee des Vaters fort, erweiterte das Sortiment um Pharmazeutika, ätherische Öle, rezeptfreie Medikamente und weitere Kosmetika. Letztere waren die ersten Produkte der Marke Kiehl's, etwa die Creme de Corps. Dadurch verschaffte Aaron Morse dem Unternehmen seinen Markennamen – den Namen des Gründers der Apotheke. Die von Aaron eingeführten strengen Werte haben noch heute als Markenleitwerte bestand, was sich am folgenden Beispiel zeigt: Aaron Morse verfolgte sein Leben lang viele Leidenschaften. Dazu gehörten Kunstflugzeuge, Rennautos und Motorrad-Oldtimer. Er war Sammler und stellte viele seiner Objekte im Geschäft von Kiehl's an der Third Avenue für seine Kunden aus. Es heißt, dass Morse schon in den frühen Jahren von Kiehl's bemerkt hatte, dass Paare in den Laden kamen und die Männer sich nicht für die Kosmetikprodukte interessierten. Morse beschloss daher, seine persönliche Sammlung an Autos und Flugzeugen im Laden auszustellen, um so die Männerwelt „zu unterhalten", während die Damen einkauften. Die Sammlung wurde von 1978 bis 1990 ausgestellt. Bis heute werden einige der Motorräder, die Aaron Morse so liebevoll gesammelt hat, in den Geschäften ausgestellt.

Im Jahre 1988 wechselte die Geschäftsführung erneut: Aarons einzige Tochter Jami Morse Heidegger übernahm mit ihrem Ehemann, dem Alpinskiweltmeister Klaus Heidegger, die Leitung des Familienbetriebs. Sie waren es, die Kiehl's zu einer international bekannten Marke aufbauten und den Namen um den Zusatz „Since 1851" ergänzten.

Im Laufe der Jahre und über Generationen hinweg vergrößerte sich Kiehl's zusehends – nicht mit Werbung und eigener Vermarktung, sondern vielmehr durch die Qualität der Produkte, durch die Verpflichtung zu beispiellosem Service und nicht zuletzt durch Mundpropaganda zufriedener Kunden. Ende der neunziger Jahre unternahm Kiehl's intern größte Bemühungen, weiteres Wachstum zu stoppen. Das wurde jedoch immer schwieriger, da die Nachfrage nach Produkten von Kiehl's von Tag zu Tag stieg. Einerseits freuten sich Jami und Klaus über die Beliebtheit ihrer Produkte, andererseits hatten sie sich geschworen, dass bei ihnen Qualität stets den Vorrang vor Quantität haben würde. Um also der steigenden Nachfrage nachzukommen und gleichzeitig den hohen Qualitätsstandard aufrechtzuerhalten, für den die Produkte von Kiehl's bekannt sind, beschlossen Jami und Klaus, mit einem bewährten und seit langem anerkannten Marktführer der Schönheitsindustrie zusammenzuarbeiten, der Kiehl's dabei unterstützen konnte, das angestrebte Ziel zu erreichen und seinen Kunden noch besseren Service zu bieten. Aus diesem Grund wurde Kiehl's Since 1851 im Jahr 2000 in den internationalen Konzern von mit L'Oréal eingegliedert. Die Marke wurde nur unter der Prämisse der strengen Einhaltung seiner Werte verkauft.

Noch heute ist Kiehl's eine kleine Marke mit unabhängigen Produktentwicklern und Forschern in eigenen Einrichtungen zur Produktherstellung und Büros. L'Oréal wurde als Partner ausgewählt, um Kiehl's mit den Mitteln und Ressourcen auszustatten, die notwendig sind, um mit den wachsenden Anforderungen Schritt halten zu können. Der Konzern respektiert die Philosophie und die Vorgehensweise seiner Marken, die aus der Tradition heraus zu deren Erfolg geführt haben.

6.1.2 Die Markenphilosophie und Leitwerte von Kiehl's

Kiehl's positioniert sich als authentische, aus einer Apotheke hervorgegangene, amerikanische Marke für anspruchsvolle Pflegeprodukte. Jami Morse Heidegger sagte zur Positionierung der eigenen Marke vor einigen Jahren: „Kiehl's Since 1851 ist die Anti-Kosmetik, nicht ganz modern, und steht für das Ultimative in inhaltlicher Qualität. Außerdem ist es eine authentische Marke mit einem Geist, der für Gesundheit, Leidenschaft und Großzügigkeit steht."

Die Philosophie ist ein wesentlicher Bestandteil der Marke Kiehl's. Die Philosophie, die Produktanforderungen sowie die Grundwerte, die Kiehl's Since 1851 von Anfang an auszeichneten, sind bis heute unverändert geblieben: Wissenschaft, Information, der Sinn fürs Geben, der Dienst am Kunden, Respekt und Qualität. Die Firma ist für philanthropische Programme bekannt, für den Dienst am Kunden, das Produktwissen und eine breite Produktpalette (Abb. 6.2).

Bis zum heutigen Tag versucht das Unternehmen, jeden einzelnen dieser sechs Leitwerte zu beachten. Im Sinne der Philosophie des Gebens wird so zum Beispiel eine enge Kooperation mit „Die Arche" verfolgt. Neben regelmäßigen Sondereditionen von Kiehl's Produkten, bei welchen der Gewinn zu 100 % an die Stiftung gespendet wird, werden zusätzlich so genannte „Shop-for-a-cause"-Veranstaltungen in Kooperation mit VIPs, welche beim Verkauf unterstützen, durchgeführt.

6.2 Elemente der Markenstrategie

6.2.1 Die Produktpolitik – Langlebige Klassiker

Die Produkte der Marke Kiehl's werden nach einzigartigen Formeln aus sorgfältig ausgesuchten Inhaltsstoffen hergestellt und bieten den Kunden seit 1851 qualitativ hochwertige Haut- und Haarpflege. Das umfassende Know-how beruht auf fundiertem Wissen in den Bereichen Kosmetik, Pharmazie, Pflanzenkunde und Medizin und einem durch mehrere Generationen hindurch angesammelten Erfahrungsschatz: Ein kostbares Kapital, das die

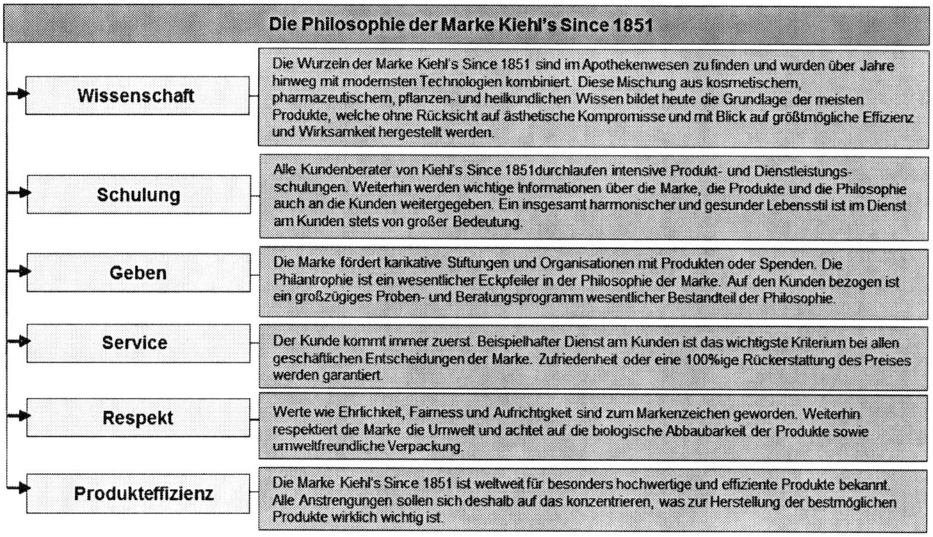

Abb. 6.2 Die Leitwerte von Kiehl's Since 1851

Formulierung und Herstellung unserer Spezialpflegeprodukte und -präparate erst ermöglichte.

Das Wachstum der Marke Kiehl's basiert nicht auf regelmäßigen Neulancierungen, sondern vielmehr auf den herkömmlichen Klassikern und lang bewährten Produkten der Marke. So zählte z. B. die Blue Herbal Lotion, ein Gesichtswasser für unreine Haut, zu den Bestsellern der Marke im letzten Jahr – das Produkt kam bereits 1964 auf den Markt. Ebenso gehört die Creme de Corps, welche vor 33 Jahren in der New Yorker Pharmacy entwickelt wurde, heute zu den Kultprodukten von Kiehl's. Jedes Jahr werden nur etwa sechs Neuprodukte auf den Markt gebracht.

Die Verpackung der Kiehl's-Produkte ist schlicht, funktional, wieder verwertbar und zeichnet sich durch überdurchschnittlich informative Etiketten aus, die dem Verbraucher umfassende Informationen zum Produkt vermitteln sollen (Abb. 6.3).

Die Aktivitäten der Marke konzentrieren sich auf das Wesentliche – Zusammensetzung und Qualität der Produkte. Weil die Wirksamkeit der Haut- und Haarpflege von ihren Inhaltsstoffen abhängt, verwendet Kiehl's ausschließlich sorgfältig ausgewählte, hochwertige Inhaltsstoffe. Es wird auf die Prinzipien Ehrlichkeit, Fairness und Integrität gebaut, die das Image von Kiehl's maßgeblich beeinflussten und zu der großen Anzahl überzeugter Anhänger führten. Kiehl's Since 1851 möchte seine Kunden durch die Qualität der Produkte und die Berücksichtigung von persönlichen Pflegeanforderungen überzeugen und gebraucht aus diesem Grunde keine kostenintensiven Umverpackungen.

Kiehl's verwendet immer noch verschiedene Logos auf allen Pflegeartikeln – zu Ehren der Tradition. Früher wurde einfach das Logo verwendet, welches der Drucker zu diesem Zeitpunkt vorliegen hatte. Man achtete selten auf ästhetische Gesichtspunkte auf dem Label

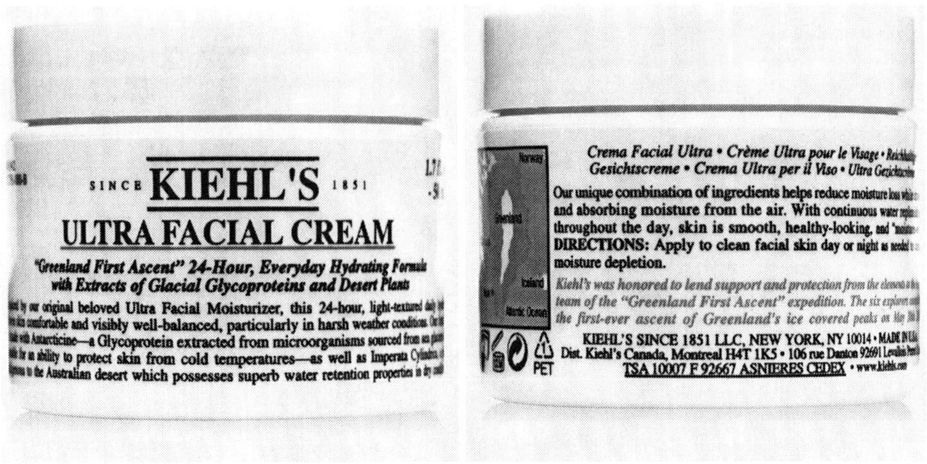

Abb. 6.3 Informative Etiketten

oder auf das Logo, da das Hauptanliegen schon immer die Inhaltsstoffe und die Rezeptur waren und nicht die Verpackung.

Die Inhaltsstoffe sind die wichtigsten Bestandteile der Produkte. Da Kiehl's natürliche Inhaltsstoffe verwendet, können Abweichungen in Produktfarbe und -konsistenz von einer Produktion zur anderen auftreten. Diese Schwankungen sind normal und beeinträchtigen nicht im Geringsten die Qualität und die Wirksamkeit der Produkte. Schon lange vor der Forderung durch die US-Gesetzgebung, alle Inhaltsstoffe eines Kosmetikprodukts aufzulisten, war es Standard bei Kiehl's-Produkten, die Inhaltsstoffe auf den Produkten anzugeben. In den Produkten werden möglichst wenige Konservierungsstoffe verwendet – nur die absolut notwendige Menge – damit sie haltbar sind. Bei der Formulierung der Produkte werden stets die Bedürfnisse von sehr empfindlicher Haut berücksichtigt.

Neben der eigentlichen Produktgestaltung stellt die Sortimentsgröße einen weiteren wichtigen Baustein der Angebotspolitik von Kiehl's dar. Das Sortiment umfasst 600 Referenzen, wovon 160 in Deutschland vertrieben werden, und ist damit weltweit eines der größten auf dem Kosmetikmarkt. Das Sortiment stellt an jeder deutschen Verkaufsfläche exakt die gleichen Referenzen dar, um allen Kunden gerecht werden zu können.

Es werden die Produktbereiche Gesichts-, Körper- und Haarpflege abgedeckt (Abb. 6.4). Vorrangig handelt es sich bei den Referenzen der Marke um Unisex-Produkte, welche zusätzlich um eine spezielle Pflege- und Rasurlinie für Männer ergänzt wurde. Immer wieder fanden spezielle Anliegen der Kiehl's-Gemeinschaft und der Gründerfamilien Einfluss in das Sortiment. So wurde unter der Führung von Jami Morse und Klaus Heidegger vor vielen Jahren die All-Sports-Serie mit Produkten für Sportler entwickelt, welche vor allem durch Klaus' langjährige Erfahrung als Weltklasseathlet geprägt ist. Eine weitere Marktlücke wurde durch die Entwicklung einer speziellen Produktlinie für Babys und Kinder geschlossen. Diese kam 1991, nach der Geburt der ersten Tochter Nicoletta von Jami Mor-

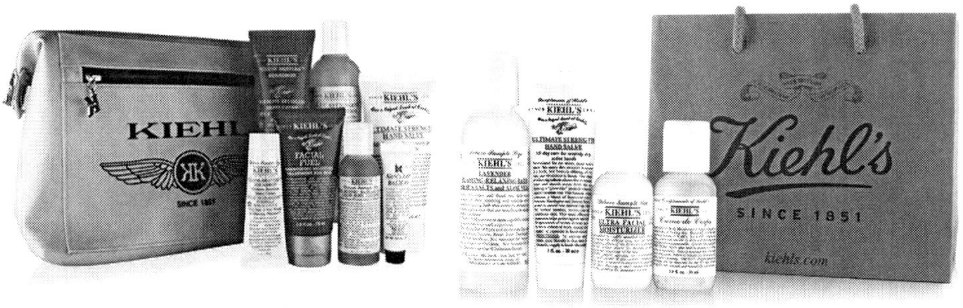

Abb. 6.4 Produkte

se, auf den Markt. Nicoletta wurde inzwischen zu einer erfolgreichen Reiterin, was Kiehl's dazu bewog, eine Pflegeserie für Pferde und Ponys zu entwickeln.

6.2.2 Die Servicepolitik: „Try before you buy"

Die Leitwerte von Kiehl's Since 1851 zeugen von einem „Geist des Gebens" und einer klaren Ausrichtung an den Kundenbedürfnissen. Dieses spiegelt sich in dem großzügigen Produktproben- und Beratungsprogramm wieder.

Bei Kosmetikprodukten spielt das Vertrauen in die Produktqualität eine erhebliche Rolle. Damit die Kunden die Qualität der Kiehl's-Produkte direkt erfahren können, entschied man sich in den 60er Jahren zu einem großzügigen Produktproben-Programm (Abb. 6.5). Das Motto „Try before you buy" ermöglicht Kunden, die Produkte und Formeln zu testen, um zu entscheiden, ob das Produkt ihren individuellen Wünschen und Anforderungen entspricht. Somit ist schon vor dem Kauf sichergestellt, dass der Kunde ein Produkt bekommt, welches seinen Wünschen und den Anforderungen seiner Haut oder seines Haares entspricht. Jede Verkaufsstelle in Deutschland verteilt etwa 50.000 Proben pro Jahr, ein für die Kosmetikindustrie absolut überdurchschnittlicher Wert.

Garantieleistungen bieten für den Kunden einen hohen Service-Stellenwert. So stellt etwa die „100 %-Geld-zurück-Garantie" eine wichtige und außergewöhnliche Kulanzleistung dar. Um dem Kunden den bestmöglichen Service zu bieten, kann dieser, falls er mit einem Produkt nicht zufrieden sein sollte, das Produkt zurückgeben und erhält den vollen Verkaufspreis zurückerstattet. Selbstverständlich besteht auch die Möglichkeit das Produkt gegen ein anderes – seinem Haut- oder Haartyp entsprechendes – Produkt zu tauschen.

All diese Serviceleistungen stehen im Einklang mit dem Markenursprung – dem Brand Heritage – der New Yorker Apotheke. Den Kunden wird eine intensive und fachgerechte Beratung geboten, die mit der Wahrnehmung übereinstimmt, eine aus einer Apotheke hervorgegangene Marke zu sein. Die Serviceleistungen des Unternehmens tragen zu der Wahrnehmung von Kiehl's Since 1851 als hochwertige Marke, mit Produkten auf die sich der Kunde verlassen kann, bei.

Abb. 6.5 Produktproben

6.2.3 Die Kommunikationspolitik: Virales Marketing

Kiehl's setzt auf Kommunikationsstrategien abseits der Massenkommunikation. Die Markenführung betreibt bewusst keine konventionelle Werbung in Form von Anzeigen oder Fernsehspots, sondern setzt auf Mund-zu-Mund-Propaganda und eine starke Öffentlichkeitsarbeit. Der jährliche Trend der Presseerwähnungen in Deutschland beläuft sich auf ca. 600 in regionalen und überregionalen Zeitungen sowie Zeitschriften. Neben Pressekonferenzen werden mehrmals im Jahr exklusive Veranstaltungen mit Kiehl's Luxusproben unterstützt.

Die Pressearbeit wird zusätzlich durch ca. drei bis vier jährlich stattfindende Aktionen direkt am Counter unterstützt, welche sich in produkt- und markenrelevante Promotions aufteilen lassen können. So fanden in Deutschland im Rahmen der Neulancierung der Männer-Pflegelinie an den Kiehl's Countern z. B. „Shaving-Events" statt, bei welchen sich männliche Kunden von einem Barbier der „alten Schule" mittels klassischer Nass-Rasurtechnik und der Verwendung der Kiehl's Produkte rasieren lassen konnten. Des Weiteren wurden den Kunden zu Muttertag und Weihnachten von einer Künstlerin vor Ort individuell gestaltete Karten angeboten. Zur Lancierung der „Abyssine"-Gesichtspflegeserie, welche einen Wirkstoff aus Meerespflanzen enthält, wurden die Kiehl's-Kunden in die Boutique in Hamburg eingeladen, um gemeinsam den Film „Le Grand Bleu" anzuschauen. Durch den besonderen Charakter der Veranstaltungen möchte sich Kiehl's als unkonventionelle Marke positionieren und einen bleibenden Eindruck bei den Verbrauchern hinterlassen.

Darüber hinaus sind es die Kunden von Kiehl's, die einen großen Anteil am Erfolg der Marke haben. Durch Mund-zu-Mund-Propaganda tragen sie zur Steigerung der Markenbekanntheit bei. Die Weiterempfehlungen stellen dabei ein effektives Marketinginstrument dar, da sie aus Kundensicht über eine weitaus höhere Glaubwürdigkeit verfügen als klassische Massenkommunikation. Das großzügige Produktproben-Programm begünstigt diese Weiterempfehlungen. Kunden können damit Freunden und Bekannten die Marke näher bringen, liefern gleichzeitig einen klaren Hinweis auf den Absender – Kiehl's Since 1851 – und ermuntern zu einem Besuch in der Boutique.

Events versuchen, die Kunden gezielt zur Weiterempfehlung zu animieren. So zum Beispiel die „Best-Wishes" Aktion, bei welcher Kunden ihren Freunden und Bekannten ein kleines Päckchen mit zwei Luxusproben und einer persönlichen Karte mit Polaroidfoto von sich selbst kostenfrei schicken können. Außerdem werden regelmäßig „Neighborhood-Partys" in den Stores veranstaltet, zu welchen Stammkunden Ihre Freunde und Bekannten mitbringen können. Hierbei spielen die Gemeinschaft und die Nähe zum Kunden eine große Rolle. Dieses Vorgehen verstärkt den Insider- bzw. Kultcharakter der Marke.

Ganz im Sinne eines viralen Marketingansatzes wird, durch eine effektive PR-Arbeit und die Begeisterung der Kunden zur Weiterempfehlung der Marke, der große Einfluss von Referenzen genutzt. Dieses, noch aus der Ursprungszeit der Marke stammende, Vorgehen stellt eine Ausnahme im L'Oréal-Konzern dar.

6.2.4 Die Kunden – Multiplikatoren der Marke

Nach Philip Clough, dem ehemaligen Präsidenten der Marke, ist Kiehl's eine Marke für alle Jahreszeiten und alle Menschen. Obwohl die Kunden der Marke Kiehl's sehr unterschiedlich sind, haben sie doch alle eine Vorliebe für Qualität, sinnvolle Produkte und einen ehrlichen Ansatz. Dieses stimmt mit der Positionierung von Kiehl's als exklusive Marke für anspruchsvolle Anwender überein. Neben gesundheits- und stilbewussten sowie gebildeten Menschen gehören ebenso Trendsetter und Kosmopoliten zu der Zielgruppe der Marke. Ein großer Teil der Kunden kennt die Marke aus der original New Yorker Pharmacy, oder sie wurde ihnen von Freunden und Bekannten empfohlen. Die Kunden besitzen eine außergewöhnlich hohe Loyalität zur Marke und schätzen ihre Einzigartigkeit und den Kultstatus.

Ein weiterer bemerkenswerter Aspekt ist, dass bei Kiehl's etwa 20–30 % der Kunden Männer sind. Dieses ist für die Kosmetikbranche ein ungewöhnlich hoher Anteil. Sie kaufen sowohl Produkte der allgemeinen Produktreihe, als auch „männerspezifische" Produkte.

6.3 Distribution

6.3.1 Distributionsstrategie – Direktvertrieb in eigenen Boutiquen und ausgewählten SIS

Kiehl's verfolgt eine selektive Distributionsstrategie und beschränkt sich somit auf jene Absatzmittler, mit welchen die Marke die angestrebte Zielgruppe am besten erreichen kann.

Abb. 6.6 Blick in den Hamburger Kiehl's-Store

Traditionell basiert die Distributionspolitik auf eigene Boutiquen. Alle Kiehl's Stores werden direkt von der Marke geführt, Franchisemöglichkeiten werden nicht.

Daneben gibt es eigene Counter sogenannte Shop in Shops in den größten Department Stores und Douglas Fialen. Diese sind mit eigenen Personal und mind. 20 m^2. SIS sind im traditionellen Kiehl's Stil. Daneben spielt die e-commerce Seite www.kiehls.de eine wichtige Rolle in der Distribution.

Die altehrwürdige Apotheke in New York wird noch heute als Flagshipstore der Marke mit der original Einrichtung, wie z. B. den alten Apothekenschränken, genutzt. Für loyale Kunden aus aller Welt ist sie ein Anziehungspunkt und gehört zu einem New York Besuch dazu.

Der größte Markt für das Unternehmen ist traditionell die USA. In Deutschland bestehen momentan 35 Verkaufsstellen der Marke, welche jeweils zwischen 20 und 60 m^2 groß sind (Abb. 6.6).

Zur Etablierung der Marke Kiehl's in Deutschland wird die Distribution langfristig – wie weltweit bisher erfolgreich gehandhabt – im Rahmen der Shop-in-Shop Konzepte in großen Warenhäusern und Trendstores mit sehr selektiven Kosmetikabteilungen weitergeführt werden. Des Weiteren wird ein Schwerpunkt auf den Ausbau der eigenen Boutiquen in Europa gelegt werden.

6.3.2 Gestaltung des POS – Tradition und Exklusivität

Die Verkaufspunkte von Kiehl's zeichnen sich durch Individualität und Exklusivität aus. Dem Vorbild der echten „Pharmacy" in New York's Lower Eastside folgend – in der Mr.

Kiehl seine Kunden noch persönlich bediente – versucht Kiehl's, Verkaufsstellen zu kreieren, welche der Tradition der Marke konsequent treu bleiben. Das Design der POS strahlt die Atmosphäre einer Apotheke aus dem 19. Jahrhundert aus. Während dem Kunden hochwertige, wirkungsvolle Produkte und ein außergewöhnlicher Service geboten werden, lädt das Design des POS zum Entdecken, Erleben und Genießen ein – eine Mischung aus Tradition und Moderne sowie den vielen Verknüpfungen zur Markengeschichte. Jeder Verkaufspunkt erhält eine exklusiv auf die örtlichen Gegebenheiten entworfenen Kiehl's Counter u. a. mit alten Apothekerschränken, antiken Accessoires, Marmortischen oder gerahmten Fotos mit Bildern der Kiehl's Historie. Unverwechselbar werden die Kiehl's Verkaufsstellen besonders durch die zahlreichen liebevollen Details, die zur Geschichte des Hauses gehören. Im Laufe der Jahre sind die Passionen und Interessensgebiete der großen „Kiehl's-Familie" zu einem festen Bestandteil der visuellen und emotionalen Identität des Unternehmens geworden, wozu unter anderem besonders folgende Details zählen:

Harley Davidson Eines der charakteristischsten Motive von Kiehl's ist das Motorrad. Sein ganzes Leben lang widmete Aaron Morse sich seiner Sammelleidenschaft, zu welcher Flugzeuge, Rennwagen und alte Motorräder gehörten. Zur Freude seiner Kundschaft stellte er diese in der Kiehl's Boutique an der 3rd Avenue aus. Noch heute findet man an allen Verkaufspunkten von Kiehl's entweder echte Oldtimer-Motorräder oder zumindest Bilder der alten Originale.

Mr. Bones Basierend auf den Wurzeln der ursprünglichen „Kiehl Pharmacy" in der 13th Street und 3rd Avenue in New York City – besitzt die Marke Kiehl's Since 1851 eine lange wissenschaftliche Tradition (Abb. 6.7). Dabei findet besonders die Medizin eine große Beachtung. In diesem Sinne präsentiert das Unternehmen an allen POS das Skelett „Mr. Bones". Hierbei handelt es sich um eine „anatomisch korrekte" Nachbildung eines menschlichen Knochensystems, welche jedoch aus keinen menschlichen Knochen besteht. Schon vor langer Zeit pilgerten so die Einwohner New Yorks zur Kiehl's Pharmacy, um anhand von Mr. Bones den Apothekern ihre Wehleiden mitteilen zu können. Heute stellt dieses medizinische Accessoire einen festen Einrichtungsgegenstand jeder Kiehl's-Boutique dar und trägt zur authentischen Atmosphäre bei.

Baby Wall Als die Familie Morse-Heidegger ihre erste Tochter zur Welt brachte, führte dies zur Entwicklung der Baby-Linie. Schon bald kamen sehr viele glückliche Mütter und Väter in die New Yorker Pharmacy und brachten Bilder ihrer Kinder mit. Über die Jahre entstand sich so eine Fotowand voll mit „Kiehl's-Babys". Noch heute kommen diese inzwischen erwachsenen Söhne und Töchter mit ihren eigenen Kindern in den Kiehl's Store, um deren Fotos neben ihre alten Bilder zu heften. Diese Tradition des New Yorker Stammhauses findet sich ebenfalls in den Boutiquen auf der ganzen Welt wieder. Den Kunden wird so die für das Unternehmen typische familiäre Stimmung vermittelt. Diese denkbar einfache Dekoration stellt ein wichtiges Kundenbindungsinstrument (Abb. 6.7) dar.

Abb. 6.7 Babywall Pharmacy New York, Mr. Bones

Bilder in allen Kiehl's Verkaufsstellen In allen Stores befinden sich Bilder, auf welchen der sportliche Geist der Marke verdeutlicht wird. Kiehl's besitzt eine lange Tradition bei der Unterstützung von Abenteuern und Extremsportlern, die die Fähigkeiten und Belastbarkeit des Menschen ausreizen. So unterstützte Kiehl's im Jahre 1988 ein Team von Abenteurern, welche erstmals erfolgreich die Ostwand des Mount Everest ohne Sauerstoffgerät bestiegen. Die Kiehl's Produkte wurden vom „Everest 88"-Team exklusiv zur Anwendung während der Expedition ausgewählt.

Wie schon vor vielen Jahren engagiert sich Kiehl's auch heute noch im Rahmen außergewöhnlicher Veranstaltungen. So war die Marke im Jahre 2005 Sponsor einer Expedition nach Grönland. Ein Team aus fünf Abenteurern, vier Männern und einer Frau, machte sich zur Erstbesteigung der eisbedeckten Gipfel der Gletscher Grönlands auf. Neben der Ausstattung von Expeditionsteilnehmer mit Produkten, die sie vor den rauen Witterungsbedingungen schützen, bot sich für die Erstbesteigungen in Grönland eine seltene Gelegenheit. Eine neue Produktformel wurde gerade entwickelt – eine reichhaltigere Version der beliebten UFM-Lotionen von Kiehl's, die bereits in den frühen 70er Jahren auf den Markt kamen. Chemiker arbeiteten gerade an der Entwicklung dieser einzigartigen Feuchtigkeitsversorgung, die selbst unter extremen Bedingungen wie starker Kälte oder Trockenheit ihre Effizienz behält. Kiehl's bat die Expeditionsteilnehmer, die neue Produktformel bei ihrem Versuch, die Gipfel der größten Insel der Erde zu bezwingen, auszuprobieren.

Aber nicht nur Aktionen in kaltem Terrain werden unterstützt – Kiehl's stellt jedes Jahr den alleinigen Sponsor des Badwater Ultramarathon in den USA dar. Dieser Extremmarathon führt die aus aller Welt ausgewählten Teilnehmer 135 Meilen Tag- und Nacht durch das Death Valley. Die Teilnehmer legen in ca. drei Tagen einen Höhenunterschied von 3500 m unter den extremsten Temperaturen bis zu 45 Grad zurück.

6.4 Fazit

In Zeiten zunehmender Wettbewerbsverschärfung, Informationsüberflutung, qualitativer Austauschbarkeit von Produkten und Wertewandel stellt sich die Frage nach sinnvollen langfristigen Wegen von Markenstrategien. Der quantitative Informationsdruck, die Vielzahl an unterschiedlichsten Reizen, denen der Konsument tagtäglich ausgesetzt ist, übersteigt mittlerweile seine Informationsaufnahmefähigkeit – die Botschaften der Industrie und des Handels kommen nicht mehr an. Der Konsument sehnt sich zurück nach einfachen Dingen mit einem soliden ehrlichen Kern, Der Bedarf an Unternehmen und Marken, die für Echtheit, Qualität und damit Sicherheit stehen, wird in den kommenden Jahren weiter zunehmen. Schon junge Menschen empfinden heute vielfältige Unsicherheiten, die zu einer Nostalgie führen, die sich an Bewährtem orientiert.

Die Marke Kiehl's Since 1851 zielt darauf ab, durch Schlichtheit und Realismus mit einer Note Natürlichkeit, den Bedürfnissen der Kunden nach dieser Authentizität gerecht zu werden. Die Marke positioniert sich als einzigartige und authentische Kultmarke für anspruchsvolle Pflegeprodukte mit einem eigenständigen, auf den Kunden ausgerichteten Marketingkonzept. Dabei spielen klare, am Brand Heritage ausgerichtete, Botschaften eine entscheidende Rolle. Vermittelt wird dieses durch qualitativ hochwertige Produkte, welche bewusste Assoziationen zum Markenursprung erzeugen, sowie einen ausgeprägten Service, ebenfalls in Übereinstimmung mit der New Yorker Pharmacy. Die Merkmale Qualität und Service haben sich in der Philosophie, in der Positionierung der Marke und in der erfolgreichen Kundenadressierung als primäre Erfolgsfaktoren herauskristallisiert. Der Kunde wird dabei in den Mittelpunkt gerückt. Die Boutiquen schließlich, als Distributionsweg in klar erkennbarer Anlehnung an den Markenursprung, vereinen diese Erfolgsfaktoren und bringen die Markenphilosophie zum Leben. Für die Kunden wird hier die Marke erlebbar. Die Fokussierung auf besondere persönliche und emotionale Elemente erzeugt die in der Markenpositionierung angestrebte Authentizität. All diese Elemente haben, in der Umsetzung der konsistenten und ursprünglichen Markenleitwerte, den unschätzbar wertvollen Status der Marke geprägt und den Erfolg ermöglicht.

Die Herausforderung für Kiehl's wird es sein, diese Faktoren zu festigen und auszubauen, und bei einem weiteren weltweiten Wachstum die Wurzeln und Herkunft zu bewahren. Denn diese Traditionen und das auf Kunden und Markt ausgerichtete Konzept sind es, die Kiehl's aus Kundensicht einzigartig und unverwechselbar machen, der Marke das persönliche Image geben, welches sich in den Köpfen der Konsumenten verankert hat.

Autoren

Thomas Baierlein arbeitet als Unternehmensberater, Firmengründer und Private Equity Advisor. Vor seiner Tätigkeit für KeenOn Fashion war er in verschiedenen Aufgabenstellungen (Markenführung- und Positionierung, Sales, Marketing, Handel, Retail, Produktentwicklung, Personal und Unternehmensstrategie) in unterschiedlichen Unternehmen tätig. Unter anderem arbeitete er für Henkel Group International, Swatch Group, Reebok Deutschland GmbH, Mustang Jeans GmbH, Takko Fashion GmbH sowie Ploucquet Group/Sympatex Technologies GmbH. Zu seinen Funktionen gehörten unter anderem Tätigkeiten als Geschäftsleitungsmitglied, Geschäftsführer, Vorstand und CEO.

Für KeenOn Fashion verantwortet Thomas Baierlein den Bereich Vertrieb/Handel.

Dieter Brandes Jahrgang 1941, Diplom-Kaufmann, langjährige Erfahrungen im Top-Management des Lebensmittelhandels im In- und Ausland. Vierzehn Jahre Geschäftsführer und Mitglied des Verwaltungsrates Aldi-Nord. Seit 1993 selbständig als Berater für Strategie und Organisation. Gründung und Leitung der Discountkette BIM in der Türkei sowie Entwicklung von Biedronka (Jeronimo Martins) in Polen. Wesentliche Entwicklungen Vortragsveranstaltungen und Beratungen in Europa, Amerika und Asien mit den Themen Discount und Komplexitätsmanagement. Zusammen mit seinem Sohn Nils Brandes betreibt er das Institut für Einfachheit. Veröffentlichungen: Konsequent einfach. Die ALDI Erfolgsstory, Campus und Heyne; Bare Essentials – The ALDI Way to Retail Success, Campus 2004 und E-Book 2012; 11 Geheimnisse des Aldi-Erfolgs, Campus, Piper 2003/2006; Alles unter Kontrolle? Die Wiederentdeckung einer Führungsmethode, Campus 2004; Die Aldi-Diät für Deutschland – Rezepte für eine einfache Politik, Econ 2007; Einfach managen. Klarheit und Verzicht – der Weg zum Wesentlichen, Redline 2002/2010. Kontakt: www.konsequent-einfach.com.

Michael Buck Jahrgang 1967, Diplom Betriebswirt FH, arbeitet als strategischer Begleiter für global agierende Unternehmen in den Bereichen Marketing Strategie, Online Marketing- bzw. Commerce und WEB2.0/Social Media. Michael Buck war bis Juli 2012 Leiter des weltweiten Online Marketings bei Dell. In dieser Position war er global verantwortlich für die Bereiche Online-Marketing und -Strategieentwicklung sowie die Nutzung

H.-C. Riekhof (Hrsg.), *Retail Business*, DOI 10.1007/978-3-8349-4555-6, der Sozialen Medien bei Dell. Er war seit August 2004 bei Dell und hat in verschiedenen europäischen und weltweiten Führungspositionen als General Manager für Online, Marketing im direkten – und indirekten Geschäft gearbeitet. Vor seinem Eintritt bei Dell war er elf Jahre bei Hewlett-Packard tätig, unter anderem in europäischen Führungspositionen in den Bereichen Vertrieb, Marketing und Logistik für unterschiedliche Businessbereiche. Er hat über 25 Jahre Berufserfahrung in europäischen und globalen Führungspositionen bei Dell, Hewlett-Packard und der Dresdner Bank.

Sandra Dollinger Jahrgang 1980, Dipl.-Biologin. Bereits während des Studiums war sie am Aufbau mehrerer erfolgreicher Markenforen beteiligt. Seit 2007 bei LUSH Deutschland und anfangs für PR zuständig, wechselte sie 2008 in die Abteilung Marketing und E-Commerce und war dort u. a. für die Einführung regelmäßiger Newsletter- und Mailingaktionen zuständig. Daneben ist sie für die Erstellung aller Online-Marketing- und Produkttexte bei LUSH Deutschland verantwortlich und managt seit 2010 zusätzlich zum etablierten Kundenforum auch den allgemeinen Social-Media-Bereich von LUSH Deutschland.

Berit Düvell Jahrgang 1989, studiert General Management im Masterstudiengang an der PFH Private Hochschule Göttingen mit den Schwerpunkten „Corporate Financial Management" und „Internationales Marketing". Sie verbrachte ein Auslandssemester an der Partneruniversität in Worcester, Großbritannien, und ihre vielzähligen Praktika konzentrieren sich vor allem auf Controlling, Financial Advisory and Investment Banking. Herauszustellen sind hierbei ein Praktikum bei Lloyd shoes GmbH, in dem sie eine Markteintrittsstrategie für den französischen Markt entwickelte, ein Praktikum bei KPMG AG in der Transaktionsberatung und bei der IKB im Investment Banking Industriegruppe Energy & Utilities. Neben dem Studium ist sie Junior Consultant bei UNIConsult Strategieentwicklung GmbH und arbeitet dort an diversen Beratungsprojekten.

Katharina Ediger Jahrgang 1986, Studium der Betriebswirtschaftslehre mit Schwerpunkten Marketing und Strategisches Management an der Westfälischen-Wilhelms-Universität Münster. Zwischen 2008 und 2011 Tätigkeiten beim Handelsunternehmen Sanitop-Wingenroth GmbH & Co. KG, bei dem Telekommunikationsunternehmen The Phone House Telecom GmbH sowie bei der Designagentur Volt Communication GmbH. 2012 erfolgte der Einstieg bei Takko Fashion GmbH als Assistentin des CEO für die Bereiche Marketing, Personal und Strategie.

Christiane Fleischer hat an der Universität Mannheim und der University of Sydney (Australien) Betriebswirtschaftslehre studiert und im Jahr 2005 mit einem Diplom mit Spezialisierung in Marketing und Internationalem Management abgeschlossen. Nach ihrem zusätzlichen Masterstudium in Entwicklungsmanagement an der University of Birmingham (UK) war sie zunächst in der entwicklungspolitischen Beratung tätig. Seit Juli 2008 arbeitet sie bei der Otto (Gmbh & Co KG) und verantwortet dort als Projektmanagerin den Dialogbereich der Michael Otto Stiftung.

Michael Freytag Jahrgang 1958, nach der Ausbildung zum Bankkaufmann Jurastudium und Promotion an der Universität Hamburg. Zehn Jahre Corporate & Investmentbanking bei der Deutschen Bank AG. 2001 Wechsel in die parlamentarische Mehrheitsführung der Hamburgischen Bürgerschaft als Fraktionsvorsitzender. 2004–2010 Senator der Freien und Hansestadt Hamburg. Mitglied des Bundesrats der Bundesrepublik Deutschland. 2007–2010 Mitglied des Finanzplanungsrates und des Vermittlungsausschusses von Bundestag und Bundesrat. Während der Regierungszeit Aufsichtsratsvorsitzender von Unternehmen des Immobiliensektors, der Ver- und Entsorgungswirtschaft, des ÖPNV und Hamburgs Konzernholding HGV. Seit 2010 Vorsitzender des Vorstandes der SCHUFA Holding AG. Seit 2011 Vorstandsmitglied der Association of Consumer Credit Information Suppliers (ACCIS), Brüssel.

Tobias Gruber Jahrgang 1975, nach Bankausbildung und Studium der Wirtschaftswissenschaften (Studiengang: Handelsmanagement) an der University of Applied Science Worms und an der Universidad Del Pacífico Ecuador seit 2003 bei OTTO (GmbH & Co KG) tätig. Von 2003 bis 2009 Controller und Abteilungsleiter in der Einkaufssteuerung. Seit 2009 Bereichsleiter in der aktuellen Funktion als Leiter „Angebots- und Categorysteuerung".

Claudia Hagedorn studierte Betriebswirtschaftslehre mit den Schwerpunkten Organisation und Sprachen an der Universität Bielefeld. Danach arbeitete sie 4 Jahre im Strategischen Einkauf der Henkel KGaA in Düsseldorf und betreute u. a. den Einkauf von Waschmittel-Rohstoffen. Seit 1999 ist sie in der Otto Group in verschiedenen Aufgabengebieten tätig. Zunächst arbeitete sie im Otto Textileinkauf im Bereich Katalogstrategie und betreute dann die Bestückung des Baur Hauptkataloges mit HAKA Sortimenten. 2008 wechselte sie zu Hermes-OTTO International, verantwortet dort die Themen Marketing und PR und hat in dieser Aufgabe das Rebranding von Otto International zu Hermes-OTTO International federführend begleitet. Frau Hagedorn war von Beginn an in die Konzeptphase von KeenOn Fashion involviert und verantwortet neben dem Aufgabengebiet bei Hermes-OTTO International auch die gesamte Kommunikation von KeenOn Fashion.

Bernd Hake Jahrgang 1967, Diplom-Kaufmann. Nach Ausbildung zum Bankkaufmann und Studium der Betriebswirtschaftslehre an der Universität Mainz mit den Schwerpunkten Marketing und Statistik 1997 Projektarbeit für PriceWaterhouse in New York. Seit Ende 1997 bei der Firma Hugo Boss in Metzingen und dort bis 2004 verantwortlich für den Bereich Business Development. Anschließend Geschäftsführer für Shoes & Accessories und damit verantwortlich für die Integration des Lizenzpartners und die globale Expansion. 2008 Brand Director für die Kernmarke Boss Black und die Luxusmarke Boss Selection. Seit 2009 Managing Director für Hugo Boss UK & Ireland. Veröffentlichungen u. a. Die Anwendung der Conjoint-Analyse für eine partnerschaftliche Sortimentsgestaltung in der Bekleidung, in: Riekhof, H.-C. (Hrsg.), Retail Business in Deutschland, 2. Aufl. Wiesbaden 2008, S. 397–411 (zusammen mit Klaus Grönefeld).

Friederike Heine Jahrgang 1980, Studium der Internationalen Betriebswirtschaftslehre an der University of Applied Sciences in Heilbronn und an der Universidad de Valencia. Schwerpunkte des Studiums Marketing, internationale Kulturen, Wirtschaftssprachen Arabisch, Spanisch, Englisch. Einstieg bei L'Oréal nach Diplomarbeit über selektive Distributionsstrategien der Kosmetikindustrie. Zuvor verschiedene nationale und internationale Praktika in den USA, Korea und China mit den Schwerpunkten Marketing und Vertrieb bei Bosch und Lufthansa. Seit 2005 Produktmanagerin der Marke Kiehl's Since 1851 im Bereich der L'Oréal Luxusprodukte GmbH. Derzeitige Arbeitsschwerpunkte und Projekte: Markenmanagement und Customer Relationship Management.

Gerrit Heinemann Jahrgang 1960, Leiter des eWeb-Research-Centers und Professor für BWL, Management und Handel an der Hochschule Niederrhein, Schwerpunktleiter der englischsprachigen Masterstudiengänge in Trade and Retailing, Studium der BWL mit Schwerpunkt Marketing und Handel an der Universität in Münster, 1988 Promotion als wissenschaftlicher Mitarbeiter bei Prof. Meffert, 1989–1992 Zentralbereichsleiter Marketing der Douglas Holding AG, 1993–1995 Traineeprogramm und Warenhausgeschäftsführer bei der Kaufhof Warenhaus AG, 1995–1997 Zentralgeschäftsführer der Drospa Holding/Douglas Gruppe, 1997–2003 Leiter „Competence Center Handel und Konsumgüter" Droege&Comp. Unternehmensberatung, davon 2001–2003 in Interimsfunktion CEO der Kettner-Gruppe, 2004 Ruf zum Professor für BWL und Gründungsmanagement an die Hochschule Lübeck, 2005 Ruf zum Professor für BWL, Management und Handel an die Hochschule Niederrhein, seit 2010 Aufsichtsratsmitglied der buch.de internetstores AG, mehr als 100 Fachbeiträge zu aktuellen Themen des Handels, Autor bzw. Herausgeber der Fachbuch-Bestseller „Multi-Channel-Handel", „Der neue Online-Handel" – mittlerweile auch in englischer Sprache erschienen – sowie „Web-Exzellenz im E-Commerce", „Cross-Channel-Management" und „Moderner Mobile-Commerce". Arbeits- und Forschungsgebiete: Global Trade, International Retailing, E-Commerce, Mobile-Commerce, Online- und Multi-Channel-Handel, Sales und Marketing Management.

Markus Hepp Jahrgang 1973, Dipl.-Physiker, MBA, Partner und Managing Director bei The Boston Consulting Group in Köln; studierte Physik in Köln mit einjährigem Forschungsaufenthalt in Tokio und International Diploma in Semiconductor Science and Technology am Imperial College in London; anschließend MBA-Studium an der Columbia Business School, New York. Seit 2001 bei BCG, seit 2012 Partner; Beratungsschwerpunkte sind Handelsunternehmen mit breiter Themenpalette von Wachstumsstrategien bis hin zu Restrukturierung; Mitglied der BCG-Praxisgruppe Konsumgüter und Handel sowie Leiter des Handelsbereichs in Deutschland. Umfangreiche Beratungsprojekte, unter anderem zu Reorganisationen, Einkaufsoptimierung, Markteintritts- und Expansionsstrategien für globale Lebensmittelkonzerne und Handelsunternehmen aus Textil-, Baumarkt-, und Elektronikbranche. Veröffentlichungen: fortlaufend BCG-Studien, unter anderem zu „Preisstrategien im Einzelhandel" (2009) sowie zahlreiche Fachbeiträge.

Oliver Hermes Jahrgang 1960, Dr. rer. pol., Studium der Betriebswirtschaftslehre (1980–1985); wissenschaftlicher Mitarbeiter und Dozent am Institut für Marketing und Handel, Universität Göttingen (1985–1988); Promotion 1988; Berater, GWH Unternehmensberatung, Hamburg (1985–1988); Leiter Marketingkommunikation und Verkaufsförderung, Otto Versand Hamburg (1989–1993); Mitinhaber und Geschäftsführer Baader, Lang, Behnken Werbeagentur, Hamburg (1993–1997); Managing Director BMZ!FCA Werbeagentur (Publicis Group), Düsseldorf (1997–2000); CEO Young & Rubicam Deutschland Werbeagentur, Frankfurt (2000–2002); Gründer, Mitinhaber und Geschäftsführer Baader Hermes Werbeagentur, Hamburg (2000–2007); Gründer und Mitinhaber Berger Baader Hermes Werbeagentur, München (seit 2001). Mitglied des Beirats der auf die Förderung des mittelständischen Handels ausgerichteten Rid Stiftung. Zahlreiche Veröffentlichungen und Vorträge zu den Themenbereichen Handel, Marketing, Konsumentenverhalten, Wettbewerb, Kommunikation, Social Media. Dozent auf Kongressen und an Hochschulen.

Stefan Herzog Jahrgang 1961, ist seit 2005 Mitglied der SportScheck Geschäftsführung und verantwortlich für die Bereiche Einkauf, Werbung und Marketing. Sein Sport- und Englisch-Studium an der Ludwig-Maximilian-Universität in München finanzierte er sich als Mitarbeiter bei SportScheck. 1987 übernahm er als Abteilungsleiter den Fitnessmarkt und wurde bereits fünf Jahre später zum Einkaufsleiter befördert. Im Jahr 2000 fing der zweifache Vater in der Funktion als Geschäftsführer bei Sport Voswinkel an, einem Unternehmen der Douglas-Gruppe bevor er seit 2003 für zwei Jahre als Direktor Sport in der Karstadt Warenhaus AG die Ressorts Einkauf und Vertrieb verantwortete.

Kathrin Hüsgen Jahrgang 1969, Designerin. Nach Ausbildung zur Bekleidungsschneiderin und Designstudium an der Modeschule Schloß Eller als Designer für YAZOO, Köln und Comma, Düsseldorf tätig. 2001 als Designer für Boss Womenswear in Mailand und nachfolgend als Head Designer Relaunch der Kollektion in Metzingen, und damit Aufbau von Design, Prozessen und Womenswear-Kultur. 2006 Head Design für JOOP! Womenswear, verantwortlich für Relaunch und Re-Positionierung der Kollektion, den Neu-Aufbau des Teams, sowie aller Kreativ-Prozesse. Seit 2010 in London und freiberuflich beratend tätig in den Bereichen Kreation, Entwicklung und Buying & Merchandising.

Henning Husmann studierte Betriebswirtschaftslehre mit den Schwerpunkten Wirtschaftsinformatik und Produktion an der Universität Osnabrück. Seit 1992 arbeitet er in verschiedenen Funktionen für die Otto Gruppe. Zunächst war er als Berater für Einkaufsprozesse am Aufbau von Startup-Unternehmen im B2C-Einzelhandel tätig (u. a. in Indien, Japan, China, Italien, Ungarn). 1999 übernahm er die Leitung der IT-Anwendungsentwicklung Einkauf für die Otto (GmbH & Co KG). Ab 2002 wurde er für die Implementierung der internationalen E-Procurement-Prozesse der globalen Beschaffungsplattform ottogroupb2b.com verantwortlich; ab 2005 übernahm er die Gesamtverantwortung für die Entwicklung dieser Plattform. Mit dem Wechsel zu Hermes-OTTO International im Jahre 2008 verantwortete Herr Husmann den Bereich Business Development und damit

Weiterentwicklung der Geschäftsprozesse. In dieser Aufgabe hat er maßgeblich die konzeptionelle Erarbeitung von KeenOn Fashion vorangetrieben und leitet heute als Managing Director den Bereich Operations von KeenOn Fashion.

Uwe Krakau Jahrgang 1970, Diplom-Ökonom, Studium der Wirtschaftswissenschaften (Marketing und Sozialpsychologie) an der Ruhr-Universität Bochum sowie Morphologische Marktpsychologie an der kamm – Kölner Akademie für Markt- und Medienpsychologie. Nach dem Studium als Consultant mit der Spezialisierung Start-Up und Marketing bei der Innovation Consulting AG, als Strategischer Senior Planer bei der Rempen & Partner Werbeagentur GmbH und als Freelancer Planning Director für Below-the-Line-Agenturen tätig. Seit 2003 am Karl-Schiller-Berufskolleg der Stadt Dortmund mit den Fakultäten Wirtschaftswissenschaften sowie Absatz/Marketing, seit 2006 auch teilabgeordnet zur Geschäftsführung der BLK-Modellversuches segel-bs, NRW, im Landesinstitut für Schule/Qualitätsagentur/Ministerium für Schule und Weiterbildung des Landes Nordrhein-Westfalen. Veröffentlichungen zu den Themenbereichen Strategische Planung im Handelsumfeld sowie Didaktik der selbst regulierten Lernens. Kontakt: uwe@krakau.de.

Katja Kreß Jahrgang 1971, studierte Betriebswirtschaft mit Fachrichtung Wirtschaftsinformatik an der Berufsakademie in Mannheim. Nach verschiedenen Stationen in der Informatik und im Controlling beim Pharmagroßhandel ANZAG, war sie bei der Triaz Gruppe in Freiburg als Kaufmännische Leiterin tätig. Dort veranwortete sie neben Finanzen und HR auch die Bereiche Disposition, Einkaufssteuerung, Database Marketing und die Adressbroking-Agentur ewaniga. Seit 2008 ist sie als Head of Germany & Czech Republic bei LUSH, Fresh Handmade Cosmetics, tätig und verantwortet dort neben Finance, HR, IT und Administration auch die Bereiche Mail Order, E-Commerce und M-Commerce.

Ralf T. Kreutzer Jahrgang 1958, studierte Marketing, Organisation und Psychologie an der Universität Mannheim. Dort wurde er über das Thema „Global Marketing" zum Dr. rer. pol. promoviert. Anschließend war er 15 Jahre in verschiedenen Führungspositionen bei Bertelsmann, Volkswagen und der Deutschen Post tätig, bevor er 2005 zum Professor für Marketing an der Hochschule für Wirtschaft und Recht in Berlin berufen wurde. Parallel zu seiner Professoren-Tätigkeit engagiert sich Prof. Kreutzer als Marketing und Management Consultant. Prof. Kreutzer hat durch regelmäßige Publikationen und Vorträge maßgebliche Impulse zu verschiedenen Themen rund um Marketing, Dialog-Marketing, CRM/Kundenbindungssysteme, Database-Marketing, Online-Marketing, strategisches sowie internationales Marketing gesetzt und eine Vielzahl von Unternehmen im In- und Ausland in diesen Themenfeldern beraten. Seine jüngsten Buchveröffentlichungen sind „Kundenclubs & More" (2004), „Marketing Excellence" (2007), „Die neue Macht des Marketing" (2008), „Praxisorientiertes Dialog-Marketing" (2009), „Praxisorientiertes Online-Marketing" (2012) und „Praxisorientiertes Marketing" (4. Aufl., 2013).

Michael Kunkel Jahrgang 1946, Diplom-Kaufmann, Dr. rer. pol., Universität Mannheim. Von 1979 bis 1999 Partner und European Director Retail bei Kurt Salmon Associates, Düsseldorf. Von 1999 bis 2006 Vorstand und Aufsichtsrat der Institut, Management und Consulting AG (IM+C AG) in Mannheim. Seit 2006 Geschäftsführer der Cubes Retail Systems GmbH in Veitsrodt und Consultingpartner der Hachmeister + Partner-Gruppe/Bielefeld. Veröffentlichungen: zahlreiche Veröffentlichungen in TW, LZ, FAZ, WamS, Absatzwirtschaft u. a. zu Themen der Prozessoptimierung mit Schwerpunkt auf Vertikalisierungsstrategien und Supply Chain Management Implementierungen.

Rainer P. Lademann Jahrgang 1953, ist nach Ausbildung zum Industriekaufmann sowie Studium der Wirtschaftswissenschaften und Promotion an der Universität Göttingen als Experte für Wettbewerbs- und Raumökonomie geschäftsführender Gesellschafter der Lademann & Associates GmbH Economists and Competition Consultants sowie von Dr. Lademann & Partner Gesellschaft für Unternehmens- und Kommunalberatung mbH, beide mit Sitz in Hamburg. Er berät mit seinem Wettbewerbsteam seit 1986 Unternehmen in Industrie-, Handels- und Dienstleistungsbranchen in Kartellverfahren (Fusionen, Kartelle, Kooperationen, Machtmissbrauch) sowie Verbände und die öffentliche Hand bei wettbewerbspolitischen Fragestellungen. Mit dem Schwesterunternehmen Dr. Lademann & Partner unterstützt er Handelsunternehmen und Kommunen in Standort- und Zentrenplanungsfragen. Rainer Ladeann ist Honorarprofessor an der Universität Göttingen.

Antonella Mei-Pochtler Senior Partner und Managing Director bei The Boston Consulting Group in Wien und München; studierte Betriebswirtschaft in München und promovierte in Rom, anschließend MBA-Studium am INSEAD in Fontainebleau bei Paris. Seit 1984 bei BCG, seit 1990 Partnerin in verschiedenen Führungspositionen; unter anderem Leitung der Consumer Practice in Deutschland, des globalen Brand Management Teams sowie des Medienteams. Von 2008 bis 2011 Mitglied des weltweiten Executive Committee. Als Expertin für Strategie, Markenführung und Marketing berät sie internationale Unternehmen, vor allem aus Konsumgüterindustrie und Medienbranche. Veröffentlichungen: Acupuncture for Management. Neue Perspektiven für Strategie und Führung, Kempen 2006; zahlreiche Publikationen in Fachzeitschriften und Zeitungen; fortlaufende BCG-Studien zu Markenthemen und Konsumgütern; 2002 erhielt sie für das von ihr mit initiierte Bildungsprojekt „business@school" den Preis „Freiheit und Verantwortung". 2008 kürte sie das Consulting-Magazin zu One of the 25 Top Consultants worldwide.

Johannes Merck studierte Geschichts- und Rechtswissenschaften an der FU Berlin und war anschließend als wissenschaftlicher Mitarbeiter beim Deutschen Bundestag in Bonn tätig. Seit 1989 ist er für die Hamburger Otto Group tätig und verantwortet als Direktor Corporate Responsibility die umwelt- und gesellschaftspolitischen Aktiviten der Unternehmensgruppe. Zusätzlich ist er geschäftsführender Vorstand der Michael Otto Stiftung für Umweltschutz sowie Vorstandsvorsitzender der Aid by Trade Foundation, Trägerin der Initiative „Cotton made in Africa". Dr. Merck ist u. a. Vorsitzender des Beirates der Systain

Consulting GmbH, Mitglied des Supervisory Boards des World Future Councils und Mitglied des Präsidiums des Naturschutzbund Deutschland e. V. (NABU).

Hans-Christian Riekhof Jahrgang 1954, Studium der Betriebswirtschaftslehre in Münster und Göttingen. 1984 Promotion. 1984 bis 2000 Tätigkeiten in der Otto Group als Leiter Personalentwicklung, Leiter Strategieentwicklung und Direktor Marketing sowie in der Beiersdorf AG als Leiter Strategieplanung und als Leiter eines operativen Geschäftsbereiches. 1996 Berufung auf die Professur für Internationales Marketing an der PFH Private Hochschule Göttingen (www.pfh.de). Gründer und Geschäftsführender Partner der UNICconsult Strategieentwicklung GmbH (www.unicconsult.com). Forschungsschwerpunkte: Wertschöpfung durch strategisches Pricing. Customer Insights und Markt-Wirkungsmodelle. Instrumente der wirksamen Strategieumsetzung. Ausgewählte Veröffentlichungen: Die 6 Hebel der Strategieentwicklung. Stuttgart 2010. Als Herausgeber: Customer Insights. Wissen wie der Kunde tickt. Wiesbaden 2010; Strategien der Personalentwicklung. 6. Auflage Wiesbaden 2006; Retail Business in Deutschland. 3. Auflage Wiesbaden (2013).

Bernd M. Samland Jahrgang 1959, Studium der Politik-, Sprach- und Medienwissenschaften an der Universität Trier und University of Kansas, USA (M.A.), Promotion zum Dr. phil. an der Universität Rostock im Bereich Markenlinguistik. Journalist und Producer bei RTL, Geschäftsführer der Werbeagentur Dietz & Partner, Presse- und Marketingchef von RTL-Radio, Geschäftsführer der Deutschlandfunk-Marketing GmbH und Kommunikationsdirektor des TV-Senders VOX. Seit 1994 selbstständig im Bereich Markenberatung und Naming und als geschäftsführender Gesellschafter der Endmark GmbH verantwortlich für die Entstehung zahlreicher internationaler Markennamen. Samland ist weiterhin Lehrbeauftragter der Universität zu Köln und der Rheinischen Fachhochschule.

Tobias Schäfers ist Absolvent der PFH Göttingen und seit August 2010 Juniorprofessor für Dialogmarketing an der EBS Business School, EBS Universität für Wirtschaft und Recht, Wiesbaden. Seine Forschungsschwerpunkte liegen in den Bereichen Konsumentenverhalten, Nischenmarketing, Marketing-Kommunikation und Dienstleistungsmarketing.

Thomas Schnieders Jahrgang 1965, ist seit 2000 Direktor bei OTTO und für den Einsatz Neuer Medien im E-Commerce verantwortlich. Sein Verantwortungsbereich umfasst dabei insbesondere den Flagship-eStore der Otto Group www.otto.de, die M- und T-Commerce Aktivitäten von OTTO, aber auch die Etablierung des Performance-Marketing Instrumentariums. Parallel dazu ist er mit wechselnder Intensität für strategische E-Commerce Aufgaben auf Ebene der Otto Group verantwortlich. Zuvor arbeitet er sieben Jahre für die Bertelsmann AG – unter anderem als Leiter Neue Medien Bertelsmann Club und zuletzt als Gründungsgeschäftsführer für BOL Deutschland. Nach dem Studium der BWL und Musikwissenschaft war er als Wissenschaftlicher Mitarbeiter in der BWL/Wirtschaftsinformatik an der Universität Osnabrück tätig und promovierte über das

Thema „Konzeption und Realisierung multimedialer Kataloge“. Darüber hinaus engagiert er sich als Lehrbeauftragter in der Ausbildung von E-Commerce Nachwuchskräften an der FH Wedel im Masterstudiengang E-Commerce.

Lutz Spannuth Jahrgang 1960, Gelernter Bankkaufmann und Diplom-Kaufmann (Schwerpunkt Handel und Internationales Management). Managementtätigkeit entlang der gesamten Wertschöpfungskette im Distanzhandel von der Beschaffung und Produktion im Auslandsmarkt bis hin zum Endkundenmanagement im Vertriebsmarkt. Konzern-, Mittelstands- und Gründungserfahrung. Internationale und interkulturelle Erfahrung. 1988 Einstieg als Leiter Strategieentwicklung beim Otto Versand, Hamburg. 1991 Gründung Otto-International Singapore mit Einkaufsbüros in Singapur und Jakarta, und Übernahme der stellvertretenden Büroleitung. 1993 Hauptabteilungsleiter Marketing und Kundenservice beim Heine Versand, Karlsruhe. 1996 Sprecher der Geschäftsführung Otto-Burlingtons Mailorder, New Delhi/Indien. 2000 Gründung von Mexx Direct, Hamburg, und Übernahme der Geschäftsführung. 2005 Gründung Management + Consulting, Hamburg, für die Entwicklung von integrierten Multichannel Businessmodellen durch Aufbau und Entwicklung von Distanzhandel, Integration in die Organisation, Prozesse sowie die Markenpolitik bestehender stationärer Einzelhandelsunternehmen für u. a. Mexx Europe International Bv., adidas AG, Kaufhof Warenhaus AG, Hennes & Mauritz AB, Ludwig Görtz GmbH. 2007 Geschäftsbereichsleiter Görtz Direct/Prokurist Ludwig Görtz. Kontakt: LS@spannuth-direct.com.

Mathias Stüben Jahrgang 1971, duales Studium der Betriebswirtschaft an der Wirtschaftsakademie Hamburg und Ausbildung als Groß- und Außenhandelskaufmann bei OTTO (GmbH & Co KG). Berufsbegleitendes Aufbaustudium zum Diplom-Kaufmann (FH) an der Nordakademie Elmshorn. Seit 1992 im Unternehmen tätig, nach diversen Stationen im Marketing und als Abteilungsleiter in der Einkaufssteuerung seit 2007 Bereichsleiter in der aktuellen Funktion als Leiter „Categoryprozesse“. In dieser Position in der Geschäftsprozessverantwortung für die Categories, vom Musterprozess über die Angebots-, Dispositions- und Beschaffungsprozesse bis zum Supply Chain Management Inbound.

Stephan Swinka Jahrgang 1960, Diplom-Wirtschaftsingenieur. Seit Oktober 2008 CEO des Value Fashion Retailers Takko Fashion GmbH. Langjährige Erfahrungen in der Einzelhandelsindustrie unter anderem bei Tchibo als Vorstand für das Non-Food-Geschäft und als Vorsitzender der Geschäftsführung des Bekleidungskonzerns Ernsting's Family. Zu weiteren beruflichen Erfahrungen gehören Konsumgüterunternehmen wie Mars Inc., Unilever Plc. und mehrere Unternehmensberatungen, Präsidiumssitz im Deutschen Marketingverband sowie Tätigkeiten in verschiedenen Aufsichtsgremien.

Christoph Wöhlke Jahrgang 1977, absolvierte den dualen Studiengang der Betriebswirtschaftslehre mit Fachrichtung Handel bei dm-drogerie markt GmbH & Co. KG in Karlsruhe und vertiefte sein Wissen anschließend bei der Deutschen Logistik Akademie, Bremen.

Aufgewachsen in einer Unternehmerfamilie mit 100jähriger Tradition übernimmt Christoph Wöhlke früh Verantwortung für unterschiedlichste Bereiche des Familienunternehmens. Zudem engagiert er sich ehrenamtlich, um aktiv Wirtschaft, Staat und Gesellschaft mitzugestalten.

Dirk Ziems Jahrgang 1966, Dipl.Psych., arbeitet seit 20 Jahren als psychologischer Marktforscher und Marketingberater für namhafte nationale und internationale Unternehmen in Konsumgüter-, Dienstleistungs- und B2B-Branchen. Langjähriger geschäftsführender Gesellschafter von ifm Wirkungen + Strategien, Gründer von ifm Australia, Gründer und Managing Partner von concept m (Berlin, Köln, London). Erschließt mit qualitativ-tiefenpsychologischen Methoden die zentralen Motive, Segmentstrukturen und Markentreiber. Hat vielfache innovative Konzepte für Marktforschung und Marketing vorgelegt, u. a. Markenmodelle, Alltagsstudio, Kaufreviere, implizite TV-Spot-Tests, System der Mediennutzungsmodi. Zahlreiche Veröffentlichungen zu Marktforschungs- und Marketingthemen. Lehraufträge an der UMC Potsdam, ifs Cologne und htw Berlin. Kontakt: www.conceptm.eu.

Sachverzeichnis

Printed by Printforce, the Netherlands